ERP-U8 V10
财务软件完全自学教程（供应链篇）

田松梅 编著

人民邮电出版社
北京

图书在版编目（CIP）数据

用友ERP-U8 V10财务软件完全自学教程.供应链篇 / 田松梅编著. -- 北京：人民邮电出版社，2020.8
ISBN 978-7-115-52684-7

Ⅰ．①用… Ⅱ．①田… Ⅲ．①企业管理—供应链管理—计算机管理系统—教材 Ⅳ．①F232

中国版本图书馆CIP数据核字(2020)第058157号

内 容 提 要

本书以突出实战为指导思想，以一个企业的经济业务为原型，既介绍了用友 ERP-U8 的应用原理，又介绍了信息环境下供应链管理业务的处理方法和处理流程，知识体系完整。书中以用友 ERP-U8 V10 软件为蓝本，为读者量身定做设置了百余个实例，并提供操作截图、操作视频、操作注意事项、初始练习账套和完成备份账套，每个实例既环环相扣，又可独立操作，适应不同层次的学习需求。

本书共 10 章，第 1 章至第 3 章介绍用友 ERP-U8 V10 管理软件的使用基础，包括供应链管理系统概述、账套创建与管理、基础信息和基础档案设置等内容；第 4 章至第 9 章分别介绍供应链子系统初始化、采购管理系统、销售管理系统、代销业务处理、其他购销类型业务处理、库存管理与存货核算系统等内容；第 10 章介绍期末业务处理的相关内容。

本书适合广大 ERP-U8 V10 供应链初学者和实际工作者使用，此外，也适合有意愿致力于通过新平台、新技术来推动业务和管理模式优化和创新的企业管理者，本书可作为高等职业院校会计及其他财经大类相关专业的会计信息化教学用书、ERP 认证等考试用书，也可作为职业院校会计技能大赛的辅导用书。

◆ 编　　著　田松梅
　　责任编辑　李永涛
　　责任印制　王　郁　马振武

◆ 人民邮电出版社出版发行　北京市丰台区成寿寺路 11 号
　邮编　100164　电子邮件　315@ptpress.com.cn
　网址　https://www.ptpress.com.cn
　三河市中晟雅豪印务有限公司印刷

◆ 开本：787×1092　1/16
　印张：28.75
　字数：708 千字　　　　　　2020 年 8 月第 1 版
　印数：1-2 000 册　　　　　2020 年 8 月河北第 1 次印刷

定价：79.80 元

读者服务热线：(010)81055410　印装质量热线：(010)81055316
反盗版热线：(010)81055315
广告经营许可证：京东市监广登字 20170147 号

序

从优秀到卓越

在经历了企业发展的"利用劳动力成本优势"阶段和"装备现代化"阶段之后,现在中国企业已经进入了以 ERP 为代表的企业信息化应用的高潮阶段。ERP 的应用是继各种先进的设备装备之后,对中国企业的又一次武装。

用友——意为"用户之友"。30 年来,用友始终坚持初心,成为用户之友。从 2004 年开始,用友结合产业、市场和客户的需求,从客户最深层的需求出发,推进以 ERP 信息化为核心的企业信息化发展,担当起中国 ERP 的推动者。用友的成功,其根本在于文化,做出功能实用、价值实在、用户容易学喜欢用的软件,真诚服务用户,做用户可靠的朋友。这样的初心,还有用友"用户之友、持续创新、专业奋斗"的价值观是需要一直坚持下去的。2019 年用友开启新 30 年的征程,希望在前 30 年基础上继往开来,再上一个台阶,实现从优秀到卓越。

用友 ERP-U8 产品承载了用友人十余年来为成长型企业的信息化管理所倾注的心血,它让企业经营更敏捷、体验更时尚、决策更智慧、管理更轻松、服务更快捷、产业链协同更紧密。作为中国优秀的经营管理平台,用友 ERP-U8 传承"精细管理敏捷经营"设计理念,符合"效用、风险、成本"客户价值标准,代表了"标准、行业、个性"的成功应用模式。

企业 ERP 的应用与普及,需要大量的 ERP 应用及技术人才,ERP 各类应用人才作用发挥的大小直接决定了 ERP 系统的使用效率和效果。《用友 ERP-U8 V10 财务软件完全自学教程(财务链篇)》和《用友 ERP-U8 V10 财务软件完全自学教程(供应链篇)》从企业应用的实际出发,以突出实战为指导思想,遵循"能懂、会用、活用"原则,推荐各类 ERP 应用人才学习使用。

用友网络科技股份有限公司董事长

前　　言

　　中国企业的发展在经历了"利用劳动力成本优势"和"装备的现代化"两个阶段后，正在向第三个阶段迈进。ERP是企业经营和管理必不可少的技术、系统。通过ERP的应用，可以极大地提高企业的竞争力，促进企业的发展。企业信息化的全面推进，必然引发新一轮对信息化人才的强势需求。

　　本书从企业应用的实际需求出发，以突出实战为指导思想，以"能懂、会用、活用"为原则，以用友ERP-U8 V10软件为蓝本，以某企业的连续经济业务为实例，设计了循序渐进的10章教学内容。第1章至第3章介绍了用友ERP-U8 V10管理软件供应链的使用基础，包括供应链管理系统概述、账套创建与管理、基础信息和基础档案设置等内容；第4章至第9章分别介绍了供应链各子系统的使用，包括供应链子系统初始化、采购管理系统、销售管理系统、代销业务处理、其他购销类型业务处理、库存管理与存货核算系统等内容；第10章介绍了期末业务处理的相关内容。

　　在内容编排上，设有学习要点、业务内容和操作指导等模块，以清晰的业务流程、详细的操作步骤，帮助读者快速学会系统的使用。

　　本书与其他ERP软件教材相比，具有以下5个特点。

　　1. 全面且实用。本书全面讲解了ERP-U8 V10供应链财务软件的功能和应用，读者通过学习和练习结合，可以轻松掌握ERP-U8 V10财务软件的使用方法。本书中的每一步操作都配备相应的截图，帮助读者理解及掌握每一个知识点。此外，本书还配备了相关教学视频，读者通过扫描二维码就可以获得对应实例的教学视频。

　　2. 理论和实践相结合。本书深入剖析了软件设计原理与逻辑、软件核心功能与应用技巧等内容，知识体系完整。书中精心安排了百余个具有针对性的企业真实业务与操作实例，不仅可以帮助读者轻松掌握软件的使用方法，还可以教会读者应对企业账套启用和软件操作问题查找与纠正等实际工作需要，真正实现"能懂、会用、活用"。

　　3. 贴近企业实际。本书是以某企业一个月的业务为素材进行编写的，业务类型丰富且业务内容以原始单据的形式呈现，能最大程度地还原企业的真实应用情况，使本书更加贴近企业信息化实务。

　　4. 适用范围广。本书阐述详细且全面，适合ERP-U8 V10供应链初学者和实际工作使用者使用，此外，也适合想通过新平台、新技术推动业务和管理模式优化和创新的企业管理者使用。同时，还可作为高等职业院校会计及其他财经大类相关专业的会计信息化教学用书、ERP认证考试用书等。

　　5. 配套资源丰富。本书中的每个案例，均提供详细的操作步骤、软件操作截图和操作视频，每个任务均有初始练习账套，可以分段练习。此外，本教材还配有教学进度计划、教学设计、教学标准、教学课件、教学视频、备份账套等配套资源。

　　本书在编写过程中得到了用友新道科技有限公司的大力帮助和支持，在此表示衷心的感谢。由于编者水平有限，书中难免存在疏漏和不当之处，希望广大读者给予指导和纠正，在此表示感谢。

　　配套资源使用说明：本书配套资源包含的内容有用友ERP-U8 V10.1教学版软件、操作账套和相关教学资源。

　　1.软件的安装请参考软件压缩包中的安装与使用说明。

2.可连续操作，也可在做操作前引入相应的初始账套，或将操作结果与备份账套相核对以验证操作的正确性，请在操作后备份好所做的账套。

3.任课教师可根据授课时的具体情况选择使用配套资源，以提高教学效率。

配套资源请通过以下方式获取。

服务邮箱：gylservice@163.com；交流 QQ 群：858522638 或 854337435。

编 者

2020 年 3 月

目 录

第1章 供应链管理系统概述 1
- 1.1 了解供应链管理系统 1
- 1.2 了解供应链系统相关基础设置 4
- 1.3 了解供应链各子系统初始设置 5
  - 1.3.1 了解采购管理系统初始设置 5
  - 1.3.2 了解销售管理系统初始设置 6
  - 1.3.3 了解库存管理系统初始设置 8
  - 1.3.4 了解存货核算系统初始设置 11
- 1.4 了解采购管理系统 13
- 1.5 了解销售管理系统 19
- 1.6 了解库存管理子系统 25
- 1.7 了解存货核算子系统 30

第2章 账套创建与管理 35
- 2.1 了解企业背景资料 35
- 2.2 创建账套 37
  - 2.2.1 增加操作员 37
  - 2.2.2 创建账套 39
  - 2.2.3 设置操作员权限 45
  - 2.2.4 取消所有记录及数据权限控制 45
  - 2.2.5 账套备份 46

第3章 基础信息和基础档案设置 48
- 3.1 机构人员档案设置 48
- 3.2 客商信息设置 51
- 3.3 存货档案设置 56
- 3.4 财务档案设置 60
- 3.5 收付结算信息设置 68
- 3.6 业务档案设置 71
- 3.7 单据设置 75
  - 3.7.1 修改单据格式 75
  - 3.7.2 单据编号设置 77

第4章 供应链子系统初始化 78
- 4.1 总账管理子系统初始化 78
- 4.2 应收款管理子系统初始化 83
- 4.3 应付款管理子系统初始化 90
- 4.4 采购管理子系统初始化 94
- 4.5 销售管理子系统初始化 97
- 4.6 库存管理子系统初始化 98
- 4.7 存货核算子系统初始化 100
- 4.8 固定资产子系统初始化 104

第5章 采购管理系统 108
- 5.1 普通采购业务（单货同行） 108
  - 5.1.1 未付款的采购业务 108
  - 5.1.2 现结采购业务 116
  - 5.1.3 代垫运费的采购业务 122
  - 5.1.4 采购货款结算业务 127
  - 5.1.5 签订合同预付款业务 130
  - 5.1.6 预付订单到货，以汇票补付余款（预付冲应付） 132
  - 5.1.7 带付款条件的采购业务 138
  - 5.1.8 有现金折扣的采购付款业务 142
  - 5.1.9 以承兑汇票背书支付前欠货款的业务 144
  - 5.1.10 承兑汇票背书预付款，分仓库、分批入库的采购业务 146
  - 5.1.11 已结算的采购业务费用分摊 157
- 5.2 在途存货采购业务（单到货未到） 162
- 5.3 采购暂估业务（货到票未到） 168
  - 5.3.1 月初回冲 168
  - 5.3.2 单到补差 172
  - 5.3.3 单到回冲 174

5.3.4	暂估入库	178
5.3.5	暂估记账	180

5.4 采购溢缺业务 181
    5.4.1 发生合理损耗的采购业务 181
    5.4.2 发生非合理损耗的采购业务 186
    5.4.3 卖方少发货、补货的采购业务 191

5.5 采购退货退款业务 198
    5.5.1 入库前退货退款业务 198
    5.5.2 入库后结算前采购退货业务 205
    5.5.3 结算后退货退款业务 211
    5.5.4 带付款条件的退货退款业务 215
    5.5.5 采购折让业务 221

5.6 特殊采购业务 229
    5.6.1 有赠品的采购业务 229
    5.6.2 超订单收货的采购业务 234
    5.6.3 固定资产采购业务 239
    5.6.4 非货币性资产交换业务 245

第6章 销售管理系统 252

6.1 普通销售业务 252
    6.1.1 开票直接发货、贷款未收的销售业务 252
    6.1.2 先发货后开票的现结销售业务 257
    6.1.3 代垫运费的销售业务 263
    6.1.4 销售货款结算业务 270
    6.1.5 预收货款的销售业务 273
    6.1.6 预收订单发货，收回余款的业务 275
    6.1.7 带付款条件、分仓库出库的销售业务 280
    6.1.8 有现金折扣的收款业务 285
    6.1.9 预收汇票、以汇票收齐余款的销售业务 287
    6.1.10 分批出库、分次收款的销售业务 295
    6.1.11 卖方承担运费、分次收款的销售业务 303
    6.1.12 商业折扣销售业务 308

6.2 销售退货退款业务 312
    6.2.1 先退货后开红票的退货退款业务 312
    6.2.2 开红票直接退货的退货退款业务 319
    6.2.3 结算前销售折让业务 322
    6.2.4 结算后销售折让业务 327
    6.2.5 带付款条件的退货退款业务 329

6.3 特殊销售业务 334
    6.3.1 买一赠一的商品销售业务 334
    6.3.2 附带促销赠品的销售业务 338
    6.3.3 零售日报业务 347
    6.3.4 外币销售业务 351
    6.3.5 分期收款销售业务 354
    6.3.6 有销售定金的销售业务 360
    6.3.7 以库存商品发放职工非货币性福利的业务 369

第7章 代销业务处理 372

7.1 受托代销业务（收取手续费方式） 372
    7.1.1 签订受托代销合同，商品到货 372
    7.1.2 销售受托代销商品 376
    7.1.3 受托代销结算、收取手续费 379

7.2 受托代销业务（视同买断方式） 384
    7.2.1 签订受托代销合同，商品到货 384
    7.2.2 销售受托代销商品 387
    7.2.3 与委托方办理结算 390

7.3 委托代销业务（收取手续费方式） 393
    7.3.1 签订委托代销合同，发出商品 393
    7.3.2 收到代销清单并办理结算 396

7.4 委托代销业务（视同买断方式） 401
    7.4.1 签订委托代销合同，发出商品 401
    7.4.2 收到代销清单并办理结算 404

第8章 其他购销类型业务处理 408

8.1 以旧换新销售业务 408
8.2 债务重组收款业务 416
8.3 售后回购销售业务 420

8.4 附退回条件销售业务……424
8.5 直运销售业务……427

第 9 章 库存管理与存货核算系统……433
9.1 存货调拨业务……433
9.2 出入库调整业务……435
9.3 存货盘点业务……436
 9.3.1 存货盘盈、盘亏业务处理……436
 9.3.2 存货损失处理业务……440
9.4 计提存货跌价准备……443
9.5 存货价格及结算成本处理……444
9.6 单据记账……445

第 10 章 期末业务处理……446
10.1 业务部门期末处理……446
10.2 财务部门月末结账……448
10.3 账表查询……450

第 1 章 供应链管理系统概述

学习要点

- 供应链管理系统各子系统的功能结构和协作关系。
- 供应链管理系统各子系统的参数设置的含义及选择后的影响。
- 供应链各子系统的期初数据录入、科目设置、期初记账等的含义及后续影响。
- 供应链管理系统各子系统中处理的各种业务的含义及处理思路。

1.1 了解供应链管理系统

一、供应链管理系统业务处理流程

用友 ERP-U8 供应链管理系统是用友 ERP-U8 企业应用套件的重要组成部分,它以企业购销存业务环节中的各项活动为对象,记录和跟踪各项业务的发生及发展过程,突破了会计核算软件单一财务管理的局限,为财务核算、业务分析、管理决策提供依据,并实现财务业务一体化全面管理,实现物流、资金流、信息流管理的统一。

用友 ERP-U8 供应链管理系统包括采购管理、销售管理、库存管理、存货核算等系统,每个系统可以单独使用,也可以相互联合应用。在企业日常业务处理中,采购部门、销售部门、仓储部门、财务部门等都涉及购销存业务及其核算的处理,各个部门的管理内容不同,工作的协作与延续是通过单据在不同部门间的传递来完成的。那么这些工作在软件中是如何体现的呢?计算机环境下的业务处理流程与手工环境下的业务处理流程存在哪些差异呢?如果缺乏对供应链管理系统业务流程的了解,那么就无法较好地实现部门间的协调配合,这将直接影响业务处理的效率。

二、供应链管理系统各模块之间的数据关系

供应链管理系统各模块之间的数据关系如图 1-1 所示。

1. 采购管理子系统与库存管理子系统的关系

当采购管理子系统与库存管理子系统集成应用时,可以在库存管理子系统中根据采

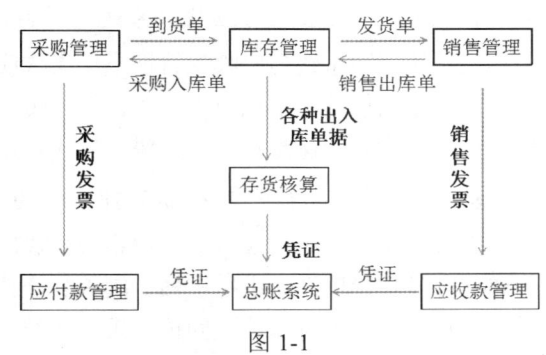

图 1-1

购到货单或采购订单自动生成采购入库单，或直接填制采购入库单，完成入库业务。采购入库单可以回传给采购管理子系统，以供查询、采购结算等。

2. 销售管理子系统与库存管理子系统的关系

在销售管理子系统与库存管理子系统集成应用时，可以在库存管理子系统中根据发货单或销售订单生成销售出库单。销售管理子系统也可以根据发货单自动生成销售出库单，然后传递到库存管理子系统。此外，也可以在库存管理子系统中填制销售出库单，完成出库业务。库存管理子系统可以为销售管理系统提供货物可用量等信息，并将出库信息回传到销售系统。

3. 库存管理子系统与存货核算子系统的关系

库存管理子系统为存货核算系统提供各种出入库单据作为核算的依据。库存管理子系统负责提供所有出入库单，存货核算子系统对出入库单进行记账操作，核算出入库存货的成本，生成凭证，并将出入库成本信息反馈到库存管理子系统。在存货核算子系统中，只可以填写出入库单的单价、金额。

4. 采购管理子系统与存货核算子系统的关系

存货核算系统为采购管理子系统提供相关的采购成本信息。在未启用库存管理系统的情况下，采购管理子系统录入的采购入库单，可以传递到存货核算子系统中进行记账，并生成入库记账凭证，以确认存货的入库成本。采购系统可进行存货暂估入库，报销时存货核算系统可根据用户所选的暂估处理方式进行不同处理。在直运业务中，存货核算系统将根据直运采购发票记账、登记存货明细表、制单并传递到总账系统。

5. 销售管理子系统与存货核算子系统的关系

存货核算子系统为销售管理子系统提供销售成本信息。另外，在直运销售、委托代销、分期收款业务中，存货核算子系统从销售系统提取期初数据，在存货核算子系统中依据直运销售发票、委托代销发货单发票、分期收款发货单发票来登记存货明细账和制单，并将生成的凭证传递到总账子系统中，以便审核记账。在未启用库存管理系统时，存货核算系统可对销售管理系统生成的销售出库单进行记账并生成凭证。

6. 采购管理子系统与销售管理子系统的关系

采购管理系统可以根据销售管理系统的销售订单生成采购订单。在直运业务必有订单模式下，直运采购订单必须参照直运销售订单生成，而直运采购发票必须根据直运采购订单生成。在直运业务非必有订单模式下，直运采购发票和直运销售发票可以相互参照生成。

7. 销售管理系统与应收款系统的关系

当销售管理系统与应收款管理系统集成应用时，销售发票、销售调拨单、零售日报、代垫费用单在销售管理子系统中录入，然后传递到应收款子系统中进行审核、制单、登记应收款明细账，同时传递到总账子系统。应收款系统会将销售订单收款情况回传到销售系统。

8. 采购管理系统与应付款管理系统的关系

当采购管理系统与应付款管理系统集成应用时，采购发票在采购管理系统中录入，然后传递到应付款管理系统进行审核、制单、登记应付款明细账，同时传递到总账系统。应付款系统会将采购订单付款情况回传到采购系统。

9. 存货核算子系统与总账子系统的关系

存货核算子系统生成的记账凭证，最后都会传递到总账子系统进行记账。

10. 存货核算子系统与成本管理子系统的关系

如果工业企业启用了成本管理子系统，存货核算子系统会先对存放材料的仓库进行单据记账，然后对该仓库进行期末处理，此时成本管理系统可以统计材料出库成本，以便进行产成品成本的核算。存货核算系统利用取成本功能来取得成本核算系统中所计算出的产成品的单位成本，分配到未记账的产成品单据上，然后记账并进行期末处理。

三、供应链管理系统各模块的主要功能

用友 ERP-U8 供应链管理系统的各个模块相互配合，可以提供强大的业务处理功能。其主要功能体现在控制采购和销售环节，减少工作流程周期，提高供货发货能力，减少库存，减少资金占用，控制出入库成本的核算，提高生产效率及降低供应链成本等。通过对用友 ERP-U8 供应链管理系统的使用，可以使企业的管理模式更契合实际情况，实现最佳的企业运营方案，实现管理的高效、科学、实时和安全。

供应链的采购管理、销售管理、库存管理、存货核算这 4 个模块的主要功能简述如下。

1. 采购管理

采购管理系统以采购订单为核心，提供请购、订货、到货、检验、开票、采购结算的完整采购流程，支持普通采购、受托代销、暂估、直运等多种类型的采购业务，实现企业对采购业务流程的管理和控制。企业可以制定符合本企业实际情况的采购流程，既可以按照规范的标准流程操作，也可以按最简约的流程来处理，为企业提供更便捷、更安全、更有效的采购业务管理平台。

2. 销售管理

销售管理系统以销售订单为核心，提供报价、订货、发货、开票的完整销售流程，支持普通销售、委托代销、分期收款、直运、零售等多种类型的销售业务，并可密切监控销售价格和客户信用，实现企业对销售业务流程的管理和控制。企业可以制定符合本企业实际情况的销售流程，既可以按照规范的标准流程操作，也可以按最简约的流程来处理，为企业提供更便捷、更安全、更有效的销售业务管理平台。

3. 库存管理

库存管理系统主要是对存货数量的出入库管理和控制，支持采购入库、销售出库、产成品入库、材料出库、其他出入库、盘点管理、多计量单位使用等业务。通过对存货的收发存业务的处理，可以及时、动态地反映各种库存存货信息，实现对库存的安全有效控制，避免发生库存积压占用资金或材料短缺影响生产的情况。企业可以根据实际需要制定仓库货位管理、批次管理、保质期管理、出库跟踪、可用量管理等业务。

4. 存货核算

存货核算是对存货出入库资金的管理和控制，用于核算企业的入库成本、出库成本、结余成本。存货核算系统会随时核算存货的采购、发出、耗用情况，将各类存货成本归集到各成本项目和成本对象上，从而反映和监督存货资金的耗用和占用情况，动态反映存货资金的浮动，方便用户分析存货资金周转和占用情况，达到降低库存、减少存货资金积压的目的。

1.2 了解供应链系统相关基础设置

本系列教材分为财务链和供应链两册，在财务链中有基础信息的设置，但基本限于与财务相关的信息。除此之外，供应链管理系统还需要增设与业务处理、查询统计、财务连接相关的基础设置，具体设置方法参见第 3 章的内容。财务链基础设置可参见本教材系列的财务篇。

一、存货档案

1. 存货分类

企业根据实际情况应将存货按照一定的方式进行分类管理。存货分类是指按照存货固有的特征或属性将存货划分一级分类、二级分类，以便分类核算与统计。如工业企业可以设置存货一级分类为原材料、产成品；商业企业可以设置存货一级分类为商品等。

在企业日常购销业务中，经常会发生一些劳务费用，如运输费、装卸费等，一般会在存货分类中单独设置一类，如"应税劳务"或"劳务费用"。这些费用也属于企业存货成本的一部分，并且它们的税率与一般存货不同。

2. 计量单位

不同的存货有不同的计量单位，计量单位组分为无换算率和固定换算率两种。如果存货的财务、库存、销售发货的计量单位是一致的，如自行车的计量单位均为"辆"，此为无换算率组单位。如果一种存货用于不同业务时，其计量单位不同。如某种药品，其财务核算单位是"板"，按板计价；而其库存单位按"盒"，1 盒=3 板；销售发货按"箱"，1 箱=50 盒。因此，在做基础设置时，需要定义存货的固定换算率组计量单位。

3. 存货档案

在"存货档案"窗口中，需要勾选存货属性复选框，这是为了在填制单据参照存货时设定参照范围，主要用到的复选框包括以下 6 个。

（1）内销、外销：用于销售订单、发货单、销售发票、销售出库单等与销售有关的单据参照使用，表示该存货可用于销售。

（2）外购：用于采购订单、采购入库单、采购发票等与采购有关的单据参照使用，在采购时发生的有发票的采购费用，也应设置为外购属性。

（3）生产耗用：用于生产产品耗用原材料、辅助材料等，在生产过程中被领用、消耗等，在开具材料领料单时参照。

（4）自制：由企业生产自制的存货在开具产成品入库单时作为参照，如产成品、半成品等。

（5）在制：指尚在生产线上制造加工中的存货。

（6）应税劳务：指在采购发票上开具的运输费、包装费等采购费用及开具在销售发票或发货单上的应税劳务、非应税劳务等。

二、业务档案

1. 仓库档案

如果要对存货进行核算管理，需要建立仓库档案，并需要将存货存放在仓库中进行保管。

2. 收发类别

收发类别用来定义存货的入库、出库类型及收发标志，同时可以对存货的出入库进行记录与分类统计，并且可以在存货核算系统中根据收发类别设置对方科目。

3. 采购类型/销售类型

根据实际需要定义采购类型和销售类型后，可以对采购、销售业务数据进行分类统计和分析。在应收款和应付款系统中，可以根据采购类型和销售类型设置产品科目。

4. 费用项目

根据需要设置不同的费用项目，如代垫运输费等，以方便记录和统计。

5. 货位档案

用于设置企业各仓库所使用的货位。货位可以分级设置，在企业中仓库的存放货位一般用数字描述。例如，5118 表示第 5 排第 1 层第 18 个货架。

6. 产品结构

产品结构又称为物料清单（Bill of Material），指产品生产的组成材料及其数量，简称 BOM。定义产品结构后，可以通过 MRP 运算得出生产计划、采购计划所需的物料数量。商业企业或没有产品结构的工业企业不需要定义产品结构。有多级结构的产品需要一级级分别输入子件材料。

1.3 了解供应链各子系统初始设置

供应链管理子系统初始设置的第一步是参数设置，这是建立供应链系统的基础。另外，采购、销售、库存和存货核算系统还需要录入期初数据，存货核算系统需进行科目设置。

1.3.1 了解采购管理系统初始设置

一、采购管理系统主要参数设置

由于供应链业务的复杂性和多样性，在对采购管理系统进行参数设置时，一定要理解各参数的含义，它将决定供应链系统的业务流程和业务控制，具体设置方法可以参照第 4 章的内容。

1. 采购业务是否必有订单

按采购类型不同，可分为普通采购业务是否必有订单、受托代销业务是否必有订单等。以订单为中心的采购管理模式是规范的采购管理模式，在有订单的采购业务中，订单记录了采购业务的具体情况，是整个采购业务的开始和核心。

2. 是否启用受托代销业务

受托代销业务在采购管理子系统中处理，启用受托代销业务后才可以进行相关操作。

3. 是否允许超订单到货及入库

设置该选项后，根据采购订单生成到货单或入库单时，存货到货或入库数量可以超过订单数量。超订单到货或入库还需要在存货档案"控制"选项卡下录入"入库超额上限"比率。

4. 是否进行最高进价控制

对采购业务中存货的最高进价进行控制，能够有效地控制采购价格的上限，限制业务员的权限。当需要进行控制时，可在此设置控制口令，将来在填制采购单据时，如果货物单价高于最高进价（在存货档案中设置），系统会要求输入控制口令，口令不正确将不能保存采购单据，以此来达到控制的目的。

二、采购管理系统期初数据

采购管理子系统的期初数据主要包括期初暂估入库存货和期初在途存货。期初暂估入库存货是指货到票未到的采购业务；期初在途存货是指票到货未到的采购业务。

三、采购管理子系统期初记账

采购管理系统期初记账是指将期初暂估入库存货和期初在途存货记入采购账中。没有期初数据也要执行期初记账，否则不能开始日常业务。执行期初记账后，期初数据将不能输入和修改，若想输入和修改，则必须取消期初记账。开始日常业务后，无法取消期初记账。

1.3.2 了解销售管理系统初始设置

一、销售管理系统主要参数设置

1. 业务控制、其他控制、价格管理

业务控制参数主要用于设置企业有无某些特定业务类型，以及各类销售业务是否必须要求有订单管理。

（1）是否必须有订单

按销售类型不同，是否必有订单可分为普通销售必有订单、委托代销必有订单、分期收款必有订单和直运销售必有订单。如果设置为必有订单，则不能手工填制发货单和销售发票，必须根据审核后的销售订单生成。

（2）是否有零售日报业务

对于零售业务发生频繁的企业，应该选择该选项。用户可以根据零售业务票据，将零售业务数据汇总并以零售日报的方式输入到系统中。然后进行销售业务处理。

（3）是否有销售调拨业务

销售调拨一般用于处理集团企业内部有销售结算关系的销售部门或分公司之间的销售业务。如果企业有销售调拨业务，应该选择该选项。

（4）是否有分期收款业务

如果企业有分期收款发出商品业务，可以选择该选项。

（5）是否有直运业务

直运业务是指商品采购后不入库而是由供应商直接发给企业的客户，结算时由购销双方分别与企业进行结算。如果企业有直运业务，可以选择该选项。

（6）是否有委托代销业务

委托代销业务是指企业将商品委托给其他企业代为销售，商品虽然发出，但商品所有权仍归本企业所有。委托代销商品销售后，受托方与企业进行结算，企业开具正式销售发票，形成销售收入，同时商品所有权转移。如果企业有委托代销业务，可以选择该选项。

（7）允许超订单发货

企业可以设置在根据订单生成发货单、销售发票时是否可以超过订单数量。如果不勾选此选项，那么在根据销售订单生成发货单、销售发票时，如果超过订单数量，将不能保存单据。超订单发货需要在存货档案"控制"选项卡下设置出库超额上限和发货允超上限比率。

（8）销售生成出库单

如果选择销售生成出库单，则在审核发货单、销售发票、零售日报、销售调拨单等单据时自动生成销售出库单，并传到库存管理子系统中，不能修改出库数量，即一次销售全部出库；如果不选择销售生成出库单，销售出库单将只能在库存管理子系统中参照发货单、销售发票等单据生成，并且能够修改出库数量，即可以一次销售多次出库。

（9）单据默认生成方式

发货单可以设置为是否参照订单生成；退货单可以设置为参照订单或参照发货单生成；发票可以设置为参照订单或参照发货单生成。发货单、退货单、发票也可选择不参照单据。

（10）是否有最低售价控制。

如果选择最低售价控制，在保存销售订单、发货单、销售发票、委托代销发货单、委托代销结算单时，如果该货物的销售价格低于在存货档案中设置的最低售价，则必须输入在此设置的口令才能保存单据。

2. 信用控制

（1）控制客户信用

在客户档案中可以设置客户信用额度、信用期限，可以在此选择是否进行控制。

（2）控制部门信用

在部门档案中可以设置部门信用额度、信用期限，可以在此选择是否进行控制。

（3）控制业务员信用

在职员档案中可以设置业务员信用额度、信用期限，可以在此选择是否进行控制。

（4）需要信用控制的单据

如果选择了对以上信用进行控制，还可以设置需要信用控制的单据，如销售订单、发货单、销售发票、销售调拨单、零售日报、委托代销单、委托代销结算单等。

（5）信用检查点

如果选择了对以上信用进行控制，还需要选择信用检查点，即确定在保存单据时进行控制还是在审核单据时进行控制。

（6）额度检查公式

在对信用额度进行控制时，可以设置参与实际欠款额度计算的单据，一般包括未执行完毕的订单、未执行完毕的发货单、应收未审核的销售发票、应收账款余额等。如果"额度检查公式+当前单据价税合计<信用额度",则表示通过检查;如果"额度检查公式+当前单据价税合计>信用额度",则表示未通过检查。

(7) 期间检查公式

在对信用期限进行控制时,可以设置参与实际欠款期限计算的单据,一般包括未执行完毕的订单、未执行完毕的发货单、应收未审核的发票、应收账款余额、代垫费用单等。当"最早收款未完的单据或应收款日期-当前单据日期≤信用期限"时,表示通过检查;当"最早收款未完的单据或应收款日期-当前单据日期>信用期限"时,表示未通过检查。

(8) 是否需要信用审批

当选择需要信用审批时,如果超过信用额度或期限,则需要信用审批人进行审批,只有具备审批权限,超额单据才可以保存或审核。如果不选择需要信用审批,则当超过信用额度或期限时,系统只会给予提示。

3. 可用量控制

(1) 是否允许超可用量发货

超可用量设置包括允许非批次存货超可用量发货和允许批次存货超可用量发货。如果不允许超可用量发货,系统将对发货量进行严格控制,当超过可用量时,单据不能保存。对于存货档案中设置出库跟踪入库的存货,系统会默认为不能超可用量发货。

(2) 可用量控制公式

当设置进行可用量控制时,可用量公式默认为"现存量+预计入库-预计出库",可以对预计入库和预计出库的包含范围进行设置。

二、销售管理系统期初数据

销售管理子系统的期初数据主要包括期初发货单、期初委托代销发货单和期初分期收款发货单。期初发货单是指已发货、出库,但未开票的发货单;期初委托代销发货单是指已发货未结算的发货单;期初分期收款发货单是指已发货未结算的发货单。

1.3.3 了解库存管理系统初始设置

一、库存管理系统主要参数设置

库存管理系统的参数设置包括通用设置、专用设置、预计可用量控制和预计可用量检查。通用设置的内容包括业务设置、修改现存量时点、业务校验等。专用设置的内容包括业务开关、预警设置等。预计可用量包括预计可用量控制和预计可用量检查等内容。

(一) 通用设置

1. 业务设置

(1) 有无组装拆卸业务

组装指将多个散件组装成一个配套件的过程,拆卸指将配套件拆卸成多个散件的过程。配套件由多个存货组成,这些存货可以组合、拆开或销售。

(2) 有无形态转换业务

在存储过程中,某些存货由于环境或本身原因,形态会发生变化,由一种形态转化为另一种形态，从而引起存货规格和成本的变化，此时在库存管理中需选择此项进行管理记录。

（3）有无委托代销业务

在库存管理和销售管理子系统都有该项设置。在其中一个子系统中的设置，将同时改变在另一个子系统中的设置。

（4）有无受托代销业务

在库存管理和采购管理子系统都有该项设置。在其中一个子系统中的设置，将同时改变在另一个子系统中的设置。

（5）有无成套件管理

成套件由多个存货组成，但存货不能拆开单独使用或销售，不能进行组装、拆卸。

（6）有无批次管理

用户选择此项，可以通过存货的批号对存货的收发存情况进行批次管理，既可以统计某一批次所有存货的收发存情况，也可以统计某存货所有批次的收发存情况。选择批次管理后，需要再到存货档案中设置批次管理，设置好后可查询批次台账和批次存货汇总表。

（7）有无保质期管理

只有进行批次管理时，才能进行保质期管理，即要进行保质期管理，必须先进行批次管理。用户选择此项，可以对存货的保质期进行管理，设置保质期预警和失效存货报警。

2. 修改现存量时点

修改现存量时点包括采购入库审核时、销售出库时、其他出入库审核时、材料出库审核时、产成品入库审核时等。企业根据实际需要，可以选择在单据保存时，还是在单据审核时进行实物出入库操作。该选项会影响现存量、可用量、预计入库量、预计出库量。

3. 业务校验

（1）检查仓库存货对应关系

不选择此项，在填制出入库单据时可直接参照存货档案中的存货，不对仓库存货对应关系进行检查。若选择此项，当录入仓库存货对照表以外的存货时，系统将给出提示信息。

（2）审核时检查货位

若选择此项，如果该仓库是货位管理，则审核单据时，该单据上的货位信息必须填写完整，否则不能审核。若不选择，则审核单据时不进行检查，货位可以在单据审核后再指定。

（3）是否库存生成销售出库单

该选项主要影响库存管理子系统与销售管理子系统集成使用的情况。

若选择，则在库存管理子系统中参照发货单、销售发票、零售日报、销售调拨单生成销售出库单，不可手工填制。可以修改本次出库数量，即可以一次发货多次出库。

若不选择，则在销售管理子系统中，在审核或复核发货单、销售发票、零售日报、销售调拨单时，自动生成销售出库单，并传到库存管理子系统和存货核算子系统。库存管理子系统不可修改出库数量，即一次发货一次全部出库。

在切换选择此选项时，如果有已审核或复核的发货单、发票未在库存管理子系统中生成销售出库单的，应在检查已审核或复核的销售单据是否均已全部生成销售出库单后再切换。

（4）出库跟踪入库存货入库单审核后才能出库

若选择，则出库跟踪入库时只能参照已审核的入库单。此选项在库存系统、销售系统共用。

4. 自动指定批号

设置自动指定批号时的分配规则,包括批号先进先出和近效期先出。当批次管理存货同时为保质期管理存货时,近效期先出按失效日期远近进行分配,适用对保质期管理较严格的存货,如食品、药品等。非保质期管理的存货,批号先进先出按批号顺序进行分配。

5. 自动出库跟踪入库

设置自动指定入库单号时,系统分配入库单号的规则包括先进先出和后进先出。先入库的先出库,适用于医药、食品等需要对存货的保质期进行管理的企业。后进先出适用于存货体积重量比较大、搬运不便的存货。

6. 出库默认换算率

设置浮动换算率出库默认的换算率,默认值为档案换算率,即取计量单位档案里的换算率。结存换算率为该存货最新的现存数量和现存件数之间的换算率,即结存换算率=结存件数/结存数量,如果存货设置了换算率,此处勾选了结存换算率后,做出库单选择存货后,换算率会自动带出来。也可选择不带换算率,手工直接输入。换算率可随时更改设置。

(二)专用设置

1. 业务开关

(1)超单据出入库设置

超单据出入库设置包括允许超发货单出库、超调拨单出库、超生产订单领料、超限额领料、超采购订单入库、超生产订单入库。如果选择此项,则当出入库数量没有超过来源单据数量的超额上限,即"来源单据数量≥(1+出入库上限)"时,可以出入库,超过上限时不可出入库。

如不允许超单据出入库,则出入库数量不可超过来源单据的数量。

(2)允许货位零出库

货位零出库指该货位在出库后,结存小于零,即负库存。如不允许,则指定货位时,如果有零出库,货位不能保存。如允许,则系统不控制。

2. 预警设置

预警设置包括保质期预警、最高最低库存控制、按仓库控制最高最低库存量、按仓库控制盘点参数。选择按仓库控制,则最高最低库存量根据仓库存货对照表带入,若当前存货在仓库存货对照表中没有设置,则不能查出相应记录。默认不打勾,则最高最低库存量根据存货档案带入,预警和控制时不考虑仓库因素。选择按仓库控制盘点参数,则取仓库存货对照表中的盘点参数,包括盘点周期单位、盘点周期和盘点日设置。默认不打勾,则选择存货档案中的盘点参数。

(三)可用量控制与检查

默认不允许超可用量出库,系统按(仓库+存货+自由项+批号)进行控制,当超可用量时,单据不能保存。可用量控制和检查在库存管理系统、销售管理系统分别设置。在进行可用量检查时会提示用户,但不强制控制。检查时,只按存货进行检查,不考虑仓库、自由项和批号。

二、库存管理子系统期初数据

库存管理子系统的期初数据主要包括期初结存和期初不合格品。期初结存可在库存系统中直接录入，也可在存货系统中先录入，然后再通过取数方式生成。期初数据录入完毕后，须按仓库进行审核操作，库存期初结存是库存和存货共用的。期初不合格品是指未处理的不合格品结存量，以不合格品记录单的形式录入，可进行不合格品处理。

1.3.4 了解存货核算系统初始设置

一、存货核算系统主要参数设置

1. 核算方式选项定义

核算方式选项定义包括核算方式、暂估方式、销售成本核算方式选择、委托代销成本核算方式、红字出库单成本、资金占用规划、零成本出库选择和入库单成本选择。

（1）核算方式

用户可以选择按仓库核算、按部门核算、按存货核算。如果按仓库核算，则在仓库档案中按仓库设置计价方式，并且每个仓库单独核算出库成本；如果按部门核算，则在仓库档案中按部门设置计价方式，并且相同所属部门的各仓库统一核算出库成本；如果按存货核算，则按用户在存货档案中设置的计价方式进行核算，而不区分仓库和部门。因为部门不能选择计价方式，只能在设置仓库的时候设置好所属部门，并设置计价方式。(如果选择的是部门核算，那么同部门所有仓库的计价方式必须一致)。

（2）暂估方式

与采购系统集成使用时，遇到货到单未到的采购业务，用户可以进行暂估业务，并且在此选择暂估入库存货成本的回冲方式，包括月初回冲、单到回冲、单到补差这3种。月初回冲是指月初时系统自动生成红字回冲单，报销处理时，系统自动根据报销金额生成蓝字入库单；单到回冲是指报销处理时，系统自动生成红字回冲单和蓝字入库单；单到补差是指报销处理时，系统自动生成一笔调整单，调整单金额为实际金额与暂估金额的差额。

（3）销售成本核算方式选择

与销售系统集成使用时，对于销售成本核算方式，用户可选择用销售发票或销售出库单记账。如果选择销售出库单，则结转销售成本的依据是销售出库单，是按照销售出库单记账，根据计价方式来核算出库成本，并将记录插入到存货明细账中，更新存货总账，并回写出库单单据上的单价和金额。如果选择销售发票，则结转销售成本的依据是销售发票。由于销售发票上没有销售成本，因此依据销售发票记账后，系统不会将销售成本回写到销售发票上。记账过程是按照销售发票的数量记账，根据计价方式来核算出库成本，并将记录插入到存货明细账中，更新存货总账。不同月份可以选择不同的销售成本核算方式，修改需要符合如下条件：在本月没有对销售单据记账前，并且销售单据发货单、发票的业务全部处理完毕，即发货单已全部生成出库单和发票。

（4）委托代销成本核算方式

可以选择按发出商品核算或按普通销售核算。如果选择按发出商品核算，则按"发货单"进行记账，用于核算企业未满足收入确认条件但已发出商品的成本，即只要发货，不管是否开具发票，都进行销售成本的核算，那么在存货核算中做发出商品记账，发货出库记发出商品，开票后从发出商品转主营业务成本。若按普通销售核算，则按系统选项中的销售成本核算方式中选择的"销售发票"或"销售出库单"进行记账，即只有开具发票的商品才进行销售成本的核算，发货但是未开票的不进行销售成本核算。修改选项的条件如下：发货单全部生成销售发票或销售出库单，而且对应的销售发票或销售出库单全部记账。此外，发货单对应的销售出库单或发票全部未记账，也可修改选项。

（5）资金占用规划

资金占用规划的选择是指用户确定本企业按某种方式输入资金占用规划，并按此种方式进行资金占用的分析。资金占用规划分为按仓库、按存货分类、按存货、按"仓库+存货"分类、按"仓库+存货"、按"存货分类+存货"。

（6）零出库成本选择

零出库成本选择是指在核算出库成本时，当系统按计价方式计算出来的出库单价等于或小于零，造成出库成本不可计算时，出库成本的取值方式可以在选项中选取，包括可参考上次出库成本、参考成本、结存成本、上次入库成本、手工输入。

（7）入库单成本选择

指对入库单据记明细账时，如果没有填写入库成本，即入库成本为空时，入库成本的取值方式可参考上次出库成本、参考成本、结存成本、上次入库成本、手工输入。

（8）红字出库单成本选择

是指在对以先进先出或后进先出方式核算的红字出库单据记明细账时，出库成本的取值方式可参考上次出库成本，参考成本，结存成本，上次入库成本，手工输入。

2. 控制方式选项定义

控制方式选项定义包括有无受托代销业务、有无成套件管理等内容。对于启用受托代销业务，在采购管理、库存管理和存货核算系统中有一个系统启用，那么另一个系统也生效。只有商业版用户可以启用受托代销业务，工业版用户不能启用受托代销业务。对于有无成套件管理，在库存管理和存货核算系统中有一个系统启用，另一个系统也生效。

3. 最高最低控制选项定义

最高最低控制选项定义包括选择最大最小单价、最大最小差异率/差价率，选择全月平均/移动平均单价最高最低控制、差异率差价率最高最低控制、全月平均/移动平均最高最低单价是否自动更新、差异/差价率最高最低是否自动更新。

如果选择"全月平均/移动平均最高最低单价是否自动更新"为是，那么当入库单记账时，系统会根据入库单算出最新的最高入库单价与最低入库单价，更新最高入库单价与最低入库单价。用户选择"全月平均/移动平均单价最高最低控制"时，则该仓库/部门在进行存货期末处理时，如果系统自动计算的存货的出库单价高于该仓库/部门的最高单价或低于该仓库/部门的最低单价，那么系统按用户在选项中选择的"最大、最小单价"选项进行处理，其中包括上次出库成本、参考成本、结存成本、上次入库成本、手工输入、最大最小单价、出库单价。

二、存货核算子系统科目设置

存货核算子系统是供应链管理系统与财务系统联系的桥梁，各种存货的购进、销售及其他出入库业务，均在存货核算系统中生成凭证，并传递到总账。为了快速、准确地完成制单操作，应事先设置凭证上的相关科目，在生成凭证时系统会自动带出设置好的科目。

1. 设置存货科目

存货科目是指设置生成凭证所需要的各种存货科目和差异科目。存货科目既可以按仓库，也可以按存货分类分别进行设置。

2. 设置对方科目

对方科目通常是按收发类别设置生成凭证所需要的存货对方科目。多数企业是货到票未到的业务多，采购入库的暂估科目应设为应付账款-暂估应付款，用于核算入库但没来发票的业务。

三、存货核算子系统期初数据

存货核算子系统的期初数据主要包括期初库存余额和期初分期收款发出商品余额，与库存管理系统共用期初数据。期初库存余额既可在存货系统中直接录入，也可在库存系统中录入，然后在存货核算系统中通过取数方式生成。期初数据录入完毕后，需进行记账操作。

1.4 了解采购管理系统

采购管理系统能实现请购、订货、到货、入库、取得发票、采购结算的全程管理，采购管理系统日常主要任务如下：填制采购订单，处理到货单、采购发票，进行采购结算，根据采购发票确认采购入库成本；采购管理系统与应付款系统一起使用，以掌握采购业务的付款情况；与库存管理系统一起使用，以掌握存货的入库及现存量信息，从而减少盲目采购，避免库存积压；与存货核算系统一起使用，可以为存货核算提供采购入库成本，便于财务部及时掌握存货采购成本。具体操作方法参照第5章。

一、采购管理系统的主要功能

采购管理系统的主要功能包括系统初始化、日常业务处理、信息查询和期末处理。

1. 系统初始化

采购管理系统初始化内容主要包括系统参数设置、期初数据录入以及期初记账。

2. 日常业务处理

从业务类型看，采购管理系统日常业务包括3种类型。一是普通采购业务（单货同行）；二是在途采购业务（单到货未到）；三是暂估采购业务（货到单未到）。除此之外，还包括采购溢缺业务、采购退货业务和特殊采购业务。本项目主要以有采购订单的采购业务为例讲解相关操作，无采购订单的采购业务参照其流程操作即可。无采购订单的采购方式适用于批量小、价值低的采购业务，如低值易耗品、劳保用品等，无须向对方下达采购订单。

3. 信息查询

采购管理系统提供了丰富的信息查询功能，不仅可以查询采购订单、到货单、采购发票、结算单等各种原始单据，还可以查询采购的明细表、统计表、采购账簿、分析表等。

4. 期末处理

采购管理系统的期末处理主要是月末结账和年末结账。

二、采购管理系统业务处理的主要环节

从业务处理环节看，主要包括请购、采购订货、采购到货、采购入库、采购发票、采购结算、采购付款等。

1. 请购

请购是指企业各部门向采购部门提出采购申请，或由采购部门汇总企业内部采购需求，列出采购清单。请购是采购业务的起点，可以根据审核后的采购请购单生成采购订单。在采购业务处理流程中，请购环节是可以省略的。

2. 订货

采购订货是指企业与供应商签订采购合同或采购协议，确认采购需求，包括采购货物名称、数量、单价、供应商、到货时间、到货地点、运输方式、运费等内容。供应商将根据采购合同组织货源，而企业则根据采购合同进行验收。采购员可以手工录入采购订单，也可以参照请购单、销售订单生成，是否必有采购订单可在系统参数中进行设置。

3. 采购到货

采购到货是采购订货和采购入库的中间环节，一般由采购员根据供货方通知或送货单填写，确认对方所送货物、数量、价格等信息，以到货单的形式传递到仓库作为收货依据。采购员可直接填写到货单，也可根据审核后的采购订单生成。在库存管理系统中，库管员可以参照到货单或采购订单生成采购入库单。在采购业务处理流程中，到货处理是可选可不选的。

4. 采购入库

采购入库是指货物检验合格后，办理入库的业务，库管员应当根据采购到货的数量填制采购入库单。采购入库单既可以手工填写，也可以根据审核后的采购订单和采购到货单生成。在进行采购管理系统参数设置时，如果选择"采购业务必有订单"，那么入库单必须根据审核后的采购订单生成。在采购业务处理流程中，采购入库是必要的。采购入库单按业务性质分为蓝字入库单和红字入库单，红字入库单用于采购退货业务处理。

当采购管理、库存管理系统一起使用时，在库存管理系统中处理采购入库业务；当采购管理系统单独使用时，采购入库业务在采购管理系统中处理。

录入采购入库单时，金额的处理方式有两种：一是在单货同行的情况下由系统自动计算出货物单价；二是在货到单未到的情况下，进行暂估入库处理。有金额的采购入库单才能在存货核算系统中进行记账和制单。

5. 采购发票

采购发票是供应商开出的销售货物的凭证，系统将根据采购发票确认采购成本，并据此登记应付账款。采购发票按发票类型分为增值税专用发票、普通发票等；按业务性质分为蓝字发票和红字发票，红字发票用于采购退货业务的处理。在采购业务处理流程中，录入采购发票是必要的。采购发票可以直接填制，也可以参照采购订单和采购入库单等生成。在进行采购管理系统参数设置时，如果选择"采购业务必有订单"，那么采购发票必须根据采购订单

生成。当一起使用采购管理系统与应付款管理系统时，采购发票在采购管理系统中进行处理；当单独使用应付款管理系统时，采购发票在应付款管理系统中进行处理。

6. 采购结算

采购结算也称采购报账，在手工方式下，采购员拿着经主管领导审批过的采购发票和仓库确认的入库单到财务部门，由财务人员计算采购成本并进行相应的账务处理。在信息化方式下，采购结算是针对采购入库单的，需要根据发票计算采购成本。采购结算的结果是系统会生成采购结算单，并自动填写采购入库单单价、金额，以此来确定实际入库成本。采购结算单是记载采购入库单与采购发票对应关系的结算对照表，采购结算可分为自动结算和手工结算。

自动结算是系统将相同供应商的存货、数量完全相同的入库单和发票进行自动结算，生成结算单。系统将相同供应商的存货相同、数量绝对值相等，但符号相反的红、蓝入库单进行自动对应结算，生成结算单。系统将相同供应商的存货相同、金额绝对值相等，但符号相反的红、蓝采购发票自动对应结算，生成结算单。

手工结算可以进行入库单与发票结算、蓝字入库单与红字入库单结算、蓝字发票与红字发票结算，或红/蓝发票与红/蓝入库单共同结算，也可以进行溢余短缺处理、费用折扣分摊和费用发票结算等。结算时可以任意选择发票和入库单，发票和入库单的关系可以是一对一、一对多、多对一、多对多。发票和入库单所属供应商可以不同，即支持三角债的结算。

企业在采购过程中所发生的运输费、装卸费、保险费、包装费、仓储费、入库前的挑选整理费用等需要计入采购成本，即存货的采购总成本等于发票金额加上应分摊的费用金额。单位采购成本等于采购总成本除以存货入库数量，可以通过手工结算将采购有关的费用分摊计入采购单位成本，可以按金额分摊，也可以按数量分摊。

在进行手工采购结算时，大多数情况下，存货入库数量与发票存货数量相等。如果入库存货数量大于发票存货数量，则存在溢余或者存在赠品；如果入库存货数量小于发票存货数量，说明存在短缺。有可能是合理损耗，也可能是非合理损耗（需要输入合理损耗数量、非合理损耗数量及损耗金额）。存在非合理损耗时，需要选择非合理损耗类型，以便存货核算子系统根据结算单记录的非合理损耗类型自动生成凭证。

在进行手工采购结算时，对于先开票、分次入库的情况，可以等待货到齐再进行手工结算处理，也可以在填写入库单（或采购订单）时根据定好的入库时间将存货分成若干行，每行与对应发票单独进行结算。对于一次入库、分次开票的情况，可以等待发票开齐后再进行手工结算处理，也可以在填写入库单（或采购订单）时根据定好的开票数将存货分成若干行，每行与对应的发票单独进行结算。

7. 确认应付款

采购结算后的采购发票，会传递到应付款管理系统，由应付会计审核后，生成确定应付款的凭证。借：在途物资

　　　　应交税费-应交增值税（进项税额）

　　　贷：应付账款

8. 核算采购入库成本

采购入库成本的核算在存货核算系统中进行。经过采购结算以后的入库单，单价已经是分摊采购费用和溢缺的，在存货核算中进行正常单据记账和生成凭证后，即可核算采购入库

成本，生成确认采购入库成本的凭证。借：原材料
　　　　　　　　　　　　　　　　贷：在途物资

9. 采购付款

采购付款是采购业务的最后环节，采购人员申请付款、相关领导审批签字后交由会计人员。会计人员需在"应付款管理"系统中填制付款单并核销，完成采购业务的付款工作，并生成相应的付款凭证。借：应付账款
　　　　　　　　　　　　　　　　贷：银行存款

三、采购管理系统业务类型

1. 普通采购业务（单货同行）

单货同行业务是指发票已收到、货物已验收入库的采购业务，此时可以进行采购结算以确认采购成本。当供应链与财务会计系统集成应用时，采购业务的物流过程主要是在采购管理、库存管理和存货核算系统中完成，完整的单货同行普通采购业务流程如表1-1所示。

表1-1　完整的单货同行普通采购业务流程

项目	业务员	操作系统	操作流程
物流	采购员	采购管理系统	（1）填制并审核请购单。请购单是可选单据
			（2）填制并审核采购订单，或参照审核后的请购单、销售订单等生成采购订单（系统参数设置中可以设置"是否必有采购订单"）
			（3）填制并审核到货单，或参照审核后的采购订单生成到货单。到货单是可选单据
	库管员	库存管理系统	（4）填制并审核采购入库单，或参照审核后的采购订单或者采购到货单生成采购入库单（在必有采购订单的采购业务中，采购入库单必须根据审核后的采购订单生成），采购入库单是必有单据
	采购员	采购管理系统	（5）填制采购发票，或参照审核后的采购订单或入库单等生成采购发票。采购发票是必有单据
			（6）对采购发票和采购入库单进行采购结算
	会计	存货核算系统	（7）对采购入库单记账，登记存货明细账
			（8）对采购入库单进行制单，生成的凭证会传递到总账系统，在总账系统中对该凭证进行审核、记账。借：原材料（库存商品） 　　　　　　　　　贷：在途物资
资金流	会计	应付款系统	（9）对采购发票进行审核并制单，生成的凭证会自动传递到总账系统，在总账系统中对该凭证进行审核、记账，登记应付账款明细账。生成的凭证反映采购成本、进项税额和应付账款信息。 借：在途物资 　　应交税费-应交增值税（进项税额） 　　　　贷：应付账款
	出纳	应付款系统	（10）到期还款时，录入付款单
			（11）审核付款单，并和审核后的采购发票进行核销
	会计	应付款系统	（12）对付款单和核销单进行合并制单，生成的凭证会自动传递到总账系统，在总账系统中对该凭证进行审核、记账，登记应付账款明细账。生成的凭证反映还款信息。借：应付账款 　　　　　　　　　贷：银行存款

2. 在途存货采购业务（单到货未到）

如果先收到了供货单位的发票，而没有收到货物，称为在途存货业务。对于该类业务，

在信息化方式下，可以有两种处理方式：一是压单处理，即收到的发票暂不录入系统，待货物到达并验收入库后，再录入到系统中与采购入库单进行采购结算；二是收到发票后便录入到系统当中，这样可以实时统计在途货物情况，待货物到达后，再填制入库单并做采购结算。

3. 采购暂估业务（货到单未到）

如果本月存货已验收入库，但尚未收到采购发票，称为采购暂估业务。由于没有拿到发票，不能确定存货的采购成本。为了正确核算存货的采购成本，在手工方式下，一般是在月末，会将这些存货暂估入账，然后下月初再用红字冲回。在信息化方式下，暂估入账可以在月末进行，也可以在录入入库单后马上进行。在存货核算系统进行参数设置时可以选择不同的暂估处理方式：月初回冲、单到回冲和单到补差。

（1）月初回冲

指当月货到票未到时，先将采购入库单暂估入账，在下月初时立即回冲形成红字回冲单，冲回上月暂估的业务，如表1-2所示。

表1-2 月初回冲暂估处理流程

时间	业务员	操作系统	操作流程
月初	无	存货核算系统	（1）系统自动生成与暂估入库内容完全相同的红字回冲单，登记相应的存货明细账，以冲回存货明细账中上月的暂估入库
	会计	存货核算系统	（2）根据红字回冲单生成凭证，回冲在总账子系统中上月的暂估凭证
收到采购发票	采购员	采购管理系统	（3）录入采购发票，或参照期初采购入库单生成采购专用发票
	采购员	采购管理系统	（4）对采购入库单和采购发票进行采购结算
	会计	应付款管理	（5）审核采购发票并制单，确认应付账款
	会计	存货核算系统	（6）进行结算成本处理，以生成与入库单对应的蓝字回冲单
	会计	存货核算系统	（7）根据蓝字回冲单生成凭证

（2）单到回冲

指当月货到票未到时，先将采购入库单暂估入账，下月或以后月份结算时先将原来的暂估入库单全部回冲，再按结算价形成最终的反映实际成本的采购入库单（即报销的蓝字回冲单），如表1-3所示。

表1-3 单到回冲暂估处理流程

时间	业务员	操作系统	操作流程
月初			不做处理
收到采购发票	采购员	采购管理系统	（1）录入采购发票，或参照期初采购入库单生成采购专用发票
	采购员	采购管理系统	（2）对采购入库单和采购发票进行采购结算
	会计	应付款管理	（3）审核采购发票并制单，确认应付账款
	会计	存货核算系统	（4）进行结算成本处理，以生成红字回冲单与入库单对应的蓝字回冲单，登记存货明细账（红字回冲单的金额为暂估金额，蓝字回冲单的入库金额为已报销金额）
	会计	存货核算系统	（5）根据红字回冲单和蓝字回冲单生成凭证

（3）单到补差

指当月货到票未到时，先将采购入库单暂估入账，下月或以后月份结算时将暂估成本与实际成本之间的差异形成入库调整单，将原来的暂估成本调整为实际的结算成本，如表 1-4 所示。

表 1-4 单到补差暂估处理流程

时间	业务员	操作系统	操作流程
月初			不做处理
收到采购发票	采购员	采购管理系统	（1）录入采购发票，或参照期初采购入库单生成采购专用发票
			（2）采购入库单和采购发票进行采购结算
	会计	应付款管理	（3）审核采购发票并制单，确认应付账款
	会计	存货核算系统	（4）进行结算成本处理，此时系统会对比报销金额与暂估金额，从而进行不同的处理。如果报销金额与暂估金额不相等，系统会生成一张调整单，并以登记存货明细账；如果报销金额与暂估金额相等，系统不生成入库调整单
			（5）根据入库调整单生成凭证

4．现付采购业务

如果采购业务发生时，企业直接付款并由供货单位开具发票，称为现付采购业务。现付采购业务与普通采购业务的处理基本相同，只需一步特殊的发票处理，只需在采购管理子系统中录入发票并保存后直接选择现付处理即可。要注意的是，现付处理的时机是在发票录入并保存之后，在应付款系统中审核发票之前。在应付款系统中，通过审核发票并现结制单功能形成采购凭证。借：在途物资

　　　　应交税费-应交增值税（进项税额）

　　　　贷：银行存款

当然，现付业务不会形成应付账款，也就不必进行核销操作了。

5．采购退货业务

如果发生因货物质量等原因引起的退货，称为采购退货业务。退货业务可以分为入库前、入库后结算前、结算后，不同时间处理所采用的方法也不同。对于入库前，可以应用到货拒收单，减少到货单数量，从而实现退货的处理。对于采购入库后结算前，可以应用采购退货单，生成负数采购入库单，从而实现退货的处理。对于结算后，可以应用采购退货单，生成负数采购入库单，并用其生成红字采购专用发票，从而实现退货的处理。针对退货业务发生的时机不同，也可以采取"无痕迹修改"的方法，即当收到货物但未办理到货入库手续时，只要把货物直接退给供应商即可，而系统不必进行处理。当办理了入库手续，但入库单未记账、发票未审核制单时，可以通过一系列逆操作和删改操作完成退货处理。但是当采购业务已采购结算、入库单已记账、发票已审核制单时，则只能采取"有痕迹修改"的方法来处理，即通过录入退货单和红字发票来处理。

6．受托代销业务

受托代销业务是指商业企业接受其他企业委托，为其代销商品，代销商品售出后，再与委托方进行结算，由委托方开具正式销售发票，商品所有权实现转移。受托代销业务有两种方式：一是收取手续费方式；二是视同销售方式。受托代销业务处理也是采购管理子系统的功能之一，其业务处理流程如表 1-5 所示。

表 1-5　受托代销业务处理流程

时间	业务员	操作系统	操作流程
受托方接收货物	库管员	库存管理系统	（1）受托方填制（或生成）并审核受托代销入库单并记账
	会计	存货核算系统	（2）受托方对受托代销入库单记账，生成凭证
受托方售出代销商品后		手工	（3）受托方手工开具代销商品清单交委托方
			（4）委托方为受托方开具发票
	采购员	采购管理系统	（5）受托方进行受托代销结算，系统会自动生成受托代销发票和受托代销结算单
	会计	应付款系统	（6）受托方对受托代销发票制单
			（7）受托方付款、核销并制单

7. 月末结账

月末结账是逐月将每月的单据数据封存，并将当月的采购数据记入有关账表中。采购管理系统月末结账可以连续将多个月的单据进行结账，但不允许跨月结账。在进行月末结账时，应该注意以下问题。

（1）结账前需要检查当月工作是否全部完成，只有在当月工作全部完成的前提下，才能进行月末结账，否则会遗漏某些业务。

（2）月末结账之前一定要进行数据备份，否则数据一旦发生错误，将造成无法挽回的损失。

（3）没有期初记账，将不允许月末结账。

（4）结账的月份必须连续选择，否则不允许结账。上月未结账，将不影响本月日常业务的处理，只是本月不能结账。

（5）月末结账后，该月的单据将不能增加、修改、删除。

（6）如果需要取消该结账，则选择对应月份，单击【取消结账】按钮即可。

1.5　了解销售管理系统

销售管理系统能实现销售报价、销售订货、销售发货、销售开票、销售出库的全程管理。销售管理系统日常主要任务如下：填制销售订单，处理发货单、销售发票，根据销售发票确认销售收入；销售管理系统与应收款系统一起使用以掌握销售业务及代垫费用的收款情况；与库存管理系统一起使用以掌握存货的出库及现存量信息；存货核算系统将计算出来的存货的销售成本传递给销售管理系统。具体操作方法参照第 6 章。

一、销售管理系统的主要功能

销售管理子系统的主要功能包括系统初始化、日常业务处理、信息查询和期末处理。

1. 系统初始化

销售管理子系统的初始化内容主要包括系统参数设置、期初数据录入。

2. 日常业务处理

从业务类型看，销售管理子系统不但可以处理普通销售业务，还可以处理现结业务、销售退货业务、零售日报业务、分期收款销售业务、销售调拨业务、直运销售业务、外币销售业务、赠品销售业务、委托代销业务等特殊业务类型。本项目主要以有销售订单的销售业务为例进行讲解，无销售订单的销售业务参照其流程操作即可。

3. 信息查询

销售管理子系统提供了丰富的信息查询功能，不仅可以查询销售订单、发货单、销售发票等原始单据，还可以查询销售明细账表、统计表、各角度的分析表等。

4. 期末处理

销售管理子系统的期末处理主要是月末结账和年末结账。

二、销售管理系统业务处理的主要环节

从业务处理环节看，主要包括销售报价、销售订货、销售发货、销售开票、销售出库等、销售收款等。

1. 销售报价

销售报价是指企业向客户提供货品、规格、价格、结算方式等信息，双方达成协议后，可根据审核后的销售报价单生成销售订单。在销售业务处理流程中，销售报价环节是销售业务的起点，但是可以省略，企业可以根据具体情况决定是否采用。

2. 销售订货

销售订单是指企业与客户签订销售合同或销售协议，确定客户要货需求的单据，包括销售货物名称、数量、单价、交货时间、地点、运费等内容。它可以是销售合同中关于货物的明细内容，也可以只是一种订货的口头协议。企业应该根据订单组织进货或生产，以按时向客户交货。销售员可以手工录入销售订单，也可以参照审核后的报价单或预订单生成。在有订单的采购业务中，订单是销售业务的核心，是否必须有销售订单可在系统参数中设置。

销售订单管理同时提供3种报表：订货执行汇总表、订货明细表和订货汇总表。可以利用销售订单跟踪销售业务的执行情况，如累计发货数量和金额、累计开票数量和金额、累计收款金额等。整个业务流程的执行都会将信息回写到销售订单，系统还提供相应的查询功能，可以对某日交货的订单进行查询，以方便企业备货发货。

销售订单执行完毕后，即货物已全部发出、开票、收款后，系统会自动关闭订单。对于尚未执行完毕的订单，如果有需要，也可以手工关闭和手工打开。

3. 销售发货与销售开票

销售发货是销售订单和销售出库的中间环节，企业根据与客户签订的销售合同或销售订单，将货物发往客户，是销售业务的执行阶段。销售发货是处理销售业务的必要环节。

销售开票是在销售过程中，企业给客户开具销售发票及其所附清单的过程。销售发票是确认销售收入、应收账款、税金和计算结转销售成本的依据，也是销售业务流程中的必

要环节。

根据销售发货与销售开票的次序,可以分为先开票直接发货、先发货后开票这两种模式。

如果是开票直接发货销售模式,则销售部门填写销售发票并复核后,系统将自动生成销售发货单,生成的发货单只能查询,不能进行编辑操作。如果是先发货后开票销售模式,销售部门填写发货单,然后根据审核后的发货单生成销售发票。

在开票直接发货销售模式下,销售发票可由销售部门根据销售订单、其他发票生成,也可直接填写。在销售业务必有订单模式下,销售发票必须根据审核后的销售订单生成,可以一张订单多次开票,也可以多张订单一次开票。如果是先发货后开票的销售模式,发货单可以根据审核后的销售订单生成,也可以直接填写。在销售必有订单模式下,发货单必须根据审核后的销售订单生成,可以一张订单多次发货,也可以多张订单一次发货,但是否可以超订单量发货取决于系统参数和存货档案的设置。

4. 销售出库

销售出库单在库存管理系统中处理,用于核算存货出库数量,在存货核算子系统中根据出库单核算存货出库成本。销售出库也是销售业务处理的必要环节。

销售出库单不能手工填写,只能根据相关单据生成。系统参数设置中,可以设置是否生成销售出库单。如果勾选生成销售出库单,那么在审核发货单、销售发票后,系统会自动生成销售出库单,并传到库存管理子系统中,但是只可查看而不可修改出库数量,即一次销售全部出库。如果不勾选生成销售出库单,则销售出库单需要在库存管理子系统中根据发货单、销售发票生成,这种情况下可以修改出库数量,即可以实现一次销售多次出库。

三、销售管理子系统业务类型

1. 普通销售业务

普通销售业务适合大多数企业的日常销售业务,与其他系统协同对销售报价、销售订货、销售发货、销售开票、销售出库、结转销售成本、销售收款结算等进行全程管理。普通销售业务有两种模式:先发货后开票模式和先开票后发货模式。下面以先发货后开票为例介绍普通销售业务的处理流程。当供应链各子系统集成应用时,先发货后开票业务模式处理流程如表1-6所示。

表1-6 普通销售业务处理流程

项目	业务员	操作系统	操作流程
物流	销售员	销售管理	(1)录入并审核报价单。报价单是可选单据
			(2)填制并审核销售订单(或参照审核后的报价单或者其他销售订单生成销售订单)
			(3)参照审核后的销售订单(或其他发货单)生成发货单并审核,也可以直接录入发货单(如果设置为销售必有订单,则发货单必须根据审核后的销售订单生成)
	仓管员	库存管理	(4)参照发货单生成出库单并审核(如果在参数中勾选销售生成出库单,在审核发货单后将自动生成销售出库单,并传到库存管理子系统)
	会计	存货核算	(5)对销售出库单记账并生成凭证,登记存货明细账,并自动传递到总账子系统,在总账子系统中对该凭证进行审核记账。生成的凭证反映销售出库信息和销售成本信息。 借:主营业务成本 　　贷:库存商品

续表

项目	业务员	操作系统	操作流程
资金流	销售员	销售管理	（6）参照发货单生成销售专用发票并复核
	会计	应收款管理	（7）审核销售发票并制单处理，登记应收账款明细账，并自动传递到总账子系统，在总账子系统中对该凭证进行审核记账。生成的凭证反映销售收入、销项税额和应收账款信息。借：应收账款 　　　贷：主营业务收入 　　　　　应交税费应交增值税-销项税额
	出纳	应收款管理	（8）录入收款单
	会计	应收款管理	（9）审核收款单，将审核后的收款单和审核后的销售发票进行核销，登记应收账款明细账
	会计	应收款管理	（10）根据审核后的收款单和核销单制单，生成的凭证会自动传递到总账子系统，在总账子系统中对该凭证进行审核、记账。生成的凭证反映收款信息。借：银行存款 　　　贷：应收账款

2．现结业务

所谓现结业务，是指销售业务发生时企业直接收款并向客户开具发票。现结业务的处理流程与普通销售业务类似，区别在于对发票的处理不同。在应收款子系统中，因为发票制单会形成应收账款，所以在应收款子系统审核发票并制单之前，必须通过现结功能来生成销售发票。在进行现结处理时，在销售子系统中录入发票以后，复核发票之前选择现结即可。现结处理后，一般系统会自动出现收款单供销售员填写。在现结后，应收款系统审核发票并制单，借方为银行存款。当然，现结业务不形成应收账款，也就不必进行核销操作了。

3．销售退货业务

如果因为货物质量、品种、数量等原因引起的退货，称为销售退货业务。退货处理按照操作步骤的不同，也分为先退货后开票、先开票后退货。对于先退货后开票，需要参照销售订单生成退货单，再参照退货单生成红字专用发票和负数销售出库单。对于先开票后退货，需要参照销售订单生成红字专用发票，发票复核后，系统自动生成退货单，再参照退货单生成负数销售出库单。针对退货业务发生的时机不同，可以采取不同的方法。如果退货时未开具发票，可以采取"无痕迹修改"的方法，即通过一系列逆操作和删改操作完成退货处理。如果已经根据发货单开具销售发票，则只能采取"有痕迹修改"的方法，即录入退货单和红字发票来处理退货。

开具红字发票时，要遵循《关于开具红字普通发票有关问题的补充通知》的相关规定。

4．零售日报业务

零售业务发生较频繁，是商业企业将商品销售给零散客户的销售业务。为了简化操作，系统提供了零售日报功能，它通过将相应的销售发票按日汇总后录入零售日报来得到相关票据（相当于发票的汇总），不是销售业务的原始单据。

如果需要使用零售日报，需在销售系统中进行相应设置。零售业务的处理流程如表1-7所示。

表1-7　零售日报业务处理流程

业务员	操作系统	操作流程
销售员	销售管理	（1）汇总当日的销售发票后，在销售管理子系统中填制零售日报
		（2）在销售系统中对零售日报进行复核，审核后系统会自动生成发货单

续表

业务员	操作系统	操作流程
仓管员	库存管理	(3)参照发货单生成销售出库单并审核(如果在系统参数中设置了自动生成销售出库单,则会自动生成销售出库单)
会计	存货核算	(4)对销售出库单记账并制单,登记存货明细账,并自动传递到总账子系统,在总账子系统中对该凭证审核记账
会计	应收款管理	(5)审核零售日报,审核后自动登记应收账款明细账
会计	应收款管理	(6)对零售日报审核并制单,生成凭证传递到总账子系统,在总账子系统中对该凭证进行审核记账
出纳	应收款管理	(7)收款时,录入收款单
会计	应收款管理	(8)审核收款单,核销零售日报并制单

5. 分期收款销售业务

分期收款销售是指商品已经售出,但货款分期收回的一种销售方式。它相当于出售商品企业给购货方提供了一笔长期无息贷款,一般适合于具有金额大、收款期限长、款项收回风险大等特点的重大商品交易,如房产、汽车、重型设备等。在分期收款销售业务中,企业将货物提前一次性地交给客户,然后分期收回货款。每次收款时,企业向客户开具销售发票,确认销售收入,同时按照销售发票的数量计算并结转本期的销售成本。

如果有分期收款销售业务,需在系统参数中进行设置。处理流程如表1-8所示。

表1-8 分期收款业务处理流程

业务员	操作系统	操作流程
销售员	销售管理	(1)填制并审核分期收款销售订单
销售员	销售管理	(2)参照分期收款销售订单生成分期收款发货单
仓管员	库存管理	(3)参照发货单生成销售出库单并审核(如果在系统参数中设置了自动生成销售出库单,则会自动生成销售出库单)
会计	存货核算	(4)对分期收款发出的商品记账,并生成凭证。借:发出商品 贷:库存商品
销售员	销售管理	(5)每次结算时,根据发货单生成并复核销售发票,并将开票数量修改为本次实际结算数量
会计	应收款管理	(6)审核销售发票并制单,分录如下。借:应收账款 贷:主营业务收入 应交税费-应交增值税(销项税额)
会计	存货核算	(7)对销售发票记账并制单,凭证如下。借:主营业务成本 贷:发出商品
出纳	应收款管理	(8)收款时,录入收款单
会计	应收款管理	(9)审核收款单,核销应收账款并制单

6. 销售调拨业务

销售调拨一般是指集团企业内部有销售结算关系的销售部门或分公司之间的销售业务,如果不开具发票,则必须在当地税务机关许可的前提下方可使用,否则处理内部销售调拨业务必须开具发票。销售调拨单是给有结算关系的集团内部销售部门或分公司开具的原始销售票据,对方通过销售调拨单取得货物的所有权。与普通销售业务相比,销售调拨业务只确认销售收入而不会涉及销售税金。

要处理销售调拨业务,需在系统参数中进行设置。销售调拨业务的处理流程如表1-9所示。

表 1-9 销售调拨业务处理流程

业务员	操作系统	操作流程
销售员	销售管理	（1）填制并审核销售调拨单
销售员	销售管理	（2）销售调拨单审核后会生成发货单
仓管员	库存管理	（3）参照发货单生成销售出库单并审核（如果在系统参数中设置了自动生成销售出库单，则会自动生成销售出库单）
会计	存货核算	（4）根据销售出库单记账，登记存货明细账
会计	存货核算	（5）根据销售出库单制单，并传递到总账系统，在总账中对该凭证审核记账
会计	应收款管理	（6）审核销售调拨单，审核后自动登记应收账款明细账
会计	应收款管理	（7）根据审核后的销售调拨单制单，生成凭证传并递到总账子系统，在总账子系统中对该凭证进行审核记账
出纳	应收款管理	（8）收款时，录入收款单
会计	应收款管理	（9）审核收款单，核销应收账款并制单

7. 直运销售业务

直运业务是指产品无须出入库即可完成购销业务，由供应商直接将商品发给企业的客户，结算时，由购销双方分别与企业结算，常见于大型电器、汽车、设备等商品的购销。直运业务包括直运销售业务和直运采购业务，财务结算通过直运销售发票、直运采购发票解决。

要处理直运业务，需在系统参数中进行设置，直运业务的处理分为必有订单和非必有订单两种模式。在非必有订单模式下，直运采购发票和直运销售发票可以相互参照生成。在必有订单模式下，直运销售订单是整个业务的起点，系统会参照直运销售订单生成直运销售发票和直运采购订单，再参照直运采购订单生成直运采购发票。以必有订单模式为例，其处理流程如表 1-10 所示。

表 1-10 直运销售业务处理流程

业务员	操作系统	操作流程
销售员	销售管理	（1）填制并审核直运销售订单
采购员	采购管理	（2）参照直运销售订单生成并审核直运采购订单
采购员	采购管理	（3）参照直运采购订单生成直运采购发票
会计	应付款管理	（4）审核直运采购发票并制单，生成凭证。借：在途物资 　　　　　　　应交税费-应交增值税（进项税额） 　　　　　贷：应付账款
销售员	销售管理	（5）参照直运销售订单生成并复核直运销售发票
会计	存货核算	（6）根据采购发票和销售发票进行直运销售记账
会计	存货核算	（7）根据直运采购发票和直运销售发票制单，生成凭证。借：主营业务成本 　　　　　贷：在途物资
出纳	应收款管理	（8）审核直运销售发票并制单，凭证如下。借：应收账款 　　　　　贷：主营业务收入 　　　　　　　应交税费-应交增值税（销项）
出纳 会计	应收款管理	（9）向客户收款时，在应收款子系统中录入并审核收款单，根据审核后的收款单制单并核销销售发票
出纳 会计	应付款管理	（10）向供应商付款时，在应付款子系统中录入并审核付款单，根据审核后的付款单制单并核销采购发票

8. 委托代销业务

委托代销业务，是指企业将商品委托其他企业进行销售，发出商品但商品所有权仍归本企业所有。待委托代销商品销售后，受托代销方开具结算单与企业进行结算，企业开具销售发票，商品所有权转移给代销方，此时企业确认销售收入，结转销售成本。处理流程如表 1-11 所示。

表 1-11 委托代销业务处理流程

业务员	操作系统	操作流程
销售员	销售管理	（1）填制并审核委托代销销售订单
		（2）参照委托代销销售订单生成委托代销发货单（或直接填制）
仓管员	库存管理	（3）参照委托代销发货单生成销售出库单并审核（如果在系统参数中设置了自动生成销售出库单的话，则会自动生成销售出库单）
会计	存货核算	（4）根据委托代销发货单记账并制单，生成如下凭证。借：委托代销商品　　贷：库存商品
销售员	销售管理	（5）结算时，参照委托代销发货单生成委托代销结算单，若是部分结算，可以修改结算数量。审核生成的委托代销结算单，会自动生成销售发票
会计	应收款管理	（6）审核销售发票并制单，分录如下。借：应收账款　　贷：主营业务收入　　　　应交税费-应交增值税（销项税额）
	存货核算	（7）对委托代销销售发票记账并制单，凭证如下。借：主营业务成本　　贷：委托代销商品
出纳	应收款管理	（8）收款时，录入收款单
会计	应收款管理	（9）审核收款单，核销销售发票并制单

9. 月末结账

月末结账是将当月的单据数据封存，并将当月的销售数据记入有关账表中。只有在销售管理子系统月末结账后，库存管理、存货核算和应收款子系统才能进行月末结账。进行月末结账时，需要注意以下 4 个问题。

（1）本月还有未审/复核单据时，仍可月末结账，但结账前应检查当月工作是否已全部完成，否则会遗漏某些业务。年底结账时，所有单据必须审核才能结账。

（2）月末结账之前要进行数据备份，否则数据发生错误，将造成无法挽回的后果。

（3）结账须按月连续进行。上月未结账，不影响本月日常业务处理，但本月不能结账。

（4）结账后不允许再对该会计期的销售单据进行增加、修改、删除处理。执行月末结账后，如果发现本月操作有误，可执行取消结账，修改后再结账。取消结账前，应先通知库存管理、存货核算和应收款系统的操作人员，要求他们的系统取消月末结账。不允许跳月取消月末结账，只能从最后一个月逐月取消。

1.6　了解库存管理子系统

库存管理子系统是供应链管理的重要子系统，能够满足采购入库、销售出库、产成品入库、材料出库、其他出入库、盘点管理等业务需要，提供仓库货位管理、批次管理、保质期管理、出库跟踪入库管理、可用量管理等全面的业务应用。库存管理子系统可以单独使用，也可以与采购管理子系统、销售管理子系统、存货核算子系统集成使用，发挥更加强大的应用功能。

一、库存管理系统的主要功能

库存管理子系统的主要功能包括初始设置、日常业务处理、库存控制、信息查询和期末处理。

1. 初始设置

库存管理子系统的初始设置主要包括参数设置、期初数据录入。

2. 日常业务处理

库存管理子系统的日常业务处理主要包括生成或填制各种出入库单据并进行审核，对存货的入库数量、出库数量、结存数量进行计算管理，处理调拨业务、盘点业务等。

3. 库存控制

库存管理子系统支持批次管理、保质期管理及预警、不合格品管理、最高最低库存管理及预警，对超储、短缺、呆滞积压、超额领料等情况进行记录与报警。

4. 信息查询

库存管理子系统可以提供现存量查询、出入库流水账、库存台账、呆滞积压备查簿、不合格品台账、批次台账等。另外，还能够从多角度进行储备分析，提供统计汇总表。

5. 期末处理

库存管理子系统的期末处理主要是月末结账和年末结账。

二、库存管理子系统日常业务处理

从库存业务环节看，库存管理子系统提供的日常业务处理功能主要包括入库业务、出库业务、调拨业务、盘点管理、限额领料业务、组装拆卸业务、形态转换、不合格品管理、货位调整等。

1. 入库业务处理

仓库收到采购入库或生产入库的货物，仓管员验收货物的规格型号、质量、数量等，确认无误后办理入库手续，并登记库存账。入库业务单据主要包括采购入库单、产成品入库单和其他入库单。

（1）采购入库单

采购入库单是根据采购到货签收的实收数量填制的单据。采购入库单一般指采购原材料（工业企业）、商品（商业企业）验收入库时所填制的入库单据。采购入库单按进出仓库方向分为蓝字采购入库单（采购入库时）、红字采购入库单（采购退货时）。按业务类型，采购入库单可以处理普通采购入库，也可以处理受托代销入库（商业企业）。当采购、库存管理子系统集成应用时，采购入库单可以根据到货单、采购发票等生成并审核；当库存管理子系统单独使用时，采购入库单则在库存管理子系统中直接录入并审核。

（2）产成品入库单

只有工业企业有产成品入库单，商业企业没有此单据。产成品入库单一般指产成品完工验收入库时所填制的入库单据，是工业企业入库单据的主要部分。产成品由于是自制品，一般在入库时无法确定产品的总成本和单位成本，所以在填制产成品入库单时，一般只有数量，没有单价和金额。产成品入库单输入后应进行审核，产（半）成品入库单（红字）一般指产成品验收入库后由于某种原因需要退回入库部门所填制的单据，在生产入库/产成品入库单中，找到需要退库的入库单，单击【回冲】按钮生成。

（3）其他入库单

其他入库单是指除采购入库、产成品入库之外的其他入库业务形成的入库单，如调拨入库、盘盈入库、组装拆卸入库、形态转换入库等业务形成的入库单。其他入库单一般由系统根据其他业务单据生成或手工填制。填制其他入库单后需要审核。

2．出库业务处理

库存子系统的出库业务一般包括销售出库、材料出库和其他出库。出库业务的单据包括销售出库单、材料出库单、其他出库单。

（1）销售出库单

销售出库单一般指产成品（工业企业）、商品（商业企业）销售出库时所填制的出库单据。销售出库单在库存系统用于核算存货出库数量，传递到存货核算子系统中用于核算存货出库成本（如果存货核算系统参数设置中销售成本的核算方式是销售出库单）。销售出库单按进出仓库方向分为蓝字销售出库单（销售出库时）、红字销售出库单（销售退货时）；按业务类型，销售出库单可以处理普通销售出库、委托代销出库、分期收款出库。当销售、库存管理子系统集成应用时，销售出库单可以手工填制并审核，或参照发货单、销售发票等单据生成并审核（可以修改出库数量）。如果在销售系统参数设置中勾选了销售生成出库单，则生成的出库单数量不能修改，即一次销售一次发货。

（2）材料出库

对于工业企业，当从仓库中领用材料用于生产时，就需要填制材料出库单，商业企业没有材料出库单。材料出库单可以手工增加，可以配比出库，或根据限额领料单生成。

当材料出库时，首先在库存管理子系统中录入材料出库单，审核材料出库单，然后在存货核算系统中根据材料出库单进行出库存货的成本核算。

借：生产成本等（蓝字）

  贷：原材料（蓝字）

当材料退库时，首先在库存管理子系统中录入材料出库单（红字），审核材料出库单（红字）。然后在存货核算系统中根据材料出库单（红字）进行出库存货的成本核算。

借：生产成本（红字）

  贷：原材料（红字）

（3）其他出库业务

其他出库业务指除销售出库、材料出库之外的其他出库业务，如调拨出库、盘亏出库、组装拆卸出库、形态转换出库、不合格品记录等业务形成的出库业务。其他出库业务的出库单一般由系统根据其他业务单据自动生成，也可手工填制。其他出库单也需审核。

三、其他业务处理

其他业务指除入库业务、出库业务之外的其他库存管理业务，包括库存调拨业务、存货盘点业务、组装与拆卸业务、形态转换业务等。

1. 调拨业务

调拨业务是指用于仓库之间存货的转库业务或部门之间的存货调拨业务。如果调拨单的转出部门和转入部门不同，则为部门之间的调拨业务；当调拨单的转出部门和转入部门相同，但转出仓库和转入仓库不同，则为仓库之间的转库业务。调拨单可以手工录入，也可以参照生产订单填制。根据生产订单生成调拨单，可以解决将车间作为虚拟仓库进行处理的业务，即从仓库领料时，先做调拨单，将材料调拨到车间的仓库，车间用料时再做材料出库单或限额领料单进行领料。

调拨业务的处理，首先需要在库存管理子系统中录入调拨单并审核。调拨单审核后生成其他出库单、其他入库单。然后在库存系统中审核生成的其他出库单、其他入库单。

2. 盘点业务

企业应对存货进行定期或不定期清查，做到账实相符，保证库存资产的安全和完整。如果有存货盘盈、盘亏、损毁，需查明数量及原因，并据以编制存货盘点报告表，按规定处理程序，经有关部门批准后，进行相应的账务处理，从而调整存货账存数，使其与库存实物相符。盘点时系统提供多种盘点方式，包括按仓库盘点、按批次盘点、按类别盘点、对保质期临近多少天的存货进行盘点等，还可以对各仓库或批次中的全部或部分存货进行盘点。

盘盈、盘亏后，审核盘点单时，自动根据盘点表生成其他出入库单，业务号为盘点单号，单据日期为当前的业务日期。当盘盈时，生成一张其他入库单，业务类型为盘盈入库。当盘亏时，生成一张其他出库单，业务类型为盘亏出库。盘点单弃审时，同时删除生成的其他出入库单，如果生成的其他出入库单已审核，则相对应的盘点单不可弃审。

在盘点前应注意以下 4 点。

（1）盘点前将所有出入库的单据处理完毕，并将所有已办理实物出入库但未输入的出入库单输入本系统，否则账面数量会不准确。盘点表中的账面数为增加盘点表那一时刻，库存管理系统中该仓库、该存货的现存量，是系统中该仓库、该存货的账面结存数减去销售系统中已开具发货单或发票但未生成出库单的数量。

（2）从开始盘点到结束盘点前，不应再办理实物出入库业务。新增盘点表后，也不应再输入出入库单、发货单及销售发票等单据。

（3）盘点表中的盘点数量不应包括委托代管或受托代管的存货，盘点前应将所有委托代管或受托代管的存货进行清查，并将这些存货与记录在账簿上需盘点的存货加以区分。

（4）如果上次盘点表未审核，则该盘点表上的存货不可再进行盘点，否则系统提示错误。例如，上次盘点表中为乙库中的 F 存货，该盘点表未审核，如果想新增盘点表，则新增的盘点表中不能有 F 存货，其他存货可以进行盘点。如果想盘点 F 存货，须将第一张盘点表审核或删除后才可以重盘。

盘点时需参照如下业务流程。

（1）打印空盘点表，进行实物盘点，并将盘点结果记录在盘点表的盘点数和原因中。

（2）选择盘点方式，增加一张新的盘点表。实物盘点完成后，根据实物盘点表，将盘点结果输入计算机的盘点表中。

（3）打印盘点表，并将打印出的盘点报告按规定程序报经有关部门批准。将经有关部门批准后的盘点表进行审核处理。

3. 组装与拆卸业务

当企业存货涉及组装与拆卸业务时，存货包括3种形态：散件、配套件和成套件。组装指将多个散件组装成一个配套件的过程，拆卸指将一个配套件拆卸成多个散件的过程。配套件和散件之间是一对多的关系，配套件由多个存货组成，在产品结构中设置它们之间的关系，用户在组装、拆卸之前应先进行产品结构定义，否则无法进行组装。配套件可以组装、拆卸，而成套件不能组装、拆卸。很多商品既可单独出售，又可拆卸销售，例如，计算机可以整机销售，又可将显示器、主机、键盘等单独出售，既可以将显示器、主机等组装成计算机销售，又可以将组装好的计算机进行拆卸，只出售主机。

组装业务应参照如下流程：在库存系统中录入组装单并审核，审核后系统会自动生成配套件的其他入库单和散件的其他出库单，然后审核生成的其他入库单、其他出库单。在存货核算系统中对其他出库单和其他入库单进行记账、制单。

拆卸业务应参照如下流程：在库存系统中录入拆卸单并审核，审核后系统会自动生成配套件的其他出库单和散件的其他入库单，审核自动生成的其他出库单、其他入库单。在存货核算系统中对其他出库单、其他入库单进行记账、制单。

四、形态转换业务

一些存货在存储过程中，由于环境或本身原因，形态会发生变化，由一种形态转化为另一种形态，从而引起存货规格和成本的变化，在库存管理中需对此进行管理记录。例如，特干烟丝变为普通烟丝；煤块由于风吹、雨淋，天长日久变成了煤渣；活鱼由于缺氧变成了死鱼等。库管员需根据存货的实际状况填制形态转换单，报请主管部批准后进行调账处理。

形态转换业务参照如下流程：在库存管理子系统中录入形态转换单并审核（只能手工录入），形态转换单审核后生成其他出库单、其他入库单，审核生成的其他出库单、其他入库单。

1. 限额领料单

对于管理比较严格的工业企业，只靠配比出库功能并不能满足企业在领料出库方面的管理需要，用户可以采用限额领料单加强管理。限额领料单可以手工填制，在ERP系统中也可以根据物料需求计划系统的生产订单生成，具体操作流程如下。

（1）在库存管理的【材料出库】/【限额领料】中，手工新增限额领料单。

（2）在限额领料单的表头选择产品和对应BOM版本号/替代标识，系统提示是否展开到末级，单击【是】按钮，录入表头的数量和表体的出库仓库，单击【保存】按钮。

（3）单击菜单栏的【领料】按钮，修改"本次出库数量"后，单击【保存】按钮。

（4）单击菜单栏的【分单】按钮，保存后提示该单据分单成功。

（5）单击菜单栏的【签收】按钮。签收的进行要在分单后审核前。

（6）单击菜单栏的【审核】按钮，提示【审核将使本次出库数为零，是否继续？】，单击【是】按钮后，提示【单据审核成功，本次出库数量已清空】，此时系统自动生成材料出库单。限额领料单审核后可以再次分单领料。

可以先分单再领料，也可以先领料再分单。二者的区别在于，分单前领料输入的是本次领用数量，分单后领料则修改实际出库数。分单前领料不修改生产加工单对应的材料出库单，而分单后领料则要同时修改材料出库单。

五、月末结账

月末结账是将每月的出入库单据逐月封存，并将当月的出入库数据记入有关账表中。当库存管理、采购管理和销售管理集成使用时，只有在采购管理、销售管理结账后，库存管理才能结账。当库存管理和存货核算集成使用时，只有库存管理结账后，存货核算才能结账。在进行月末结账时，需要注意以下5个问题。

（1）结账只能每月进行一次，结账后本月不能再填制单据。

（2）结账前用户应检查本会计月工作是否已全部完成，只有在当前会计月所有工作全部完成的前提下，才能进行月末结账，否则会遗漏某些业务。

（3）月末结账前要进行数据备份，否则数据一旦发生错误，将造成无法挽回的后果。

（4）没有期初记账，将不允许月末结账。

（5）上月未结账，本月单据可以正常处理日常业务，但本月不能结账。只能从未结账的第一个月逐月结账，不允许跳月结账。月末结账后将不能再做已结账月份的日常业务，只能做未结账月份的日常业务。

1.7 了解存货核算子系统

存货核算是从资金的角度管理企业存货的收、发、存，用于核算企业的入库成本、出库成本、结存成本，把各类存货成本归集到各成本项目和成本对象上，掌握存货的收发、领退和结余情况，反映和监督存货资金的占用情况，为企业的成本核算提供基础数据。它可以与采购管理子系统、销售管理子系统、库存管理子系统集成使用，发挥更加强大的应用功能，也可以只与库存管理子系统联合使用，还可以单独使用。

一、存货核算子系统的主要功能

存货核算子系统的主要功能包括系统初始化、日常业务、业务核算、财务核算、信息查询和期末处理。

1. 初始化

存货核算子系统的初始化主要包括参数设置、科目设置、期初数据录入及期初记账。

2. 日常业务

存货核算子系统的日常业务主要是各种出入库单和调整单的录入、修改及成本计算，主要包括采购入库单、其他入库单、销售出库单、其他出库单、入库调整单、出库调整单、系统调整单、发出商品借方调整单、发出商品贷方调整单、价格调整单。在单独使用本系统时，可以录入和修改各种出入库单、调整单；与采购、销售、库存等系统集成使用时，日常业务只可对单据进行修改。可以查询各种出入库单据、调整单据。

3. 业务核算

业务核算功能是指对单据进行出入库成本计算、记账、暂估成本录入、结算成本处理、期末处理、月末结账等。

（1）单据记账

单据记账包括正常单据记账、发出商品记账、直运销售记账、特殊单据记账等，用于将各种单据登记入账，将单据内容登记在存货明细账、差异明细账、受托代销商品明细账、受托代销商品差价账等账簿中。

（2）恢复记账

恢复记账用于将已登记明细账的单据恢复到未记账状态。如果单据已生成凭证，则不能恢复记账，应先删除所生成的凭证，再恢复记账。

当与采购系统集成使用时，暂估回冲处理的单据恢复记账后，单据成为暂估状态，应重新进行暂估回冲处理。

（3）暂估处理

暂估处理包括暂估成本录入、结算成本处理。暂估成本录入指由于外购入库的货物发票未到，没有单价的采购入库单在这里进行暂估单价录入。结算成本处理指暂付入库后续，按照选择的暂估处理方式进行回冲或者补差处理。系统提供三种方式来处理暂估业务：月初回冲、单到回冲、单到补差。三种回冲方式均需要进行结算成本处理，依据用户在系统选项"暂估方式"中的选项进行处理。

（4）产成品成本分配

产成品成本分配是对已入库未记明细账的产成品入库单批量分配成本，可随时进行，只有工业企业用户具备此功能。用户可以根据手工计算的当期生产成本直接录入成本。如果启用了成本核算系统，也可从成本核算系统取得成本，自动填入入库单，同时提供清除已分配的数据功能。产成品成本分配完成后退出，用户进行记账生成凭证。

（5）平均单价计算

平均单价计算用于随时了解本月的加权平均单价，以及以前月份全月加权平均单价，只有按全月加权平均法计价的仓库才能使用本功能。进行期末处理后所计算的加权平均单价，用于计算出库成本，平时查询到的平均单价不是本月的最终结果。

（6）差异率计算

如果存货采用计划价/售价方式计算出库成本，则需要计算存货各月份的出入库差异率，以便随时了解存货差异率，其功能包括计算本月差异率、查询以前月份差异率、查询以前月份的差异结转单。只有按计划价或售价核算的仓库、部门，存货核算系统才能使用本功能。如果存货采用计划价/售价计价方式计算出库成本，那么在执行期末处理时，系统自动计算各存货的"差异率/差价率"，然后根据"计划金额*差异率"，计算差异额，生成差异结转单。

4. 财务核算

财务核算是指在业务核算记账后，生成凭证，并可对生成的凭证进行查询、修改、删除、冲销等操作。存货核算系统生成的记账凭证会自动传递到总账系统，实现财务和业务的一体化，在总账系统中可以查询，但不能修改和删除。存货核算系统中已经删除的凭证，在总账系统中可以查询，通过总账系统的凭证整理功能可以彻底删除该凭证。

（1）生成凭证

生成凭证用于对本月已记账单据生成凭证，并通过凭证查询功能对财务核算中生成的凭证进行查询、修改、删除和冲销，所生成的凭证也可在总账系统中查看。

（2）与总账对账

与总账对账针对的是存货科目，核对存货核算系统与总账系统的存货账户在各月份借方、贷方发生额、数量以及期末结存的金额、数量是否一致。

5. 存货跌价准备核算

在会计核算过程中，存货的范围比较宽，有在途物资、原材料、包装物、在产品、低值易耗品、库存商品、产成品，委托加工物资、委托代销商品、分期收款发出商品等，企业应当定期或者至少于每年年度结束，对存货进行全面清查，如存货陈旧过时或销售价格低于成本，应将存货成本不可收回的部分，提取存货跌价准备。在会计期末，企业的存货应按照"成本与可变现净值孰低"的原则进行计量并计提相应的存货跌价准备，以反映期末存货的真实价值。存货是否需要计提跌价损失、关键取决于存货所有权是否属于本企业、存货是否处于加工或使用状态。凡是所有权不属于本公司所有的存货，不需要计提存货跌价损失，如受托代销商品；凡是处于加工或使用过程中的存货不需要计提货跌价损失，如委托加工物资、在产品（存货实物形态及数量不容易确定）、在用低值易耗品（价值低且已摊入成本）等。

（1）跌价准备设置

在进行存货跌价业务处理前，可以先进行跌价准备设置，按照存货分类设置跌价准备科目"存货跌价准备"及计提费用科目"资产减值损失"等（受托代销商品不设置）。如不设置，则可以在制单时手工录入。

（2）跌价准备期初

在第一次计提存货跌价准备之前，需要录入各存货跌价准备余额，录入后需要审核。如果有期初存货跌价准备单未审核，不允许计提货跌价准备。

（3）计提跌价准备并制单

计提跌价准备时，需要在计提跌价处理单中选择存货并输入可变现价格，然后保存并审核，再根据计提跌价处理单制单。

（4）存货跌价准备与总账对账

相关操作人员可以在总账凭证记账之后，进行跌价准备与总账对账，否则会显示对账不平。

6. 信息查询

存货核算子系统可以查看账簿、汇总表、分析表。账簿包括流水账、明细账、发出商品明细账、个别计价明细账、总账、计价辅助数据；汇总表包括入库汇总表、出库汇总表、差异分摊表、收发存汇总表、暂估材料/商品余额表、发出商品汇总表；分析表包括存货周转率分析、ABC成本分析、库存资金占用规划、库存资金占用分析、入库成本分析等。

7. 期末处理

当日常业务全部完成后，对已完成日常业务的仓库/部门/存货做处理标志，存货核算的期末处理内容主要包括以下4点。

（1）计算存货的全月加权平均单价及本月出库成本。

（2）计算存货差异率/差价率及本月的分摊差异/差价。

（3）选择要处理的仓库、部门或存货，系统自动显示应期末处理的会计月份。

（4）如果要根据期末处理后结存数量为零，结存金额却不为零的存货，自动生成出库调整单，则可以选择"结存数量为零金额不为零自动生成出库调整单"选项，选择该选项后，期末处理后会显示零数量/成本一览表。

（5）完成月末结账和年末结账工作。

二、存货核算子系统日常业务处理

1．入库业务

入库业务指企业外部采购物资形成的采购入库、生产车间加工产品形成的产成品入库及盘点、调拨单、调整单、组装、拆卸等业务形成的其他入库。

入库业务处理流程如下。

（1）当存货核算子系统单独应用时，在存货核算系统中直接录入各种入库单。如果同时启用库存管理系统，各种入库单在库存管理系统中录入或生成，但一般只录入存货数量，而单价和金额是在存货核算子系统中填写的。如果同时启用采购管理系统，采购入库单的单价和金额可通过采购结算自动给出。如果同时启用成本管理系统，且在成本管理系统中的系统选项中选择直接材料来源于存货系统，则在材料出库单记账后，成本管理系统通过取数功能得到存货系统中的材料出库数据，通过成本管理系统中对料、工、费的分配，得到完工入库产品的成本。存货核算系统因此可以通过产成品成本分配功能取得成本管理系统中产成品的成本，对产成品入库单进行批量分配成本，填入入库单。

（2）在【存货核算/业务核算】中根据各种入库单进行记账。

（3）在【存货核算/财务核算】中根据各种入库单生成凭证，并将记账凭证传递至总账系统。

2．出库业务

出库业务单据包括销售出库形成的销售出库单、车间领用材料形成的材料出库单以及盘点、调整、调拨、组装、拆卸等形成的其他出库单。出库业务的处理流程如下。

（1）当存货核算子系统单独应用时，在存货核算系统中直接录入各种出库单。当存货核算、库存管理系统集成应用时，各种出库单在库存管理系统中录入或生成，但一般只有存货数量，而单价和金额可以在存货核算子系统中填写。

（2）在【存货核算/业务核算】中根据各种出库单进行记账。对于未填写出库成本的出库单，系统会按照该存货的计价方法自动计算出库成本。如果对存货采用全月加权平均法核算，此时不能计算出库成本，只有到月末成本处理后才能得到平均单价和出库成本。

（3）在【存货核算/财务核算】中根据各种出库单生成凭证，并将记账凭证传递至总账系统。

3．调整业务

调整业务包括入库调整业务和出库调整业务，调整业务单据包括出入库调整单、系统调整单及价格调整单。

（1）入库调整单

入库调整单是对存货的入库成本进行调整的单据，它只调整存货的金额，不调整存货的数量。它用来调整当月的入库金额，并相应调整存货的结存金额，可针对单据进行调整，也可针对存货进行调整。根据不同核算方式，入库调整单的处理规则如下。

① 个别计价法核算的仓库不能做入库调整业务。

② 在用计划价或售价核算时，调整金额记入差异账或差价账中，形成一笔差异调整。

③ 在用实际价核算时，调整金额记入存货明细账中，形成一笔存货调整。调整单据时，被调整单据号应输入本月单据号，记账时，查找对应的单据并调整对应存货的金额。

④ 在用全月平均方式核算时，系统自动调整本月对应入库单据上存货的入库成本，即现入库成本=原入库成本+调整金额。

⑤ 在用移动平均方式核算时，系统自动调整本月对应入库单据上存货的入库成本，并重新计算明细账中调整记录以下的出库成本及结存成本，并回填出库单。

⑥ 在用先进先出或后进先出方式核算时，系统自动调整本月对应入库单据上存货的入库成本，并重新计算明细账中该入库单所对应的出库成本，并回填出库单。

⑦ 在用计划价或售价方式核算时，系统自动调整本月对应入库单据上存货的入库成本差异，现入库成本差异=原入库成本差异+调整差异。

（2）出库调整单

出库调整单是对存货的出库成本进行调整的单据，它只调整存货的金额，不调整存货的数量。它用来调整当月的出库金额，并相应调整存货的结存金额，只能针对存货进行调整，不能针对单据进行调整。调整单记账时，在明细账中会有一笔只有金额没有数量的记录。

根据不同核算方式，出库调整单的处理规则如下：个别计价法核算的仓库不允许进行出库调整。在用计划价方式核算时，调整金额记入差异账或差价账中，形成一笔差异调整。在用实际价核算时，调整金额记入存货明细账中，形成一笔存货调整。

（3）系统调整单

用户可修改系统自动生成的出入库调整单。生成调整单来源有单据记账、存货结算成本处理和期末处理。在进行单据记账时，用户可以选择"账面负结存时入库单记账自动生成出库调整单"。在进行结算成本处理时，生成入库调整单或出库调整单。期末处理自动生成调整单。

（4）计划价/售价调整单

系统提供计划价/售价随时调整的功能，并于调整后自动计算调整差异/差价并记账。

4. 假退料业务

假退料指月末或某些产品制造完毕后，对于已领未用但以后仍需使用的材料，只办理退库手续，实际并不退库的退料办法，制作假退料单进行成本核算，其业务处理规则如下。

在存货核算系统录入假退料单，业务类型为"假退料"，数量为"负数"。对假退料单在【单据记账】处记账，进行出库成本核算，系统将计算出的结果记入存货明细账，同时记计价辅助账（假退料单记账或期末处理时成本的核算方法同材料出库单）。在月末结账时，根据当月已记账的假退料单自动生成假退料的回冲单，数量、金额的符号与假退料单相反，单据号同原假退料单单号，日期是下个月的第一天。假退回冲单月末结账时自动记账，记账时成本的核算方法同材料出库单。恢复月末结账时，则将假退料单生成的蓝字回冲单一起恢复。在下月处理时，在【生成凭证】处，选择蓝字回冲单制单，将上月凭证冲销。

如果用户在选项中选择"先进先出法或后进先出法下，假退料单不记入计价库"，则假退料单记账及假退料回冲单记账时都不记入计价辅助数据，否则要记入计价辅助数据，参与成本计算。如果是个别计价核算的存货，假退料单和假退料的回冲单记账时不能指定对应的入库单，其他单据也不能指定假退料单和假退料的回冲单。

第2章 账套创建与管理

学习要点
- 了解系统管理的作用及功能。
- 熟练掌握企业账套的创建方法及创建过程中各选项的含义。
- 熟练掌握增加与设置操作员、操作员权限分配、账套引入与输出等操作。

2.1 了解企业背景资料

浙江华盛商贸有限公司（简称华盛商贸），是专门从事服装、配饰销售的商贸企业，公司法人代表为李国华。

一、企业概况

企业开户银行及账号等信息如下。
人民币：中国工商银行杭州市滨江支行　　账号：2300316600055011598
美　元：中国工商银行杭州市滨江支行　　账号：2300316600066660016
纳税识别号：91330105571115568　　电话及传真：0571-81998599，0571-81998588
公司地址：浙江省杭州市滨江区滨和路9588号　　邮编：310000

二、会计核算要求

1. 科目设置及辅助核算要求

日记账：库存现金、银行存款。
银行账：银行存款/工行存款（人民币）、银行存款/工行存款（美元）。
客户往来：应收票据/银行承兑汇票、应收票据/商业承兑汇票、应收账款/人民币、应收账款/美元、预收账款/人民币、预收账款/美元。
供应商往来：应付票据/商业承兑汇票、应付票据/银行承兑汇票、应付账款/一般应付款、应付账款/暂估应付款（一般应付款设置为受控于应付系统，暂估应付款设置为不受控于应付系统）、预付账款、其他应付款/职工个人往来、受托代销商品款。

2. 会计凭证的基本规定

凭证类别采用单一格式的复式记账凭证。录入或生成"记账凭证"均由指定的会计人员操作，含有库存现金和银行存款科目的记账凭证均需出纳签字。如果要修改已记账的凭证，只能采用红字冲销法。为保证财务与业务数据的一致性,能在业务系统生成的记账凭证不得在总账系统直接录入。在根据原始单据生成记账凭证时,除特殊规定外不采用合并制单。出库单与入库单原始凭证以软件系统生成的为准。除指定业务外,收到发票同时支付款项的业务使用现付功能处理,开出发票同时收到款项的业务使用现结功能处理。

3. 结算方式

公司采用的结算方式包括现金、支票、托收承付、委托收款、银行汇票、商业汇票、电汇等。收、付款业务由财务部门根据有关凭证进行处理,当系统中没有对应的结算方式时,其结算方式为"其他"。

4. 外币业务的处理

公司按业务发生当日的即期汇率记账,根据期末汇率按月计算汇兑损益。

5. 存货业务的处理

公司存货主要包括各种服装、配饰、箱包等,按存货分类进行存放。各类存货按照实际成本进行核算,采用永续盘存制。对库存商品采用"数量进价金额核算法",发出存货成本计价采用"先进先出法",对于采购入库存货,对方科目全部使用"在途物资"科目,对于委托代销商品成本,使用"发出商品"科目,对于受托代销商品,使用"受托代销商品"科目,对于受托代销入库存货,对方科目使用"受托代销商品款"科目。存货按业务发生日期逐笔记账并制单,暂估业务除外。同一批出入库业务合并生成一张记账凭证。主要涉及的单据有采购、销售业务必有订单(订单号与合同编号一致)、出入库业务必有发货单和到货单。

在存货核算制单时,不允许选择"已结算采购入库单自动选择全部结算单上单据,包括入库单、发票、付款单,非本月采购入库按蓝字报销单制单"选项。新增客户或供应商编码采用连续编号的方式。

6. 税费的处理

公司为增值税一般纳税人,增值税税率为16%,按月交纳,按当期应交增值税的7%计算城市维护建设税,按3%计算教育费附加,按2%计算地方教育费附加。企业所得税采用资产负债表债务法,企业所得税的计税依据为应纳税所得额,税率为25%,按月预计,按季预交,全年汇算清缴。交纳税费按银行开具的原始凭证编制记账凭证。

7. 财产清查的处理

公司每年年末需对存货及固定资产进行清查,根据盘点结果编制"盘点表",然后与账面数据进行比较,由库存管理员审核后进行处理。

8. 坏账损失的处理

除应收账款外,其他的应收款项不计提坏账准备。每年年末,按应收账款余额百分比法计提坏账准备,提取比例为0.5%。

9. 损益类账户的结转

每月的月末将各损益类账户余额转入"本年利润"账户,结转时按收入和支出分别生成记账凭证。

10. 利润分配

根据《中华人民共和国公司法》及公司章程,公司税后利润按以下顺序分配。

（1）弥补亏损；
（2）按 10%提取法定盈余公积；
（3）按 30%向投资者分配利润。

2.2 创建账套

账套是指一组相互关联的数据。用户可以为每一个独立核算的单位建立一个账套，ERP-U8 最多可以建立 999 套账。账套的创建与管理通过系统完成，系统的主要功能是账套建立与管理、用户权限设置和财务分工、系统安全管理等，此外，还可以对软件的各个模块进行统一的管理和数据维护。系统管理的使用者为企业的信息管理人员，主要包括系统管理员、安全管理员和账套主管。

系统管理员主要负责整个应用系统的总体控制和维护工作，可以管理系统中所有的账套。以系统管理员的身份注册进入系统，可以进行账套的建立、引入和输入等操作，可以设置操作员和权限、清除异常任务、监控信息系统安全等。系统管理员的工作性质偏技术，不能参与企业实际业务的处理工作。会计信息系统中一般会预置默认的系统管理员及口令，企业在正确安装应用系统后，应及时更改系统管理员的密码，以保障系统的安全性。

2.2.1 增加操作员

【业务内容】

2019 年 1 月 1 日，浙江华盛商贸有限公司首次使用用友 ERP-U8 系统建立企业账套，用户信息如表 2-1 所示。请以系统管理员【admin】的身份登录系统，增加用户信息。

表 2-1 操作员及权限分工

操作员编号	操作员姓名	隶属部门	职务	操作分工
101	李国华	经理室	总经理	账套主管
201	马芸	财务部	财务经理	（1）总账-凭证（审核凭证、查询凭证）、账表、期末（对账、结账） （2）UFO 报表
202	郝贤	财务部	会计	（1）基本信息 （2）总账-凭证【凭证处理（填制凭证）、查询凭证、记账】、账表、期末 （3）应收款管理、应付款管理 （4）UFO 报表系统 （5）固定资产系统 （6）供应链-存货核算
203	梅丽	财务部	出纳	（1）总账-凭证（出纳签字）、出纳 （2）应收-日常处理【收款单据处理（卡片编辑、审批中修改、卡片删除、卡片查询、列表查询、销售定金转出、选择收款）、票据管理】 （3）应付-日常处理【付款单据处理（卡片编辑、审批中修改、卡片删除、卡片查询、列表查询、选择付款）、票据管理】

续表

操作员编号	操作员姓名	隶属部门	职务	操作分工
301	梁燕	采购部	业务员	供应链-采购管理
401	杨明	销售部	业务员	供应链-销售管理
501	王娜	仓储部	库管员	(1) 基本信息-公共单据、公用目录 (2) 供应链-库存管理

【操作指导】

1. 登录系统管理

执行【开始/所有程序/用友 U8 V10.1/系统服务/系统管理】命令,打开【系统管理】窗口。执行【系统/注册】命令,打开【登录】对话框。在【登录】对话框中输入服务器,此处为默认;输入操作员【admin】;密码为空;选择系统默认账套【(default)】。单击【登录】按钮,以系统管理员的身份进入系统,如图 2-1 所示。

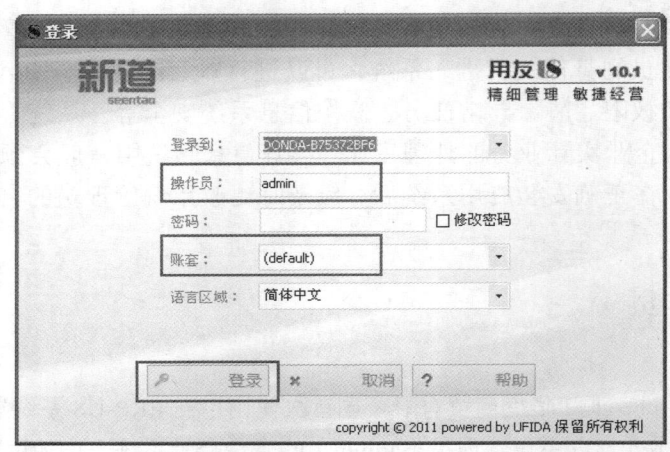

图 2-1

注意事项

系统管理员的初始密码为空。如果需要为系统管理员设置密码,操作步骤如下:打开系统,单击【系统-注册】,在登录对话框中勾选【修改密码】复选框,单击【登录】按钮,打开【设置用户密码】对话框,在【新密码】和【确认新密码】文本框中输入新密码,最后单击【确定】按钮。

2. 增加和设置操作员

以系统管理员的身份登录系统,执行【权限/用户】命令,打开【用户管理】窗口。单击【增加】按钮,打开【操作员详细情况】对话框,录入编号"101"、姓名为"李国华"、所属部门为"经理室",在【所属角色】列表中勾选"账套主管"前的复选框,如图 2-2 所示。单击【增加】按钮,再按表 2-1 所示的资料依次设置其他用户。设置其他用户时,【所属角色】列表中的选项不选择。设置完毕后单击【取消】按钮,如图 2-3 所示,关闭【用户管理】窗口。

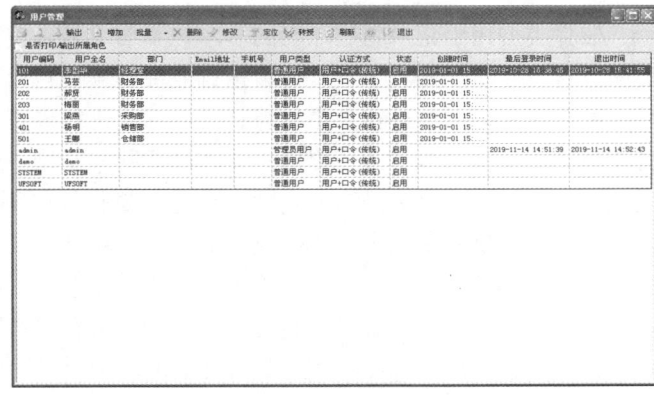

图 2-2　　　　　　　　　　　　　　图 2-3

> **注意事项**
> ① 在增加用户时可以直接指定用户所属角色，如指定李国华为【账套主管】。
> ② 由于系统中已经为预设的角色赋予了相应的权限，因此，如果在增加用户时就指定相应的角色，则用户就自动拥有了该角色的所有权限。如果该用户所拥有的权限与该角色的权限不完全相同，可以在【权限】功能中进行修改。
> ③ 注意：此处设置用户角色为【账套主管】，则该用户就是系统内所有账套的账套主管。
> ④ 如果存在用户使用过系统后又被调离单位的情况，可以在用户管理窗口中单击【修改】按钮，在【修改用户信息】对话框中单击【注销当前用户】按钮，然后单击【确定】按钮，该用户将无权再进入系统。

2.2.2　创建账套

创建账套，就是在财务软件中为本单位建立一套符合核算要求的账簿文件，并根据具体情况进行账套参数的设置，软件将按照这些参数自动建立一套"账"，将来进行系统的数据输入、处理、输出时，数据的内容和形式由账套的基础参数决定，主要参数如下。

1. 账套信息

已存账套是系统内现有的账套，可以下拉列表框的形式显示出来，用户可以参照，但不能修改。账套号是系统用于区分不同核算账套的编号，具有唯一性，U8 软件中"账套号"的范围是 001～999。账套名称用于输入新建账套的名称及核算单位的名称，以便在显示和打印账簿、报表时使用。账套路径是新建账套储存在系统中的路径，有的软件会指定某一路径为系统默认路径，用户不能改变，但大多数软件允许用户自行指定账套路径。启用会计期一般为某一月份，启用日期一旦设定便不能更改，用于明确账务处理的起始点。如果不选择启用会计期，系统会默认设置系统当前时间为启用会计期。

2. 单位信息

单位信息用于输入新建账套的基本信息，主要包括单位名称、单位简称、单位地址、法人代表、邮政编码、联系电话、传真和税号等内容，其中单位名称必须输入，在打印发票时使用。

3. 核算类型

核算类型用于记录新建账套的基本核算信息，主要包括本位币代码、本位币名称、企业类型、行业性质、账套主管、是否按行业性质预设科目等内容。通常系统默认的记账本位币是人民币，如果需要进行外币核算，可以在此进行设置。企业类型用于明确核算单位特定经济业务的类型，一般系统会提供工业和商业两种类型。如果选择工业类型，系统则不能处理受托代销业务；如果选择商业类型，委托代销业务和受托代销业务都能处理。

行业性质是系统用来明确新建账套采用哪种会计制度的重要信息，选择不同的行业性质，实行不同的会计核算，行业性质的选择将决定企业使用哪种一级会计科目。通常系统会将工业、商业、交通运输、金融、高校、新会计制度科目等现行行业会计制度规定的会计科目预设在系统内，供用户选择使用，如表2-2所示。

表2-2 行业性质及特点

行业性质	特点	一级科目编码	科目大类
小企业会计准则（2013年）	财政部2013年推出，一级科目较2007年新准则科目简化很多，不包括大企业和特殊行业的会计科目	四位	五类
2007年新会计制度科目	根据财政部2007年实施的新企业会计准则制定，一级科目最完整，包含金融企业特殊会计科目	四位	六类
新会计制度科目	根据财政部2000年推出的新企业会计制度制定，一级科目相对完整，不含金融企业特殊会计科目	四位	五类
分行业会计制度科目	根据财政部1993年推出的行业会计制度制定	三位	五类

账套主管是系统指定的本账套的负责人，一般可以是财务副总或会计主管。设置账套主管是为了便于对该账套的管理，明确会计核算人员的职责和权利。设置是否按行业性质预设科目，是为了方便用户预置所属行业的标准一级会计科目，用户可以自行决定是否选择该项。

4. 基础信息

基础信息主要包括存货、客户、供应商是否分类，以及是否有外币核算等内容。如果企业的存货、客户、供应商相对较多，可以对其进行分类管理。在进行基础信息设置时，如果选择对存货、客户、供应商进行分类，必须先设置分类，然后才能设置存货、客户、供应商的档案；如果不选择分类，可以直接设置存货、客户、供应商的档案。

5. 分类编码方案

编码方案是指在对会计科目、企业部门、结算方式、客户分类、地区分类、存货分类等进行编码时，编码的设置方案，有助于使用单位对数据进行分级核算，它通常采用群码方案，群码方案是一种分段组合编码，每一段有固定的位数。编码方案由级次和级长两部分组成，级次表示编码共分几段，级长表示每级编码的数字位数。例如，科目编码方案为422，则表示科目编码分三段（三个级次），每一段的级长依次是4、2、2，那么，（一级科目）应交税费的编码为 4 位——2221，（二级科目）应交增值税在一级科目的基础上加上 2 位——2221 01，（三级科目）进项税额在二级科目的基础上再加上 2 位——2221 01 01。

6. 数据精度

数据精度是指定义数据的小数位数，用户可以根据具体情况进行设置，可以到企业应用平台中修改。

7. 系统启用

会计信息系统由若干子系统构成，企业会计核算涉及哪些子系统，即可对其启用。总账子系统是会计信息系统中的核心子系统，一般情况下需要启用。对于暂不需要启用的子系统，在有需要时可以再到企业应用平台中启用。

【业务内容】

创建账套，2019 年 1 月 1 日浙江华盛商贸有限公司的建账信息如下。

账套号：001；账套名称：浙江华盛商贸有限公司；启用日期：2019 年 1 月 1 日；

公司地址：浙江省杭州市滨江区滨和路 9588 号；法人代表：李国华；邮编：310000；

电话：0571-81998599；传真：0571-81998588；公司纳税识别号：913301055711155568；

本币：人民币；企业类型：商业企业；行业性质：2007 年新会计制度科目；

基础信息：存货、客户、供应商是否分类（是），是否有外币核算（是）；

编码方案：科目编码级次 4-2-2-2，收发类别编码次级 1-2，其他采用系统默认；

数据精度：采用系统默认；启用总账、应收、应付、固定资产、采购、销售、库存、存货核算系统。

【操作指导】

（1）以系统管理员【admin】的身份注册进入系统，执行【账套/建立】命令，打开【创建账套】对话框，选择【新建空白账套】单选钮，然后单击【下一步】按钮。在【创建账套-账套信息】对话框中，输入账套号为"001"，账套名称为"浙江华盛商贸有限公司"启用会计期为"2019 年 1 月"，如图 2-4 所示。

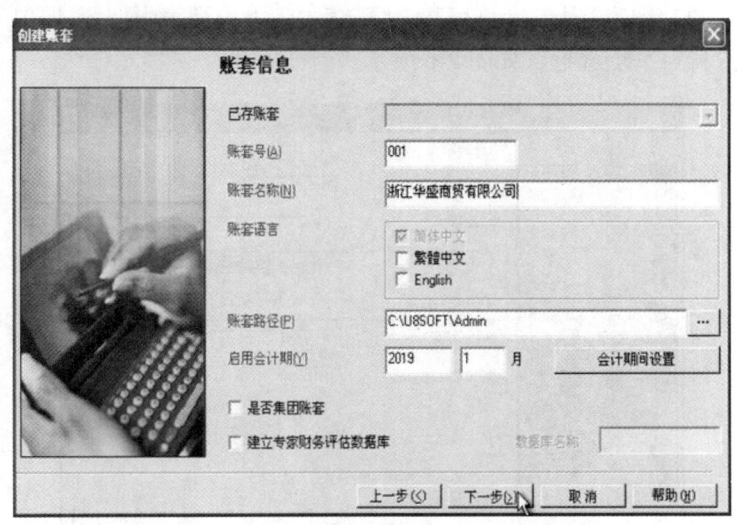

图 2-4

注意事项

① 账套号是账套的唯一标识，可以自行设置 3 位数字作为账套号，但不允许与已存在的账套的账套号重复，并且不允许修改。账套名称可以由账套主管在系统管理中的修改账套功能中进行修改。

② 系统默认的账套路径是用友 U8V10.1 的安装路径，可以进行修改。

③ 建立账套时，启用会计期会自动默认为系统日期，使用者应根据所给资料修改日期，这将会影响企业的系统初始化及日常业务处理等操作。

（2）单击【下一步】按钮，打开【创建账套-单位信息】对话框，依次输入单位名称和单位地址等信息，如图 2-5 所示。

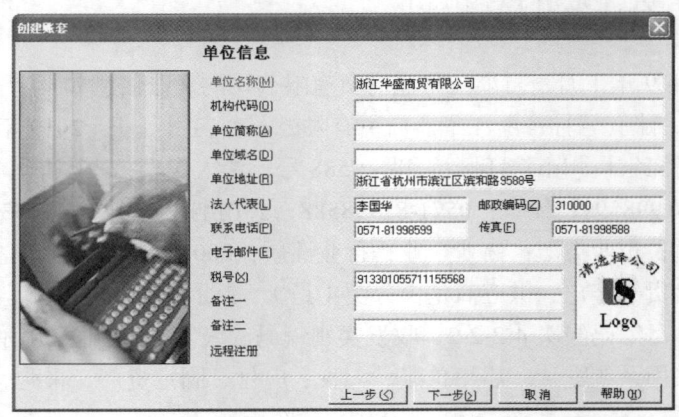

图 2-5

注意事项

单位信息中的单位名称是必须录入的。必须录入的信息以蓝色字体标识（下同）。单位名称应录入企业的全称，以便打印发票时使用。

（3）单击【下一步】按钮，打开【创建账套-核算类型】对话框。选择企业类型为"商业"，行业性质选择"2007 年新会计制度科目"，从账套主管下拉列表中选择"101 李国华"，勾选"按行业性质预置科目"复选框，如图 2-6 所示。

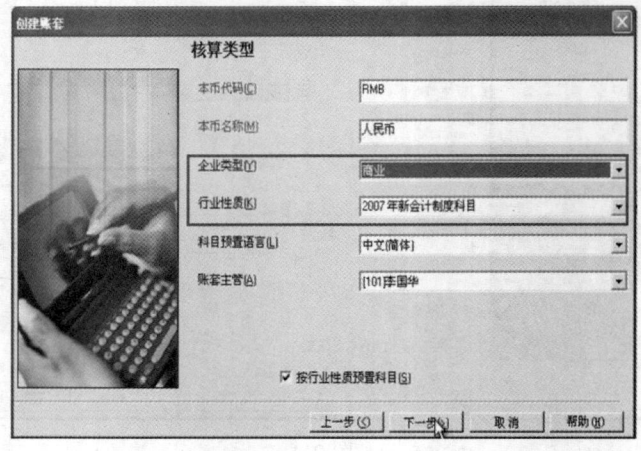

图 2-6

注意事项

① 行业性质将决定系统预置科目的内容，必须选择正确。如果选择了按行业性质预置科目，则系统会根据您所选择的行业类型自动添加国家规定的一级科目。

② 如果建账前增加了用户，则可以在此处选择该用户为该账套的账套主管，如果建账前未设置用户，那么建账过程中可以先选 demo 默认用户作为该账套的主管，待账套建立完成后再到【权限】功能中进行账套主管的设置。

（4）单击【下一步】按钮，打开【创建账套-基础信息】对话框。勾选"存货是否分类""客户是否分类""供应商是否分类""有无外币核算"复选框，如图 2-7 所示。

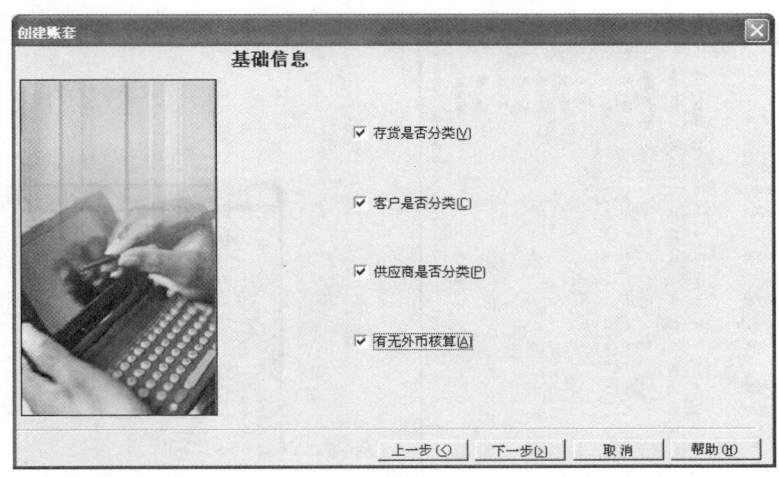

图 2-7

注意事项

① 是否对存货、客户及供应商进行分类会影响档案的设置，开设供应链的企业需对上述三项进行分类。有无外币核算将会影响基础信息设置及日常能否处理外币业务。

② 如果基础信息设置错误，可以由账套主管在修改账套功能中进行修改。

（5）单击【下一步】按钮，打开【创建账套-开始】对话框，如图 2-8 所示。

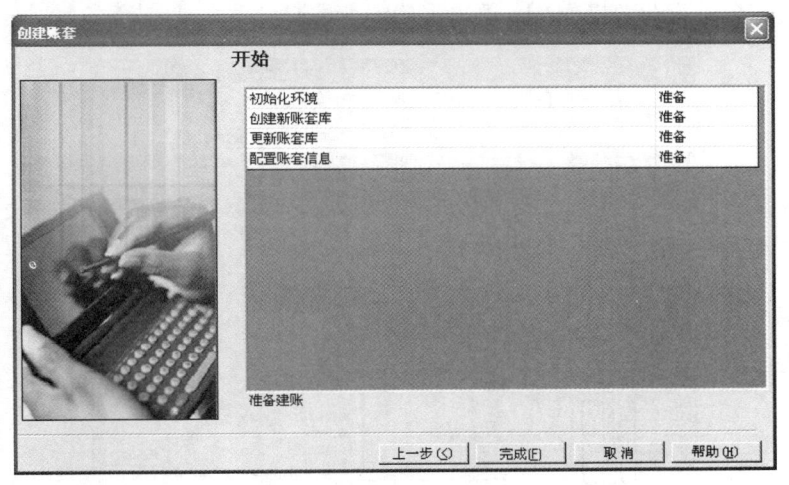

图 2-8

（6）单击【完成】按钮，系统弹出提示【可以创建账套了么？】，单击【是】按钮，系统自动开始创建账套。建账需要一段时间，请耐心等待。建账完成后，自动打开【编码方案】对话框，用户可以按照账套资料修改分类编码方案，如图2-9所示。

注意事项

① 删除编码次级时，必须从最后一级向前依次删除。

② 编码方案的设置，将会直接影响基础信息设置中相应内容的编码次级及每级编码的位长。

（7）单击【确定】按钮，再单击【取消】按钮，打开【数据精度】对话框，如图2-10所示。默认系统预置的数据精度的设置，单击【取消】按钮，系统提示【建账成功】。

图 2-9

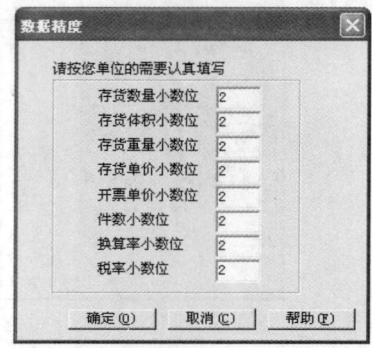

图 2-10

（8）单击【是】按钮，打开"系统启用"窗口，依次启用"总账""应收款管理""应付款管理""固定资产""销售管理""采购管理""库存管理""存货核算"子系统。勾选所需子系统前面的复选框，弹出【日历】对话框，启用日期选择2019年1月1日，如图2-11所示，单击【确定】按钮。系统全部启用后单击【退出】按钮，结束建账过程，系统弹出提示【请进入企业应用平台进行业务操作!】，单击【确定】按钮。

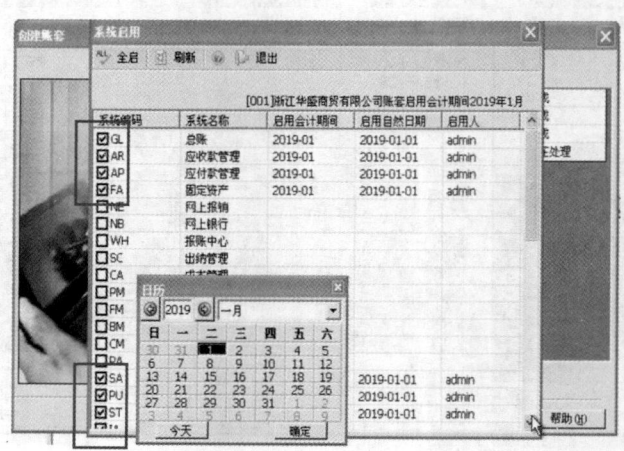

图 2-11

注意事项

① 采购系统的启用月份必须大于等于应付系统的未结账月。

② 销售系统的启用月份必须大于等于应收系统的未结账月，并且应收系统未录入当月发票。如果已经录入发票，则必须先删除发票。

③ 在采购系统先启用，库存系统后启用时，如果库存系统启用月份已有根据采购订单生成的采购入库单，则库存系统不能启用。

④ 启用库存系统之前，必须先审核未审核的发货单和先开具但未审核的发票，否则库存系统不能启用。

⑤ 在销售先启用，库存系统后启用时，如果库存系统启用日期之前的发货单有对应的库存系统启用日期之后的出库单，则必须先删除此类出库单，并在库存系统启用日期之前生成这些出库单，然后才能启用库存系统。

⑥ 由于采购管理系统中有固定资产采购业务，因此需要启用固定资产系统并进行相关设置。如果未启用固定资产系统，则在供应链系统中录入采购订单、到货单、采购入库单等单据时无法选择资产类存货。

⑦ 启用系统有两种方法，一种是由系统管理员（admin）在建立账套时直接启用，另一种是由账套主管在企业应用平台的基本信息中启用。

2.2.3 设置操作员权限

为了保证系统及数据的安全性与保密性，系统一般提供角色管理、用户管理以及权限管理等功能。企业需要对系统中所有的操作人员进行分工，设置各自相应的操作权限，如对某个操作员设定账务子系统中出纳的全部权限，那么该操作员注册进入账务子系统后，只拥有出纳管理的全部权限，而不能使用其他功能。只有系统管理员和该账套的账套主管才有权进行权限设置，但两者的权限又有区别，系统管理员可以指定某账套的账套主管，还可以对各个账套的用户进行权限设置；账套主管只可以对所管辖账套的用户进行权限设置。

【业务内容】

2019年1月1日，根据表2-1所示，为各用户设置权限。

【操作指导】

以系统管理员【admin】的身份登录系统，执行【权限/权限】命令，打开"操作员权限"窗口。在右边的下拉列表中选择【001】账套。在左侧的用户列表中，选中【201 马芸】。单击【修改】按钮，按照权限分工（表2-1）设置权限，单击【保存】按钮，如图2-12所示。再以此方法依次设置其他人员的权限。

2.2.4 取消所有记录及数据权限控制

【业务内容】

取消仓库、工资权限、科目及用户的权限控制。

【操作指导】

以账套主管【101】的身份登录企业应用平台，执行【系统服务/权限/数据权限控制设置】命令，打开"数据权限控制设置"窗口。取消勾选"仓库""工资权限""科目""用户"前的"是否控制"复选框，单击【确定】按钮，如图2-13所示。

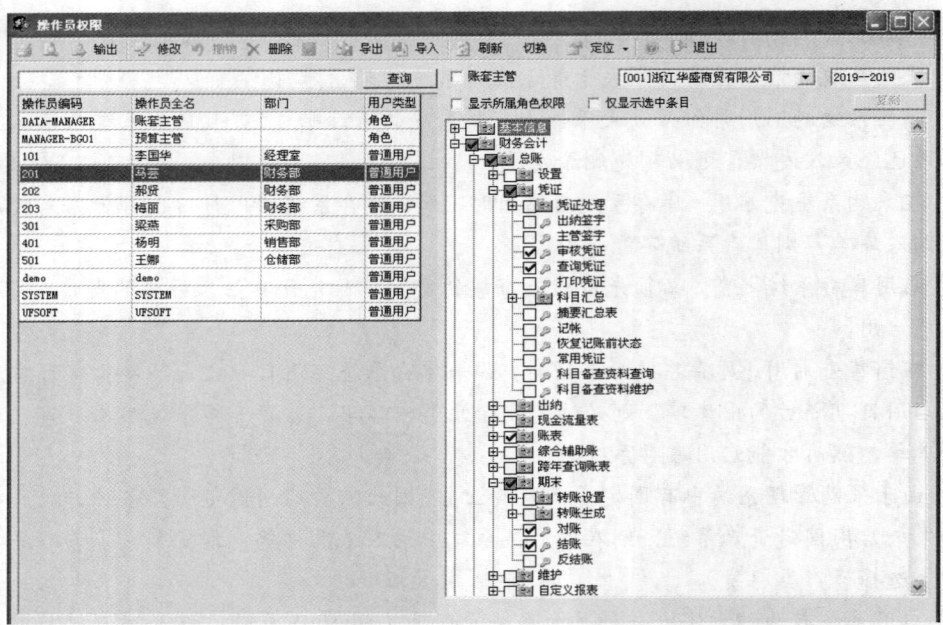

图 2-12

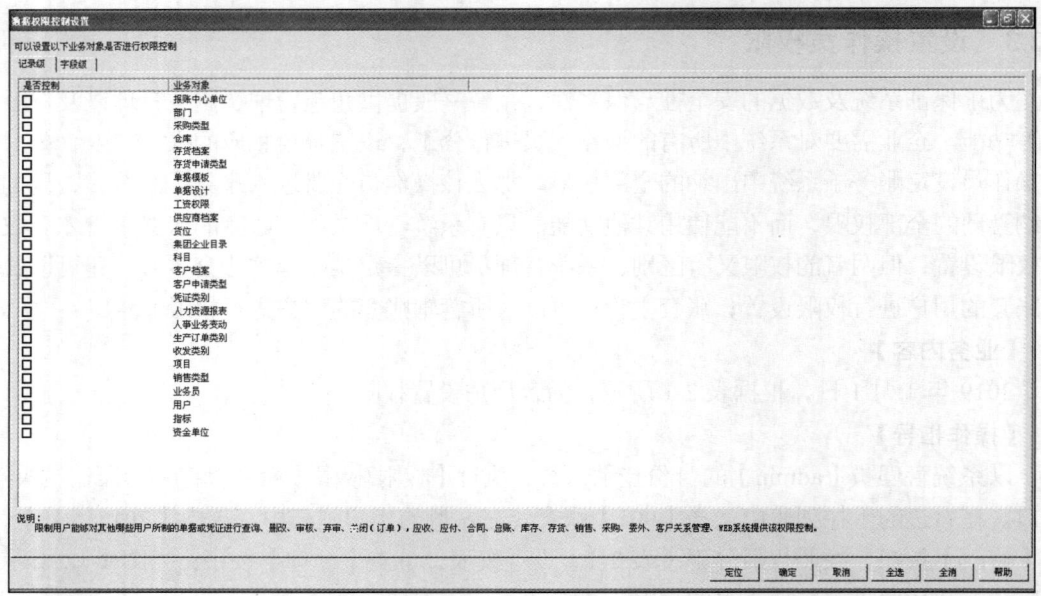

图 2-13

2.2.5 账套备份

在用友软件中,备份称为输出,恢复称为引入。账套输出成功后会形成两个文件,其中 UfErpAct.Lst 为账套信息文件,UFDATA.bak 为账套数据文件。

【业务内容】

在硬盘当中建立账套备份文件夹,把账套【浙江华盛商贸有限公司】的数据输出(备份)保存到该文件夹中。

【操作指导】

在硬盘当中建立相应的账套备份文件夹。以系统管理员的身份登录系统,执行【账套/输出】命令,打开【账套输出】对话框,在账套号中选择账套号,输出文件位置选择已建立的文件夹,如图2-14所示,单击【确认】按钮。请耐心等待一下,系统要对所要备份的账套数据进行压缩处理,输出完成后系统会弹出提示【输出成功】。

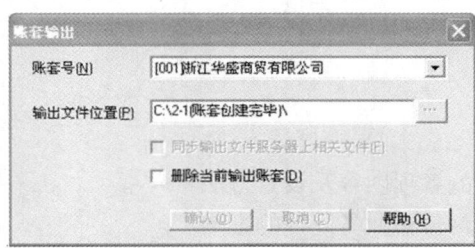

图 2-14

注意事项

① 可在备份时勾选"删除当前输出账套"复选框,在输出成功时,系统会提示【是否删除当前账号】,单击【是】按钮即可删除当前账套。

② 引入账套时,执行【账套/引入】命令,在【选择账套备份文件】对话框中,选择 LST 文件,然后单击【确定】按钮。

第 3 章　基础信息和基础档案设置

学习要点
- 了解基础档案设置的各项内容及设置方法。
- 理解设置基础档案对日常业务处理的影响。

用友 ERP-U8V10.1 管理软件为各系统的运行提供了一个统一的基础数据管理平台。基础档案是系统日常业务处理所必需的基础材料，是系统运行的基石，一个账套的若干个子系统共享公用的基础档案信息。

3.1　机构人员档案设置

提示：在录入基础档案时，要遵循【增加/输入信息/保存】的操作步骤。如果录入的档案定义了类别，则要先录入分类，再录入档案。在录入档案时，档案编码要遵循创建账套时制定的编码规则。

【业务内容】

2019 年 1 月 1 日，以账套主管【101】的身份登录企业应用平台，增加表 3-1 部门档案、表 3-2 人员类别和表 3-3 人员档案的信息。

表 3-1　部门档案

部门编码	部门名称	部门编码	部门名称
1	经理室	4	销售部
2	财务部	5	仓储部
3	采购部		

表 3-2　人员类别

分类编码	分类名称
1011	管理人员
1012	采购人员
1013	销售人员

表 3-3　人员档案

部门	人员编码	人员姓名	雇佣状态	人员类别	性别	是否业务员
经理室	101	李国华	在职	管理人员	男	是
财务部	201	马芸	在职	管理人员	女	是

续表

部门	人员编码	人员姓名	雇佣状态	人员类别	性别	是否业务员
财务部	202	郝贤	在职	管理人员	女	是
	203	梅丽	在职		女	是
采购部	301	梁燕	在职	采购人员	女	是
	302	孙涛	在职		男	是
销售部	401	杨明	在职	销售人员	男	是
	402	陈亮	在职		男	是
仓储部	501	王娜	在职	管理人员	女	是

【操作指导】

1. 设置部门档案

在【基础设置】选项卡中，执行【基础档案/机构人员/部门档案】命令，打开"部门档案"窗口。单击工具栏中的【增加】按钮，输入部门编码为"1"，部门名称为"经理室"，单击【保存】按钮。以此方法按表3-1依次输入其他部门档案，操作结果如图3-1所示。

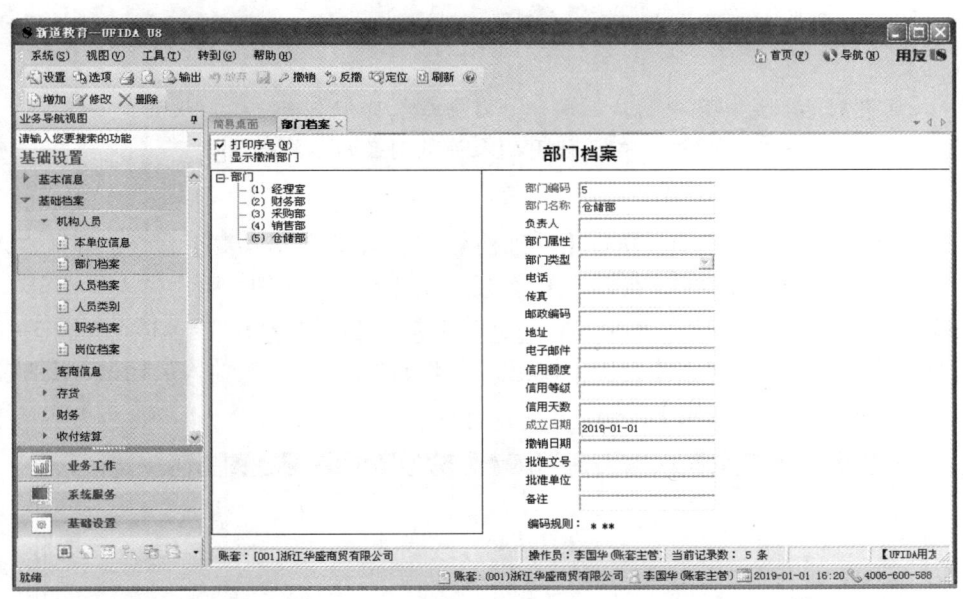

图 3-1

注意事项

部门编码必须符合在分类编码中定义的编码规则。由于此时还未设置人员档案，因此部门中的负责人暂时不能设置，如果需要设置，可以在完成人员档案设置后再回到部门档案中以修改的方式补充设置。

2. 设置人员类别

在【基础设置】选项卡中，执行【基础档案/机构人员/人员类别】命令，打开"人员类别"窗口。单击选择"正式工"类别，单击工具栏中的【增加】按钮，弹出"增加档案项"对话框，按表3-2输入"管理人员"类别，如图3-2所示，单击【确定】按钮。依次增加其他两类人员类别，如图3-3所示。

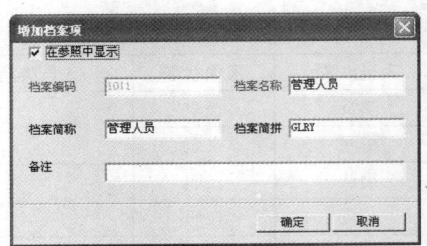

图 3-2

			人员类别							
	序号	档案编码	档案名称	档案简称	档案简拼	档案级别	上级代码	是否自定义	是否有下级	是否显示
人员类别 OR_CT000	1	1011	管理人员	管理人员	GLRY	1	101	用户	否	是
正式工	2	1012	采购人员	采购人员	CGRY	1	101	用户	否	是
合同工	3	1013	销售人员	销售人员	XSRY	1	101	用户	否	是
实习生										

图 3-3

注意事项

① 人员类别与工资费用的分配、分摊有关，工资费用的分配及分摊是薪资管理系统的一项重要功能。人员类别设置是为相应的入账科目做准备，可以按不同的入账科目需要设置不同的人员类别。

② 人员类别是人员档案中的必选项目，需要在人员档案建立之前设置。

③ 人员类别名称可以修改，但已使用的人员类别名称不能删除。

3. 设置人员档案

在【基础设置】选项卡中，执行【基础档案/机构人员/人员档案】命令，打开"人员列表"窗口。单击左侧窗口中的【经理室】，然后单击【增加】按钮，弹出"人员档案"窗口，按表 3-3 的资料录入"李国华"的信息，注意：勾选"是否业务员"复选框，如图 3-4 所示，单击【保存】按钮，然后单击【退出】按钮。以此方法依次输入其他人员档案，操作结果如图 3-5 所示，最后单击【退出】按钮。

图 3-4

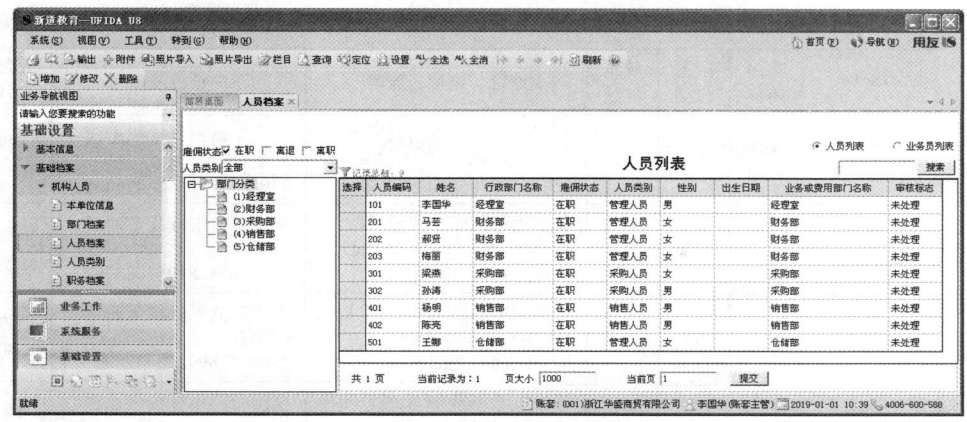

图 3-5

3.2 客商信息设置

【业务内容】

2019 年 1 月 1 日,以账套主管的身份登录企业应用平台,按表 3-4 增加地区分类、客户分类、供应商分类,按表 3-5 和表 3-6 分别增加客户档案、供应商档案信息。

表 3-4 地区分类、客户分类、供应商分类

地区分类编码	地区分类名称	客户分类编码	客户分类名称	供应商分类编码	供应商分类名称
01	本地	01	一般类	01	服装商
02	外地	02	代销类	02	配饰商
		03	共同类	03	箱包商
				04	综合类
				05	共同类

表 3-5 客户档案

客户编码	客户名称	客户简称	所属分类	所属地区	地址、电话、税号	开户银行及账号	分管部门业务员
0101	江苏信达超市有限公司	江苏信达	01	02	南京市雨花台区软件大道 9086 号,电话:025-65233718 913213098867326881	中国工商银行南京市雨花台支行 2100738536559988665	销售部 杨明
0102	浙江丰韵商贸有限公司	浙江丰韵	01	01	杭州市余杭区文一西路 8288 号,电话:0571-63043388 913316007657257836	中国工商银行杭州余杭支行 2300738125625533778	销售部 杨明
0103	上海福瑞百货有限公司	上海福瑞	01	02	上海市浦东新区东方路 1166 号,电话:021-63546123 913102780121209808	中国工商银行上海市东方路支行 2700851120355577889	销售部 杨明
0104	零散客户	零散客户	01				销售部 杨明
0201	浙江玉丽商贸有限公司	浙江玉丽	02	01	杭州市滨江区滨文路 9001 号,电话:0571-65066622 913303085625323160	中国工商银行杭州市滨江支行 2300738538122255665	销售部 杨明

续表

客户编码	客户名称	客户简称	所属分类	所属地区	地址、电话、税号	开户银行及账号	分管部门业务员
0202	浙江通顺商贸有限公司	浙江通顺	02	01	杭州市西湖区转塘凌家桥1888号，电话：0571-63022581 913301077852300908	中国工商银行杭州市西湖支行 2300538117915566668	销售部杨明
0301	北京达来商贸有限公司	北京达来	03	02	北京市朝阳区马甸裕民路1288号，电话：010-65003358 911133801231289025	中国工商银行北京朝阳分行 4301365428195568878	销售部杨明
0302	浙江伟伦超市有限公司	浙江伟伦	03	01	杭州市通惠路1999号，电话：0571-65355989 913309860162659568	中国工商银行杭州通惠路支行 2300657899238657890	销售部杨明
0303	浙江彩帛商贸有限公司	浙江彩帛	03	01	杭州市通惠路1132号，电话：0571-85652568 913306895631012355	中国工商银行杭州通惠支行 2300565909552255661	销售部杨明

表3-6 供应商档案

供应商编码	供应商名称	供应商简称	所属分类	所属地区	地址、电话、税号	开户银行及账号	分管部门业务员
0101	江苏拉贝服装有限公司	江苏拉贝	01	02	南京市雨花台区凤华路5818号，电话：025-29892816 913207757618257022	中国工商银行南京市雨花台支行 2100405180908899669	采购部梁燕
0102	浙江雅达商贸有限公司	浙江雅达	01	01	杭州市通惠路8018号，电话：0571-88906818 913301779011597016	中国工商银行杭州通惠支行 2300350007018899770	采购部梁燕
0201	浙江恒祥商贸有限公司	浙江恒祥	02	01	杭州市博学路2061号，电话：0571-65758999 913309950195689166	中国工商银行杭州博学支行 2300621886798877998	采购部梁燕
0301	浙江彩帛商贸有限公司	浙江彩帛	03	01	杭州市通惠路1132号，电话：0571-85652568 913306895631012355	中国工商银行杭州通惠支行 2300565909552255661	采购部梁燕
0401	浙江凯旋运输公司	浙江凯旋	04	01	杭州市博学路6186号，电话：0571-65356086 913309950192960126	中国工商银行杭州博学路支行 2300738152906655332	采购部梁燕
0501	浙江优依商贸有限公司	浙江优依	05	01	杭州市余杭区石塘西路1699号，电话：0571-89199909 913309950881166566	中国工商银行杭州余杭支行 2300681980156677889	采购部梁燕
0502	浙江伟伦超市有限公司	浙江伟伦	05	01	杭州市通惠路1999号，电话：0571-65355989 913309860162659568	中国工商银行杭州通惠路支行 2300657899238657890	采购部梁燕

【操作指导】

1. 地区分类

执行【基础设置/基础档案/客商信息/地区分类】命令，打开"地区分类"窗口。单击【增加】按钮，录入分类编码为"01"，分类名称为"本地"，单击【保存】按钮，依次录入其他地区，如图3-6所示。

2. 客户分类

执行【基础设置/基础档案/客商信息/客户分类】命令，打开"客户分类"窗口。单击【增加】按钮，输入分类编码为"01"，分类名称为"一般类"，单击【保存】按钮，依次录入其他分类,如图 3-7 所示。

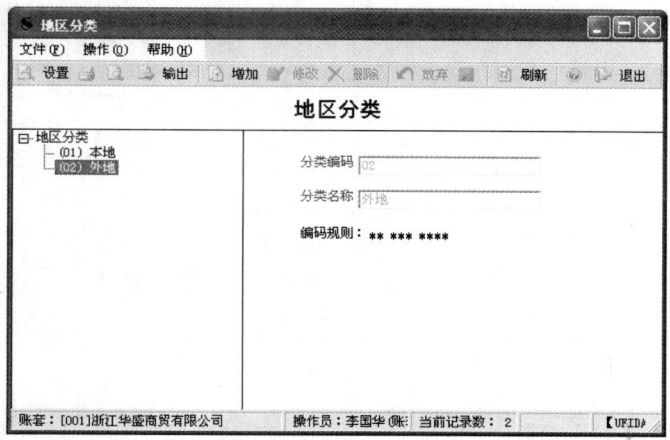

图 3-6

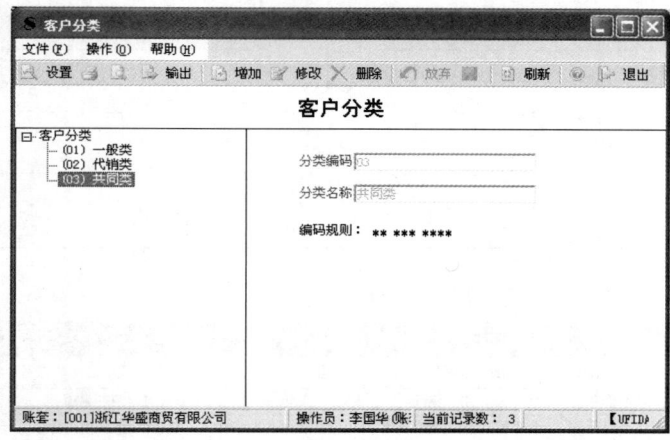

图 3-7

3. 增加客户档案

(1)执行【基础设置/基础档案/客商信息/客户档案】命令,打开"客户档案"窗口。窗口分为左右两部分,左窗口显示已经设置的客户分类。单击选中某一客户分类,右窗口会显示该分类所有的客户列表。

(2)单击工具栏中的【增加】按钮,打开"增加客户档案"窗口。窗口中包括 4 个选项卡,即基本、联系、信用和其他,用于对客户不同的属性分别进行归类记录。

(3)在"增加客户档案"窗口中,输入"客户编码""客户名称""客户简称""所属地区""所属分类""税号""分管部门""专管业务员""地址""电话"等信息,如图 3-8 和图 3-9 所示。

(4)单击左上角的【银行】按钮,打开"客户银行档案"窗口,输入相关信息,如图 3-10 所示。

(5)录入客户信息后,单击工具栏中的【保存】按钮。再依次录入其他客户档案,如图 3-11 所示。

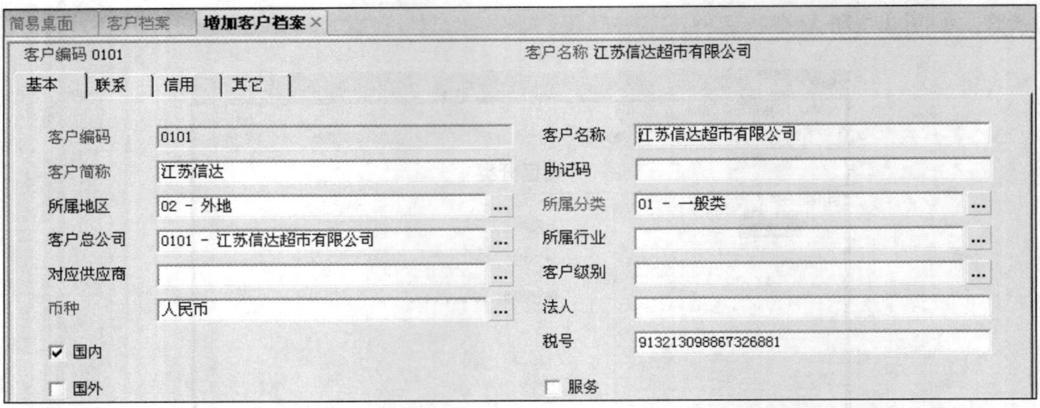

图 3-8

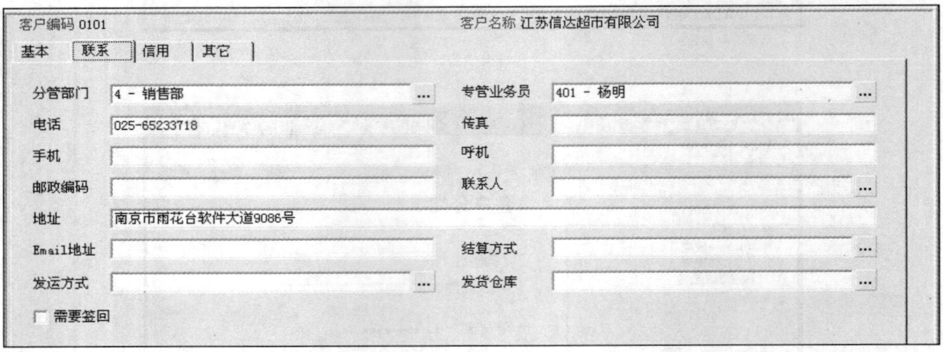

图 3-9

图 3-10

图 3-11

注意事项

① 在录入客户档案时，客户编码及客户简称必须录入，客户编码必须是唯一的。

② 对于客户是否分类，应在建立账套时确定，此时不能修改。如果需要修改，则只能在未建立客户档案的情况下，在系统管理中以修改账套的方式修改。

③ 设置客户的分管部门、专管业务员，这样在应收款管理系统填制发票等原始单据时，会自动根据客户显示部门及业务员信息。

4. 供应商分类

执行【基础设置/基础档案/客商信息/供应商分类】命令,打开"供应商分类"窗口。单击工具栏中的【增加】按钮,录入供应商分类编码为"01"、分类名称为"服装商",单击【保存】按钮,再依次录入其他分类,如图 3-12 所示。

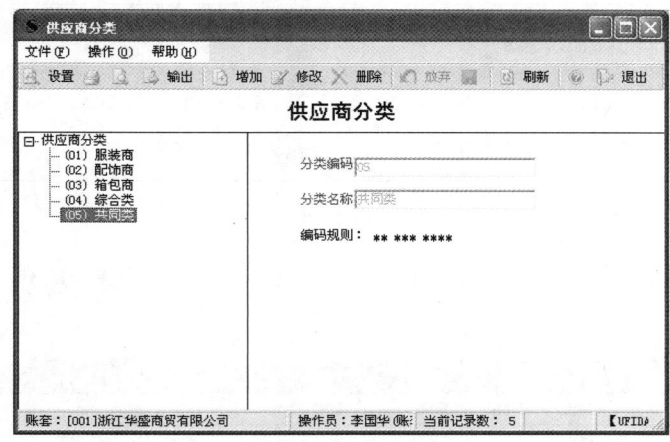

图 3-12

5. 增加供应商档案

(1)执行【基础设置/基础档案/客商信息/供应商档案】命令,打开"供应商档案"窗口。窗口分为左右两部分,左窗口显示已经设置的供应商分类。单击选中某一供应商分类,右窗口会显示该分类所有的供应商列表。

(2)单击工具栏中的【增加】按钮,打开"增加供应商档案"窗口。窗口中包括 4 个选项卡,即基本、联系、信用和其他,用于对供应商不同的属性分别进行归类记录。

(3)在"增加供应商档案"窗口中,输入"供应商编码""供应商名称""供应商简称""所属地区""所属分类""税号""分管部门""专管业务员""地址""电话"等信息,如图 3-13 和图 3-14 所示。

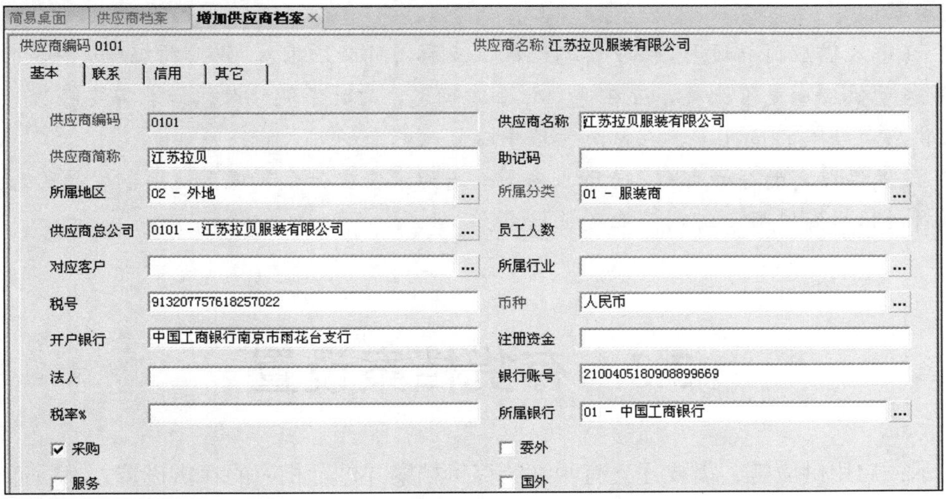

图 3-13

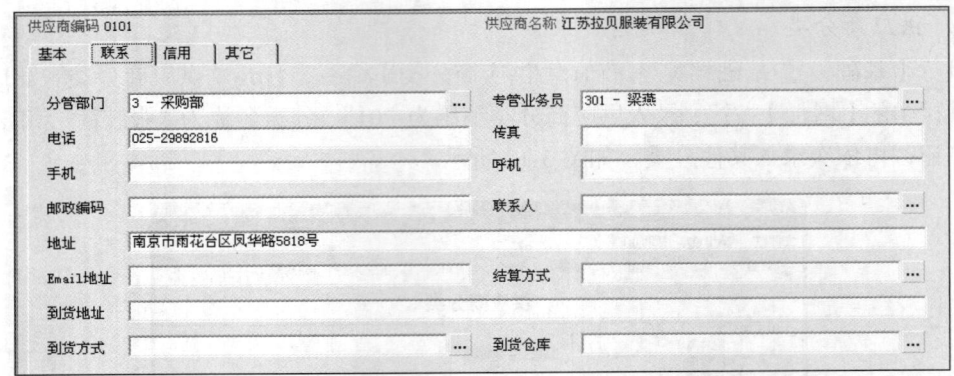

图 3-14

（4）单击窗口左上角的【银行】按钮，输入"供应商银行档案"的相关信息，如图 3-15 所示。

图 3-15

（5）录入客户信息后，单击【保存】按钮，依次录入其他客户档案，如图 3-16 所示。

图 3-16

注意事项

① 在录入供应商档案时，供应商编码及供应商简称必须录入，供应商编码必须是唯一的。

② 关于供应商是否分类，应在建立账套时确定，此时不能修改。如果需要修改，只能在未建立供应商档案的情况下，在系统管理中以修改账套的方式修改。

③ 设置供应商的分管部门、专管业务员，是为了在应付款管理系统填制发票等原始单据时，能自动根据客户显示部门及业务员信息。

3.3　存货档案设置

提示：启用供应链，需要建立有明细的存货档案并进行相应的存货设置，然后通过各种出入库单据来处理存货的出入库业务，这些出入库业务会自动生成凭证传到总账。

如果只启用了总账、应收应付等财务模块，则不需要设置存货分类、计量单位、存货档案等信息。用户可以在"原材料""库存商品""主营业务收入""主营业务成本"等科目下设置明细存货科目，然后通过直接填制凭证的方式来处理存货的出入库业务。

【业务内容】

2019年1月1日，请以账套主管【101】的身份登录企业应用平台，增加表3-7存货分类、表3-8计量单位和表3-9存货档案的信息。

表3-7 存货分类

编码	名称	编码	名称
01	服装类	08	赠品类
02	配饰类	09	应税劳务
03	箱包类		

表3-8 计量单位

计量单位组编码	计量单位组名称	计量单位组类别	计量单位编码	计量单位
01	自然单位组	无换算率	01	件
			02	条
			03	个
			04	双
			05	公里
			06	次

表3-9 存货档案

分类编码	存货分类	存货编码	存货名称	计量单位	税率	存货属性
01	服装类	0101	拉贝风衣	件	16%	内销、外销、外购
		0102	拉贝衬衫	件	16%	内销、外销、外购
		0103	拉贝棉衣	件	16%	内销、外销、外购
		0104	雅达西裤	条	16%	内销、外销、外购
		0105	雅达休闲裤	条	16%	内销、外销、外购
02	配饰类	0201	恒祥针织手套	双	16%	内销、外销、外购
		0202	恒祥针织帽	个	16%	内销、外销、外购
		0203	恒祥针织围巾	条	16%	内销、外销、外购
03	箱包类	0301	彩帛女包	个	16%	内销、外销、外购、受托代销
		0302	彩帛男包	个	16%	内销、外销、外购、受托代销
		0303	彩帛旅行包	个	16%	内销、外销、外购、受托代销
		0304	彩帛皮夹	个	16%	内销、外销、外购、受托代销
08	赠品类	0801	胸针	个	16%	内销、外销、外购
09	应税劳务	0901	运输费	公里	10%	内销、外销、外购、应税劳务
		0902	代销手续费	次	6%	内销、外销、外购、应税劳务

提示：在存货档案的录入过程中，遇到需要勾选"受托代销存货"属性的，必须提前在【业务工作/采购管理/设置/采购选项】中的"业务及权限控制"选项卡下选择"启用受托代销"选项，才能完成。（按企业开票习惯，代销手续费按"次"收费，运输公司长途运输按"公里"收费）

【操作指导】

1. 设置存货分类

使用账套主管【101】的身份登录企业应用平台,执行【基础设置/基础档案/存货/存货分类】命令,打开"存货分类"窗口,单击工具栏中的【增加】按钮。根据表3-7的存货分类信息设置存货分类,单击【保存】按钮,如图3-17所示。

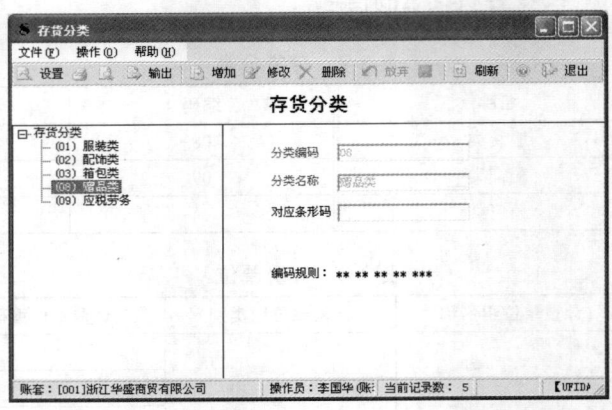

图 3-17

2. 设置存货计量单位

(1)执行【基础设置/基础档案/存货/计量单位】命令,打开"计量单位"窗口,单击【分组】按钮,打开"计量单位组"窗口,单击【增加】按钮,根据表3-8的计量单位信息,输入计量单位组编码为"01",计量单位组名称为"自然单位组"、计量单位组类别为"无换算率",单击【保存】按钮,如图3-18所示,最后单击【退出】按钮。

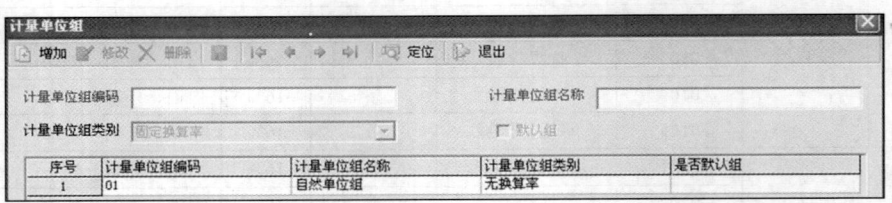

图 3-18

(2)选中左侧计量单位组列表中的【自然单位组】,单击【单位】按钮,然后单击【增加】按钮,根据表3-8的信息,依次输入"计量单位编码""计量单位名称",如图3-19所示,单击【保存】按钮,输入完成后,如图3-20所示。

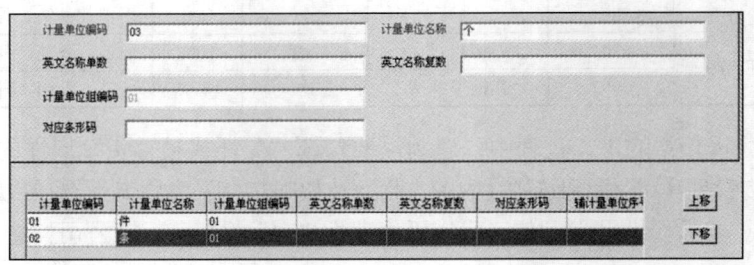

图 3-19

图 3-20

3. 设置存货档案

执行【基础设置/基础档案/存货/存货档案】命令，打开"存货档案"窗口，在窗口左侧选择存货分类为"服装类"，单击【增加】按钮，打开"增加存货档案"窗口，根据表 3-9 的存货档案信息，依次录入每个存货的"存货编码""存货名称""计量单位组""主计量单位"，根据表 3-9 的信息勾选"存货属性"中的复选框，单击【保存】按钮，如图 3-21 所示。所有存货输入完成后，如图 3-22 所示。

图 3-21

图 3-22

注意事项

① 如果只启用财务系统且并不在应收、应付系统中限制发票,则不需要设置存货档案。

② 在录入存货档案时,如果存货类别不符合要求,应重新进行选择。如果直接列示的计量单位不符合要求,应先将不符合要求的计量单位删除,再单击【参照】按钮,就可以在计量单位表中重新选择,也可以单击【参照】按钮,进入计量单位表中,单击【全部】按钮,再进行重新选择。

③ 存货档案中的存货属性必须选择正确,否则在业务系统中填制相应单据时,该存货不会在存货列表中显示。

④ 存货档案中可以填制存货成本信息,如果录入成本信息,在单据中就会自动列出存货的成本,或者在库存管理、存货核算系统的初始设置中会自动出现成本信息。如果不录入,可在后续单据或者库存管理、存货核算系统中填制。

⑤ 已录入停用日期的存货、供应商、客户档案,在到期时,不允许再做任何业务处理。

3.4 财务档案设置

【业务内容】

2019年1月1日,以账套主管的身份登录企业应用平台,设置凭证类别、外币、会计科目及项目核算信息。

(1)凭证类别设置:记账凭证。

(2)外币类型设置为美元,币符为USD,汇率类型为固定汇率,2019年1月的记账汇率为6.5。

(3)会计科目设置:如表3-10所示。

(4)指定科目设置:指定现金科目为库存现金,银行科目为银行存款。

表3-10 会计科目

科目编码	科目名称	操作	辅助核算	账页格式	余额方向	受控系统
1001	库存现金	修改	日记账	金额式	借	
1002	银行存款	修改	日记账、银行账	金额式	借	
100201	工行存款(人民币)	增加	日记账、银行账	金额式	借	
100202	工行存款(美元)	增加	日记账、银行账 外币核算(美元)	外币金额式	借	
1012	其他货币资金					
101201	存出投资款	增加		金额式	借	
101202	银行汇票存款	增加		金额式	借	
1101	交易性金融资产	修改	项目核算	金额式	借	
110101	成本	增加	项目核算 数量核算:股(份)	金额式	借	
110102	公允价值变动	增加	项目核算	金额式	借	
1121	应收票据	修改	客户往来	金额式	借	应收系统

续表

科目编码	科目名称	操作	辅助核算	账页格式	余额方向	受控系统
112101	银行承兑汇票	增加	客户往来	金额式	借	应收系统
112102	商业承兑汇票	增加	客户往来	金额式	借	应收系统
1122	应收账款					
112201	人民币	增加	客户往来	金额式	借	应收系统
112202	美元	增加	客户往来 外币核算（美元）	外币金额式	借	应收系统
1123	预付账款					
112301	人民币	增加	供应商往来	金额式	借	应付系统
112302	美元	增加	供应商往来 外币核算（美元）	外币金额式	借	应付系统
1221	其他应收款					
122101	职工个人往来	增加	个人往来	金额式	借	
1321	受托代销商品	修改		金额式	借	
1501	持有至到期投资	修改	项目核算	金额式	借	
150101	成本	增加	项目核算 数量核算：份	数量金额式	借	
150102	利息调整	增加	项目核算	金额式	借	
1503	可供出售金融资产	修改	项目核算	金额式	借	
150301	成本	增加	项目核算 数量核算：股（份）	数量金额式	借	
150302	公允价值变动	增加	项目核算	金额式	借	
2001	短期借款					
200101	工行杭州滨江支行	增加		金额式	贷	
2201	应付票据	修改	供应商往来	金额式	贷	应付系统
220101	银行承兑汇票	增加	供应商往来	金额式	贷	应付系统
220102	商业承兑汇票	增加	供应商往来	金额式	贷	应付系统
2202	应付账款					
220201	一般应付款	增加	供应商往来	金额式	贷	应付系统
220202	暂估应付款	增加	供应商往来	金额式	贷	不受控
2203	预收账款					
220301	人民币	增加	客户往来	金额式	贷	应收系统
220302	美元	增加	客户往来 外币核算（美元）	外币金额式	贷	应收系统
220303	销售定金	增加	客户往来	金额式	贷	不受控
220304	附条件销售款	增加	客户往来	金额式	贷	不受控
2211	应付职工薪酬					
221101	工资	增加		金额式	贷	
221102	社会保险费	增加		金额式	贷	
221103	住房公积金	增加		金额式	贷	
221104	工会经费	增加		金额式	贷	
221105	职工教育经费	增加		金额式	贷	
221106	职工福利费	增加		金额式	贷	
221107	非货币性福利	增加		金额式	贷	
2221	应交税费					

续表

科目编码	科目名称	操作	辅助核算	账页格式	余额方向	受控系统
222101	应交增值税	增加		金额式	贷	
22210101	进项税额	增加		金额式	借	
22210102	已交税金	增加		金额式	借	
22210103	减免税款	增加		金额式	借	
22210105	转出未交增值税	增加		金额式	借	
22210106	销项税额	增加		金额式	贷	
22210108	进项税额转出	增加		金额式	贷	
22210109	转出多交增值税	增加		金额式	贷	
222102	未交增值税	增加		金额式	贷	
222103	应交企业所得税	增加		金额式	贷	
222104	应交个人所得税	增加		金额式	贷	
222105	应交城建税	增加		金额式	贷	
222106	应交教育费附加	增加		金额式	贷	
222107	应交地方教育费附加	增加		金额式	贷	
2241	其他应付款					
224101	社会保险	增加		金额式	贷	
224102	住房公积金	增加		金额式	贷	
224103	应付售后回购款	增加	供应商往来	金额式	贷	不受控
2314	受托代销商品款	修改	供应商往来	金额式	贷	不受控
4104	利润分配					
410401	法定盈余公积	增加		金额式	贷	
410402	任意盈余公积	增加		金额式	贷	
410415	未分配利润	增加		金额式	贷	
6051	其他业务收入					
605101	受托代销手续费	增加		金额式	贷(收入)	
6601	销售费用					
660101	职工薪酬	增加		金额式	借	
660102	折旧费	增加		金额式	借	
660103	广告费	增加		金额式	借	
660104	运输费	增加		金额式	借	
660105	委托代销手续费	增加		金额式	借	
660106	赠品费用	增加		金额式	借	
660109	其他	增加		金额式	借	
6602	管理费用					
660201	职工薪酬	增加		金额式	借	
660202	折旧费	增加		金额式	借	
660203	办公费	增加		金额式	借	
660204	差旅费	增加		金额式	借	
660205	业务招待费	增加		金额式	借	
660209	其他	增加		金额式	借	
6603	财务费用					
660301	利息支出	增加		金额式	借	
660302	汇兑损益	增加		金额式	借	
660303	手续费及工本费	增加		金额式	借	
660304	现金折扣	增加		金额式	借	

（5）设置项目核算（见表3-11）。

表 3-11 项目核算信息

（1）项目大类	金融资产	
（2）核算科目	1101 交易性金融资产、110101 成本、110102 公允价值变动 1501 持有至到期投资、150101 成本、150102 利息调整 1503 可供出售金融资产、150301 成本、150302 公允价值变动	
（3）项目分类	1 股票	2 债券
（4）项目目录	11 美的集团	
	12 九阳股份	

提示：设置时需要注意，"暂估应付款""受托代销商品款""应付售后回购款"不受控于应付系统，"销售定金"和"附条件销售款"不受控于应收系统。

【操作指导】

1. 设置凭证类别

执行【基础设置/基础档案/财务/凭证类别】命令，打开【凭证类别预置】对话框，在该对话框中选中"记账凭证"单选钮，然后单击【确定】按钮，如图3-23所示。

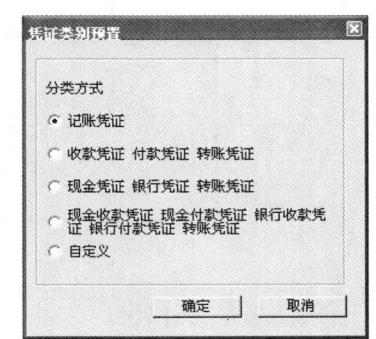

图 3-23

2. 设置外币汇率

执行【基础设置/基础档案/财务/外币设置】命令，打开"外币设置"窗口，选中"固定汇率"单选钮，输入币符为"USD"，币名为"美元"，单击工具栏中的【增加】按钮。左侧外币栏显示"美元"，选中"美元"，输入2019年1月的记账汇率为"6.5"，如图3-24所示，单击【退出】按钮，提示【是否退出】，单击【是】按钮。

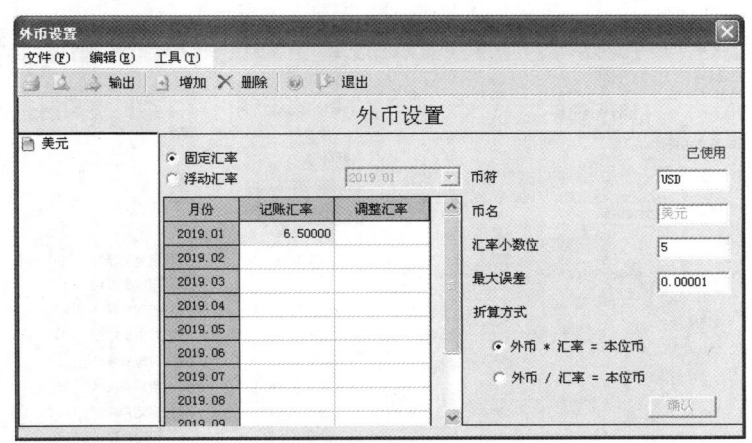

图 3-24

3. 设置会计科目（按照表3-10设置）

（1）修改会计科目

执行【基础设置/基础档案/财务/会计科目】命令，打开"会计科目"窗口，选择相应的"会计科目"，单击【修改】按钮，打开【会计科目_修改】对话框，单击【修改】按钮，勾选

"日记账"前的复选框，单击【确定】按钮，如图 3-25 所示。

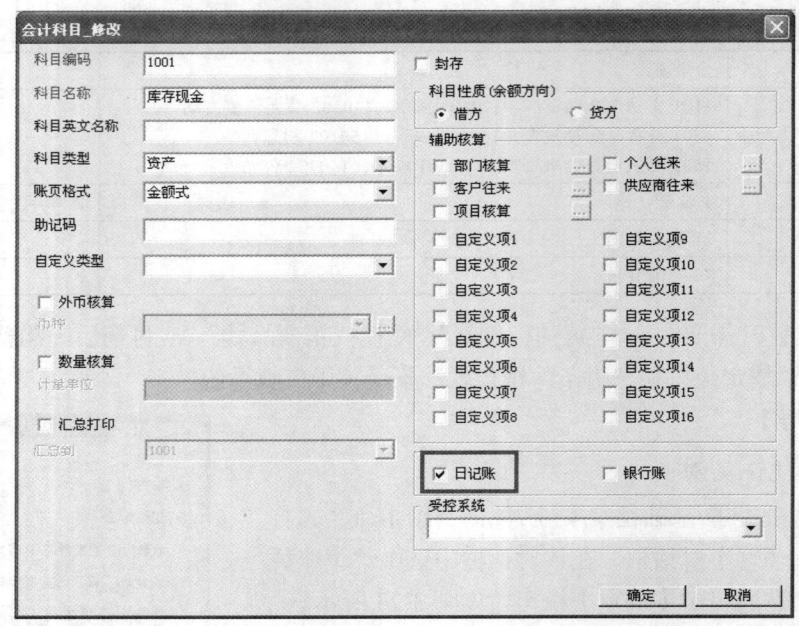

图 3-25

（2）增加会计科目

执行【基础设置/基础档案/财务/会计科目】命令，打开"会计科目"窗口。单击【增加】按钮，打开"会计科目_修改"对话框，输入表中的"科目编码"和"科目名称"，勾选"客户往来"复选框，选择受控系统为"应收系统"，如图 3-26 所示，单击【确定】按钮。依次对其他会计科目进行修改、增加操作，完成操作后如图 3-27 所示。

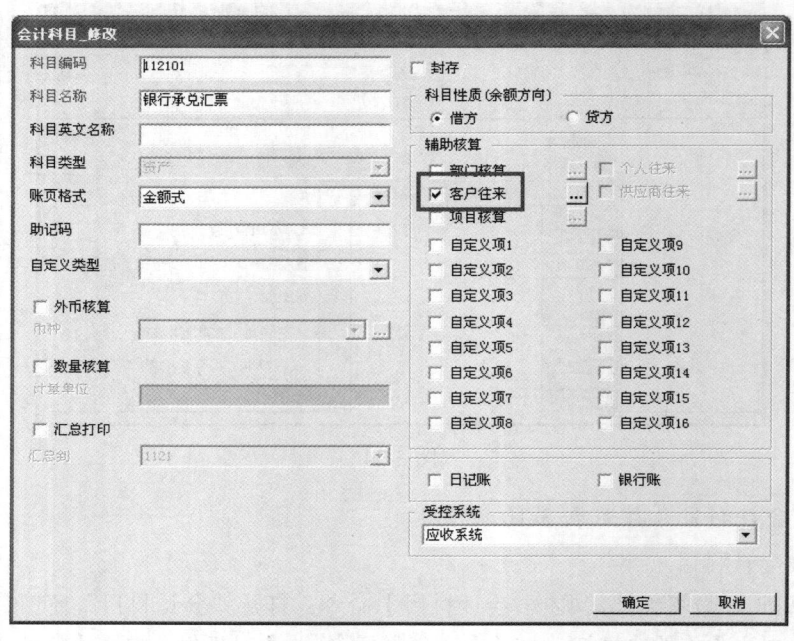

图 3-26

图 3-27

注意事项

在做受托代销商品款的设置时,需要取消受控系统(在受控系统下拉列表中选择空白),否则在处理受托代销业务时由于受控科目控制,不能保存记账凭证。

4. 设置指定科目

执行【基础设置/基础档案/财务/会计科目】命令,打开"会计科目"窗口,然后执行【编辑/指定科目】命令,打开【指定科目】对话框。选择现金科目为"1001",单击【 > 】按钮,选择银行科目为"1002",单击【 > 】按钮,最后单击【确定】按钮,如图 3-28 所示。

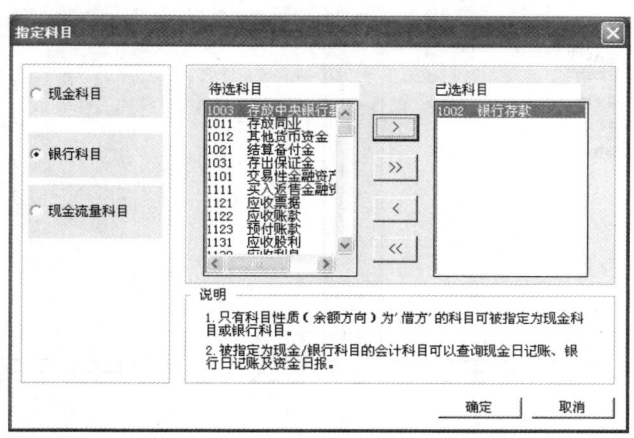

图 3-28

5. 设置项目核算(按照表 3-11 设置)

提示:因业务核算需要,企业需要对某些具体的项目单独进行核算和管理,如"金融资产""生产成本""在建工程"等,这时可以将单独核算和管理的内容设置成一个项目进行核算。

(1)在【企业应用平台/基础设置】页签中,执行【基础档案/财务/项目目录】命令,打开"项目档案"窗口,单击【增加】按钮,打开【项目大类定义_增加】对话框。录入新项目大类名称为"金融资产",如图 3-29 所示。单击【下一步】按钮,打开"定义项目级次"窗口,默认系统设置。单击【下一步】按钮,打开"定义项目栏目"窗口,单击【完成】按钮,返回"项目档案"窗口。

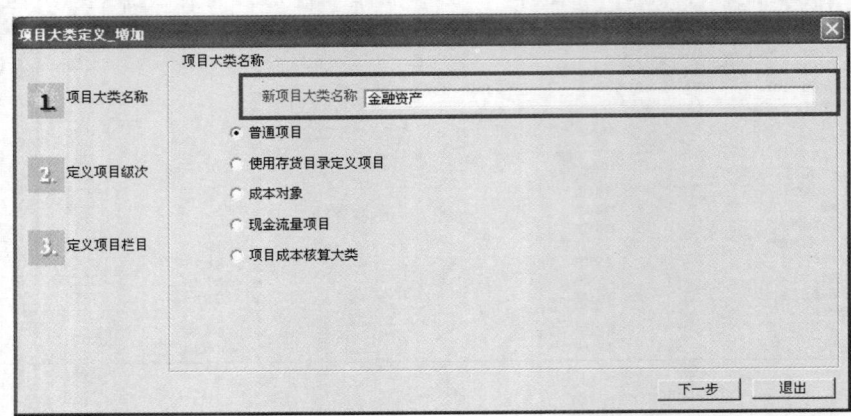

图 3-29

(2)单击项目大类栏的下三角按钮,选择【金融资产】大类,如图 3-30 所示。

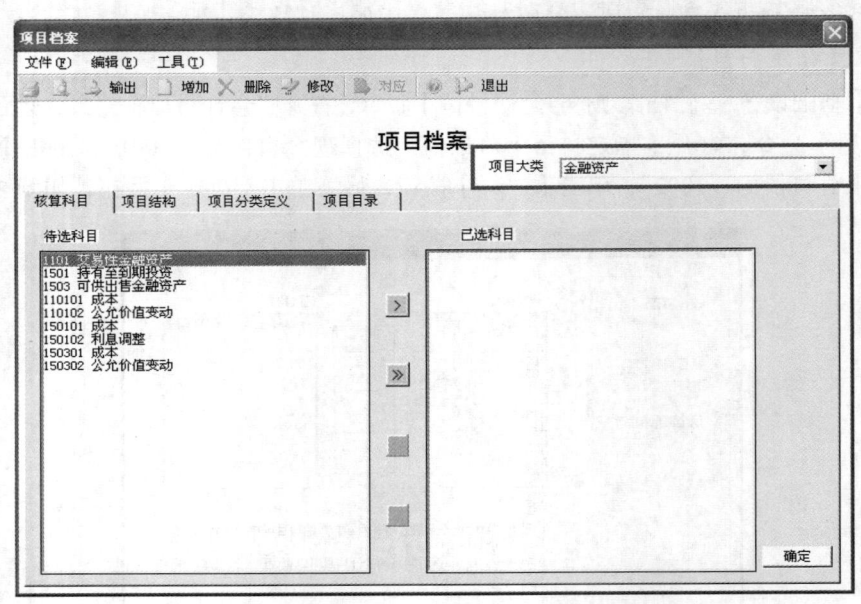

图 3-30

(3)依次单击选择左侧待选科目,单击【》】按钮,将金融资产的明细科目从"待选科目"列表选入"已选科目"列表,如图 3-31 所示,单击【确定】按钮。

注意事项

如果【待选科目】中没有待选科目,这是因为在【会计科目】设置中没有设置【辅助核算】为"项目核算"的二级科目。

(4)在"项目档案"对话框中,单击【项目分类定义】选项卡,录入分类编码为"1",分类名称为"股票",单击【确定】按钮,再录入"2 债券",操作结果如图 3-32 所示。

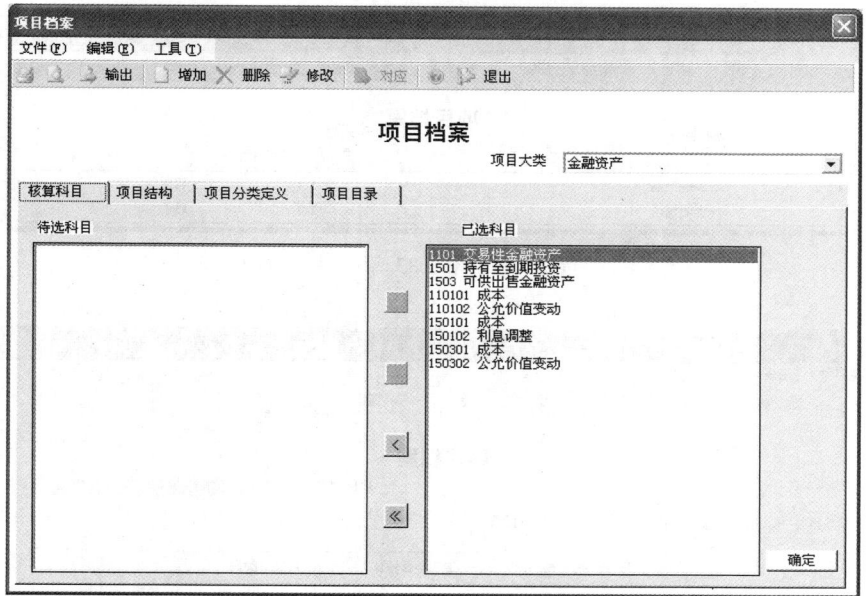

图 3-31

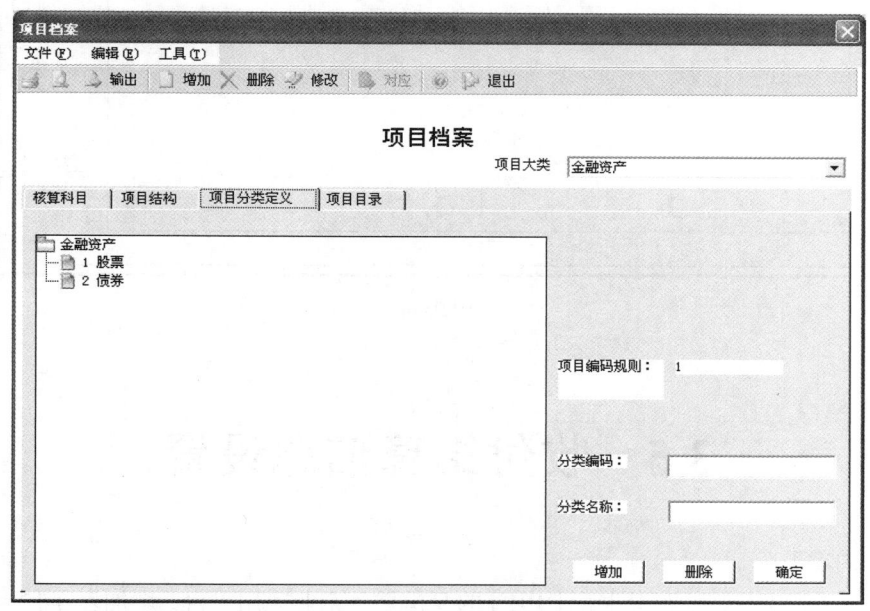

图 3-32

(5)单击【项目目录】选项卡,单击【维护】按钮,打开"项目目录维护"窗口,单击【增加】按钮,录入项目编号为"11",项目名称为"美的电器",单击【所属分类码】栏的参照按钮,选择"1",同理,增加其他项目,如图 3-33 所示。单击【退出】按钮,如图 3-34 所示。

注意事项

① 一个项目大类可以指定多个科目,一个科目只能属于一个项目大类。

② 在每年年初,应将已结算户或不用的项目删除。

③ 标识结算后的项目不能再使用。

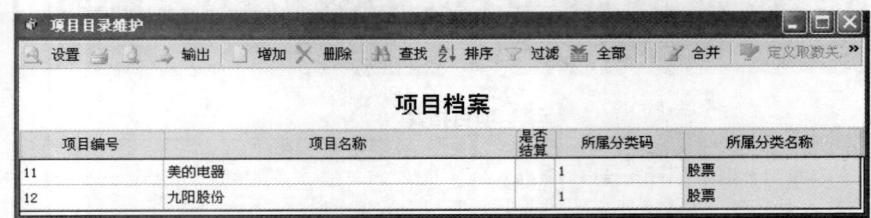

图 3-33

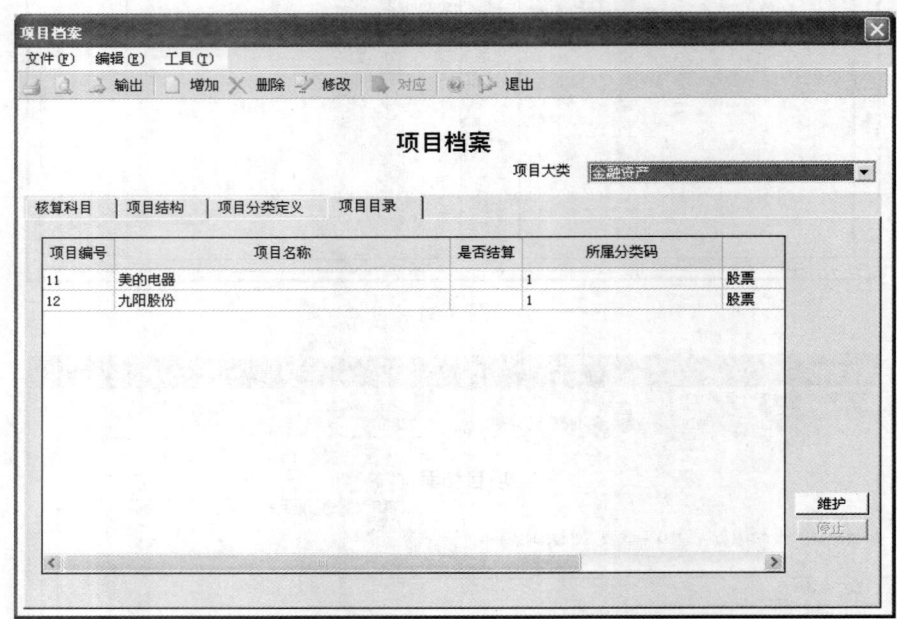

图 3-34

3.5 收付结算信息设置

【业务内容】

2019年1月1日，以账套主管【101】的身份登录企业应用平台，增加表3-12结算方式、表3-13付款条件和表3-14本单位开户银行这些信息。

表 3-12 结算方式

编号	结算方式名称	编号	结算方式名称	编号	结算方式名称
1	现金	301	银行汇票	402	信汇
2	支票	302	商业承兑汇票	5	委托收款
201	现金支票	303	银行承兑汇票	6	托收承付
202	转账支票	4	汇兑	9	其他
3	汇票	401	电汇		

表 3-13　付款条件

付款条件编码	信用天数	优惠天数1	优惠率1	优惠天数2	优惠率2
01	30	10	2	20	1

表 3-14　本单位开户银行

编码	开户银行	账号	账户名称	币种	所属银行
01	中国工商银行杭州市滨江支行	2300316600055011598	浙江华盛商贸有限公司	人民币	中国工商银行
02	中国工商银行杭州市滨江支行	2300316600066660016	浙江华盛商贸有限公司	美元	中国工商银行

【操作指导】

1. 设置结算方式（按照表 3-12 设置）

执行【基础设置/基础档案/收付结算/结算方式】命令，打开"结算方式"窗口。单击【增加】按钮，录入结算方式编码为"1"，录入结算方式名称为"现金"，单击【保存】按钮，以此方法依次录入表中的其他结算方式，如图 3-35 所示，单击【退出】按钮。

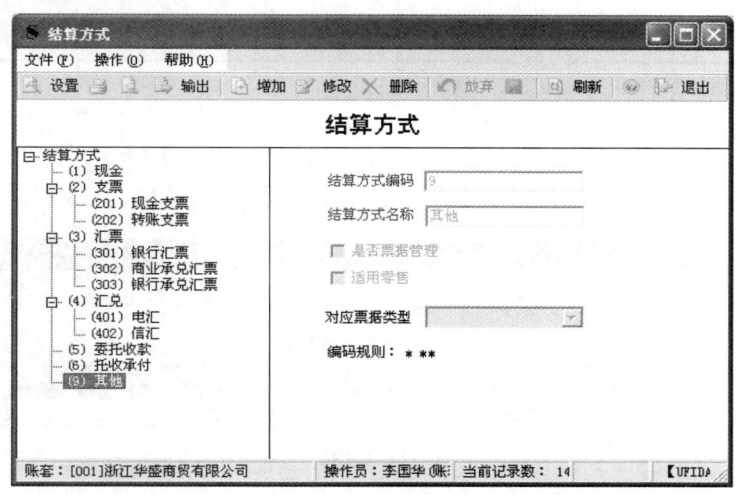

图 3-35

2. 设置付款条件

执行【基础设置/基础档案/收付结算/付款条件】命令，打开"付款条件"窗口。单击【增加】按钮，按照表 3-13 输入付款条件，单击【保存】按钮，操作结果如图 3-36 所示。

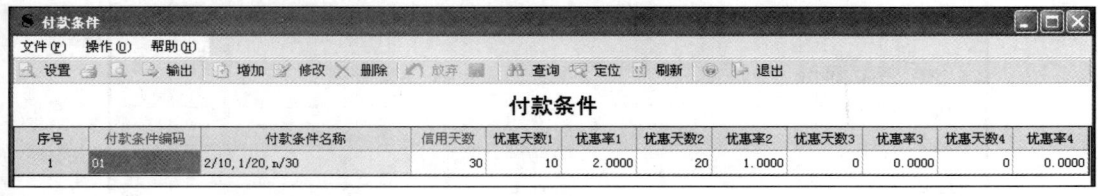

图 3-36

3. 设置本单位开户银行（按照表 3-14 设置）

（1）执行【基础设置/基础档案/收付结算/银行档案】命令，打开"银行档案"窗口，选中"01 中国工商银行"，单击【修改】按钮，打开【修改银行档案】对话框。取消勾选企业账户规则下的"定长"复选框,单击【保存】按钮,如图 3-37 所示。

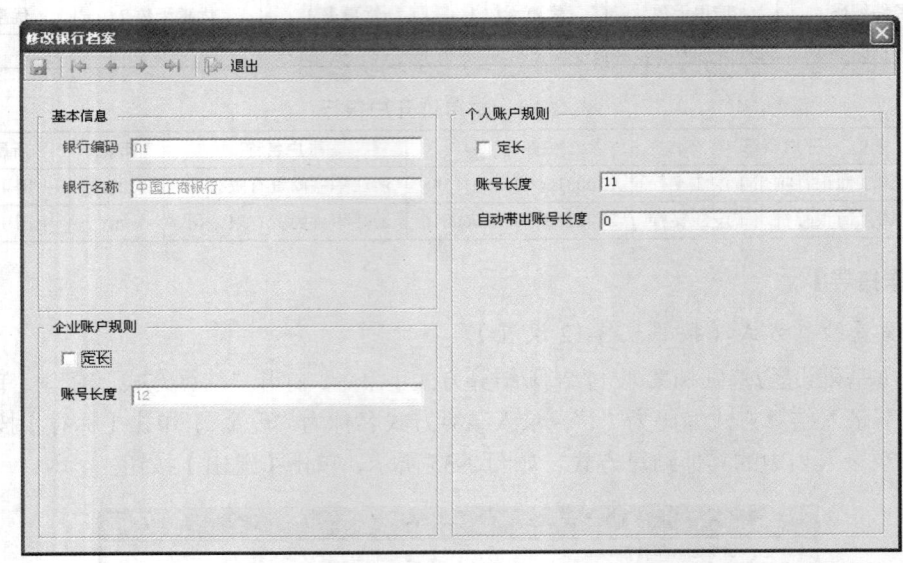

图 3-37

(2)执行【基础设置/基础档案/收付结算/本单位开户银行】命令,打开"本单位开户银行"窗口,输入开户银行信息,单击【保存】按钮,操作结果如图 3-38 和图 3-39 所示。

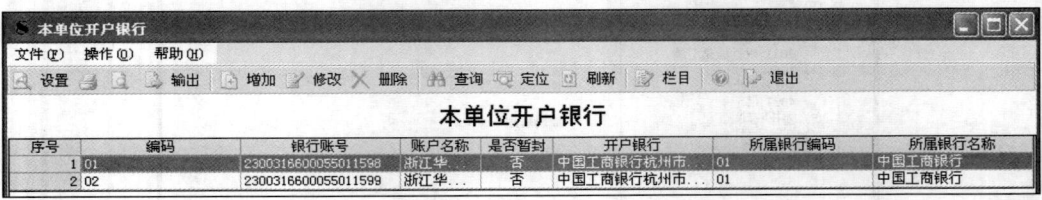

图 3-38

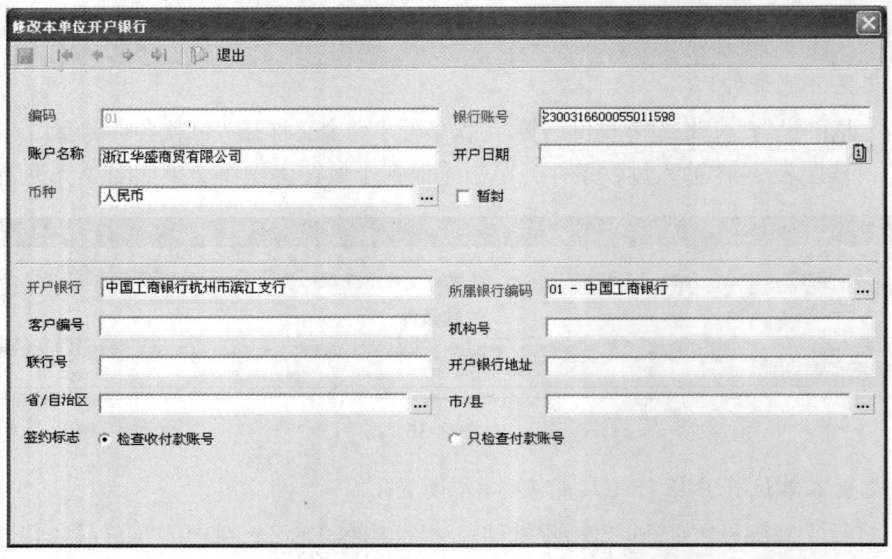

图 3-39

3.6 业务档案设置

【业务内容】

根据下列资料，完成业务档案的设置，参见表 3-15～表 3-20。

1. 仓库档案设置

表 3-15 仓库档案信息

仓库编码	仓库名称	计价方式	备注
01	服装库	先进先出法	
02	配饰库	先进先出法	
03	箱包库	先进先出法	受托代销
08	赠品库	先进先出法	
09	废旧品库	先进先出法	以旧换新

2. 收发类别设置

表 3-16 收发类别信息

收发标志	类别编码	收发类别名称	收发标志	类别编码	收发类别名称
收	1	入库	发	2	出库
	101	采购入库		201	销售出库
	102	采购退货		202	销售退货
	103	受托代销入库		203	受托代销出库
	10301	视同买断		20301	视同买断
	10302	收取手续费		20302	收取手续费
	105	非货币性资产交换入库		205	委托代销出库
	106	债务重组入库		206	赠品出库
	107	以旧换新入库		207	非货币性资产交换出库
	108	售后回购入库		208	债务重组出库
	109	盘盈入库		209	以旧换新出库
	110	直运采购入库		210	售后回购出库
	119	其他入库		211	附退回条件销售出库
				21101	可以估计退货率
				21102	无法估计退货率
				212	盘亏出库
				213	直运销售出库
				219	其他出库

3. 采购和销售类型设置

表 3-17 采购类型信息

编码	采购类型名称	入库类别	默认值	委外默认值
01	正常采购	101 采购入库	是	否
02	采购退货	102 采购退货	否	否

续表

编码	采购类型名称	入库类别	默认值	委外默认值
03	受托代销采购（视同买断）	10301 视同买断	否	否
04	受托代销采购（收取手续费）	10302 收取手续费	否	否
05	非货币性资产交换	105 非货币性资产交换入库	否	否
06	债务重组	106 债务重组入库	否	否
07	以旧换新	107 以旧换新入库	否	否
08	售后回购	108 售后回购入库	否	否
12	直运采购	109 直运采购入库	否	否

表 3-18 销售类型信息

编码	销售类型名称	出库类别	是否默认值
01	正常销售	201 销售出库	是
02	销售退货	202 销售退货	否
03	受托代销销售（视同买断）	20301 视同买断	否
04	受托代销销售（收取手续费）	20302 收取手续费	否
05	委托代销	205 委托代销出库	否
06	赠品销售	206 赠品出库	否
07	非货币性资产交换	207 非货币性资产交换出库	否
08	债务重组	208 债务重组出库	否
09	以旧换新	209 以旧换新出库	否
10	售后回购	210 售后回购出库	否
11	附退回条件销售（可以估计退货率）	21101 可以估计退货率	否
12	附退回条件销售（无法估计退货率）	21102 无法估计退货率	否
13	分期收款	201 销售出库	否
14	直运销售	213 直运销售出库	否

4. 费用项目设置

表 3-19 费用项目设置

费用项目分类编码	费用项目分类名称	费用项目编码	费用项目名称
0	无分类	01	委托代销手续费
0	无分类	02	运输费

5. 非合理损耗类型设置

表 3-20 非合理损耗类型

非合理损耗类型编码	非合理损耗类型名称	是否默认值
01	运输部门责任	是
02	保险公司责任	否
03	员工个人责任	否

【操作指导】

1. 设置仓库档案

执行【基础设置/基础档案/业务/仓库档案】命令，打开"仓库档案"窗口。单击【增加】按钮，根据表 3-15，录入"仓库编码""仓库名称"信息，选择"计价方式"，单击【保存】按钮，如图 3-40 所示。再根据表 3-15 设置其他仓库档案，操作结果如图 3-41 所示。

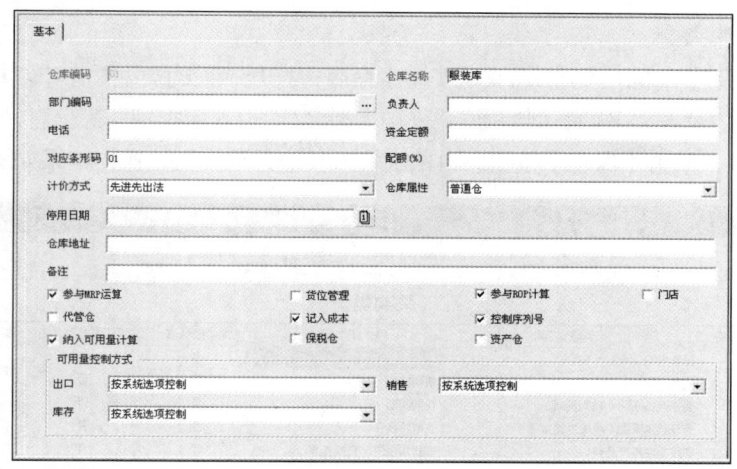

图 3-40

图 3-41

> **注意事项**
> 每个仓库必须选择一种计价方式。系统中有六种计价方式：工业企业为计划价法、全月平均法、先进先出法和个别计价法、商业企业为销售价法、全月平均法和移动平均法。

2. 设置收发类别

执行【基础设置/基础档案/业务/收发类别】命令，打开"收发类别"窗口。单击【增加】按钮，根据表 3-16，输入收发类别相关信息，单击【保存】按钮，再依次输入其他收发类别，操作结果如图 3-42 所示。

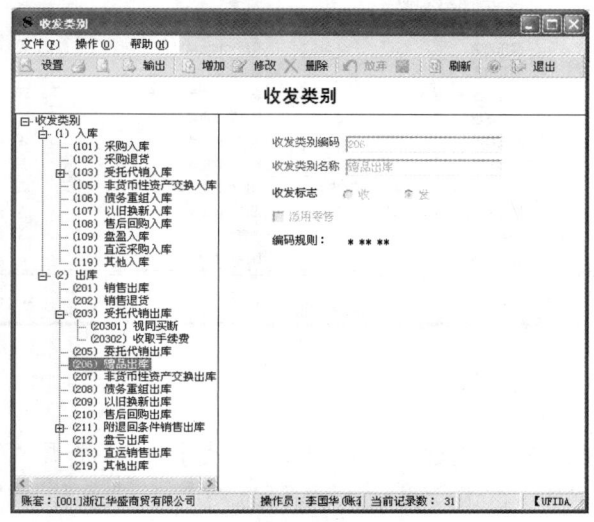

图 3-42

3. 设置采购类型

执行【基础设置/基础档案/业务/采购类型】命令，打开"采购类型"窗口。单击【增加】按钮，根据表 3-17，录入"采购类型编码""采购类型名称""入库类别"等信息，选择"默认值"和"委外默认值"，单击【保存】按钮。再依次输入其他采购类型，操作结果如图 3-43 所示。

序号	采购类型编码	采购类型名称	入库类别	是否默认值	是否委外默认值	是否列入MPS/MRP计划
1	01	正常采购	采购入库	是	否	是
2	02	采购退货	采购退货	否	否	是
3	03	受托代销采购（视同买断）	视同买断	否	否	是
4	04	受托代销采购（收取手续费）	收取手续费	否	否	是
5	05	非货币性资产交换	非货币性资产交换入库	否	否	是
6	06	债务重组	债务重组入库	否	否	是
7	07	以旧换新	以旧换新入库	否	否	是
8	08	售后回购	售后回购入库	否	否	是
9	09	直运采购	直运采购入库	否	否	是

图 3-43

4. 设置销售类型

执行【基础设置/基础档案/业务/销售类型】命令，打开"销售类型"窗口。单击【增加】按钮，根据表 3-18，录入"销售类型编码""销售类型名称""出库类别"，选择"默认值"，单击【保存】按钮。再根据表 3-18 输入其他销售类型，操作结果如图 3-44 所示。

序号	销售类型编码	销售类型名称	出库类别	是否默认值	是否列入MPS/MRP计划
1	01	正常销售	销售出库	是	是
2	02	销售退货	销售退货	否	是
3	03	受托代销销售（视同买断）	视同买断	否	是
4	04	受托代销销售（收取手续费）	收取手续费	否	是
5	05	委托代销	委托代销出库	否	是
6	06	赠品销售	赠品出库	否	是
7	07	非货币性资产交换	非货币性资产交换出库	否	是
8	08	债务重组	债务重组出库	否	是
9	09	以旧换新	以旧换新出库	否	是
10	10	售后回购	售后回购出库	否	是
11	11	附退回条件销售（可以估计退货率）	可以估计退货率	否	是
12	12	附退回条件销售（无法估计退货率）	无法估计退货率	否	是
13	13	分期收款	销售出库	否	是
14	14	直运销售	直运销售出库	否	是

图 3-44

5. 设置费用项目

（1）执行【基础设置/基础档案/业务/费用项目分类】命令，打开"费用项目分类"窗口，根据表 3-19，单击【增加】按钮，录入分类编码为"0"，分类名称为"无分类"，如图 3-45 所示，单击【保存】按钮，单击【退出】按钮。

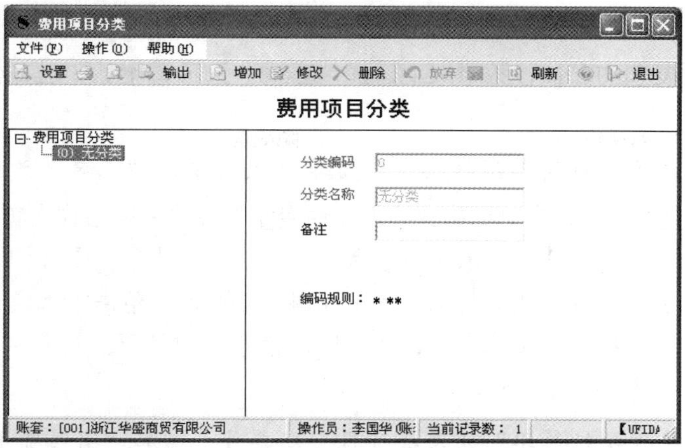

图 3-45

（2）执行【基础设置/基础档案/业务/费用项目】命令，打开“费用项目”窗口，单击【增加】按钮，根据表 3-19 输入费用项目相关信息，单击【保存】按钮，如图 3-46 所示。

费用项目

费用项目分类
(0) 无分类

序号	费用项目编码	费用项目名称	费用项目分类...	盈亏项目	销项税率(%)	会计科目名称	备注
1	01	委托代销手续费	无分类				
2	02	运输费	无分类				

图 3-46

6. 非合理损耗类型设置

执行【基础设置/基础档案/业务/非合理损耗类型】命令，打开“非合理损耗类型”窗口，单击【增加】按钮。根据表 3-20 输入非合理损耗类型相关信息，如图 3-47 所示。

非合理损耗类型

序号	非合理损耗类型编码	非合理损耗类型名称	是否默认值	备注
1	01	运输部门责任	是	
2	02	保险公司责任	否	
3	03	员工个人责任	否	

图 3-47

3.7 单据设置

3.7.1 修改单据格式

【业务内容】

1. 修改表头项目

（1）修改“销售订单”“销售专用发票”“发货单”的表头项目，“汇率”为可编辑。

（2）增加“委托代销结算单”的表头项目：发票号。增加销售费用支出单的表头项目：费用供应商名称、单据流向。

2. 修改表体项目

修改销售专用发票的表体，数量取消选择"必输"选项，增加"退补标志"选项。

【操作指导】

1. 修改销售订单、销售专用发票、发货单的表头项目"汇率"为可编辑

执行【基础设置/单据设置/单据格式设置】命令，打开"单据格式设置"窗口，执行【销售管理/销售订单/显示/销售订单显示模板】命令，单击【表头项目】按钮，弹出【表头】对话框，勾选【汇率】复选框，取消勾选"禁止编辑"复选框，单击【确定】按钮，如图3-48所示，再单击【保存】按钮。按此方法，依次取消销售专用发票，发货单表头汇率的"禁止编辑"复选框，单击【保存】按钮。

2. 增加"委托代销结算单"的表头项目：发票号。增加"销售费用支出单"的表头项目：费用供应商名称、单据流向

（1）执行【基础设置/单据设置/单据格式设置】命令，打开"单据格式设置"窗口，执行【销售管理/委托代销结算单/显示/委托代销结算单显示模板】命令，单击【表头项目】按钮，系统弹出【表头】对话框，增加"发票号"表头项目，单击【确定】按钮，单击【保存】按钮。

（2）执行【基础设置/单据设置/单据格式设置】命令，打开"单据格式设置"窗口，执行【销售管理/销售费用支出单/显示/销售费用支出单显示模板】命令，单击【表头项目】按钮，系统弹出【表头】对话框，增加"单据流向"和"费用供应商名称"表头项目，单击【确定】按钮，单击【保存】按钮。

3. 修改单据格式表体

执行【基础设置/单据设置/单据格式设置】命令，打开"单据格式设置"窗口，执行【销售管理/销售专用发票/显示/销售专用发票显示模板】命令，单击【表体项目】按钮，系统弹出【表体】对话框，选中销售专用发票【数量】，取消勾选其"必输"复选框，如图3-49所示。在【表体】对话框中，增加"退补标志"表体项目，单击【确定】按钮，单击【保存】按钮。

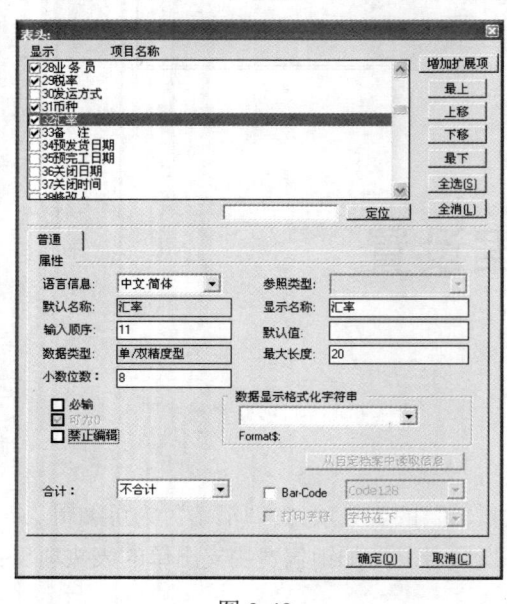

图3-48

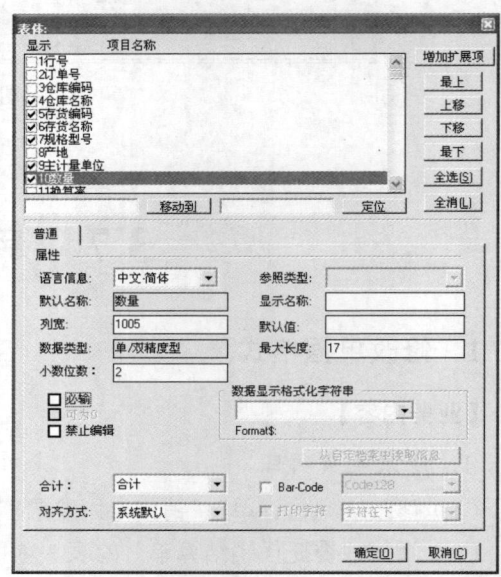

图3-49

注意事项

如果修改销售专用发票的表体,将数量取消选择"必输"选项,增加"退补标志"选项,那么在红字发票中可以直接输入折让具体存货的名称,而不用输入单价和数量,或者单价和数量可以输入为零。

3.7.2 单据编号设置

【业务内容】

修改采购订单、采购专用发票、采购普通发票、销售订单、销售专用发票、销售普通发票、零售日报、采购入库单、销售出库单为完全手工编号。

【操作指导】

执行【基础设置/单据设置/单据编号设置】命令,打开"单据编号设置"窗口。执行【单据类型/采购管理/采购订单】命令,单击【✎】按钮,勾选"完全手工编号"复选框,如图 3-50 所示,单击【保存】按钮,再单击【退出】按钮。依次进行其他单据编号的设置,并保存相关设置。

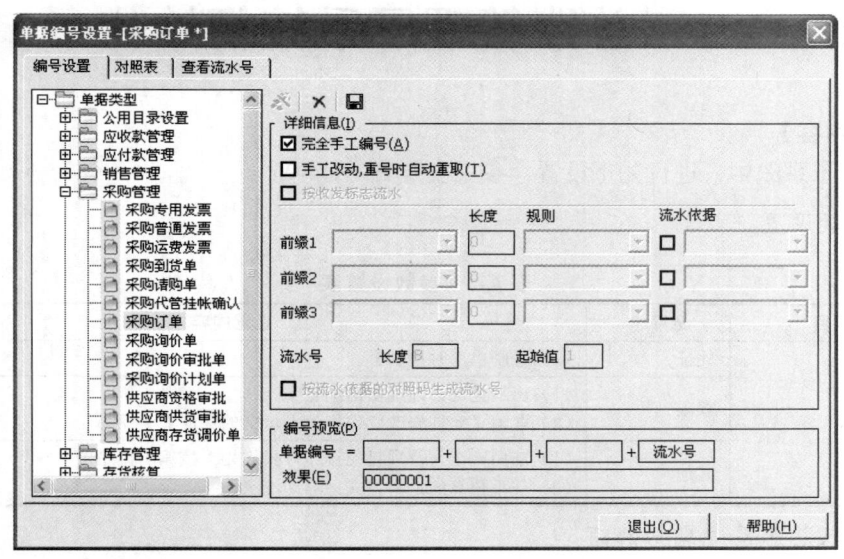

图 3-50

第4章　供应链子系统初始化

学习要点
- 熟练掌握供应链各子系统的初始操作。
- 了解供应链管理各子系统中各参数的含义及设置方法。
- 了解供应链管理各子系统中期初数据之间的关系。

4.1　总账管理子系统初始化

【业务内容】
在总账子系统中，进行如下设置，参见表4-1~表4-9。

1. 参数设置

表4-1　参数设置表

设置项目	选项卡	设置内容
总账选项设置	凭证	取消【制单序时控制】
	权限	(1) 出纳凭证必须经由出纳签字 (2) 取消【允许修改、作废他人填制的凭证】
	其他	(1) 部门、个人及项目的排序方式均为"按编码排序" (2) 外币核算的汇率方式：浮动汇率

2. 录入总账系统期初余额

表4-2　账户余额表

科目编码	科目名称	余额方向	账户余额
1001	库存现金	借	15 000.00
1002	银行存款	借	
100201	工行存款（人民币）	借	1 960 000.00
100202	工行存款（美元）	借	650 000.00 USD100 000.00
1012	其他货币资金	借	
101201	存出投资款	借	20 000.00
1101	交易性金融资产	借	
110101	成本	借	420 000 美的集团 10 000 股
1121	应收票据	借	

续表

科目编码	科目名称	余额方向	账户余额
112101	银行承兑汇票	借	37 550.00
1122	应收账款	借	
112201	人民币	借	62 988.00
1123	预付账款	借	
112301	人民币	借	1 000.00
1131	坏账准备	贷	860.00
1321	受托代销商品	借	4 200.00
1405	库存商品	借	60 500.00
1503	可供出售金融资产	借	
150301	成本	借	150 000.00 九阳股份 10 000 股
1601	固定资产	借	656 000.00
1602	累计折旧	贷	100 256.00
2202	应付账款	贷	
220201	一般应付款	贷	23 200.00
220202	暂估应付款	贷	1 800.00
2203	预收账款	贷	
220301	人民币	贷	42 120.00
2314	受托代销商品款	贷	1 240.00
4001	实收资本	贷	1 872 762.00
4104	利润分配	贷	
410415	未分配利润	贷	1 995 000.00

表 4-3　应收票据-银行承兑汇票（112101）期初余额信息

日期	客户名称	摘要	方向	金额
2018-12-31	浙江丰韵商贸有限公司	收到浙江丰韵商贸有限公司签发的银行承兑汇票，签发日期 2018-12-31，票号 8556678，票面利率 6%，到期日 2019-02-28，承兑银行：中国工商银行	借	17 550.00
2018-12-31	江苏信达超市有限公司	收到江苏信达超市有限公司签发的银行承兑汇票，签发日期 2018-12-31，票号 8557022，票面利率 6%，到期日 2019-05-31，承兑银行：中国工商银行	借	20 000.00

表 4-4　应收账款-人民币（112201）期初余额信息

日期	客户名称	摘要	方向	金额
2018-09-30	江苏信达超市有限公司	销售彩帛男包 40 个，不含税单价 545 元，销售彩帛女包 15 个，不含税单价 500 元，票号 36859095	借	33988.00
2018-12-12	北京达来商贸有限公司	销售彩帛女包 50 个，不含税单价 500 元，票号 63459009	借	29 000.00

表 4-5　预付账款-人民币（112301）期初余额信息

日期	供应商名称	摘要	方向	金额	结算方式
2018-11-15	江苏拉贝服装有限公司	预付货款，票据号 18455600	借	1000.00	电汇

表 4-6　应付账款-一般应付款（220201）期初余额信息

日期	供应商名称	摘要	方向	金额
2018-12-15	浙江恒祥商贸有限公司	采购恒祥针织手套 250 双，不含税单价 80 元，发票号 957662	贷	23 200.00

表 4-7　应付账款-暂估应付款（220202）期初余额信息

日期	供应商名称	摘要	方向	金额
2018-10-31	江苏拉贝服装有限公司	采购拉贝风衣 10 件，不含税单价 180 元	贷	1800.00

表 4-8　预收账款-人民币（220301）期初余额信息

日期	客户名称	摘要	方向	金额
2018-09-15	浙江伟伦超市有限公司	收到浙江伟伦预付的货款，转账支票票号 954616	贷	42 120.00

表 4-9　受托代销商品款（2314）期初余额信息

日期	客户名称	摘要	方向	金额
2018-09-18	浙江彩帛商贸有限公司	受托代销彩帛女包、男包、旅行包	贷	1 240.00

【操作指导】

1. 参数设置

执行【业务工作/财务会计/总账/选项】命令，打开【选项】对话框，单击【编辑】按钮。选择"凭证"选项卡，取消勾选"制单序时控制"复选框，如图 4-1 所示。单击"权限"选项卡，勾选"出纳凭证必须经由出纳签字"复选框，取消勾选"允许修改、作废他人填制的凭证"复选框。单击"其他"选项卡，选择部门、个人及项目的排序方式均为"按编码排序"，选择外币核算的汇率方式为"浮动汇率"，单击【确定】按钮。

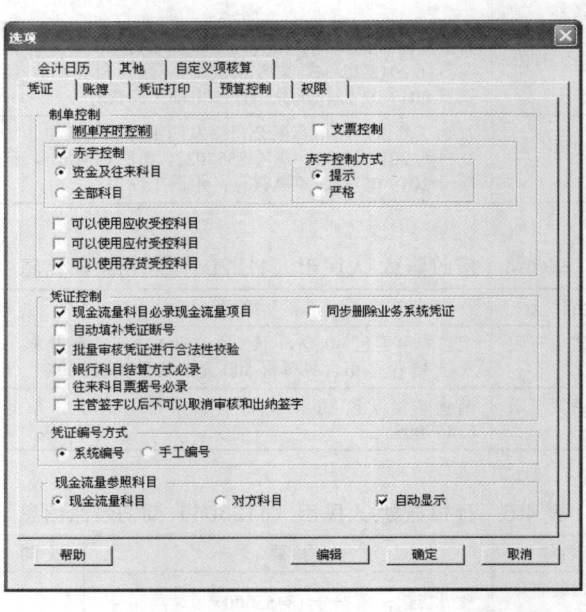

图 4-1

注意事项

如果在总账系统中选择了"可以使用应收、应付受控科目",则在总账系统和存货核算系统才可使用应收、应付受控科目。

2. 期初余额录入

(1)执行【业务工作/财务会计/总账/设置/期初余额】命令,打开"期初余额录入"窗口。白色的单元格为末级科目,可以直接输入期初余额。如库存现金 15 000.00,银行存款-工行存款 1 960 000.00。如果某一科目有数量,则录入余额时还应输入数量,如"交易性金融资产-成本 420 000.00",如果有外币金额,则录入余额时还应输入外币金额,如 100202 工行存款(美元)650 000.00。

注意事项

① 如果要修改余额的方向,可以在未录入余额的情况下,单击"方向"按钮,改变余额的方向。

② 总账科目与其下级科目的方向必须一致。如果所录明细余额的方向与总账余额方向相反,则用"—"号表示。

(2)灰色的单元格为非末级科目,不允许直接录入期初余额,待下级科目录入完成后会自动汇总生成。

(3)黄色的单元格代表此科目设置了辅助核算,不允许直接录入余额,需要在"期初余额"单元格中双击,进入辅助账期初设置。在辅助账中输入期初数据,完成后返回,自动生成总账期初余额。

具体操作步骤分为以下两种情况。

① 账户"交易性金融资产、持有至到期投资、可供出售金融资产"(辅助核算:项目核算)。

双击"交易性金融资产"所在行的"期初余额"栏,打开"辅助期初余额"窗口。单击工具栏中的【增行】按钮,单击"项目"栏参照按钮,选择"美的集团",在"金额"栏录入"420000.00",在"数量"栏录入"10000",如图 4-2 所示。单击【退出】按钮,返回"期初余额"窗口。同理,录入其他同类带辅助核算的科目余额。

图 4-2

② 账户"应收票据、应收账款、预付账款、应付票据、应付账款、预收账款"(辅助核算:客户往来或供应商往来)。

双击"应收票据-银行承兑汇票"所在行的"期初余额"栏,打开"辅助期初余额"窗口。单击工具栏中的【往来明细】按钮,打开"期初往来明细"窗口。单击工具栏中的【增行】按钮,单击"日期"栏参照按钮,选择日期为"2018-12-31",单击"客户"栏参照按钮,选择"浙江丰韵",在"摘要"栏录入"票面利率6%,到期日:2019-2-28,签发银行:中国工商银行",在"金额"栏录入"17550.00",在"票号"栏录入票号"8556678",如图 4-3 所示。单击工具栏中的【汇总】按钮,系统弹出提示【完成了往来明细到辅助期初表的汇总!】,单击【确定】按钮。单击工具栏中的【退出】按钮,返回"辅助期初余额"窗口,窗口显示汇总结果,如图 4-4 所示,单击【退出】按钮,返回"期初余额"窗口。同理,录入其他同类带辅助核算的科目余额。

注意事项

在期初往来明细里增行后,如果不想输入而直接退出,系统会提示【有未输入的信息】,这时可以选中增行所在行,按两下【Esc】键,即可取消增行。

图 4-3

(4)在"期初余额录入"窗口中,按上述方法依次录入每一个会计科目的期初余额,如图 4-5 所示。单击【试算】按钮,生成"期初试算平衡表",结果如图 4-6 所示。

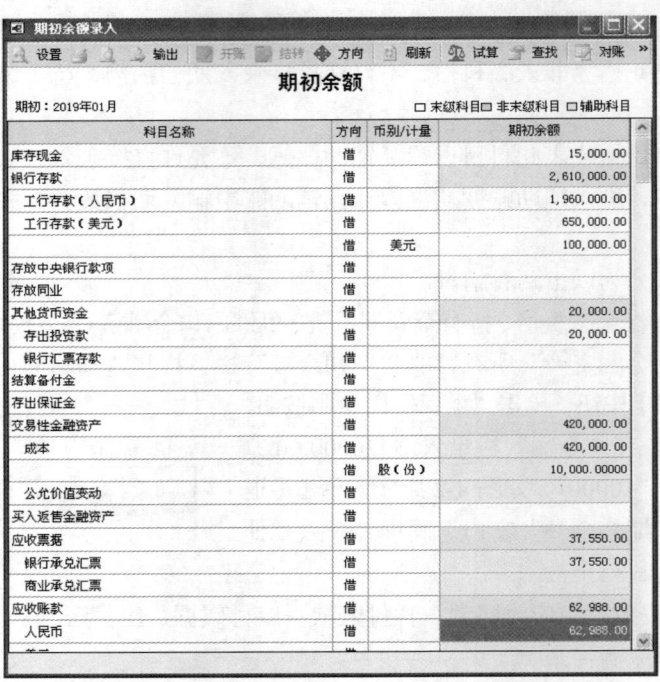

图 4-4

图 4-5

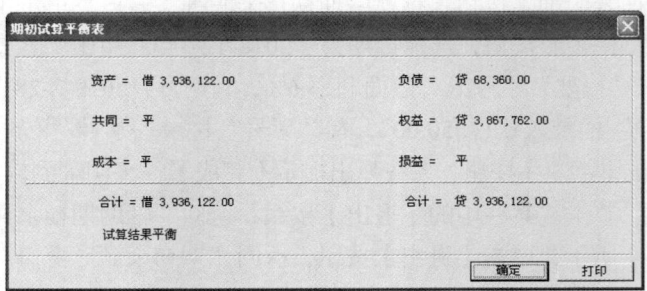

图 4-6

注意事项

① 如果录入余额的科目有辅助核算的内容，则在录入余额时必须录入辅助核算的往来明细内容，而修改时也应修改往来明细内容。修改往来明细内容时，如果涉及重要信息，如客户名称、金额等，应删除原汇总内容，再修改往来明细内容，并重新进行汇总。

② 总账系统使用后，与操作有关的期初数据不允许修改。

4.2 应收款管理子系统初始化

【业务内容】

根据表 4-10 所列资料，完成应收款管理系统初始化。

1. 参数设置

表 4-10 参数设置表

设置项目	选项卡	设置内容
应收选项设置	常规	（1）单据审核日期依据【单据日期】 （2）坏账处理方式为【应收账款余额百分比】 （3）勾选【自动计算现金折扣】
	凭证	（1）受控科目制单方式【明细到单据】 （2）勾选【核销生成凭证】 （3）销售科目依据【按销售类型】

2. 科目设置

按照表 4-11～表 4-15，完成基础科目、控制科目、产品科目、结算方式、坏账准备设置。

表 4-11 基础科目设置

基础科目种类	科目	币种
应收科目	112201 应收账款/人民币	人民币
应收科目	112202 应收账款/美元	美元
预收科目	220301 预收账款/人民币	人民币
预收科目	220302 预收账款/美元	美元
银行承兑科目	112101 应收票据/银行承兑汇票	人民币
商业承兑科目	112102 应收票据/商业承兑汇票	人民币
票据利息科目	660301 财务费用/利息支出	人民币
票据费用科目	660301 财务费用/利息支出	人民币
现金折扣科目	660304 财务费用/现金折扣	人民币
税金科目	22210106 应交税费/应交增值税/销项税额	人民币
销售收入科目	6001 主营业务收入	人民币
销售退回科目	6001 主营业务收入	人民币
销售定金科目	220303 预收账款/销售定金	人民币
坏账入账科目	1231 坏账准备	人民币

表 4-12　控制科目设置

应收科目	112201	预收科目	220301

表 4-13　产品科目设置

销售类型编码	销售类型名称	销售收入科目
04	受托代销销售（收取手续费）	220202 应付账款/暂估应付款
10	售后回购	224103 其他应付款/应付售后回购款
10	附退回条件销售（无法估计退货率）	220304 预收账款/附条件销售款

表 4-14　结算方式设置

结算方式	币种	本单位账号	科目
1 现金结算	人民币	23003166000055011598	1001 库存现金
201 现金支票	人民币	23003166000055011598	100201 工行存款（人民币）
202 转账支票	人民币	23003166000055011598	100201 工行存款（人民币）
202 转账支票	美元	23003166000066660016	100202 工行存款（美元）
301 银行汇票	人民币	23003166000055011598	100201 工行存款（人民币）
401 电汇	人民币	23003166000055011598	100201 工行存款（人民币）
401 电汇	美元	23003166000066660016	100202 工行存款（美元）
402 信汇	人民币	23003166000055011598	100201 工行存款（人民币）
5 委托收款	人民币	23003166000055011598	100201 工行存款（人民币）
6 托收承付	人民币	23003166000055011598	100201 工行存款（人民币）
9 其他	人民币	23003166000055011598	100201 工行存款（人民币）

表 4-15　坏账准备设置

提取比例	0.5%	坏账准备科目	1231
坏账准备期余额	860	对方科目	6701

3．期初余额录入

完成应收款系统期初余额录入，期初资料如表 4-16～表 4-18 所示。

表 4-16　应收票据-银行承兑汇票期初余额信息

日期	客户名称	摘要	方向	金额
2018-12-31	浙江丰韵商贸有限公司	收到浙江丰韵商贸有限公司签发的银行承兑汇票，签发日期 2018-12-31，票号 8556678，票面利率 6%，到期日 2019-02-28，承兑银行：中国工商银行	借	17 550.00
2018-12-31	江苏信达超市有限公司	收到江苏信达超市有限公司签发的银行承兑汇票，签发日期 2018-12-31，票号 8557022，票面利率 6%，到期日 2019-05-31，承兑银行：中国工商银行	借	20 000.00

表 4-17　应收账款-人民币期初余额信息

日期	客户名称	摘要	方向	金额
2018-09-30	江苏信达超市有限公司	销售彩帛男包 40 个，不含税单价 545 元，销售彩帛女包 15 个，不含税单价 500 元，票号 36859095	借	33 988.00
2018-12-12	北京达来商贸有限公司	销售彩帛女包 50 个，不含税单价 500 元，票号 63459009	借	29 000.00

表 4-18　预收账款-人民币期初余额信息

日期	客户名称	摘要	方向	金额
2018-09-15	浙江伟伦超市有限公司	收到浙江伟伦预付的货款，转账支票票号 954616	贷	42 120.00

【操作指导】

1. 参数设置

（1）执行【业务工作/财务会计/应收款管理/设置/选项】命令，打开【账套参数设置】对话框。选择"常规"选项卡，单击【编辑】按钮，使所有参数处于可修改状态。根据表 4-10 进行相应设置，单据审核日期依据选择"单据日期"，坏账处理方式选择"应收余额百分比法"，勾选"自动现金折扣"复选框，如图 4-7 所示。

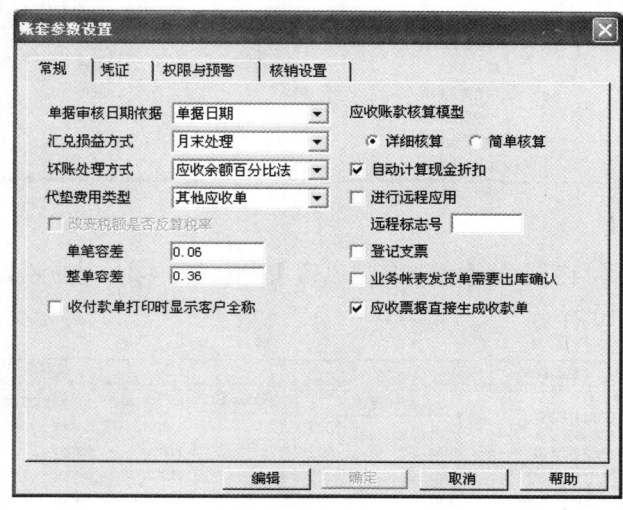

图 4-7

（2）选择【凭证】选项卡，受控科目制单方式选择"明细到单据"，勾选"核销生成凭证"复选框，销售科目依据选择"按销售类型"，单击【确定】按钮，如图 4-8 所示。

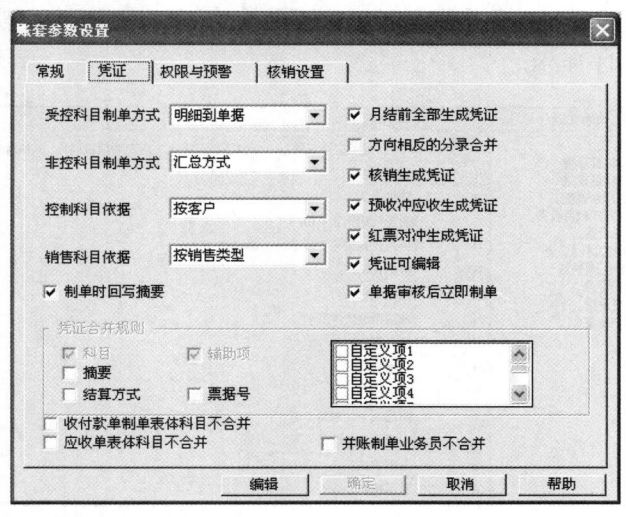

图 4-8

2. 初始设置

（1）执行【业务工作/财务会计/应收款管理/设置/初始设置】命令，打开"初始设置"窗口。单击"设置科目"中的【基本科目设置】，单击【增加】按钮，基础科目种类选择"应收科目"，科目选择"112201"。根据表4-11依次对应收款管理系统的基本科目进行设置，如图4-9所示。

基础科目种类	科目	币种
应收科目	112201	人民币
应收科目	112202	美元
预收科目	220301	人民币
预收科目	220302	美元
银行承兑科目	112101	人民币
商业承兑科目	112102	人民币
票据利息科目	660301	人民币
票据费用科目	660301	人民币
现金折扣科目	660304	人民币
税金科目	22210106	人民币
销售收入科目	6001	人民币
销售退回科目	6001	人民币
销售定金科目	220303	人民币
坏账入账科目	1231	人民币

图 4-9

（2）单击"设置科目"中的【控制科目设置】，根据表4-12对应收款管理系统的控制科目进行设置，如图4-10所示。

客户编码	客户简称	应收科目	预收科目
0101	江苏信达	112201	220301
0102	浙江丰韵	112201	220301
0103	上海福瑞	112201	220301
0201	浙江盛丽	112201	220301
0202	浙江通顺	112201	220301
0301	北京达来	112201	220301
0302	浙江伟伦	112201	220301

图 4-10

（3）单击"设置科目"中的【产品科目设置】，根据表4-13对应收款管理系统的产品科目进行设置，如图4-11所示。

业务...	业务类型名称	销售收入科目	应交增值税科目	销售退回科目
01	正常销售			
02	销售退货			
03	受托代销销售（视同...			
04	受托代销销售（收取	220202		
05	委托代销			
06	赠品销售			
07	非货币性资产交换			
08	债务重组			
09	以旧换新			
10	售后回购	224103		
11	附退回条件销售（可...			
12	附退回条件销售（无...	220304		
13	分期收款			
14	直运销售			

图 4-11

（4）单击"设置科目"中的【结算方式科目设置】，根据表 4-14 对应收款管理系统的产品科目进行设置，如图 4-12 所示。

图 4-12

（5）单击并执行【坏账准备设置】命令，根据表 4-15 分别录入"提取比率""坏账准备初期余额""坏账准备科目""对方科目"的信息，如图 4-13 所示，单击【确定】按钮，系统弹出提示【储存完毕】。

图 4-13

注意事项

设置坏账准备之后，需要单击【确定】按钮，所设信息才能保存。如在选项中未将坏账处理方式设为【应收账款余额百分比】，初始设置中不会出现坏账准备设置。

3. 录入期初应收票据

用账套主管【101】的身份执行【应收款管理/设置/期初余额】命令，系统弹出【期初余额-查询】对话框，单击【确定】按钮。系统打开"期初余额明细表"窗口，单击工具栏中的【增加】按钮，打开【单据类别】对话框，选择单据名称为"应收票据"，单据类型为"银行承兑汇票"，方向为"正向"，如图 4-14 所示，单击【确定】按钮，打开"期初票据"窗口。单击【增加】按钮，根据表 4-16，录入票据编号为"8556678"，承兑银行选择"中国工商银行"，开票单位选择"浙江丰韵"，系统自动带出客户相关信息在票据面值栏录入"17550.00"，科目选择"112101 应收票据-银行承兑汇票"，签发日期选择"2018-12-31"，到期日选择"2019-02-28"，如图 4-15 所示。单击工具栏中的【保存】按钮，关闭该窗口。

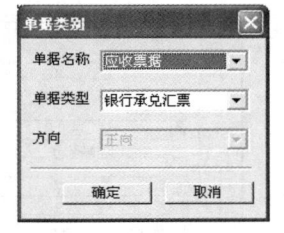

图 4-14

图 4-15

4. 录入期初销售发票

提示：如果期初应收款无法和某张发票一一对应，则在增加应收账款期初余额时，在【单击类型】对话框中，选择单据名称为"应收款"，单据类型为"其他应收单"，方向为"正向"，按照"客户"分别录入应收单即可。

在"期初余额明细表"窗口中，再次单击工具栏中的【增加】按钮，打开【单据类别】对话框。选择单据名称为"销售发票"，单据类型为"销售专用发票"，如图 4-16 所示，然后单击【确定】按钮，打开"销售专用发票"窗口。根据表 4-17，单击工具栏中的【增加】按钮，修改开票日期为"2018-09-30"，录入发票号，客户名称选择"江苏信达"，系统自动带出客户相关信息，科目选择"112201 应收账款-人民币"，在货物名称栏选择"彩帛男包"，在数量栏录入"40"，在无税单价栏录入"545"。单击第二行货物名称，输入"彩帛女包"，数量为 15 个，不含税单价为"500"，如图 4-17 所示。单击工具栏中的【保存】按钮，以此方法继续录入第二张发票，如图 4-18 所示。

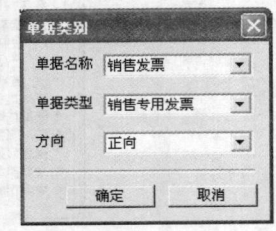

图 4-16

图 4-17

图 4-18

注意事项

如果无法将应收款和某个发票完全对应，则可以录入其他应收款。操作方法：在“期初余额明细表”窗口中，单击【增加】按钮，打开“单据类别”窗口，选择单据名称为“应收款”，单据类型为“其他应收单”，方向为“正向”，单击【确定】按钮。打开“应收单”窗口，单击【增加】按钮，选择日期，选择客户，然后选择科目为“112201 应收账款-人民币”，在金额栏录入金额，其他内容由系统自动带出，单击【保存】按钮。

5. 录入期初收款单

在“期初余额明细表”窗口中，再次单击【增加】按钮，打开【单据类别】对话框，选择单据名称为“预收款”，单据类型为“收款单”，方向为“正向”，如图 4-19 所示。单击【确定】按钮，打开“收款单”窗口。根据表 4-18 的信息，单击【增加】按钮，选择日期为“2018-09-15”，客户为“浙江伟伦”，结算方式为“转账支票”，结算科目为“100201 银行存款”，在金额栏录入“42120.00”，录入票据号为“954616”，选择款项类型为“预收款”，其他内容由系统自动带出，如图 4-20 所示，单击【保存】按钮。关闭当前窗口，返回“期初余额明细表”窗口，单击【刷新】按钮，如图 4-21 所示。

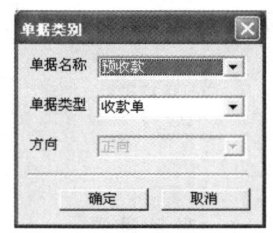

图 4-19

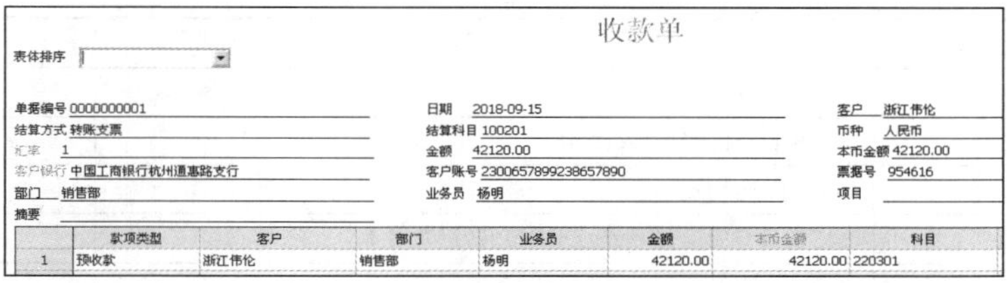

图 4-20

期初余额明细表

本币合计 借 58, 418. 00

单据类型	单据编号	单据日期	客户	部门	业务员	币种	科目	方向	原币金额	原币余额	本币金额	本币余额
银行承兑汇票	8556678	2018-12-31	浙江丰韵商贸有限公司	销售部	杨明	人民币	112101	借	17, 550. 00	17, 550. 00	17, 550. 00	17, 550. 00
销售专用发票	36859095	2018-09-30	江苏信达超市有限公司	销售部	杨明	人民币	112201	借	33, 988. 00	33, 988. 00	33, 988. 00	33, 988. 00
销售专用发票	63459009	2018-12-12	北京达来商贸有限公司	销售部	杨明	人民币	112201	借	29, 000. 00	29, 000. 00	29, 000. 00	29, 000. 00
收款单	0000000001	2018-09-15	浙江伟伦超市有限公司	销售部	杨明	人民币	220301	贷	42, 120. 00	42, 120. 00	42, 120. 00	42, 120. 00
银行承兑汇票	8557022	2018-12-31	江苏信达超市有限公司	销售部	杨明	人民币	112101	借	20, 000. 00	20, 000. 00	20, 000. 00	20, 000. 00

图 4-21

注意事项

对于收款单的单据编码，系统默认为自动生成并排序、不可修改，如果删除了一张收款单，如 01，则再次增加收款单后，单据编码将为 02。如果想改变单据编码，可以在【基础设置/单据编号设置】中将编码方式改为【手工改动】。

6. 对账

单击【对账】按钮，系统给出应收期初与总账期初的对账结果，如图 4-22 所示。

简易桌面 | 期初余额 | 期初对账

科目		应收期初		总账期初		差额	
编号	名称	原币	本币	原币	本币	原币	本币
112101	银行承兑汇票	37,550.00	37,550.00	37,550.00	37,550.00	0.00	0.00
112102	商业承兑汇票	0.00	0.00	0.00	0.00	0.00	0.00
112201	人民币	62,988.00	62,988.00	62,988.00	62,988.00	0.00	0.00
112202	美元	0.00	0.00	0.00	0.00	0.00	0.00
220301	人民币	-42,120.00	-42,120.00	-42,120.00	-42,120.00	0.00	0.00
220302	美元	0.00	0.00	0.00	0.00	0.00	0.00
	合计		58,418.00		58,418.00		0.00

图 4-22

4.3 应付款管理子系统初始化

【业务内容】

根据表4-19～表4-25所列资料，完成应付款管理系统的初始化。

1. 选项设置

表4-19 选项设置

设置项目	选项卡	设置内容
应付选项设置	常规	(1) 单据审核日期依据【单据日期】 (2) 勾选【自动计算现金折扣】
	凭证	(1) 受控科目制单方式【明细到单据】 (2) 采购科目依据【按采购类型】 (3) 勾选【核销生成凭证】

2. 科目设置

表4-20 基础科目设置

基础科目种类	科目	币种
应付科目	220201 应付账款/一般应付款	人民币
预付科目	112301 预付账款/人民币	人民币
采购科目	1402 在途物资	人民币
税金科目	22210101 应交税费/应交增值税/进项税额	人民币
银行承兑科目	220101 应付票据/银行承兑科目	人民币
商业承兑科目	220102 应付票据/商业承兑汇票	人民币
票据利息科目	660301 财务费用/利息支出	人民币
汇兑损益科目	660302 财务费用/汇兑损益	人民币
现金折扣科目	660304 财务费用/现金折扣	人民币
固定资产采购科目	1601 固定资产	人民币

表4-21 控制科目设置

应付科目	220201	预付科目	112301

表4-22 产品科目设置

采购业务类型编码	采购业务类型名称	采购科目
03	受托代销采购（视同买断）	2314 受托代销商品款
04	受托代销采购（收取手续费）	220202 应付账款/暂估应付款
08	售后回购	224103 其他应付款/应付售后回购款

表4-23 结算方式设置

结算方式	币种	本单位账号	科目
1 现金结算	人民币	23003166000055011598	1001 库存现金
201 现金支票	人民币	23003166000055011598	100201 工行存款（人民币）

续表

结算方式	币种	本单位账号	科目
202 转账支票	人民币	2300316600055011598	100201 工行存款（人民币）
202 转账支票	美元	2300316600066660016	100202 工行存款（美元）
301 银行汇票	人民币	2300316600055011598	101202 银行汇票存款
401 电汇	人民币	2300316600055011598	100201 工行存款（人民币）
401 电汇	美元	2300316600066660016	100202 工行存款（美元）
402 信汇	人民币	2300316600055011598	100201 工行存款（人民币）
5 委托收款	人民币	2300316600055011598	100201 工行存款（人民币）
6 托收承付	人民币	2300316600055011598	100201 工行存款（人民币）
9 其他	人民币	2300316600055011598	100201 工行存款（人民币）

3．录入期初余额

表 4-24　预付账款-人民币期初余额信息

日期	供应商名称	摘要	方向	金额	结算方式
2018-11-15	江苏拉贝服装有限公司	预付货款，票据号 18455600	借	1000.00	电汇

表 4-25　应付账款-一般应付款期初余额信息

日期	供应商名称	摘要	方向	金额
2018-12-15	浙江恒祥商贸有限公司	采购恒祥针织手套 250 双，不含税单价 80 元，发票号 957662	贷	23 200.00

提示：应付款管理系统期初数据不包括"应付账款-暂估应付款"账户的期初余额。

【操作指导】

1．参数设置

（1）执行【业务工作/财务会计/应付款管理/设置/选项】命令，打开【账套参数设置】对话框。根据表 4-19，选择"常规"选项卡，单击【编辑】按钮，使所有参数处于可修改状态。选择单据审核日期依据为"单据日期"，勾选"自动计算现金折扣"复选框，如图 4-23 所示。

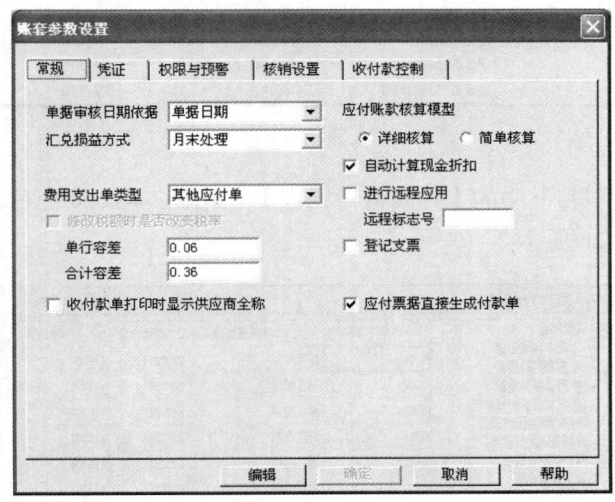

图 4-23

（2）选择【凭证】选项卡，选择受控科目制单方式为"明细到单据"，采购科目依据为"按采购类型"，勾选"核销生成凭证"复选框，如图 4-24 所示。单击【确定】按钮，保存应付账款管理系统参数的设置。

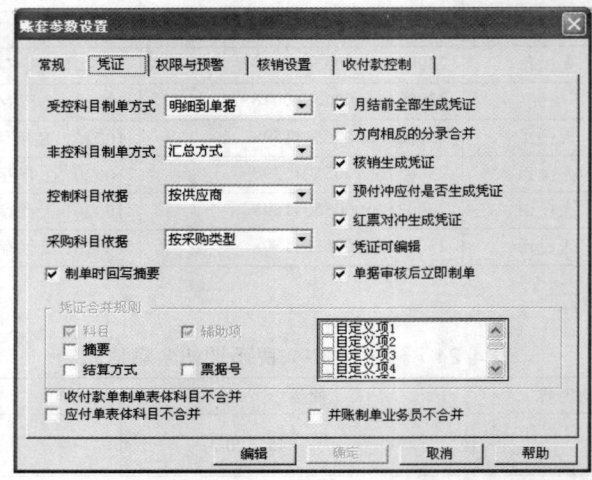

图 4-24

2. 科目设置

（1）执行【业务工作/财务会计/应付款管理/设置/初始设置】命令，打开"初始设置"窗口。根据表 4-20，单击"设置科目"中的【基本科目设置】，根据要求对应付款管理系统的基本科目进行设置，如图 4-25 所示。

图 4-25

（2）单击"设置科目"中的【控制科目设置】，根据表 4-21 对应付款管理系统的控制科目进行设置，如图 4-26 所示。

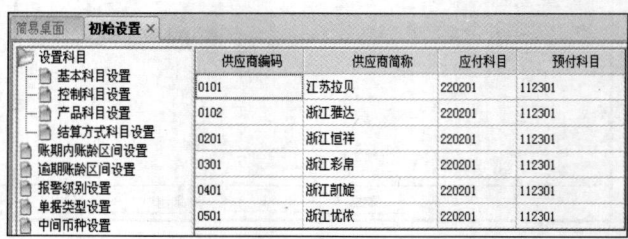

图 4-26

（3）单击"设置科目"中的【产品科目设置】，根据表 4-22 对应付款管理系统的产品科目进行设置，如图 4-27 所示。

图 4-27

（4）单击"设置科目"中的【结算方式科目设置】，根据表 4-23 对应付款管理系统的结算方式科目进行设置，如图 4-28 所示。

图 4-28

3．录入期初余额

（1）执行【业务工作/财务会计/应付款管理/设置/期初余额】命令，打开【期初余额-查询】对话框，单击【确定】按钮，系统打开"期初余额"窗口。

（2）录入"预付款"期初余额。在"期初余额"窗口中，单击工具栏中的【增加】按钮，打开【单据类别】对话框，选择单据名称为"预付款"，单据类型为"付款单"，方向为"正向"，如图 4-29 所示。单击【确定】按钮，打开"付款单"窗口，录入表 4-24 中的期初"预付账款"的信息，单击【保存】按钮，如图 4-30 所示。关闭当前窗口，返回"期初余额"窗口。

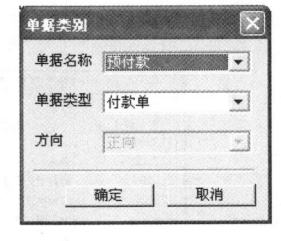

图 4-29

图 4-30

(3) 录入"采购专用发票"期初余额。在"期初余额"窗口中,单击工具栏中的【增加】按钮,打开【单据类别】对话框,选择单据名称为"采购发票",单据类型为"采购专用发票","方向"为"正向",如图4-31所示。单击【确定】按钮,打开"采购专用发票"窗口,录入表4-25中的期初"应付账款-一般应付款"的信息,单击【保存】按钮,如图4-32所示,关闭当前窗口,返回"期初余额"窗口。

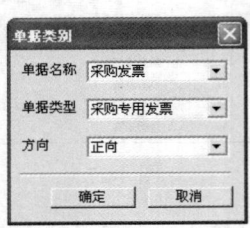

图 4-31

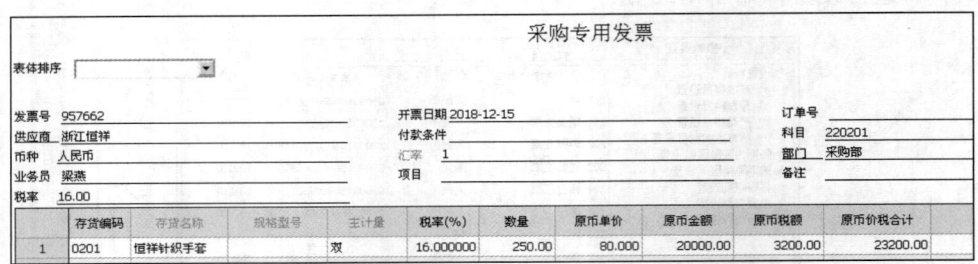

图 4-32

(4) 单击【刷新】按钮,"期初余额"窗口显示录入的两条期初余额数据,如图4-33所示。单击【对账】按钮,系统打开"期初对账"窗口,核对应付期初与总账期初的数据,如图4-34所示。

图 4-33

图 4-34

4.4 采购管理子系统初始化

【业务内容】

根据表4-26所列条件,完成采购管理系统初始化。

表 4-26 采购管理系统初始化设置表

序号	设置项目	选项卡	设置内容
1	采购选项设置	业务及权限控制	勾选【启用受托代销】【允许超订单到货及入库】
		公共及参照控制	（1）修改【单据默认税率】为【16】 （2）查看单据进入方式应为【空白单据】
2	期初采购入库单录入		2018 年 11 月 30 日，采购部梁燕采购拉贝风衣 10 件，不含税单价 180 元，已入服装库，正常采购，入库类别为采购入库，供货商为江苏拉贝服装有限公司，采购发票未到，款未付
3	采购期初记账		注意：期初记账后，期初数据将不能输入和修改，若想重新输入，必须取消记账

【操作指导】

1. 采购选项设置

（1）执行【业务工作/供应链/采购管理/设置/采购选项】命令，打开【采购系统选项设置-请按照贵单位的业务认真设置】对话框。单击"业务及权限控制"选项卡，勾选"启用受托代销""允许超订单到货及入库"复选框，其他默认，单击【确定】按钮，如图 4-35 所示。可以根据本单位需要选择相应参数。

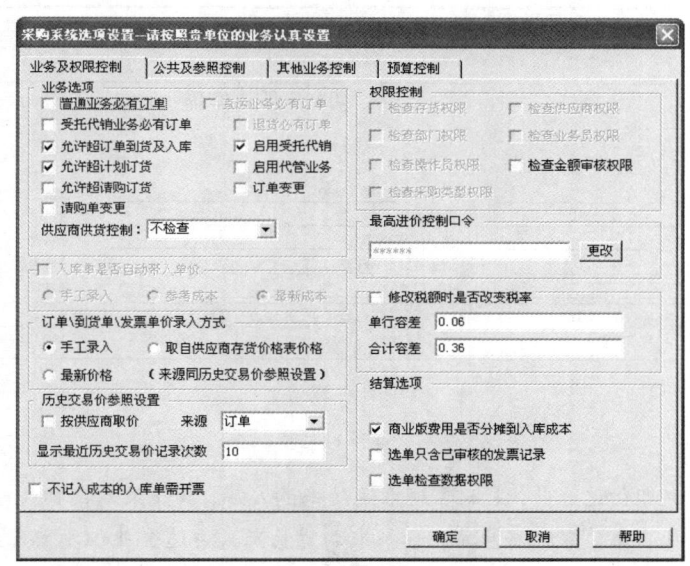

图 4-35

注意事项

在进行存货档案的设置时，由于部分存货的属性档案需要选择【受托代销】，因此如果在采购系统中选择了【启用受托代销】选项，在此检查一下即可。

（2）单击【公共及参照控制】选项卡，修改单据默认税率为"16"，其他默认，单击【确定】按钮，如图 4-36 所示。

2. 录入期初采购入库单

执行【业务工作/供应链/采购管理/采购入库/采购入库单】命令，打开"期初采购入库单"窗口。单击工具栏中的【增加】按钮，按业务要求录入一张期初采购入库单信息，如图 4-37 所示。单击【保存】按钮，保存期初采购入库单信息。

图 4-36

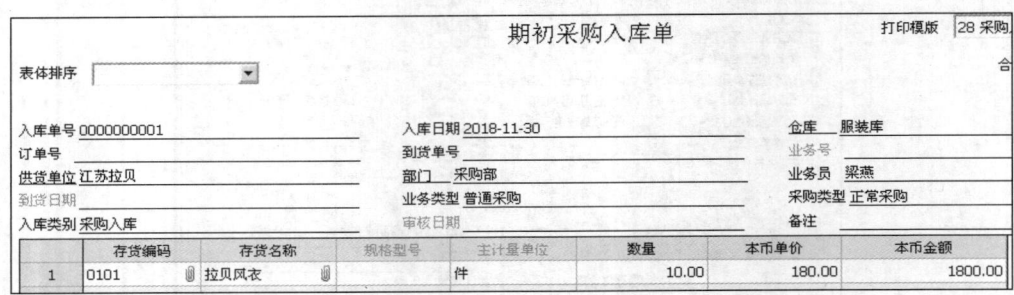

图 4-37

注意事项

在采购管理系统期初记账前，采购管理系统的采购入库，只能录入期初入库单。期初记账后，采购入库单需要在库存系统录入或生成。如果采购货物尚未运达企业但发票已经收到，则可以录入期初采购发票，表示为企业的在途物资，待货物运达后，再办理采购结算。

3. 采购期初记账

执行【业务工作/供应链/采购管理/设置/采购期初记账】命令，打开【期初记账】对话框，如图 4-38 所示。单击【记账】按钮，弹出提示信息【期初记账完毕！】。单击【确定】按钮，完成采购管理系统期初记账。

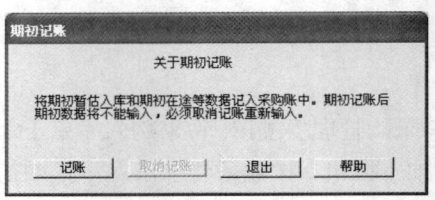

图 4-38

4.5 销售管理子系统初始化

【业务内容】

在销售管理子系统中,设置销售选项如表 4-27 所示。

表 4-27 销售管理系统初始化设置表

序号	设置项目	选项卡	设置内容
1	销售选项设置	业务控制	(1) 启用【有零售日报业务】【销售调拨业务】【有委托代销业务】【有直运销售业务】【分期收款业务】 (2) 取消【销售生成出库单】
2		其他控制	(1) 新增退货单【参照发货】 (2) 新增发票【参照订单】

【操作指导】

(1) 执行【业务工作/供应链/销售管理/设置/销售选项】命令,打开【销售选项】对话框。选择"业务控制"选项卡,取消勾选"销售生成出库单"复选框,勾选"有零售日报业务""有销售调拨业务""有委托代销业务""有分期收款业务""有直运销售业务"复选框,如图 4-39 所示。

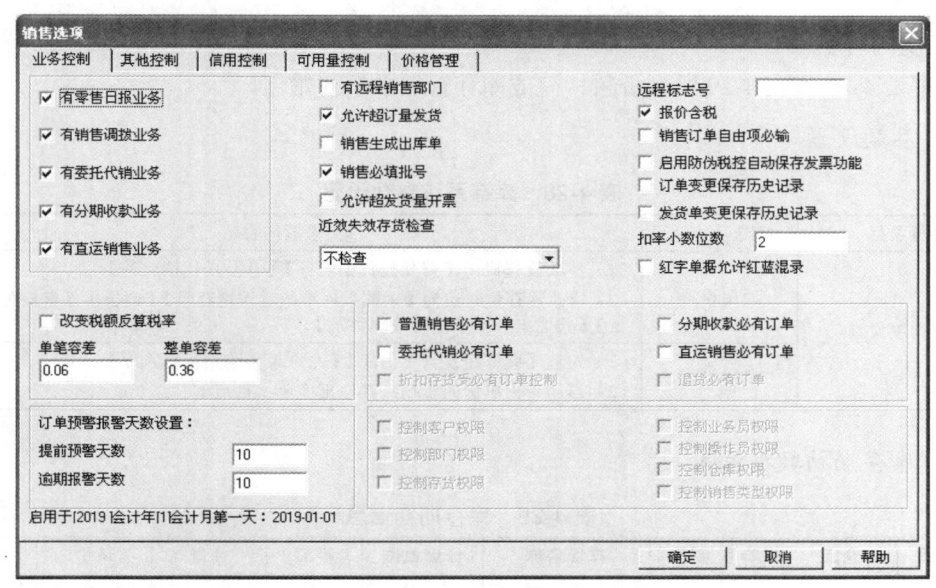

图 4-39

注意事项

如果勾选了"销售生成出库单"复选框,则销售发票(蓝/红)复核后会自动生成销售出库单(正/负),而且库管员不能修改生成的销售出库单。

(2) 选择"其他控制"选项卡,新增退货单选择"参照发货",新增发票默认选择"参照订单",其他的选项按照默认设置,如图 4-40 所示,单击【确定】按钮。

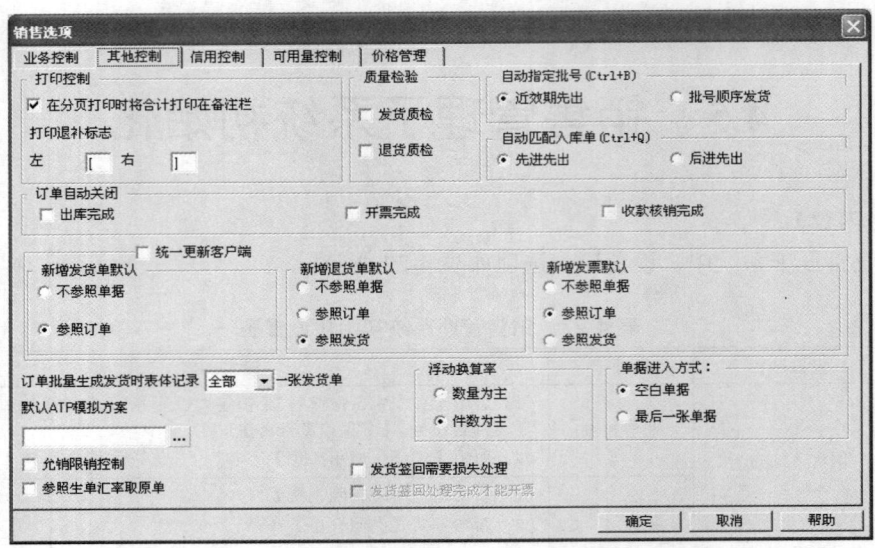

图 4-40

4.6 库存管理子系统初始化

【业务内容】

根据表 4-28 和表 4-29 所列资料，完成库存管理系统初始化。

1. 参数设置

表 4-28 库存系统参数设置

设置项目	选项卡	设置内容
库存选项设置	通用设置	（1）参数设置启用【有受托代销业务】【有委托代销业务】 （2）修改现存量时点为【采购入库审核时改现存量】【销售出库审核时改现存量】【其他出入库审核时改现存量】
	专用设置	（1）勾选【允许超发货单出库】【允许超采购到货单入库】 （2）自动带出单价的单据：其他出库单、盘点单

2. 库存期初数据录入

表 4-29 库存期初信息

仓库编码	仓库	存货编码	存货名称	计量单位	税率	数量	单价	金额
01	服装类	0101	拉贝风衣	件	16%	30	300	9000
		0102	拉贝衬衫	件	16%	35	180	6300
		0103	拉贝棉衣	件	16%	30	310	9300
		0104	雅达西裤	条	16%	25	180	4500
		0105	雅达休闲裤	条	16%	30	110	3300
02	配饰类	0201	恒祥针织手套	双	16%	50	80	4000
		0202	恒祥针织帽	个	16%	60	90	5400
		0203	恒祥针织围巾	条	16%	50	110	5500

续表

仓库编码	仓库	存货编码	存货名称	计量单位	税率	数量	单价	金额
03	箱包类	0301	彩帛女包	个	16%	6	300	1800
		0302	彩帛男包	个	16%	5	360	1800
		0303	彩帛旅行包	个	16%	5	120	600
		0304	彩帛皮夹	个	16%	180	50	9000
合计								60500

【操作指导】

1. 参数设置

执行【业务工作/供应链/库存管理/初始设置/选项】命令，打开【库存选项设置】对话框。在"通用设置"选项卡下，根据表 4-28，勾选"采购入库审核时改现存量""销售出库审核时改现存量""其他出入库审核时改现存量""有无委托代销业务""有无受托代销业务"复选框，如图 4-41 所示。

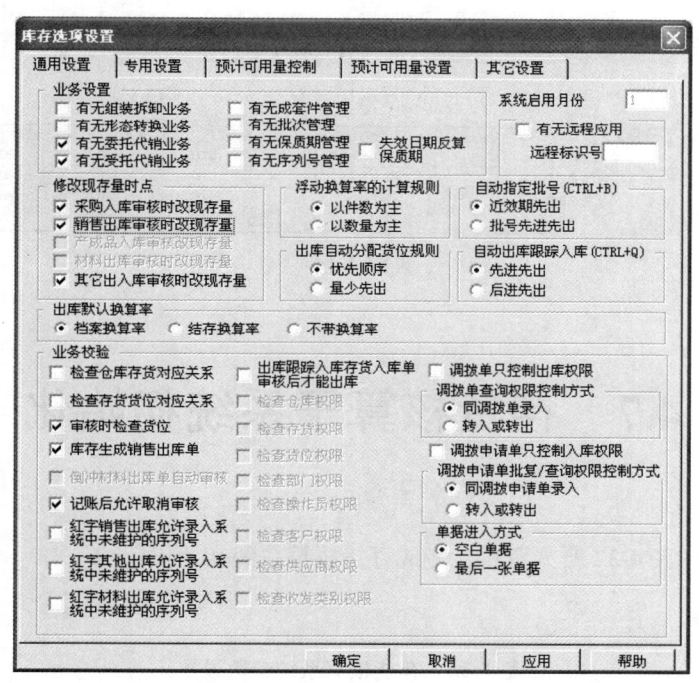

图 4-41

2. 录入库存期初数据

执行【业务工作/供应链/库存管理/初始设置/期初结存】命令，打开"库存期初"窗口。在"库存期初"窗口右上角将仓库选择为"服装库"，单击工具栏中的【修改】按钮，选择存货为"0101 拉贝风衣"，输入单价为"300"，输入数量为"30"，按照表 4-29，输入本仓库其他存货的期初结存数据，单击【保存】按钮，保存录入的存货信息，单击【批审】按钮，如图 4-42 所示。依次选择其他仓库，输入其他仓库的期初结存数据。每次完成输入后，单击【保存】按钮，单击【审核】按钮。每个仓库数据保存后，均需要选择仓库，然后单击【批审】

按钮，其他仓库数据录入完成后，结果如图 4-43 和图 4-44 所示。

仓库	仓库编码	存货编码	存货名称	规格型号	主计量单位	数量	单价	金额	入库类别
服装库	01	0101	拉贝风衣		件	30.00	300.00	9000.00	
服装库	01	0102	拉贝衬衫		件	35.00	180.00	6300.00	
服装库	01	0103	拉贝棉衣		件	30.00	310.00	9300.00	
服装库	01	0104	雅达西裤		条	25.00	180.00	4500.00	
服装库	01	0105	雅达休闲裤		条	30.00	110.00	3300.00	

图 4-42

仓库	仓库编码	存货编码	存货名称	规格型号	主计量单位	数量	单价	金额	入库类别
配饰库	02	0201	恒祥针织手套		双	50.00	80.00	4000.00	
配饰库	02	0202	恒祥针织帽		个	60.00	90.00	5400.00	
配饰库	02	0203	恒祥针织围巾		条	50.00	110.00	5500.00	

图 4-43

仓库	仓库编码	存货编码	存货名称	规格型号	主计量单位	数量	单价	金额	入库类别
箱包库	03	0301	彩用女包		个	6.00	300.00	1800.00	
箱包库	03	0302	彩用男包		个	5.00	360.00	1800.00	
箱包库	03	0303	彩用旅行包		个	5.00	120.00	600.00	
箱包库	03	0304	彩用皮夹		个	180.00	50.00	9000.00	

图 4-44

4.7 存货核算子系统初始化

【业务内容】

根据表 4-30～表 4-32 所列资料，完成存货核算系统初始化。

1. 参数设置

表 4-30 存货核算系统参数设置

序号	设置项目	选项卡	设置内容
1	存货选项设置	核算方式	（1）核算方式为【按仓库核算】 （2）暂估方式为【单到回冲】 （3）销售成本核算方式为【销售发票】 （4）委托代销为【按发出商品核算】
2		控制方式	进项税转出科目：22210108

2. 库存期初数据录入并进行期初记账

注意：存货核算期初记账后，期初数据不能输入和修改，若想输入或修改，必须取消记账。

3. 设置存货科目

表 4-31　存货科目表

仓库编码	仓库名称	存货科目	分期收款发出商品科目	委托代销发出商品科目	直运科目
01	服装库	1405 库存商品	1406 发出商品	1406 发出商品	1402 在途物资
02	配饰库	1405 库存商品	1406 发出商品	1406 发出商品	1402 在途物资
03	箱包库	1321 受托代销商品			
08	赠品库	1405 库存商品			
09	废旧品库	1405 库存商品			

4. 设置存货对方科目

表 4-32　存货对方科目表

收发类别名称	对方科目	暂估科目
101 采购入库	1402 在途物资	220202 应付账款-暂估应付款
102 采购退货	1402 在途物资	
10301 视同买断	2314 受托代销商品款	2314 受托代销商品款
10302 收取手续费	2314 受托代销商品款	2314 受托代销商品款
105 非货币性资产交换入库	1402 在途物资	
106 债务重组入库	1402 在途物资	
107 以旧换新入库	1402 在途物资	
108 售后回购入库	1406 发出商品	
109 盘盈入库	1901 待处理财产损溢	
110 直运采购入库	1402 在途物资	
201 销售出库	6401 主营业务成本	
202 销售退货	6401 主营业务成本	
20301 视同买断	6401 主营业务成本	
20302 收取手续费	2314 受托代销商品款	
205 委托代销出库	6401 主营业务成本	
206 赠品出库	660106 赠品费用	
207 非货币性资产交换出库	6401 主营业务成本	
208 债务重组出库	6401 主营业务成本	
209 以旧换新出库	6401 主营业务成本	
210 售后回购出库	1406 发出商品	
21101 可以估计退货率	6401 主营业务成本	
21102 无法估计退货率	1406 发出商品	
212 盘亏出库	1901 待处理财产损溢	
213 直运销售出库	6401 主营业务成本	

【操作指导】

1. 设置存货选项

执行【业务工作/供应链/存货核算/初始设置/选项/选项录入】命令，打开【选项录入】对话框。在"核算方式"选项卡下，根据表 4-30，选择核算方式为"按仓库核算"，暂估方式为"单到回冲"，销售成本核算方式为"销售发票"，委托代销成本核算方式为"按发出商品核算"，如图 4-45 所示。

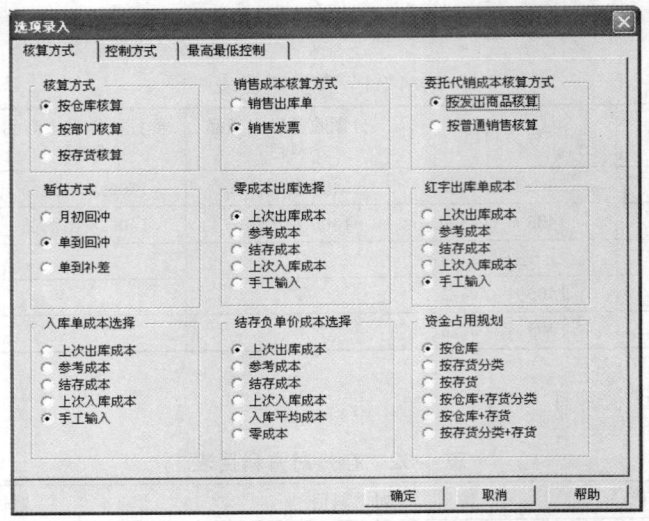

图 4-45

2. 录入存货期初数据

（1）执行【业务工作/供应链/存货核算/初始设置/期初数据/期初余额】命令，打开"期初余额"窗口，仓库选择"服装库"，单击【取数】按钮，系统自动从库存管理系统取出该仓库的存货信息，如图 4-46 所示。仓库选择"配饰库"，单击【取数】按钮，系统自动从库存管理系统取出该仓库的存货信息，如图 4-47 所示。仓库选择"箱包库"，单击【取数】按钮，系统自动从库存管理系统取出该仓库的存货信息，如图 4-48 所示。

图 4-46

图 4-47

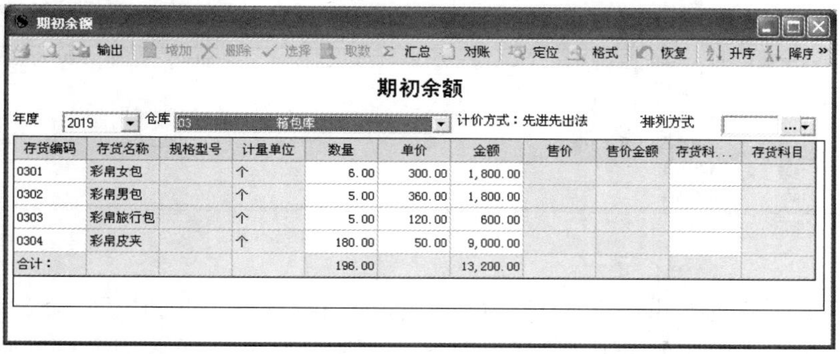

图 4-48

（2）单击【对账】按钮，系统打开【库存与存货期初对账查询条件】对话框，选择所有仓库，单击【确定】按钮，系统自动对存货核算与库存管理系统的存货数据进行核对，系统提示【对账成功！】，如图 4-49 所示。单击工具栏中的【记账】按钮，系统弹出提示【期初记账成功！】，单击【确定】按钮，完成期初记账工作，如图 4-50 所示。

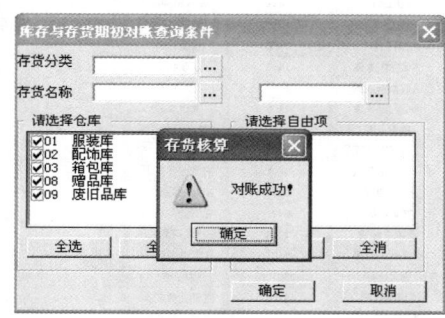

图 4-49

图 4-50

3. 设置存货科目

（1）执行【业务工作/供应链/存货核算/初始设置/科目设置/存货科目】命令，打开"存货科目"窗口，单击【增加】按钮，选择仓库编码为"01"，选择存货科目为"1405 库存商品"，选择委托代销发出商品科目为"1406 发出商品"，选择直运科目为"1402 在途物资"，根据表 4-31，依次设置其他仓库存货科目，单击【保存】按钮，如图 4-51 所示。

存货科目									
仓库编码	仓库名称	存货科目编码	存货科目名称	分期收款发...	分期收款发出商品科目名称	委托代销发...	委托代销发出商品科目名称	直运科目编码	直运科目名称
03	箱包库	1321	受托代销商品						
01	服装库	1405	库存商品	1406	发出商品	1406	发出商品	1402	在途物资
02	配饰库	1405	库存商品	1406	发出商品	1406	发出商品	1402	在途物资
09	废旧品库	1405	库存商品						
08	赠品库	1405	库存商品						

图 4-51

（2）执行【业务工作/供应链/存货核算/初始设置/科目设置/对方科目】命令，打开"对方科目"窗口，单击【增加】按钮，选择收发类别编码为"101"，选择对方科目为"1402 在途物资"，选择暂估科目为"220202 应付账款-暂估应付款"，再根据表 4-32 依次设置其他收发类别的对方科目，单击【保存】按钮，如图 4-52 所示。

对方科目					
收发类别编码	收发类别名称	对方科目编码	对方科目名称	暂估科目编码	暂估科目名称
101	采购入库	1402	在途物资	220202	暂估应付款
102	采购退货	1402	在途物资		
10301	视同买断	2314	受托代销商品款	2314	受托代销商品款
10302	收取手续费	2314	受托代销商品款	2314	受托代销商品款
105	非货币性资产...	1402	在途物资		
106	债务重组入库	1402	在途物资		
107	以旧换新入库	1402	在途物资		
108	售后回购入库	1406	发出商品		
109	盘盈入库	1901	待处理财产损溢		
110	直运采购入库	1402	在途物资		
201	销售出库	6401	主营业务成本		
202	销售退货	6401	主营业务成本		
20301	视同买断	6401	主营业务成本		
20302	收取手续费	2314	受托代销商品款		
205	委托代销出库	6401	主营业务成本		
206	赠品出库	660106	赠品费用		
207	非货币性资产...	6401	主营业务成本		
208	债务重组出库	6401	主营业务成本		
209	以旧换新出库	6401	主营业务成本		
210	售后回购出库	1406	发出商品		
21101	可以估计退货率	6401	主营业务成本		

图 4-52

> **注意事项**
>
> 在存货核算系统的初始设置中有一项【税金科目】设置，税金科目是按照存货分类进行设置的。为了设置一些特殊采购类型的采购科目，在应付系统中，采购科目依据会选择【按采购类型】，这就导致在存货核算系统中无法进行税金科目的设置，但是这不会影响凭证带出相应税金科目，因为在应付系统初始设置的基本科目中已经设置了税金科目。事实上，即使在存货核算系统中设置了税金科目，但在应付系统中未设置税金科目，在填制凭证时也无法自动带出税金科目。

4.8 固定资产子系统初始化

【业务内容】

请设置固定资产管理系统的参数，如表 4-33 和表 4-34 所示。

表 4-33 固定资产管理系统参数

约定与说明	我同意
启用月份	2019 年 01 月
折旧信息	本账套计提折旧 折旧方法：平均年限法（一） 折旧汇总分配周期：1 个月 当（月初已计提月份=可使用月份-1）时将剩余折旧全部提足
编码方式	资产类别编码方式：2-1-1-2 固定资产编码方式：按"类别编号+序号"自动编码；卡片序号长度为 3
财务借口	固定资产对账科目：1601；累计折旧对账科目：1602 选中"在对账不平情况下允许固定资产月末结账"
与账务系统借口	固定资产缺省入账科目：1601；累计折旧缺省入账科目：1602 减值准备缺省入账科目：1603；增值税进项税额缺省入账科目：22210101 固定资产清理缺省入账科目：1606 选中"业务发生后立即制单"

表 4-34 固定资产类别

类别名称	折旧方式	卡片样式	使用年限	净残值率
运输工具	平均年限法（一）	通用样式（二）	10 年	5%

【操作指导】

1. 参数设置

（1）在企业应用平台中，执行【业务工作/财务会计/固定资产】命令，系统弹出提示【这是第一次打开此账套，还未进行过初始化，是否进行初始化？】，单击【是】按钮，打开固定资产【初始化账套向导—约定及说明】对话框，如图 4-53 所示。

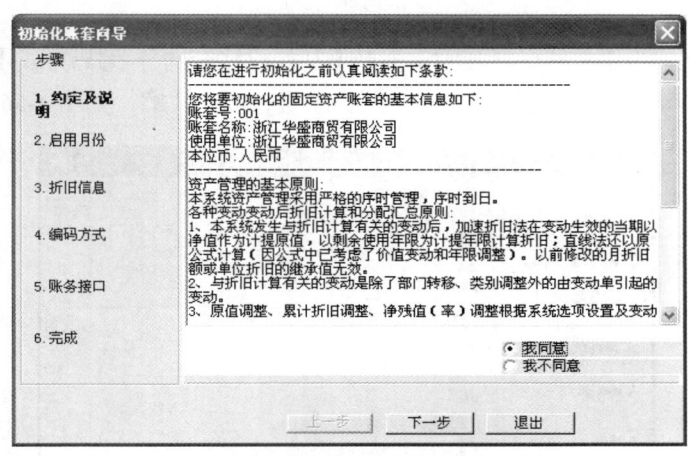

图 4-53

（2）选中【我同意】单选钮，单击【下一步】按钮，打开固定资产【初始化账套向导-启用月份】对话框，系统默认账套启用月份"2019.01"，如图 4-54 所示。

（3）单击【下一步】按钮，打开固定资产【初始化账套向导-折旧信息】对话框，选择主要折旧方法为"平均年限法（一）"，勾选"当（月初已计提月份=可使用月份-1）时将剩余折旧全部提足（工作量法除外）"复选框，如图 4-55 所示。

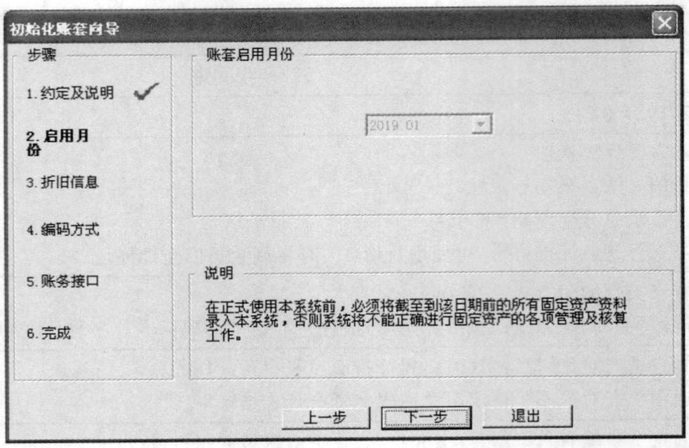

图 4-54

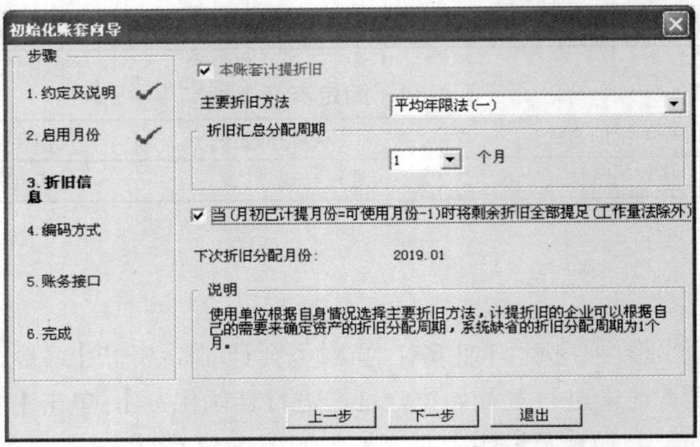

图 4-55

（4）单击【下一步】按钮，打开固定资产【初始化账套向导-编码方式】对话框。固定资产编码方式为"自动编码""类别编号+序号"，序号长度为"3"，如图 4-56 所示。

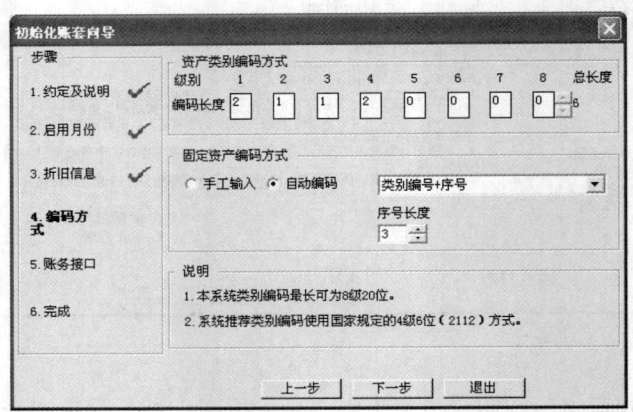

图 4-56

（5）单击【下一步】按钮，打开固定资产【初始化账套向导-账务接口】对话框。在固定资产对账科目栏录入"1601，固定资产"，在累计折旧对账科目栏录入"1602，累计折旧"，勾选"在对账不平情况下允许固定资产月末结账"复选框，如图 4-57 所示。单击【下一步】

按钮,打开【初始化账套向导-完成】对话框,如图 4-58 所示。

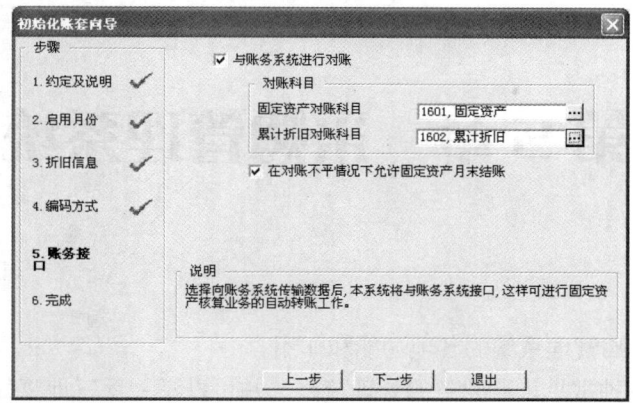

图 4-57

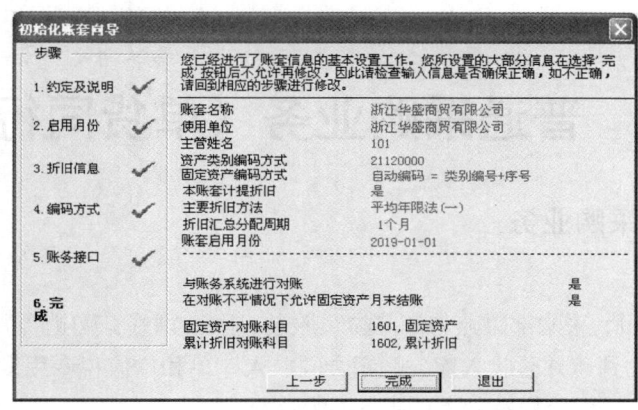

图 4-58

(6)单击【完成】按钮,系统弹出【固定资产】对话框。单击【是】按钮,系统提示【已成功初始化本固定资产账套!】。单击【确定】按钮,固定资产建账完成。

2. 增加固定资产类别

根据表 4-34,在固定资产管理系统中,执行【设置/资产类别】命令,打开"资产类别-列表视图"窗口。单击【增加】按钮,在类别名称栏录入"运输工具",选择"平均年限法(一)",卡片样式选择"通用样式(二)",录入使用年限为"10"年,净残值率为"5%",如图 4-59 所示,单击【保存】按钮。

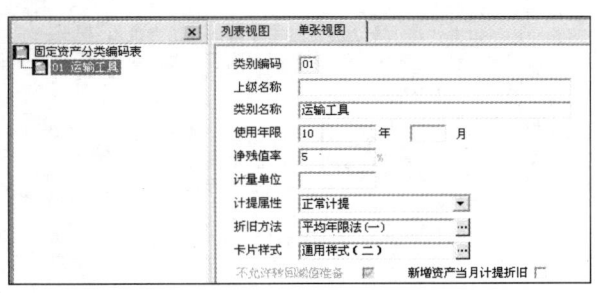

图 4-59

第 5 章　采购管理系统

学习要点

- 熟练掌握采购管理系统的各项功能和作用。
- 了解企业各种常见采购业务的处理流程，并可以举一反三地将处理方法灵活应用到实际工作中。

5.1　普通采购业务（单货同行）

5.1.1　未付款的采购业务

【业务内容】

2019 年 1 月 1 日，采购部梁燕与江苏拉贝服装有限公司签订购销合同，取得增值税专用发票，未付款，货物到达并验收入库。购销合同、入库单和增值税专用发票如图 5-1、图 5-2 和图 5-3 所示。业务操作流程及分工如表 5-1 所示。

购销合同

卖方：江苏拉贝服装有限公司　　　　合同编号：CG01001

买方：浙江华盛商贸有限公司　　　　签订日期：2019 年 01 月 01 日

为保护买卖双方的合法权益，根据《中华人民共和国合同法》的有关规定，经双方协定，订立本合同，并共同遵守合同约定：

一、货物的名称、数量及金额：

货物名称	规格型号	单位	数量	单价(不含税)	金额（不含税）	税率	税额
拉贝风衣		件	200	300	60 000.00	16%	9 600.00
拉贝衬衫		件	200	180	36 000.00	16%	5 760.00
合计					￥96 000.00		￥15 360.00
合同总金额（大写）：人民币壹拾壹万壹仟叁佰陆拾元整（￥111 360.00）							

二、签订合同当日，卖方交付货物并开具增值税专用发票，买方于本月内支付全部货款。

三、交货地点：浙江华盛商贸有限公司

四、发货方式与运输费用承担方式：由卖方发货，运输费用由卖方承担。

五、违约条款：违约方须赔偿对方一切经济损失。但遇到天灾人祸或其它人力不能控制之因素导致延误交货，需方不能要求供方赔偿任何损失。

卖方（盖章）：江苏拉贝服装有限公司 合同专用章　　　　买方（盖章）：浙江华盛商贸有限公司 合同专用章

法定代表：姜晨　姜晨印　　　　法定代表：李国华　李国华印

日　期：2019 年 1 月 1 日　　　　日　期：2019 年 1 月 1 日

图 5-1

入 库 单

供应商：江苏拉贝　　　　　　　　　2019年1月1日　　　　　　　　　单号：RK01001

验收仓库	存货编码	存货名称	单位	数量 应收	数量 实收	单价	金额
服装库	0101	拉贝风衣	件	200	200		
服装库	0102	拉贝衬衫	件	200	200		
		合计					

部门经理：略　　　　会计：略　　　　仓库：略　　　　经办人：略

图 5-2

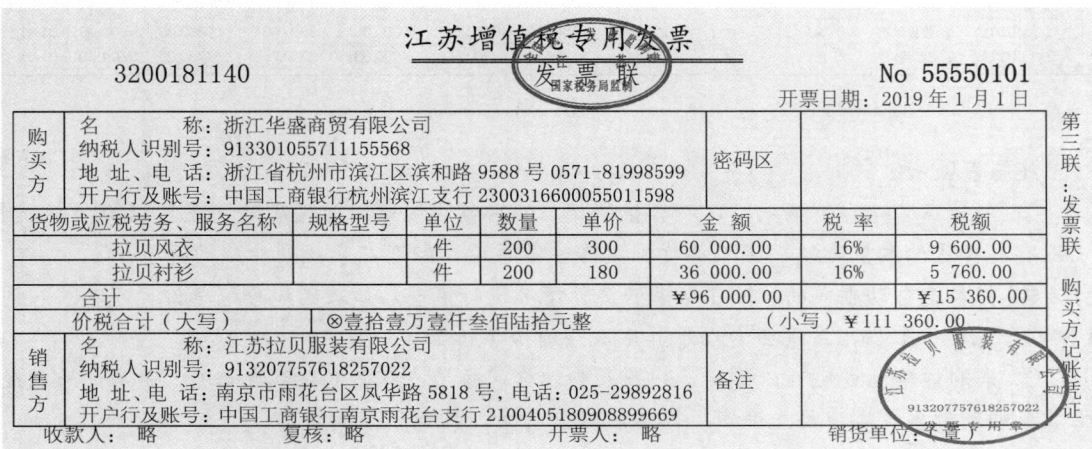

图 5-3

【业务操作流程和岗位工作】

表 5-1　业务操作流程与岗位工作

操作日期	操作员	操作系统	操作流程
2019-01-01	采购员【301】	采购管理	（1）填制采购订单 （2）参照采购订单生成到货单
2019-01-01	仓管员【501】	库存管理	（3）参照到货单生成入库单
2019-01-01	采购员【301】	采购管理	（4）参照入库单生成采购专用发票 （5）采购结算
2019-01-01	财务会计【202】	应付款管理	（6）审核采购发票并制单处理
		存货核算	（7）单据记账并生成凭证

【操作指导】

1. 填制采购订单

（1）2019年1月1日，采购部梁燕【301】按照合同在企业应用平台中执行【业务工作/供应链/采购管理/采购订货/采购订单】命令，打开"采购订单"窗口，单击【增加】按钮。

（2）在表头中，修改订单编号为"CG01001"，采购类型为"正常采购"，供应商为"江苏拉贝"。

（3）在表体中，第一行选择存货为"0101 拉贝风衣"，数量为"200"，原币单价为"300"，计划到货日期为"2019-01-01"；第二行输入"拉贝衬衫"的采购数量为"200"，原币单价为"180"，计划到货日期为"2019-01-01"，其他信息由系统自动带出，如图 5-4 所示。

（4）在工具栏中，单击【保存】按钮，再单击【审核】按钮，退出该窗口。

图 5-4

注意事项

① 如果在选择存货编码时，没有找到相应的存货，这是因为【基础设置】/【存货档案】中没有选择【外购】选项，进入存货档案修改保存后，即可在此找到相应的存货。

② 税率是自动生成的，但可以根据实际情况进行调整，如果已知含税单价，可以录入到【原币含税单价】栏，系统会自动计算生成【原币单价】。

③ 采购订单生成后可以删除，如果采购订单审核了，需要先弃审再删除，但是如果已经生成采购到货单，则需要先弃审、删除采购到货单，再删除采购订单。

④ 在采购订单中，录入计划到货日期时，应该晚于订单日期，否则系统不允许保存。

2．参照采购订单生成到货单

（1）2019 年 1 月 1 日，采购部梁燕【301】在企业应用平台中执行【业务工作/供应链/采购管理/采购到货/到货单】命令，打开"到货单"窗口。单击【增加】按钮，执行【生单/采购订单】命令，弹出【查询条件选择-采购订单列表过滤】对话框，单击【确定】按钮。系统打开"拷贝并执行"窗口，双击【选择】栏选中要拷贝的采购订单，在【选择】栏出现【Y】，如图 5-5 所示，单击【确定】按钮。

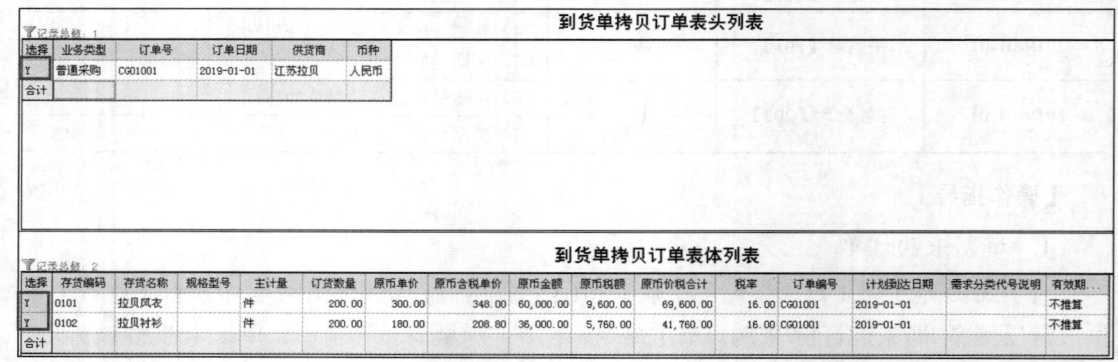

图 5-5

（2）系统自动生成到货单，如图 5-6 所示。单击【保存】按钮，然后单击【审核】按钮。

注意事项

① 采购到货单可以手工录入，也可以拷贝采购订单生成。如果采购到货单与采购订单信息有差别，可以直接据实录入到货单信息，或者直接修改生成的到货单信息，再单击【保存】

按钮确认修改的到货单。

② 没有生成下游单据的采购到货单可以直接删除，但是如果已经生成下游的采购入库单，则不能直接删除，需要先弃审、删除采购入库单后才能删除采购到货单。

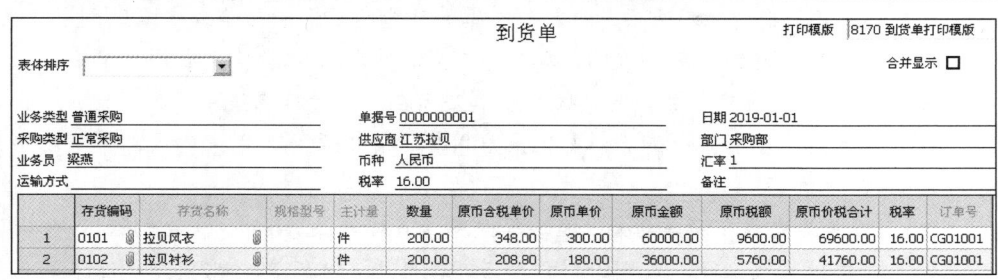

图 5-6

3. 参照到货单生成入库单

注意：采购入库单中的仓库不能选错，否则记账会出现问题（在错误仓库记账）。

（1）2019 年 1 月 1 日，仓储部王娜【501】在企业应用平台中执行【业务工作/供应链/库存管理/入库业务/采购入库单】命令，打开"采购入库单"窗口。执行【生单/采购到货单（蓝字）】命令，弹出【查询条件选择-采购到货单列表】对话框，单击【确定】按钮。打开"到货单生单列表"窗口，双击【选择】栏，选择相应的到货单生单表头，在【选择】栏出现【Y】，如图 5-7 所示，单击【确定】按钮。

图 5-7

（2）系统自动参照到货单生成入库单，修改入库单号为"RK01001"，选择仓库为"服装库"，单击【确定】按钮，再单击【保存】按钮，如图 5-8 所示。单击【审核】按钮，完成入库单的审核。

图 5-8

注意事项

① 如果已经在采购选项中设置了"普通业务必有订单",而需要手工录入采购入库单,那么可以取消"普通业务必有订单"选项,再打开采购入库单窗口,单击【增加】按钮。如果选择了"普通业务必有订单"选项,则采购入库单只能参照采购订单或者采购到货单生成,不能手工录入。如果采购入库单与采购订单信息不符,可根据到货单生成入库单。

② 如果启用了库存管理系统,则采购入库单必须在库存管理系统中录入或生成,在采购管理系统中只能查看,不能修改删除;如果未启用库存管理系统,则采购入库单可以在采购管理系统中录入。

③ 根据上游单据生成下游单据后,上游单据不能直接修改、弃审,需要删除下游单据后,其上游单据才能执行弃审、修改或删除操作。若想删除采购入库单,需要先删除采购入库单的后续单据(采购发票,如果采购发票已经生成了应付凭证,则需要先删除应付凭证)。如果入库单已经记账,应先删除存货核算凭证,取消记账。

④ 如果需要查询采购入库单,可以在采购系统查看"采购入库单"列表。

4. 参照入库单生成采购专用发票

(1)2019年1月1日,采购部梁燕【301】在企业应用平台中执行【业务工作/供应链/采购管理/采购发票/采购专用发票】命令,打开"专用发票"窗口。单击【增加】按钮,执行【生单/入库单】命令,弹出【查询条件选择-采购入库单列表过滤】对话框,单击【确定】按钮。系统打开"拷贝并执行"窗口,双击【选择】栏选中要拷贝的采购入库单,如图5-9所示,单击【确定】按钮。

图 5-9

(2)系统自动参照入库单生成采购专用发票,修改发票号为"55550101",如图5-10所示,单击【保存】按钮。

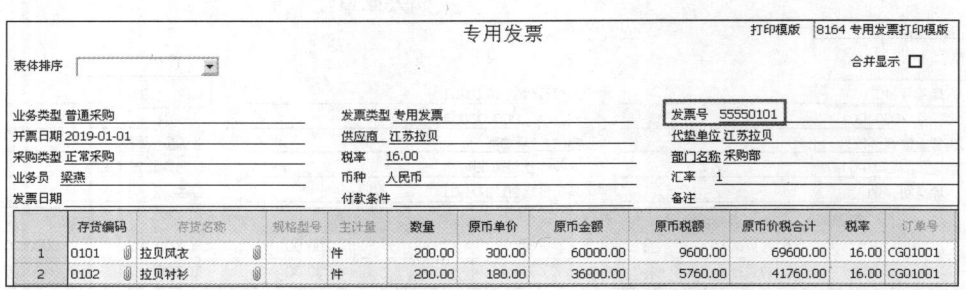

图 5-10

注意事项

① 采购发票可手工输入，也可根据采购订单、采购入库单参照生成。如果在采购选项中设置了"普通采购必有订单"，则不能手工录入采购发票，只能参照采购订单、入库单生成采购发票。如果需要手工录入，则需要在设置里先取消选择"普通业务必有订单"选项。

② 如果录入采购专用发票，需要先在基础档案中设置本企业的开户银行信息和税号，以及供应商的银行信息和税号，否则增值税专用发票不能保存，只能录入普通发票。

③ 如果收到供应商开具的发票但没有收到货物，可以对发票进行压单处理，待货物运达后，再输入采购入库单并进行采购结算，也可以先将发票输入系统，以便实时统计在途物资。

④ 采购发票中的表头税率是专用发票默认税率带入的，可以修改。采购专用发票的单价为无税单价，金额为无税金额，税额等于无税金额与税率的乘积。

⑤ 在采购管理系统中，可以在采购发票列表中查询采购发票。

5. 采购结算

（1）2019年1月1日，采购部梁燕【301】在企业应用平台中执行【业务工作/供应链/采购管理/采购结算/手工结算】命令，打开"手工结算"窗口，单击工具栏中的【选单】按钮，打开"结算选单"窗口。在"结算选单"窗口中，单击工具栏中的【查询】按钮，弹出的【查询条件选择-采购手工结算】对话框，单击【确定】按钮。系统返回"结算选单"窗口，选择相应的"发票"和"入库单"，如图5-11所示，单击【确定】按钮。

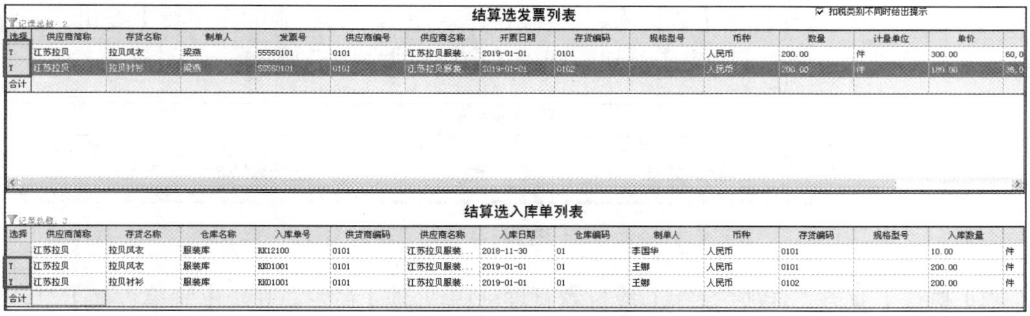

图 5-11

（2）系统回到"手工结算"窗口，如图5-12所示，在工具栏中单击【结算】按钮，系统弹出提示【完成结算！】，关闭当前窗口。

图 5-12

（3）执行【结算单列表】命令，弹出【查询条件选择-采购结算单】对话框，单击【确定】按钮。打开"结算单列表"窗口，双击需要查询的结算单，打开查看结算单，如图5-13所示。

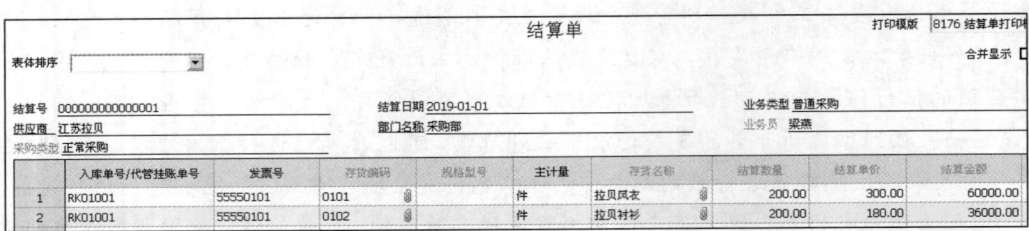

图 5-13

> **注意事项**
> 如果结算后需要取消结算操作，则在【采购结算/结算单列表】中删除结算单，即可取消结算操作。

6. 审核采购发票并制单处理

（1）2019年1月1日，财务会计郝贤【202】在企业应用平台中执行【业务工作/财务会计/应付款管理/应付单据处理/应付单据审核】命令，系统弹出【应付单查询条件】对话框，单击【确定】按钮，打开"应付单据列表"窗口。双击待选应付单行的【选择】栏，或单击【全选】按钮，出现选择标志【Y】，如图5-14所示。单击工具栏中的【审核】按钮，系统完成审核并给出提示，单击【确定】按钮，回到"应付单据列表"窗口。

图 5-14

（2）执行【业务工作/财务会计/应付款管理/制单处理】命令，弹出【制单查询】对话框，勾选"发票制单"复选框，如图5-15所示，单击【确定】按钮。

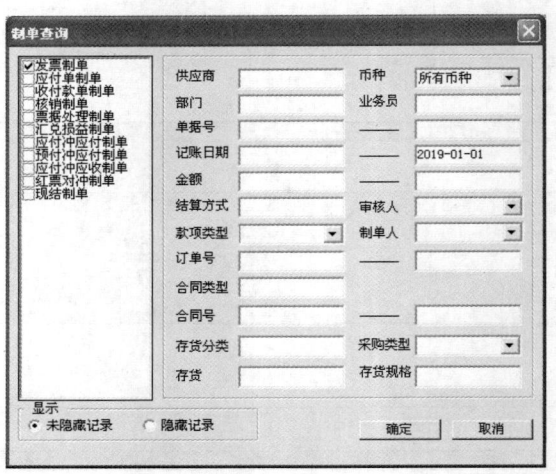

图 5-15

（3）系统打开"采购发票制单"窗口，选择"记账凭证"，再单击【全选】按钮，选中要制单的"采购专用发票"，在选择标志处会出现【1】，如图 5-16 所示。单击【制单】按钮，生成一张记账凭证。单击【保存】按钮，如图 5-17 所示。

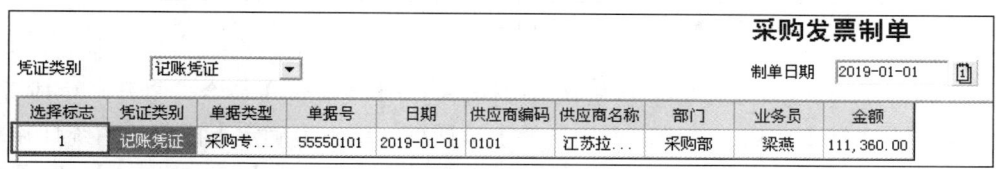

图 5-16

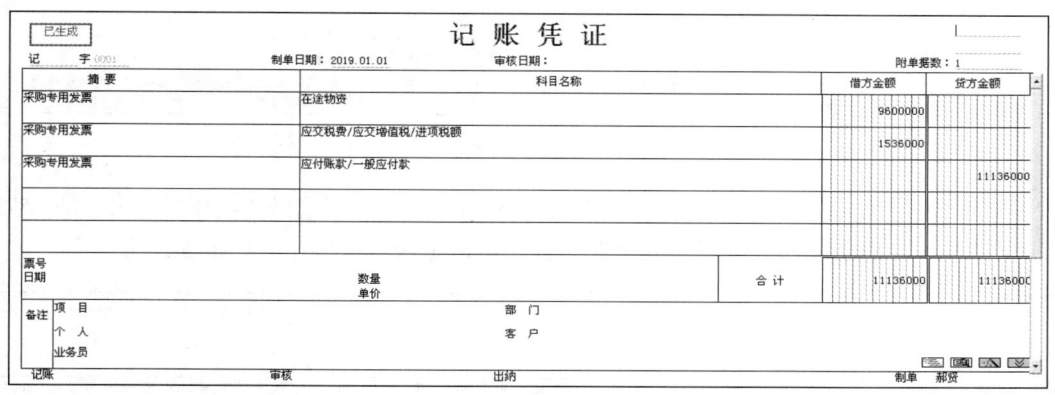

图 5-17

（4）执行【业务工作/财务会计/应付款管理/单据查询/凭证查询】命令，可以查询凭证，也可以打开总账系统。执行【凭证/查询凭证】命令，选择【未记账凭证】，打开所选凭证，可以查询在应付款系统生成并传递至总账的记账凭证。

> **注意事项**
> ① 如果在应付款系统的初始设置中设置了应付科目、税金科目、采购科目，生成凭证时系统会自动带出相应科目。如果相关应付科目等未设置，可以在生成凭证后补充填入。
> ② 未采购结算的采购发票也能传递到应付款管理系统，进行应付单据审核。
> ③ 在应付款管理系统中，可以根据采购发票制单，也可以根据应付单等票据制单。
> ④ 在应付款管理系统中，可以选择一条记录制单，也可以选择多条记录合并制单。
> ⑤ 可以在每次采购业务执行结算后，就针对每笔业务制单，也可以月末一次制单。

7. 正常单据记账并生成凭证

（1）2019 年 1 月 1 日，财务会计郝贤【202】在企业应用平台中执行【业务工作/供应链/存货核算/业务核算/正常单据记账】命令，弹出【查询条件选择】对话框，单击【确定】按钮。系统打开"正常单据记账列表"窗口，单击【全选】按钮，如图 5-18 所示。单击【记账】按钮，系统提示【记账成功】，单击【确定】按钮，返回记账列表，已经记账的入库单自动消失。

> **注意事项**
> 记账后，可以选择取消记账，操作如下：执行【存货核算】/【业务核算】/【恢复记账】命令，选择需要恢复记账的入库单，单击【恢复】按钮。如果需要恢复记账的入库单已经生成记账凭证，则需要先在（存货核算/账务核算/凭证列表）中删除记账凭证，才能恢复记账。

正常单据记账列表									
选择	日期	单据号	存货编码	存货名称	规格型号	存货代码	单据类型	仓库名称	收发类别	数量	单价
Y	2019-01-01	RK01001	0101	拉贝风衣			采购入库单	服装库	采购入库	200.00	300.00
Y	2019-01-01	RK01001	0102	拉贝衬衫			采购入库单	服装库	采购入库	200.00	180.00
小计										400.00	

图 5-18

（2）执行【业务工作/供应链/存货核算/财务核算/生成凭证】命令，打开"生成凭证"窗口，单击【选择】按钮，弹出【查询条件】对话框，单击【确定】按钮。系统打开"未生成凭证单据一览表"窗口，单击单据行的【选择】栏，【选择】栏出现【1】，如图 5-19 所示。

未生成凭证单据一览表															
选择	记账日期	单据日期	单据类型	单据号	仓库	收发类别	记账人	部门	部门编码	业务号	业务类型	计价方式	备注	摘要	供应商	客户
1	2019-01-01	2019-01-01	采购入库单	RK01001	服装库	采购入库	郝贤	采购部	3		普通采购	先进先出法		采购入库单	江苏拉贝服	

图 5-19

（3）单击【确定】按钮，返回"生成凭证"窗口，凭证类别选择"记账凭证"，如图 5-20 所示。单击【生成】按钮，生成一张记账凭证。单击【保存】按钮，如图 5-21 所示。

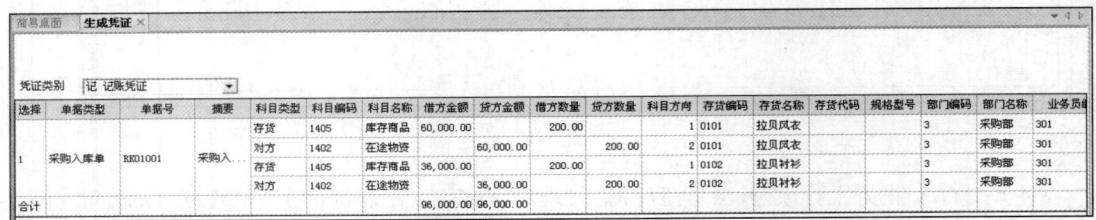

图 5-20

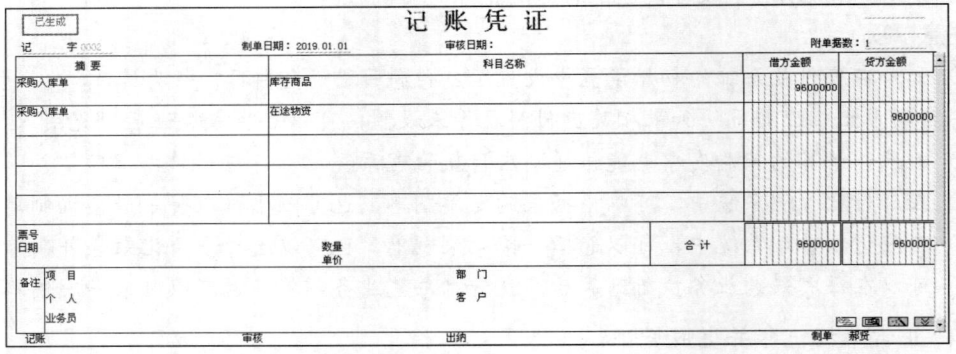

图 5-21

5.1.2 现结采购业务

【业务内容】

2019 年 1 月 1 日，采购部梁燕与浙江雅达商贸有限公司签订采购合同（合同编号为 CG01002，图略），收到货并已验收入库（入库单号为 RK01002，图略），取得采购专用发票并同时支付货款，取得与该业务相关的单据如图 5-22 和图 5-23 所示。业务操作流程及分工如表 5-2 所示。

图 5-22

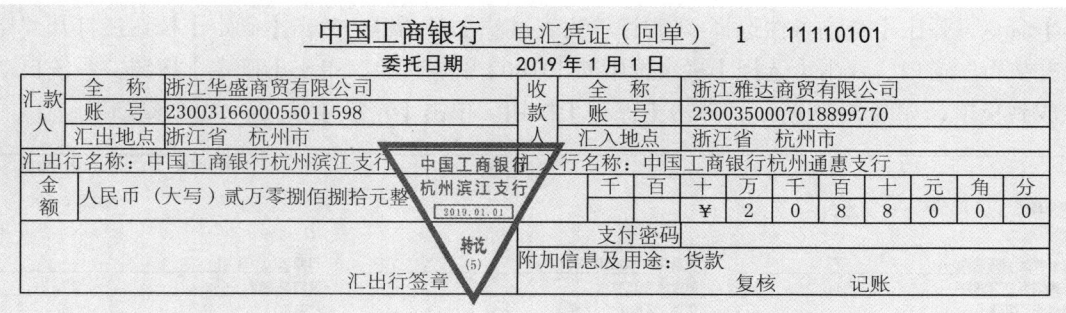

图 5-23

【业务操作流程和岗位工作】

表 5-2 业务操作流程与岗位工作

操作日期	操作员	操作系统	操作流程
2019-01-01	采购员【301】	采购管理	（1）填制采购订单 （2）参照采购订单生成到货单
2019-01-01	仓管员【501】	库存管理	（3）参照到货单生成入库单
2019-01-01	采购员【301】	采购管理	（4）参照入库单生成采购专用发票并现付 （5）采购结算
2019-01-01	财务会计【202】	应付款管理	（6）审核采购发票并制单处理
		存货核算	（7）单据记账并生成凭证

【操作指导】

1. 填制采购订单

（1）2019年1月1日，采购部梁燕【301】在企业应用平台中执行【业务工作/供应链/采购管理/采购订货/采购订单】命令，打开"采购订单"窗口。单击【增加】按钮。

（2）在表头中，修改订单编号为"CG01002"，采购类型为"正常采购"，供应商为"浙江雅达"，部门为"采购部"。在表体中，选择存货"0104 雅达西裤"，数量为"100"，原币不含税单价为"180.00"，计划到货日期为"2019-01-01"，其他信息由系统自动带出。

（3）在工具栏中，单击【保存】按钮，如图5-24所示，单击【审核】按钮。

图 5-24

2. 参照采购订单生成到货单

2019年1月1日，采购部梁燕【301】在企业应用平台中执行【业务工作/供应链/采购管理/采购到货/到货单】命令，打开"到货单"窗口。单击【增加】按钮，执行【生单/采购订单】命令，弹出【查询条件选择-采购订单列表过滤】对话框，单击【确定】按钮。打开"拷贝并执行"窗口，双击【选择】栏，选中CG01002采购订单，单击【确定】按钮。系统自动生成到货单，如图5-25所示，单击【保存】按钮。单击【审核】按钮，关闭该窗口。

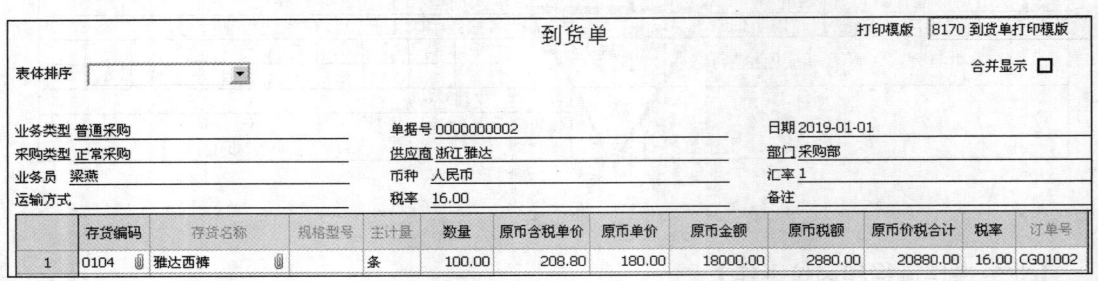

图 5-25

3. 参照到货单生成入库单

（1）2019年1月1日，仓储部王娜【501】在企业应用平台中执行【业务工作/供应链/库存管理/入库业务/采购入库单】命令，打开"采购入库单"窗口。执行【生单/采购到货单（蓝字）】命令，弹出【查询条件选择-采购到货单列表】对话框，单击【确定】按钮，打开"到货单生单列表"窗口，双击【选择】栏选择上一步生成的到货单，单击【确定】按钮。

（2）系统自动参照到货单生成入库单，修改入库单号为RK01002，如图5-26所示，选择仓库为"服装库"，单击【保存】按钮，然后单击【审核】按钮。

图 5-26

4. 参照入库单生成采购专用发票并现付

（1）2019年1月1日，采购部梁燕【301】在企业应用平台中执行【业务工作/供应链/采购管理/采购发票/专用采购发票】命令，打开"专用发票"窗口。单击【增加】按钮，执行【生单/入库单】命令，系统弹出【查询条件选择-采购入库单列表过滤】对话框，单击【确定】按钮。系统打开"拷贝并执行"窗口，双击【选择】栏，选中 RK01002 采购入库单，单击【确定】按钮，系统自动参照入库单生成采购专用发票，修改发票号为"55550102"，单击【保存】按钮。

（2）在工具栏中，单击【现付】按钮，打开【采购现付】对话框。选择结算方式为"电汇"，结算金额为"20880.00"，票据号为"11110101"，其他项默认，如图 5-27 所示，单击【确定】按钮，刷新后采购专用发票提示【已现付】，如图 5-28 所示。

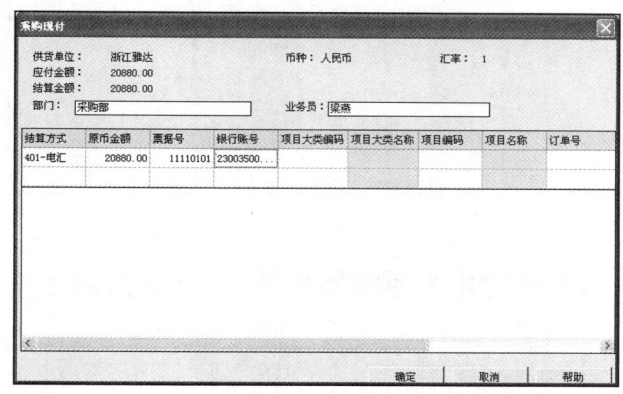

图 5-27

图 5-28

5. 采购结算

（1）2019年1月1日，采购部梁燕【301】在企业应用平台中执行【业务工作/供应链/采购管理/采购结算/自动结算】命令，打开【查询条件选择-采购自动结算】对话框，结算模式选择"入库单和发票"，如图 5-29 所示。单击【确定】按钮，系统自动进行结算。

（2）如果存在完全匹配的记录，结算完成后，系统提示采购专用发票【已结算】。

注意事项

根据需要输入结算过滤条件和结算模式，如单据的起止日期，选择单据和发票结算模式，如果不存在完全匹配的记录，则系统会弹出提示【状态：没有符合条件的红蓝入库单和发票】。

6. 审核采购发票并制单处理

（1）2019年1月1日，财务会计郝贤【202】在企业应用平台中执行【业务工作/财务会计/应付款管理/应付单据处理/应付单据审核】命令，弹出【应付单查询条件】对话框，勾选

“包含已现结发票”复选框，如图 5-30 所示，单击【确定】按钮。

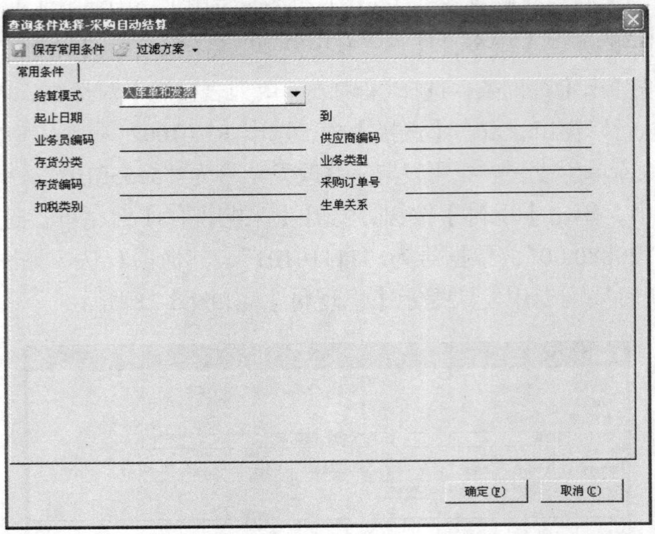

图 5-29

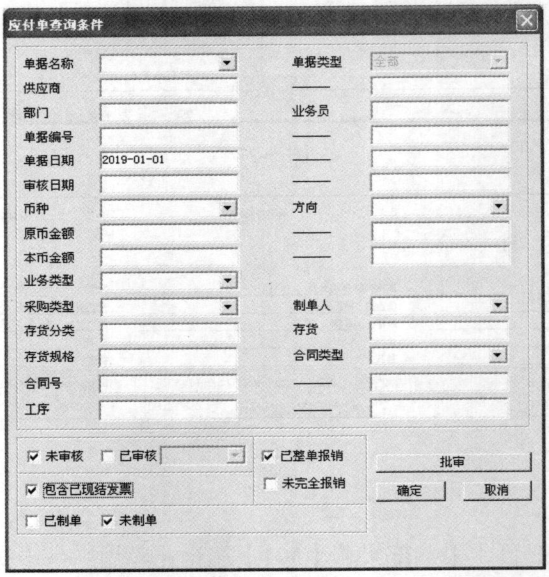

图 5-30

（2）系统打开“应付单据列表”窗口，双击【选择】栏，如图 5-31 所示，单击【审核】按钮，系统完成审核并给出审核报告。单击【确定】按钮，然后退出该窗口。

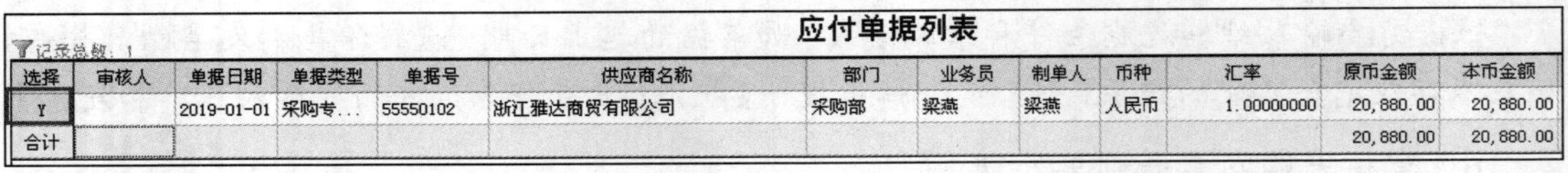

应付单据列表

记录总数：1

选择	审核人	单据日期	单据类型	单据号	供应商名称	部门	业务员	制单人	币种	汇率	原币金额	本币金额
Y		2019-01-01	采购专...	55550102	浙江雅达商贸有限公司	采购部	梁燕	梁燕	人民币	1.00000000	20,880.00	20,880.00
合计											20,880.00	20,880.00

图 5-31

（3）执行【制单处理】命令，弹出【制单查询】对话框，勾选“现结制单”复选框，单击【确定】按钮。系统打开"应付制单"窗口。凭证类别选择"记账凭证",再双击要制单的"现结发票",选择标志出现【1】,如图 5-32 所示。单击【制单】按钮,生成一张记账凭证,单击【保存】按钮,如图 5-33 所示。

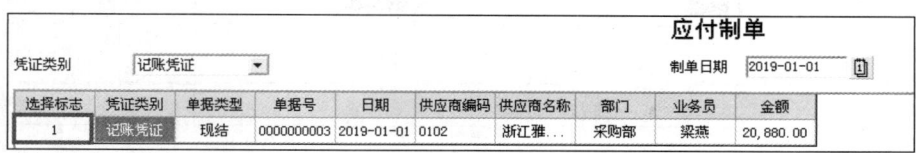

图 5-32

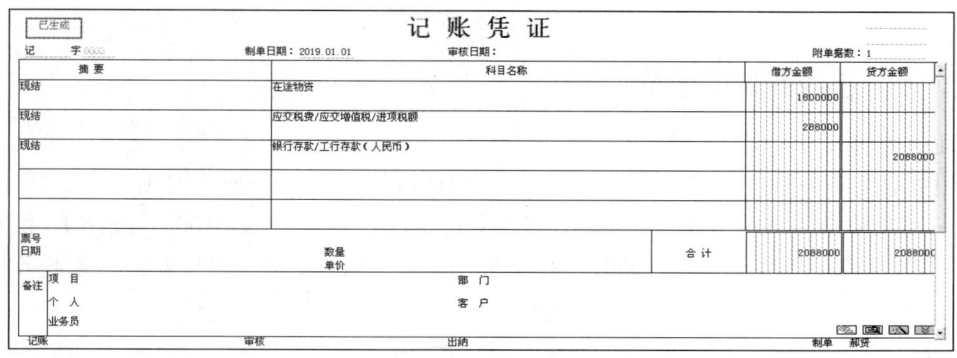

图 5-33

7. 单据记账并生成凭证

(1)正常单据记账:2019 年 1 月 1 日,财务会计郝贤【202】在企业应用平台中执行【业务工作/供应链/存货核算/业务核算/正常单据记账】命令,弹出【查询条件选择】对话框,单击【确定】按钮。系统打开"正常单据记账列表"窗口。选择"RK01002"号入库单,如图 5-34 所示。单击【记账】按钮,系统提示【记账成功】,单击【确定】按钮。

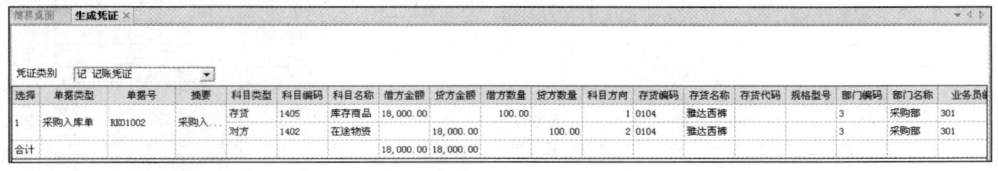

图 5-34

(2)生成凭证:执行【财务核算/生成凭证】命令,打开"生成凭证"窗口。单击【选择】按钮,弹出【查询条件】对话框,单击【确定】按钮,打开"未生成凭证单据一览表"。单击【选择】栏,或单击【全选】按钮,选中待生成凭证的单据,选中后【选择】栏出现【1】,单击【确定】按钮。返回"生成凭证"窗口,凭证类别选择"记账凭证",如图 5-35 所示。单击【生成】按钮,生成一张记账凭证,单击【保存】按钮,如图 5-36 所示。

图 5-35

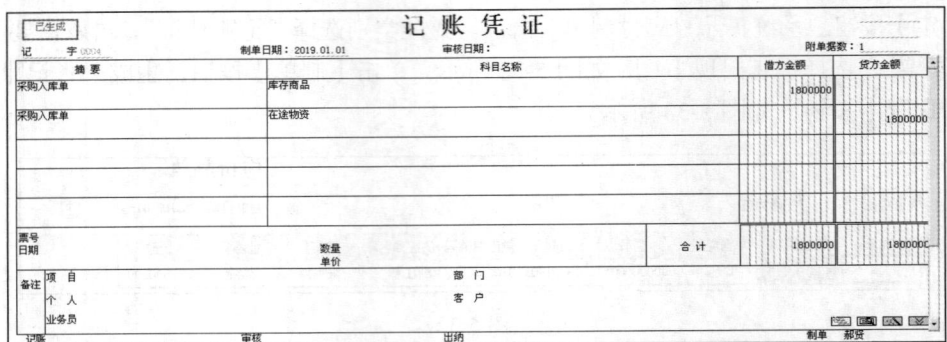

图 5-36

5.1.3 代垫运费的采购业务

【业务内容】

2019 年 1 月 1 日，采购部梁燕与浙江恒祥商贸有限公司签订采购合同，约定运费由卖方代垫（运费按数量分摊，不合并制单），我方支付（合同编号为 CG01003，图略），我方收到货物并验收入库（入库单号为 RK01003，图略），取得相应增值税专用发票，该业务相关单据如图 5-37 和图 5-38 所示。业务操作流程及分工如表 5-3 所示。

图 5-37

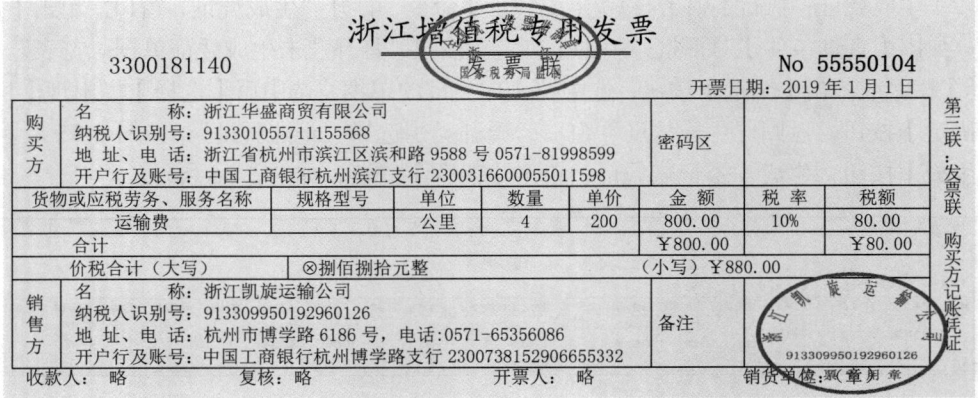

图 5-38

【业务操作流程和岗位工作】

表 5-3 业务操作流程与岗位工作

操作日期	操作员	操作系统	操作流程
2019-01-01	采购员【301】	采购管理	（1）填制采购订单 （2）参照采购订单生成到货单
2019-01-01	仓管员【501】	库存管理	（3）参照到货单生成入库单
2019-01-01	采购员【301】	采购管理	（4）参照入库单生成采购专用发票 （5）填制运费发票 （6）采购结算
2019-01-01	财务会计【202】	应付款管理	（7）审核采购发票并合并制单
		存货核算	（8）单据记账并生成凭证

【操作指导】

1. 填制并审核采购订单

（1）2019 年 1 月 1 日，采购部梁燕【301】在企业应用平台中执行【业务工作/供应链/采购管理/采购订货/采购订单】命令，打开"采购订单"窗口，单击【增加】按钮。

（2）在表头中，修改订单编号"CG01003"，采购类型为"正常采购"，供应商为"浙江恒祥"。

（3）在表体中，第一行选择存货为"0201 恒祥针织手套"，数量为"100"，原币单价为"80"；第二行存货为"0202 恒祥针织帽"，数量为"200"，原币单价为"90"；第三行存货为"0203 恒祥针织围巾"，数量为"100"，原币单价为"110"，计划到货日期为当日，其他信息由系统带出。

（4）在工具栏中，单击【保存】按钮。单击【审核】按钮，如图 5-39 所示。

图 5-39

2. 参照采购订单生成到货单

2019 年 1 月 1 日，采购部梁燕【301】在企业应用平台中执行【业务工作/供应链/采购管理/采购到货/到货单】命令，打开"到货单"窗口。单击【增加】按钮，执行【生单/采购订单】命令，弹出【查询条件选择-采购订单列表过滤】对话框，单击【确定】按钮。打开"拷贝并执行"窗口，选中所要拷贝的采购订单，单击【确定】按钮。系统自动生成到货单，单击【保存】按钮，如图 5-40 所示。单击【审核】按钮，审核生成的到货单。

到货单

打印模版 8170 到货单打印模版

表体排序

合并显示 □

业务类型 普通采购　单据号 0000000003　日期 2019-01-01
采购类型 正常采购　供应商 浙江恒祥　部门 采购部
业务员 梁燕　币种 人民币　汇率 1
运输方式　税率 16.00　备注

	存货编码	存货名称	规格型号	主计量	数量	原币含税单价	原币单价	原币金额	原币税额	原币价税合计	税率	订单号
1	0201	恒祥针织手套		双	100.00	92.80	80.00	8000.00	1280.00	9280.00	16.00	CG01003
2	0202	恒祥针织帽		个	200.00	104.40	90.00	18000.00	2880.00	20880.00	16.00	CG01003
3	0203	恒祥针织围巾		条	100.00	127.60	110.00	11000.00	1760.00	12760.00	16.00	CG01003

图 5-40

3. 参照到货单生成入库单

2019 年 1 月 1 日，仓储部王娜【501】在企业应用平台中执行【业务工作/供应链/库存管理/入库业务/采购入库单】命令，打开“采购入库单”窗口。执行【生单/采购到货单（蓝字）】命令，弹出【查询条件选择-采购到货单列表】对话框，单击【确定】按钮。打开“到货单生单列表”窗口，双击【选择】栏选择上一步生成的到货单，单击【确定】按钮。系统自动参照到货单生成入库单，修改入库单号为“RK01003”，仓库为“配饰库”，单击【保存】按钮，如图 5-41 所示，然后单击【审核】按钮。

采购入库单

表体排序

◉ 蓝字
○ 红字

入库单号 RK01003　入库日期 2019-01-01　仓库 配饰库
订单号 CG01003　到货单号 0000000003　业务号
供货单位 浙江恒祥　部门 采购部　业务员 梁燕
到货日期 2019-01-01　业务类型 普通采购　采购类型 正常采购
入库类别 采购入库　审核日期　备注

	存货编码	存货名称	规格型号	主计量单位	数量	本币单价	本币金额
1	0201	恒祥针织手套		双	100.00	80.00	8000.00
2	0202	恒祥针织帽		个	200.00	90.00	18000.00
3	0203	恒祥针织围巾		条	100.00	110.00	11000.00

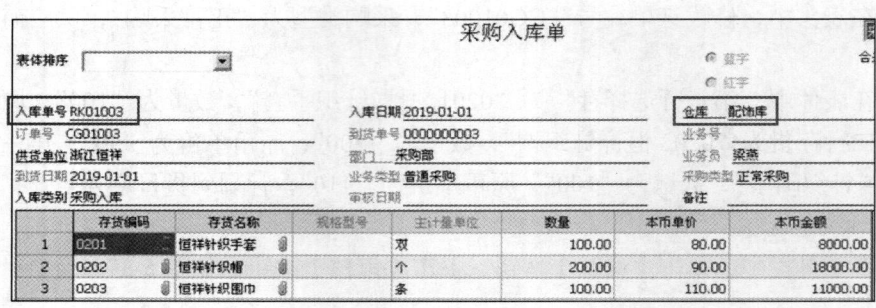

图 5-41

4. 参照入库单生成采购专用发票

2019 年 1 月 1 日，采购部梁燕在应用平台中执行【业务工作/供应链/采购管理/采购发票/专用采购发票】命令，打开“专用发票”窗口。单击【增加】按钮，选择【生单/入库单】命令，弹出【查询条件选择-采购入库单列表过滤】对话框，单击【确定】按钮。打开“拷贝并执行”窗口，双击【选择】栏，选中 RK01003 采购入库单，单击【确定】按钮。系统参照入库单生成专用发票，录入发票号“55550103”，如图 5-42 所示，单击【保存】按钮。

专用发票

打印模版 8164 专用发票打印模版

表体排序

合并显示 □

业务类型 普通采购　发票类型 专用发票　发票号 55550103
开票日期 2019-01-01　供应商 浙江恒祥　代垫单位 浙江恒祥
采购类型 正常采购　税率 16.00　部门名称 采购部
业务员 梁燕　币种 人民币　汇率 1
发票日期　付款条件　备注

	存货编码	存货名称	规格型号	主计量	数量	原币单价	原币金额	原币税额	原币价税合计	税率	订单号
1	0201	恒祥针织手套		双	100.00	80.00	8000.00	1280.00	9280.00	16.00	CG01003
2	0202	恒祥针织帽		个	200.00	90.00	18000.00	2880.00	20880.00	16.00	CG01003
3	0203	恒祥针织围巾		条	100.00	110.00	11000.00	1760.00	12760.00	16.00	CG01003

图 5-42

5. 填制运费发票

（1）2019年1月1日，采购部梁燕在企业应用平台中执行【业务工作/供应链/采购管理/采购发票/专用采购发票】命令，打开"专用发票"窗口，单击【增加】按钮。

（2）在表头中，修改发票号为"55550104"，税率为"10.00"，供应商为"浙江凯旋"，代垫单位为"浙江恒祥"。在表体中，选择存货为"0901运输费"，数量为"4"，原币单价为"200"，如图5-43所示，单击【保存】按钮。

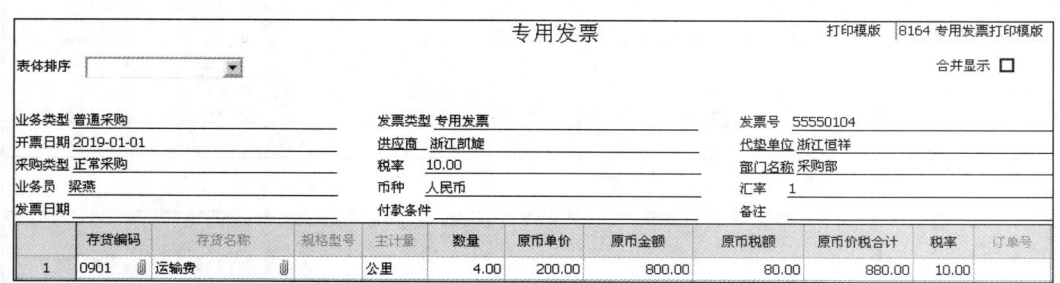

图5-43

注意事项

如果本公司支付运输费，并且不是由供应商代垫的，则在填制运费发票时，选择供应商为"运输公司"，代垫单位无需修改，系统默认为"运输公司"。

6. 采购结算

（1）2019年1月1日，采购部梁燕【401】在企业应用平台中执行【业务工作/供应链/采购管理/采购结算/手工结算】命令，打开"手工结算"窗口。单击工具栏中的【选单】按钮，打开"结算选单"窗口，单击【查询】按钮，弹出【查询条件选择-采购手工结算】对话框，单击【确定】按钮。返回"结算选单"窗口，选择相应的采购发票、运费发票和入库单，如图5-44所示。单击【确定】按钮，系统提示【所选单据扣税类别不同，是否继续？】，单击【是】按钮。

图5-44

（2）系统返回"手工结算"窗口。选择分摊方式为"按数量"，单击【分摊】按钮，系统提示【选择按数量分摊，是否开始计算？】，单击【是】按钮，系统提示【费用分摊（按数量）完毕，请检查】，如图5-45所示，单击【确定】按钮。单击工具栏中的【结算】按钮，出现

"结算"提示,单击【是】按钮,系统提示【完成结算】。

图 5-45

注意事项

如果结算后需要取消结算操作,则在【采购结算/结算单列表】中删除结算单,即可取消结算操作。

7. 审核采购发票并合并制单

(1)审核采购发票。2019 年 1 月 1 日,财务会计郝贤【202】在企业应用平台中执行【业务工作/财务会计/应付款管理/应付单据处理/应付单据审核】命令,弹出【应付单据查询条件】对话框,单击【确定】按钮,系统弹出"应付单据列表"窗口。双击【选择】栏,或单击【全选】按钮,选择待审核发票,单击【审核】按钮,如图 5-46 所示。

图 5-46

(2)制单处理。执行【应付款管理/制单处理】命令,弹出【制单查询】对话框,勾选"发票制单"对话框,单击【确定】按钮。打开"采购发票制单"窗口,凭证类别选择"记账凭证",再单击【全选】按钮,选中要制单的"采购专用发票""运费发票",单击【合并】按钮,两条记录前的选择标志均为【1】,如图 5-47 所示。

图 5-47

(3)单击【制单】按钮,生成一张记账凭证。单击【保存】按钮,如图 5-48 所示。

图 5-48

8. 单据记账并生成凭证

（1）正常单据记账。2019 年 1 月 1 日，财务会计郝贤【202】在企业应用平台中执行【业务工作/供应链/存货核算/业务核算/正常单据记账】命令，弹出【查询条件选择】对话框，单击【确定】按钮。打开"正常单据记账列表"窗口，单击【全选】按钮，选中 RK01003 号入库单，如图 5-49 所示。单击【记账】按钮，系统提示【记账成功】，单击【确定】按钮。

图 5-49

（2）生成凭证。执行【财务核算/生成凭证】命令，弹出【查询条件】对话框，单击【确定】按钮。系统打开"未生成凭证单据一览表"窗口，单击【选择】栏，选中待生成凭证的单据，单击【确定】按钮。返回"生成凭证"窗口，凭证类别选择"记账凭证"，单击【生成】按钮，生成一张记账凭证，单击【保存】按钮，如图 5-50 所示。

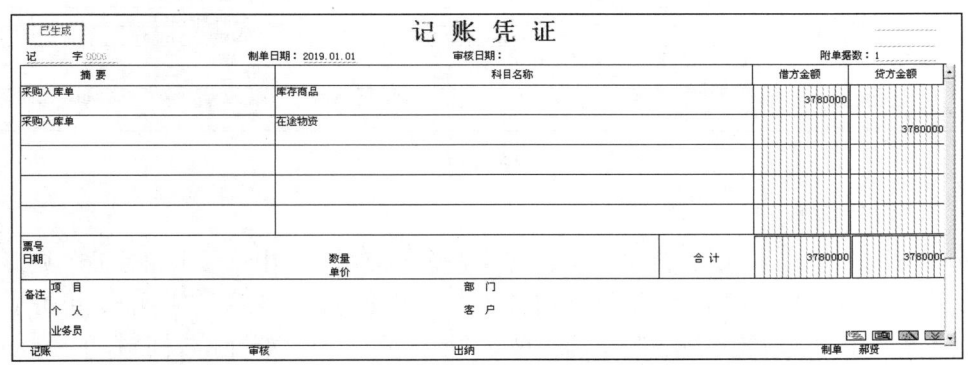

图 5-50

5.1.4 采购货款结算业务

【业务内容】

2019 年 1 月 2 日，电汇支付 5.1.3 小节中的业务对应的浙江恒祥的采购货款，取得与该业务相关的单据，如图 5-51 所示。业务操作流程及分工如表 5-4 所示。

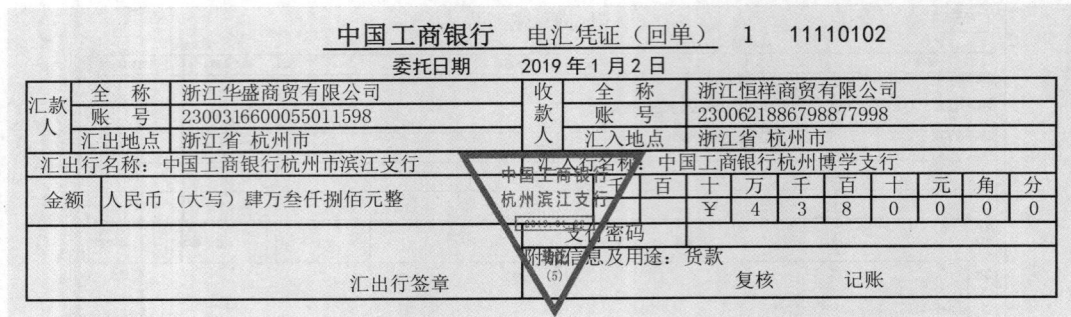

图 5-51

【业务操作流程和岗位工作】

表 5-4 业务操作流程与岗位工作

操作日期	操作员	操作系统	操作流程
2019-01-05	出纳【203】	应付款管理	（1）填制付款单
2019-01-05	财务会计【202】	应付款管理	（2）审核付款单 （3）核销本次付款额 （4）合并制单

【操作指导】

1. 填制付款单

2019年1月2日，财务部梅丽【203】在企业应用平台中执行【业务工作/财务会计/应付款管理/付款单据处理/付款单据录入】命令，打开"付款单"窗口，录入电汇单的相关信息，单击【保存】按钮，如图5-52所示。

图 5-52

2. 审核付款单

2019年1月2日，财务会计郝贤【202】在企业应用平台中执行【业务工作/财务会计/应付款管理/付款单据处理/付款单据审核】命令，打开【付款单查询】对话框，单击【确定】按钮，系统弹出"收付款单列表"窗口。双击"浙江恒祥"付款单前的【选择】栏，选中预审核的付款单，在选择的数据前的【选择】栏出现【Y】，如图5-53所示，单击【审核】按钮，系统完成审核并给出审核报告，单击【确定】按钮后退出。

图 5-53

3. 核销本次付款额

（1）执行【核销处理/自动核销】命令，打开【核销条件】对话框，在"通用"选项卡下，选择供应商为"浙江恒祥"，在"收付款单"选项卡下，取消勾选"包含预付款"复选框，如图 5-54 所示。

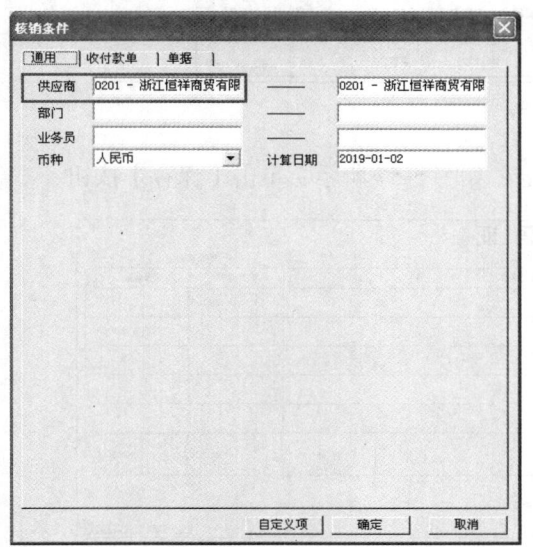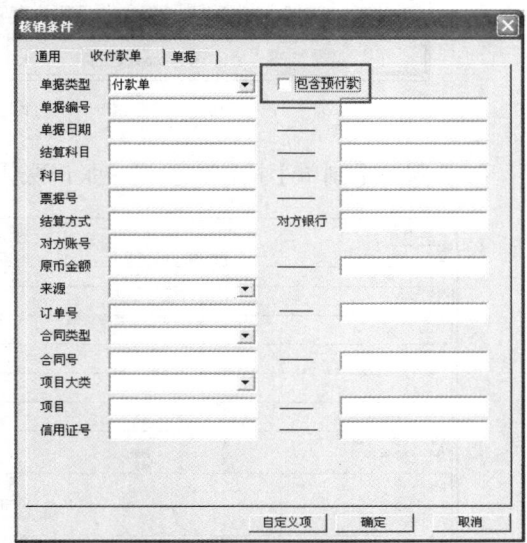

图 5-54

（2）单击【确定】按钮，系统提示【是否进行自动核销】，单击【是】按钮，系统给出"自动核销报告"，单击【确定】按钮，完成核销。

4. 合并制单

（1）执行【应付款管理/制单处理】命令，打开【制单查询】对话框，勾选"收付款单制单""核销制单"复选框，如图 5-55 所示，单击【确定】按钮。

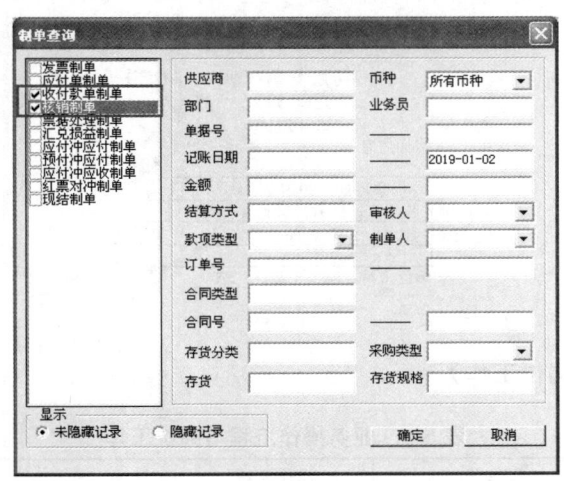

图 5-55

（2）系统打开"应付制单"窗口，选择"记账凭证"，单击【全选】按钮，选中要制单的

"付款单"和"核销"两条记录，在两条记录的【选择】栏出现【1】和【2】，单击【合并】按钮，两条记录的【选择】栏同时为【1】，如图5-56所示。

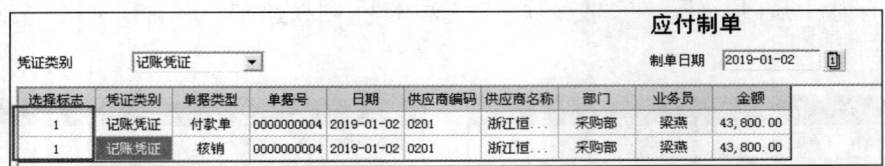

图 5-56

（3）单击【制单】按钮，生成一张记账凭证，如图5-57所示，单击【保存】按钮。

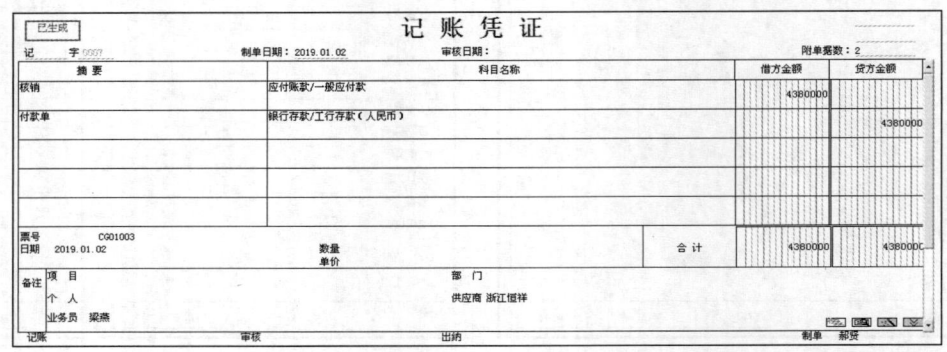

图 5-57

5.1.5 签订合同预付款业务

【业务内容】

2019年1月2日，采购部梁燕与江苏拉贝服装有限公司签订采购合同（合同编号为CG01004，图略），订购拉贝棉衣100件，原币单价310元，预付部分货款，取得与该业务相关的单据，如图5-58所示。业务操作流程及分工如表5-5所示。

图 5-58

【业务操作流程和岗位工作】

表 5-5 业务操作流程与岗位工作

操作日期	操作员	操作系统	操作流程
2019-01-02	采购员【301】	采购管理	（1）填制采购订单
2019-01-02	出纳【203】	应付款管理	（2）填制付款单
2019-01-02	财务会计【202】	应付款管理	（3）审核付款单并制单处理

【操作指导】

1. 填制采购订单

（1）2019年1月2日，采购部梁燕【301】在企业应用平台中执行【业务工作/供应链/采购管理/采购订货/采购订单】命令，打开"采购订单"窗口，单击【增加】按钮。

（2）在表头中，修改订单编号为"CG01004"，选择采购类型为"正常采购"，供应商为"江苏拉贝"；在表体中，选择存货"0301拉贝棉衣"，数量"100"，到货日期"2019-01-03"，其他信息由系统自动弹出。

（3）在工具栏中，单击【保存】按钮，然后单击【审核】按钮，退出该窗口，如图5-59所示。

图 5-59

2. 填制付款单

（1）2019年1月2日，财务部梅丽【203】在应用平台中执行【业务工作/财务会计/应付款管理/付款单据处理/付款单据录入】命令，打开"付款单"窗口，单击【增加】按钮。

（2）在表头中，选择供应商为"江苏拉贝"，结算方式为"转账支票"，录入金额为"3000"，票据号"22220101"。在表体中，选择款项类型为"预付款"，单击【保存】按钮，如图5-60所示。

图 5-60

3. 审核付款单并制单处理

（1）2019年1月2日，财务会计郝贤【202】在企业应用平台中执行【业务工作/财务会计/应付款管理/付款单据处理/付款单据审核】命令，打开【付款单查询条件】对话框，单击【确定】按钮。系统弹出"收付款单列表"窗口，单击【全选】按钮，如图5-61所示。单击工具栏中的【审核】按钮，系统提示【单据成功审核】。

图 5-61

（2）执行【应付款管理/制单处理】命令，打开【制单查询】对话框，勾选【收付款单制单】复选框，单击【确定】按钮。系统打开“收付款单制单”窗口，选择“记账凭证”，再单击【全选】按钮，选中要制单的“付款单”，如图 5-62 所示。

收付款单制单

凭证类别 记账凭证　　　　制单日期 2019-01-02

选择标志	凭证类别	单据类型	单据号	日期	供应商编码	供应商名称	部门	业务员	金额
1	记账凭证	付款单	0000000005	2019-01-02	0101	江苏拉...	采购部	梁燕	3,000.00

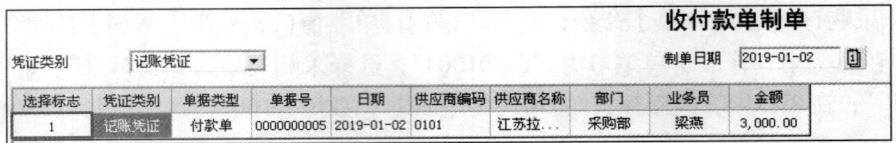

图 5-62

（3）单击【制单】按钮，生成一张记账凭证，如图 5-63 所示，单击【保存】按钮。

已生成

记 账 凭 证

记　字 0006　　制单日期：2019.01.02　　审核日期：　　附单据数：1

摘要	科目名称	借方金额	贷方金额
付款单	预付账款/人民币	300000	
付款单	银行存款/工行存款（人民币）		300000
票号 日期	数量 单价	合计 300000	300000

备注　项　目　　　　部　门

个　人　　　　供应商 江苏拉贝

业务员 梁燕

记账　　审核　　出纳　　制单 郝贤

图 5-63

5.1.6　预付订单到货，以汇票补付余款（预付冲应付）

【业务内容】

2019 年 1 月 3 日，收到上一个例子中江苏拉贝公司发来的拉贝棉衣 100 件（入库单号为 RK01004，图略），以银行承兑汇票补付余款，该业务相关的凭证如图 5-64 和图 5-65 所示。业务操作流程及分工如表 5-6 所示。

江苏增值税专用发票

发 票 联

3200181140　　　　No 55550105

开票日期：2019 年 1 月 3 日

购买方	名　称：浙江华盛商贸有限公司 纳税人识别号：913301055711155568 地 址、电 话：浙江省杭州市滨江区滨和路 9588 号 0571-81998599 开户行及账号：中国工商银行杭州滨江支行 2300316600055011598	密码区	

货物或应税劳务、服务名称	规格型号	单位	数量	单价	金 额	税 率	税额
拉贝棉衣		件	100	310	31 000.00	16%	4 960.00
合计					¥31 000.00		¥4 960.00
价税合计（大写）	⊗叁万伍仟玖佰陆拾元整				（小写）¥35 960.00		

销售方	名　称：江苏拉贝服装有限公司 纳税人识别号：913207757618257022 地 址、电 话：南京市雨花台区凤华路 5818 号，电话：025 -29892816 开户行及账号：中国工商银行南京雨花台支行 2100405180908899669	备注	江苏拉贝服装有限公司 913207757618257022 发票专用章

收款人：略　　复核：略　　开票人：略　　销货单位：（章）

第三联：发票联　购买方记账凭证

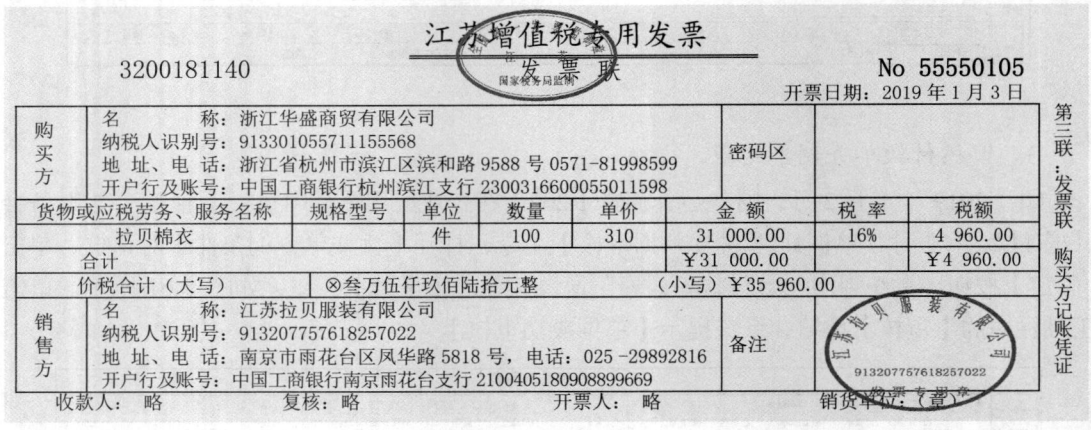

图 5-64

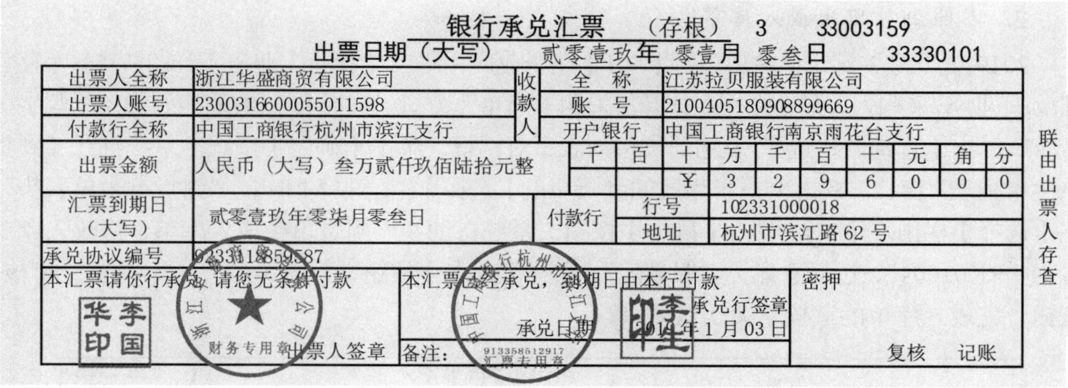

银行承兑汇票　（存根）　3　33003159

出票日期（大写）　贰零壹玖年 零壹月 零叁日　33330101

出票人全称	浙江华盛商贸有限公司	收款人	全　称	江苏拉贝服装有限公司
出票人账号	230031660005501l598		账　号	2100405180908899669
付款行全称	中国工商银行杭州市滨江支行		开户银行	中国工商银行南京雨花台支行
出票金额	人民币（大写）叁万贰仟玖佰陆拾元整		千 百 十 万 千 百 十 元 角 分	¥ 3 2 9 6 0 0 0
汇票到期日（大写）	贰零壹玖年零柒月零叁日	付款行	行号	102331000018
			地址	杭州市滨江路 62 号
承兑协议编号	0233118859587			
本汇票请你行承兑，请您无条件付款　出票人签章		本汇票已经承兑，到期日由本行付款　承兑行签章　承兑日期 2019 年 1 月 03 日		密押
		备注：		复核　记账

联由出票人存查

图 5-65

【业务操作流程和岗位工作】

表 5-6　业务操作流程与岗位工作

操作日期	操作员	操作系统	操作流程
2019-01-03	采购员【301】	采购管理	（1）参照采购订单生成到货单
2019-01-03	仓管员【501】	库存管理	（2）参照到货单生成入库单
2019-01-03	采购员【301】	采购管理	（3）参照入库单生成采购专用发票并结算
2019-01-03	财务会计【202】	应付款管理	（4）审核采购发票并立即制单 （5）预付冲应付
2019-01-03	出纳【203】	应付款管理	（6）填制商业汇票
2019-01-03	财务会计【202】	应付款管理	（7）审核商业汇票 （8）核销本次付款额 （9）合并制单
		存货核算	（10）单据记账并生成凭证

【操作指导】

1．参照采购订单生成到货单

2019 年 1 月 3 日，采购部梁燕【301】在企业应用平台中执行【业务工作/供应链/采购管理/采购到货/到货单】命令，打开“到货单”窗口。单击【增加】按钮，选择【生单/采购订单】命令，弹出【查询条件选择-采购订单列表过滤】对话框，单击【确定】按钮。打开“拷贝并执行”窗口，选中所要拷贝的采购订单，单击【确定】按钮。系统自动生成到货单，如图 5-66 所示，单击【保存】按钮，单击【审核】按钮。关闭该窗口。

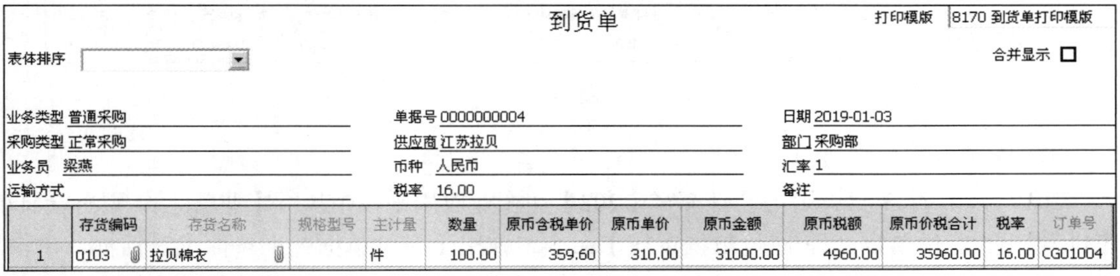

到货单　打印模版　8170 到货单打印模版

表体排序　合并显示

业务类型 普通采购　单据号 0000000004　日期 2019-01-03

采购类型 正常采购　供应商 江苏拉贝　部门 采购部

业务员 梁燕　币种 人民币　汇率 1

运输方式　税率 16.00　备注

	存货编码	存货名称	规格型号	主计量	数量	原币含税单价	原币单价	原币金额	原币税额	原币价税合计	税率	订单号
1	0103	拉贝棉衣		件	100.00	359.60	310.00	31000.00	4960.00	35960.00	16.00	CG01004

图 5-66

2. 参照到货单生成入库单

2019年1月3日，仓储部王娜【501】在企业应用平台中执行【业务工作/供应链/库存管理/入库业务/采购入库单】命令，打开"采购入库单"窗口。选择【生单/采购到货单（蓝字）】命令，弹出【查询条件选择-采购到货单列表】对话框，单击【确定】按钮。系统打开"到货单生单列表"窗口，双击上一步生成的到货单的【选择】栏，选择相应的"到货单生单表头"，在【选择】栏出现【Y】，单击【确定】按钮。系统自动参照到货单生成入库单，修改入库单号为"RK01004"，选择仓库为"服装库"，单击【保存】按钮，如图5-67所示。单击【审核】按钮，完成入库单的审核。关闭该窗口。

图 5-67

3. 参照入库单生成采购专用发票并结算

（1）生成采购专用发票。2019年1月3日，采购部梁燕【301】在企业应用平台中执行【业务工作/供应链/采购管理/采购发票/专用采购发票】命令，打开"专用发票"窗口。单击【增加】按钮，选择【生单/入库单】命令，弹出【查询条件选择-采购入库单列表过滤】对话框，单击【确定】按钮。打开"拷贝并执行"窗口，双击【选择】栏，选中RK01004号采购入库单，单击【确定】按钮。系统自动参照入库单生成采购专用发票，修改发票号为"55550105"，单击【保存】按钮。

（2）结算。单击工具栏中的【结算】按钮，完成采购专用发票和入库单的结算处理。结算后的发票如图5-68所示。关闭并退出该窗口。

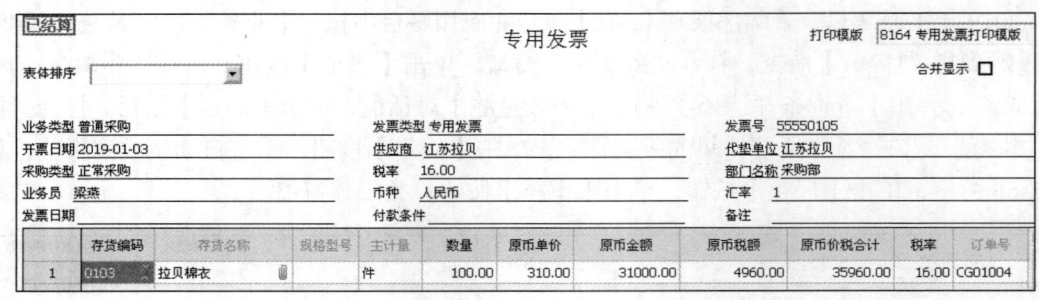

图 5-68

4. 审核采购发票并立即制单

2019年1月3日，财务会计郝贤【202】在企业应用平台中执行【业务工作/财务会计/应付款管理/应付单据处理/应付单据审核】命令，弹出【应付单据查询条件】对话框，单击【确定】按钮，系统弹出"应付单据列表"窗口。双击待审核的采购发票【选择】栏右侧的任意单元格，打开"专用发票"窗口，单击工具栏中的【审核】按钮，系统直接弹出提示【是否立即制单？】，单击【是】按钮，生成一张记账凭证，单击【保存】按钮，如图5-69所示。

图 5-69

5. 预付冲应付

（1）2019年1月3日，财务会计【202】在"业务工作"页签中，执行【财务会计/应付款管理/转账/预付冲应付】命令，打开【预付冲应付】对话框。在"预付款"选项卡中，选择供应商"江苏拉贝"，单击【过滤】按钮，窗口下方出现"预付款单"，输入转账金额为"3000"，如图5-70所示。

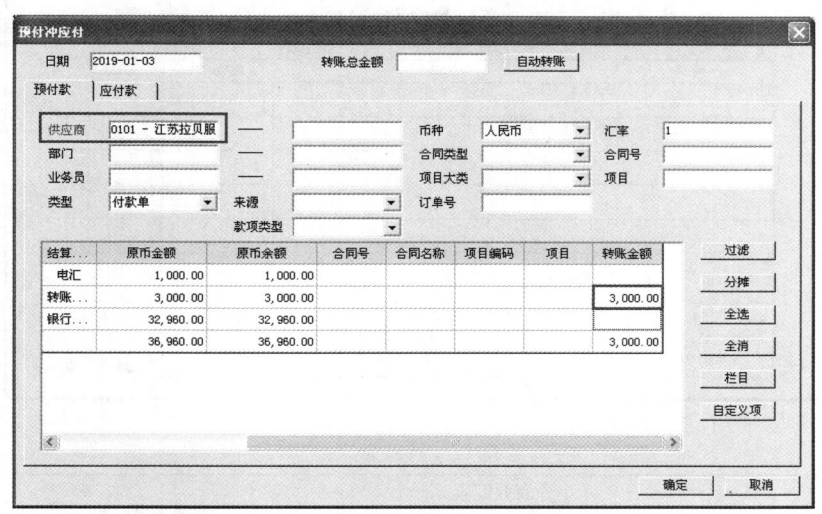

图 5-70

（2）在"应付款"选项卡中，选择供应商"江苏拉贝"，单击【过滤】按钮，窗口下方出现"应付款单"，输入转账金额"3000"，如图5-71所示，单击【确定】按钮。

（3）系统提示【是否立即制单？】，单击【是】按钮，生成一张记账凭证，单击【保存】按钮，如图5-72所示。

6. 填制商业汇票

2019年1月3日，财务部出纳梅丽【203】在企业应用平台执行【业务工作/财务会计/应付款管理/票据管理】命令，弹出【查询条件选择】对话框，单击【确定】按钮，打开"票据管理”窗口，单击【增加】按钮，录入银行承兑汇票信息，单击【保存】按钮，如图 5-73 所示。

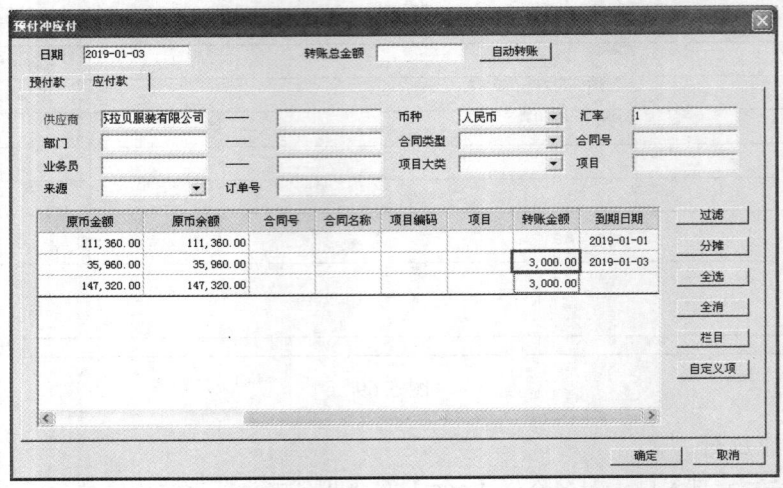

图 5-71

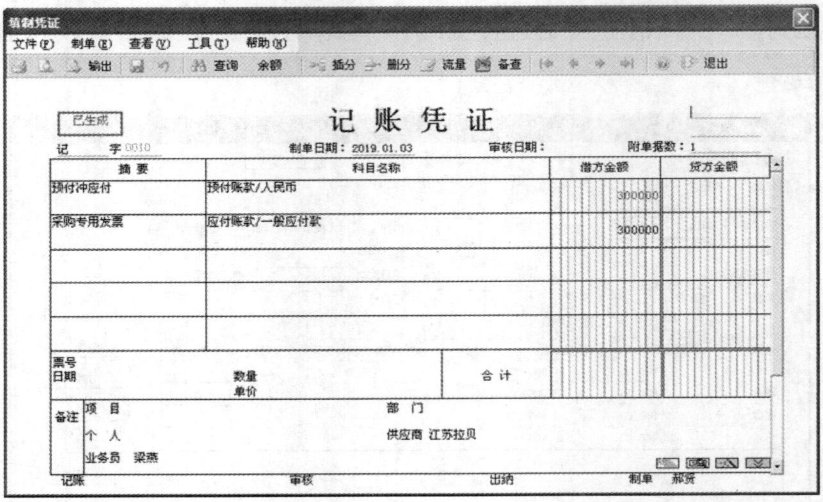

图 5-72

商业汇票

银行名称 中国工商银行		票据类型 银行承兑汇票
方向 付款	票据编号 33330101	结算方式 银行承兑汇票
收到日期 2019-01-03	出票日期 2019-01-03	到期日 2019-07-03
出票人 浙江华盛商贸有限公司	出票人账号 2300316600055011598	付款人银行 中国工商银行杭州市滨江支行
收款人 江苏拉贝服装有限公司	收款人账号 2100405180908899669	收款人开户银行 中国工商银行南京市雨花台支行
币种 人民币	金额 32960.00	票面利率 0.00000000
汇率 1.000000	付款行行号	付款行地址
背书人	背书金额	备注
业务员 梁燕	部门 采购部	票据摘要
交易合同号码	制单人 梅丽	

图 5-73

7. 审核商业汇票

2019 年 1 月 3 日，财务会计【202】在应付管理系统中，执行【付款单据处理/付款单据审核】命令，打开【付款单查询条件】对话框，单击【确定】按钮。系统打开“收付款单列表”窗口。双击待审核的付款单【选择】栏，如图 5-74 所示。在工具栏中单击【审核】按钮，然后关闭该窗口。

收付款单列表

记录总数：1

选择	审核人	单据日期	单据类型	单据编号	供应商	部门	业务员	结算方式	票据号	币种	汇率	原币金额
Y		2019-01-03	付款单	0000000006	江苏拉贝服装有限公司	采购部	梁燕	银行承...	33330101	人民币	1.00000000	32,960.00
合计												32,960.00

图 5-74

8. 核销本次付款额

2019 年 1 月 3 日，财务会计【202】执行【业务工作/财务会计/应付款管理/核销处理/手工核销】命令，弹出【核销条件】对话框，选择供应商“江苏拉贝”，单击【确定】按钮。系统打开“单据核销”窗口，输入本次结算金额为“32960”，如图 5-75 所示，单击【保存】按钮。

简易桌面　单据核销 ×

单据日期	单据类型	单据编号	供应商	款项...	结算方式	币种	汇率	原币金额	原币余额	本次结算	订单号
2018-11-15	付款单	0000000001	江苏拉贝	预付款	电汇	人民币	1.00000000	1,000.00	1,000.00		
2019-01-03	付款单	0000000006	江苏拉贝	应付款	银行承...	人民币	1.00000000	32,960.00	32,960.00	32,960.00	
合计								33,960.00	33,960.00	32,960.00	

单据日期	单据类型	单据编号	到期日	供应商	币种	原币金额	原币余额	可享受折扣	本次折扣	本次结算	订单号	凭证号
2019-01-01	采购专...	55550101	2019-01-01	江苏拉贝	人民币	111,360.00	111,360.00	0.00			CG01001	记-0001
2019-01-03	采购专...	55550105	2019-01-03	江苏拉贝	人民币	35,960.00	32,960.00	0.00	0.00	32,960.00	CG01004	记-0009
合计						147,320.00	144,320.00	0.00		32,960.00		

图 5-75

9. 合并制单

（1）2019 年 1 月 3 日，财务会计郝贤【202】在企业应用平台中执行【业务工作/财务会计/应付款管理/制单处理】命令，弹出【制单查询】对话框，勾选“收付款单制单”和“核销制单”复选框，单击【确定】按钮。系统弹出“应付制单”窗口，单击【全选】按钮，在收款单和核销记录前分别出现【1】和【2】，单击【合并】按钮，在收款单和核销记录前出现【1】，如图 5-76 所示。

应付制单

凭证类别　记账凭证　　　　制单日期　2019-01-03

选择标志	凭证类别	单据类型	单据号	日期	供应商编码	供应商名称	部门	业务员	金额
1	记账凭证	付款单	0000000006	2019-01-03	0101	江苏拉...	采购部	梁燕	32,960.00
1	记账凭证	核销	0000000006	2019-01-03	0101	江苏拉...	采购部	梁燕	32,960.00

图 5-76

（2）单击【制单】按钮，系统自动生成一张记账凭证，单击【保存】按钮，如图 5-77 所示。

10. 单据记账并生成凭证

（1）正常单据记账。2019 年 1 月 3 日，财务会计郝贤【202】在企业应用平台中执行【业务工作/供应链/存货核算/业务核算/正常单据记账】命令，弹出【查询条件选择】对话框，单击【确定】按钮，打开“正常单据记账列表”窗口。双击“RK01004”号入库单的【选择】

栏，出现“Y”，如图 5-78 所示。单击【记账】按钮，将采购入库单记账，系统提示【记账成功】，单击【确定】按钮。

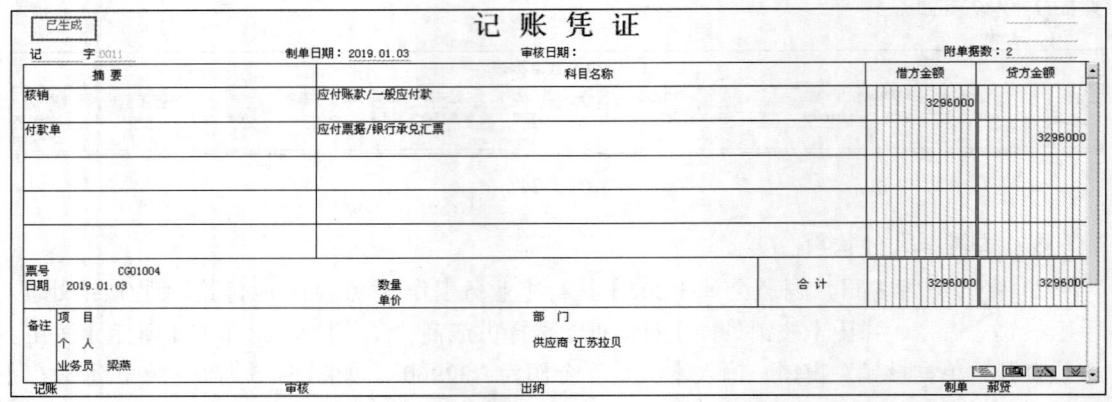

已生成
记账凭证
记 字 0011 制单日期：2019.01.03 审核日期： 附单据数：2

摘要	科目名称	借方金额	贷方金额
核销	应付账款/一般应付款	3296000	
付款单	应付票据/银行承兑汇票		3296000
票号 CG01004 日期 2019.01.03	数量 单价 合计	3296000	3296000

备注 项目 部门
个人 供应商 江苏拉贝
业务员 梁燕
记账 审核 出纳 制单 郝贤

图 5-77

正常单据记账列表
记录总数：1

选择	日期	单据号	存货编码	存货名称	规格型号	存货代码	单据类型	仓库名称	收发类别	数量	单价
Y	2019-01-03	RK01004	0103	拉贝棉衣			采购入库单	服装库	采购入库	100.00	310.00
小计										100.00	

图 5-78

（2）生成凭证。执行【存货核算/财务核算/生成凭证】命令，进入“生成凭证”窗口，单击【选择】按钮，弹出【查询条件】对话框，单击【确定】按钮，打开“未生成凭证单据一览表”窗口。单击【选择】栏，或单击【全选】按钮，选中待生成凭证的单据，【选择】栏出现【1】，单击【确定】按钮，返回“生成凭证”窗口。凭证类别选择为【记账凭证】，单击【生成】按钮，生成一张记账凭证，单击【保存】按钮，如图 5-79 所示。

已生成
记账凭证
记 字 0012 制单日期：2019.01.03 审核日期： 附单据数：1

摘要	科目名称	借方金额	贷方金额
采购入库单	库存商品	3100000	
采购入库单	在途物资		3100000
票号 日期	数量 单价 合计	3100000	3100000

备注 项目 部门
个人 客户
业务员
记账 审核 出纳 制单 郝贤

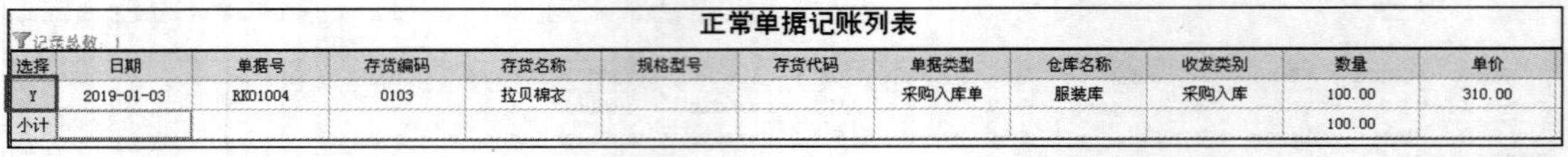

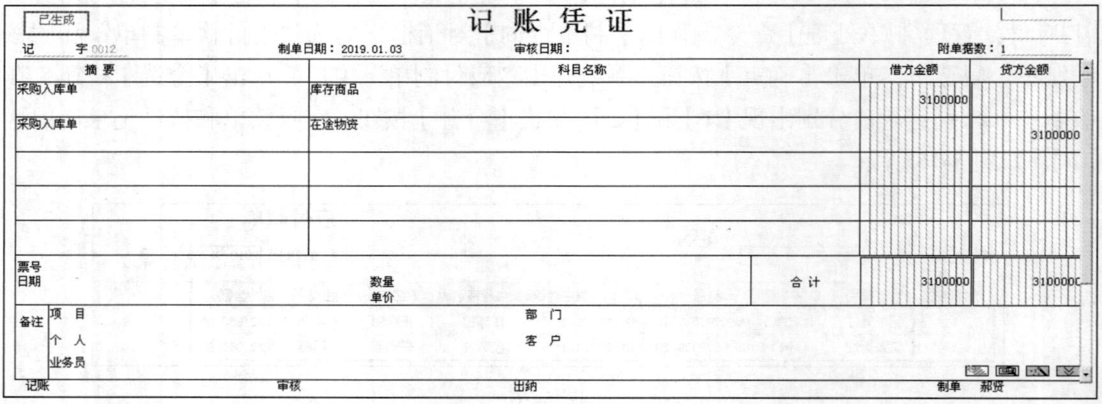

图 5-79

5.1.7 带付款条件的采购业务

【业务内容】

2019 年 1 月 3 日，采购部梁燕与浙江雅达商贸有限公司签订购销合同（合同编号为 CG01005，图略），采购雅达休闲裤 100 条，付款条件为 2/10，1/20，N/30（现金折扣按货物的价款计算，不考虑增值税），并于同日到货（入库单号为RK01005，图略），取得与该业务相关的单据，如图5-80所示。业务操作流程及分工如表5-7所示。

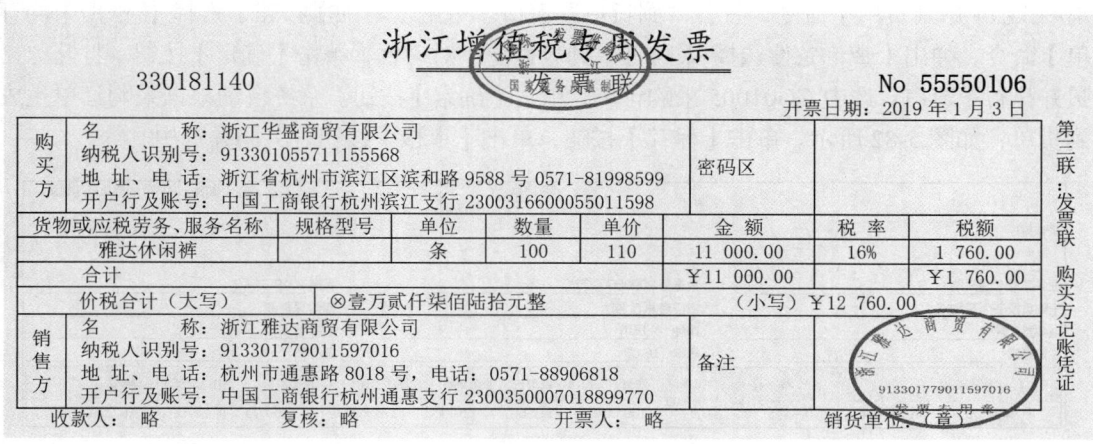

图 5-80

【业务操作流程和岗位工作】

表5-7 业务操作流程与岗位工作

操作日期	操作员	操作系统	操作流程
2019-01-03	采购员【301】	采购管理	（1）填制采购订单 （2）参照采购订单生成到货单
2019-01-03	仓管员【501】	库存管理	（3）参照到货单生成入库单
2019-01-03	采购员【301】	采购管理	（4）参照入库单生成采购专用发票并结算
2019-01-03	财务会计【202】	应付款管理	（5）审核采购发票并立即制单
		存货核算	（6）单据记账并生成凭证

【操作指导】

1. 填制采购订单

（1）2019年1月3日，采购部梁燕【301】在企业应用平台中执行【业务工作/供应链/采购管理/采购订货/采购订单】命令，打开"采购订单"窗口，单击【增加】按钮。

（2）在表头中，修改订单编号"CG01005"，采购类型"正常采购"，供应商"浙江雅达"，付款条件"2/10，1/20，n/30"；在表体中，选择存货"0105 雅达休闲裤"，数量"100"，单价"110"，到货日期"2019-01-03"，其他信息由系统自动带出，如图5-81所示。

（3）在工具栏中，单击【保存】按钮，单击【审核】按钮，然后退出该窗口。

图 5-81

2. 参照采购订单生成到货单

2019 年 1 月 3 日，采购部梁燕【301】在企业应用平台中执行【业务工作/供应链/采购管理/采购到货/到货单】命令，打开“到货单”窗口。单击【增加】按钮，选择【生单/采购订单】命令，弹出【查询条件选择-采购订单列表过滤】对话框，单击【确定】按钮。打开“拷贝并执行”窗口，选中 CG01005 采购订单，单击【确定】按钮。系统自动根据采购订单生成到货单，如图 5-82 所示。单击【保存】按钮，单击【审核】按钮。关闭并退出。

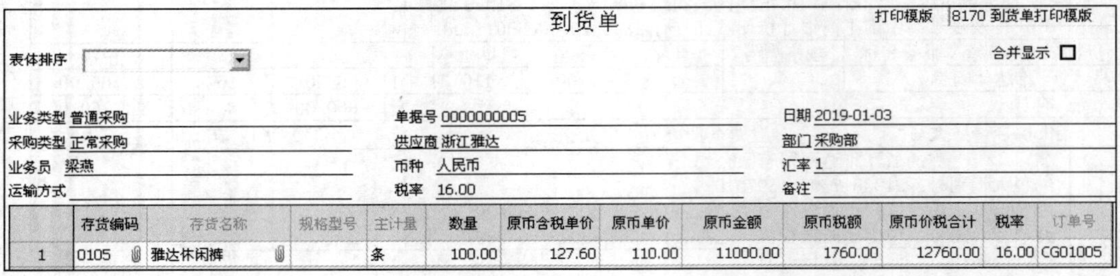
到货单

打印模版 8170 到货单打印模版

表体排序 合并显示

业务类型 普通采购　单据号 0000000005　日期 2019-01-03

采购类型 正常采购　供应商 浙江雅达　部门 采购部

业务员 梁燕　币种 人民币　汇率 1

运输方式　税率 16.00　备注

	存货编码	存货名称	规格型号	主计量	数量	原币含税单价	原币单价	原币金额	原币税额	原币价税合计	税率	订单号
1	0105	雅达休闲裤		条	100.00	127.60	110.00	11000.00	1760.00	12760.00	16.00	CG01005

图 5-82

3. 参照到货单生成入库单

2019 年 1 月 3 日，仓储部王娜【501】在企业应用平台中执行【业务工作/供应链/库存管理/入库业务/采购入库单】命令，打开“采购入库单”窗口。选择【生单/采购到货单（蓝字）】命令，弹出【查询条件选择-采购到货单列表】对话框，单击【确定】按钮。系统打开“到货单生单列表”窗口，双击上一步生成的到货单【选择】栏，【选择】栏出现“Y”。单击【确定】按钮。系统自动参照到货单生成入库单，选择仓库为“服装库”，修改入库单号为“RK01005”，如图 5-83 所示。单击【保存】按钮，单击【审核】按钮，完成入库单的审核。

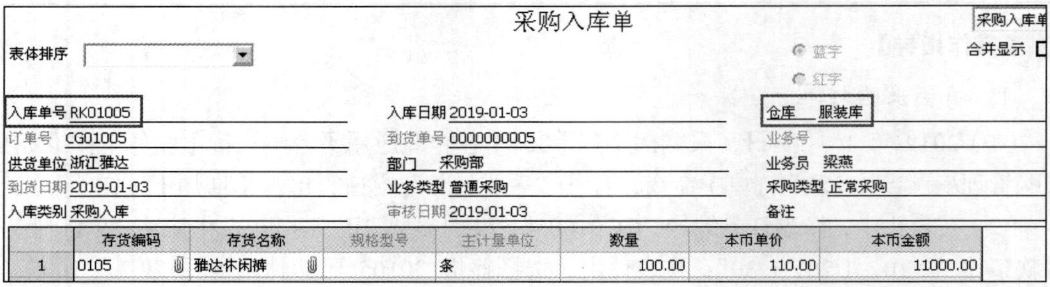
采购入库单

采购入库单

表体排序　蓝字　红字　合并显示

入库单号 RK01005　入库日期 2019-01-03　仓库 服装库

订单号 CG01005　到货单号 0000000005　业务号

供货单位 浙江雅达　部门 采购部　业务员 梁燕

到货日期 2019-01-03　业务类型 普通采购　采购类型 正常采购

入库类别 采购入库　审核日期 2019-01-03　备注

	存货编码	存货名称	规格型号	主计量单位	数量	本币单价	本币金额
1	0105	雅达休闲裤		条	100.00	110.00	11000.00

图 5-83

4. 参照入库单生成采购专用发票并结算

（1）生成采购专用发票。2019 年 1 月 3 日，采购部梁燕【301】在企业应用平台中执行【业务工作/供应链/采购管理/采购发票/专用采购发票】命令，打开“专用发票”窗口。单击【增加】按钮，选择【生单/入库单】命令，弹出【查询条件选择-采购入库单列表过滤】对话框，单击【确定】按钮。打开“拷贝并执行”窗口，双击【选择】栏，选中所要拷贝的 RK01005 采购入库单，单击【确定】按钮。系统自动参照入库单生成采购专用发票，修改发票号“55550106”，单击【保存】按钮。

（2）结算。单击工具栏中的【结算】按钮，如图 5-84 所示，系统完成入库单和发票的结算，并自动生成结算单，可以在"结算单列表中"查看。

图 5-84

5. 审核采购发票并立即制单

2019年1月3日，财务会计郝贤【202】在企业应用平台中执行【业务工作/财务会计/应付款管理/应付单据处理/应付单据审核】命令，弹出【应付单据查询条件】对话框。单击【确定】按钮，系统弹出"应付单据列表"窗口。双击需要审核的应付单【选择】栏行的行体部分，打开待审核单据，单击【审核】按钮，系统直接弹出提示【是否立即制单】，单击【是】按钮。系统生成一张记账凭证，单击【保存】按钮，如图5-85所示。

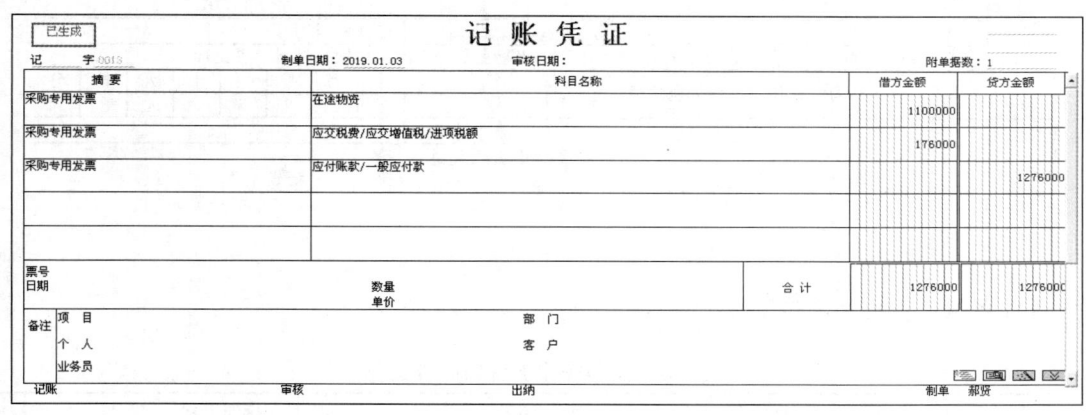

图 5-85

6. 单据记账并生成凭证

（1）正常单据记账。2019年1月3日，财务会计郝贤【202】在企业应用平台中执行【业务工作/供应链/存货核算/业务核算/正常单据记账】命令，弹出【查询条件选择】对话框，单击【确定】按钮，打开"正常单据记账列表"窗口。单击【全选】按钮，选中"RK01005"号入库单。单击【记账】按钮，系统提示【记账成功】，单击【确定】按钮。

（2）生成凭证。执行【业务工作/供应链/存货核算/财务核算/生成凭证】命令，打开"生成凭证"窗口，单击【选择】按钮，弹出【查询条件】对话框。单击【确定】按钮，打开"未生成凭证单据一览表"窗口。单击【选择】栏，选中待生成凭证的入库单，【选择】栏出现【1】。单击【确定】按钮。系统返回"生成凭证"窗口。凭证类别选择"记账凭证"。单击【生成】按钮，生成一张记账凭证，单击【保存】按钮，如图5-86所示。

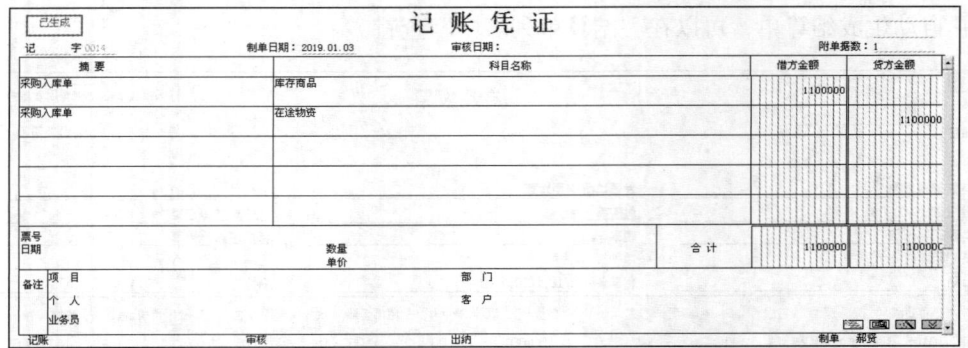

图 5-86

5.1.8 有现金折扣的采购付款业务

【业务内容】

2019年1月4日，支付上一个例子中雅达休闲裤100条的货款，现金折扣255.20元，取得与该业务相关的凭证，如图5-87所示。业务操作流程及分工如表5-8所示。

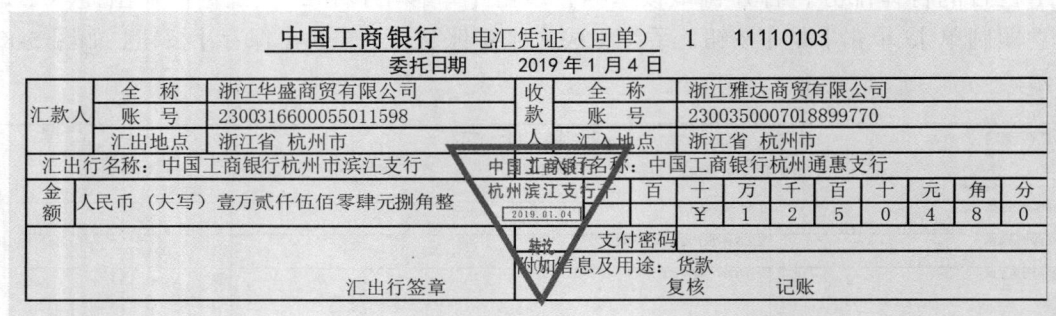

图 5-87

【业务操作流程和岗位工作】

表 5-8 业务操作流程与岗位工作

操作日期	操作员	操作系统	操作流程
2019-01-04	出纳【203】	应付款管理	（1）填制付款单
2019-01-04	财务会计【202】	应付款管理	（2）审核付款单 （3）核销本次付款额 （4）合并制单

【操作指导】

1. 填制付款单

2019年1月4日，财务部梅丽【203】在企业应用平台中执行【业务工作/财务会计/应付款管理/付款单据处理/付款单据录入】命令，打开"付款单"窗口，单击【增加】按钮，录入电汇单的相关信息，款项类型选择"应付款"，单击【保存】按钮，如图5-88所示。

2. 审核付款单

2019年1月4日，财务会计郝贤【202】在企业应用平台中执行【业务工作/财务会计/应付款管理/付款单据处理/审核付款单】命令，打开【付款单查询】对话框，单击【确定】按钮，系统弹出"收付款单列表"窗口。双击前一步填制的付款单的【选择】栏，或单击【全选】按钮，如图5-89所示。单击【审核】按钮，系统完成审核并给出审核报告。单击【确定】按钮后退出。

图 5-88

图 5-89

3. 核销本次付款额

执行【核销处理/手工核销】命令，弹出【核销条件】对话框，选择供应商为"浙江雅达"，单击【确定】按钮，进入"单据核销"窗口。在需核销采购发票的"本次结算"栏录入"12504.80"，在"本次折扣"栏会自动计算出金额"255.2"，如图5-90所示，单击【保存】按钮。

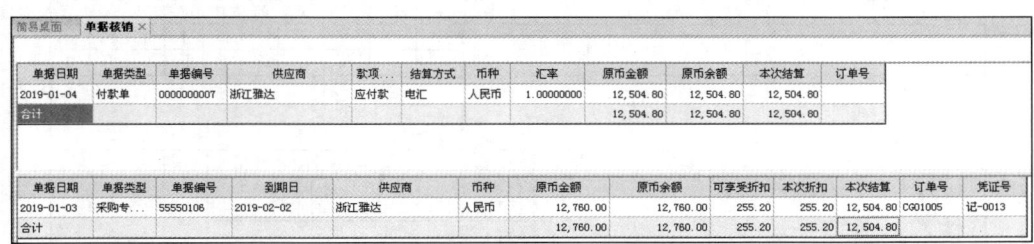

图 5-90

4. 合并制单

（1）执行【合并制单】命令，弹出【制单查询】对话框，勾选"收付款单制单"和"核销制单"复选框，单击【确定】按钮。系统打开"应付制单"窗口。凭证类别选择"记账凭证"，选中要制单的"付款单"和"核销"，单击【合并】按钮，如图5-91所示。

图 5-91

（2）单击【制单】按钮，系统生成一张记账凭证，选中"财务费用"的金额255.20，单击"空格键"，修改"财务费用"的方向为"借方"，再单击"-"号，使"财务费用"的余额变为"红字"，单击【保存】按钮，如图5-92所示。

图 5-92

5.1.9 以承兑汇票背书支付前欠货款的业务

【业务内容】

2019年1月4日，以银行承兑汇票背书的形式支付2019年1月1日CG01001号采购订单的部分货款17550元，相关单据如图5-93和图5-94所示。业务操作流程及分工如表5-9所示。

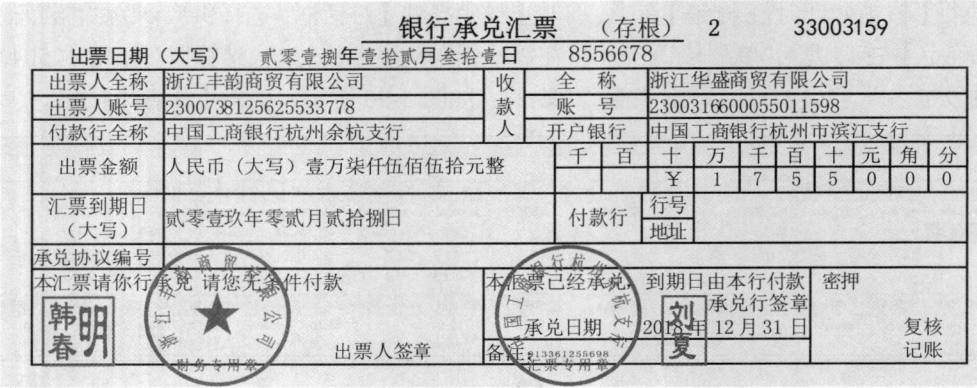

图 5-93

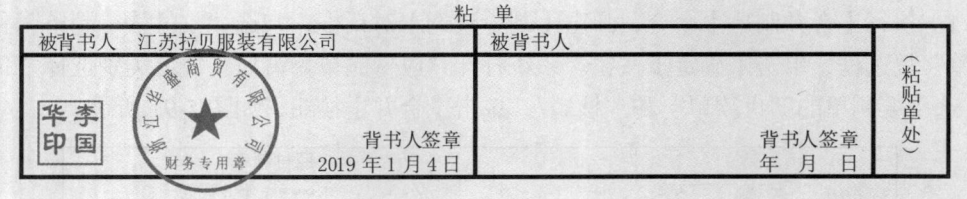

图 5-94

【业务操作流程和岗位工作】

表 5-9 业务操作流程与岗位工作

操作日期	操作员	操作系统	操作流程
2019-01-04	财务会计【202】	应收款管理	票据背书、冲销应付账款、制单处理

【操作指导】

（1）2019年1月4日，财务会计郝贤【202】在企业应用平台中执行【业务工作/财务会计/应收款管理/票据管理】命令，弹出【查询条件选择】对话框，单击【确定】按钮，打开"票据管理"窗口，双击【选择】栏，选择需要背书的票据，如图5-95所示。

选择	序号	方向	票据类型	收到日期	票据编号	银行名称	票据摘要	币种	出票日期	结算方式	背书人	背书金额	金额	汇率	票面利率	票面余额
Y	1	收款	银行承...	2018-12-31	8556678			人民币	2018-12-31			0.00	17,550.00		6	17,550.
合计												0.00	17,550.00			17,550.

图 5-95

（2）单击【背书】按钮，系统弹出【票据背书】对话框，选择"被背书人"为【0101】，如图5-96所示，单击【确定】按钮。

（3）系统弹出【冲销应付账款】对话框，在需要冲销的应付账款的"转账金额"栏录入"17550"，如图5-97所示。

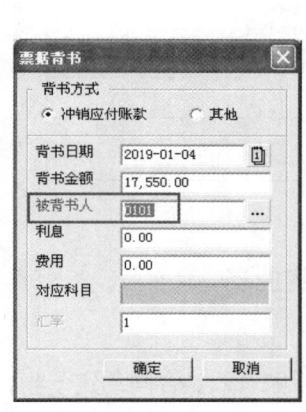

图 5-96

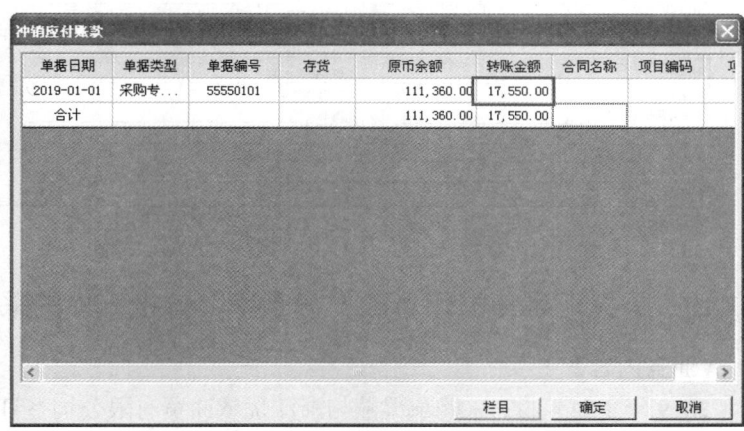

图 5-97

（4）单击【确定】按钮，系统提示【是否立即制单】，选择【是】按钮，打开制单窗口，系统生成记账凭证。选中贷方科目 "应收票据—银行承兑汇票"，将鼠标光标移至凭证下方客户处，在光标变成"铅笔"的位置双击，弹出【辅助项】对话框，选择客户为"浙江丰韵"，如图5-98所示，单击【确定】按钮，记账凭证如图5-99所示。单击【保存】按钮，保存该记账凭证。背书之后的"商业汇票"如图5-100所示。

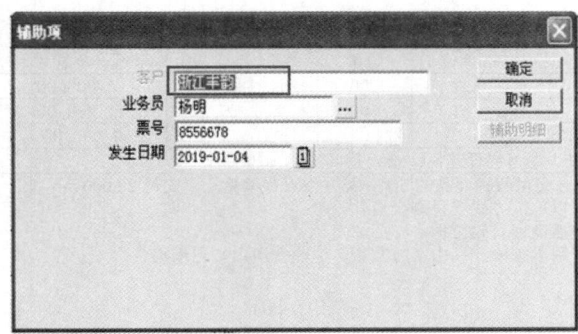

图 5-98

已生成

记账凭证

记　字 0018　　制单日期：2019.01.04　　审核日期：　　附单据数：1

摘要	科目名称	借方金额	贷方金额
背书冲应付	应付账款/一般应付款	1755000	
票据背书	应收票据/银行承兑汇票	000	1755000
票号 8556678 日期 2019.01.04	数量 单价 合计	1755000	1755000

备注　项目　　部门

个人　　客户 浙江丰韵

业务员 杨明

记账　审核　出纳　制单 郝贤

图 5-99

商业汇票

银行名称　　票据类型 银行承兑汇票

方向 收款　　票据编号 8556678　　结算方式

收到日期 2018-12-31　　出票日期 2018-12-31　　到期日 2019-02-28

出票人 浙江丰韵商贸有限公司　　出票人账号　　付款人银行 中国工商银行

收款人　　收款人账号　　收款人开户银行

币种 人民币　　金额 17550.00　　票面利率 6.00000000

汇率　　付款行行号　　付款行地址

背书人　　背书金额 0.00　　备注

业务员 杨明　　部门 销售部　　票据摘要

交易合同号码　　制单人

	处理方式	处理日期	贴现银行	被背书人	贴现率	利息	费用	处理金额
1	背书	2019-01-04		江苏拉贝服装有限公司				17550.00
2								

图 5-100

5.1.10　承兑汇票背书预付款，分仓库、分批入库的采购业务

【业务内容】

2019 年 1 月 4 日，采购部梁燕与浙江优依商贸有限公司签订采购合同，合同约定于当日收到第一批货物，并通过银行承兑汇票背书的方式预付 20 000 元。2019 年 1 月 5 日，收到第二批货物，取得对方开具的增值税专用发票，并通过电汇的方式支付剩余货款。相关凭证如图 5-101 至图 5-109 所示。业务操作流程及分工如表 5-10 所示。

购销合同

卖方：浙江优依商贸有限公司　　合同编号：CG01006

买方：浙江华盛商贸有限公司　　签订日期：2019 年 01 月 04 日

为保护买卖双方的合法权益，根据《中华人民共和国合同法》的有关规定，经双方协定，订立本合同，并共同遵守合同约定：

一、货物的名称、数量及金额：

货物名称	规格型号	单位	数量	单价（不含税）	金额（不含税）	税率	税额
雅达西裤		件	100	180	18 000.00	16%	2 880.00
恒祥针织围巾		件	100	110	11 000.00	16%	1 760.00
合计					￥29 000.00		￥4 640.00
合同总金额（大写）：人民币叁万叁仟陆佰肆拾元整（￥33 640.00）							

二、签订合同当日，卖方交付两种商品的 50%，买方以银行承兑汇票支付 20 000 元；1 月 5 日，卖方发出剩余商品，并开具增值税专用发票，买以电汇方式支付剩余货款。

三、交货地点：浙江华盛商贸有限公司

四、发货方式与运输费用承担方式：由卖方发货，运输费用由卖方承担。

图 5-101

入库单

供应商：浙江优依　　　　　　　　2019年1月4日　　　　　　　单号：RK01006

验收仓库	存货编码	存货名称	单位	数量 应收	数量 实收	单价	金额
服装库	0104	雅达西裤	件	50	50		
		合计		50	50		

部门经理：略　　　会计：略　　　仓库：略　　　经办人：略

图 5-102

入库单

供应商：浙江优依　　　　　　　　2019年1月4日　　　　　　　单号：RK01007

验收仓库	存货编码	存货名称	单位	数量 应收	数量 实收	单价	金额
配饰库	0203	恒祥针织围巾	件	50	50		
		合计		50	50		

部门经理：略　　　会计：略　　　仓库：略　　　经办人：略

图 5-103

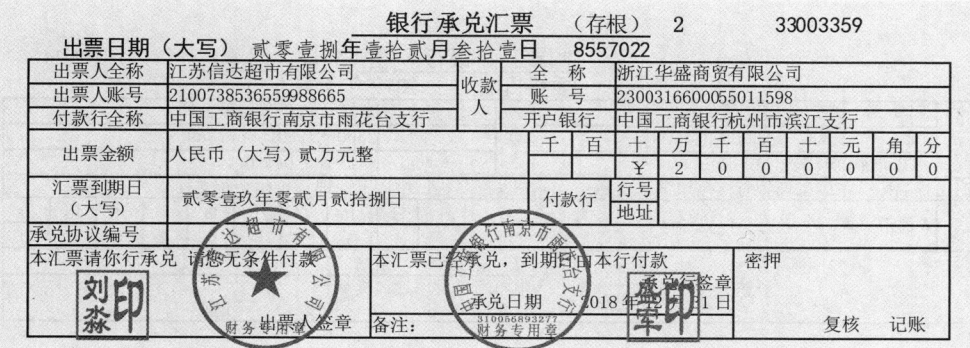

图 5-104

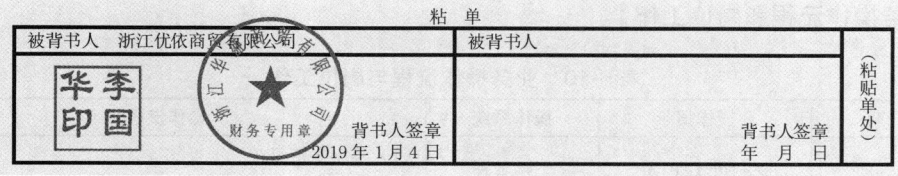

图 5-105

图 5-106

入库单

供应商：浙江优依　　　　2019年1月5日　　　　单号：RK01008

验收仓库	存货编码	存货名称	单位	数量		单价	金额
				应收	实收		
服装库	0104	雅达西裤	件	50	50		
合计							

部门经理：略　　　会计：略　　　仓库：略　　　经办人：略

图 5-107

入库单

供应商：浙江优依　　　　2019年1月5日　　　　单号：RK01009

验收仓库	存货编码	存货名称	单位	数量		单价	金额
				应收	实收		
配饰库	0203	恒祥针织围巾	件	50	50		
合计							

部门经理：略　　　会计：略　　　仓库：略　　　经办人：略

图 5-108

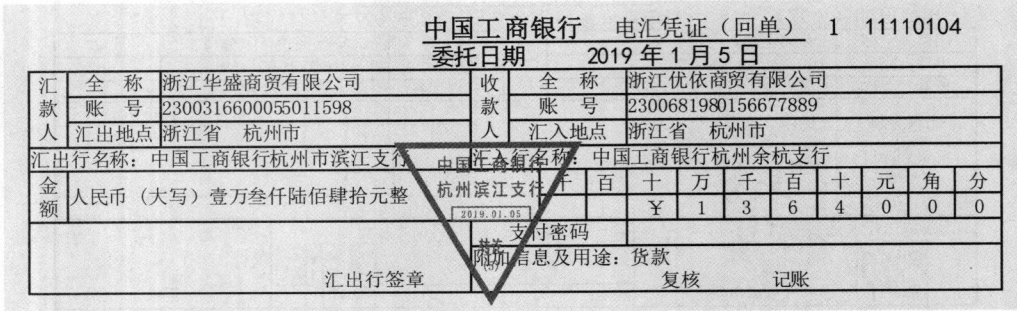

图 5-109

【业务操作流程和岗位工作】

表 5-10　业务操作流程与岗位工作

操作日期	操作员	操作系统	操作流程
2019-01-04	采购员【301】	采购管理	（1）填制采购订单 （2）参照采购订单生成第一批货物的到货单
2019-01-04	仓管员【501】	库存管理	（3）参照到货单生成第一批货物的入库单
2019-01-04	财务会计【202】	应付款管理	（4）银行承兑汇票背书作为预付款并制单
2019-01-05	采购员【301】	采购管理	（5）参照采购订单生成第二批货物的到货单
2019-01-05	仓管员【501】	库存管理	（6）参照到货单生成第二批货物的入库单
2019-01-05	采购员【301】	采购管理	（7）参照入库单生成采购专用发票，现结并结算
2019-01-05	财务会计【202】	应付款管理	（8）审核采购发票并立即制单 （9）预付冲应付
		存货核算	（10）单据记账并生成凭证

提示：分批到货需要在填制"采购订单"时，通过每一行输入的存货、数量及不同的到货日期来完成。分仓库入库需要在"入库单参照到货单生成"时，选择"生单/采购到货单（批量）"，在"到货单生单"窗口中，根据存货选择不同的仓库来完成，有几个不同的仓库就会生成几张入库单。

【操作指导】

1. 填制采购订单

（1）2019年1月4日，采购部梁燕【301】在企业应用平台中执行【业务工作/供应链/采购管理/采购订货/采购订单】命令，打开"采购订单"窗口，单击【增加】按钮。

（2）在表头中，修改订单编号为"CG01006"，采购类型为"正常采购"，供应商为"浙江优依"。

（3）在表体中，第一行选择存货为"0104 雅达西裤"，数量为"50"，原币单价为"180"，修改计划到货日期为"2019-01-04"；第二行选择存货为"0203 恒祥针织围巾"，数量为"50"，原币单价为"110"，修改计划到货日期为"2019-01-04"；第三行选择存货为"0104 雅达西裤"，数量为"50"，原币单价为"180"，修改计划到货日期为"2019-01-05"；第四行选择存货为"0203 恒祥针织围巾"，数量为"50"，原币单价为"110"，修改计划到货日期为"2019-01-05"，其他信息由系统自动带出，如图5-110所示。

图5-110

（4）在工具栏，单击【保存】按钮，单击【审核】按钮，退出该窗口。

2. 参照采购订单生成第一批货物的到货单

（1）2019年1月4日，采购部梁燕【301】在企业应用平台中执行【业务工作/供应链/采购管理/采购到货/到货单】命令，打开"到货单"窗口。单击【增加】按钮，选择【生单/采购订单】命令，打开【查询条件选择-采购订单列表过滤】对话框，单击【确定】按钮。打开"拷贝并执行"窗口，在表体上方双击【选择】栏，选中采购订单，在窗口下方取消选择1月5日到货的后两行，只选择前两行，如图5-111所示，单击【确定】按钮。

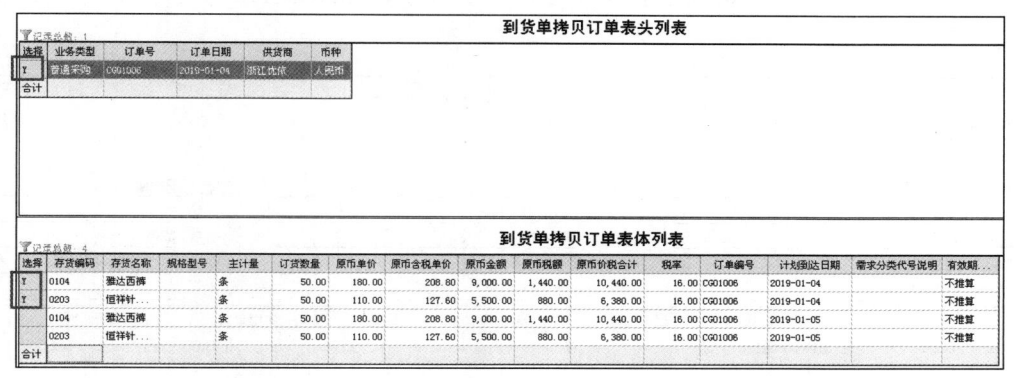

图5-111

（2）系统自动生成到货单，如图5-112所示，单击【保存】按钮，单击【审核】按钮。关闭该窗口。

图 5-112

3. 参照到货单生成第一批货物的入库单

（1）2019年1月4日，仓储部王娜【501】在企业应用平台中执行【业务工作/供应链/库存管理/入库业务/采购入库单】命令，打开"采购入库单"窗口。选择【生单/采购到货单（批量）】命令，弹出【查询条件选择-采购到货单列表】对话框，单击【确定】按钮，打开"到货单生单列表"窗口。双击上一步完成的到货单的【选择】栏，在窗口下方【选择】栏出现【Y】。在窗口下方"到货单生单表体"部分，"雅达西裤"一行的仓库选择"服装库"，"恒祥针织围巾"一行的仓库选择"配饰库"，如图5-113所示。

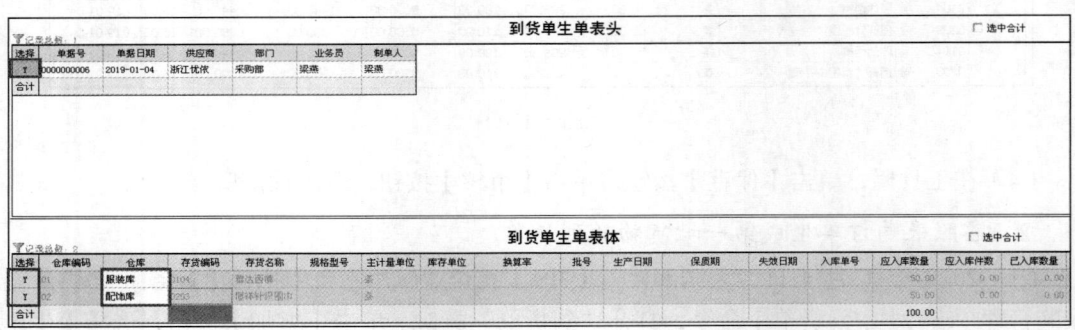

图 5-113

（2）单击【确定】按钮，系统自动参照到货单生成入库单，单击【修改】按钮，将配饰库的入库单号改为"RK01007"，单击【保存】按钮，如图5-114所示。单击【审核】按钮。

图 5-114

（3）单击工具栏中的"←"，找到服装库的入库单，单击【修改】按钮，修改服装库的入库单号为"RK01006"，单击【保存】按钮，如图 5-115 所示。单击【审核】按钮。

图 5-115

4. 银行承兑汇票背书作预付款并制单

（1）2019 年 1 月 4 日，财务会计郝贤【202】在企业应用平台中执行【业务工作/财务会计/应收款管理/票据管理】命令，弹出【查询条件选择】对话框，单击【确定】按钮，打开"票据管理"窗口，双击【选择】栏，选择需要背书的票据，如图 5-116 所示。

图 5-116

（2）单击【背书】按钮，系统弹出【票据背书】对话框，选择"被背书人"为【0501】，单击【确定】按钮，系统弹出【是否将背书金额作为预付款处理？】对话框，单击【是】按钮，系统提示【是否立即制单？】，单击【是】按钮，生成如图 5-117 所示的凭证，单击【保存】按钮。

图 5-117

5. 参照采购订单生成第二批货物的到货单

（1）2019 年 1 月 5 日，采购部梁燕【301】在企业应用平台中执行【业务工作/供应链/采购管理/采购到货/到货单】命令，打开"到货单"窗口。单击【增加】按钮，执行【生单/采购订单】命令，弹出【查询条件选择-采购订单列表过滤】对话框，单击【确定】按钮。打开"拷贝并执行"窗口，选中采购订单"CG01006"，如图 5-118 所示。

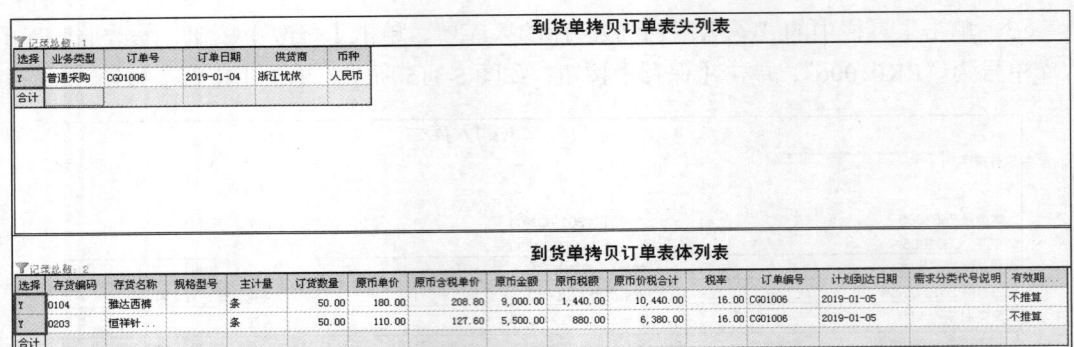

图 5-118

（2）单击【确定】按钮。系统自动生成到货单，如图 5-119 所示，单击【保存】按钮。单击【审核】按钮，审核该到货单，然后关闭该窗口。

图 5-119

6. 参照到货单生成第二批货物的入库单

（1）2019 年 1 月 5 日，仓储部王娜【501】在企业应用平台中执行【业务工作/供应链/库存管理/入库业务/采购入库单】命令，打开"采购入库单"窗口。执行【生单/采购到货单（批量）】命令，弹出【查询条件选择-采购到货单列表】对话框，单击【确定】按钮，打开"到货单生单列表"窗口。在"到货单生单表头"双击上一步完成的到货单的【选择】栏，在窗口下方的"到货单生单表体"中"雅达西裤"一行的仓库选择"服装库"，"恒祥针织围巾"一行的仓库选择"配饰库"，如图 5-120 所示。

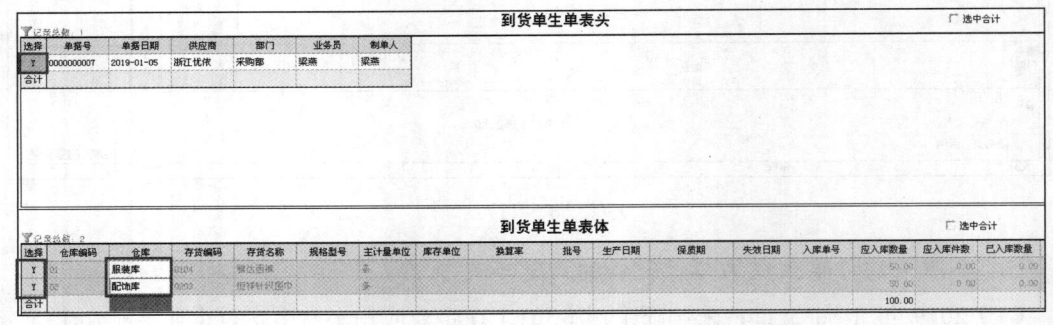

图 5-120

（2）单击【确定】按钮，系统参照到货单生成入库单，单击【修改】按钮，修改配饰库的入库单号为"RK01009"，如图 5-121 所示。单击【保存】按钮，然后单击【审核】按钮。

图 5-121

(3)单击工具栏中的"←",再单击【修改】按钮,将服装库的入库单号修改为"RK01008",如图 5-122 所示。单击【保存】按钮,再单击【审核】按钮。关闭并退出该窗口。

图 5-122

7. 参照入库单生成采购专用发票、现结并结算

(1)生成采购专用发票。2019 年 1 月 5 日,采购部梁燕【301】在企业应用平台中执行【业务工作/供应链/采购管理/采购发票/采购专用发票】命令,打开"专用发票"窗口。单击【增加】按钮,执行【生单/入库单】命令,弹出【查询条件选择-采购入库单列表过滤】对话框,单击【确定】按钮。系统打开"拷贝并执行"窗口,选中"RK01006""RK01007""RK01008""RK01009"号采购入库单,如图 5-123 所示,单击【确定】按钮,系统参照入库单生成采购专用发票,修改发票号为"55550107",单击【保存】按钮。

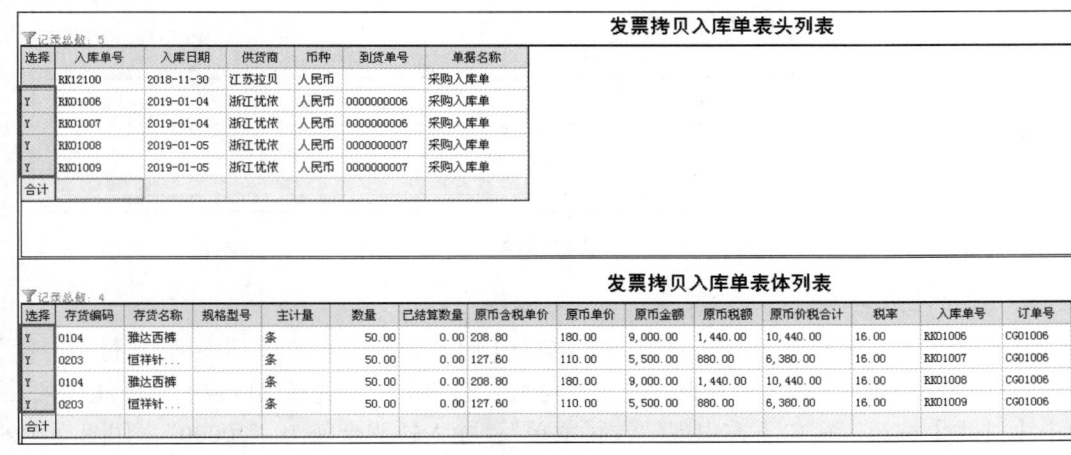

图 5-123

（2）现结。单击【现付】按钮，打开【采购现付】对话框。输入结算方式为"电汇"，结算金额为"13640"，票据号为"11110104"，其他项默认，单击【确定】按钮，将采购专用发票刷新后会提示"已现付"。

（3）结算。单击【结算】按钮，系统自动完成入库单和发票的结算，并生成结算单，可以在"结算单列表中"查看。结算完成后，发票提示【已结算】，如图5-124所示。

图 5-124

8. 审核采购发票并立即制单

2019年1月5日，财务会计郝贤【202】在企业应用平台中执行【业务工作/财务会计/应付款管理/应付单据处理/应付单据审核】命令，打开【应付单查询条件】对话框，勾选"包含已现结发票"复选框，单击【确定】按钮，系统弹出"应付单据列表"窗口。双击待审核的采购发票【选择】栏右侧的任意单元格，打开"专用发票"窗口，单击工具栏中的【审核】按钮，系统直接弹出提示【是否立即制单？】，单击【是】按钮，生成一张记账凭证，单击【保存】按钮，如图5-125所示。

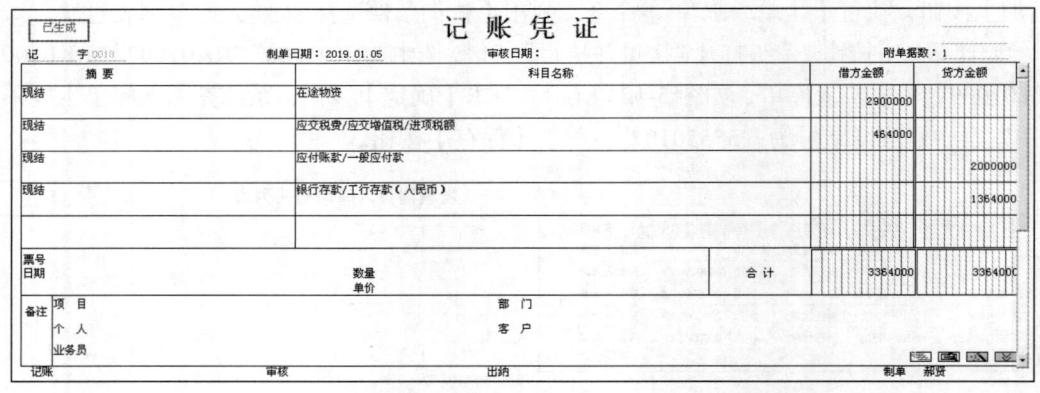

图 5-125

9. 预付冲应付

（1）2019年1月3日，财务会计【202】执行【财务会计/应付款管理/转账/预付冲应付】命令，打开【预付冲应付】对话框。在"预付款"选项卡中，选择供应商为"浙江优依"，单击【过滤】按钮，窗口下方出现"预付款单"，输入转账金额为"20000"，如图5-126所示。

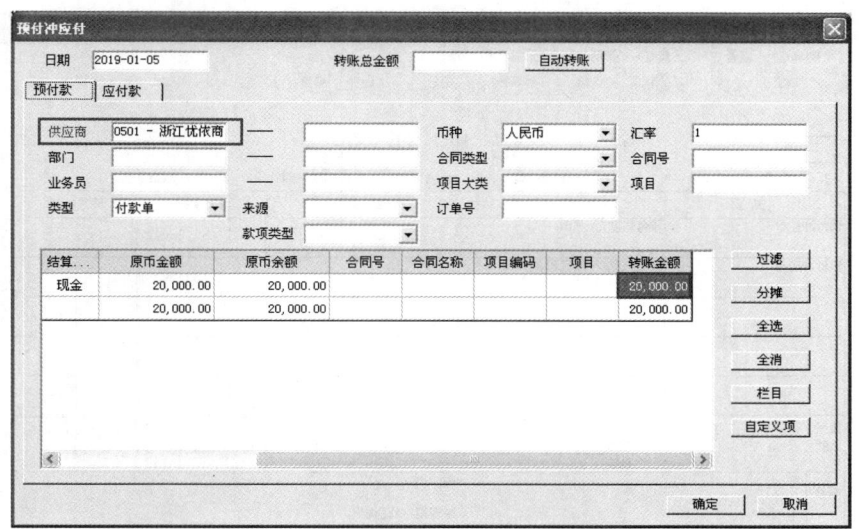

图 5-126

（2）在"应付款"选项卡中，选择供应商为"浙江优依"，单击【过滤】按钮，窗口下方出现"应付款单"，输入转账金额为"20000"，如图 5-127 所示，单击【确定】按钮。

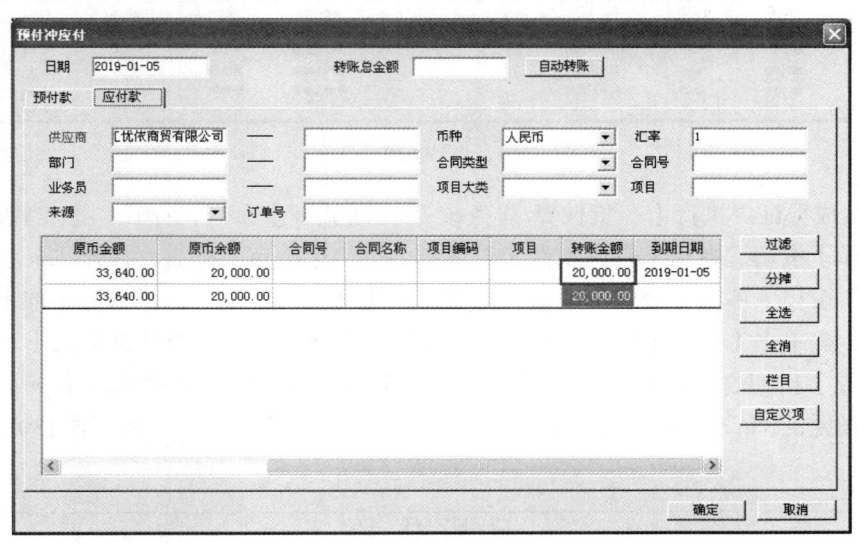

图 5-127

（3）系统提示【是否立即制单？】，单击【是】按钮，生成一张记账凭证，单击【保存】按钮，如图 5-128 所示。

10. 单据记账并生成凭证

（1）正常单据记账。2019 年 1 月 3 日，财务会计郝贤【202】在企业应用平台中执行【业务工作/供应链/存货核算/业务核算/正常单据记账】命令，弹出【查询条件选择】对话框，单击【确定】按钮，打开"正常单据记账列表"窗口。依次双击"RK01006""RK01007""RK01008""RK01009"号入库单【选择】栏，均出现"Y"，如图 5-129 所示。单击【记账】按钮，将采购入库单记账，系统提示【记账成功】，单击【确定】按钮。

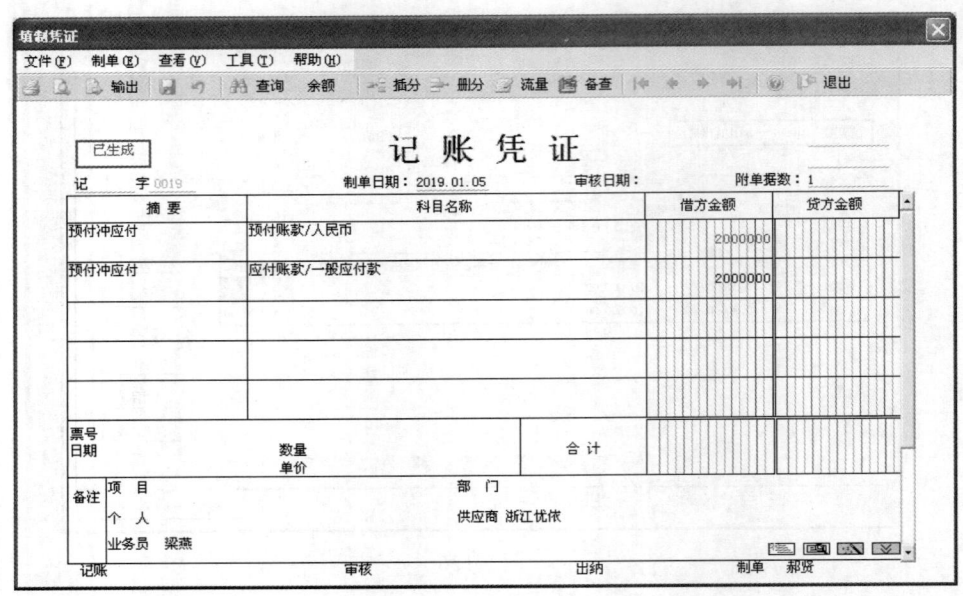

图 5-128

图 5-129

（2）生成凭证。执行【存货核算/财务核算/生成凭证】命令，打开"生成凭证"窗口，单击【选择】按钮，弹出【查询条件】对话框，单击【确定】按钮，打开"未生成凭证单据一览表"窗口。单击【全选】按钮，选中待生成凭证的单据，四张入库单的【选择】栏均出现【√】。单击【确定】按钮，返回"生成凭证"窗口。凭证类别选择为【记账凭证】，单击【生成】按钮，生成一张记账凭证，单击【保存】按钮。依次单击【◀】按钮，找到其余三张凭证，依次单击【保存】按钮，保存生成的四张记账凭证，如图5-130至图5-133所示。

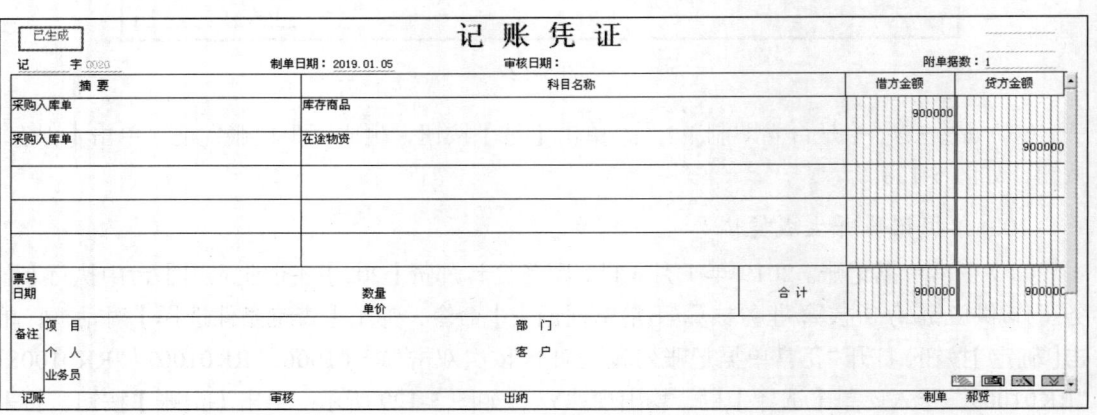

图 5-130

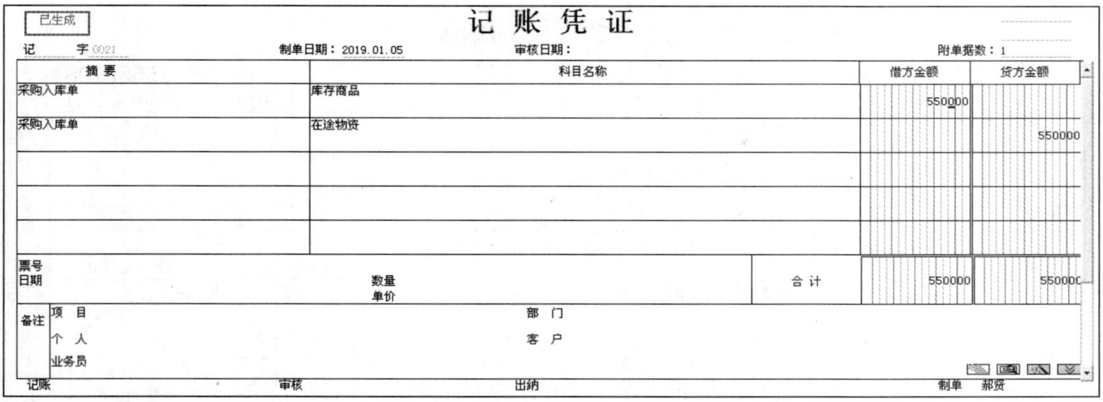
已生成

记账凭证

记 字 0021 制单日期：2019.01.05 审核日期： 附单据数：1

摘要	科目名称	借方金额	贷方金额
采购入库单	库存商品	550000	
采购入库单	在途物资		550000
票号 日期 数量 单价	合计	550000	550000

备注 项目 部门 个人 客户 业务员

记账 审核 出纳 制单 郝贤

图 5-131

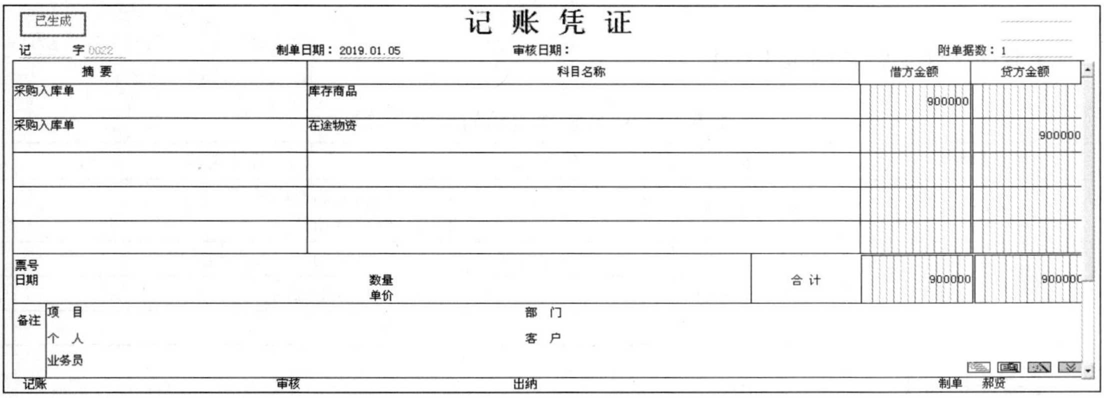
已生成

记账凭证

记 字 0022 制单日期：2019.01.05 审核日期： 附单据数：1

摘要	科目名称	借方金额	贷方金额
采购入库单	库存商品	900000	
采购入库单	在途物资		900000
票号 日期 数量 单价	合计	900000	900000

备注 项目 部门 个人 客户 业务员

记账 审核 出纳 制单 郝贤

图 5-132

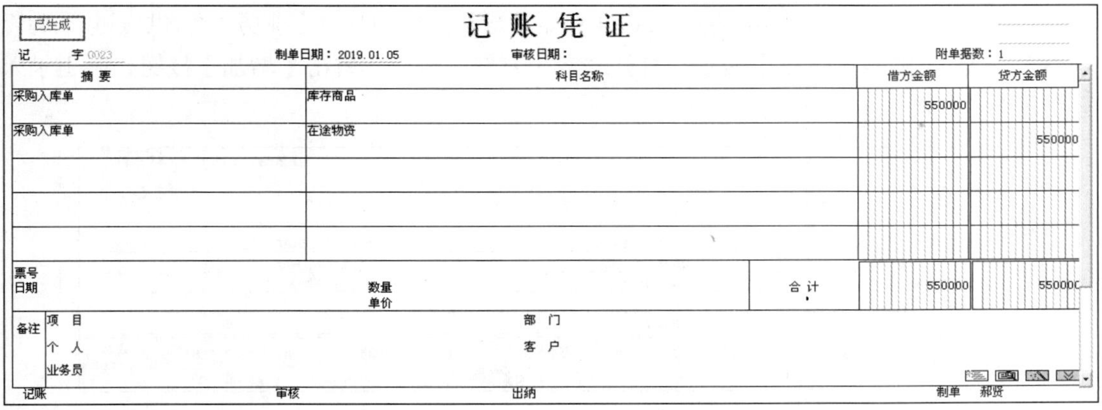
已生成

记账凭证

记 字 0023 制单日期：2019.01.05 审核日期： 附单据数：1

摘要	科目名称	借方金额	贷方金额
采购入库单	库存商品	550000	
采购入库单	在途物资		550000
票号 日期 数量 单价	合计	550000	550000

备注 项目 部门 个人 客户 业务员

记账 审核 出纳 制单 郝贤

图 5-133

5.1.11 已结算的采购业务费用分摊

【业务内容】

2019 年 1 月 6 日，采购部梁燕收到上一个例子中 CG01006 号合同的运输费发票（按数量分摊，不合并制单）。相关凭证如图 5-134 所示。业务操作流程及分工如表 5-11 所示。

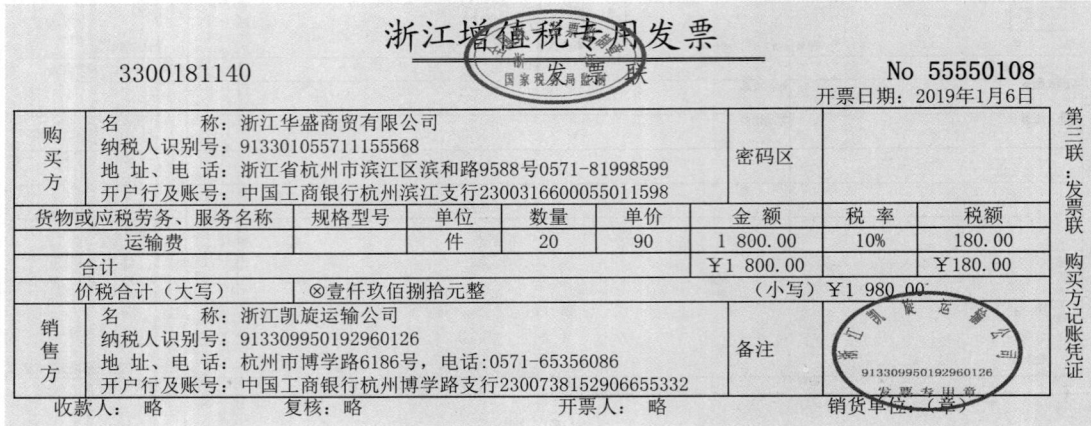

图 5-134

【业务操作流程和岗位工作】

表 5-11 业务操作流程与岗位工作

操作日期	操作员	操作系统	操作流程
2019-01-06	采购员【301】	采购管理	（1）填制采购专用发票 （2）费用折扣结算
2019-01-06	财务会计【202】	应付款管理 存货核算	（3）审核采购发票并制单处理 （4）结算成本处理 （5）生成凭证

【操作指导】

1. 填制运费发票

2019 年 1 月 6 日，采购部梁燕【301】在企业应用平台中执行【业务工作/供应链/采购管理/采购发票/采购专用发票】命令，打开"专用发票"窗口，单击【增加】按钮，手工录入运费发票，如图 5-135 所示。

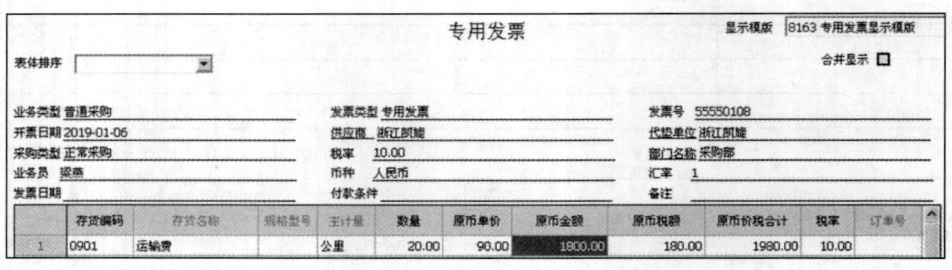

图 5-135

2. 费用折扣结算

（1）2019 年 1 月 6 日，采购部梁燕在采购管理系统，执行【采购结算/费用折扣结算】命令，打开"费用折扣结算"窗口。单击工具栏上的【查询】按钮，弹出【条件输入】对话框，单击【确定】按钮，返回"费用折扣结算"窗口。

（2）再单击工具栏中的【入库】按钮，打开"入库单选择"窗口。选中入库单 RK01006、RK01007、RK01008、RK01009，如图 5-136 所示，单击【确定】按钮，再单击【发票】按钮，打开"发票选择"窗口,选中"55550108"号发票,如图 5-137 所示,单击【确定】按钮。

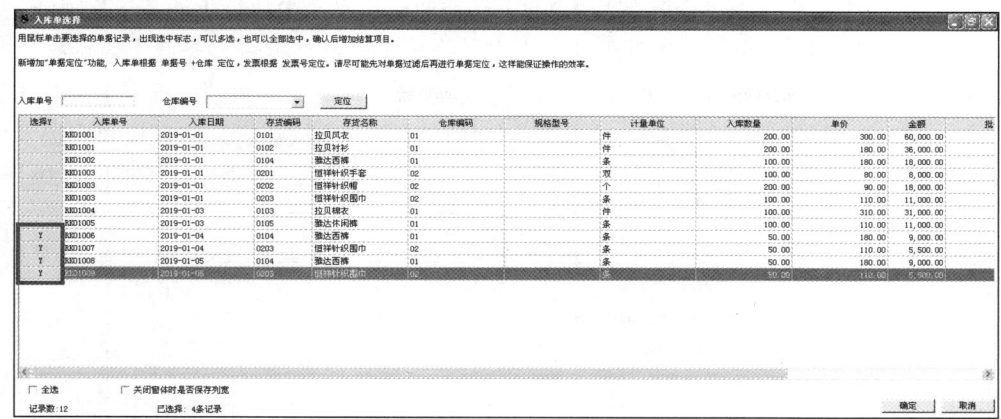

图 5-136

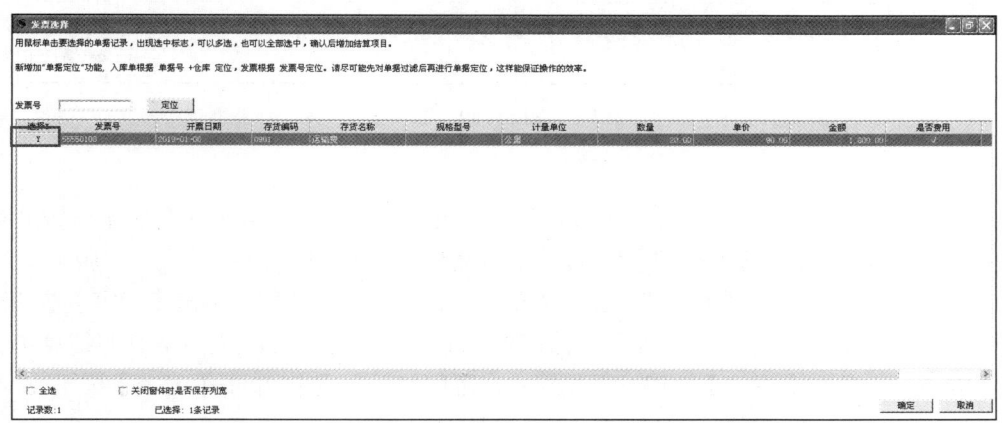

图 5-137

(3)系统返回"费用折扣结算"窗口。费用分摊方式选择"按数量"。单击【分摊】按钮,如图 5-138 所示。再单击【结算】按钮,系统提示"结算成功"。关闭该窗口。

图 5-138

3. 审核采购发票并制单处理

2019 年 1 月 6 日，财务会计郝贤【202】在企业应用平台中执行【业务工作/财务会计/应付款管理/应付单据处理/应付单据审核】命令，弹出【应付单据查询条件】对话框，单击【确定】按钮，系统弹出“应付单据列表”窗口。双击待审核的采购发票【选择】栏右侧的任意单元格，打开“专用发票”窗口，单击工具栏中的【审核】按钮，系统直接弹出提示【是否立即制单？】，单击【是】按钮，生成一张记账凭证，单击【保存】按钮，如图 5-139 所示。

已生成

记 账 凭 证

记 字 0024 制单日期：2019.01.06 审核日期： 附单据数：1

摘 要	科目名称	借方金额	贷方金额
采购专用发票	在途物资	180000	
采购专用发票	应交税费/应交增值税/进项税额	18000	
采购专用发票	应付账款/一般应付款		198000
票号 日期	数量 单价 合 计	198000	198000

备注 项 目 部 门

个 人 客 户

业务员

记账 审核 出纳 制单 郝贤

图 5-139

4. 结算成本处理

（1）2019 年 1 月 6 日，财务会计郝贤【202】在企业应用平台中执行【业务工作/供应链/存货核算/业务核算/结算成本处理】命令，打开【暂估处理查询】对话框。勾选“服装库”“配饰库”前的复选框，勾选“未全部结算完的单据是否显示”复选框，单击【确定】按钮。

（2）系统打开“结算成本处理”窗口。单击【选择】栏，选中暂估结算的结算单，如图 5-140 所示，单击【暂估】按钮。系统提示【暂估处理完成】，单击【确定】按钮。

结算成本处理

○ 按数量分摊
◉ 按金额分摊

选择	结算单号	仓库编码	仓库名称	入库单号	入库日期	存货编码	存货名称	计量单位	数量	暂估单价	暂估金额	结算数量	结算单价	结算金额	收发类...
Y	000000000...	01	服装库			0104	雅达西裤	条	0.00	0.00	0.00	0.00	0.00	450.00	采购入库
Y	000000000...	01	服装库			0104	雅达西裤	条	0.00	0.00	0.00	0.00	0.00	450.00	采购入库
Y	000000000...	02	配饰库			0203	恒祥针织围巾	条	0.00	0.00	0.00	0.00	0.00	450.00	采购入库
Y	000000000...	02	配饰库			0203	恒祥针织围巾	条	0.00	0.00	0.00	0.00	0.00	450.00	采购入库
合计														1,800.00	

图 5-140

5. 生成凭证

（1）执行【财务核算/生成凭证】命令，打开“生成凭证”窗口。单击【选择】按钮，弹出【查询条件】对话框，单击【确定】按钮，打开“未生成凭证单据一览表”窗口。单击【全选】按钮，选中待生成凭证的单据，在【选择】栏出现【1】，如图 5-141 所示。单击【确定】按钮。

☐ 已结算采购入库单自动选择全部结算单上单据（包括入库单、发票、付款单），非本月采购入库单按蓝字报销单制单

未生成凭证单据一览表

选择	记账日期	单据日期	单据类型	单据号	仓库	收发类别	记账人	部门	部门编码	业务单号	业务类型	计价方式	备注	摘要	供应商	客户
1	2019-01-06	2019-01-06	入库调整单	0000000001	服装库	采购入库	郝贤	采购部	3		费用报销	先进先出法	0000000000	0000000000	浙江凯旋运	
1	2019-01-06	2019-01-06	入库调整单	0000000002	服装库	采购入库	郝贤	采购部	3		费用报销	先进先出法	0000000000	0000000000	浙江凯旋运	
1	2019-01-06	2019-01-06	入库调整单	0000000003	配饰库	采购入库	郝贤	采购部	3		费用报销	先进先出法	0000000000	0000000000	浙江凯旋运	
1	2019-01-06	2019-01-06	入库调整单	0000000004	配饰库	采购入库	郝贤	采购部	3		费用报销	先进先出法	0000000000	0000000000	浙江凯旋运	

图 5-141

（2）返回“生成凭证”窗口，凭证类别选择“记账凭证”，单击【生成】按钮，生成一张记账凭证，单击【保存】按钮，如图 5-142 至图 5-145 所示。

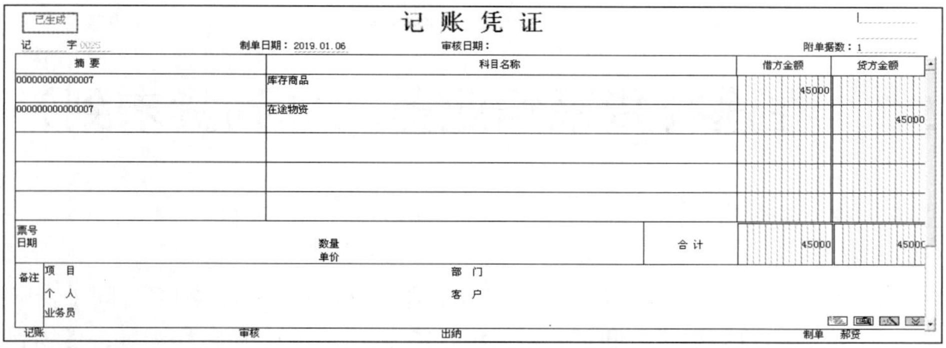

图 5-142

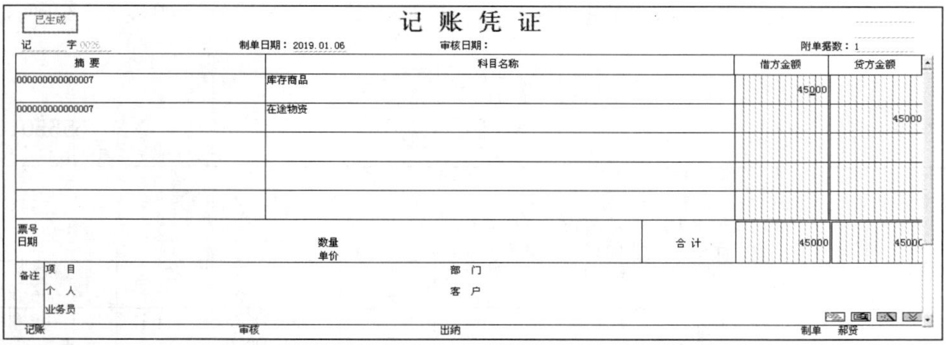

图 5-143

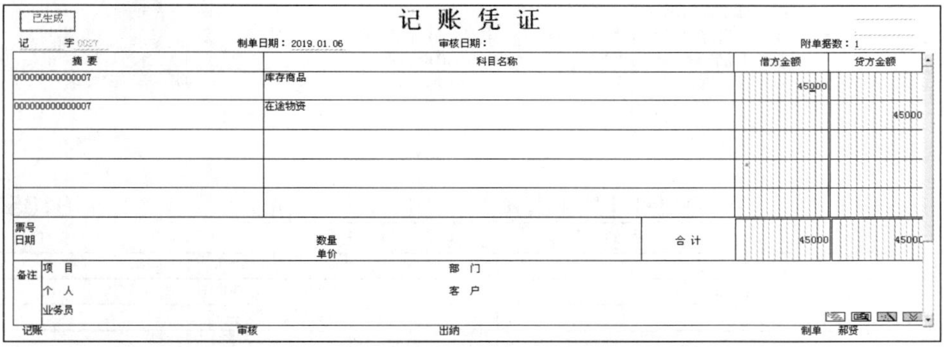

图 5-144

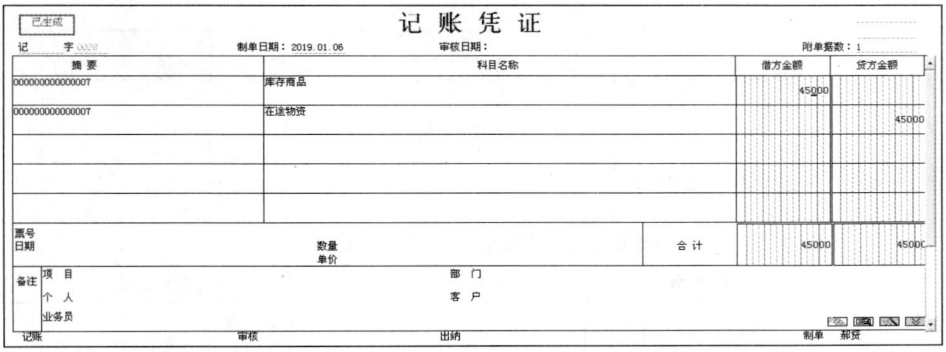

图 5-145

5.2　在途存货采购业务（单到货未到）

先收票后收货的采购业务

【业务内容】

2019 年 1 月 6 日，采购部梁燕与江苏拉贝服装有限公司签定购销合同（合同编号为 CG01007，图略），当日取得对方开具的增值税专用发票。2019 年 1 月 7 日，货物到达并验收入库（入库单号为 RK01010，图略），我公司支付全部前面欠下的货款，使用“选择付款”功能处理。相关凭证如图 5-146 和图 5-147 所示。业务操作流程及分工如表 5-12 所示。

江苏增值税专用发票

发票联

3200181140　　　　No 55550109

开票日期：2019 年1月6日

购买方	名　　称：浙江华盛商贸有限公司 纳税人识别号：913301055711155568 地 址、电 话：浙江省杭州市滨江区滨和路 9588 号 0571-81998599 开户行及账号：中国工商银行杭州滨江支行 2300316600055011598				密码区		
货物或应税劳务、服务名称	规格型号	单位	数量	单价	金 额	税 率	税额
拉贝风衣		件	200	300	60 000.00	16%	9 600.00
拉贝衬衫		件	200	180	36 000.00	16%	5 760.00
合计					￥96 000.00		￥15 360.00
价税合计（大写）	⊗壹拾壹万壹仟叁佰陆拾元整				（小写）￥111 360.00		
销售方	名　　称：江苏拉贝服装有限公司 纳税人识别号：913207757618257022 地 址、电 话：南京市雨花台区凤华路 5818 号，电话：025-29892816 开户行及账号：中国工商银行南京雨花台支行 2100405180908899669				备注	913207757618257022 发票专用章	

收款人：略　　复核：略　　开票人：略　　销货单位：（章）

第三联：发票联　购买方记账凭证

图 5-146

中国工商银行　电汇凭证（回单）　1　11110105

委托日期　2019年1月7日

汇款人	全　称	浙江华盛商贸有限公司	收款人	全　称	江苏拉贝服装有限公司
	账　号	2300316600055011598		账　号	2100405180908899669
	汇出地点	浙江省 杭州市		汇入地点	江苏省 南京市
汇出行名称：中国工商银行杭州市滨江支行			汇入行名称：中国工商银行南京雨花台支行		
金额	人民币（大写）贰拾万伍仟壹佰柒拾元整				千 百 十 万 千 百 十 元 角 分 ￥ 2 0 5 1 7 0 0 0
			支付密码		
汇出行签章			附加信息及用途：货款 复核　　记账		

中国工商银行 杭州滨江支行 2019.01.07 转讫

图 5-147

【业务操作流程和岗位工作】

表 5-12　业务操作流程与岗位工作

操作日期	操作员	操作系统	操作流程
2019-01-06	采购员【301】	采购管理	（1）填制采购订单 （2）参照采购订单生成采购专用发票
2019-01-06	财务会计【202】	应付款管理	（3）审核采购发票并制单处理

续表

操作日期	操作员	操作系统	操作流程
2019-01-07	采购员【301】	采购管理	（4）参照采购订单生成到货单
2019-01-07	仓管员【501】	库存管理	（5）参照到货单生成入库单
2019-01-07	采购员【301】	采购管理	（6）采购结算
2019-01-07	出纳【203】	应付款管理	（7）选择付款
2019-01-07	财务会计【202】	应付款管理	（8）合并制单
		存货核算	（9）正常单据记账并生成凭证

【操作指导】

1. 填制采购订单

（1）2019年1月6日，采购部梁燕【301】按合同在企业应用平台中执行【业务工作/供应链/采购管理/采购订货/采购订单】命令，打开"采购订单"窗口，单击【增加】按钮。

（2）在表头中，修改订单编号为"CG01007"，采购类型为"正常采购"，供应商为"江苏拉贝"。

（3）在表体中，第一行选择存货为"0101 拉贝风衣"，数量为"200"，原币单价为"300"，计划到货日期为"2019-01-07"；第二行输入"拉贝衬衫"的采购数量为"200"，原币单价为"180"，计划到货日期为"2019-01-07"，其他信息由系统自动带出，如图5-148所示。

（4）在工具栏中，单击【保存】按钮，然后单击【审核】按钮。退出该窗口。

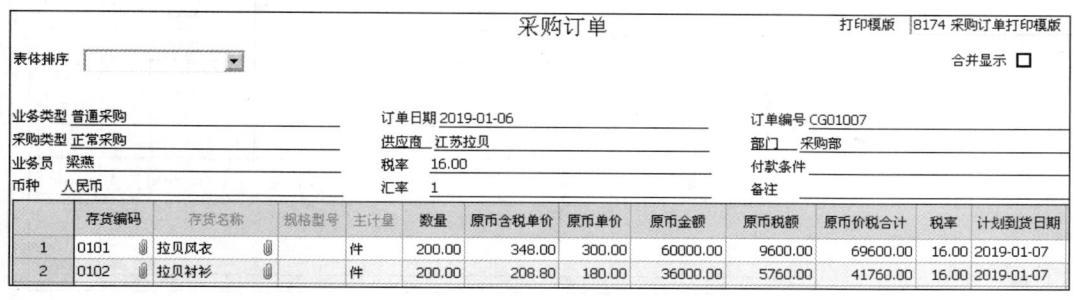

图5-148

2. 参照采购订单生成采购专用发票

2019年1月6日，采购部梁燕【301】在企业应用平台中执行【业务工作/供应链/采购管理/采购发票/采购专用发票】命令，打开"专用发票"窗口。单击【增加】按钮，执行【生单/采购订单】命令，弹出【查询条件选择-采购订单列表过滤】对话框，单击【确定】按钮。系统打开"拷贝并执行"窗口，双击【选择】栏选中 CG01007 采购订单，【选择】栏出现【Y】。单击【确定】按钮。系统自动参照采购订单生成采购专用发票，修改发票号为"55550109"，如图5-149所示，单击【保存】按钮。

3. 审核采购发票并制单处理

（1）2019年1月6日，财务会计郝贤【202】在企业应用平台中执行【业务工作/财务会计/应付款管理/应付单据处理/应付单据审核】命令，弹出【应付单查询条件】对话框，单击【确定】按钮。系统打开"应付单据列表"窗口，双击待选应付单据的【选择】栏，或单击【全选】按钮，产生选择标志【Y】。单击工具栏中的【审核】按钮，系统完成审核并给出审核报告。单击【确定】按钮后退出。

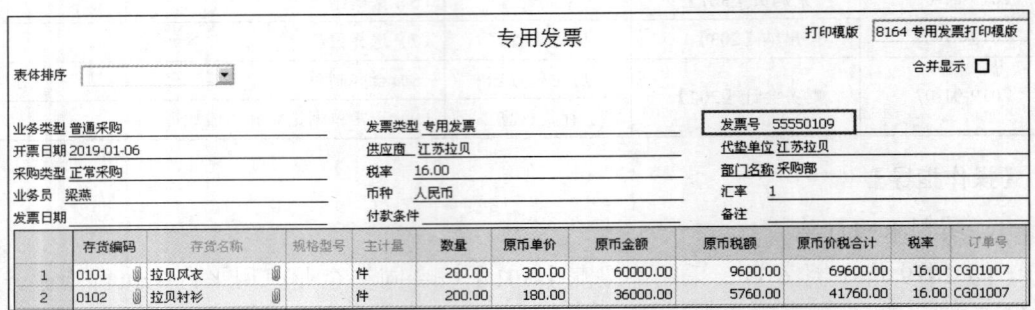

图5-149

（2）执行【业务工作/财务会计/应付款管理/制单处理】命令，弹出【制单查询】对话框，勾选"发票制单"复选框，单击【确定】按钮。系统打开"采购发票制单"窗口，凭证类别选择"记账凭证"，单击"选择标志"栏，选中要制单的"采购专用发票"，在选择标志处会出现【1】。单击【制单】按钮，生成一张记账凭证，单击【保存】按钮，如图5-150所示。

图5-150

4. 参照采购订单生成到货单

2019年1月7日，采购部梁燕【301】在企业应用平台中执行【业务工作/供应链/采购管理/采购到货/到货单】命令，打开"到货单"窗口。单击【增加】按钮，执行【生单/采购订单】命令，弹出【查询条件选择-采购订单列表过滤】对话框，单击【确定】按钮。系统打开"拷贝并执行"窗口，双击【选择】栏选中所要拷贝的采购订单，在【选择】栏出现【Y】。单击【确定】按钮。系统自动生成到货单，如图5-151所示。单击【保存】按钮，然后单击【审核】按钮。

5. 参照到货单生成入库单

2019年1月7日，仓储部王娜【501】在企业应用平台中执行【业务工作/供应链/库存管理/入库业务/采购入库单】命令，打开"采购入库单"窗口。执行【生单/采购到货单（蓝字）】命令，弹出【查询条件选择-采购到货单列表】对话框，单击【确定】按钮。打开"到货单生单列表"窗口，双击上一步生成的到货单的【选择】栏，【选择】栏出现【Y】，单击【确定】按钮。系统自动参照到货单生成入库单，修改入库单号为"RK01010"，选择"仓库"为"服装库"，单击【保存】按钮，如图5-152所示。单击【审核】按钮，完成入库单的审核。

图 5-151

图 5-152

6. 采购结算

（1）2019年1月7日，采购部梁燕【301】在企业应用平台中执行【业务工作/供应链/采购管理/采购结算/手工结算】命令，打开"手工结算"窗口。在工具栏中，单击【选单】按钮，打开"结算选单"窗口，单击工具栏中的【查询】按钮。系统打开【查询条件选择-采购手工结算】对话框，单击【确定】按钮。系统打开"结算选单"窗口，双击【选择】栏，选择相应的"采购发票"和"入库单"，如图5-153所示，单击【确定】按钮。

图 5-153

（2）系统回到"手工结算"窗口，如图5-154所示，在工具栏中单击【结算】按钮，系统显示【完成结算！】。

7. 选择付款

（1）2018年1月7日，由出纳【203】登录企业应用平台，执行【财务会计/应付款管理/选择付款】命令，打开【选择付款-条件】对话框，供应商选择"浙江拉贝"，如图5-155所示，单击【确定】按钮。

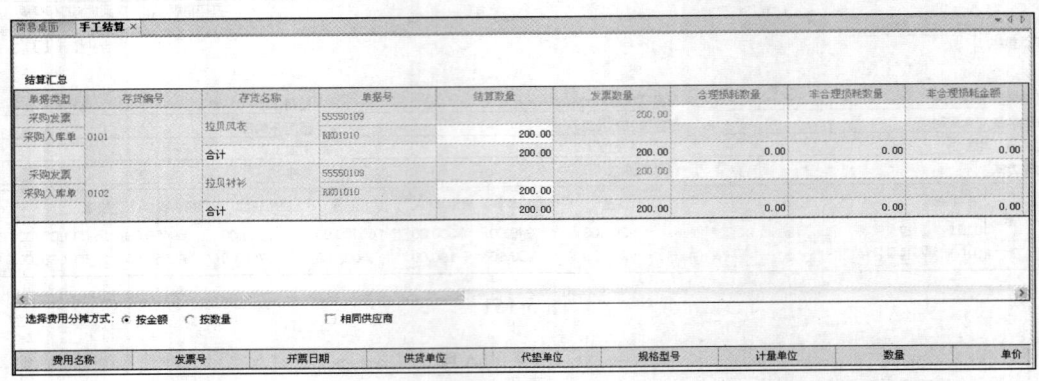

图 5-154

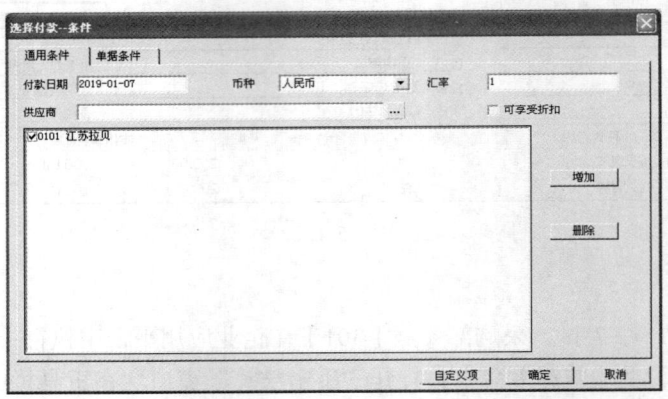

图 5-155

（2）打开"选择付款-单据"窗口，单击【全选】按钮，如图5-156所示。

图 5-156

（3）单击【确认】按钮。打开【选择付款-付款单】对话框，结算方式选择"电汇"，票据号输入"11110105"，如图5-157所示，单击【确定】按钮。选择付款后系统自动生成已审核、已核销的付款单。

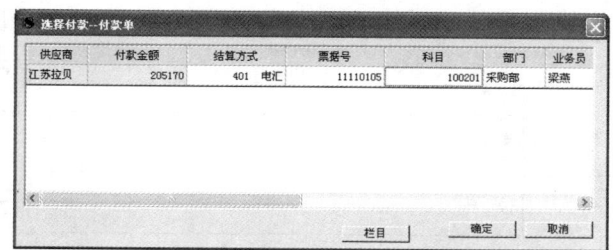

图 5-157

8. 合并制单

2018年1月7日，由财务会计【202】登录企业应用平台执行【财务会计/应付款管理/制单处理】命令，系统弹出【制单查询】对话框，依次勾选"收付款单制单"和"核销制单"复选框，单击【确定】按钮。系统打开"应付制单"窗口，单击【全选】按钮，再单击【合并】按钮，如图 5-158 所示。单击【制单】按钮，生成一张记账凭证，单击【保存】按钮，如图 5-159 所示。

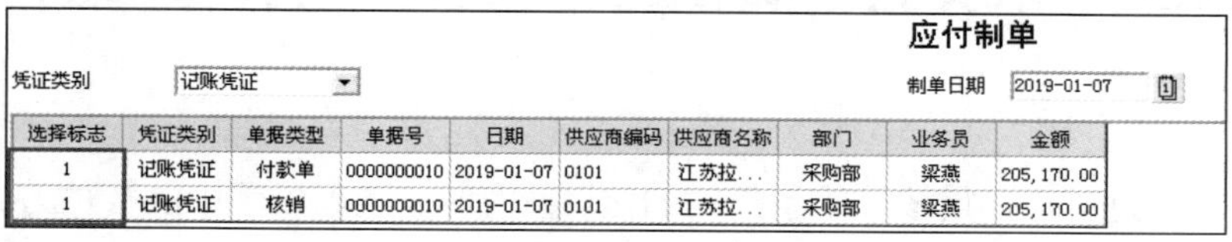

图 5-158

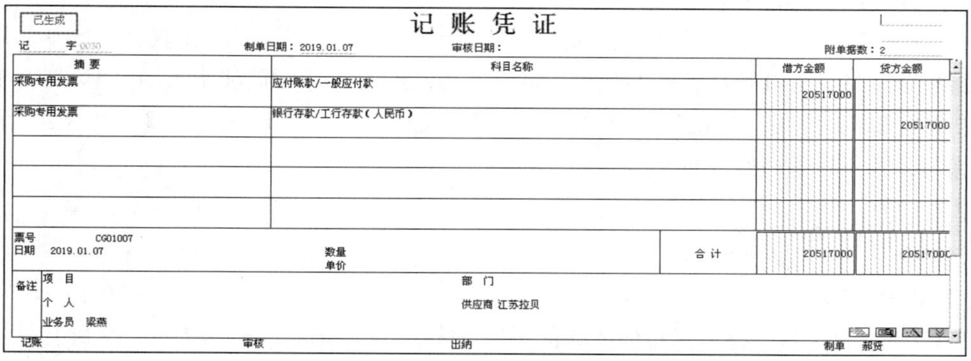

图 5-159

9. 正常单据记账并生成凭证

（1）正常单据记账。2019年1月7日，财务会计郝贤【202】在企业应用平台中执行【业务工作/供应链/存货核算/业务核算/正常单据记账】命令，弹出【查询条件选择】对话框，单击【确定】按钮。系统打开"正常单据记账列表"窗口，单击【选择】栏，或单击【全选】按钮，选中 RK01010 号入库单。单击【记账】按钮，系统提示【记账成功】，单击【确定】按钮，返回记账列表，已经记账的入库单自动消失。

（2）执行【业务工作/供应链/存货核算/财务核算/生成凭证】命令，打开"生成凭证"窗口，单击【选择】按钮，弹出【查询条件】对话框，单击【确定】按钮。系统打开"未生成凭证单据一览表"窗口，单击【选择】栏或【全选】按钮，选中待生成凭证的单据，【选择】栏出现【1】，单击【确定】按钮，返回"生成凭证"窗口，凭证类别选择"记账凭证"。单击【生成】按钮，生成一张记账凭证，如图 5-160 所示，单击【保存】按钮。

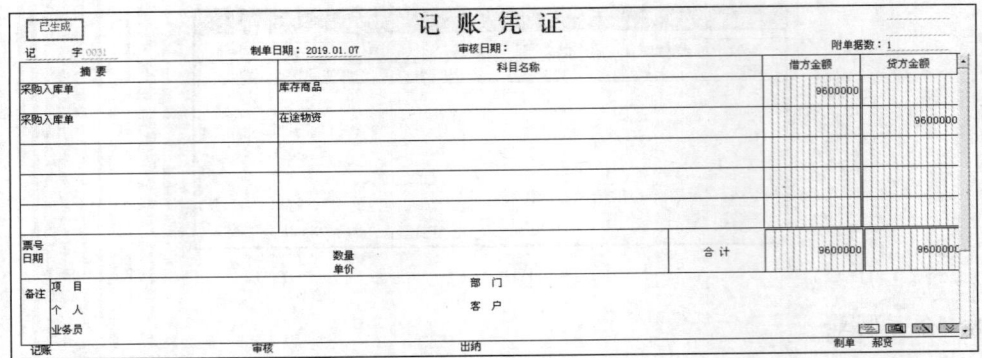

图 5-160

5.3 采购暂估业务（货到票未到）

【提示】

1. 本账套在进行"存货核算子系统初始化"设置时，选项设置中的暂估方式设置为"单到回冲"方式。本节内的"5.3.3 单到回冲""5.3.4 暂估入库"和"5.3.5 暂估记账"为本账套内的连续操作内容。

2. "5.3.1"和"5.3.2"两小节是单独训练项目，需要单独引入独立的账套"5-0-1 月初回冲初始账套""5-0-2 单到补差初始账套"进行练习。练习后需要重新引入原账套"5-0-3 单到回冲初始账套"，完成"5.3.3"小节的练习操作。如果没有进行"5.3.1"和"5.3.2"小节的操作练习，则不用进行账套的更换。

5.3.1 月初回冲

【业务内容】

2019 年 1 月 1 日，将上月暂估入账的采购业务红冲。2019 年 1 月 7 日，收到上月从江苏拉贝购买商品的增值税专用发票，如图 5-161 所示。（引入本教材提供的"5-0-1 月初回冲初始账套"完成本业务）业务操作流程及分工如表 5-13 所示。

图 5-161

【业务操作流程和岗位工作】

表 5-13　业务操作流程与岗位工作

操作日期	操作员	操作系统	操作流程
2019-01-01	财务会计【202】	存货核算	（1）月初红字回冲单生成凭证
2019-01-07	采购员【301】	采购管理	（2）参照期初采购入库单生成采购专用发票并结算
2019-01-07	财务会计【202】	应付款管理	（3）审核采购发票并制单处理
		存货核算	（4）结算成本处理 （5）蓝字回冲单生成凭证

【操作指导】

1. 月初红字回冲单生成凭证

2019 年 1 月 1 日，由财务会计【202】登录企业应用平台，依次执行【存货核算/财务核算/生成凭证】命令，打开“生成凭证”窗口。单击工具栏中的【选择】按钮，系统弹出【查询条件】对话框，单击【确定】按钮。系统打开“选择单据”窗口，单击工具栏中的【全选】按钮，选中“红字回冲单”，如图 5-162 所示，再单击【确定】按钮，系统自动退出“选择单据”窗口并返回“生成凭证”窗口，如图 5-163 所示。单击工具栏中的【生成】按钮，系统打开“填制凭证”窗口并自动生成凭证。保存该凭证，如图 5-164 所示。

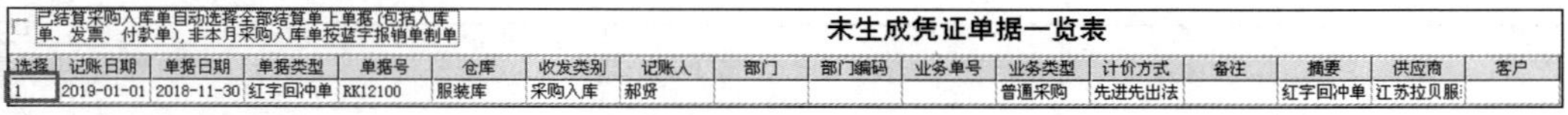

已结算采购入库单自动选择全部结算单上单据（包括入库单、发票、付款单），非本月采购入库单按蓝字报销单制单

未生成凭证单据一览表

选择	记账日期	单据日期	单据类型	单据号	仓库	收发类别	记账人	部门	部门编码	业务单号	业务类型	计价方式	备注	摘要	供应商	客户
1	2019-01-01	2018-11-30	红字回冲单	RK12100	服装库	采购入库	郝贤				普通采购	先进先出法		红字回冲单	江苏拉贝服	

图 5-162

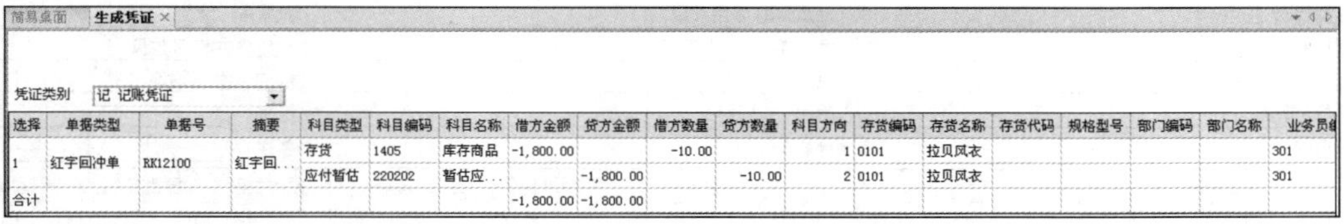

简易桌面　生成凭证

凭证类别　记 记账凭证

选择	单据类型	单据号	摘要	科目类型	科目编码	科目名称	借方金额	贷方金额	借方数量	贷方数量	科目方向	存货编码	存货名称	存货代码	规格型号	部门编码	部门名称	业务员编
1	红字回冲单	RK12100	红字回...	存货	1405	库存商品	-1,800.00		-10.00		1	0101	拉贝风衣					301
				应付暂估	220202	暂估应...		-1,800.00		-10.00	2	0101	拉贝风衣					301
合计							-1,800.00	-1,800.00										

图 5-163

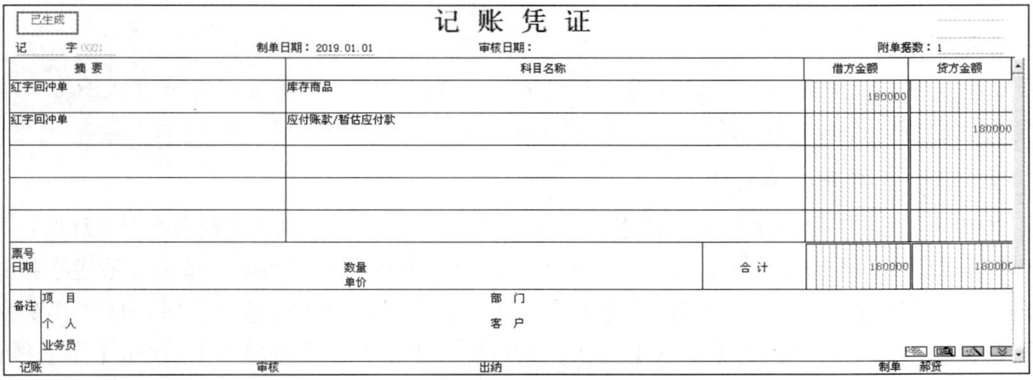

已生成

记 账 凭 证

记　字 0001　制单日期：2019.01.01　审核日期：　附单据数：1

摘要	科目名称	借方金额	贷方金额
红字回冲单	库存商品	180000	
红字回冲单	应付账款/暂估应付款		180000
票号 日期	数量 单价 合计	180000	180000

备注　项　目　部　门

个　人　客　户

业务员

记账　审核　出纳　制单 郝贤

图 5-164

2. 参照期初采购入库单生成采购专用发票并结算

（1）2019 年 1 月 7 日，采购员【301】登录企业应用平台，执行【供应链/采购管理/采购

发票/采购专用发票】菜单,打开"专用发票"窗口。单击工具栏中的【增加】按钮,再执行【生单/入库单】命令,打开【查询条件选择-采购入库单列表过滤】对话框,单击【确定】按钮。系统打开"拷贝并执行"窗口,双击选择"RK12100"号入库单对应的【选择】栏,如图5-165所示。单击工具栏中的【确定】按钮。

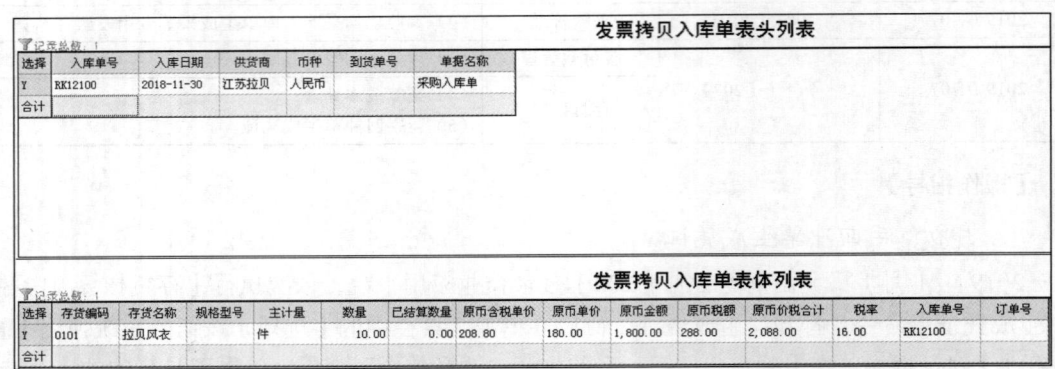

图5-165

(2)系统自动生成"采购专用发票"。修改表头项目"发票号"为"55550110",将原币单价改为"200",其他项默认,如图5-166所示。依次单击工具栏中的【保存】按钮和【结算】按钮。

图5-166

注意事项

收到发票后,如果发现发票价格与合同单价一致,则在"专用发票"窗口,不需要修改存货的"原币单价"。

3. 审核发票并制单处理

2019年1月7日,由财务会计【202】登录企业应用平台,执行【财务会计/应付款管理/应付单据处理/应付单据审核】命令,弹出【应付单查询条件】对话框,单击【确定】按钮。系统打开"单据处理"窗口,双击待选发票的【选择】栏右侧的任意单元格,打开"专用发票"窗口,单击工具栏中的【审核】按钮,系统提示【是否立即制单?】,单击【是】按钮,生成一张记账凭证,单击【保存】按钮,如图5-167所示。

4. 结算成本处理

2019年1月7日,财务会计郝贤【202】在企业应用平台中执行【业务工作/供应链/存货核算/业务核算/结算成本处理】命令,打开【暂估处理查询】对话框,勾选【服装库】前的复选框，勾选"为全部结算完的单据是否显示"复选框，单击【确定】按钮。打开"结算成本处理"窗口，单击【选择】栏或【全选】按钮，选中暂估结算的结算单，如图 5-168 所示，单击【暂估】按钮，完成暂估处理。单击【确定】按钮。

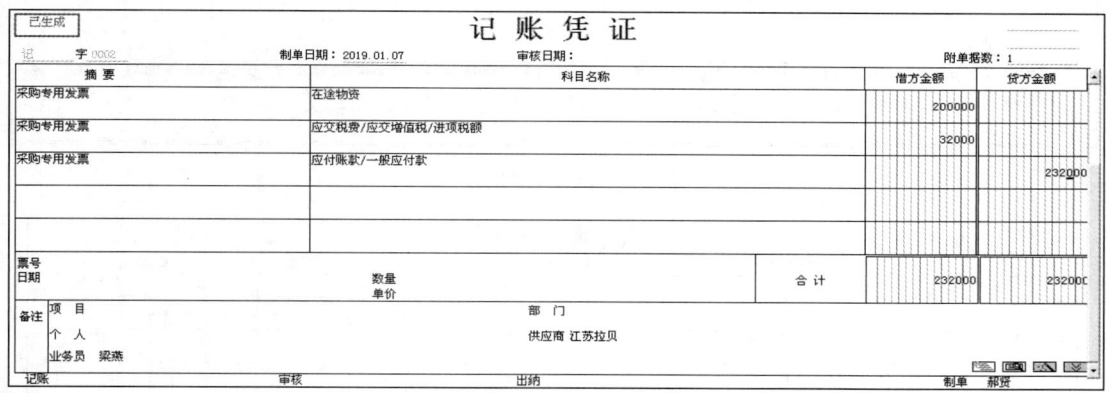

图 5-167

图 5-168

5. 蓝字回冲单生成凭证

（1）2019 年 1 月 7 日，财务会计郝贤【202】在企业应用平台中执行【业务工作/供应链/存货核算/财务核算/生成凭证】命令，打开"生成凭证"窗口。单击【选择】按钮，弹出【查询条件】对话框，勾选"蓝字回冲单"复选框，如图 5-169 所示，单击【确定】按钮。

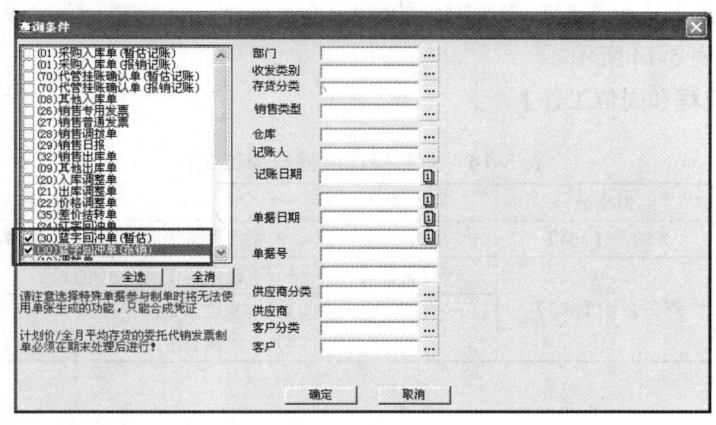

图 5-169

（2）系统打开"选择单据"窗口，单击【选择】栏，栏内出现"1"，如图 5-170 所示。

图 5-170

（3）单击【确定】按钮，系统返回"生成凭证"窗口，如图 5-171 所示。单击【生成】按钮，生成记账凭证，如图 5-172 所示。单击【保存】按钮。

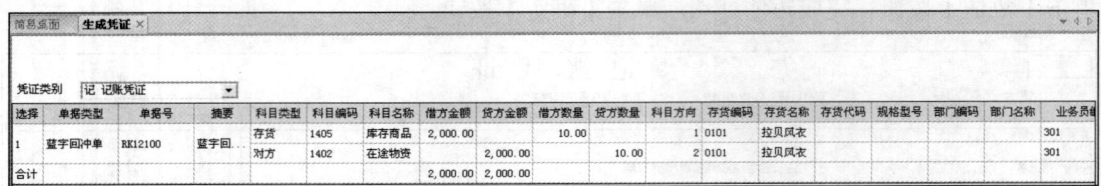

图 5-171

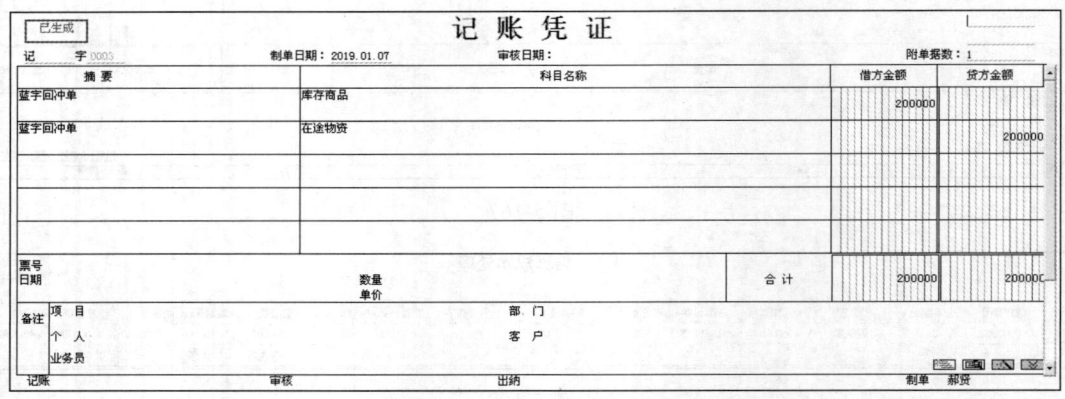

图 5-172

5.3.2 单到补差

【业务内容】

2018 年 1 月 7 日，收到上月从浙江拉贝购买商品对应的增值税专用发票。相关原始凭证与 5.3.1 小节的相同。（引入配套资源提供的"5-0-2 单到补差初始账套"完成本业务）业务操作流程及分工如表 5-14 所示。

【业务操作流程和岗位工作】

表 5-14 业务操作流程与岗位工作

操作日期	操作员	操作系统	操作流程
2019-01-07	采购员【301】	采购管理	（1）参照期初采购入库单生成采购专用发票并结算
2019-01-07	财务会计【202】	应付款管理	（2）审核采购发票并制单处理
		存货核算	（3）结算成本处理 （4）入库调整单生成凭证

【操作指导】

1. 参照期初采购入库单生成采购专用发票并结算

2019 年 1 月 7 日，由采购员【301】登录企业应用平台，执行【供应链/采购管理/采购发票/采购专用发票】命令，打开"专用发票"窗口。单击工具栏中的【增加】按钮，再执行【生单/入库单】命令，打开【查询条件选择-采购入库单列表过滤】对话框，单击【确定】按钮。打开"拷贝并执行"窗口，双击选择"RK12100"号入库单的【选择】栏，出现【Y】，单击

【确定】按钮。系统自动生成"采购专用发票",修改表头项目"发票号"为"55550110",将原币单价改为"200",其他项默认,如图5-173所示。依次单击工具栏中的【保存】按钮和【结算】按钮。

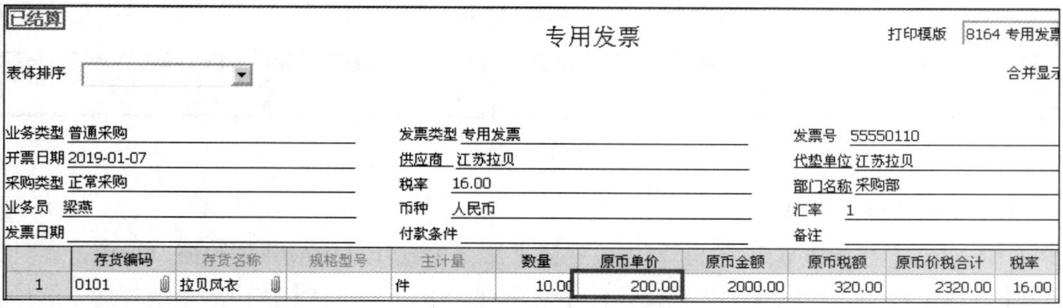

图5-173

收到发票后,如果发票价格与合同单价一致,则在"专用发票"窗口中,不需要修改存货的"原币单价"。

2. 审核采购发票并制单处理

2019年1月7日,由财务会计【202】登录企业应用平台,双击【财务会计/应付款管理/应付单据处理/应付单据审核】菜单,弹出【应付单查询条件】对话框,单击【确定】按钮。系统打开"单据处理"窗口,双击待审发票的【选择】栏右侧的任意单元格,打开"专用发票"窗口,单击工具栏中的【审核】按钮,系统提示【是否立即制单?】,单击【是】按钮,生成一张记账凭证,修改第一行借方科目为"应付账款/暂估应付款",单击【保存】按钮,系统提示"应付账款/暂估应付款"账户赤字,单击【是】按钮,再单击【继续】按钮,保存成功,如图5-174所示。

图5-174

3. 结算成本处理

(1) 2019年1月7日,财务会计郝贤【202】在企业应用平台中执行【业务工作/供应链/存货核算/业务核算/结算成本处理】命令,打开【暂估处理查询】对话框,勾选【服装库】前的复选框,勾选"为全部结算完的单据是否显示"复选框,单击【确定】按钮,打开"结算成本处理"窗口。

（2）单击【选择】栏或【全选】按钮，选中暂估结算的结算单，如图5-175所示，单击【暂估】按钮，系统提示完成暂估处理。单击【确定】按钮，在"单到补差"暂估方式下，结算成本处理后系统自动生成入库调整单。

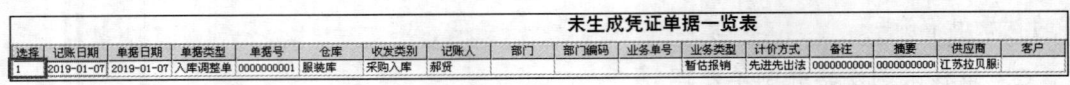

图 5-175

4. 入库调整单生成凭证

（1）双击【存货核算/财务核算/生成凭证】命令，打开"生成凭证"窗口。单击工具栏中的【选择】按钮，系统弹出【查询条件】对话框，单击【确定】按钮。系统打开"选择单据"窗口，单击工具栏中的【全选】按钮，打开入库调整单，如图5-176所示，再单击【确定】按钮。系统返回"生成凭证"窗口，如图5-177所示。

图 5-176

图 5-177

（2）单击工具栏中的【生成】按钮，系统自动生成凭证，将凭证第2行的会计科目改为"应付账款/暂估应付账款"，如图5-178所示，单击【保存】按钮。

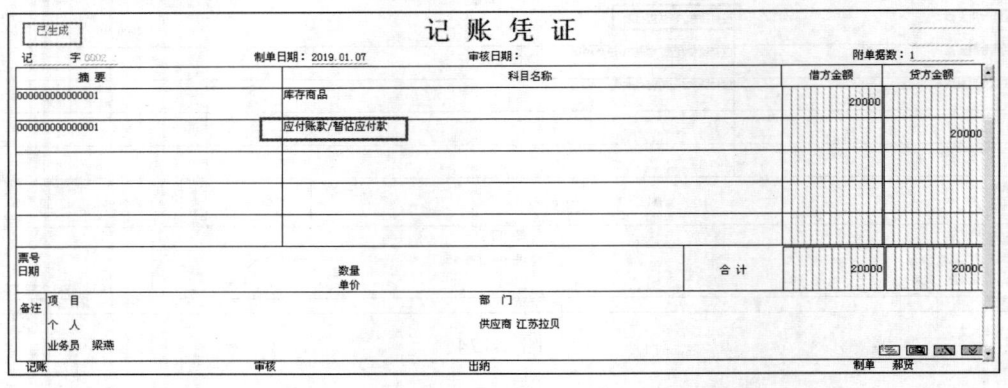

图 5-178

5.3.3 单到回冲

【业务内容】

2019年1月7日，收到上月初采购拉贝风衣的货物发票，原始凭证与5.3.1小节的相同。（引入本教材提供的"5-0-3 单到回冲初始账套"完成本业务）业务操作流程及分工如表 5-15 所示。

【业务操作流程和岗位工作】

表 5-15　业务操作流程与岗位工作

操作日期	操作员	操作系统	操作流程
2019-01-07	采购员【301】	采购管理	（1）参照入库单生成采购专用发票 （2）采购结算
2019-01-07	财务会计【202】	应付款管理	（3）审核采购发票并制单处理
		存货核算	（4）结算成本处理 （5）生成红蓝回冲单凭证

【操作指导】

1. 参照入库单生成采购专用发票

2019 年 1 月 7 日，采购部梁燕【301】在企业应用平台中执行【业务工作/供应链/采购管理/采购发票/采购专用发票】命令，打开"专用发票"窗口。单击【增加】按钮，执行【生单/入库单】命令，弹出【查询条件选择-采购入库单列表过滤】对话框，单击【确定】按钮。系统打开"拷贝并执行"窗口，双击【选择】栏，选中 RK12100 号采购入库单，出现【Y】，单击【确定】按钮。系统自动参照入库单生成采购专用发票，修改发票号为"55550110"，修改原币单价为"200"，如图 5-179 所示，单击【保存】按钮。

图 5-179

收到发票后，如果发票价格与合同单价一致，则在"专用发票"窗口，无需修改存货的"原币单价"。

2. 采购结算

（1）2019 年 1 月 7 日，采购部梁燕【301】在企业应用平台中执行【业务工作/供应链/采购管理/采购结算/手工结算】命令，打开"手工结算"窗口。在工具栏中单击【选单】按钮，打开"结算选单"窗口。

（2）在工具栏中单击【查询】按钮，打开【查询条件选择-采购手工结算】对话框，单击【确定】按钮。系统打开"结算选单"窗口，选择相应的"采购发票"和"入库单"，如图 5-180 所示，单击【确定】按钮。系统回到"手工结算"窗口，如图 5-181 所示，在工具栏中单击【结算】按钮，系统显示【完成结算！】。

3. 审核采购发票并制单处理

2019 年 1 月 1 日，财务会计郝贤【202】在企业应用平台中执行【业务工作/财务会计/应付款管理/应付单据处理/应付单据审核】命令，弹出【应付单查询条件】对话框，单击【确定】按钮。系统打开“应付单据列表”窗口，双击待选应付单据的【选择】栏右侧的任意单元格，打开“专用发票”窗口，单击工具栏中的【审核】按钮，系统提示【是否立即制单？】，单击【是】按钮，生成一张记账凭证，单击【保存】按钮，如图 5-182 所示。

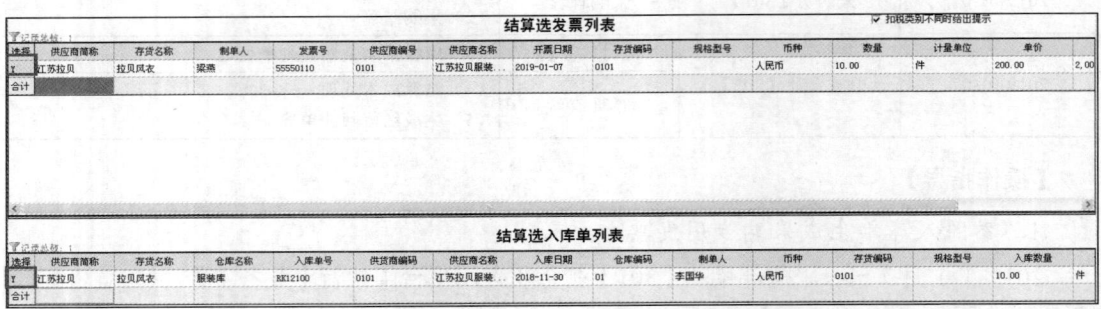

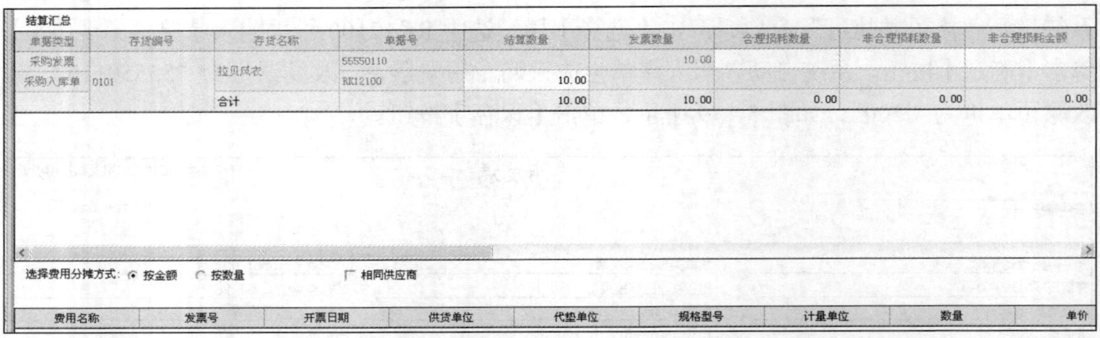

结算选发票列表

选择	供应商简称	存货名称	制单人	发票号	供应商编号	供应商名称	开票日期	存货编码	规格型号	币种	数量	计量单位	单价	
Y	江苏拉贝	拉贝风衣	梁燕	55550110	0101	江苏拉贝服装...	2019-01-07	0101		人民币	10.00	件	200.00	2,00
合计														

结算选入库单列表

选择	供应商简称	存货名称	仓库名称	入库单号	供货商编码	供应商名称	入库日期	仓库编码	制单人	币种	存货编码	规格型号	入库数量	
Y	江苏拉贝	拉贝风衣	服装库	RK12100	0101	江苏拉贝服装...	2018-11-30	01	李国华	人民币	0101		10.00	件
合计														

图 5-180

结算汇总

单据类型	存货编号	存货名称	单据号	结算数量	发票数量	合理损耗数量	非合理损耗数量	非合理损耗金额
采购发票	0101	拉贝风衣	55550110		10.00			
采购入库单			RK12100	10.00				
		合计		10.00	10.00	0.00	0.00	0.00

费用名称	发票号	开票日期	供货单位	代垫单位	规格型号	计量单位	数量	单价

图 5-181

记账凭证

摘要	科目名称	借方金额	贷方金额
采购专用发票	在途物资	200000	
采购专用发票	应交税费/应交增值税/进项税额	32000	
采购专用发票	应付账款/一般应付款		232000
票号 日期	数量 单价 合计	232000	232000

图 5-182

4. 结算成本处理

2019 年 1 月 7 日，财务会计郝贤【202】在企业应用平台中执行【业务工作/供应链/存货核算/业务核算/结算成本处理】命令，弹出【暂估处理查询】对话框，勾选“服装库”前的复选框，勾选“为全部结算完的单据是否显示”复选框，单击【确定】按钮。系统打开“结

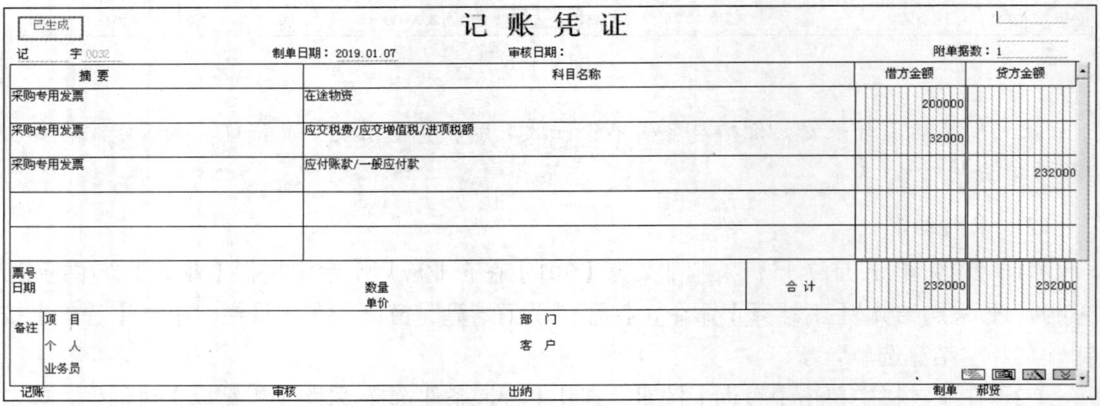

算成本处理"窗口,单击【选择】栏或【全选】按钮,选中暂估结算的结算单,如图 5-183 所示,单击【暂估】按钮。系统提示【暂估处理完成】,单击【确定】按钮。

结算成本处理

选择	结算单号	仓库编码	仓库名称	入库单号	入库日期	存货编码	存货名称	计量单位	数量	暂估单价	暂估金额	结算数量	结算单价	结算金额	收发类
Y	000000000...	01	服装库	RK12100	2018-11-30	0101	拉贝风衣	件	10.00	180.00	1,800.00	10.00	200.00	2,000.00	采购入库
									10.00		1,800.00	10.00		2,000.00	

图 5-183

5. 生成红蓝回冲单凭证

(1) 2019 年 1 月 7 日,财务会计【202】在企业应用平台中执行【业务工作/供应链/存货核算/财务核算/生成凭证】命令,打开"生成凭证"窗口。单击【选择】按钮,弹出【查询条件】对话框,单击【确定】按钮。系统打开"未生成凭证单据一览表"窗口,单击【全选】按钮,选中"RK12100"号入库单的"红字回冲单"和"蓝字回冲单",如图 5-184 所示。

未生成凭证单据一览表

选择	记账日期	单据日期	单据类型	单据号	仓库	收发类别	记账人	部门	部门编码	业务单号	业务类型	计价方式	备注	摘要	供应商	客户
	2019-01-07	2018-11-30	红字回冲单	RK12100	服装库	采购入库	郝贤				普通采购	先进先出法		红字回冲单	江苏拉贝服	
	2019-01-07	2018-11-30	蓝字回冲单	RK12100	服装库	采购入库	郝贤				普通采购	先进先出法		蓝字回冲单	江苏拉贝服	

图 5-184

(2) 单击【确定】按钮,返回"生成凭证"窗口,如图 5-185 所示。单击【生成】按钮,生成两张记账凭证,如图 5-186 和图 5-187 所示。依次单击【保存】按钮。

选择	单据类型	单据号	摘要	科目类型	科目编码	科目名称	借方金额	贷方金额	借方数量	贷方数量	科目方向	存货编码	存货名称	存货代码	规格型号	部门编码	部门名称	业务员
1	红字回冲单	RK12100	红字回...	存货	1405	库存商品	-1,800.00		-10.00		1	0101	拉贝风衣					301
				应付暂估	220202	暂估应...		-1,800.00		-10.00	2	0101	拉贝风衣					301
	蓝字回冲单		蓝字回...	存货	1405	库存商品	2,000.00		10.00		1	0101	拉贝风衣					301
				对方	1402	在途物资		2,000.00		10.00	2	0101	拉贝风衣					301
合计							200.00	200.00										

图 5-185

记 账 凭 证

已生成

记 字 0033 制单日期:2019.01.07 审核日期: 附单据数:1

摘要	科目名称	借方金额	贷方金额
红字回冲单	库存商品		180000
红字回冲单	应付账款/暂估应付款	180000	
票号日期	数量 单价	合计 180000	180000
备注 项目 个人 业务员	部门 客户		
记账	审核	出纳	制单 郝贤

图 5-186

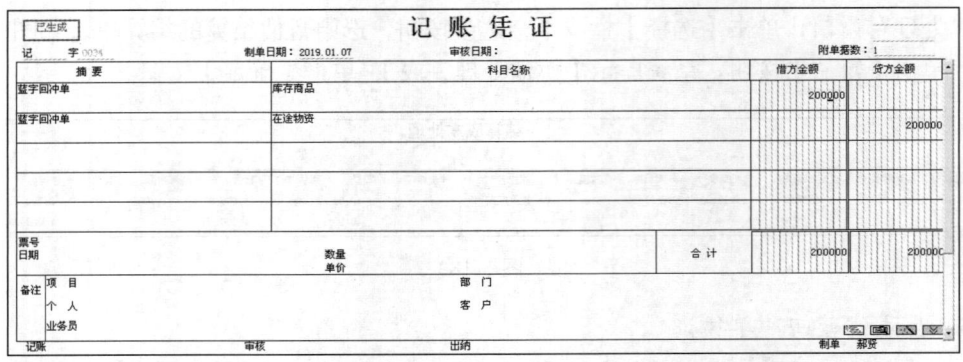

图 5-187

5.3.4 暂估入库

【业务内容】

2019年1月7日（假设为月末），采购部梁燕与浙江雅达商贸有限公司签订采购合同，货已验收入库，发票一个月后收到，先做暂估入账处理。相关单据如图5-188和图5-189所示。业务操作流程及分工如表5-16所示。

购销合同

卖方：浙江雅达商贸有限公司　　　合同编号：CG01008
买方：浙江华盛商贸有限公司　　　签订日期：2019年01月07日

为保护买卖双方的合法权益，根据《中华人民共和国合同法》的有关规定，经双方协定，订立本合同，并共同遵守合同约定：

一、货物的名称、数量及金额：

货物名称	规格型号	单位	数量	单价（不含税）	金额（不含税）	税率	税额
雅达西裤		件	100	180	18 000.00	16%	2 880.00
合计					¥18 000.00		¥2 880.00

合同总金额（大写）：人民币贰万零捌佰捌拾元整（¥20 880.00）

二、签订合同当日，卖方交付货物，发票一个月后交付。
三、交货地点：浙江华盛商贸有限公司
四、发货方式与运输费用承担方式：由卖方发货，运输费用由卖方承担。

图 5-188

入库单

供应商：浙江雅达　　　2019年1月7日　　　单号：RK01011

验收仓库	存货编码	存货名称	单位	数量 应收	数量 实收	单价	金额
服装库	0104	雅达西裤	件	100	100		
		合计					

部门经理：略　　会计：略　　仓库：略　　经办人：略

图 5-189

提示：在暂估入库业务的处理上，需要在"参照到货单生成入库单"时删除"本币单价"。

【业务操作流程和岗位工作】

表 5-16 业务操作流程与岗位工作

操作日期	操作员	操作系统	操作流程
2019-01-07	采购员【301】	采购管理	（1）填制采购订单 （2）参照采购订单生成到货单
2019-01-07	仓管员【501】	库存管理	（3）参照到货单生成入库单（删除本币单价）

【操作指导】

1. 填制采购订单

（1）2019年1月7日，采购部梁燕【301】在企业应用平台中执行【业务工作/供应链/采购管理/采购订货/采购订单】命令，打开"采购订单"窗口。单击【增加】按钮。

（2）在表头中，修改订单编号为"CG01008"，采购类型为"正常采购"，供应商为"浙江雅达"，部门为"采购部"；在表体中，选择存货为"0104 雅达西裤"，数量为"100"，原币不含税单价为"180.00"，计划到货日期为"2019-01-07"，其他信息由系统自动带出，如图5-190所示。

图 5-190

（3）在工具栏中，单击【保存】按钮，然后单击【审核】按钮。

2. 参照采购订单生成到货单

2019年1月7日，采购部梁燕【301】在企业应用平台中执行【业务工作/供应链/采购管理/采购到货/到货单】命令，打开"到货单"窗口。单击【增加】按钮，执行【生单/采购订单】命令，弹出【查询条件选择-采购订单列表过滤】对话框，单击【确定】按钮。系统弹出"拷贝并执行"窗口，选中所要拷贝的采购订单，单击【确定】按钮。系统自动生成到货单，如图5-191所示，单击【保存】按钮，然后单击【审核】按钮。关闭该窗口。

图 5-191

3. 参照到货单生成入库单

2019年1月7日，仓储部王娜【501】在企业应用平台中执行【业务工作/供应链/库存管理/入库业务/采购入库单】命令，打开"采购入库单"窗口。执行【生单/采购到货单（蓝字）】命令，弹出【查询条件选择-采购到货单列表】对话框，单击【确定】按钮。打开"到货单生单列表"窗口，双击【选择】栏，选择相应的"到货单生单表头"，单击【确定】按钮。系统自动参照到货单生成入库单，修改入库单号为"RK01011"，选择仓库为"服装库"，删除【本币单价】，如图5-192所示，单击【保存】按钮，然后单击【审核】按钮。

图 5-192

5.3.5 暂估记账

【业务内容】

2019 年 1 月 8 日（假设为月末），前一个例子中采购的雅达西裤已入库，增值税发票需要一个月后才能到达，做暂估记账处理。业务操作流程及分工如表 5-17 所示。

【业务操作流程和岗位工作】

表 5-17 业务操作流程与岗位工作

操作日期	操作员	操作系统	操作流程
2019-01-08	财务会计【202】	存货核算	（1）暂估成本录入 （2）正常单据记账 （3）生成暂估凭证

【操作指导】

1. 暂估成本录入

2019 年 1 月 8 日，财务会计郝贤【202】在企业应用平台中执行【业务工作/供应链/存货核算/业务核算/暂估成本录入】命令，打开【查询条件选择】对话框。勾选"服装库"复选框，单击【确定】按钮，打开"暂估成本录入"窗口。在"单价"中输入"180"，如图 5-193 所示。单击【保存】按钮，再单击【退出】按钮，退出"暂估成本录入"窗口。

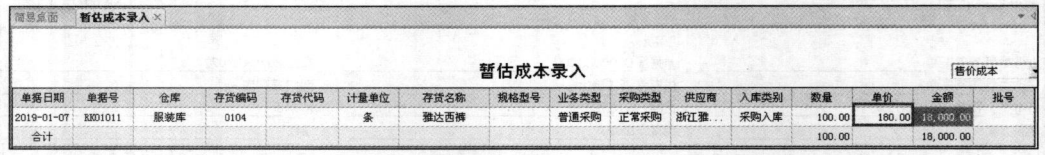

图 5-193

2. 正常单据记账

2019 年 1 月 8 日，财务会计执行【业务工作/供应链/存货核算/业务核算/正常单据记账】命令，弹出【查询条件选择】对话框，单击【确定】按钮。打开"正常单据记账列表"窗口，双击【选择】栏，选择 RK01011 号入库单，如图 5-194 所示，再单击【记账】按钮。

图 5-194

3. 生成暂估凭证

（1）2019年1月8日，财务会计【202】在企业应用平台中执行【业务工作/供应链/存货核算/财务核算/生成凭证】命令，打开"生成凭证"窗口。单击【选择】按钮，弹出【查询条件】对话框，勾选"采购入库单（暂估记账）"复选框，如图5-195所示。单击【确定】按钮。

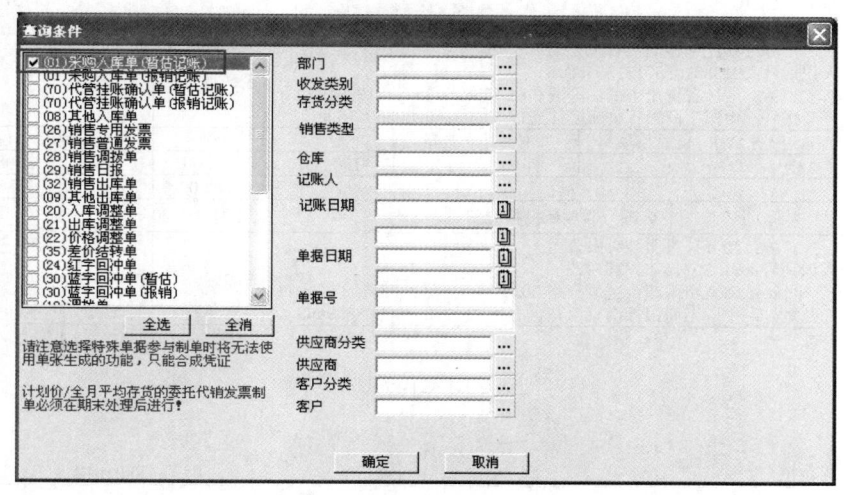

图 5-195

（2）系统打开"选择单据"窗口。单击【全选】按钮，选择RK01011号入库单，再单击【确定】按钮，返回"生成凭证"窗口。单击【生成】按钮，生成暂估凭证，单击【保存】按钮，如图5-196所示。

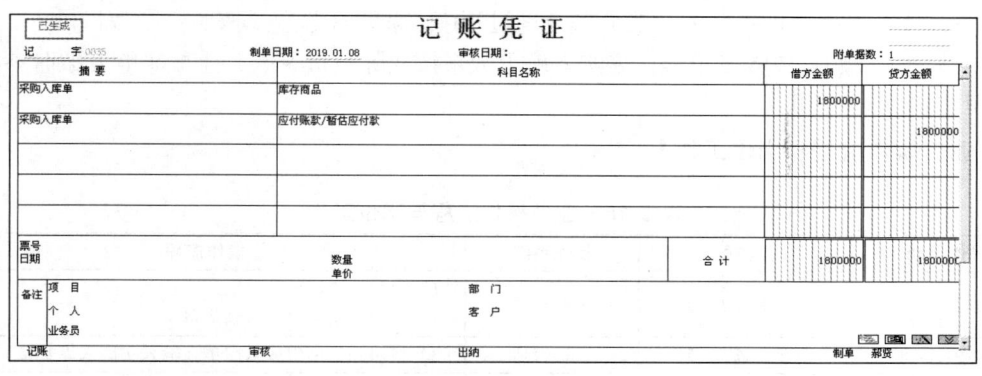

图 5-196

5.4 采购溢缺业务

5.4.1 发生合理损耗的采购业务

【业务内容】

2019年1月8日,采购部梁燕与江苏拉贝服装有限公司签定采购合同(合同编号为CG01009,

图略），取得增值税专用发票，货物到达并验收入库，发现损坏1件，属于运输途中的合理损耗。相关单据如图5-197和图5-198所示。业务操作流程及分工如表5-18所示。

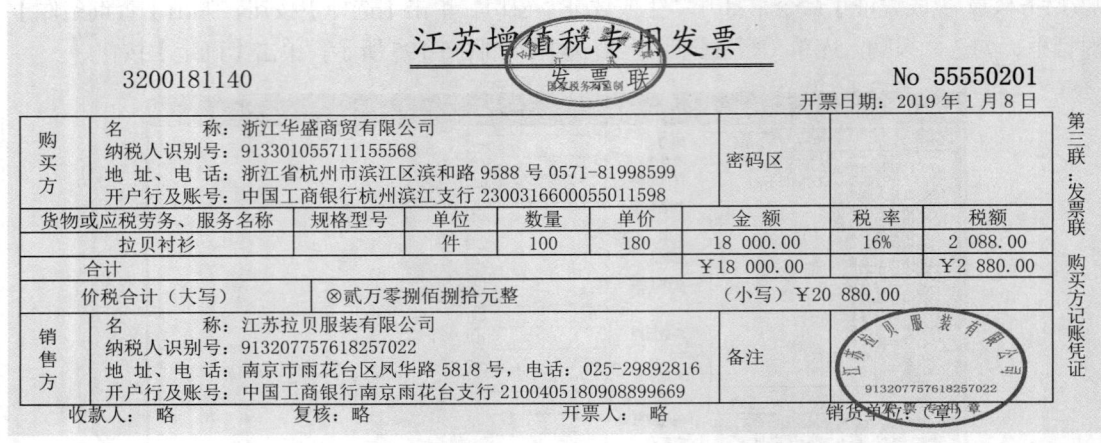

图 5-197

图 5-198

【提示】在发生合理损耗的采购业务处理过程中，采购订单数量按照合同数量录入，采购到货单数量按采购订单数量录入，采购入库单数量按实际数量录入，生成采购发票时参照采购订单生成。

【业务操作流程和岗位工作】

表 5-18 业务操作流程与岗位工作

操作日期	操作员	操作系统	操作流程
2019-01-08	采购员【301】	采购管理	（1）填制采购订单 （2）参照采购订单生成到货单
2019-01-08	仓管员【501】	库存管理	（3）参照到货单生成入库单（输入实际入库数量）
2019-01-08	采购员【301】	采购管理	（4）参照采购订单生成采购专用发票 （5）采购结算
2019-01-08	财务会计【202】	应付款管理	（6）审核采购发票并立即制单
		存货核算	（7）单据记账并生成凭证

【操作指导】

1. 填制采购订单

（1）2019年1月8日，采购部梁燕【301】按合同在企业应用平台中执行【业务工作/供应链/采购管理/采购订货/采购订单】命令，打开"采购订单"窗口，单击【增加】按钮。

（2）在表头中，修改订单编号为"CG01009"，采购类型为"正常采购"，供应商为"江苏拉贝"。

（3）在表体中，输入"拉贝衬衫"的采购数量为"100"，原币单价为"180"，计划到货日期为"2019-01-08"，其他信息由系统自动带出，如图5-199所示。

（4）在工具栏中，单击【保存】按钮，单击【审核】按钮，退出该窗口。

图 5-199

2. 参照采购订单生成到货单

2019年1月8日，采购部梁燕【301】在企业应用平台中执行【业务工作/供应链/采购管理/采购到货/到货单】命令，打开"到货单"窗口。单击【增加】按钮，执行【生单/采购订单】命令，弹出【查询条件选择-采购订单列表过滤】对话框，单击【确定】按钮。系统打开"拷贝并执行"窗口，双击【选择】栏，选中所要拷贝的CG01009采购订单，在【选择】栏出现【Y】。单击【确定】按钮，系统自动生成到货单，如图5-200所示。单击【保存】按钮，然后单击【审核】按钮。

图 5-200

3. 参照到货单生成入库单、输入实际入库数量

（1）2019年1月8日，仓储部王娜【501】在企业应用平台中执行【业务工作/供应链/库存管理/入库业务/采购入库单】命令，打开"采购入库单"窗口。选择【生单/采购到货单（蓝字）】命令，弹出【查询条件选择-采购到货单列表】对话框，单击【确定】按钮。

（2）打开"到货单生单列表"窗口，双击【选择】栏，选择上一步生成的到货单，在【选择】栏出现【Y】，单击【确定】按钮。系统自动参照到货单生成入库单。

（3）修改入库单号为"RK01012"，选择仓库为"服装库"，修改拉贝衬衫数量为"99"，单击【保存】按钮，如图5-201所示。单击【审核】按钮，完成入库单的审核。

4. 参照采购订单生成采购专用发票

2019年1月8日，采购部梁燕【301】在企业应用平台中执行【业务工作/供应链/采购管理/采购发票/采购专用发票】命令，打开"专用发票"窗口。单击【增加】按钮，执行【生

单/采购订单】命令，弹出【查询条件选择-采购订单列表过滤】对话框，单击【确定】按钮。打开"拷贝并执行"窗口，双击【选择】栏，选中CG01009采购订单，单击【确定】按钮。系统自动参照采购订单生成采购专用发票，修改发票号为"55550201"，如图5-202所示，单击【保存】按钮。

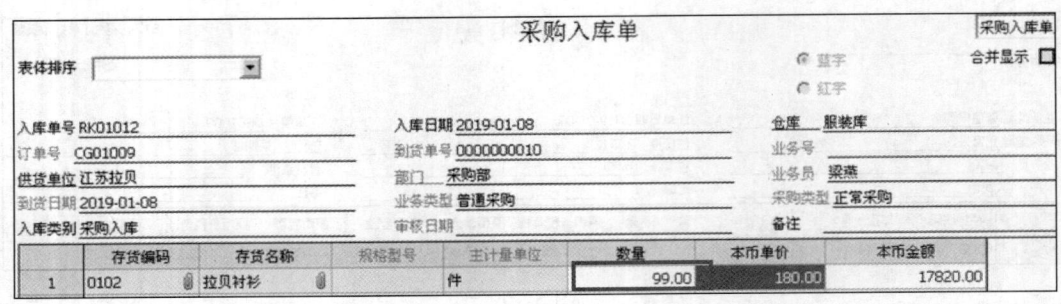

图 5-201

图 5-202

5. 采购结算

（1）2019年1月8日，采购部梁燕【301】在企业应用平台中执行【业务工作/供应链/采购管理/采购结算/手工结算】命令，打开"手工结算"窗口。单击【选单】按钮，打开"结算选单"窗口。单击【查询】按钮，打开【查询条件选择-采购手工结算】对话框，单击【确定】按钮，返回"结算选单"窗口。双击【选择】栏，选择相应的"采购发票"和"入库单"，如图5-203所示，单击【确定】按钮。

图 5-203

（2）系统返回"手工结算"窗口，录入合理损耗数量为【1】。如图5-204所示，单击【结算】按钮，系统显示【完成结算】。结算后的采购入库单如图5-205所示。

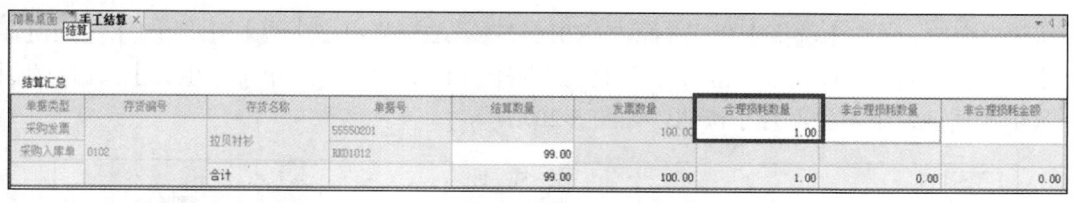

图 5-204

图 5-205

6. 审核采购发票并立即制单

2019年1月8日，财务会计郝贤【202】在企业应用平台中执行【业务工作/财务会计/应付款管理/应付单据处理/应付单据审核】命令，弹出【应付单据查询条件】对话框，单击【确定】按钮，系统弹出"应付单据列表"窗口。双击待审核的采购发票【选择】栏右侧的任意单元格，打开"专用发票"窗口，单击工具栏中的【审核】按钮，系统直接弹出提示【是否立即制单？】，单击【是】按钮，生成一张记账凭证，单击【保存】按钮，如图 5-206 所示。

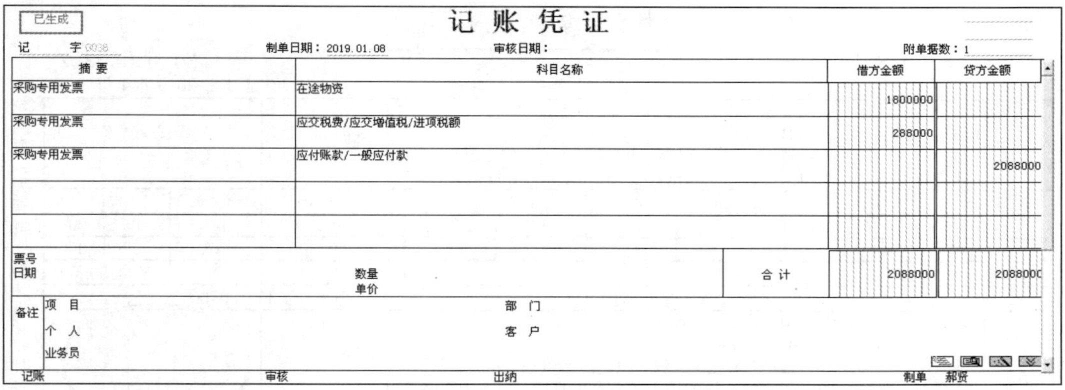

图 5-206

7. 单据记账并生成凭证

（1）正常单据记账。2019年1月8日，财务会计郝贤【202】在企业应用平台中执行【业务工作/供应链/存货核算/业务核算/正常单据记账】命令，弹出【查询条件选择】对话框，单击【确定】按钮。打开"正常单据记账列表"窗口，双击"RK01012"号入库单【选择】栏，出现【Y】。单击【记账】按钮，系统提示【记账成功】，单击【确定】按钮。

（2）生成凭证。执行【存货核算/财务核算/生成凭证】命令，打开"生成凭证"窗口，单击【选择】按钮，弹出【查询条件】对话框，单击【确定】按钮。打开"未生成凭证单据一览表"窗口,单击【选择】栏,选择"RK01012"号入库单,【选择】栏出现【1】,单击【确定】按钮,返回"生成凭证"窗口。凭证类别选择为【记账凭证】。单击【生成】按钮,生成一张记账凭证,单击【保存】按钮,如图5-207所示。

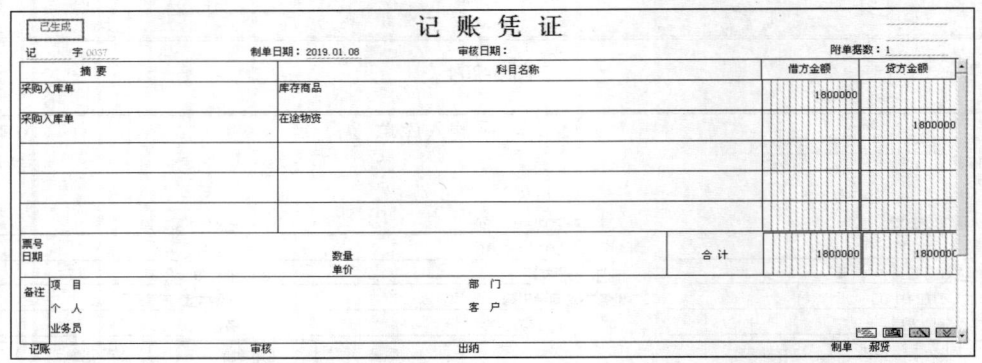

图 5-207

5.4.2 发生非合理损耗的采购业务

【业务内容】

2019年1月8日,采购部梁燕与浙江恒祥公司签定购销合同(合同编号为CG01010,图略),采购恒祥针织手套、针织帽,取得增值税专用发票,货物到达并验收入库,发现损坏针织帽2件,属于运输部门的责任,已承诺赔偿。相关单据如图5-208和图5-209所示。业务操作流程及分工如表5-19所示。

图 5-208

图 5-209

提示：在非合理损耗采购业务的处理过程中，采购订单数量按照合同数量录入，采购到货单数量按采购订单数量录入，采购入库单数量按实际数量录入，生成采购发票时参照采购订单生成。在记账凭证中需确认进项税额转出以及其他应收款。

【业务操作流程和岗位工作】

表 5-19 业务操作流程与岗位工作

操作日期	操作员	操作系统	操作流程
2019-01-08	采购员【301】	采购管理	（1）填制采购订单 （2）参照采购订单生成到货单
2019-01-08	仓管员【501】	库存管理	（3）参照到货单生成入库单（录入实际入库数量）
2019-01-08	采购员【301】	采购管理	（4）参照采购订单生成采购专用发票 （5）采购结算
2019-01-08	财务会计【202】	应付款管理	（6）审核采购发票并立即制单
		存货核算	（7）单据记账并生成凭证
		总账	（8）填制记账凭证确认其他应收款

【操作指导】

1. 填制采购订单

（1）2019 年 1 月 8 日，采购部梁燕【301】按合同在企业应用平台中执行【业务工作/供应链/采购管理/采购订货/采购订单】命令，打开"采购订单"窗口，单击【增加】按钮。

（2）在表头中，修改订单编号为"CG01010"，采购类型为"正常采购"，供应商为"浙江恒祥"。

（3）在表体中，第一行输入"恒祥针织手套"的采购数量为"100"，原币单价为"80"，计划到货日期为"2019-01-08"；第二行输入"恒祥针织帽"的采购数量为"200"，原币单价为"90"，计划到货日期为"2019-01-08"，其他信息由系统自动带出，如图 5-210 所示。

图 5-210

（4）在工具栏中，单击【保存】按钮，然后单击【审核】按钮。退出该窗口。

2. 参照采购订单生成到货单

2019 年 1 月 8 日，采购部梁燕【301】在企业应用平台中执行【业务工作/供应链/采购管理/采购到货/到货单】命令，打开"到货单"窗口。单击【增加】按钮，执行【生单/采购订单】命令，弹出【查询条件选择-采购订单列表过滤】对话框，单击【确定】按钮。系统打开"拷贝并执行"窗口，双击【选择】栏，选中所要拷贝的 CG01010 采购订单，在【选择】栏出现【Y】，单击【确定】按钮。系统自动生成到货单，如图 5-211 所示。单击【保存】按钮，然后单击【审核】按钮。

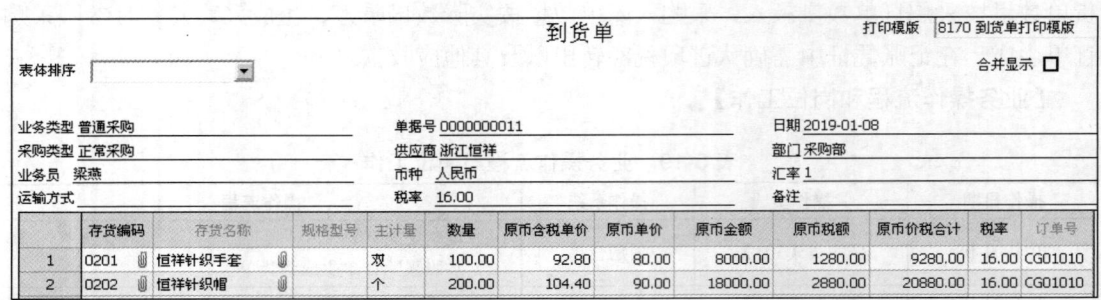

图 5-211

3. 参照到货单生成入库单、输入实际入库数量

2019年1月8日，仓储部王娜【501】在企业应用平台中执行【业务工作/供应链/库存管理/入库业务/采购入库单】命令，打开"采购入库单"窗口。执行【生单/采购到货单（蓝字）】命令，弹出【查询条件选择-采购到货单列表】对话框，单击【确定】按钮。打开"到货单生单列表"窗口，双击【选择】栏，选择上一步生成的浙江恒祥的"到货单生单"表头，在【选择】栏出现【Y】，单击【确定】按钮。系统自动参照到货单生成入库单，修改入库单号为"RK01013"，选择仓库为"配饰库"，<u>修改拉贝衬衫的数量为"198"</u>，单击【保存】按钮，如图 5-212 所示。单击【审核】按钮，完成入库单的审核。

图 5-212

4. 参照采购订单生成采购专用发票

2019年1月8日，采购部梁燕【301】在企业应用平台中执行【业务工作/供应链/采购管理/采购发票/采购专用发票】命令，打开"专用发票"窗口。单击【增加】按钮，执行【生单/采购订单】命令，弹出【查询条件选择-采购订单列表过滤】对话框，单击【确定】按钮。打开"拷贝并执行"窗口，双击【选择】栏，选中 CG01010 号采购订单，单击【确定】按钮。系统自动参照入库单生成采购专用发票，修改发票号为"55550202"，如图 5-213 所示，单击【保存】按钮。

5. 采购结算

（1）2019年1月8日，采购部梁燕【301】在企业应用平台中执行【业务工作/供应链/采购管理/采购结算/手工结算】命令，打开"手工结算"窗口。单击【选单】按钮，打开"结算选单"窗口。单击【查询】按钮，打开【查询条件选择-采购手工结算】对话框，单击【确定】按钮，返回"结算选单"窗口。双击【选择】栏，选择相应的"采购发票"和"入库单"，如图 5-214 所示，单击【确定】按钮。

图 5-213

图 5-214

（2）系统返回"手工结算"窗口，录入"非合理损耗数量"为【2】，"非合理损耗金额"为【180】，选择"非合理损耗类型"为【01 运输部门责任】，系统自动计算"进项税额转出金额"为【28.8】，如图 5-215 所示，单击【结算】按钮，系统显示【完成结算】。

图 5-215

6. 审核采购发票并立即制单

2019 年 1 月 8 日，财务会计郝贤【202】在企业应用平台中执行【业务工作/财务会计/应付款管理/应付单据处理/应付单据审核】命令，弹出【应付单查询条件】对话框，单击【确定】按钮。系统打开"应付单据列表"窗口，双击待审核的采购发票【选择】栏右侧的任意单元格，打开"专用发票"窗口，单击工具栏中的【审核】按钮，系统弹出提示【是否立即制单？】，单击【是】按钮，生成一张记账凭证，单击【保存】按钮，如图 5-216 所示。

图 5-216

7. 单据记账并生成凭证

（1）正常单据记账。2019年1月8日，财务会计郝贤【202】在企业应用平台中执行【业务工作/供应链/存货核算/业务核算/正常单据记账】命令，弹出【查询条件选择】对话框，单击【确定】按钮。打开"正常单据记账列表"窗口。双击"RK01013"号入库单的【选择】栏，【选择】栏出现【Y】。单击【记账】按钮，将采购入库单记账，系统提示【记账成功】，单击【确定】按钮。

（2）生成凭证。执行【存货核算/财务核算/生成凭证】命令，打开"生成凭证"窗口，单击【选择】按钮，弹出【查询条件】对话框。单击【确定】按钮，打开"未生成凭证单据一览表"窗口。单击【选择】栏，选中"RK01013"号入库单，【选择】栏出现【1】，单击【确定】按钮，返回"生成凭证"窗口。凭证类别选择为【记账凭证】。单击【生成】按钮，生成一张记账凭证。单击【保存】按钮，如图5-217所示。

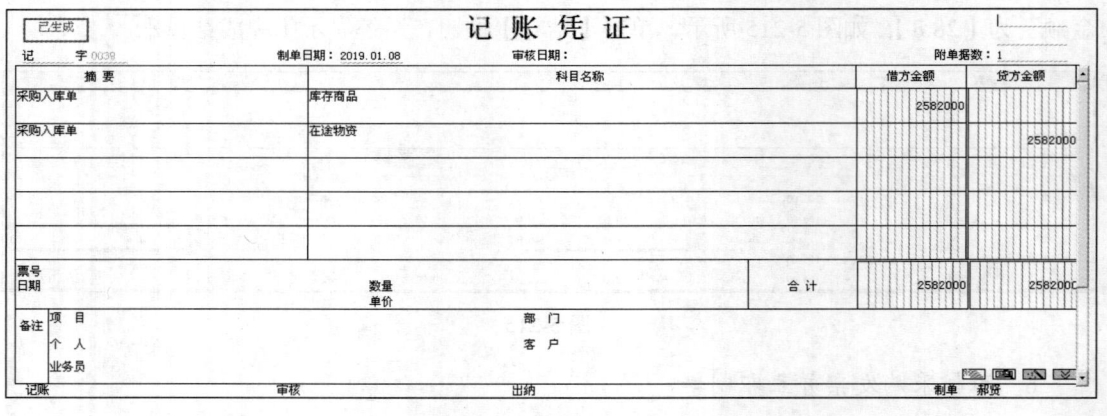

图 5-217

8. 填制记账凭证确认其他应收款

2019年1月8日，财务会计郝贤【202】在企业应用平台执行【业务工作/财务会计/总账/凭证处理/填制凭证】命令，打开"填制凭证"窗口，填制凭证，如图5-218所示，单击【保存】按钮。

记 账 凭 证

记 字 0040 制单日期：2019.01.08 审核日期： 附单据数：

摘要	科目名称	借方金额	贷方金额
应收运输部门赔偿款	其他应收款/运输部门赔偿款	20880	000
应收运输部门赔偿款	在途物资		18000
应收运输部门赔偿款	应交税费/应交增值税/进项税额转出		2880
票号 日期	数量 单价 合计	20880	20880

备注 项目 部门

个人 客户

业务员

记账 审核 出纳 制单 郝贤

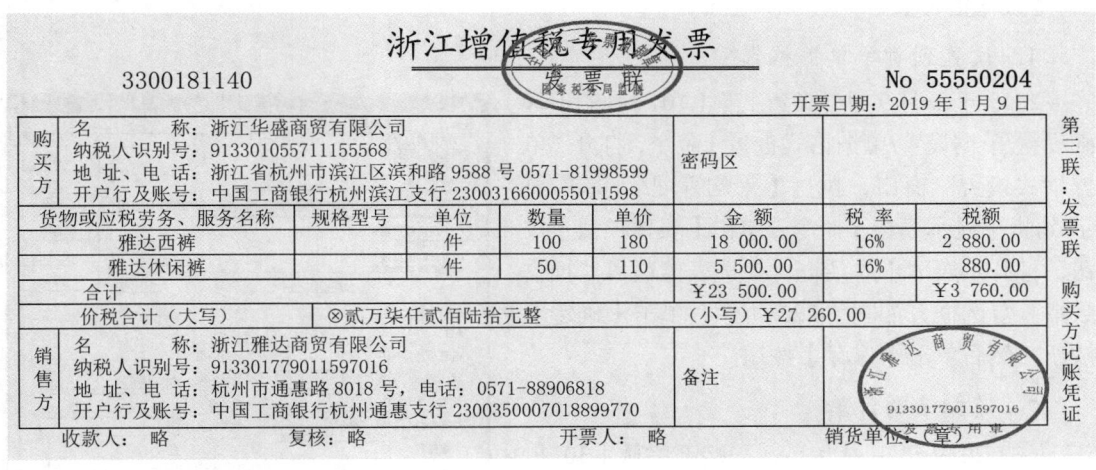

图 5-218

5.4.3 卖方少发货、补货的采购业务

【业务内容】

2018 年 1 月 9 日，采购部梁燕与浙江雅达签订购销合同（合同编号为 CG01012，图略），收到浙江雅达发来的货物（同一仓库）和增值税专用发票并付全款（电汇凭证号为 11110106，图略）。到货时发现雅达休闲裤短缺 10 条，原因系对方少发，经协商于本周内补发。2018 年 1 月 10 日，我公司收到补发货物并办理入库。相关凭证如图 5-219 至图 5-221 所示。业务操作流程及分工如表 5-20 所示。

浙江增值税专用发票

发 票 联

3300181140 No 55550204

开票日期：2019 年 1 月 9 日

购买方	名 称：浙江华盛商贸有限公司 纳税人识别号：913301055711155568 地 址、电 话：浙江省杭州市滨江区滨和路 9588 号 0571-81998599 开户行及账号：中国工商银行杭州滨江支行 2300316600055011598	密码区					

货物或应税劳务、服务名称	规格型号	单位	数量	单价	金额	税率	税额
雅达西裤		件	100	180	18 000.00	16%	2 880.00
雅达休闲裤		件	50	110	5 500.00	16%	880.00
合计					￥23 500.00		￥3 760.00
价税合计（大写）	⊗贰万柒仟贰佰陆拾元整				（小写）￥27 260.00		

销售方	名 称：浙江雅达商贸有限公司 纳税人识别号：913301779011597016 地 址、电 话：杭州市通惠路 8018 号，电话：0571-88906818 开户行及账号：中国工商银行杭州通惠支行 2300350007018899770	备注	913301779011597016

收款人：略 复核：略 开票人：略 销货单位：（章）

第三联：发票联 购买方记账凭证

图 5-219

入 库 单

供应商：浙江雅达 2019 年 1 月 9 日 单号：RK01015

验收仓库	存货编码	存货名称	单位	数量 应收	数量 实收	单价	金额
服装库	0104	雅达西裤	件	100	100		
服装库	0105	雅达休闲裤	件	50	40		
合计							

部门经理：略 会计：略 仓库：略 经办人：略

图 5-220

		入库单				
供应商：浙江雅达		2019年1月10日			单号：RK01016	
验收仓库	存货编码	存货名称	单位	数量	单价	金额
				应收 / 实收		
服装库	0105	雅达休闲裤	件	10 / 10		
合计						
部门经理：略	会计：略		仓库：略		经办人：略	

图 5-221

【业务操作流程和岗位工作】

表 5-20 业务操作流程与岗位工作

操作日期	操作员	操作系统	操作流程
2019-01-09	账套主管【101】	基础设置	（1）设置到货单单据表体格式
2019-01-09	采购员【301】	采购管理	（2）填制采购订单 （3）参照采购订单生成到货单（填入拒收数量） （4）参照到货单生成到货拒收单
2019-01-09	仓管员【501】	库存管理	（5）参照到货单生成入库单
2019-01-09	采购员【301】	采购管理	（6）参照采购订单生成采购专用发票并现付
2019-01-09	财务会计【202】	应付款管理	（7）审核采购发票并立即制单
2019-01-10	采购员【301】	采购管理	（8）填制到货单（补发货物到货单）
2019-01-10	仓管员【501】	库存管理	（9）参照到货单生成入库单
2019-01-10	采购员【301】	采购管理	（10）采购结算
2019-01-10	财务会计【202】	存货核算	（11）单据记账并生成凭证

【操作指导】

1. 设置到货单单据格式

2019年1月9日，账套主管【101】执行【基础设置/单据设置/单据格式设置】命令，打开"单据格式设置"窗口，执行【采购管理/到货单/显示/到货单显示模板】命令，单击【表体项目】按钮，打开【表体】对话框，勾选表体项目"拒收数量"复选框，如图5-222所示，单击【确定】按钮，然后单击【保存】按钮。

2. 填制采购订单

（1）2019年1月9日，采购部梁燕【301】按合同在企业应用平台中执行【业务工作/供应链/采购管理/采购订货/采购订单】命令，打开"采购订单"窗口，单击【增加】按钮。

（2）在表头中，修改订单编号为"CG01012"，采购类型为"正常采购"，供应商为"浙江雅达"。

（3）在表体中，第一行输入"雅达西裤"的采购数量为"100"，原币单价为"180"，计划到货日期为"2019-01-09"；第二行输入"雅达休闲裤"的采购数量为"50"，原币单价为"110"，计划到货日期为"2019-01-09"，其他信

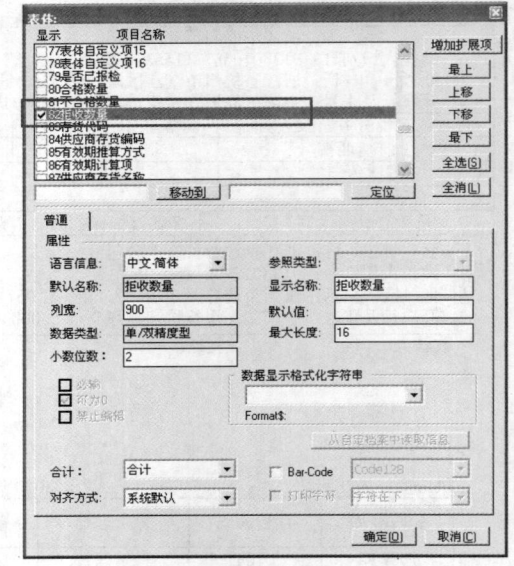

图 5-222

息由系统自动带出，如图 5-223 所示。

（4）在工具栏中，单击【保存】按钮，然后单击【审核】按钮。退出该窗口。

采购订单										打印模版 8174 采购订单打印模版
表体排序										合并显示 □
业务类型 普通采购			订单日期 2019-01-09				订单编号 CG01012			
采购类型 正常采购			供应商 浙江雅达				部门 采购部			
业务员 梁燕			税率 16.00				付款条件			
币种 人民币			汇率 1				备注			
	存货编码	存货名称	规格型号	主计量	数量	原币含税单价	原币单价	原币金额	原币税额	原币价税合计	税率	计划到货日期
1	0104	雅达西裤		条	100.00	208.80	180.00	18000.00	2880.00	20880.00	16.00	2019-01-09
2	0105	雅达休闲裤		条	50.00	127.60	110.00	5500.00	880.00	6380.00	16.00	2019-01-09

图 5-223

3. 参照采购订单生成到货单

2019 年 1 月 9 日，采购部梁燕【301】在企业应用平台中执行【业务工作/供应链/采购管理/采购到货/到货单】命令，打开"到货单"窗口。单击【增加】按钮，执行【生单/采购订单】命令，弹出【查询条件选择-采购订单列表过滤】对话框，单击【确定】按钮。系统打开"拷贝并执行"窗口，双击【选择】栏，选中所要拷贝的 CG01012 采购订单，在【选择】栏出现【Y】，单击【确定】按钮。系统自动生成到货单，在到货单表体第 2 行的"拒收数量"中输入【10】，其他项默认，如图 5-224 所示。单击【保存】按钮，单击【审核】按钮。

到货单										打印模版 8170 到货
表体排序										合并
业务类型 普通采购			单据号 0000000012				日期 2019-01-09			
采购类型 正常采购			供应商 浙江雅达				部门 采购部			
业务员 梁燕			币种 人民币				汇率 1			
运输方式			税率 16.00				备注			
	存货编码	存货名称	规格型号	主计量	数量	原币含税单价	原币单价	原币金额	原币税额	原币价税合计	税率	拒收数量	订单号
1	0104	雅达西裤		条	100.00	208.80	180.00	18000.00	2880.00	20880.00	16.00		CG01...
2	0105	雅达休闲裤		条	50.00	127.60	110.00	5500.00	880.00	6380.00	16.00	10.00	CG01...

图 5-224

4. 参照到货单生成到货拒收单

（1）2019 年 1 月 9 日，采购部梁燕【301】在企业应用平台中执行【采购管理/采购到货/到货拒收单】菜单，打开"到货拒收单"窗口。单击【增加】按钮，执行【生单/到货单】命令，打开"查询条件选择-采购退货单列表过滤"窗口，单击【确定】按钮。

（2）系统打开"拷贝并执行"窗口，在窗口上方选中"浙江雅达"的到货单，下方只选中"雅达休闲裤"一行，如图 5-225 所示，单击【确定】按钮，生成"到货拒收单"，保存并审核该单据，如图 5-226 所示。

5. 参照到货单生成入库单

2019 年 1 月 9 日，仓储部王娜【501】在企业应用平台中执行【业务工作/供应链/库存管理/入库业务/采购入库单】命令，打开"采购入库单"窗口。选择【生单/采购到货单（蓝字）】命令，弹出【查询条件选择-采购到货单列表】对话框，单击【确定】按钮。打开"到货单生单列表"

窗口，双击【选择】栏，选择上一步生成的到货单，在【选择】栏出现【Y】，单击【确定】按钮。系统自动参照到货单生成入库单（入库数量会自动去掉拒收部分），修改入库单号为"RK01015"，选择仓库为"服装库"，单击【保存】按钮，如图5-227所示。单击【审核】按钮。

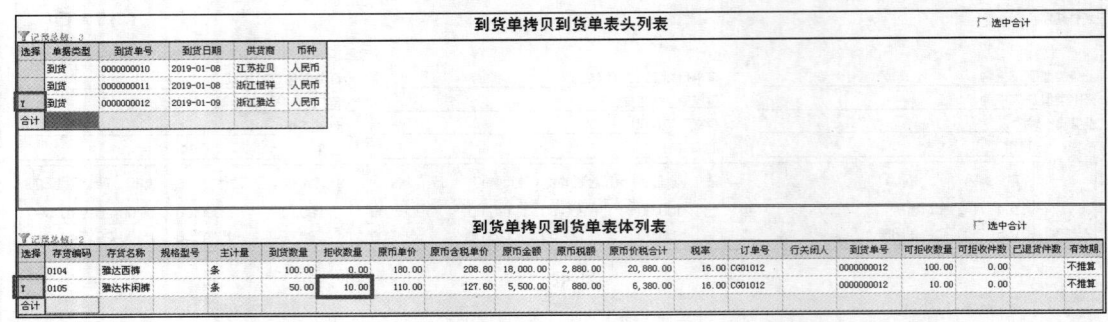

图 5-225

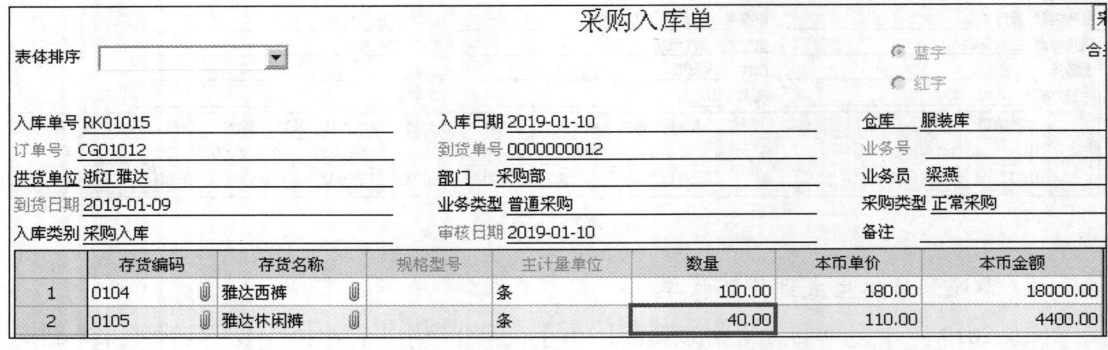

图 5-226

图 5-227

6. 参照采购订单生成采购专用发票并现付

（1）2019年1月9日，采购部梁燕【301】在企业应用平台中执行【业务工作/供应链/采购管理/采购发票/采购专用发票】命令，打开"专用发票"窗口，单击【增加】按钮，执行【生单/采购订单】命令，弹出【查询条件选择-采购订单列表过滤】对话框，单击【确定】按钮。打开"拷贝并执行"窗口，双击【选择】栏，选中所要拷贝的采购订单"CG01012"，单击【确定】按钮，系统自动参照入库单生成采购专用发票，修改发票号为"55550204"，单击【保存】按钮。

（2）在工具栏中，单击【现付】按钮，打开【采购现付】对话框。输入结算方式为"电汇",结算金额为"27260.00",票据号为"11110106",其他项默认,单击【确定】按钮,刷新采购专用发票后提示【已现付】,如图5-228所示。

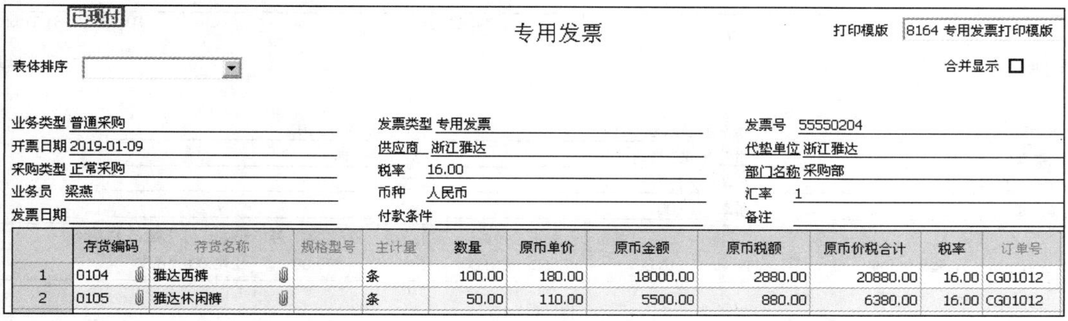

图 5-228

7. 审核采购发票并立即制单

2019年1月9日,财务会计郝贤【202】在企业应用平台中执行【业务工作/财务会计/应付款管理/应付单据处理/应付单据审核】命令,弹出【应付单据查询条件】对话框,勾选"包含已现结发票""未完全报销"复选框。单击【确定】按钮,系统弹出"应付单据列表"窗口。双击待审核的采购发票【选择】栏右侧的任意单元格,打开"专用发票"窗口,单击工具栏中的【审核】按钮,系统直接弹出提示【是否立即制单?】,单击【是】按钮,生成一张记账凭证,单击【保存】按钮,如图5-229所示。

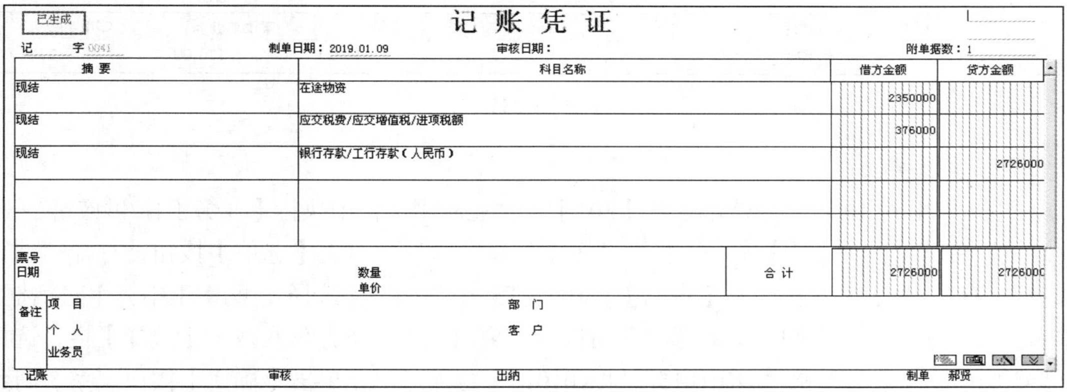

图 5-229

8. 填制到货单

2019年1月10日,采购部梁燕【301】在企业应用平台中执行【业务工作/供应链/采购管理/采购到货/到货单】命令,打开"到货单"窗口。单击【增加】按钮,选择存货为"0105雅达休闲裤",数量为"10",原币单价为"110",其他项默认,如图5-230所示。单击【保存】按钮,单击【审核】按钮。

9. 参照到货单生成入库单

(1)2019年1月10日,仓储部王娜【501】在企业应用平台中执行【业务工作/供应链/库存管理/入库业务/采购入库单】命令,打开"采购入库单"窗口。执行【生单/采购到货单(蓝字)】命令,弹出【查询条件选择-采购到货单列表】对话框,单击【确定】按钮。打开"到货单生单列表”窗口，双击【选择】栏，选择上一步完成的到货单的“到货单生单表头”，在【选择】栏出现【Y】，单击【确定】按钮。

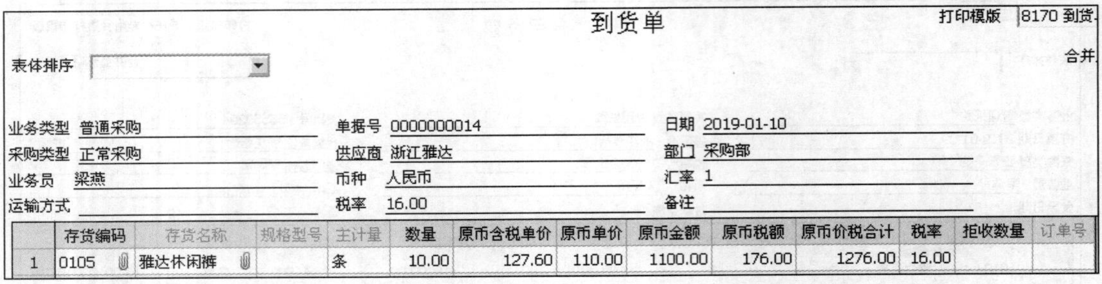

到货单 打印模版 8170 到货 合并

表体排序

业务类型	普通采购	单据号	0000000014	日期	2019-01-10
采购类型	正常采购	供应商	浙江雅达	部门	采购部
业务员	梁燕	币种	人民币	汇率	1
运输方式		税率	16.00	备注	

	存货编码	存货名称	规格型号	主计量	数量	原币含税单价	原币单价	原币金额	原币税额	原币价税合计	税率	拒收数量	订单号
1	0105	雅达休闲裤		条	10.00	127.60	110.00	1100.00	176.00	1276.00	16.00		

图 5-230

（2）系统自动参照到货单生成入库单，修改入库单号为“RK01016”，选择仓库为“服装库”，单击【保存】按钮，如图 5-231 所示。单击【审核】按钮。

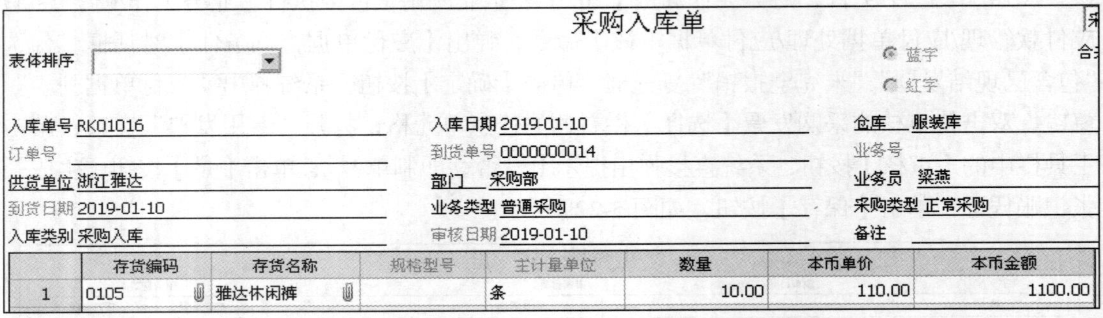

采购入库单

表体排序　蓝字　红字

入库单号	RK01016	入库日期	2019-01-10	仓库	服装库
订单号		到货单号	0000000014	业务号	
供货单位	浙江雅达	部门	采购部	业务员	梁燕
到货日期	2019-01-10	业务类型	普通采购	采购类型	正常采购
入库类别	采购入库	审核日期	2019-01-10	备注	

	存货编码	存货名称	规格型号	主计量单位	数量	本币单价	本币金额
1	0105	雅达休闲裤		条	10.00	110.00	1100.00

图 5-231

10. 采购结算

2019 年 1 月 10 日，采购部梁燕【301】在企业应用平台中执行【业务工作/供应链/采购管理/采购结算/手工结算】命令，打开“手工结算”窗口。单击【选单】按钮，打开“结算选单”窗口。单击工具栏中的【查询】按钮，打开【查询条件选择-采购手工结算】对话框，单击【确定】按钮，返回“结算选单”窗口。在窗口上方及下方依次双击【选择】栏，选择“55550204”号发票”和“RK01015”“RK01016”号入库单，单击【确定】按钮。系统回到“手工结算”窗口，如图 5-232 所示，单击【结算】按钮，系统提示【完成结算】。

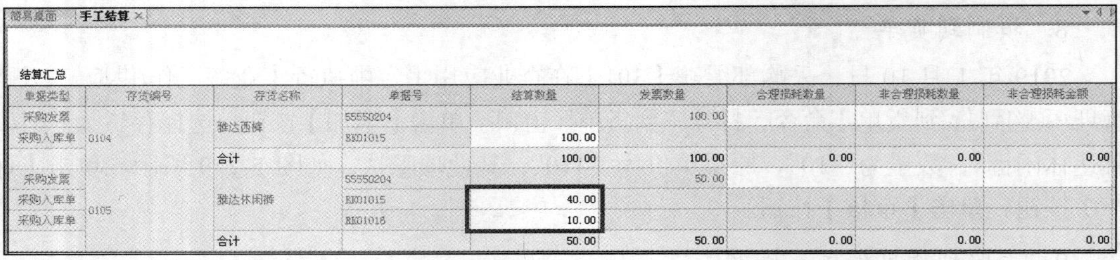

简易桌面　手工结算

结算汇总

单据类型	存货编号	存货名称	单据号	结算数量	发票数量	合理损耗数量	非合理损耗数量	非合理损耗金额
采购发票	0104	雅达西裤	55550204		100.00			
采购入库单			RK01015	100.00				
		合计		100.00	100.00	0.00	0.00	0.00
采购发票	0105	雅达休闲裤	55550204		50.00			
采购入库单			RK01015	40.00				
采购入库单			RK01016	10.00				
		合计		50.00	50.00	0.00	0.00	0.00

图 5-232

11. 单据记账并生成凭证

（1）正常单据记账。2019 年 1 月 10 日，财务会计郝贤【202】在企业应用平台中执行【业务工作/供应链/存货核算/业务核算/正常单据记账】命令，弹出【查询条件选择】对话框，单击【确定】按钮。打开“正常单据记账列表”窗口，双击“RK01015”“RK01016”号入库单前的【选择】栏，【选择】栏出现【Y】，如图 5-233 所示。单击【记账】按钮，将“雅达西裤”“雅达休闲裤”的采购入库单记账，系统提示【记账成功】，单击【确定】按钮。

正常单据记账列表

记录总数：3

选择	日期	单据号	存货编码	存货名称	规格型号	存货代码	单据类型	仓库名称	收发类别	数量	单价
Y	2019-01-10	RK01015	0104	雅达西裤			采购入库单	服装库	采购入库	100.00	180.00
Y	2019-01-10	RK01015	0105	雅达休闲裤			采购入库单	服装库	采购入库	40.00	110.00
Y	2019-01-10	RK01016	0105	雅达休闲裤			采购入库单	服装库	采购入库	10.00	110.00
小计										150.00	

图 5-233

（2）生成凭证。执行【存货核算/财务核算/生成凭证】命令，打开“生成凭证”窗口，单击【选择】按钮，弹出【查询条件】对话框。单击【确定】按钮，打开“未生成凭证单据一览表”窗口。单击【全选】按钮，选中“RK01015”“RK01016”号入库单，【选择】栏均出现【1】，单击【确定】按钮，返回“生成凭证”窗口。凭证类别选择为【记账凭证】。单击【合成】按钮，生成一张记账凭证，单击【保存】按钮，如图 5-234 所示。

已生成

记账凭证

记 字 0042　　制单日期：2019.01.10　　审核日期：　　附单据数：2

摘要	科目名称	借方金额	贷方金额
采购入库单	库存商品	2350000	
采购入库单	在途物资		2350000
票号 日期	数量 单价 合计	2350000	2350000

备注　项目　　部门

个人　　客户

业务员

记账　　审核　　出纳　　制单 郝贤

图 5-234

【提示】

1. 如果到货后发现货物短缺，有两种处理方式。一种是在“到货单”中直接输入“拒收数量”，再参照到货单生成到货拒收单；另外一种是“到货单”中不体现“拒收数量”，参照到货单生成到货拒收单之后，修改“到货拒收单”中的“数量”并保存。

2. 如卖家少发货，承诺下月补发，会涉及到下月的操作。

（1）当月处理相应商品的到货、拒收、入库和发票，当月审核发票并制单；

（2）当月月底暂估记账（删除入库单原币单价、暂估成本录入、正常单据记账并生成暂估凭证）；

（3）下月收到补发货物后，处理到货、入库、采购结算、结算成本处理、生成红蓝回冲单、记账并生成凭证（单到回冲方式）。

5.5 采购退货退款业务

5.5.1 入库前退货退款业务

【业务内容】

2019 年 1 月 10 日，采购部梁燕与江苏拉贝签订购销合同（约定如果发生质量问题，卖方将承担相应责任，合同编号为 CG01013，图略），同日我公司支付了全部货款并且收到对方开具的增值税专用发票。次日，收到江苏拉贝发来的货物，在入库前，经检验有 5 件拉贝风衣质量存在问题，按照合同我公司拒收问题风衣，江苏拉贝已办理退款（使用现付功能）并开具了红字增值税专用发票。凭证如图 5-235 至图 5-240 所示。业务操作流程及分工如表 5-21 所示。

江苏增值税专用发票

发票联

3200181140　　　　No 55550205

开票日期：2019 年 1 月 10 日

购买方	名　　称：浙江华盛商贸有限公司 纳税人识别号：913301055711155568 地 址、电 话：浙江省杭州市滨江区滨和路 9588 号 0571-81998599 开户行及账号：中国工商银行杭州滨江支行 2300316600055011598				密码区			
货物或应税劳务、服务名称	规格型号	单位	数量	单价	金额	税率	税额	
拉贝风衣		件	100	300	30 000.00	16%	4 800.00	
拉贝衬衫		件	100	180	18 000.00	16%	2 880.00	
合计					¥48 000.00		¥7 680.00	
价税合计（大写）	⊗伍万伍仟陆佰捌拾元整				（小写）¥55 680.00			
销售方	名　　称：江苏拉贝服装有限公司 纳税人识别号：913207757618257022 地 址、电 话：南京市雨花台区凤华路 5818 号，电话：025-29892816 开户行及账号：中国工商银行南京雨花台支行 2100405180908899669				备注	913207757618257022		

收款人：略　　复核：略　　开票人：略　　销货单位：（章）

第三联：发票联　购买方记账凭证

图 5-235

中国工商银行　电汇凭证（回单）　1　11110107

委托日期　2019 年 1 月 10 日

汇款人	全　称	浙江华盛商贸有限公司	收款人	全　称	江苏拉贝服装有限公司
	账　号	2300316600055011598		账　号	2100405180908899669
	汇出地点	浙江省 杭州市		汇入地点	江苏省 南京市
汇出行名称：中国工商银行杭州市滨江支行			汇入行名称：中国工商银行南京市雨花台支行		
金额	人民币（大写）伍万伍仟陆佰捌拾元整		千 百 十 万 千 百 十 元 角 分		¥ 5 5 6 8 0 0 0
			支付密码		
			附加信息及用途：货款		
	汇出行签章		复核　记账		

中国工商银行杭州滨江支行 2019.01.10

图 5-236

货物（入库）验收报告单

制单日期：2019 年 1 月 11 日　　单号 YS01001

供货单位	江苏拉贝服装有限公司	发票或送货号	55550205
收货单位	浙江华盛商贸有限公司	运输工具及车(船)号	汽车浙 AE1689
产品名称	拉贝风衣	仓库	服装库
原发数量	100 件	实收数量	95 件
溢余数量		短缺数量	
质检情况	质量存在问题	负责人	李国华
处理意见	退货并收回退货款	经办人	王娜

验收:略　　审核:略　　制单:略

图 5-237

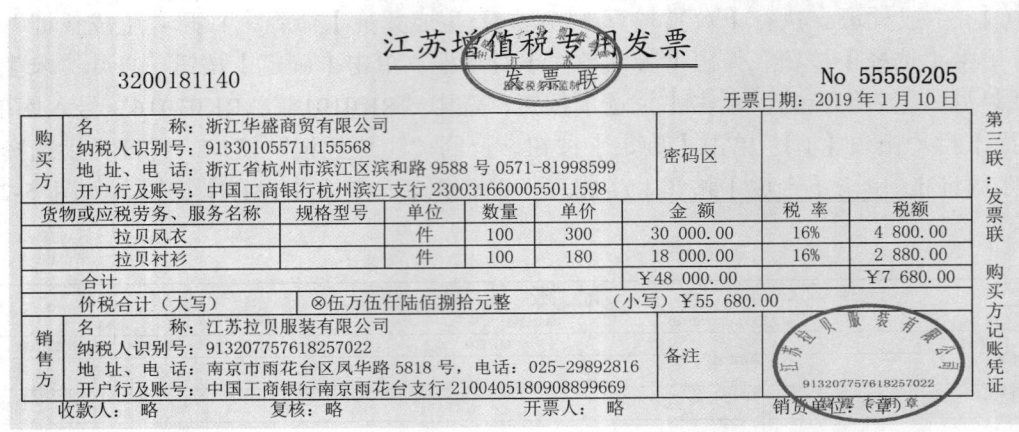

入库单

供应商：江苏拉贝　　　　　　　2019年1月11日　　　　　　　单号：RK01017

验收仓库	存货编码	存货名称	单位	数量 应收	数量 实收	单价	金额
服装库	0101	拉贝风衣	件	100	95		
服装库	0102	拉贝衬衫	件	100	100		
		合计					

部门经理：略　　　会计：略　　　仓库：略　　　经办人：略

图 5-238

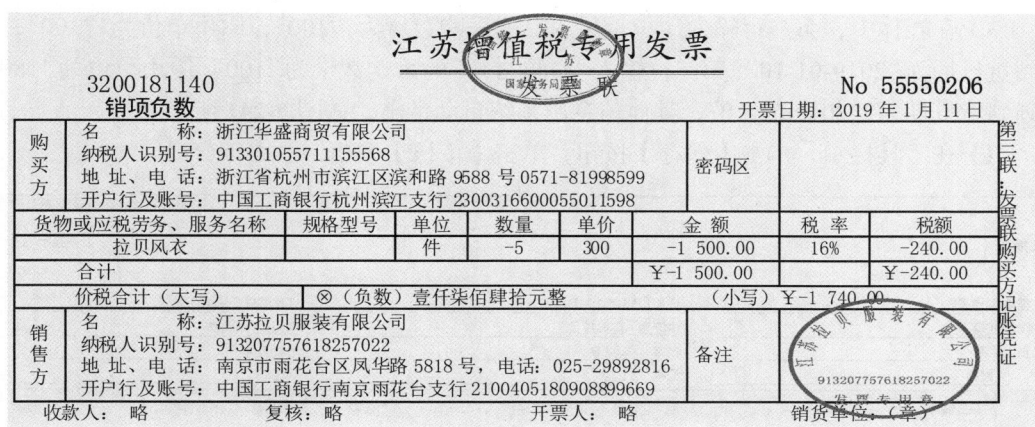

图 5-239

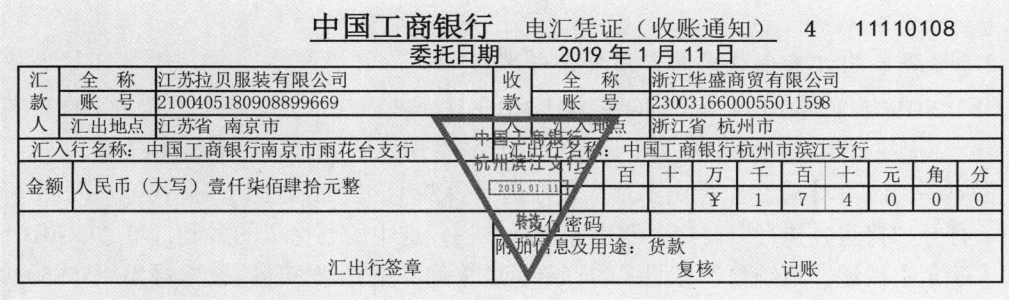

图 5-240

【业务操作流程和岗位工作】

表 5-21　业务操作流程与岗位工作

操作日期	操作员	操作系统	操作流程
2019-01-10	采购员【301】	采购管理	（1）填制采购订单 （2）参照采购订单生成采购专用发票（现付）
2019-01-10	财务会计【202】	应付款管理	（3）审核采购发票并立即制单
2019-01-11	采购员【301】	采购管理	（4）参照采购订单生成到货单 （5）参照到货单生成到货拒收单
2019-01-11	仓管员【501】	库存管理	（6）参照到货单生成入库单
2019-01-11	采购员【301】	采购管理	（7）参照采购订单生成红字采购专用发票（现付） （8）采购结算
2019-01-11	财务会计【202】	应付款管理	（9）审核红字采购发票并立即制单
		存货核算	（10）单据记账并生成凭证

【操作指导】

1. 填制采购订单

（1）2019年1月10日，采购部梁燕【301】按合同在企业应用平台中执行【业务工作/供应链/采购管理/采购订货/采购订单】命令，打开"采购订单"窗口，单击【增加】按钮。

（2）在表头中，修改订单编号为"CG01013"，采购类型为"正常采购"，供应商为"江苏拉贝"。

（3）在表体中，第一行输入"拉贝风衣"的采购数量为"100"，原币单价为"300"，计划到货日期为"2019-01-10"；第二行输入"拉贝衬衫"的采购数量为"100"，原币单价为"180"，计划到货日期为"2019-01-10"，其他信息由系统自动带出，如图5-241所示。

（4）在工具栏中，单击【保存】按钮，单击【审核】按钮，退出该窗口。

	采购订单		打印模版	8174 采购订单打印模版
表体排序				合并显示 □

业务类型	普通采购	订单日期	2019-01-10	订单编号	CG01013
采购类型	正常采购	供应商	江苏拉贝	部门	采购部
业务员	梁燕	税率	16.00	付款条件	
币种	人民币	汇率	1	备注	

	存货编码	存货名称	规格型号	主计量	数量	原币含税单价	原币单价	原币金额	原币税额	原币价税合计	税率	计划到货日期
1	0101	拉贝风衣		件	100.00	348.00	300.00	30000.00	4800.00	34800.00	16.00	2019-01-10
2	0102	拉贝衬衫		件	100.00	208.80	180.00	18000.00	2880.00	20880.00	16.00	2019-01-10

图5-241

2. 参照采购订单生成采购专用发票并现付

（1）2019年1月10日，采购部梁燕【301】在企业应用平台中执行【业务工作/供应链/采购管理/采购发票/采购专用发票】命令，打开"专用发票"窗口。单击【增加】按钮，执行【生单/采购订单】命令，弹出【查询条件选择-采购订单列表过滤】对话框，单击【确定】按钮。打开"拷贝并执行"窗口，双击【选择】栏，选中所要拷贝的采购订单"CG01013"，单击【确定】按钮，系统自动参照采购订单生成采购专用发票，修改发票号为"55550205"，单击【保存】按钮。

（2）在工具栏中，单击【现付】按钮，打开【采购现付】对话框。结算方式选择"电汇"，结算金额为"55680.00"，票据号为"11110107"，其他项默认，单击【确定】按钮，刷新采购专用发票后提示【已现付】，如图5-242所示。

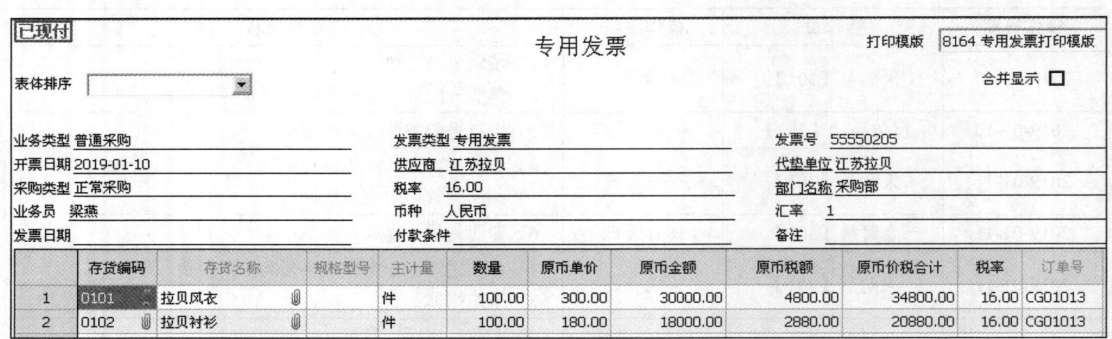

图5-242

3. 审核采购发票并立即制单

2019 年 1 月 10 日，财务会计郝贤【202】在企业应用平台中执行【业务工作/财务会计/应付款管理/应付单据处理/应付单据审核】命令，弹出【应付单查询条件】对话框，勾选"包含已现结发票""未完全报销"复选框，单击【确定】按钮。系统弹出"应付单据列表"窗口，双击待审核的采购发票【选择】栏右侧的任意单元格，打开"专用发票"窗口，单击工具栏中的【审核】按钮，系统直接弹出提示【是否立即制单？】，单击【是】按钮，生成一张记账凭证，单击【保存】按钮，如图 5-243 所示。

已生成		记 账 凭 证			
记　字 0043		制单日期：2019.01.10	审核日期：		附单据数：1
	摘　要	科目名称		借方金额	贷方金额
现结		在途物资		4800000	
现结		应交税费/应交增值税/进项税额		768000	
现结		银行存款/工行存款（人民币）			5568000
票号 日期		数量 单价	合计	5568000	5568000
备注	项　目 个　人 业务员	部　门 客　户			
记账		审核	出纳	制单 郝贤	

图 5-243

4. 参照采购订单生成到货单

2019 年 1 月 10 日，采购部梁燕【301】在企业应用平台中执行【业务工作/供应链/采购管理/采购到货/到货单】命令，打开"到货单"窗口。单击【增加】按钮，执行【生单/采购订单】命令，弹出【查询条件选择-采购订单列表过滤】对话框，单击【确定】按钮。系统打开"拷贝并执行"窗口，双击【选择】栏，选中所要拷贝的采购订单"CG01013"，在【选择】栏出现【Y】，单击【确定】按钮，系统自动生成到货单，如图 5-244 所示。单击【保存】按钮，然后单击【审核】按钮。

			到货单					打印模板	8170 到货
表体排序									合并
业务类型	普通采购	单据号	0000000015		日期	2019-01-10			
采购类型	正常采购	供应商	江苏拉贝		部门	采购部			
业务员	梁燕	币种	人民币		汇率	1			
运输方式		税率	16.00		备注				

	存货编码	存货名称	规格型号	主计量	数量	原币含税单价	原币单价	原币金额	原币税额	原币价税合计	税率	拒收数量	订单号
1	0101	拉贝风衣		件	100.00	348.00	300.00	30000.00	4800.00	34800.00	16.00	5.00	CG01...
2	0102	拉贝衬衫		件	100.00	208.80	180.00	18000.00	2880.00	20880.00	16.00		CG01...

图 5-244

5. 参照到货单生成到货拒收单

2019 年 1 月 11 日，采购员【301】在"采购管理"子系统中执行【采购到货/到货拒收单】菜单，打开"到货拒收单"窗口。单击【增加】按钮，执行【生单/到货单】命令，打开【查询条件选择-采购退货单列表过滤】对话框，单击【确定】按钮。系统打开"拷贝并执行"窗口,在窗口上方选中1月10日的到货单,在窗口下方只选中"拉贝风衣"的信息(双击"拉贝衬衫"的【选择】栏,取消"Y"),如图5-245所示。单击【确定】按钮,系统生成到货拒收单,修改数量为"-5",其他项默认,保存并审核该单据,如图5-246所示。

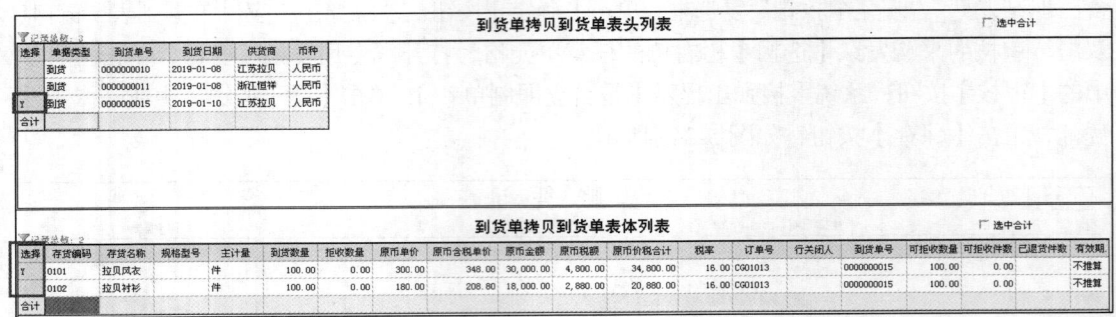

图 5-245

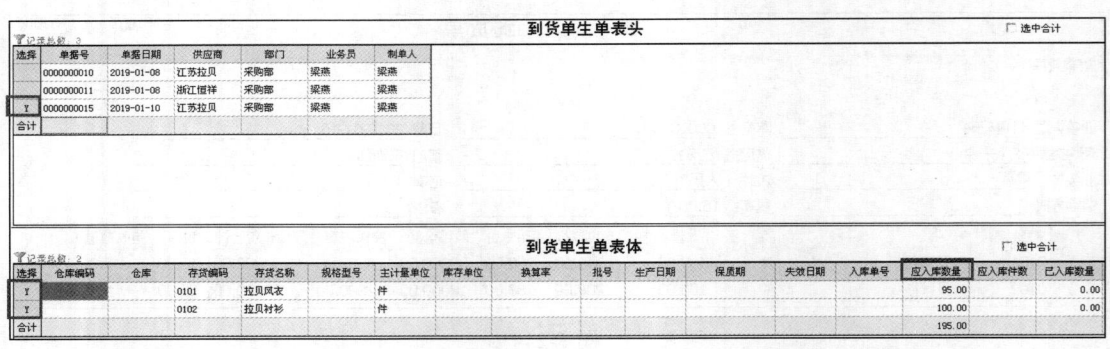

图 5-246

6. 参照到货单生成入库单

(1) 2019年1月11日,仓储部王娜【501】在企业应用平台中执行【业务工作/供应链/库存管理/入库业务/采购入库单】命令,打开"采购入库单"窗口。执行【生单/采购到货单(蓝字)】命令,弹出【查询条件选择-采购到货单列表】对话框,单击【确定】按钮。打开"到货单生单列表"窗口,双击【选择】栏,选择相应的到货单,如图5-247所示。

图 5-247

(2) 单击【确定】按钮,系统自动参照到货单生成入库单,如图5-248所示,修改入库单号为"RK01017",选择仓库为"服装库",单击【保存】按钮,然后单击【审核】按钮。

图 5-248

7. 参照采购订单生成红字专用发票

（1）2019年1月11日，采购部梁燕【301】在企业应用平台中执行【业务工作/供应链/采购管理/采购发票/红字专用采购发票】命令，打开"红字专用采购发票"窗口。单击【增加】按钮，执行【生单/采购订单】命令，弹出【查询条件选择-采购订单列表过滤】对话框，单击【确定】按钮。打开"拷贝并执行-发票拷贝采购订单列表"窗口，双击【选择】栏，选中CG01013采购订单，单击【确定】按钮，系统生成红字采购专用发票。修改发票号为"55550206"，修改数量为"-5"，单击【保存】按钮，如图5-249所示。

图 5-249

（2）在工具栏中，单击【现付】按钮，打开【采购现付】对话框。输入结算方式为"电汇"，结算金额为"-1740.00"，票据号为"11110108"，其他项默认，单击【确定】按钮，刷新采购专用发票后提示【已现付】。

8. 采购结算

（1）2019年1月11日，采购部梁燕【301】在企业应用平台中执行【业务工作/供应链/采购管理/采购结算/手工结算】命令，打开"手工结算"窗口。单击【选单】按钮，打开"结算选单"窗口。单击【查询】按钮，打开【查询条件选择-采购手工结算】对话框，单击【确定】按钮，返回"结算选单"窗口，选择55550206号采购发票和RK01017入库单，如图5-250所示，单击【确定】按钮。

（2）返回"手工结算"窗口，如图5-251所示，单击【结算】按钮，系统提示【完成结算】。

9. 审核采购发票并立即制单

2019年1月11日，财务会计郝贤【202】在企业应用平台中执行【业务工作/财务会计/

应付款管理/应付单据处理/应付单据审核】命令,弹出【应付单查询条件】对话框,勾选"包含已现结发票"复选框,单击【确定】按钮。系统弹出"应付单据列表"窗口,双击待审核的"55550206"号采购发票【选择】栏右侧的任意单元格,打开"专用发票"窗口,单击工具栏中的【审核】按钮,系统直接弹出提示【是否立即制单?】,单击【是】按钮,生成一张记账凭证,单击【保存】按钮,如图 5-252 所示。

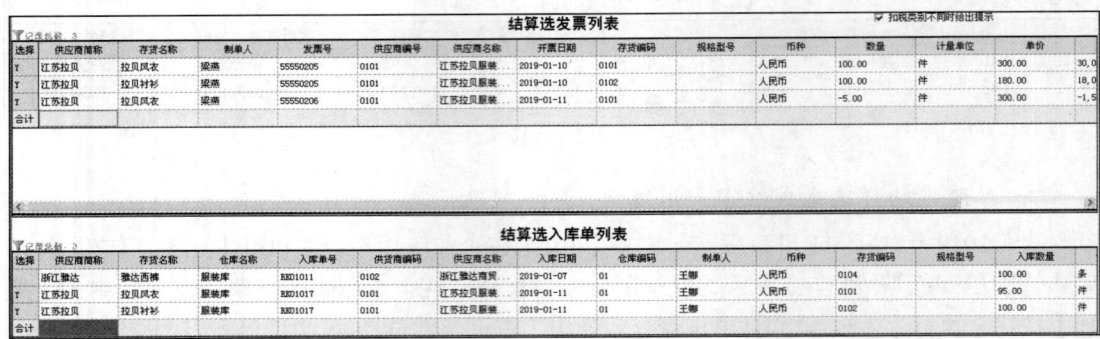

图 5-250

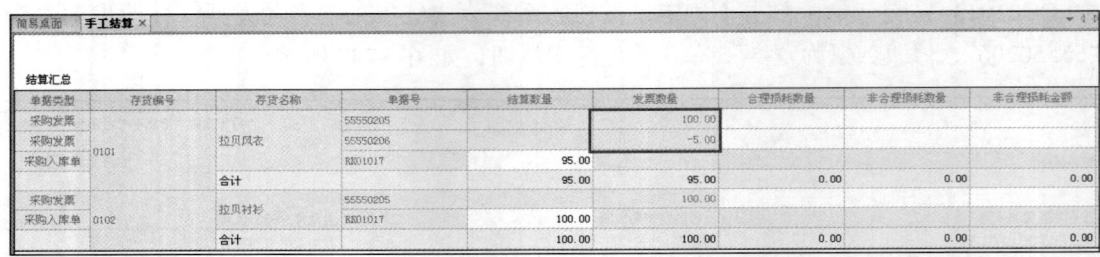

图 5-251

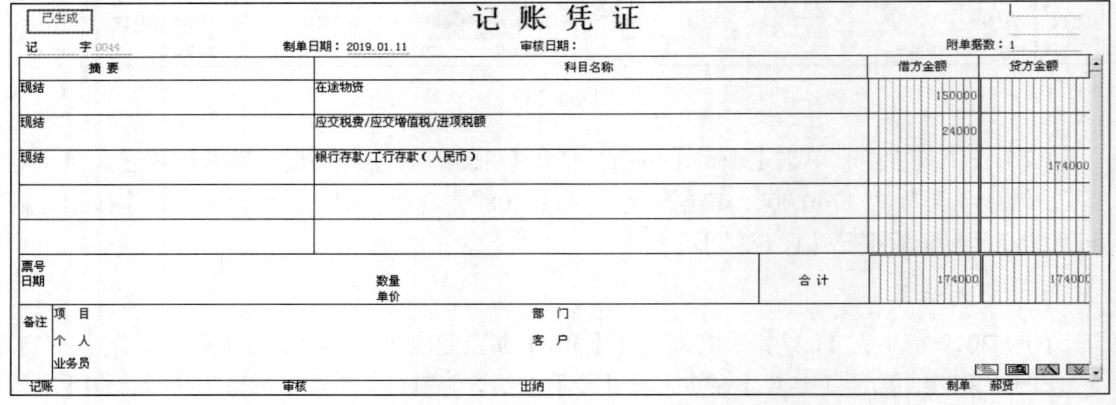

图 5-252

10. 单据记账并生成凭证

(1)正常单据记账:2019 年 1 月 11 日,财务会计郝贤【202】在企业应用平台中执行【业务工作/供应链/存货核算/业务核算/正常单据记账】命令,弹出【查询条件选择】对话框,单击【确定】按钮。系统打开"正常单据记账列表"窗口,选择"RK01017"号入库单,如图 5-253 所示。单击【记账】按钮,系统提示【记账成功】,单击【确定】按钮。

选择	日期	单据号	存货编码	存货名称	规格型号	存货代码	单据类型	仓库名称	收发类别	数量	单价
Y	2019-01-11	RK01017	0101	拉贝风衣			采购入库单	服装库	采购入库	95.00	300.00
Y	2019-01-11	RK01017	0102	拉贝衬衫			采购入库单	服装库	采购入库	100.00	180.00
小计										195.00	

图 5-253

（2）生成凭证：执行【财务核算/生成凭证】命令，打开"生成凭证"窗口。单击【选择】按钮，弹出【查询条件】对话框，单击【确定】按钮。打开"未生成凭证单据一览表"，单击【选择】栏，选择"RK01017"号入库单，选中后在【选择】栏出现【1】，单击【确定】按钮。返回"生成凭证"窗口，凭证类别选择"记账凭证"。单击【生成】按钮，生成一张记账凭证，单击【保存】按钮，如图 5-254 所示。

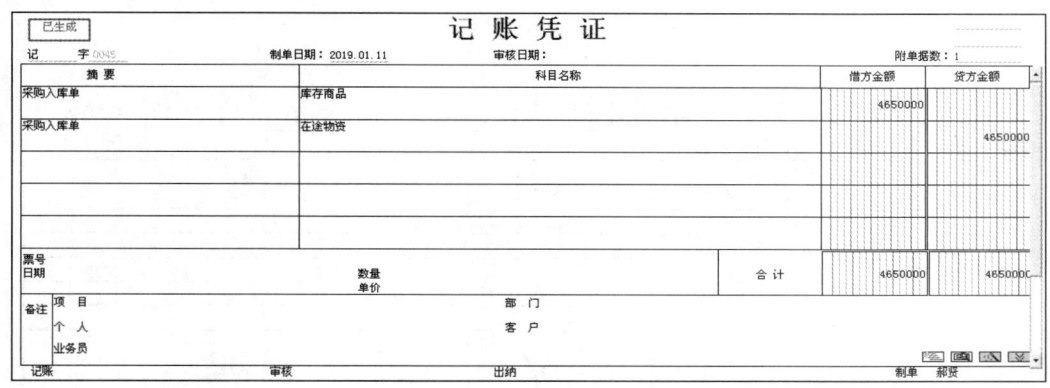

图 5-254

5.5.2 入库后结算前采购退货业务

【业务内容】

2019 年 1 月 11 日，采购部梁燕与浙江雅达商贸有限公司签订采购合同（合同编号为 CG01014，图略），合同当日收到货并已验收入库。1 月 12 日，发现有 5 条西裤质量不合格，与对方协商同意退货，当日支付剩余款项并取得采购专用发票。取得与该业务相关的单据如图 5-255 至图 5-258 所示。业务操作流程及分工如表 5-22 所示。

入 库 单

供应商：浙江雅达　　　　2019 年 1 月 11 日　　　　单号：RK01018

验收仓库	存货编码	存货名称	单位	数量		单价	金额
				应收	实收		
服装库	0104	雅达西裤	件	100	100		
		合计					

部门经理：略　　　会计：略　　　仓库：略　　　经办人：略

图 5-255

入 库 单

供应商：浙江雅达　　　　2019 年 1 月 12 日　　　　单号：RK01019

验收仓库	存货编码	存货名称	单位	数量		单价	金额
				应收	实收		
服装库	0104	雅达西裤	件	-5	-5		
		合计					

部门经理：略　　　会计：略　　　仓库：略　　　经办人：略

图 5-256

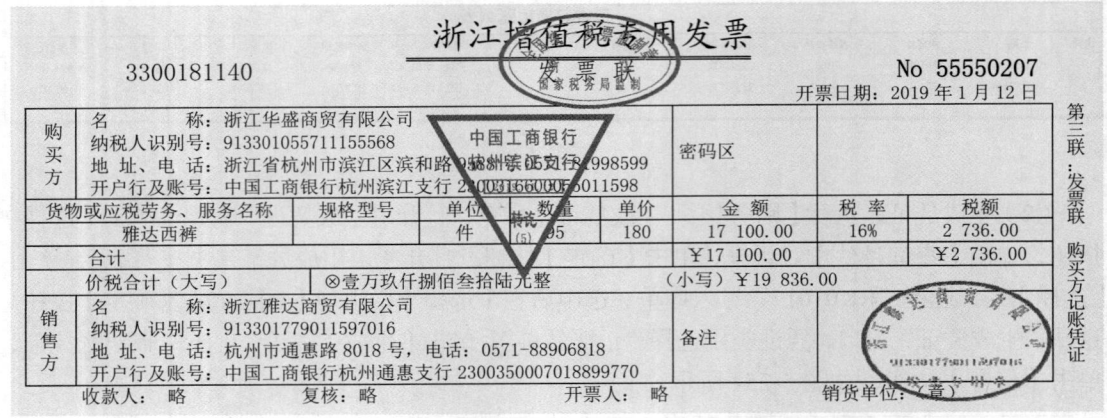

图 5-257

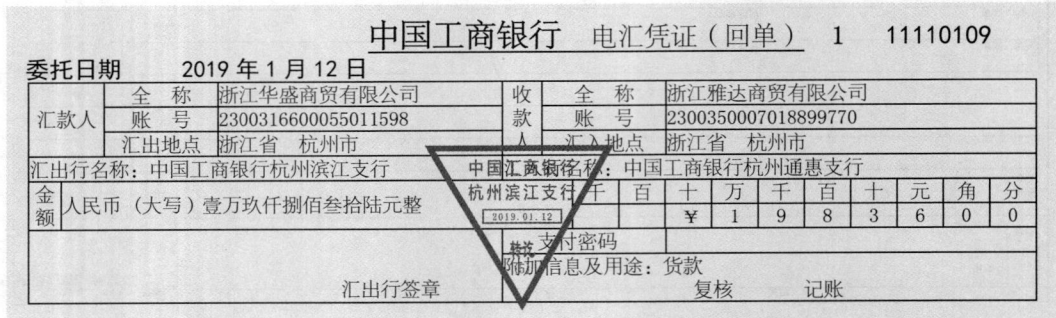

图 5-258

【业务操作流程和岗位工作】

表 5-22 业务操作流程与岗位工作

操作日期	操作员	操作系统	操作流程
2019-01-11	采购员【301】	采购管理	（1）填制采购订单 （2）参照采购订单生成到货单
2019-01-11	仓管员【501】	库存管理	（3）参照到货单生成入库单
2019-01-12	采购员【301】	采购管理	（4）参照采购订单生成采购退货单
2019-01-11	仓管员【501】	库存管理	（5）参照采购退货单生成负数采购入库单
2019-01-12	采购员【301】	采购管理	（6）参照采购入库单生成采购专用发票（现付） （7）采购结算
2019-01-12	财务会计【202】	应付款管理	（8）审核采购发票并立即制单
		存货核算	（9）单据记账并生成凭证

【操作指导】

1. 填制采购订单

（1）2019 年 1 月 11 日，采购部梁燕【301】在企业应用平台中执行【业务工作/供应链/采购管理/采购订货/采购订单】命令，打开"采购订单"窗口，单击【增加】按钮。

（2）在表头中，修改订单编号为"CG01014"，采购类型为"正常采购"，供应商为"浙江雅达"，部门为"采购部"；在表体中，选择存货为"0104 雅达西裤"，数量为"100"，原币不含税单价为"180.00"，计划到货日期为"2019-01-11"，其他信息由系统自动带出。

（3）单击工具栏中的【保存】按钮，如图 5-259 所示，然后单击【审核】按钮。

采购订单

打印模版 8174 采购订单打印模版

表体排序

合并显示 □

业务类型 普通采购　订单日期 2019-01-11　订单编号 CG01014

采购类型 正常采购　供应商 浙江雅达　部门 采购部

业务员 梁燕　税率 16.00　付款条件

币种 人民币　汇率 1　备注

	存货编码	存货名称	规格型号	主计量	数量	原币含税单价	原币单价	原币金额	原币税额	原币价税合计	税率	计划到货日期
1	0104	雅达西裤		条	100.00	208.80	180.00	18000.00	2880.00	20880.00	16.00	2019-01-11

图 5-259

2. 参照采购订单生成到货单

2019 年 1 月 11 日，采购部梁燕【301】在企业应用平台中执行【业务工作/供应链/采购管理/采购到货/到货单】命令，打开“到货单”窗口。单击【增加】按钮，执行【生单/采购订单】命令，弹出【查询条件选择-采购订单列表过滤】对话框，单击【确定】按钮。系统弹出“拷贝并执行”窗口，选中所要拷贝的 CG01014 采购订单，单击【确定】按钮。系统自动生成到货单，如图 5-260 所示，单击【保存】按钮。单击【审核】按钮，然后关闭该窗口。

到货单

打印模版 8170 到货

表体排序

合并

业务类型 普通采购　单据号 0000000017　日期 2019-01-11

采购类型 正常采购　供应商 浙江雅达　部门 采购部

业务员 梁燕　币种 人民币　汇率 1

运输方式　税率 16.00　备注

	存货编码	存货名称	规格型号	主计量	数量	原币含税单价	原币单价	原币金额	原币税额	原币价税合计	税率	拒收数量	订单号
1	0104	雅达西裤		条	100.00	208.80	180.00	18000.00	2880.00	20880.00	16.00		CG01...

图 5-260

3. 参照到货单生成入库单

2019 年 1 月 11 日，仓储部王娜【501】在企业应用平台中执行【业务工作/供应链/库存管理/入库业务/采购入库单】命令，打开“采购入库单”窗口。执行【生单/采购到货单（蓝字）】命令，弹出【查询条件选择-采购到货单列表】对话框，单击【确定】按钮。打开“到货单生单列表”窗口，双击【选择】栏，选择上一步生成的“到货单生单表头”，单击【确定】按钮。系统自动参照到货单生成入库单，修改入库单号为“RK01018”，选择仓库为“服装库”，如图 5-261 所示，单击【保存】按钮，然后单击【审核】按钮。

采购入库单

采购

表体排序

蓝字

红字

合并显

入库单号 RK01018　入库日期 2019-01-11　仓库 服装库

订单号 CG01014　到货单号 0000000017　业务号

供货单位 浙江雅达　部门 采购部　业务员 梁燕

到货日期 2019-01-11　业务类型 普通采购　采购类型 正常采购

入库类别 采购入库　审核日期 2019-01-11　备注

	存货编码	存货名称	规格型号	主计量单位	数量	本币单价	本币金额
1	0104	雅达西裤		条	100.00	180.00	18000.00

图 5-261

4. 参照采购订单生成采购退货单

2019 年 1 月 12 日，采购部梁燕【301】在企业应用平台中执行【业务工作/供应链/采购管理/采购到货/采购退货单】命令，打开“采购退货单”窗口。单击【增加】按钮，执行【生单/采购订单】命令，弹出【查询条件选择-采购订单列表过滤】对话框，单击【确定】按钮。打开“拷贝并执行”窗口，双击【选择】栏，选择 CG01014 号采购订单，【选择】栏出现【Y】，单击【确定】按钮。系统自动生成退货单，修改退货数量为“−5”，单击【保存】按钮，如图 5-262 所示，然后单击【审核】按钮。

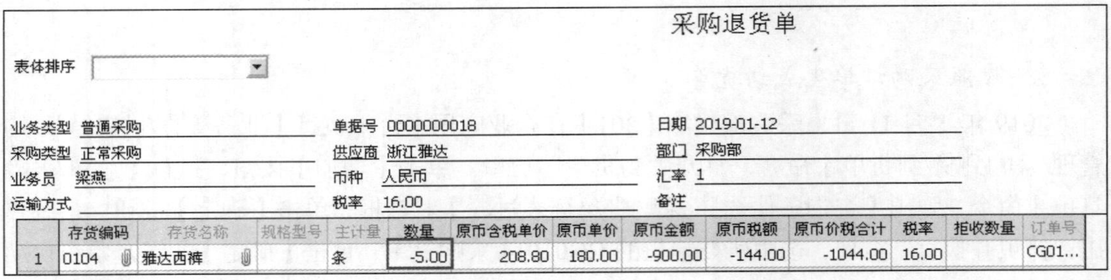
采购退货单

表体排序

业务类型 普通采购　单据号 0000000018　日期 2019-01-12
采购类型 正常采购　供应商 浙江雅达　部门 采购部
业务员 梁燕　币种 人民币　汇率 1
运输方式　税率 16.00　备注

	存货编码	存货名称	规格型号	主计量	数量	原币含税单价	原币单价	原币金额	原币税额	原币价税合计	税率	拒收数量	订单号
1	0104	雅达西裤		条	-5.00	208.80	180.00	-900.00	-144.00	-1044.00	16.00		CG01...

图 5-262

5. 参照采购退货单生成负数采购入库单

2019 年 1 月 12 日，仓储部王娜【501】在企业应用平台中执行【业务工作/供应链/库存管理/入库业务/采购入库单】命令，打开“采购入库单”窗口。执行【生单/采购到货单（红字）】命令，打开【查询条件选择-采购到货单列表】对话框，单击【确定】按钮。打开“到货单生单列表”窗口，在浙江雅达的到货单表头双击【选择】栏，出现【Y】，单击【确定】按钮。系统自动生成一张负数采购入库单，修改仓库为“服装库”，入库单号为“RK01019”，如图 5-263 所示，单击【保存】按钮，然后单击【审核】按钮。

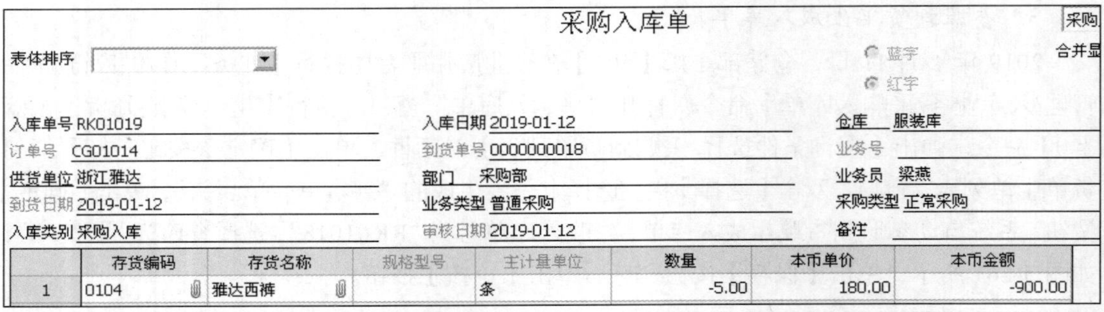
采购入库单　采购
合并显
蓝字
红字

表体排序

入库单号 RK01019　入库日期 2019-01-12　仓库 服装库
订单号 CG01014　到货单号 0000000018　业务号
供货单位 浙江雅达　部门 采购部　业务员 梁燕
到货日期 2019-01-12　业务类型 普通采购　采购类型 正常采购
入库类别 采购入库　审核日期 2019-01-12　备注

	存货编码	存货名称	规格型号	主计量单位	数量	本币单价	本币金额
1	0104	雅达西裤		条	-5.00	180.00	-900.00

图 5-263

6. 参照采购入库单生成采购专用发票并现付

（1）2019 年 1 月 12 日，采购部梁燕【301】在企业应用平台中执行【业务工作/供应链/采购管理/采购发票/采购专用发票】命令，打开“专用发票”窗口。单击【增加】按钮，执行【生单/入库单】命令，弹出【查询条件选择-采购入库单列表过滤】对话框，单击【确定】按钮。打开“拷贝并执行”窗口，选中“RK01018”号采购入库单，【选择】栏出现【Y】，单击【确定】按钮，系统自动参照入库单生成采购专用发票，修改发票号为“55550207”，修改数量为"95",如图 5-264 所示,单击【保存】按钮。

图 5-264

(2)单击【现付】按钮,打开【采购现付】对话框。输入结算方式为"电汇",结算金额为"19836.00",票据号为"11110109",其他项默认,单击【确定】按钮,刷新采购专用发票后提示【已现付】。

7. 采购结算

(1)2019 年 1 月 12 日,采购部梁燕【301】在企业应用平台中执行【业务工作/供应链/采购管理/采购结算/手工结算】命令,打开"手工结算"窗口。单击【选单】按钮,打开"结算选单"窗口。单击【查询】按钮,打开【查询条件选择-采购手工结算】对话框,单击【确定】按钮,返回"结算选单"窗口。双击【选择】栏选择"55550207"号采购发票和"RK01018""RK01019"号入库单,如图 5-265 所示,单击【确定】按钮。

图 5-265

(2)系统返回"手工结算"窗口,如图 5-266 所示,单击【结算】按钮,提示【完成结算】。

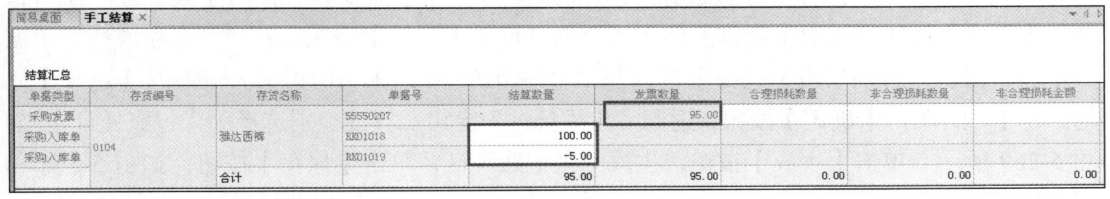

图 5-266

8. 审核采购发票并立即制单

2019 年 1 月 12 日，财务会计郝贤【202】在企业应用平台中执行【业务工作/财务会计/应付款管理/应付单据处理/应付单据审核】命令，弹出【应付单查询条件】对话框，单击【确定】按钮。系统弹出“应付单据列表”窗口，双击待审核的采购发票【选择】栏右侧的任意单元格，打开“专用发票”窗口，单击工具栏中的【审核】按钮，系统直接弹出提示【是否立即制单？】，单击【是】按钮，生成一张记账凭证，单击【保存】按钮，如图 5-267 所示。

已生成

记账凭证

记　字 0046　　制单日期：2019.01.12　　审核日期：　　附单据数：1

摘要	科目名称	借方金额	贷方金额
现结	在途物资	1710000	
现结	应交税费/应交增值税/进项税额	273600	
现结	银行存款/工行存款（人民币）		1983600
票号 日期	数量 单价 合计	1983600	1983600

备注　项目　　部门
　　　个人　　客户
　　　业务员

记账　　审核　　出纳　　制单　郝贤

图 5-267

9. 单据记账并生成凭证

（1）正常单据记账。2019 年 1 月 12 日，财务会计郝贤【202】在企业应用平台中执行【业务工作/供应链/存货核算/业务核算/正常单据记账】命令，弹出【查询条件选择】对话框，单击【确定】按钮。打开“正常单据记账列表”窗口，双击“RK01018”“RK01019”号入库单的【选择】栏，如图 5-268 所示。单击【记账】按钮，将采购入库单记账，系统提示【记账成功】，单击【确定】按钮。

正常单据记账列表

记录总数：2

选择	日期	单据号	存货编码	存货名称	规格型号	存货代码	单据类型	仓库名称	收发类别	数量	单价
Y	2019-01-11	RK01018	0104	雅达西裤			采购入库单	服装库	采购入库	100.00	180.00
Y	2019-01-12	RK01019	0104	雅达西裤			采购入库单	服装库	采购入库	-5.00	180.00
小计										95.00	

图 5-268

（2）生成凭证。执行【存货核算/财务核算/生成凭证】命令，打开“生成凭证”窗口，单击【选择】按钮，弹出【查询条件】对话框，单击【确定】按钮。打开“未生成凭证单据一览表”窗口，分别单击【选择】栏，选中“RK01018”“RK01019”号入库单，【选择】栏均出现【1】，单击【确定】按钮，返回“生成凭证”窗口。凭证类别选择为【记账凭证】。如图 5-269 所示。单击【生成】按钮，生成一张记账凭证，单击【保存】按钮，如图 5-270 和图 5-271 所示。

图 5-269

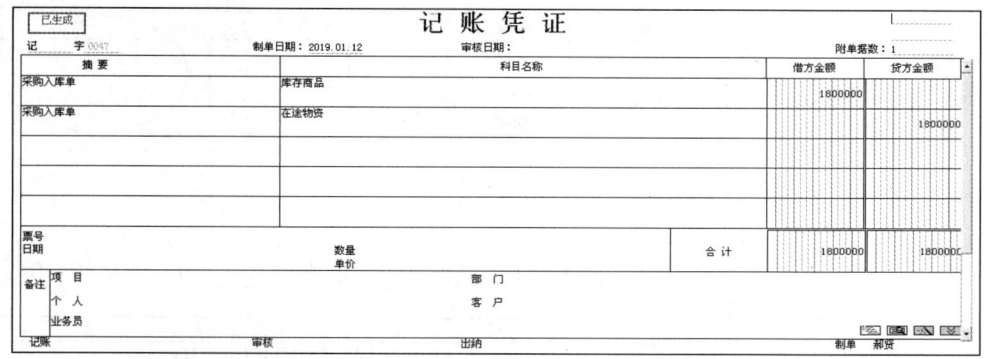

图 5-270

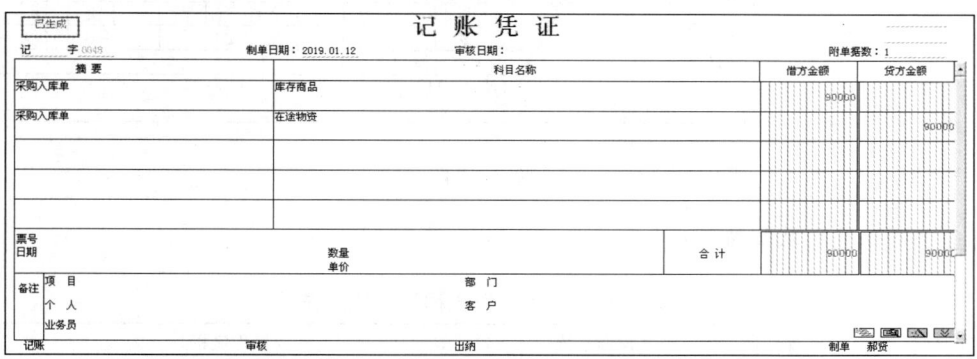

图 5-271

5.5.3 结算后退货退款业务

【业务内容】

2019年1月12日,发现CG01002号采购订单涉及的从浙江雅达商贸有限公司采购的10件雅达西裤有质量问题,已协商即日办理退货,并于当日收到退还的价税款及红字发票(使用现付功能处理)。取得与该业务相关的凭证如图5-272至图5-274所示。业务操作流程及分工如表5-23所示。

供应商:浙江雅达			入 库 单 2019年1月12日			单号:RK01020		
验收仓库	存货编码	存货名称	单位	数量		单价	金额	
				应收	实收			
服装库	0104	雅达西裤	条	-10	-10			
		合计						
部门经理:略		会计:略		仓库:略		经办人:略		

图 5-272

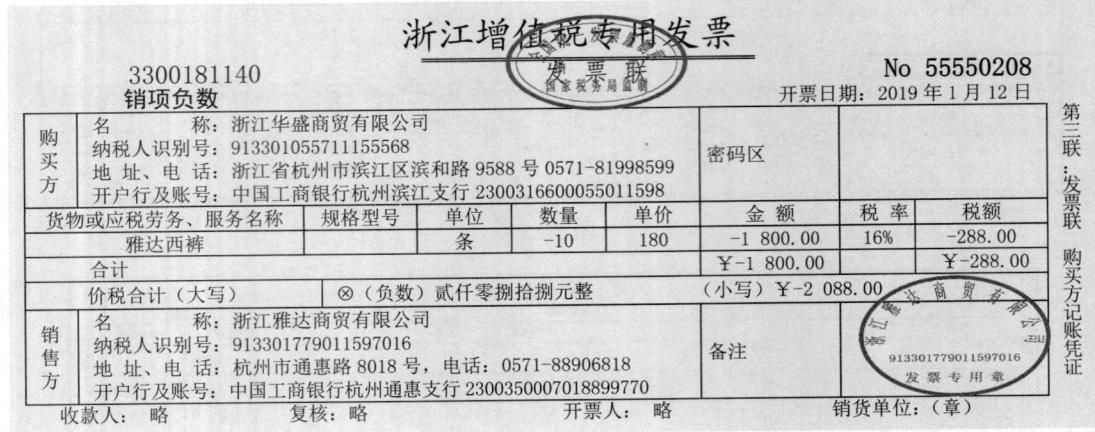

图 5-273

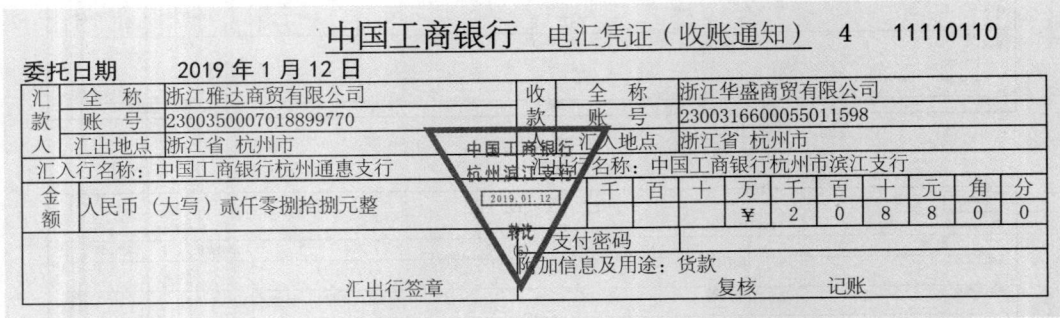

图 5-274

【业务操作流程和岗位工作】

表 5-23 业务操作流程与岗位工作

操作日期	操作员	操作系统	操作流程
2019-01-12	采购员【301】	采购管理	（1）参照采购订单生成采购退货单
2019-01-12	仓管员【501】	库存管理	（2）参照采购退货单生成负数采购入库单
2019-01-12	采购员【301】	采购管理	（3）参照负数采购入库单生成红字采购专用发票（结算、现付）
2019-01-12	财务会计【202】	应付款管理	（4）审核红字采购发票并立即制单
		存货核算	（5）单据记账并生成凭证

【操作指导】

1. 参照采购订单生成采购退货单

2019 年 1 月 12 日，采购部梁燕【301】在企业应用平台中执行【业务工作/供应链/采购管理/采购到货/采购退货单】命令，打开"采购退货单"窗口。单击【增加】按钮，执行【生单/采购订单】命令，弹出【查询条件选择-采购订单列表过滤】对话框，单击【确定】按钮。打开"拷贝并执行"窗口，双击【选择】栏，选择"CG01002"采购订单，【选择】栏出现【Y】，单击【确定】按钮。系统自动生成退货单，修改退货数量为"-10"，单击【保存】按钮，如图 5-275 所示，然后单击【审核】按钮。

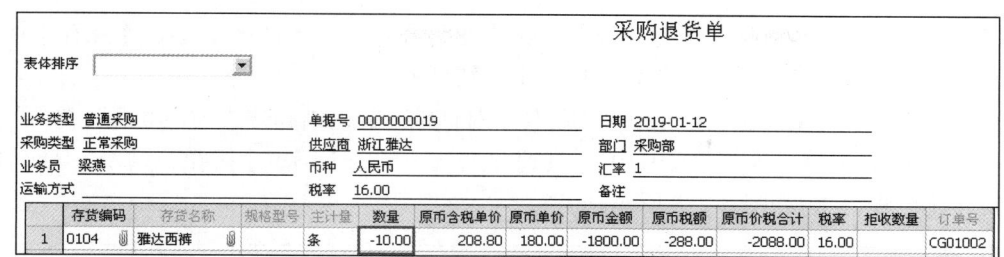

图 5-275

2. 参照采购退货单生成负数采购入库单

（1）2019年1月12日，仓储部王娜【501】在企业应用平台中执行【业务工作/供应链/库存管理/入库业务/采购入库单】命令，打开"采购入库单"窗口。执行【生单/采购到货单（红字）】命令，系统弹出【查询条件选择-采购到货单列表】对话框，单击【确定】按钮。打开"到货单生单列表"窗口，在采购退货单的表头双击【选择】栏，出现【Y】，如图 5-276 所示，单击【确定】按钮。

图 5-276

（2）系统生成一张负数采购入库单，修改入库单号为"RK01020"，修改仓库为"服装库"，单击【保存】按钮，然后单击【审核】按钮，如图 5-277 所示。

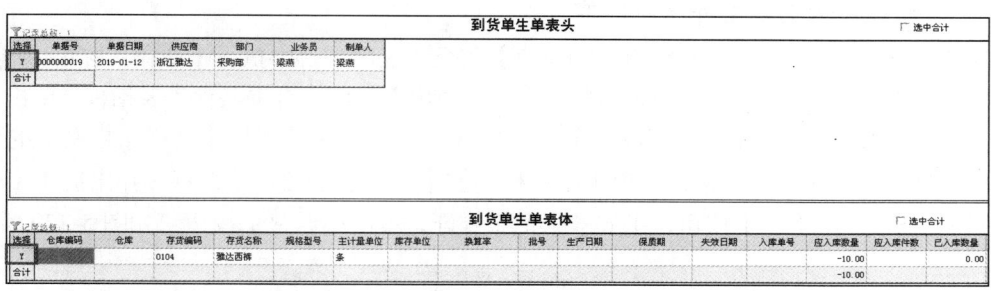

图 5-277

3. 参照负数采购入库单生成红字采购专用发票（结算、现付）

（1）2019年1月12日，采购部梁燕【301】在企业应用平台中执行【业务工作/供应链/采购管理/采购发票/红字专用采购发票】命令，打开"红字专用发票"窗口。单击【增加】按钮，执行【生单/入库单】命令，弹出【查询条件选择-采购入库单列表过滤】对话框，单击【确定】按钮。打开"拷贝并执行-发票拷贝入库单列表"窗口，选中"RK01020"采购入库单，单击【确定】按钮。

（2）系统自动生成红字采购专用发票，修改发票号为"55550208"，单击【保存】按钮，然后单击【结算】按钮，采购专用发票提示【已结算】。

（3）单击【现付】按钮，打开【采购现付】对话框。输入结算方式为"电汇"，结算金额为"-2088.00"，票据号为"11110110"，其他项默认，单击【确定】按钮，刷新采购专用发票后提示【已现付】，如图5-278所示。

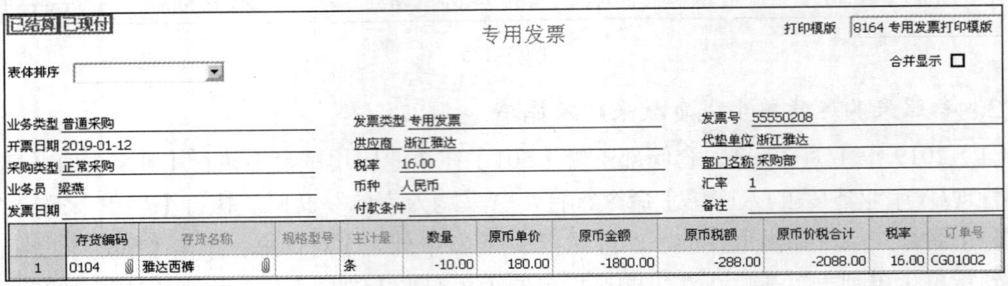

图 5-278

4. 审核红字采购发票并立即制单

2019年1月12日，财务会计郝贤【202】在企业应用平台中执行【业务工作/财务会计/应付款管理/应付单据处理/应付单据审核】命令，弹出【应付单查询条件】对话框，单击【确定】按钮。系统弹出"应付单据列表"窗口，双击待审核的采购发票【选择】栏右侧的任意单元格，打开"专用发票"窗口，单击工具栏中的【审核】按钮，系统直接弹出提示【是否立即制单？】，单击【是】按钮，生成一张记账凭证，单击【保存】按钮，如图5-279所示。

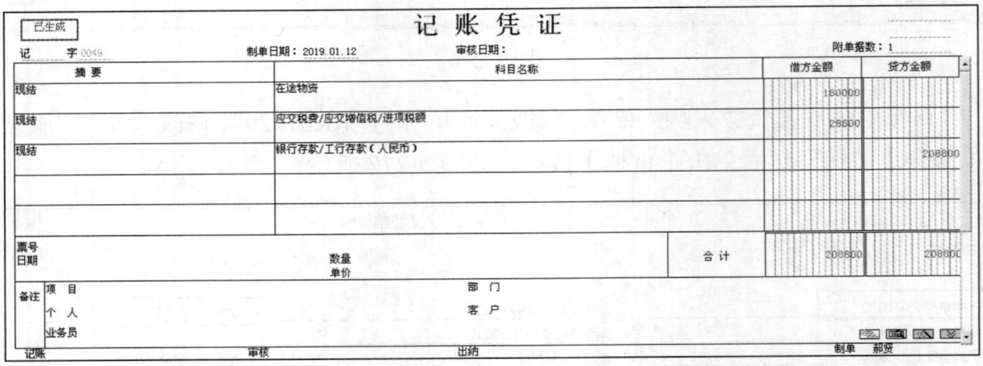

图 5-279

5. 单据记账并生成凭证

（1）正常单据记账。2019年1月12日，财务会计郝贤【202】在企业应用平台中执行【业务工作/供应链/存货核算/业务核算/正常单据记账】命令，弹出【查询条件选择】对话框，单击【确定】按钮。打开"正常单据记账列表"窗口，双击"RK01020"号入库单的【选择】栏，如图5-280所示。单击【记账】按钮，将采购入库单记账，系统提示【记账成功】，单击【确定】按钮。

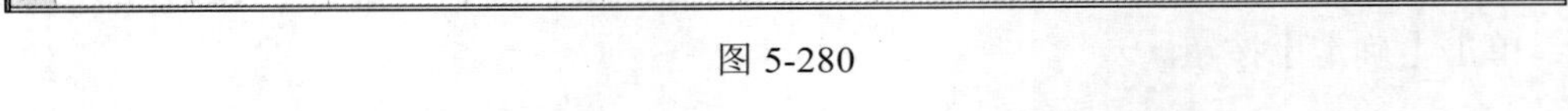

图 5-280

（2）生成凭证。执行【存货核算/财务核算/生成凭证】命令，打开"生成凭证"窗口，单击【选择】按钮，弹出【查询条件】对话框，单击【确定】按钮。打开"未生成凭证单据一览表"窗口，单击【选择】栏，选中"RK01020"号入库单，【选择】栏出现【1】，单击【确定】按钮，返回"生成凭证"窗口。凭证类别选择为【记账凭证】。单击【生成】按钮，生成一张记账凭证，单击【保存】按钮，如图5-281所示。

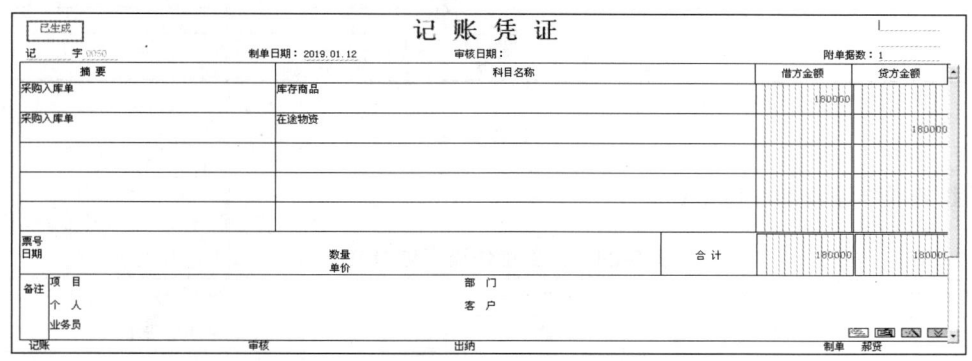

图 5-281

5.5.4 带付款条件的退货退款业务

【业务内容】

2019年1月12日，发现CG01005号采购订单涉及的从浙江雅达商贸有限公司采购的雅达休闲裤中，有10件存在质量问题，已协商即日办理退货，并于当日收到退还的价税款及红字发票（退货款通过负向的付款单完成）。相关的凭证如图5-282至图5-284所示。业务操作流程及分工如表5-24所示。

供应商：浙江雅达			入 库 单 2019年1月12日				单号：RK01021	
验收仓库	存货编码	存货名称	单位	数量		单价	金额
				应收	实收		
服装库	0105	雅达休闲裤	件	-10	-10		
		合计					
部门经理：略		会计：略		仓库：略		经办人：略	

图 5-282

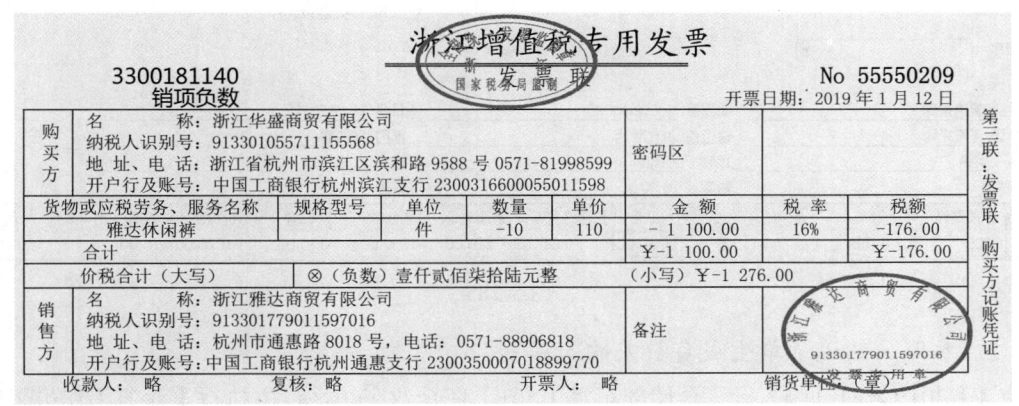

图 5-283

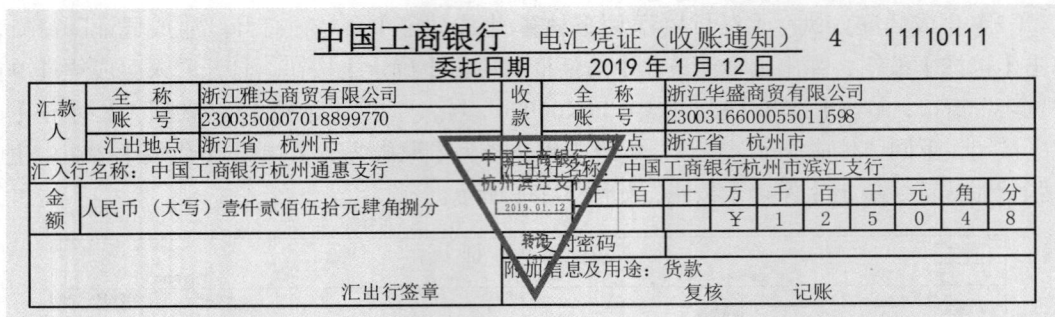

图 5-284

【业务操作流程和岗位工作】

表 5-24 业务操作流程与岗位工作

操作日期	操作员	操作系统	操作流程
2019-01-12	采购员【301】	采购管理	（1）参照采购订单生成采购退货单
2019-01-12	仓管员【501】	库存管理	（2）参照采购退货单生成负数采购入库单
2019-01-12	采购员【301】	采购管理	（3）参照负数入库单生成红字采购专用发票 （4）采购结算
2019-01-12	财务会计【202】	应付款管理	（5）审核红字采购发票并立即制单
2019-01-12	财务会计【202】	存货核算	（6）单据记账并生成凭证
2019-01-12	出纳【203】	应付款管理	（7）填制负向的付款单（应付系统收款单）
2019-01-12	财务会计【202】	应付款管理	（8）审核收款单、核销、合并制单

【操作指导】

1. 参照采购订单生成采购退货单

2019 年 1 月 12 日，采购部梁燕【301】在应用平台执行【业务工作/供应链/采购管理/采购到货/采购退货单】命令，打开"采购退货单"窗口。单击【增加】按钮，执行【生单/采购订单】命令，弹出【查询条件选择-采购订单列表过滤】对话框，单击【确定】按钮。打开"拷贝并执行"窗口，选择"CG01005"采购订单，单击【确定】按钮。系统自动生成退货单，修改退货数量为"-10"，单击【保存】按钮，如图 5-285 所示，然后单击【审核】按钮。

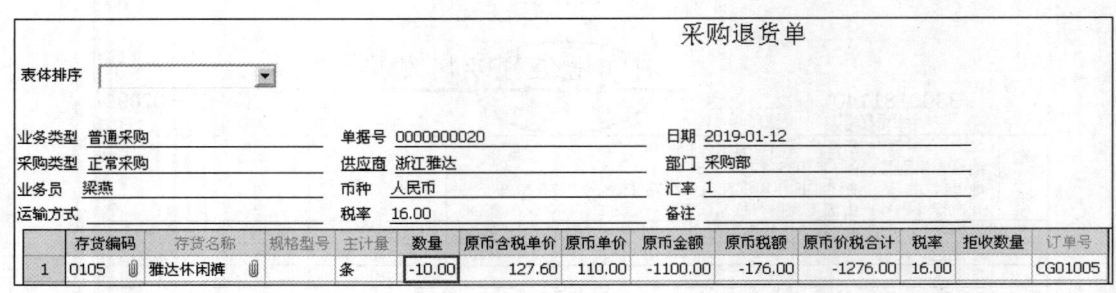

图 5-285

2. 参照采购退货单生成负数采购入库单

（1）2019 年 1 月 12 日，仓储部王娜【501】在企业应用平台中执行【业务工作/供应链/库存管理/入库业务/采购入库单】命令，打开"采购入库单"窗口。执行【生单/采购到货单

(红字)】命令,打开【查询条件选择-采购到货单列表】对话框,单击【确定】按钮。打开"到货单生单列表"窗口,在采购退货单的表头双击【选择】栏,出现【Y】,如图 5-286 所示,单击【确定】按钮。

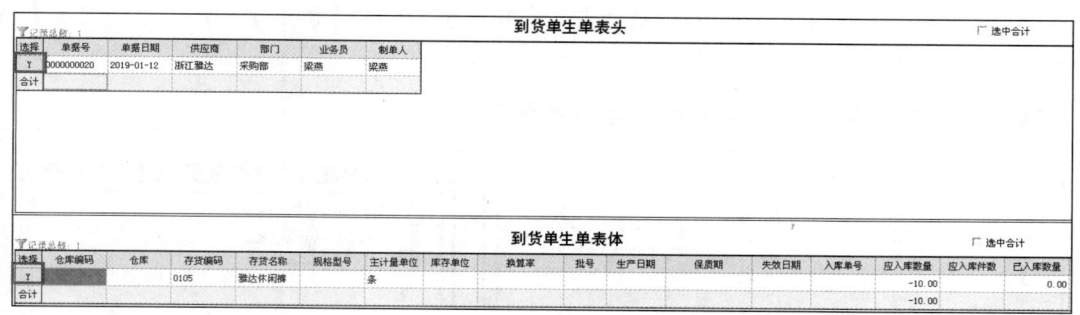

图 5-286

(2)系统生成一张负数采购入库单,修改入库单号为"RK01021",修改仓库为"服装库",单击【保存】按钮,单击【审核】按钮,如图 5-287 所示。

图 5-287

3. 参照负数采购入库单生成红字采购专用发票(结算、现付)

(1)2019 年 1 月 12 日,采购部梁燕【301】在企业应用平台中执行【业务工作/供应链/采购管理/采购发票/红字专用采购发票】命令,打开"红字专用发票"窗口。单击【增加】按钮,执行【生单/入库单】命令,弹出【查询条件选择-采购入库单列表过滤】对话框,单击【确定】按钮。打开"拷贝并执行-发票拷贝入库单列表"窗口,选中"RK01021"采购入库单,单击【确定】按钮,系统自动生成红字采购专用发票。

(2)修改发票号为"55550209",如图 5-288 所示,单击【保存】按钮。

图 5-288

4. 采购结算

2019年1月12日，采购员梁燕【301】在企业应用平台中执行【业务工作/供应链/采购管理/采购结算/自动结算】命令，打开【查询条件选择-采购自动结算】对话框，结算模式勾选"入库单和发票""红蓝入库单""红蓝发票"复选框，单击【确定】按钮，系统提示【结算成功】，如图5-289所示。

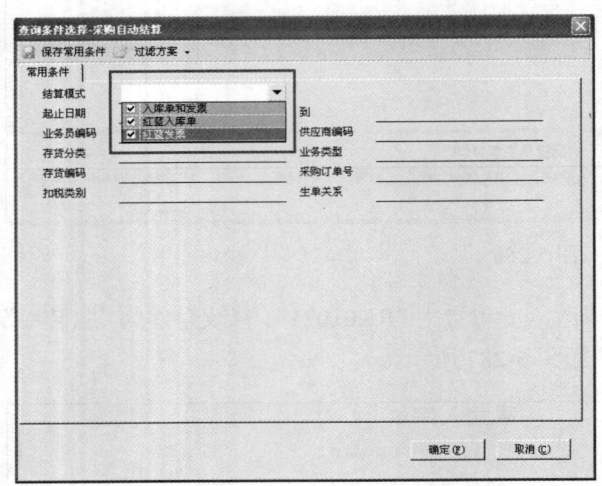
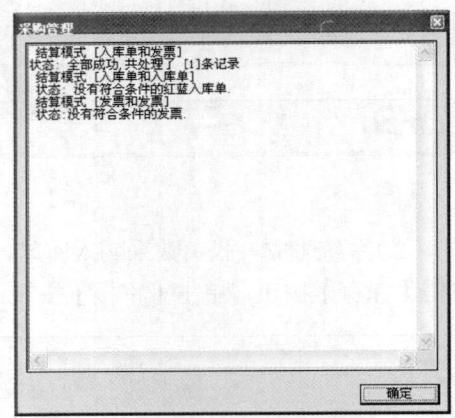

图 5-289

5. 审核红字采购发票并立即制单

2019年1月12日，财务会计郝贤【202】在企业应用平台中执行【业务工作/财务会计/应付款管理/应付单据处理/应付单据审核】命令，弹出【应付单查询条件】对话框，单击【确定】按钮。系统弹出"应付单据列表"窗口，双击待审核的采购发票【选择】栏右侧的任意单元格，打开"专用发票"窗口，单击工具栏中的【审核】按钮，系统直接弹出提示【是否立即制单？】，单击【是】按钮，生成一张记账凭证，单击【保存】按钮，系统提示【应付账款-一般应付款账户借方赤字】，单击【继续】按钮，保存的凭证如图5-290所示。

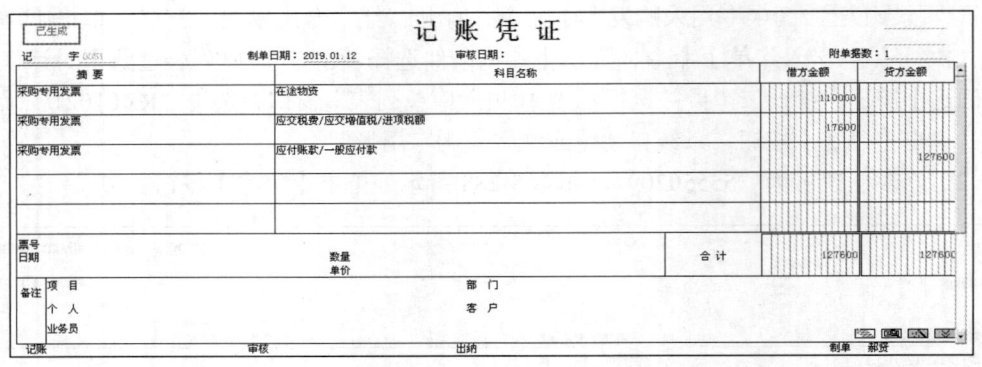

图 5-290

注意事项

由于"应付账款-一般应付款（浙江雅达）"的账户余额为"0"，上面的凭证中产生贷方负数发生额，系统提示【借方赤字】，单击【继续】按钮保存即可。后续凭证会产生贷方发生额。

6. 单据记账并生成凭证

（1）正常单据记账。2019 年 1 月 12 日，财务会计郝贤【202】在企业应用平台中执行【业务工作/供应链/存货核算/业务核算/正常单据记账】命令，弹出【查询条件选择】对话框，单击【确定】按钮。打开“正常单据记账列表”窗口，双击“RK01021”号入库单的【选择】栏，如图 5-291 所示。单击【记账】按钮，将采购入库单记账，系统提示【记账成功】，单击【确定】按钮。

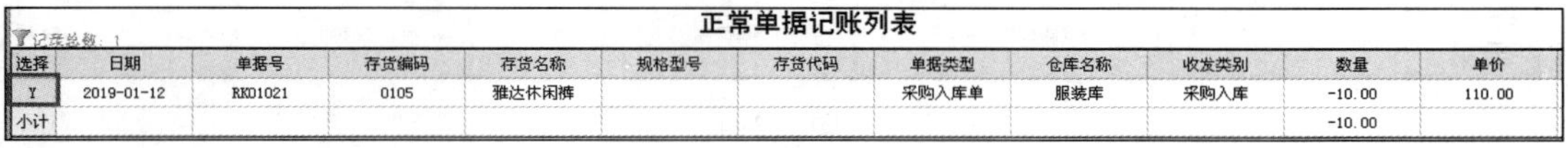
正常单据记账列表

记录总数：1

选择	日期	单据号	存货编码	存货名称	规格型号	存货代码	单据类型	仓库名称	收发类别	数量	单价
Y	2019-01-12	RK01021	0105	雅达休闲裤			采购入库单	服装库	采购入库	-10.00	110.00
小计										-10.00	

图 5-291

（2）生成凭证。执行【存货核算/财务核算/生成凭证】命令，打开“生成凭证”窗口，单击【选择】按钮，弹出【查询条件】对话框，单击【确定】按钮。打开“未生成凭证单据一览表”窗口，单击【选择】栏，选中“RK01021”号入库单，【选择】栏出现【1】，单击【确定】按钮，返回“生成凭证”窗口，凭证类别选择为【记账凭证】。单击【生成】按钮，生成一张记账凭证，单击【保存】按钮，如图 5-292 所示。

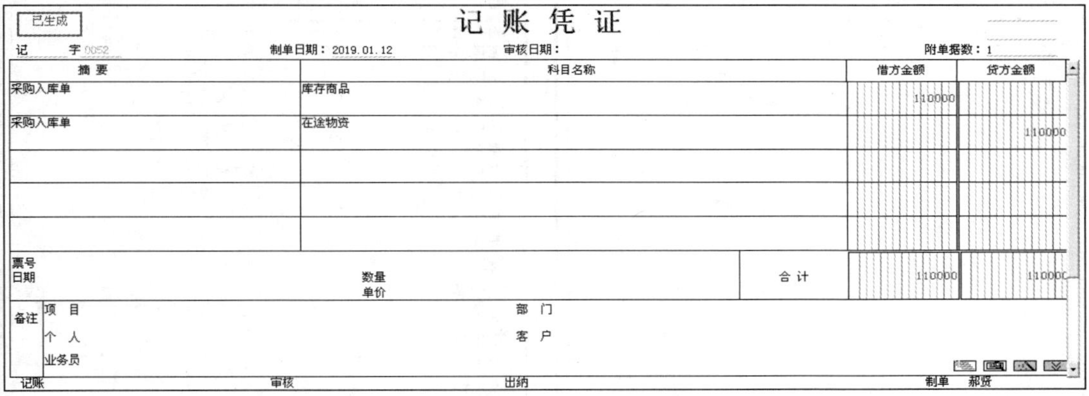
已生成

记账凭证

记 字 0052　制单日期：2019.01.12　审核日期：　附单据数：1

摘要	科目名称	借方金额	贷方金额
采购入库单	库存商品	110000	
采购入库单	在途物资		110000
票号 日期	数量 单价 / 合计	110000	110000

备注　项目　部门
个人　客户
业务员

记账　审核　出纳　制单 郝贤

图 5-292

7. 填制负向的付款单（应付系统收款单）

2019 年 1 月 12 日，财务部出纳梅丽【203】在企业应用平台中执行【业务工作/财务会计/应付款管理/付款单据处理/付款单据录入】命令，打开“付款单”窗口，单击【切换】按钮，单据变为“红字收款单”。单击【增加】按钮，按照收款通知单的信息填写红字收款单，单击【保存】按钮，如图 5-293 所示。

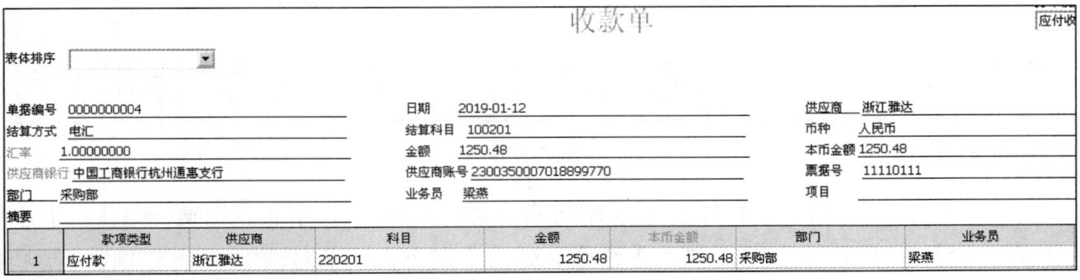
收款单

应付收

表体排序

单据编号 0000000004　日期 2019-01-12　供应商 浙江雅达
结算方式 电汇　结算科目 100201　币种 人民币
汇率 1.00000000　金额 1250.48　本币金额 1250.48
供应商银行 中国工商银行杭州通惠支行　供应商账号 23003500070188997 70　票据号 11110111
部门 采购部　业务员 梁燕　项目
摘要

	款项类型	供应商	科目	金额	本币金额	部门	业务员
1	应付款	浙江雅达	220201	1250.48	1250.48	采购部	梁燕

图 5-293

8. 审核付款单、核销、合并制单

（1）审核付款单。2019年1月12日，财务会计郝贤【202】在企业应用平台中执行【业务工作/财务会计/应付款管理/付款单据处理/审核付款单】命令，打开"收付款单列表"窗口，单击【全选】按钮，如图5-294所示，单击【审核】按钮。

图 5-294

（2）核销。2019年1月12日，财务会计郝贤【202】在企业应用平台中执行【业务工作/财务会计/应付款管理/核销/手工核销】命令，打开【核销条件】对话框。在"通用"选项卡下，选择供应商为"0102浙江雅达"；在"收付款单"选项卡下，选择单据类型为"收款单"，如图5-295所示。单击【确定】按钮，系统打开"单据核销"窗口，输入本次结算金额"1250.48"，自动计算本次折扣"25.52"，单击【保存】按钮，如图5-296所示。

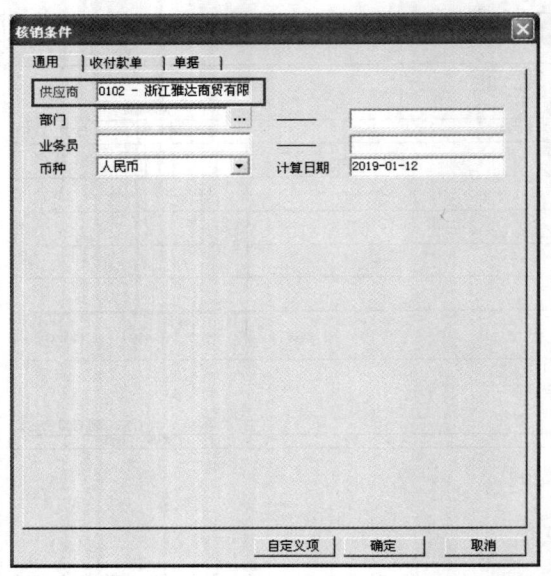
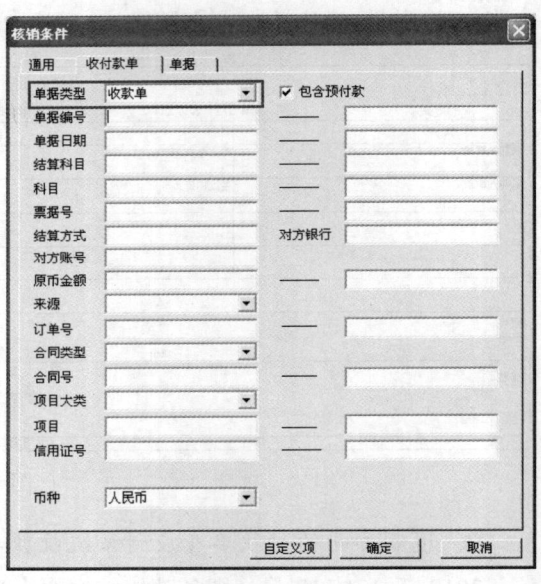

图 5-295

图 5-296

（3）合并制单。2019年1月12日，财务会计郝贤【202】在企业应用平台中执行【业务工作/财务会计/应付款管理/合并制单】命令，弹出【制单查询】对话框，勾选"收付款单制单"和"核销制单"复选框，单击【确定】按钮，系统弹出"应付制单"窗口，单击【全选按钮，单击【合并】按钮，如图 5-297 所示。单击【制单】按钮，生成一张记账凭证，单击【保存】按钮，如图 5-298 所示。

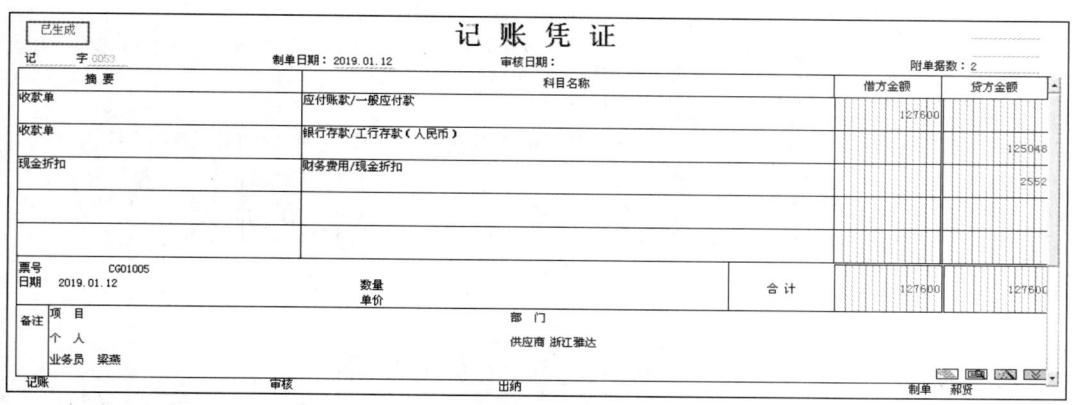

图 5-297

图 5-298

5.5.5 采购折让业务

【业务内容】

2019 年 1 月 12 日，采购部梁燕与浙江雅达商贸有限公司签订采购合同（合同编号为 CG01015，图略），并于合同当日收到采购专用发票。2019 年 1 月 13 日，收到货后，验收检查时发现该批货物质量存在问题，经协商对方给予我方销售折让后，我方付款。取得与该业务相关的单据，如图 5-299 至图 5-303 所示。业务操作流程及分工如表 5-25 所示。

图 5-299

入 库 单

供应商：浙江雅达　　　　　　　　　2019年1月12日　　　　　　　　　单号：RK01022

验收仓库	存货编码	存货名称	单位	数量		单价	金额
				应收	实收		
服装库	0104	雅达西裤	件	100	100		
服装库	0105	雅达休闲裤	件	20	20		
合计							

部门经理：略　　　会计：略　　　仓库：略　　　经办人：略

图 5-300

产品质量问题处理协议书

甲方：浙江雅达商贸有限公司
乙方：浙江华盛商贸有限公司

甲方于2019年1月12日向乙方销售产品（雅达西裤、雅达休闲裤），乙方于2018年1月13日收到全部货物后进行验收质检，发现该批货物质量存在问题。经协商，双方达成如下协议：
1. 乙方质检部经检验认为该批西裤存在面料品质问题，影响销售。
2. 甲方给予乙方总货款10%的销售折让。
3. 乙方向当地税务机关申请开具红字增值税专用发票通知单，经税务机关审核后，甲方填开红字增值税专用发票。

甲方（盖章）：　　　　　　　　　　　　乙方（盖章）：
法定代表：孔晶　　　　　　　　　　　　法定代表：李国华
日　　期：2019年1月13日　　　　　　　日　　期：2019年1月13日

图 5-301

图 5-302

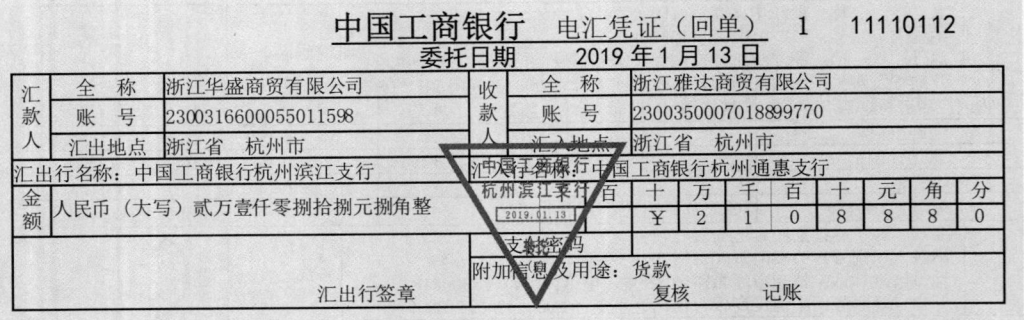

图 5-303

【业务操作流程和岗位工作】

表 5-25　业务操作流程与岗位工作

操作日期	操作员	操作系统	操作流程
2019-01-12	采购员【301】	采购管理	（1）填制采购订单 （2）参照采购订单生成采购专用发票
2019-01-12	财务会计【202】	应付款管理	（3）审核采购发票并立即制单
2019-01-12	采购员【301】	采购管理	（4）参照采购订单生成到货单
2019-01-12	仓管员【501】	库存管理	（5）参照到货单生成入库单
2019-01-13	采购员【301】	采购管理	（6）手工填制销售折让的红字专用发票 （7）采购结算
2019-01-13	财务会计【202】	应付款管理	（8）审核红字采购发票并立即制单 （9）红票对冲
		存货核算	（10）单据记账并生成凭证
2019-01-13	出纳【203】	应付款管理	（11）填制付款单 （12）审核付款单，核销，合并制单

【操作指导】

1. 填制采购订单

（1）2019 年 1 月 12 日，采购部梁燕【301】按合同在企业应用平台中执行【业务工作/供应链/采购管理/采购订货/采购订单】命令，打开"采购订单"窗口，单击【增加】按钮。

（2）在表头中，修改订单编号为"CG01015"，采购类型为"正常采购"，供应商为"浙江雅达"。

（3）在表体中，第一行输入雅达西裤的采购数量为"100"，原币单价为"180"，计划到货日期为"2019-01-12"；第二行输入"雅达休闲裤"的采购数量为"20"，原币单价为"110"，计划到货日期为"2019-01-12"，其他信息由系统自动带出，如图 5-304 所示。

	采购订单		打印模板	8174 采购订单打印模版

表体排序										合并显示 □

业务类型　普通采购　　　订单日期 2019-01-12　　　订单编号 CG01015
采购类型　正常采购　　　供应商　浙江雅达　　　　　部门　采购部
业务员　　梁燕　　　　　税率　　16.00　　　　　　付款条件
币种　　　人民币　　　　汇率　　1　　　　　　　　备注

	存货编码	存货名称	规格型号	主计量	数量	原币含税单价	原币单价	原币金额	原币税额	原币价税合计	税率	计划到货日期
1	0104	雅达西裤		条	100.00	208.80	180.00	18000.00	2880.00	20880.00	16.00	2019-01-12
2	0105	雅达休闲裤		条	20.00	127.60	110.00	2200.00	352.00	2552.00	16.00	2019-01-12

图 5-304

（4）在工具栏中，单击【保存】按钮，单击【审核】按钮，然后退出该窗口。

2. 参照采购订单生成采购专用发票

2019 年 1 月 12 日，采购部梁燕【301】在企业应用平台中执行【业务工作/供应链/采购管理/采购发票/采购专用发票】命令，打开"专用发票"窗口。单击【增加】按钮，执行【生单/采购订单】命令，弹出【查询条件选择-采购订单列表过滤】对话框，单击【确定】按钮。打开"拷贝并执行"窗口，双击【选择】栏，选中"CG01015 号采购订单"，单击【确定】按钮，系统自动参照入库单生成采购专用发票，修改发票号为"55550210"，单击【保存】按钮，如图 5-305 所示。

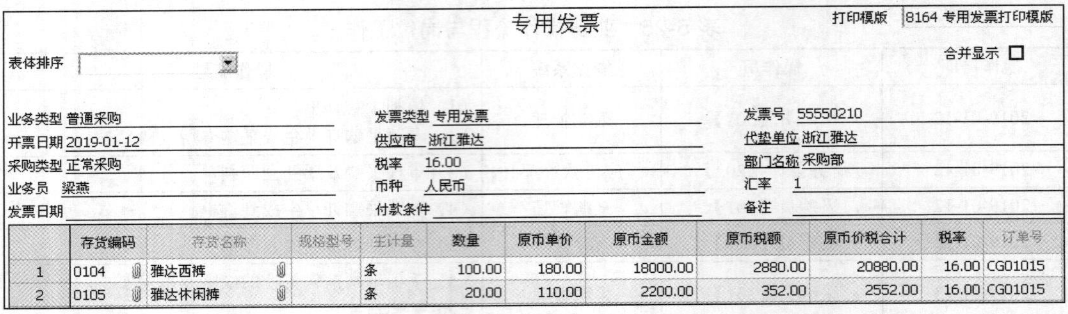

图 5-305

3. 审核采购发票并立即制单

2019 年 1 月 12 日，财务会计郝贤【202】在企业应用平台中执行【业务工作/财务会计/应付款管理/应付单据处理/应付单据审核】命令，弹出【应付单查询条件】对话框，勾选"未完全报销"复选框，单击【确定】按钮。系统弹出"应付单据列表"窗口，双击待审核的采购发票【选择】栏右侧的任意单元格，打开"专用发票"窗口，单击工具栏中的【审核】按钮，系统直接弹出提示【是否立即制单？】，单击【是】按钮，生成一张记账凭证，单击【保存】按钮，如图 5-306 所示。

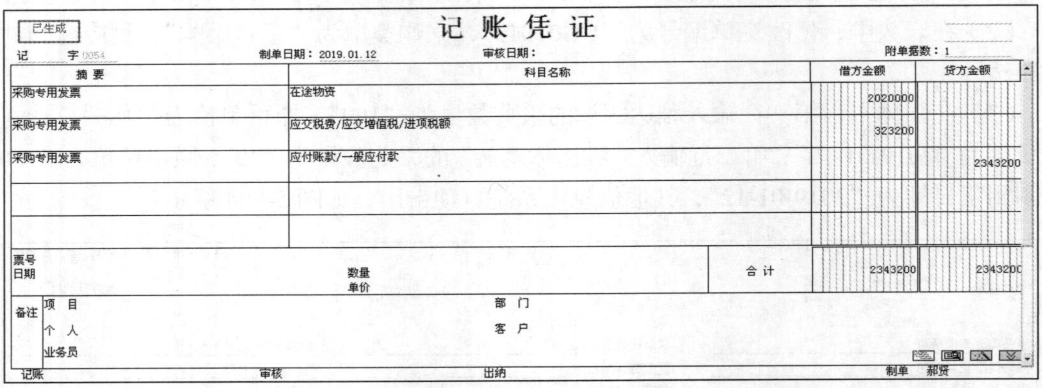

图 5-306

4. 参照采购订单生成到货单

2019 年 1 月 13 日，采购部梁燕【301】在企业应用平台中执行【业务工作/供应链/采购管理/采购到货/到货单】命令，打开"到货单"窗口。单击【增加】按钮，执行【生单/采购订单】命令，弹出【查询条件选择-采购订单列表过滤】对话框，单击【确定】按钮。系统打开"拷贝并执行"窗口，双击【选择】栏，选中所要拷贝的采购订单"CG01015"，在【选择】栏出现【Y】，单击【确定】按钮。系统自动生成到货单，如图 5-307 所示。单击【保存】按钮，然后单击【审核】按钮。

5. 参照到货单生成入库单

2019 年 1 月 13 日，仓储部王娜【501】在企业应用平台中执行【业务工作/供应链/库存管理/入库业务/采购入库单】命令，打开"采购入库单"窗口。执行【生单/采购到货单（蓝字)】命令,弹出【查询条件选择-采购到货单列表】对话框,单击【确定】按钮。打开"到货单生单列表"窗口,双击【选择】栏,选择相应的到货单,单击【确定】按钮。系统自动参照到货单生成入库单,修改入库单号为"RK01022",选择仓库为"服装库",如图 5-308 所示。单击【保存】按钮,单击【审核】按钮。

图 5-307

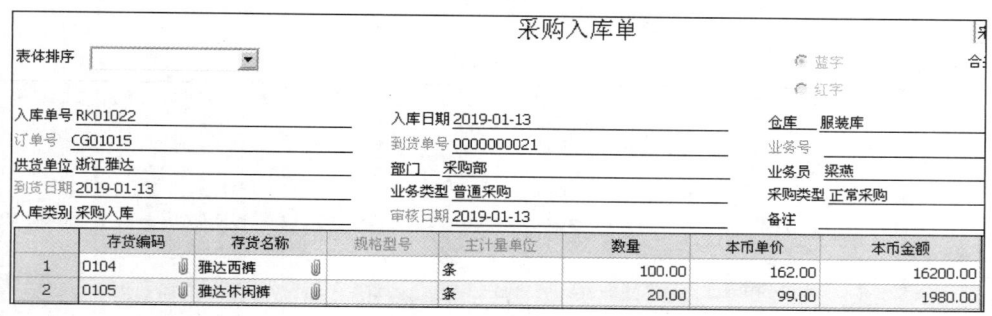

图 5-308

6. 手工填制销售折让的红字专用发票

2019 年 1 月 13 日,由采购部梁燕【301】登录企业应用平台,双击【供应链/采购管理/采购发票/红字专用采购发票】菜单,打开"红字专用发票"窗口。单击【增加】按钮,根据图 5-302 的内容填制红字采购发票并保存,结果如图 5-309 所示。

图 5-309

7. 采购结算

(1) 2019 年 1 月 13 日,采购部梁燕【301】在企业应用平台中执行【业务工作/供应链/采购管理/采购结算/手工结算】命令,打开"手工结算"窗口。单击【选单】按钮,打开"结算选单"窗口。单击【查询】按钮,弹出【查询条件选择—采购手工结算】对话框,单击【确定】按钮。选择相应的"采购发票"和"入库单",如图 5-310 所示。

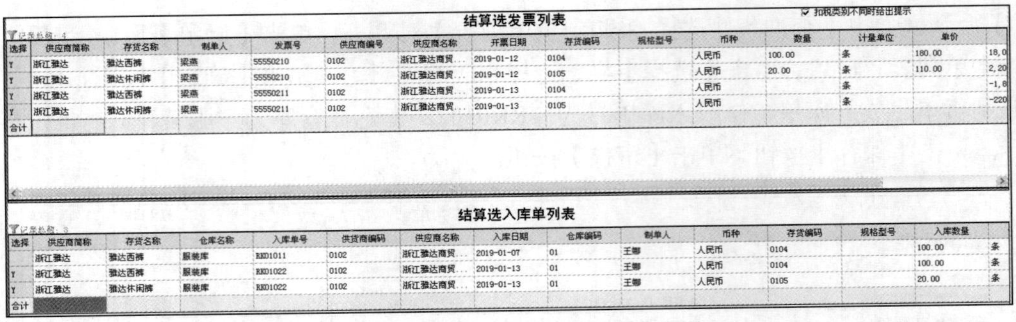

结算选发票列表

☑ 扣税类别不同时给出提示

记录总数：4

选择	供应商简称	存货名称	制单人	发票号	供应商编号	供应商名称	开票日期	存货编码	规格型号	币种	数量	计量单位	单价	
Y	浙江雅达	雅达西裤	梁燕	55550210	0102	浙江雅达商贸...	2019-01-12	0104		人民币	100.00	条	180.00	18,0
Y	浙江雅达	雅达休闲裤	梁燕	55550210	0102	浙江雅达商贸...	2019-01-12	0105		人民币	20.00	条	110.00	2,20
Y	浙江雅达	雅达西裤	梁燕	55550211	0102	浙江雅达商贸...	2019-01-13	0104		人民币		条		-1,8
Y	浙江雅达	雅达休闲裤	梁燕	55550211	0102	浙江雅达商贸...	2019-01-13	0105		人民币		条		-220
合计														

结算选入库单列表

记录总数：3

选择	供应商简称	存货名称	仓库名称	入库单号	供货商编码	供应商名称	入库日期	仓库编码	制单人	币种	存货编码	规格型号	入库数量	
	浙江雅达	雅达西裤	服装库	RK01011	0102	浙江雅达商贸...	2019-01-07	01	王娜	人民币	0104		100.00	条
Y	浙江雅达	雅达西裤	服装库	RK01022	0102	浙江雅达商贸...	2019-01-13	01	王娜	人民币	0104		100.00	条
Y	浙江雅达	雅达休闲裤	服装库	RK01022	0102	浙江雅达商贸...	2019-01-13	01	王娜	人民币	0105		20.00	条
合计														

图 5-310

（2）单击【确定】按钮，系统回到“手工结算”窗口，如图 5-311 所示。单击【结算】按钮，系统提示【完成结算！】。

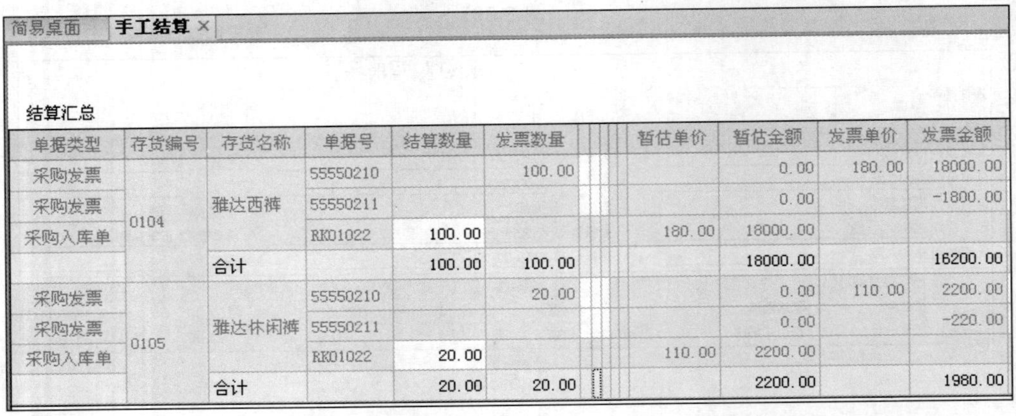

结算汇总

单据类型	存货编号	存货名称	单据号	结算数量	发票数量	暂估单价	暂估金额	发票单价	发票金额
采购发票	0104	雅达西裤	55550210		100.00		0.00	180.00	18000.00
采购发票			55550211				0.00		-1800.00
采购入库单			RK01022	100.00		180.00	18000.00		
		合计		100.00	100.00		18000.00		16200.00
采购发票	0105	雅达休闲裤	55550210		20.00		0.00	110.00	2200.00
采购发票			55550211				0.00		-220.00
采购入库单			RK01022	20.00		110.00	2200.00		
		合计		20.00	20.00		2200.00		1980.00

图 5-311

8. 审核红字采购发票并立即制单

2019 年 1 月 13 日，财务会计郝贤【202】在企业应用平台中执行【业务工作/财务会计/应付款管理/应付单据处理/应付单据审核】命令，弹出【应付单查询条件】对话框，单击【确定】按钮。系统弹出“应付单据列表”窗口，双击待审核的采购发票【选择】栏右侧的任意单元格，打开“专用发票”窗口，单击工具栏中的【审核】按钮，系统直接弹出提示【是否立即制单？】，单击【是】按钮，生成一张记账凭证，单击【保存】按钮，如图 5-312 所示。

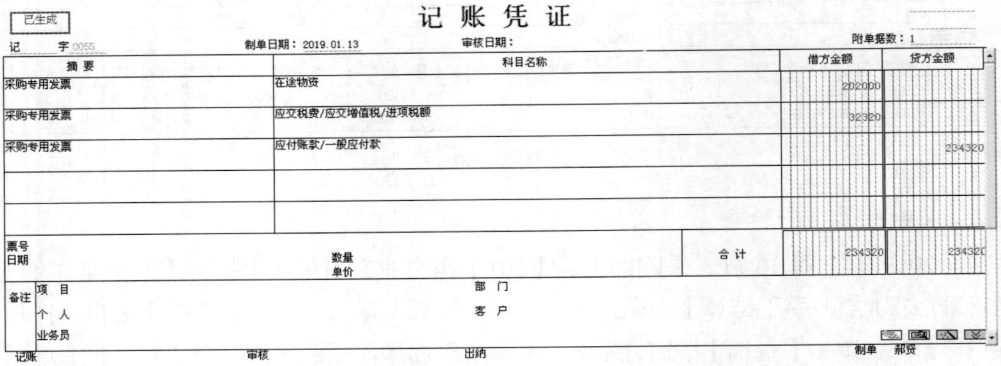

已生成

记账凭证

记　字 0055　　制单日期：2019.01.13　　审核日期：　　附单据数：1

摘要	科目名称	借方金额	贷方金额
采购专用发票	在途物资	202000	
采购专用发票	应交税费/应交增值税/进项税额	32320	
采购专用发票	应付账款/一般应付款		234320
票号 日期	数量 单价　　合计	234320	234320

备注　项　目　　部　门

个　人　　客　户

业务员

记账　　审核　　出纳　　制单　郝贤

图 5-312

9. 红票对冲

财务会计郝贤【202】在企业应用平台双击【财务会计/应付款管理/转账/红票对冲/手工对冲】菜单，系统打开【红票对冲条件】对话框，供应商选择“浙江雅达”，单击【确定】按钮。打开“红票对冲”窗口，输入采购专用发票行的对冲金额为“2343.2”，如图 5-313 所示。单击【保存】按钮，系统提示【是否立即制单？】，单击【是】按钮，系统自动生成一张记账凭证，单击【保存】按钮，如图 5-314 所示。

简易桌面　红票对冲

单据日期	单据类型	单据编号	供应商	币种	原币金额	原币余额	对冲金额
2019-01-13	采购专...	55550211	浙江雅达	人民币	2,343.20	2,343.20	2,343.20
合计					2,343.20	2,343.20	2,343.20

单据日期	单据类型	单据编号	供应商	币种	原币金额	原币余额	对冲金额
2019-01-12	采购专...	55550210	浙江雅达	人民币	23,432.00	23,432.00	2,343.20
合计					23,432.00	23,432.00	2,343.20

图 5-313

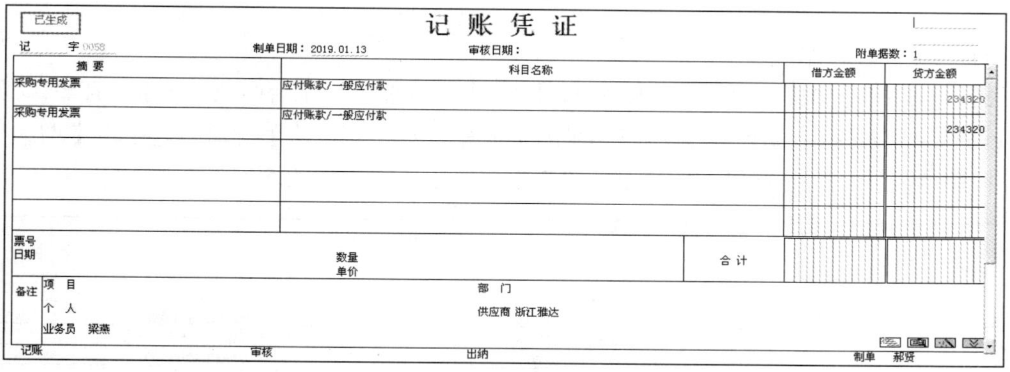
已生成

记账凭证

记　字 0058　制单日期：2019.01.13　审核日期：　附单据数：1

摘要	科目名称	借方金额	贷方金额
采购专用发票	应付账款/一般应付款		234320
采购专用发票	应付账款/一般应付款		234320

票号
日期
数量
单价
合计

备注　项目　部门
个人　供应商 浙江雅达
业务员 梁燕

记账　审核　出纳　制单 郝贤

图 5-314

注意事项

如果红票对冲后不能制单，提示【有效分录为 0】，那么需要在【应付款管理/设置/选项】中单击【编辑】按钮，将“受控科目制单方式”修改为“明细到单据”。

10. 单据记账并生成凭证

（1）正常单据记账。2019 年 1 月 13 日，财务会计【202】在企业应用平台中执行【业务工作/供应链/存货核算/业务核算/正常单据记账】命令，弹出【查询条件选择】对话框。单击【确定】按钮。打开“正常单据记账列表”窗口，单击【全选】按钮，选中“RK01022”号入库单，如图 5-315 所示。单击【记账】按钮，系统提示【记账成功】，单击【确定】按钮。

正常单据记账列表

记录总数：2

选择	日期	单据号	存货编码	存货名称	规格型号	存货代码	单据类型	仓库名称	收发类别	数量	单价
Y	2019-01-13	RK01022	0104	雅达西裤			采购入库单	服装库	采购入库	100.00	162.00
Y	2019-01-13	RK01022	0105	雅达休闲裤			采购入库单	服装库	采购入库	20.00	99.00
小计										120.00	

图 5-315

（2）生成凭证。执行【存货核算/财务核算/生成凭证】命令，打开“生成凭证”窗口，单击【选择】按钮，弹出【查询条件】对话框，单击【确定】按钮。打开"未生成凭证单据一览表"窗口，单击【选择】栏，选中待生成凭证的单据 RK01022 号采购入库单，【选择】栏出现【1】，单击【确定】按钮，返回"生成凭证"窗口。凭证类别选择为【记账凭证】，如图 5-316 所示。单击【生成】按钮，生成一张记账凭证，单击【保存】按钮。

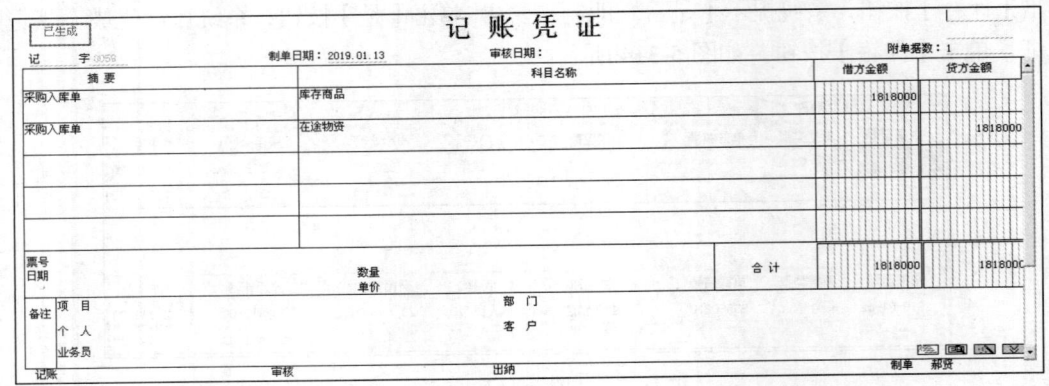

图 5-316

11. 填制付款单

2019 年 1 月 13 日，财务部出纳梅丽【203】在企业应用平台中执行【业务工作/财务会计/应付款管理/付款单据处理/付款单据录入】命令，打开"付款单"窗口，单击【增加】按钮，按照电汇凭证的信息填写付款单，单击【保存】按钮，如图 5-317 所示。

图 5-317

12. 审核付款单、核销、合并制单

（1）审核付款单。2019 年 1 月 13 日，财务会计郝贤【202】在企业应用平台中执行【业务工作/财务会计/应付款管理/付款单据处理/审核付款单】命令，打开"收付款单列表"窗口，单击【全选】按钮，如图 5-318 所示，单击【审核】按钮。

选择	审核人	单据日期	单据类型	单据编号	供应商	部门	业务员	结算方式	票据号	币种	汇率	原币金额
Y		2019-01-13	付款单	0000000018	浙江雅达商贸有限公司	采购部	梁燕	电汇	11110112	人民币	1.00000000	21,088.80
		合计										21,088.80

图 5-318

（2）核销。2019 年 1 月 13 日，财务会计郝贤【202】在企业应用平台中执行【业务工作/财务会计/应付款管理/核销/手工核销】命令，打开【核销条件】对话框，选择"供应商"为"0102 浙江雅达"，单击【确定】按钮。系统打开"单据核销"窗口，输入本次结算金额为

"21088.80"，单击【保存】按钮，如图 5-319 所示。

图 5-319

（3）合并制单。2019 年 1 月 13 日，财务会计郝贤【202】在企业应用平台中执行【业务工作/财务会计/应付款管理/制单处理】命令，弹出【制单查询】对话框，勾选"收付款单制单"和"核销制单"复选框，单击【确定】按钮。系统弹出"应付制单"窗口，单击【全选】按钮，或单击【选择标志】栏，再单击【合并】按钮，如图 5-320 所示。单击【制单】按钮，系统自动生成一张记账凭证，单击【保存】按钮，如图 5-321 所示。

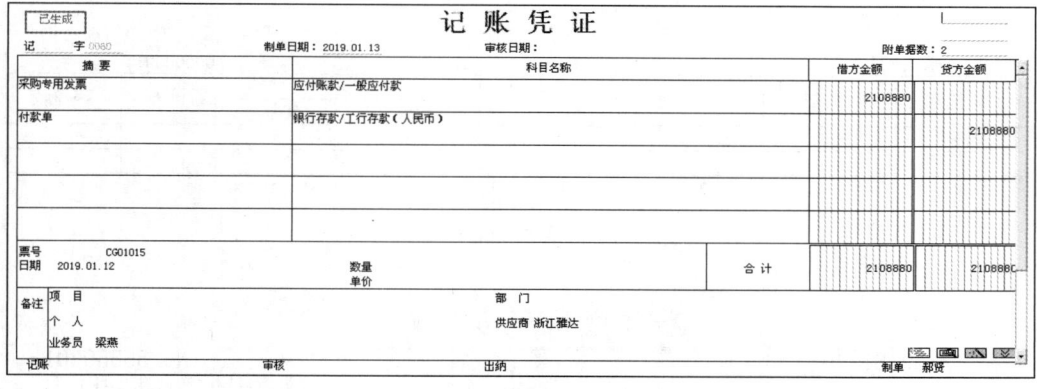

图 5-320

图 5-321

5.6　特殊采购业务

5.6.1　有赠品的采购业务

【业务内容】

2019 年 1 月 13 日，采购部梁燕与浙江恒祥商贸有限公司签订采购合同，采购恒祥针织帽 200 个，双方约定，随同货物由供货方免费赠送恒祥针织手套 100 双，不含税单价为 80 元/双，取得与该业务相关的单据如图 5-322 至图 5-325 所示。业务操作流程及分工如表 5-26 所示。

购销合同

卖方：浙江恒祥商贸有限公司　　　合同编号：CG01016
买方：浙江华盛商贸有限公司　　　签订日期：2019 年 01 月 13 日

为保护买卖双方的合法权益，根据《中华人民共和国合同法》的有关规定，经双方协定，订立本合同，共同遵守合同约定：

一、货物的名称、数量及金额：

货物名称	规格型号	单位	数量	单价（不含税）	金额（不含税）	税率	税额
恒祥针织帽		件	200	90	18 000.00	16%	2 880.00
合计					￥18 000.00		￥2 880.00

合同总金额（大写）：人民币贰万零捌佰捌拾元整（￥20 880.00）

二、签订合同当日，卖方交付货物并开具增值税专用发票，双方约定，随同货物由供货方免费赠送恒祥手套 100 双。
三、交货地点：浙江华盛商贸有限公司
四、发货方式与运输费用承担方式：由卖方发货，运输费用由卖方承担。

图 5-322

入 库 单

供应商：浙江恒祥　　　2019 年 1 月 13 日　　　单号：RK01023

验收仓库	存货编码	存货名称	单位	应收	实收	单价	金额
配饰库	0202	恒祥针织帽	件	200	200		
		合计					

部门经理：略　　会计：略　　仓库：略　　经办人：略

图 5-323

入 库 单

供应商：浙江恒祥　　　2019 年 1 月 13 日　　　单号：00000001

验收仓库	存货编码	存货名称	单位	应收	实收	单价	金额
配饰库	0201	恒祥针织手套	件	100	100		
		合计					

部门经理：略　　会计：略　　仓库：略　　经办人：略

图 5-324

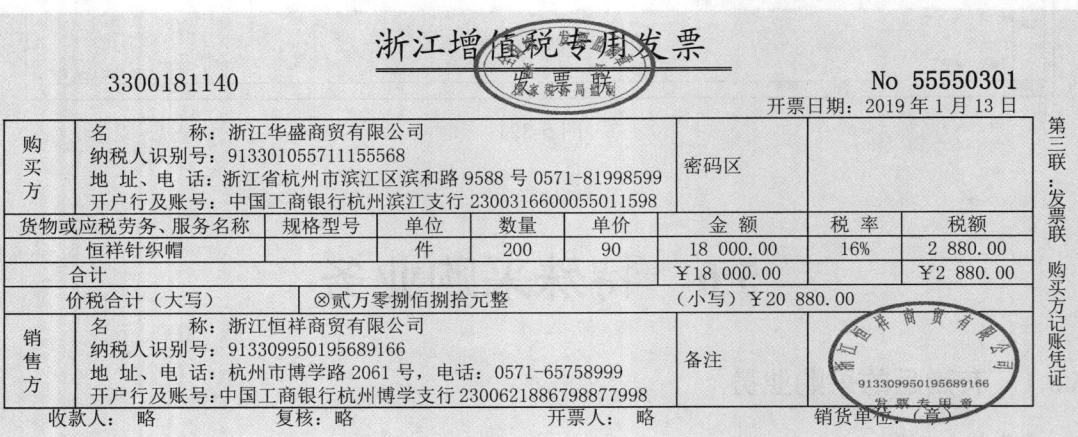

图 5-325

【业务操作流程和岗位工作】

表 5-26 业务操作流程与岗位工作

操作日期	操作员	操作系统	操作流程
2019-01-13	采购员【301】	采购管理	（1）填制采购订单 （2）参照采购订单生成到货单
2019-01-13	仓管员【501】	库存管理	（3）参照到货单生成入库单 （4）填制其他入库单
2019-01-13	采购员【301】	采购管理	（5）参照入库单生成采购专用发票 （6）采购结算
2019-01-13	财务会计【202】	应付款管理	（7）审核采购发票并制单处理
		存货核算	（8）单据记账并生成凭证

【操作指导】

1. 填制采购订单

（1）2019 年 1 月 13 日，采购部梁燕【301】按合同在企业应用平台中执行【业务工作/供应链/采购管理/采购订货/采购订单】命令，打开"采购订单"窗口，单击【增加】按钮。

（2）在表头中，修改订单编号为"CG01016"，采购类型为"正常采购"，供应商为"浙江恒祥"。

（3）在表体中，输入"恒祥针织帽"的采购数量为"200"，原币单价为"90"，计划到货日期为"2019-01-13"，其他信息由系统自动带出，如图 5-326 所示。

图 5-326

（4）在工具栏中，单击【保存】按钮，单击【审核】按钮，然后退出该窗口。

2. 参照采购订单生成到货单

2019 年 1 月 13 日，采购部梁燕【301】在企业应用平台中执行【业务工作/供应链/采购管理/采购到货/到货单】命令，打开"到货单"窗口。单击【增加】按钮，执行【生单/采购订单】命令，弹出【查询条件选择—采购订单列表过滤】对话框，单击【确定】按钮。系统打开"拷贝并执行"窗口，双击【选择】栏，选中 CG01016 采购订单,【选择】栏出现【Y】，单击【确定】按钮。系统自动生成到货单，单击【保存】按钮，然后单击【审核】按钮。

3. 参照到货单生成入库单

2019 年 1 月 13 日，仓储部王娜【501】在企业应用平台中执行【业务工作/供应链/库存管理/入库业务/采购入库单】命令，打开"采购入库单"窗口。执行【生单/采购到货单（蓝字）】命令，弹出【查询条件选择-采购到货单列表】对话框，单击【确定】按钮。打开"到货单生单列表"窗口，双击【选择】栏，选择上一步生成的到货单，在【选择】栏出现【Y】，单击【确定】按钮。系统自动参照到货单生成入库单，修改入库单号为"RK01023"，选择仓库为"配饰库"，单击【保存】按钮。单击【审核】按钮，完成入库单的审核。

4. 填制其他入库单

2019年1月13日，仓储部王娜【501】在企业应用平台执行【业务工作/供应链/库存管理/入库业务/其他入库单】命令，打开"其他入库单"窗口。单击【增加】按钮，按照合同输入赠品入库信息，选择存货为"恒祥针织手套"，数量为"100"，单价为"80"，入库类别为"其他入库"，仓库选择"配饰库"，单击【保存】按钮，单击【审核】按钮，如图5-327所示。

图5-327

5. 参照入库单生成采购专用发票

2019年1月13日，采购部梁燕【301】在企业应用平台中执行【业务工作/供应链/采购管理/采购发票/采购专用发票】命令，打开"专用发票"窗口。单击【增加】按钮，执行【生单/入库单】命令，弹出【查询条件选择-采购入库单列表过滤】对话框，单击【确定】按钮。打开"拷贝并执行"窗口，双击【选择】栏，选中"RK01023"采购入库单，单击【确定】按钮。系统自动参照入库单生成采购专用发票，修改发票号为"55550301"，如图5-328所示，单击【保存】按钮。

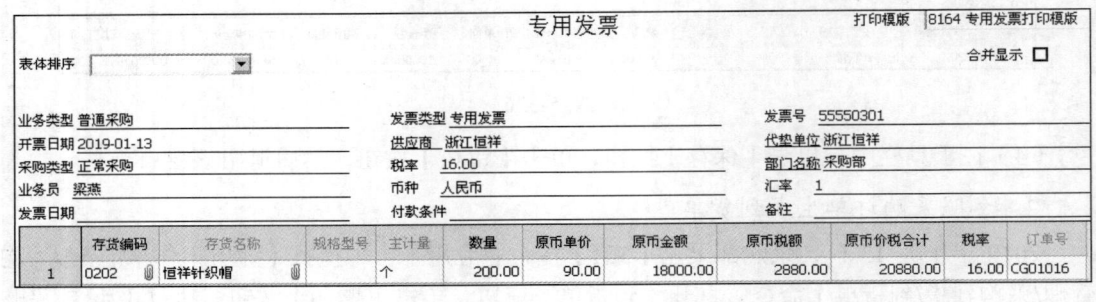

图5-328

6. 采购结算

2019年1月13日，采购部梁燕【301】在企业应用平台中执行【业务工作/供应链/采购管理/采购结算/手工结算】命令，打开"手工结算"窗口。在工具栏中，单击【选单】按钮，打开"结算选单"窗口。在工具栏中，单击【查询】按钮，弹出【查询条件选择-采购手工结算】对话框，单击【确定】按钮。系统打开"结算选单"窗口，选择相应的"55550301"采购发票和"RK01023"入库单，如图5-329所示，单击【确定】按钮。系统回到"手工结算"窗口，在工具栏中单击【结算】按钮，系统提示【完成结算！】。

结算选发票列表

选择	供应商简称	存货名称	制单人	发票号	供应商编码	供应商名称	开票日期	存货编码	规格型号	币种	数量	计量单位	单价
Y	浙江恒祥	恒祥针织帽	梁燕	55550301	0201	浙江恒祥商贸	2019-01-13	0202		人民币	200.00	个	90.00
合计													

结算选入库单列表

选择	供应商简称	存货名称	仓库名称	入库单号	供应商编码	供应商名称	入库日期	仓库编码	制单人	币种	存货编码	规格型号	入库数量
	浙江雅达	雅达西裤	服装库	RK01011	0102	浙江雅达商贸	2019-01-07	01	王聊	人民币	0104		100.00
Y	浙江恒祥	恒祥针织帽	配饰库	RK01023	0201	浙江恒祥商贸	2019-01-13	02	王聊	人民币	0202		200.00
合计													

图 5-329

7. 审核采购发票并立即制单

2019年1月13日，财务会计【202】在企业应用平台中执行【业务工作/财务会计/应付款管理/应付单据处理/应付单据审核】命令，弹出【应付单查询条件】对话框，单击【确定】按钮。系统弹出"应付单据列表"窗口，双击"55550301"采购发票【选择】栏右侧的任意单元格，打开"专用发票"窗口，单击工具栏中的【审核】按钮，系统直接弹出提示【是否立即制单？】，单击【是】按钮，生成一张记账凭证，单击【保存】按钮，如图5-330所示。

记账凭证

已生成
记 字 0081 制单日期：2019.01.13 审核日期： 附单据数：1

摘要	科目名称	借方金额	贷方金额
采购专用发票	在途物资	1800000	
采购专用发票	应交税费/应交增值税/进项税额	288000	
采购专用发票	应付账款/一般应付款		2088000
	合 计	2088000	2088000

票号
日期 数量
单价

备注 项 目   部 门
个 人   客 户
业务员

记账   审核   出纳   制单 郝贤

图 5-330

8. 单据记账并生成凭证

（1）正常单据记账。2019年1月13日，财务会计郝贤【202】在企业应用平台中执行【业务工作/供应链/存货核算/业务核算/正常单据记账】命令，弹出【查询条件选择】对话框，单击【确定】按钮。系统打开"正常单据记账列表"窗口，选择"RK01023""0000000001"号入库单，如图5-331所示。单击【记账】按钮，提示【记账成功】，单击【确定】按钮。

正常单据记账列表

选择	日期	单据号	存货编码	存货名称	规格型号	存货代码	单据类型	仓库名称	收发类别	数量	单价
Y	2019-01-13	RK01023	0202	恒祥针织帽			采购入库单	配饰库	采购入库	200.00	90.00
Y	2019-01-13	0000000001	0201	恒祥针织手套			其他入库单	配饰库	其他入库	100.00	80.00
小计										300.00	

图 5-331

（2）生成凭证。执行【财务核算/生成凭证】命令，打开"生成凭证"窗口。单击【选择】按钮，弹出【查询条件】对话框，单击【确定】按钮。打开"未生成凭证单据一览表"，单击

【选择】栏，选中"RK01023""0000000001"号入库单，选中后在【选择】栏出现【1】，单击【确定】按钮。返回"生成凭证"窗口，凭证类别选择"记账凭证"，补充其他入库单的贷方科目编码及名称为【6301 营业外收入】，如图5-332所示。单击【生成】按钮，生成两张记账凭证，单击【保存】按钮，如图5-333和图5-334所示。

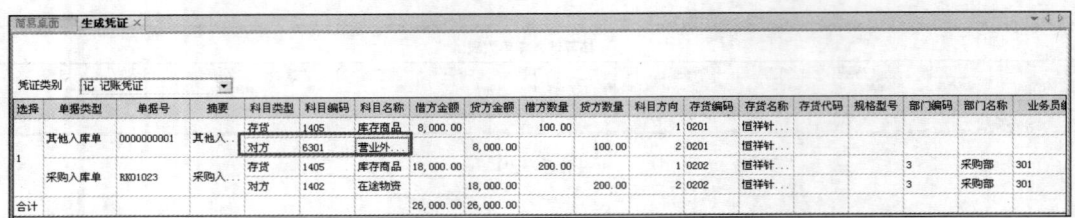

图 5-332

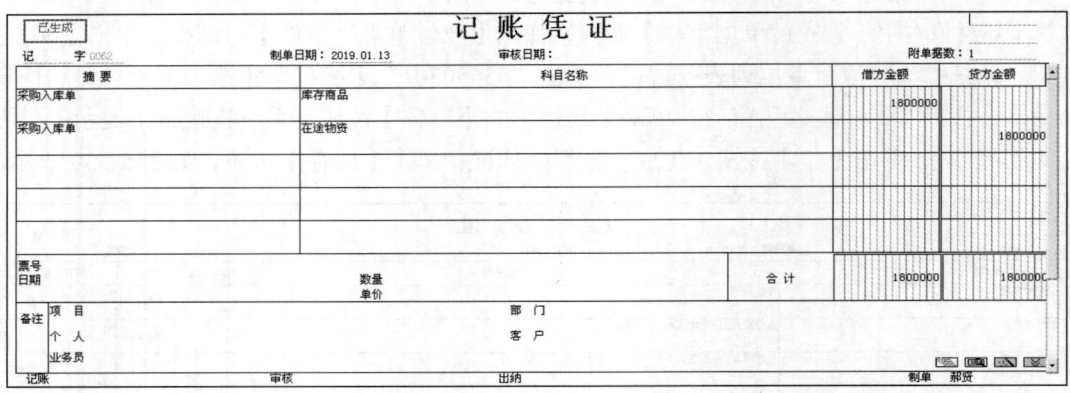

图 5-333

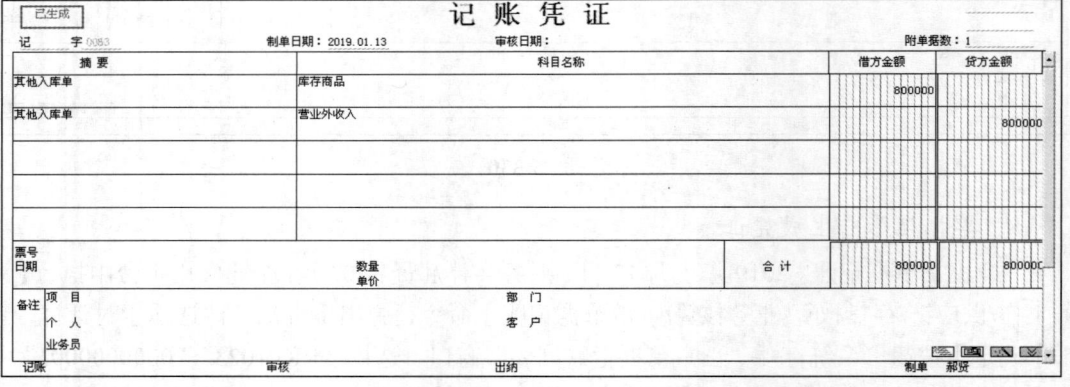

图 5-334

5.6.2 超订单收货的采购业务

【业务内容】

2019年1月13日，采购部梁燕与浙江恒祥商贸有限公司签订采购合同（合同编号为CG01017，图略），采购恒祥针织帽300个，同日我公司收到货物和增值税专用发票，浙江恒祥赠送恒祥针织帽50个，实收数量为350个，相关单据如图5-335和图5-336所示。业务操作流程及分工如表5-27所示。

		入 库 单					
供应商：浙江恒祥		2019年1月13日		单号：RK01024			
验收仓库	存货编码	存货名称	单位	数量		单价	金额
				应收	实收		
配饰库	0202	恒祥针织帽	件	350	350		
合计							
部门经理：略		会计：略		仓库：略		经办人：略	

图 5-335

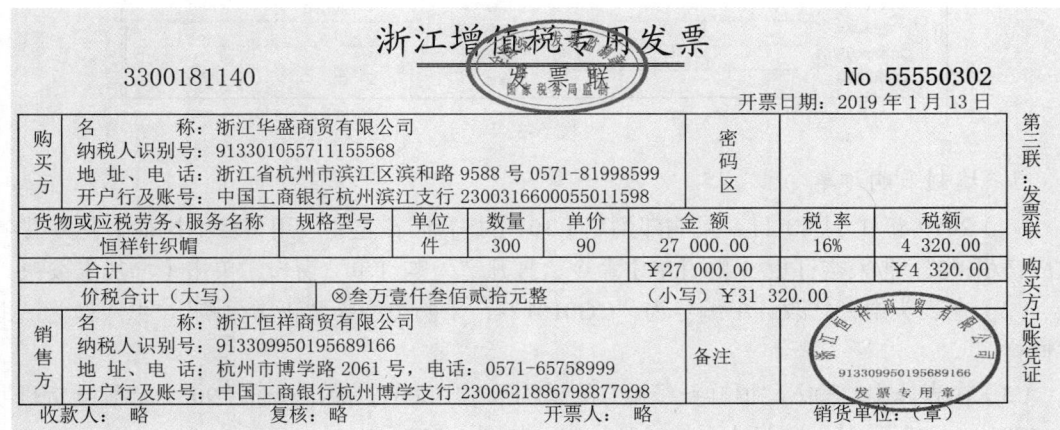

图 5-336

【业务操作流程和岗位工作】

表 5-27　业务操作流程与岗位工作

操作日期	操作员	操作系统	操作流程
2019-01-13	账套主管【101】	采购管理	（1）相关设置
2019-01-13	采购员【301】	采购管理	（2）填制采购订单 （3）参照采购订单生成到货单（修改到货数量）
2019-01-13	仓管员【501】	库存管理	（4）参照到货单生成入库单
2019-01-13	采购员【301】	采购管理	（5）参照采购订单生成采购专用发票 （6）采购结算
2019-01-13	财务会计【202】	应付款管理	（7）审核采购发票并立即制单
		存货核算	（8）单据记账并生成凭证

【操作指导】

1. 相关设置

此例中，实际收货数量大于订单数量，需要对系统进行相关设置。

（1）账套主管【101】执行【业务工作/供应链/采购管理/设置/采购选项】命令，打开【选项】对话框，在"业务及权限控制"选项卡中，勾选"允许超订单到货及入库"复选框，单击【确定】按钮。

（2）执行【基础设置/基础档案/存货/存货档案】命令，选择存货为"恒祥针织帽"，单击【修改】按钮，打开"修改存货档案"窗口，在"控制"选项卡下，录入入库超额上限为"0.2"（表示入库单的数量可以超过订单数量的上限为20%），如图 5-337 所示。

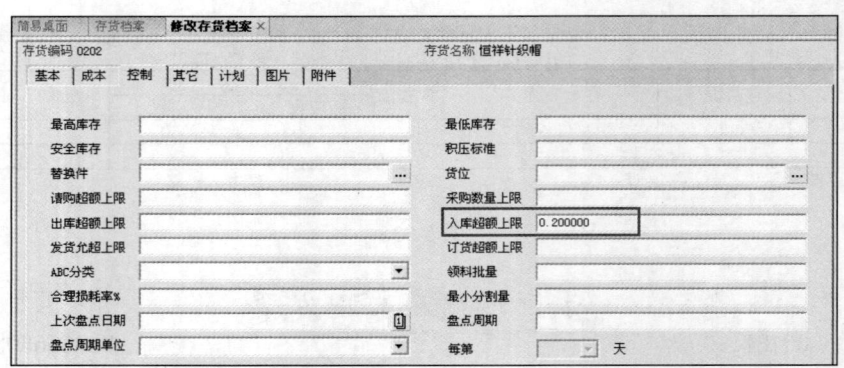

图 5-337

2. 填制采购订单

（1）2019 年 1 月 13 日，采购部梁燕【301】按合同在企业应用平台中执行【业务工作/供应链/采购管理/采购订货/采购订单】命令，打开"采购订单"窗口，单击【增加】按钮。

（2）在表头中，修改订单编号为"CG01017"，采购类型为"正常采购"，供应商为"浙江恒祥"。

（3）在表体中，输入"恒祥针织帽"的采购数量"300"，原币单价"90"，计划到货日期为"2019-01-13"，其他信息由系统自动带出，如图 5-338 所示。

（4）在工具栏中，单击【保存】按钮，单击【审核】按钮，退出该窗口。

图 5-338

3. 参照采购订单生成到货单

2019 年 1 月 13 日，采购部梁燕【301】在企业应用平台中执行【业务工作/供应链/采购管理/采购到货/到货单】命令，打开"到货单"窗口。单击【增加】按钮，执行【生单/采购订单】命令，弹出【查询条件选择-采购订单列表过滤】对话框，单击【确定】按钮。系统打开"拷贝并执行"窗口，双击【选择】栏，选中所要拷贝的采购订单，在【选择】栏出现【Y】，单击【确定】按钮。系统自动生成到货单，修改数量为"350"，如图 5-339 所示。单击【保存】按钮，单击【审核】按钮。

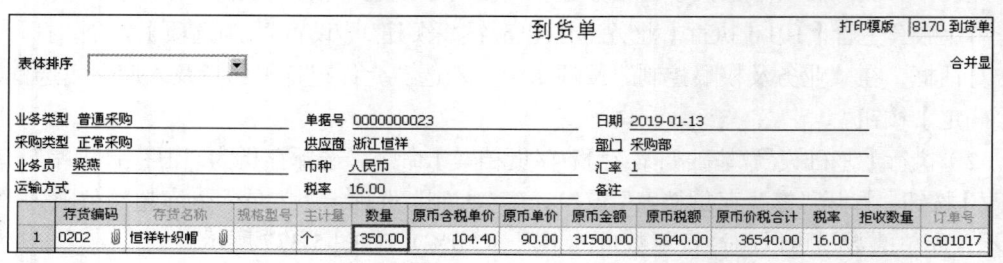

图 5-339

4. 参照到货单生成入库单

2019年1月13日，仓储部王娜【501】在企业应用平台中执行【业务工作/供应链/库存管理/入库业务/采购入库单】命令，打开"采购入库单"窗口。执行【生单/采购到货单（蓝字）】命令，弹出【查询条件选择-采购到货单列表】对话框，单击【确定】按钮。打开"到货单生单列表"窗口，双击【选择】栏，选择相应的"到货单生单表头"，在【选择】栏出现【Y】，单击【确定】按钮。系统自动参照到货单生成入库单，修改入库单号为"RK01024"，选择仓库为"配饰库"，单击【保存】按钮，如图5-340所示。单击【审核】按钮。

图 5-340

5. 参照采购订单生成采购专用发票

2019年1月13日，采购部梁燕【301】在企业应用平台中执行【业务工作/供应链/采购管理/采购发票/采购专用发票】命令，打开"专用发票"窗口。单击【增加】按钮，执行【生单/采购订单】命令，弹出【查询条件选择-采购订单列表过滤】对话框，单击【确定】按钮。打开"拷贝并执行"窗口，双击【选择】栏，选中"CG01017"采购订单，单击【确定】按钮。系统自动参照入库单生成采购专用发票，修改发票号为"55550302"，如图5-341所示，单击【保存】按钮。

图 5-341

6. 采购结算

注意：采购结算后，由于入库数量增加，会改变采购商品入库单价，可以在结算单列表或结算后的采购入库单中查看。

（1）2019年1月13日，采购部梁燕【301】在企业应用平台中执行【业务工作/供应链/采购管理/采购结算/手工结算】命令，打开"手工结算"窗口。在工具栏中，单击【选单】按钮，打开"结算选单"窗口。在工具栏中，单击【查询】按钮，弹出【查询条件选择-采购手工结算】对话框,单击【确定】按钮。系统打开"结算选单"窗口,选择相应的"55550302"采购发票和"RK01024"入库单,如图5-342所示,单击【确定】按钮。

图 5-342

(2)系统回到"手工结算"窗口,输入合理损耗数量为"-50",在工具栏中单击【结算】按钮,系统提示【完成结算!】,如图5-343所示。

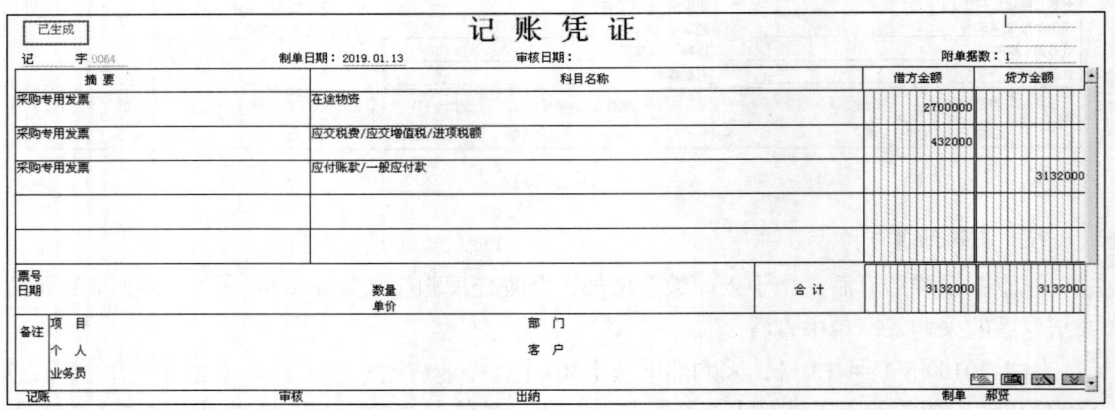

图 5-343

7. 审核采购发票并立即制单

2019年1月13日,财务会计郝贤【202】在企业应用平台中执行【业务工作/财务会计/应付款管理/应付单据处理/应付单据审核】命令,弹出【应付单查询条件】对话框,单击【确定】按钮。系统弹出"应付单据列表"窗口,双击"55550302"采购发票【选择】栏右侧的任意单元格,打开"专用发票"窗口,单击工具栏中的【审核】按钮,系统弹出提示【是否立即制单?】,单击【是】按钮,生成一张记账凭证,单击【保存】按钮,如图 5-344 所示。

图 5-344

8. 单据记账并生成凭证

（1）正常单据记账：2019 年 1 月 13 日，财务会计郝贤【202】在企业应用平台中执行【业务工作/供应链/存货核算/业务核算/正常单据记账】命令，弹出【查询条件选择】对话框，单击【确定】按钮。系统打开“正常单据记账列表”窗口，选择“RK01024”号入库单，如图 5-345 所示。单击【记账】按钮，系统提示【记账成功】，单击【确定】按钮。

简易桌面　未记账单据一览表

正常单据记账列表

记录总数：1

选择	日期	单据号	存货编码	存货名称	规格型号	存货代码	单据类型	仓库名称	收发类别	数量	单价	金额
Y	2019-01-13	RK01024	0202	恒祥针织帽			采购入库单	配饰库	采购入库	350.00	77.14	27,000.00
小计										350.00		27,000.00

图 5-345

（2）生成凭证：执行【财务核算/生成凭证】命令，打开“生成凭证”窗口。单击【选择】按钮，弹出【查询条件】对话框，单击【确定】按钮。打开“未生成凭证单据一览表”窗口，单击【选择】栏，选中“RK01024”号入库单，选中后在【选择】栏出现【1】，单击【确定】按钮。返回“生成凭证”窗口，凭证类别选择“记账凭证”，单击【生成】按钮，生成一张记账凭证，单击【保存】按钮，如图 5-346 所示。

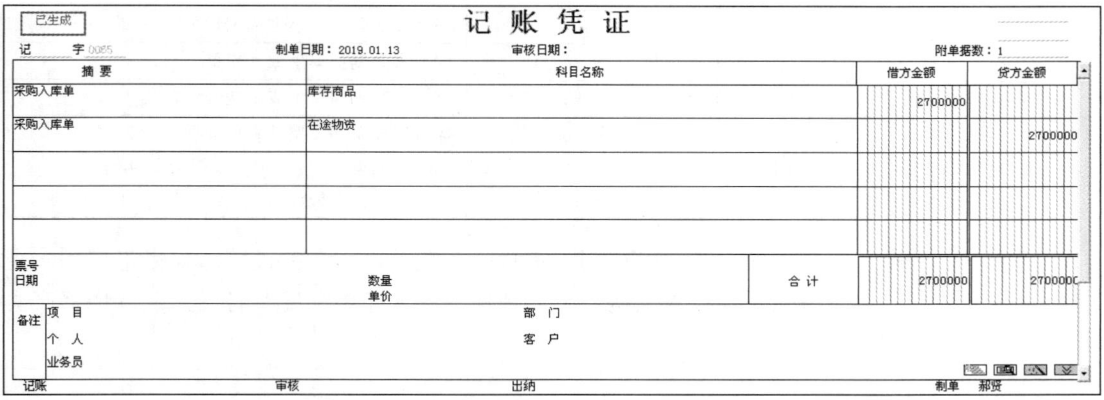

图 5-346

5.6.3 固定资产采购业务

部分企业在对固定资产进行采购时，按照普通采购业务流程进行，由资产需求部门提出采购申请，采购部门进行询比价，向供应商发出采购订单，收到资产后办理验收手续，验收合格后，办理转资手续，新增固定资产卡片和台账。这种流程的优点在于能够完整体现整个资产的采购、入库、转资、付款的过程，便于加强控制与管理。

【业务内容】

1 月 13 日，采购部向达利汽车销售有限公司采购凯达轿车一辆，汽车售价 8 万元，增值税税额 1.28 万元，当日收到达利汽车销售有限公司开具的增值税专用发票（电汇票号为 22220102，入库单号为 RK01025，图略），采购部随即向财务部办理了固定资产转资手续，该资产的使用部门为经理室。取得增值税专用发票如图 5-347 所示。业务操作流程及分工如表 5-28 所示。

图 5-347

【业务操作流程和岗位工作】

表 5-28 业务操作流程与岗位工作

操作日期	操作员	操作系统	操作流程
2019-01-13	账套主管【101】	基础设置	（1）基础设置
2019-01-13	采购员【301】	采购管理	（2）填制采购订单 （3）参照采购订单生成到货单
2019-01-13	仓管员【501】	库存管理	（4）参照到货单生成入库单
2019-01-13	采购员【301】	采购管理	（5）参照入库单生成采购专用发票
2019-01-13	财务会计【202】	应付款管理	（6）审核采购发票并制单处理
		固定资产	（7）采购资产转资，生成固定资产卡片 （8）采购资产统计

提示：采购固定资产业务，需要先启用固定资产系统并进行相关设置。如果未启用固定资产系统，则当在供应链系统中录入采购订单、到货单、入库单和发票时，无法选择资产类存货。

【操作指导】

1. 基础设置（2019年1月13日，由账套主管【101】登录企业应用平台完成）

（1）增加采购类型

执行【基础设置/基础信息/业务/采购类型】命令，单击【增加】按钮，录入采购类型编码为 "04"，采购类型为 "固定资产采购"，是否默认值为 "否"，是否委外默认值为 "否"，是否列入 MPS/MRP 计划为 "否"，单击【保存】按钮。

（2）增加仓库管理

提示：由于固定资产与原材料、产成品的性质不同，不需要进行存货核算，需要单独建立 "资产仓库" 进行管理。

执行【基础设置/基础档案/业务/仓库档案】命令，单击【增加】按钮，录入仓库编码为 "06"，仓库名称为 "资产仓库"，"属性" 取消勾选 "记入成本" 和 "参与 MRP 运算" 复选框，勾选 "资产仓" 复选框，这是由于 "资产仓" 属性与 "记入成本" 和 "参与 MRP 运算" 互斥，需要取消勾选后两个选项，单击【保存】按钮。

（3）增加存货分类

执行【基础设置/基础档案/存货/存货分类】命令，单击【增加】按钮，录入分类编码为"10"，分类名称为"固定资产"，单击【保存】按钮。

（4）增加计量单位

执行【基础设置/基础档案/存货/计量单位】命令，单击【单位】按钮，弹出【计量单位】对话框。单击【增加】按钮，录入计量单位编码为"07"，计量单位名称为"辆"，单击【保存】按钮。

（5）增加存货档案

执行【基础设置/基础档案/存货/存货档案】命令，单击【增加】按钮，录入"存货编码为"1001"，存货名称为"凯达轿车"，选择存货分类为"10 固定资产"，计量单位组为"自然单位组"，主计量单位为"辆"，勾选"存货属性"为"外购"和"资产"，单击【保存】按钮。

（6）增加供应商档案

执行【基础设置/基础档案/客商信息/供应商档案】命令，单击【增加】按钮。在【基本】选项卡中，根据增值税专用发票，录入供应商编码为"0402"，供应商名称为"达利汽车销售有限公司"，供应商简称为"达利汽车"，税号为"913307757618255188"。在【联系】选项卡中，根据增值税专用发票，录入地址和电话。单击工具栏中的【银行】按钮，根据增值税专用发票，录入所属银行为"中国工商银行"，同时输入"开户银行"和"银行账号"，单击【保存】按钮。返回"供应商档案"窗口，单击【保存】按钮，退出供应商档案界面。

2．填制采购订单

（1）2019 年 1 月 13 日，采购部梁燕【301】按合同在企业应用平台中执行【业务工作/供应链/采购管理/采购订货/采购订单】命令，打开"采购订单"窗口，单击【增加】按钮。

（2）在表头中，修改订单编号为"CG01018"，业务类型为"固定资产"，采购类型为"固定资产采购"，供应商为"达利汽车"。

（3）在表体中，选择存货为"1001 凯达轿车"，数量为"1"，原币单价为"80000"，修改计划到货日期为"2019-01-13"，其他信息由系统自动带出，如图 5-348 所示。

图 5-348

（4）在工具栏中，单击【保存】按钮.单击【审核】按钮，审核填制的采购订单。

3．参照采购订单生成到货单

（1）2019 年 1 月 13 日，采购部梁燕【301】在企业应用平台中执行【业务工作/供应链/采购管理/采购到货/到货单】命令，打开"到货单"窗口。单击【增加】按钮，将业务类型改为"固定资产",如图 5-349 所示。

图 5-349

注意事项

如果未将业务类型改为"固定资产",则生单时无法看到固定资产采购业务的采购订单。

(2)执行【生单/采购订单】命令,打开【查询条件选择-采购订单列表过滤】对话框,单击【确定】按钮。系统打开"拷贝并执行"窗口,选中所要拷贝的采购订单,单击【确定】按钮。系统自动生成到货单,单击【保存】按钮,单击【审核】按钮。

4. 参照到货单生成入库单

2019 年 1 月 13 日,仓储部王娜【501】在企业应用平台中执行【业务工作/供应链/库存管理/入库业务/采购入库单】命令,打开"采购入库单"窗口。执行【生单/采购到货单(蓝字)】命令,弹出【查询条件选择-采购到货单列表】对话框,单击【确定】按钮。打开"到货单生单列表"窗口,双击【选择】栏,选择相应的"到货单生单表头",单击【确定】按钮。系统自动参照到货单生成入库单,选择仓库为"资产仓库",如图 5-350 所示,单击【保存】按钮,单击【审核】按钮。

图 5-350

5. 参照入库单生成采购发票

(1)2019 年 1 月 13 日,采购部梁燕【301】在企业应用平台中执行【业务工作/供应链/采购管理/采购发票/采购专用发票】命令,打开"专用发票"窗口。单击【增加】按钮,选择业务类型为"固定资产",如图 5-351 所示。

(2)执行【生单/入库单】命令,打开【查询条件选择-采购入库单列表过滤】对话框,单击【确定】按钮。系统打开"拷贝并执行"窗口,双击【选择】栏,选中所要拷贝的采购入库单,单击工具栏中的【确定】按钮。系统自动参照入库单生成采购专用发票,修改发票号为"55550303",单击【保存】按钮。

专用发票										显示模板 8163 专用发票显示模板	

表体排序　　　　　　　　　　　　　　　　　　　　　　　　　　　　　　　　　　　　合并显示 □

业务类型 固定资产　　　　　发票类型 专用发票　　　　　　发票号
开票日期 2019-01-13　　　　供应商　　　　　　　　　　代垫单位
采购类型 正常采购　　　　　税率　16　　　　　　　　　部门名称
业务员　　　　　　　　　　币种　人民币　　　　　　　汇率　1
发票日期　　　　　　　　　付款条件　　　　　　　　　备注

	存货编码	存货名称	规格型号	主计量	数量	原币单价	原币金额	原币税额	原币价税合计	税率	订单号
1											

图 5-351

（3）单击【现付】按钮，打开【采购现付】对话框。输入结算方式为"电汇"，结算金额为"92800.00"，票据号为"22220102"，其他项默认，单击【确定】按钮。刷新采购专用发票后提示【已现付】。在【专用发票】界面，单击【结算】按钮，发票提示【已结算】，单击【退出】按钮。

6. 审核采购发票并立即制单

2019 年 1 月 13 日，财务会计郝贤【202】在企业应用平台中执行【业务工作/财务会计/应付款管理/应付单据处理/应付单据审核】命令，弹出【应付单查询条件】对话框，勾选"包含已现结发票"复选框。单击【确定】按钮。系统弹出"应付单据列表"窗口，双击待审核的采购发票【选择】栏右侧的任意单元格，打开"专用发票"窗口，单击工具栏中的【审核】按钮，系统直接弹出提示【是否立即制单？】。单击【是】按钮，生成一张记账凭证，单击【保存】按钮，如图 5-352 所示。

已生成		记账凭证			
记　字 0366		制单日期：2019.01.13	审核日期：		附单据数：1
摘　要		科目名称		借方金额	贷方金额
现结		固定资产		8000000	
现结		应交税费/应交增值税/进项税额		1280000	
现结		银行存款/工行存款（人民币）			9280000
票号 日期		数量 单价		合　计	9280000　9280000
备注	项　目 个　人 业务员		部　门 客　户		
记账		审核	出纳		制单　郝贤

图 5-352

7. 采购资产转资，生成固定资产卡片

（1）2019 年 1 月 13 日，账套主管【101】在企业应用平台中执行【业务工作/固定资产/卡片/采购资产】命令，打开"采购资产"窗口。选中需要转资的采购资产订单，如图 5-353 所示。

（2）单击工具栏中的【增加】按钮，弹出"采购资产分配设置"窗口，选择类别编号为"01"，类别名称为"运输工具"，使用部门为"经理室"，使用状况为"在用"，如图 5-354 所示。

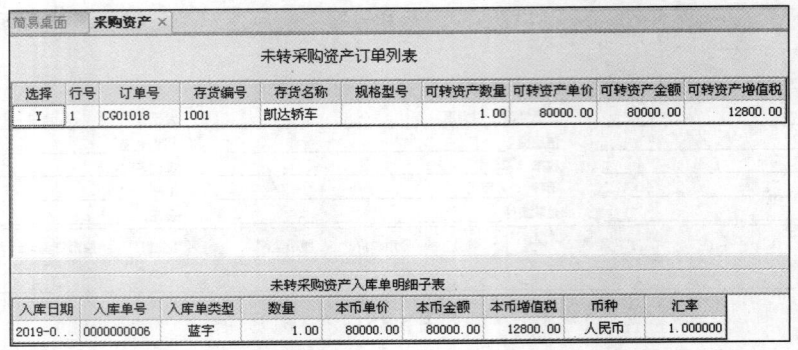

图 5-353

图 5-354

（3）单击【保存】按钮，弹出"固定资产卡片"窗口，录入对应折旧科目为"660202 管理费用-折旧费"，如图 5-355 所示。直接单击【保存】按钮，系统提示【生成了一张固定资产卡片】，单击【确定】按钮。

图 5-355

8. 采购资产统计

系统能够查询由入库单生成的资产明细。执行【业务工作/固定资产/账表/我的账表/统计表/采购资产统计表】命令，弹出【选择条件】对话框，选择类别名称为"运输工具"，部门名称为"经理室"，单击【确定】按钮，即可查询采购资产统计表。

注意事项

① 采购资产功能生成的卡片只能是新增卡片，不能为原始卡片。
② 生成卡片的过程中及保存后，原值、增值税、价税合计等内容不允许修改。
③ 采购资产功能生成的卡片不在固定资产系统制单，在应付款管理系统中制单。
④ 固定资产采购不进行存货核算业务处理，通常由资产会计根据发票和入库凭证登记资产账。

5.6.4 非货币性资产交换业务

【业务内容】

2019 年 1 月 13 日，采购部梁燕与江苏拉贝服装有限公司签订采购合同，双方达成资产置换协议，以我公司所持股票（股价为每股 17 元）与对方的存货进行置换，收到货物并验收入库，取得相应增值税专用发票。该业务相关单据如图 5-356 至图 5-359 所示。业务操作流程及分工如表 5-29 所示。

购销合同

甲方：浙江华盛商贸有限公司　　　　合同编号：CG01019

乙方：江苏拉贝服装有限公司　　　　签订日期：2019 年 01 月 13 日

甲乙双方经协商一致达成如下资产置换协议：

一、置换标的

甲方换出资产：1 万股九阳股份股票，股票代码 002242.

乙方换出货物的名称、数量及金额：

货物名称	规格型号	单位	数量	单价（不含税）	金额（不含税）	税率	税额
拉贝风衣		件	200	300	60 000.00	16%	9 600.00
拉贝衬衫		件	100	180	18 000.00	16%	2 880.00
拉贝棉衣		件	120	310	37 200.00	16%	5 952.00
合计					¥115 200.00		¥18 432.00
合同总金额（大写）：人民币壹拾叁万叁仟陆佰叁拾贰元整（¥133 632.00）							

二、置换范围和方式：

甲乙双方聘请资产评估机构以 2019 年 1 月 13 日为资产置换评估基准日进行评估，甲方换出资产的公允价值为 170 000.00 元，乙方换出资产评估价值为 133 632.00 元(不含税)。本次资产置换以评估结果为依据作价。本次资产置换补价部分 36 368.00 元由乙方向甲方支付现金。

三、交货地点：浙江华盛商贸有限公司。

四、置换的生效

置换自置换的生效日起正式生效。置换的生效日期为本协议签订日。虽然置换行为在协议签署后才实施，置换的生效有追溯性。

图 5-356

入 库 单

供应商：江苏拉贝　　　　2019 年 1 月 13 日　　　　单号：RK01026

验收仓库	存货编码	存货名称	单位	数量		单价	金额
				应收	实收		
服装库	0101	拉贝风衣	件	200	200		
服装库	0102	拉贝衬衫	件	100	100		
服装库	0103	拉贝棉衣	件	120	120		
合计							

部门经理：略　　会计：略　　仓库：略　　经办人：略

图 5-357

江苏增值税专用发票

发票联

3200181140　　　　No 55550304

开票日期：2019 年 1 月 13 日

购买方	名　　称：浙江华盛商贸有限公司 纳税人识别号：91330105571115556 8 地 址、电 话：浙江省杭州市滨江区滨和路 9588 号 0571-81998599 开户行及账号：中国工商银行杭州滨江支行 2300316600055011598	密码区					
货物或应税劳务、服务名称	规格型号	单位	数量	单价	金 额	税 率	税额
拉贝风衣		件	200	300	60 000.00	16%	9 600.00
拉贝衬衫		件	100	180	18 000.00	16%	2 880.00
拉贝棉衣		件	120	310	37 200.00	16%	5 952.00
合计					¥115 200.00		¥18 432.00
价税合计（大写）	⊗壹拾叁万叁仟陆佰叁拾贰元整				（小写）¥133 632.00		
销售方	名　　称：江苏拉贝服装有限公司 纳税人识别号：913207757618257022 地 址、电 话：南京市雨花台区凤华路 5818 号，电话：025-29892816 开户行及账号：中国工商银行南京雨花台支行 2100405180908899669	备注	江苏拉贝服装有限公司 913207757618257022 发票专用章				

收款人：略　　复核：略　　开票人：略　　销货单位：（章）

第三联：发票联　购买方记账凭证

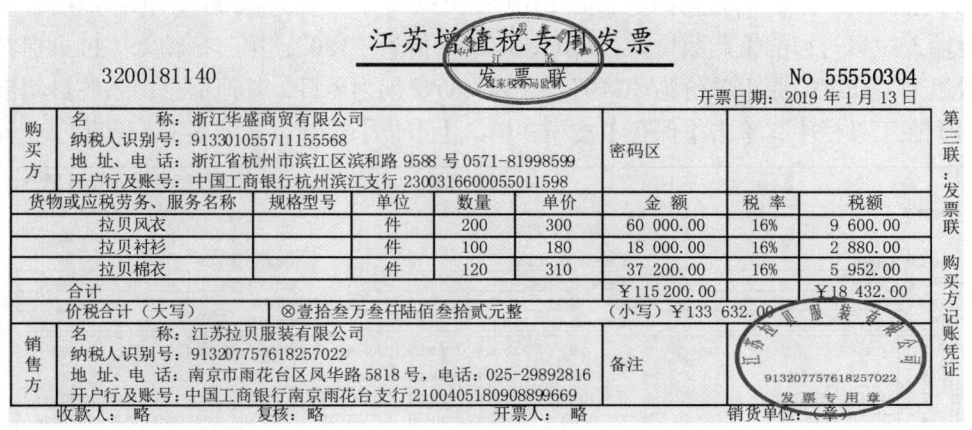

图 5-358

图 5-359

【业务操作流程和岗位工作】

表 5-29　业务操作流程与岗位工作

操作日期	操作员	操作系统	操作流程
2019-01-13	采购员【301】	采购管理	（1）填制采购订单 （2）参照采购订单生成到货单
2019-01-13	仓管员【501】	库存管理	（3）参照到货单生成入库单
2019-01-13	采购员【301】	采购管理	（4）参照入库单生成采购专用发票并结算
2019-01-13	财务会计【202】	应付款管理	（5）审核采购发票并立即制单
		存货核算	（6）单据记账并生成凭证
2019-01-13	财务会计【202】	应付款管理	（7）填制负向的应付单，审核并制单 （8）红票对冲
2019-01-13	出纳【203】	应付款管理	（9）填制负向的付款单（应付系统收款单）
2019-01-13	财务会计【202】	应付款管理	（10）审核付款单，核销处理，合并制单

【操作指导】

1．填制采购订单

（1）2019 年 1 月 13 日，采购部梁燕【301】按合同在企业应用平台中执行【业务工作/供应链/采购管理/采购订货/采购订单】命令，打开"采购订单"窗口，单击【增加】按钮。

（2）在表头中，修改订单编号为"CG01019"，采购类型为"正常采购"，供应商为"江苏拉贝"。

（3）在表体中，第一行选择存货为"0101 拉贝风衣"，数量为"200"，原币单价为"300"；第二行输入拉贝衬衫的采购数量为"100"，原币单价为"180"；第三行输入"拉贝棉衣"的采购数量为"120"，原币单价为"310"，计划到货日期为当日，其他信息由系统自动带出。

（4）在工具栏中，单击【保存】按钮，单击【审核】按钮，如图 5-360 所示。

图 5-360

2. 参照采购订单生成到货单

2019 年 1 月 13 日，采购部梁燕【301】在企业应用平台中执行【业务工作/供应链/采购管理/采购到货/到货单】命令，打开“到货单”窗口。单击【增加】按钮，执行【生单/采购订单】命令，弹出【查询条件选择-采购订单列表过滤】对话框，单击【确定】按钮。系统打开“拷贝并执行”窗口，双击【选择】栏，选中所要拷贝的采购订单，在【选择】栏出现【Y】，单击【确定】按钮。系统自动生成到货单，单击【保存】按钮，单击【审核】按钮。

3. 参照到货单生成入库单

2019 年 1 月 13 日，仓储部王娜【501】在应用平台中执行【业务工作/供应链/库存管理/入库业务/采购入库单】命令，打开“采购入库单”窗口。执行【生单/采购到货单（蓝字）】命令，弹出【查询条件选择-采购到货单列表】对话框，单击【确定】按钮。打开“到货单生单列表”，双击【选择】栏，选择相应的“到货单生单表头”，在【选择】栏出现【Y】，单击【确定】按钮。系统自动参照到货单生成入库单，修改入库单号为“RK01026”，选择仓库为“服装库”，单击【保存】按钮，如图 5-361 所示。单击【审核】按钮，完成入库单的审核。

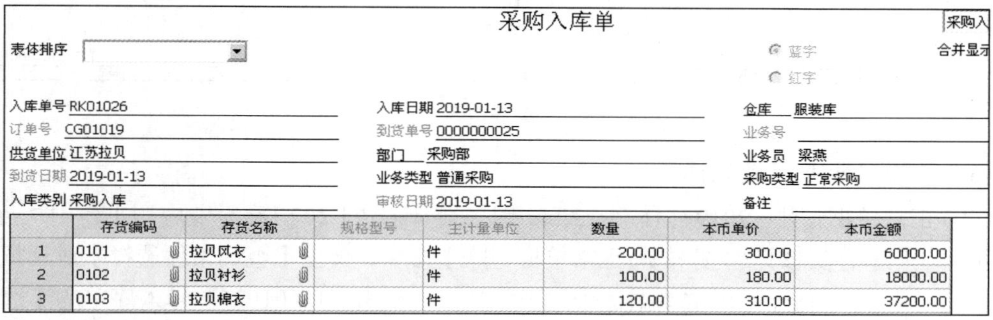
采购入库单

采购入

表体排序

蓝字

红字

合并显示

入库单号 RK01026　入库日期 2019-01-13　仓库 服装库
订单号 CG01019　到货单号 0000000025　业务号
供货单位 江苏拉贝　部门 采购部　业务员 梁燕
到货日期 2019-01-13　业务类型 普通采购　采购类型 正常采购
入库类别 采购入库　审核日期 2019-01-13　备注

	存货编码	存货名称	规格型号	主计量单位	数量	本币单价	本币金额
1	0101	拉贝风衣		件	200.00	300.00	60000.00
2	0102	拉贝衬衫		件	100.00	180.00	18000.00
3	0103	拉贝棉衣		件	120.00	310.00	37200.00

图 5-361

4. 参照入库单生成采购专用发票并结算

2019 年 1 月 13 日，采购部梁燕【301】在企业应用平台中执行【业务工作/供应链/采购管理/采购发票/采购专用发票】命令，打开“专用发票”窗口。单击【增加】按钮，执行【生单/入库单】命令，弹出【查询条件选择-采购入库单列表过滤】对话框，单击【确定】按钮。系统打开“拷贝并执行”窗口，双击【选择】栏，选中 RK01026 号采购入库单，单击【确定】按钮。系统自动参照入库单生成采购专用发票，修改发票号为“55550304”，单击【保存】按钮，单击【结算】按钮，如图 5-362 所示。

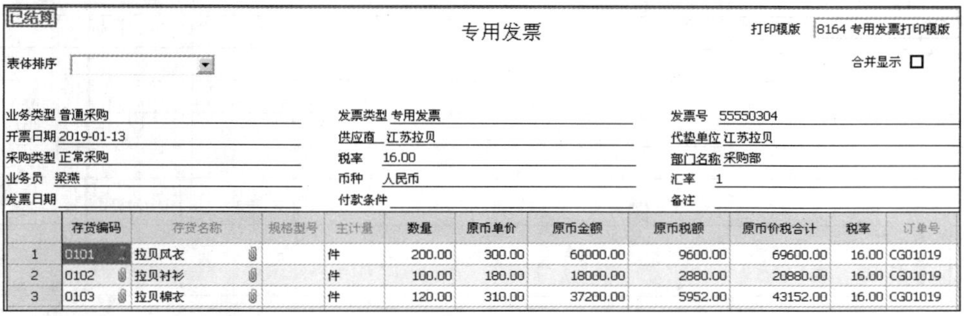
已结算

专用发票

打印模版 8164 专用发票打印模版

表体排序

合并显示

业务类型 普通采购　发票类型 专用发票　发票号 55550304
开票日期 2019-01-13　供应商 江苏拉贝　代垫单位 江苏拉贝
采购类型 正常采购　税率 16.00　部门名称 采购部
业务员 梁燕　币种 人民币　汇率 1
发票日期　付款条件　备注

	存货编码	存货名称	规格型号	主计量	数量	原币单价	原币金额	原币税额	原币价税合计	税率	订单号
1	0101	拉贝风衣		件	200.00	300.00	60000.00	9600.00	69600.00	16.00	CG01019
2	0102	拉贝衬衫		件	100.00	180.00	18000.00	2880.00	20880.00	16.00	CG01019
3	0103	拉贝棉衣		件	120.00	310.00	37200.00	5952.00	43152.00	16.00	CG01019

图 5-362

5. 审核采购发票并立即制单

2019年1月13日，财务会计郝贤【202】在企业应用平台中执行【业务工作/财务会计/应付款管理/应付单据处理/应付单据审核】命令，弹出【应付单查询条件】对话框，单击【确定】按钮。系统弹出"应付单据列表"窗口，双击待审核的采购发票【选择】栏右侧的任意单元格，打开"专用发票"窗口，单击工具栏中的【审核】按钮，系统直接弹出提示【是否立即制单？】。单击【是】按钮，生成一张记账凭证，单击【保存】按钮，如图5-363所示。

图5-363

6. 单据记账并生成凭证

（1）正常单据记账。2019年1月13日，财务会计郝贤【202】在企业应用平台中执行【业务工作/供应链/存货核算/业务核算/正常单据记账】命令，弹出【查询条件选择】对话框，单击【确定】按钮。打开"正常单据记账列表"窗口，双击"RK01026"号入库单的【选择】栏，【选择】栏出现【Y】。单击【记账】按钮，将采购入库单记账，系统提示【记账成功】，单击【确定】按钮。

（2）生成凭证。执行【存货核算/财务核算/生成凭证】命令，打开"生成凭证"窗口，单击【选择】按钮，弹出【查询条件】对话框，单击【确定】按钮。打开"未生成凭证单据一览表"窗口，单击【选择】栏，选中"RK01026"号入库单，【选择】栏出现【1】，单击【确定】按钮，返回"生成凭证"窗口。凭证类别选择为【记账凭证】，单击【生成】按钮，生成一张记账凭证，单击【保存】按钮，如图5-364所示。

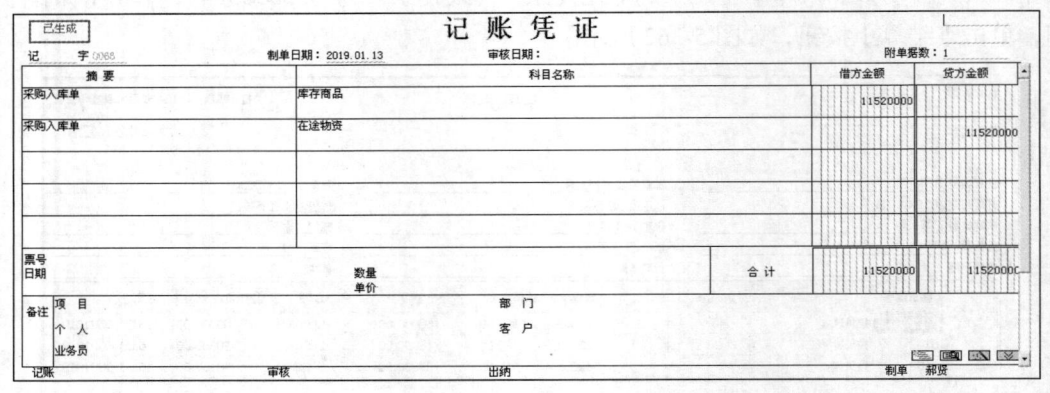

图5-364

7. 填制负向的应付单，审核并制单

（1）填制（负向）应付单。2019年1月13日，由财务会计【202】登录企业应用平台，执行【财务会计/应付款管理/应付单据处理/应付单据录入】命令，系统打开【单据类别】对话框，将应付单的方向改为"负向"，单击【确定】按钮。打开"应付单"窗口，单击工具栏中的【增加】按钮，根据图5-356填制负向的应付单，填制完毕保存该应付单，结果如图5-365所示。

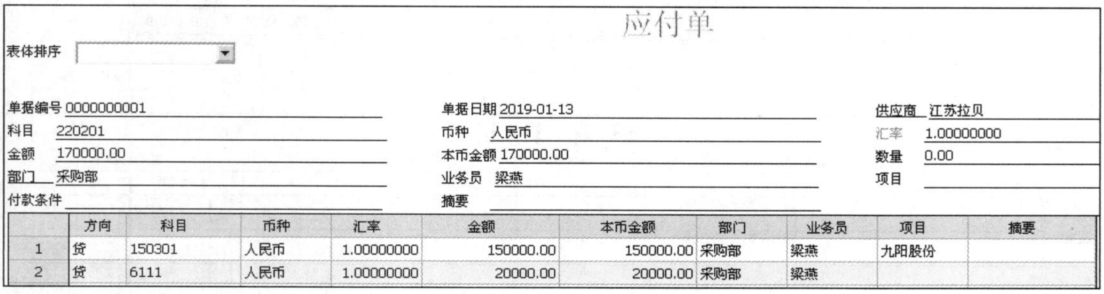

图 5-365

（2）单击工具栏中的【审核】按钮，系统提示【是否立即制单？】，单击【是】按钮，自动生成记账凭证，调出记账凭证第2行的【辅助项】对话框，在该对话框的"数量"处填入"10000"，"单价"处填入"15"，单击【确定】按钮。返回"记账凭证"窗口，单击【保存】按钮，系统弹出【凭证赤字提示】对话框，单击【继续】按钮，结果如图 5-366 所示。

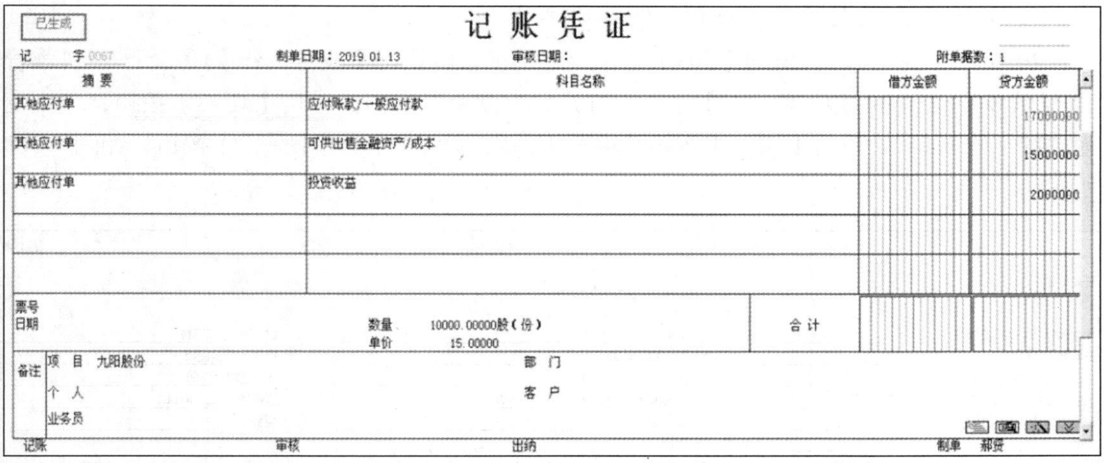

图 5-366

8. 红票对冲

执行【应付款管理/转账/红票对冲/手工对冲】命令，系统弹出【红票对冲条件】窗口，在该窗口的供应商栏选择"江苏拉贝"，单击【确定】按钮。打开"红票对冲"窗口，在窗口上、下方的对冲金额栏均输入"133632"，如图5-367所示。单击【保存】按钮，系统提示【是否立即制单？】，单击【是】按钮，系统自动生成记账凭证，单击【保存】按钮，系统提示【凭证赤字提示】，单击【继续】按钮，结果如图5-368所示。

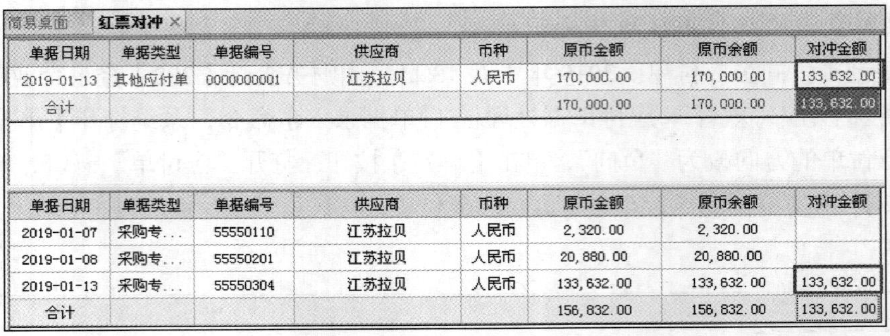

图 5-367

图 5-368

9. 填制负向的付款单（应付系统收款单）

2019年1月13日，出纳【203】在企业应用平台中执行【业务工作/财务会计/应付款管理/付款单据处理/付款单据录入】命令，打开"付款单"窗口，<u>单击【切换】按钮</u>，单据变为"红字收款单"，单击【增加】按钮并填写相关内容，然后单击【保存】按钮，如图5-369所示。

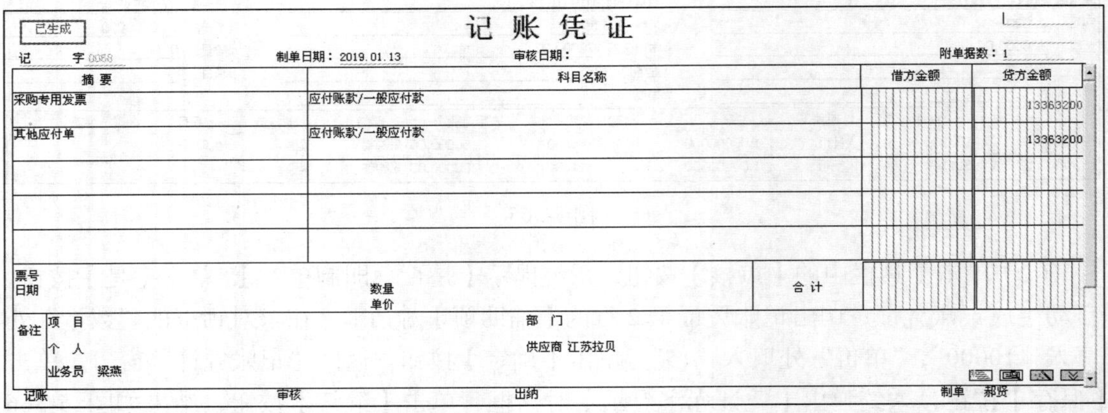

图 5-369

10. 审核付款单、核销、合并制单

（1）审核付款单、核销。2019年1月13日，财务会计郝贤【202】在企业应用平台中执行【业务工作/财务会计/应付款管理/付款单据处理/审核付款单】命令，打开"收付款单列表"窗口，双击【选择】栏右侧的任意单元格，打开"付款单"窗口，单击【审核】按钮。系统提示【是否立即制单】,单击【否】按钮。单击【核销】按钮,系统弹出"单据核销"窗口,在下方窗口的本次结算处输入"36368",如图 5-370 所示,单击【保存】按钮。

单据日期	单据类型	单据编号	供应商	款项…	结算方式	币种	汇率	原币金额	原币余额	本次结算	订单号
2019-01-13	收款单	0000000005	江苏拉贝	应付款	电汇	人民币	1.00000000	36,368.00	36,368.00	36,368.00	
合计									36,368.00	36,368.00	36,368.00

单据日期	单据类型	单据编号	到期日	供应商	币种	原币金额	原币余额	可享受折扣	本次折扣	本次结算	订单号	凭证号
2018-11-15	付款单	0000000001	2018-11-15	江苏拉贝	人民币	1,000.00	1,000.00	0.00				
2019-01-13	其他应付单	0000000001	2019-01-13	江苏拉贝	人民币	170,000.00	36,368.00	0.00	0.00	36,368.00		记-0067
合计						171,000.00	37,368.00	0.00		36,368.00		

图 5-370

(2) 合并制单。2019 年 1 月 13 日,财务会计郝贤【202】在企业应用平台中执行【业务工作/财务会计/应付款管理/制单处理】命令,弹出【制单查询】对话框,勾选"收付款单制单"和"核销制单"复选框。单击【确定】按钮。系统弹出"应付制单"窗口,单击【全选】按钮,单击【合并】按钮,收款单和核销单记录的选择标志栏同时出现"1"。单击【制单】按钮,系统自动生成一张记账凭证,单击【保存】按钮,如图 5-371 所示。

记 账 凭 证

已生成				
记 字 0069	制单日期:2019.01.13	审核日期:		附单据数:2
摘要	科目名称		借方金额	贷方金额
其他应付单	应付账款/一般应付款		3636800	
收款单	银行存款/工行存款(人民币)			3636800
		合 计	3636800	3636800

票号					
日期 2019.01.13		数量单价			
备注	项 目		部 门		
	个 人		供应商 江苏拉贝		
	业务员 梁燕				
记账	审核	出纳		制单 郝贤	

图 5-371

第6章 销售管理系统

学习目标
- 熟练掌握销售管理系统的各项功能和作用。
- 了解企业各种销售业务的处理流程,并可以将处理方法灵活应用到实际工作中。

6.1 普通销售业务

6.1.1 开票直接发货、贷款未收的销售业务

【业务内容】

2019年1月15日,销售部杨明与江苏信达超市有限公司签订销售合同,我公司开具增值税专用发票并将货物发出,货款未收,取得与该业务相关的凭证如图6-1至图6-3所示。业务操作流程与分工如表6-1所示。

购销合同

卖方：浙江华盛商贸有限公司　　合同编号：XS01001
买方：江苏信达超市有限公司　　签订日期：2019年01月15日

为保护买卖双方的合法权益,根据《中华人民共和国合同法》的有关规定,经双方协定,订立本合同,并共同遵守合同约定：

一、货物的名称、数量及金额：

货物名称	规格型号	单位	数量	单价（不含税）	金额（不含税）	税率	税额
拉贝风衣		件	50	405	20 250.00	16%	3 240.00
拉贝衬衫		件	50	270	13 500.00	16%	2 160.00
合计					￥33 750.00		￥5 400.00

合同总金额（大写）：人民币叁万玖仟壹佰伍拾元整（￥39 150.00）

二、签订合同当日,卖方交付货物并开具增值税专用发票,买方于2019年2月8日以电汇方式支付全部货款。
三、交货地点：江苏信达超市有限公司
四、发货方式与运输费用承担方式：由卖方发货,运输费用由买方承担。
五、违约赔款：违约方须赔偿对方一切经济损失。但遇到天灾人祸或其它人力不能控制之因素导致延误交货,需方不能要求供方赔偿任何损失。

卖方（盖章）：　　　　　　　　　买方（盖章）：
法定代表：李国华　　　　　　　　法定代表：刘淼
日　　期：2019年1月15日　　　日　　期：2019年1月15日

图 6-1

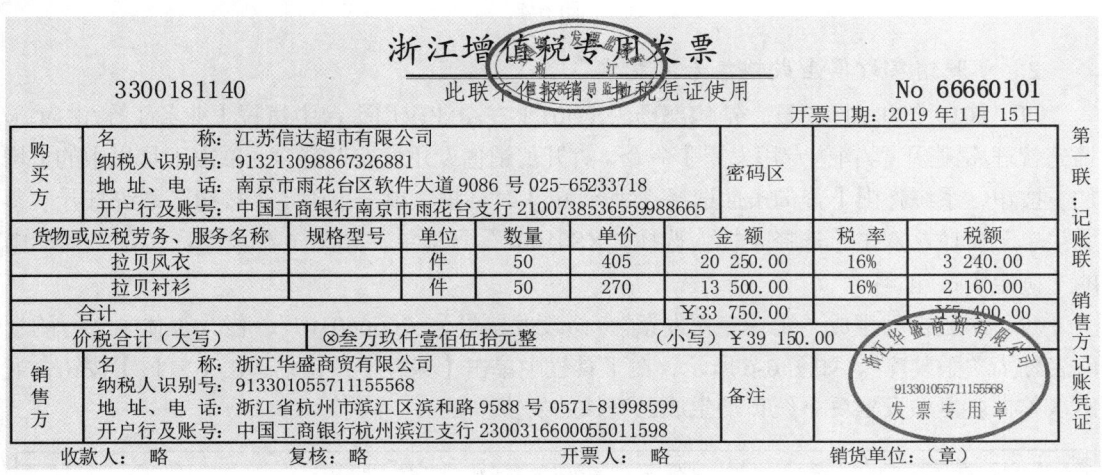

出库单							
客户：江苏信达			2019年1月15日			单号：CK01001	
验收仓库	存货编码	存货名称	单位	数量 应发	数量 实发	单价	金额
服装库	0101	拉贝风衣	件	50	50		
服装库	0102	拉贝衬衫	件	50	50		
			合计				
部门经理：略		会计：略		仓库：略		经办人：略	

图 6-2

浙江增值税专用发票

3300181140　　　此联不作报销抵税凭证使用　　　No 66660101
开票日期：2019年1月15日

购买方	名　称：江苏信达超市有限公司 纳税人识别号：913213098867326881 地　址、电　话：南京市雨花台区软件大道9086号 025-65233718 开户行及账号：中国工商银行南京市雨花台支行 2100738536559988665					密码区		
货物或应税劳务、服务名称	规格型号	单位	数量	单价	金额		税率	税额
拉贝风衣		件	50	405	20 250.00		16%	3 240.00
拉贝衬衫		件	50	270	13 500.00		16%	2 160.00
合计					￥33 750.00			￥5 400.00
价税合计（大写）	⊗叁万玖仟壹佰伍拾元整				（小写）￥39 150.00			
销售方	名　称：浙江华盛商贸有限公司 纳税人识别号：913301055711155568 地　址、电　话：浙江省杭州市滨江区滨和路9588号 0571-81998599 开户行及账号：中国工商银行杭州滨江支行 2300316600055011598					备注		
收款人：略		复核：略		开票人：略			销货单位：（章）	

图 6-3

【业务操作流程和岗位工作】

表 6-1　业务操作流程与岗位工作

操作日期	操作员	操作系统	操作流程
2019-01-15	销售员【401】	销售管理	（1）填制销售订单 （2）参照销售订单生成销售专用发票 （3）查看系统自动生成已审核的发货单
2019-01-15	仓管员【501】	库存管理	（4）参照发货单生成出库单
2019-01-15	财务会计【202】	应收款管理	（5）审核销售发票并制单处理
		存货核算	（6）单据记账并生成凭证

【操作指导】

1. 填制销售订单

（1）2019年1月15日，销售部杨明【401】在企业应用平台中执行【业务工作/供应链/销售管理/销售订货/销售订单】命令，打开"销售订单"窗口，单击【增加】按钮。

（2）在表头中，修改订单号为"XS01001"，销售类型为"正常销售"，客户简称为"江苏信达"，税率为"16"；在表体中，第一行选择存货为"0101拉贝风衣"，数量为"50"，原币单价为"405"；第二行选择存货为"0102拉贝衬衫"，数量为"50"，原币单价为"270"，预发货日期为当日，其他项默认，如图6-4所示。

（3）在工具栏中，单击【保存】按钮，单击【审核】按钮，退出该窗口。

图 6-4

2. 参照销售订单生成销售专用发票

（1）2019 年 1 月 15 日，销售部杨明【401】在企业应用平台中执行【业务工作/供应链/销售管理/销售开票/销售专用发票】命令，打开"销售专用发票"窗口。单击工具栏中的【增加】按钮，系统弹出【查询条件选择-参照订单】对话框，单击【确定】按钮。系统打开"参照生单"窗口，双击【选择】栏，选择"XS01001"号订单，如图 6-5 所示。单击工具栏中的【确定】按钮。

（2）系统自动生成"销售专用发票"，修改发票号为"66660101"，修改表体中 2 行的仓库名称为"服装库"，如图 6-6 所示，在工具栏中单击【保存】按钮，单击【复核】按钮，退出该单据。复核发票后系统自动生成已审核的发货单。

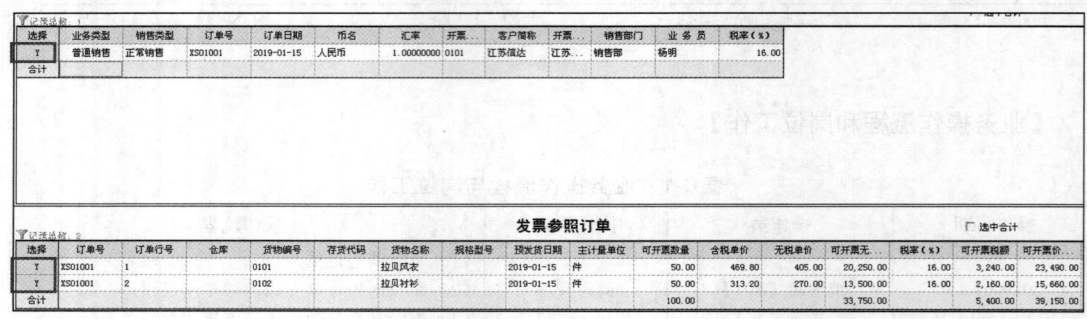

图 6-5

图 6-6

3. 查看系统自动生成已审核的发货单

2019 年 1 月 15 日，销售部杨明【401】在企业应用平台中执行【业务工作/供应链/销售

管理/销售发货/发货单】命令，打开“发货单”窗口。单击工具栏中的【➡|】按钮，系统根据销售专用发票自动生成的发货单，如图 6-7 所示。退出该窗口。

发货单

打印模版 发货单打印模

表体排序

合并显示

发货单号 0000000001　发货日期 2019-01-15　业务类型 普通销售

销售类型 正常销售　订单号 XS01001　发票号 66660101

客户简称 江苏信达　销售部门 销售部　业务员 杨明

发货地址　发运方式　付款条件

税率 16.00　币种 人民币　汇率 1

备注

	仓库名称	存货编码	存货名称	规格型号	主计量	数量	报价	含税单价	无税单价	无税金额	税额	价税合计	税率（%）
1	服装库	0101	拉贝风衣		件	50.00	0.00	469.80	405.00	20250.00	3240.00	23490.00	16.00
2	服装库	0102	拉贝衬衫		件	50.00	0.00	313.20	270.00	13500.00	2160.00	15660.00	16.00

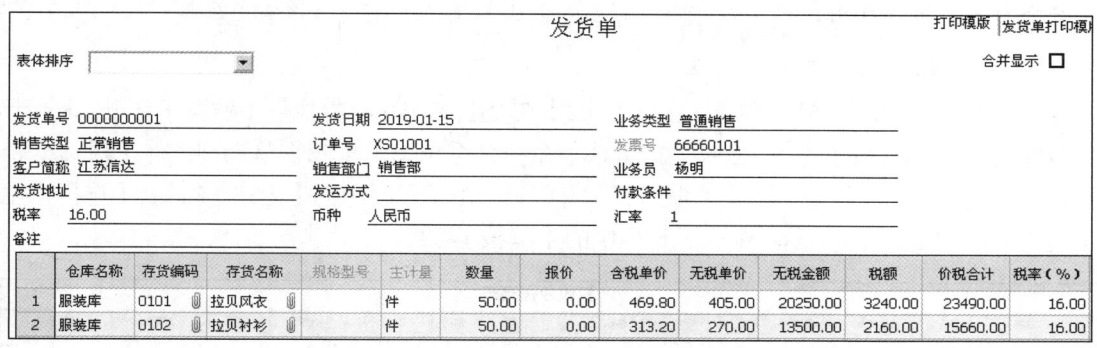

图 6-7

4. 参照销售发货单生成出库单

（1）2019 年 1 月 15 日，仓储部王娜【501】在企业应用平台中执行【业务工作/供应链/库存管理/出库业务/销售出库单】命令，打开“销售出库单”窗口。执行【生单/销售生单】命令，打开【查询条件选择-销售发货单列表】对话框，单击【确定】按钮。系统打开“销售生单”窗口，双击上一步查看的“发货单”的【选择】栏，在【选择】栏出现【Y】，如图 6-8 所示。单击工具栏中的【确定】按钮。

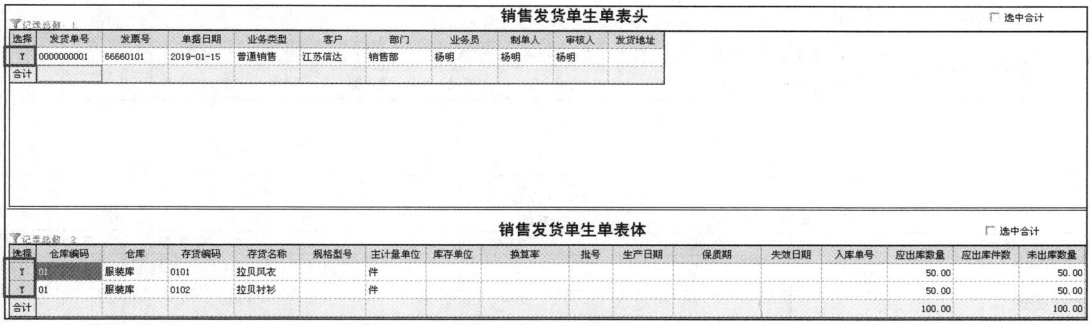
销售发货单生单表头

选中合计

选择	发货单号	发票号	单据日期	业务类型	客户	部门	业务员	制单人	审核人	发货地址
Y	0000000001	66660101	2019-01-15	普通销售	江苏信达	销售部	杨明	杨明	杨明	
合计										

销售发货单生单表体

选中合计

选择	仓库编码	仓库	存货编码	存货名称	规格型号	主计量单位	库存单位	换算率	批号	生产日期	保质期	失效日期	入库单号	应出库数量	应出库件数	未出库数量
Y	01	服装库	0101	拉贝风衣		件								50.00		50.00
Y	01	服装库	0102	拉贝衬衫		件								50.00		50.00
合计														100.00		100.00

图 6-8

（2）系统自动生成销售出库单，修改出库单号为“CK01001”，如图 6-9 所示。在工具栏中，单击【保存】按钮，单击【审核】按钮，然后退出该窗口。

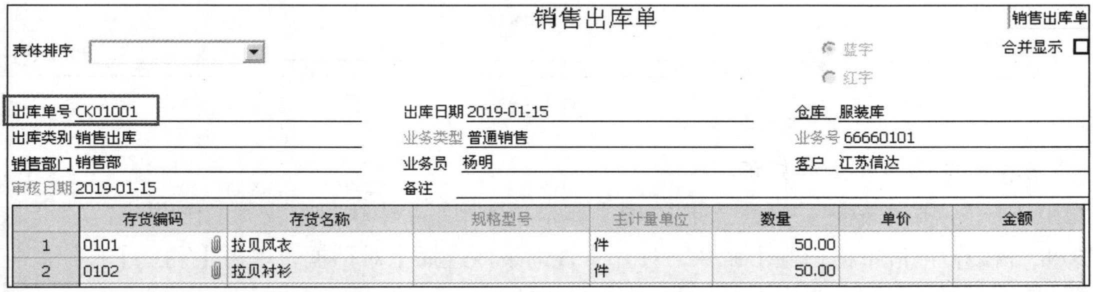
销售出库单

销售出库单

表体排序

蓝字

红字

合并显示

出库单号 CK01001　出库日期 2019-01-15　仓库 服装库

出库类别 销售出库　业务类型 普通销售　业务号 66660101

销售部门 销售部　业务员 杨明　客户 江苏信达

审核日期 2019-01-15　备注

	存货编码	存货名称	规格型号	主计量单位	数量	单价	金额
1	0101	拉贝风衣		件	50.00		
2	0102	拉贝衬衫		件	50.00		

图 6-9

注意事项

如果在销售管理系统的选项设置中选择了"销售生成出库单",则销售发票(蓝/红)复核后会自动生成销售出库单(正/负),而且库管员不能修改生成的销售出库单。

5. 审核销售发票并制单处理

(1) 2019年1月15日,财务会计【202】在企业应用平台中执行【业务工作/财务会计/应收款管理/应收款单据处理/应收单据审核】命令,系统弹出【应收单查询条件】对话框,单击【确定】按钮。打开"应收单据列表"窗口,单击工具栏中的【全选】按钮,【选择】栏出现【Y】,如图6-10所示。单击工具栏中的【审核】按钮。

选择	审核人	单据日期	单据类型	单据号	客户名称	部门	业务员	制单人	币种	汇率	原币金额
Y		2019-01-15	销售专...	66660101	江苏信达超市有限公司	销售部	杨明	杨明	人民币	1.00000000	39,150.00
合计											39,150.00

图 6-10

(2) 执行【应收款管理/制单处理】命令,弹出【制单查询】对话框,勾选"发票制单"复选框,单击【确定】按钮,系统打开"应收单据列表"窗口,单击工具栏中的【全选】按钮,选择需要制单的记录,凭证类别选择"记账凭证",如图6-11所示。单击【制单】按钮,系统生成相应凭证,单击工具栏中的【保存】按钮,保存该凭证,如图6-12所示。退出该窗口。

凭证类别	记账凭证							销售发票制单 制单日期 2019-01-15
选择标志	凭证类别	单据类型	单据号	日期	客户编码	客户名称	部门	业务员	金额
1	记账凭证	销售专...	66660101	2019-01-15	0101	江苏信...	销售部	杨明	39,150.00

图 6-11

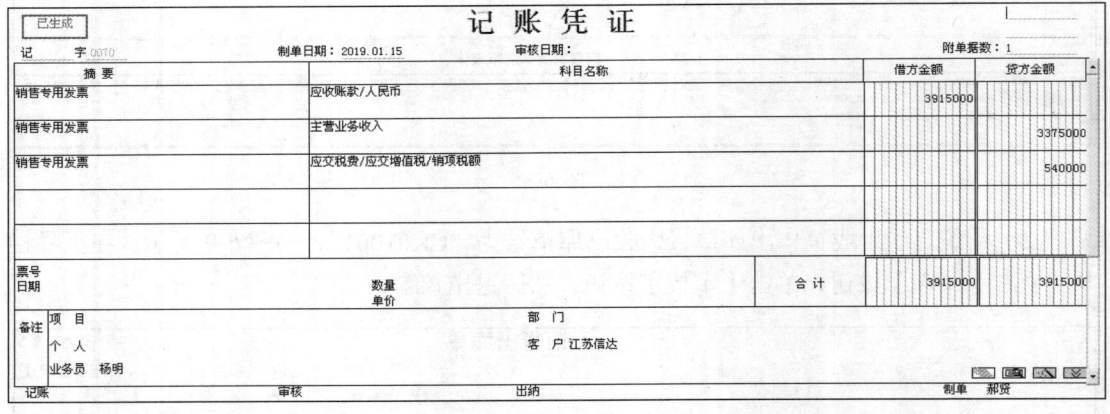

图 6-12

6. 单据记账并生成凭证

(1) 正常单据记账。财务会计【202】在企业应用平台中执行【业务工作/供应链/存货核算/业务核算/正常单据记账】命令,打开【查询条件选择】对话框,单击【确定】按钮。打开"正常单据记账列表"窗口,单击工具栏中的【全选】按钮,或双击【选择】栏,如图6-13所示。单击工具栏中的【记账】按钮,将销售专用发票记账,系统提示【记账成功】。

正常单据记账列表

记录总数：2

选择	日期	单据号	存货编码	存货名称	规格型号	存货代码	单据类型	仓库名称	收发类别	数量
Y	2019-01-15	66660101	0101	拉贝风衣			专用发票	服装库	销售出库	50.00
Y	2019-01-15	66660101	0102	拉贝衬衫			专用发票	服装库	销售出库	50.00
小计										100.00

图 6-13

（2）生成凭证。执行【财务核算/生成凭证】命令，打开“生成凭证”窗口，单击【选择】按钮，打开【查询条件】对话框，单击【确定】按钮。打开“未生成凭证单据一览表”窗口，单击【选择】栏，选中待生成凭证的单据，如图 6-14 所示，单击【确定】按钮。返回“生成凭证”窗口，凭证类别选择“记账凭证”，如图 6-15 所示。单击工具栏中的【生成】按钮，生成一张记账凭证，单击工具栏中的【保存】按钮，保存该凭证，如图 6-16 所示。

已结算采购入库单自动选择全部结算单上单据（包括入库单、发票、付款单），非本月采购入库单按蓝字报销单制单

未生成凭证单据一览表

选择	记账日期	单据日期	单据类型	单据号	仓库	收发类别	记账人	部门	部门编码	业务单号	业务类型	计价方式	备注	摘要	供应商	客户
1	2019-01-15	2019-01-15	专用发票	66660101	服装库	销售出库	郝贤	销售部	4		普通销售	先进先出法		专用发票		江苏信达超

图 6-14

简易桌面　生成凭证

凭证类别　记 记账凭证

选择	单据类型	单据号	摘要	科目类型	科目编码	科目名称	借方金额	贷方金额	借方数量	贷方数量	科目方向	存货编码	存货名称	存货代码	规格型号	部门编码	部门名称	业务员
1	专用发票	66660101	专用发票	对方	6401	主营业...	9,000.00		30.00		1	0101	拉贝风衣			4	销售部	401
				存货	1405	库存商品		9,000.00		30.00	2	0101	拉贝风衣			4	销售部	401
				对方	6401	主营业...	6,000.00		20.00		1	0101	拉贝风衣			4	销售部	401
				存货	1405	库存商品		6,000.00		20.00	2	0101	拉贝风衣			4	销售部	401
				对方	6401	主营业...	6,300.00		35.00		1	0102	拉贝衬衫			4	销售部	401
				存货	1405	库存商品		6,300.00		35.00	2	0102	拉贝衬衫			4	销售部	401
				对方	6401	主营业...	2,700.00		15.00		1	0102	拉贝衬衫			4	销售部	401
				存货	1405	库存商品		2,700.00		15.00	2	0102	拉贝衬衫			4	销售部	401
合计							24,000.00	24,000.00										

图 6-15

已生成

记 账 凭 证

记　字 0071　制单日期：2019.01.15　审核日期：　附单据数：1

摘要	科目名称	借方金额	贷方金额
专用发票	主营业务成本	2400000	
专用发票	库存商品		2400000
票号 日期	数量 单价 合计	2400000	2400000

备注　项 目　部 门

个 人　客 户

业务员

记账　审核　出纳　制单 郝贤

图 6-16

6.1.2 先发货后开票的现结销售业务

【业务内容】

2019 年 1 月 15 日，销售部杨明与浙江丰韵商贸有限公司签订销售合同，并发出货物。2019 年 1 月 16 日，开出发票，同时收到全部货款，取得与该业务相关的凭证如图 6-17 至图 6-20 所示。业务操作流程及分工如表 6-2 所示。

购销合同

卖方：　浙江华盛商贸有限公司　　　　合同编号：　XS01002
买方：　浙江丰韵商贸有限公司　　　　签订日期：2019 年 01 月 15 日

为保护买卖双方的合法权益，根据《中华人民共和国合同法》的有关规定，经双方协定，订立本合同，并共同遵守合同约定：

一、货物的名称、数量及金额：

货物名称	规格型号	单位	数量	单价（不含税）	金额（不含税）	税率	税额
雅达西裤		件	100	270	27 000.00	16%	4 320.00
合计					￥27 000.00		￥4 320.00

合同总金额（大写）：人民币叁万壹仟叁佰贰拾元整（￥31 320.00）

二、签订合同当日，卖方交付货物，并于 2019 年 1 月 16 日开具增值税专用发票，买方于 2019 年 1 月 16 日以电汇方式支付全部货款。
三、交货地点：浙江华盛商贸有限公司
四、发货方式与运输费用承担方式：由卖方发货，运输费用由买方承担。

图 6-17

出库单

客户：浙江丰韵　　　　2019 年 1 月 15 日　　　　单号：CK01002

验收仓库	存货编码	存货名称	单位	数量 应发	数量 实发	单价	金额
服装库	0104	雅达西裤	件	100	100		
		合计					

部门经理：略　　　会计：略　　　仓库：略　　　经办人：略

图 6-18

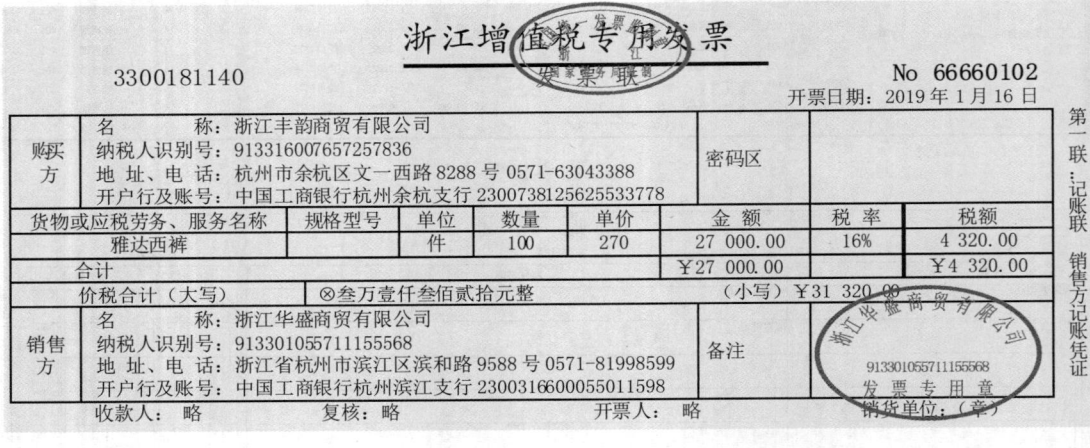

图 6-19

图 6-20

【业务操作流程和岗位工作】

表 6-2　业务操作流程与岗位工作

操作日期	操作员	操作系统	操作流程
2019-01-15	销售员【401】	销售管理	（1）填制销售订单 （2）参照销售订单生成发货单
2019-01-15	仓管员【501】	库存管理	（3）参照发货单生成出库单
2019-01-16	销售员【401】	销售管理	（4）参照发货单生成销售专用发票并现结处理
2019-01-16	财务会计【202】	应收款管理	（5）审核销售发票并制单处理
		存货核算	（6）单据记账并生成凭证

【操作指导】

1. 填制销售订单

（1）2019 年 1 月 15 日，销售部杨明【401】在企业应用平台中执行【业务工作/供应链/销售管理/销售订货/销售订单】命令，打开"销售订单"窗口，单击【增加】按钮。

（2）在表头中，修改订单号为"XS01002"，销售类型为"正常销售"，客户简称为"浙江丰韵"，税率为"16"；在表体中，选择存货为"0104 雅达西裤"，数量为"100"，原币单价为"270"，预发货日期为当日，其他项默认，如图 6-21 所示。

（3）在工具栏中，单击【保存】按钮，单击【审核】按钮，退出该窗口。

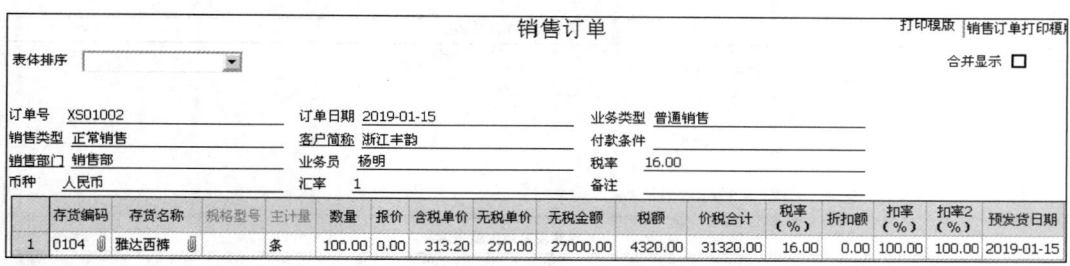

图 6-21

2. 参照销售订单生成发货单

（1）2019 年 1 月 15 日，销售员【401】在企业应用平台中执行【业务工作/供应链/销售管理/销售发货/发货单】命令，打开"发货单"窗口。单击工具栏中的【增加】按钮，系统自动弹出【查询条件选择-参照订单】对话框，点击【确定】按钮。系统弹出"参照生单"窗口，双击【选择】栏，选择"XS01002"订单，如图 6-22 所示。单击工具栏中的【确定】按钮。

图 6-22

（2）系统生成发货单，选择表体中的仓库名称为"服装库"，如图6-23所示。在工具栏中单击【保存】按钮，单击【审核】按钮，退出该窗口。

图6-23

3. 参照发货单生成出库单

（1）2019年1月15日，仓管员【501】在企业应用平台中执行【业务工作/供应链/库存管理/出库业务/销售出库单】命令，打开"销售出库单"窗口。执行【生单/销售生单】命令，打开【查询条件选择-销售发货单列表】对话框，单击【确定】按钮。系统打开"销售生单"窗口，双击【选择】栏，选择上一步完成的"发货单"，如图6-24所示。单击工具栏中的【确定】按钮。

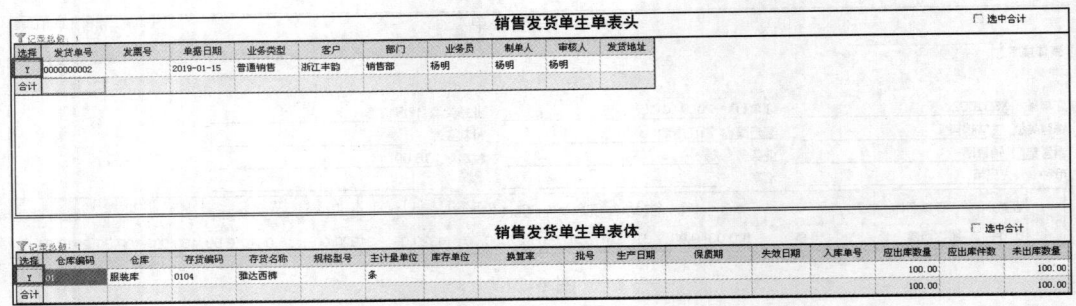

图6-24

（2）系统自动生成销售出库单，修改出库单号为"CK01002"，其他项默认，如图6-25所示。在工具栏中单击【保存】按钮，单击【审核】按钮，退出该窗口。

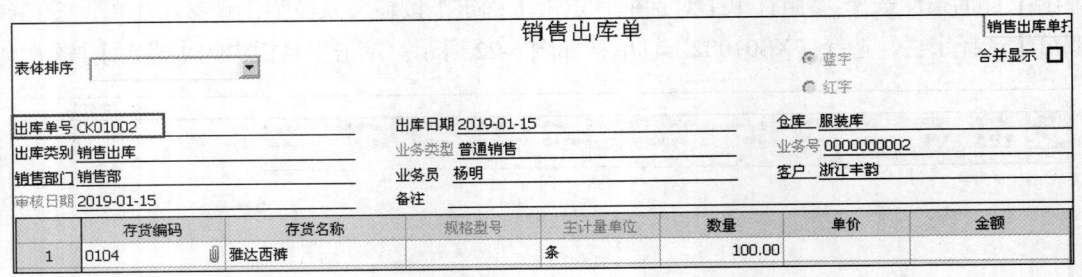

图6-25

4. 参照发货单生成销售专用发票

（1）2019年1月16日，销售员【401】在企业应用平台中执行【业务工作/供应链/销售管理/销售开票/销售专用发票】命令，系统打开"销售专用发票"窗口。单击工具栏中的【增加】按钮，系统自动弹出【查询条件选择-参照订单】对话框，单击【取消】按钮，返回"销售专用发票"窗口。执行【生单/参照发货单】命令，系统弹出【查询条件选择-参照发货单】对话框，单击【确定】按钮，系统打开"参照生单"窗口，双击【选择】栏，选择相应的发货单，如图 6-26 所示。单击工具栏中的【确定】按钮。

图 6-26

（2）系统自动生成"销售专用发票"，修改发票号为"66660102"，其他项默认，单击工具栏中的【保存】按钮，保存该单据。

（3）现结、复核。单击工具栏中的【现结】按钮，打开【现结】对话框，输入结算方式为"电汇"，原币金额"31320"，票据号为"11110201"，其他项默认，单击【确定】按钮，系统提示【发票已现结】。单击工具栏中的【复核】按钮，完成销售发票复核，如图 6-27 所示。

图 6-27

5. 审核销售发票并制单处理

（1）2019 年 1 月 16 日，财务会计【202】在应用平台中执行【业务工作/财务会计/应收款管理/应收款单据处理/应收单据审核】命令，弹出【应收单查询条件】对话框，勾选"包含已现结的发票"复选框，单击【确定】按钮，打开"应收单据列表"窗口，如图 6-28 所示。

图 6-28

（2）双击"66660102"号发票【选择】栏右侧的任意单元格，打开"销售专用发票"窗口，单击工具栏中的【审核】按钮，系统提示【是否立即制单？】，单击【是】按钮，系统生成记账凭证，单击工具栏中的【保存】按钮，保存该凭证，如图 6-29 所示。退出该窗口。

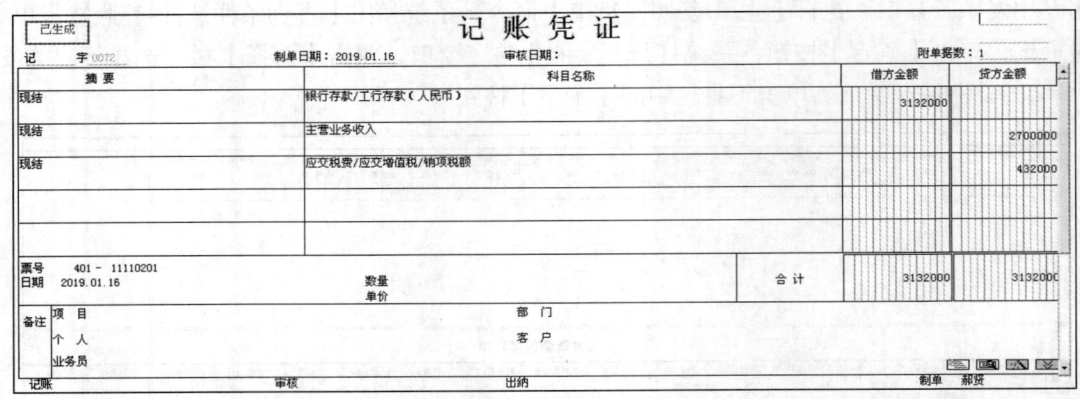

图 6-29

6. 单据记账并生成凭证

（1）正常单据记账。2019 年 1 月 16 日，财务会计【202】在企业应用平台中执行【业务工作/供应链/存货核算/业务核算/正常单据记账】命令，弹出【查询条件选择】对话框，单击【确定】按钮。打开"正常单据记账列表"窗口，单击【全选】按钮，如图 6-30 所示。单击工具栏中的【记账】按钮，将销售专用发票记账，系统提示【记账成功】。

图 6-30

（2）生成凭证。执行【财务核算/生成凭证】命令，打开"生成凭证"窗口，单击【选择】按钮，打开【查询条件】对话框，单击【确定】按钮。系统打开"未生成凭证单据一览表"窗口，单击【选择】栏，选中待生成凭证的单据，如图 6-31 所示，单击工具栏中的【确定】按钮。返回"生成凭证"窗口，凭证类别选择"记账凭证"，如图 6-32 所示。单击工具栏中的【生成】按钮，生成一张记账凭证，单击工具栏中的【保存】按钮，保存该凭证，如图 6-33 所示。

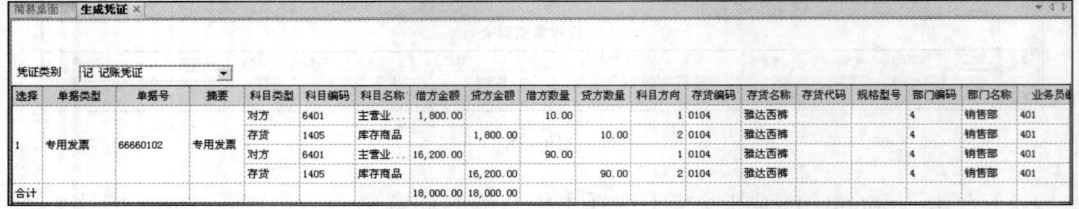

图 6-31

图 6-32

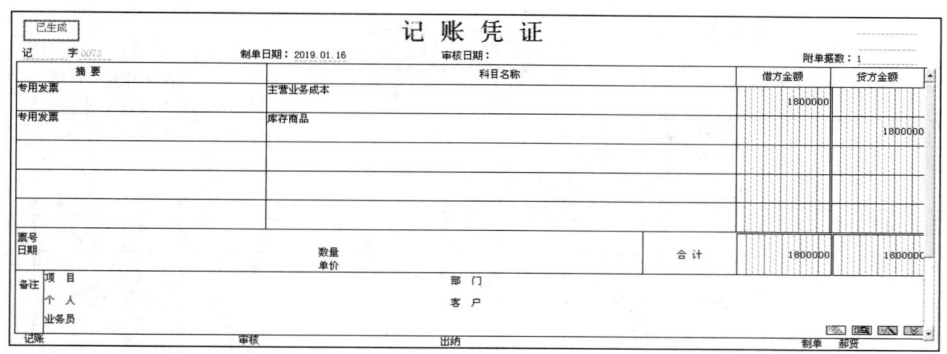

图 6-33

6.1.3 代垫运费的销售业务

【业务内容】

2019 年 1 月 16 日，销售部杨明与上海福瑞百货有限公司签订销售合同，货已发出（出库单号为 CK01003，图略），并开具了增值税专用发票，运费由卖方代垫，买方通过电汇方式支付了货款及运费（选择收款方式处理），取得相关凭证如图 6-34 至图 6-38 所示。业务操作流程及分工如表 6-3 所示。

图 6-34

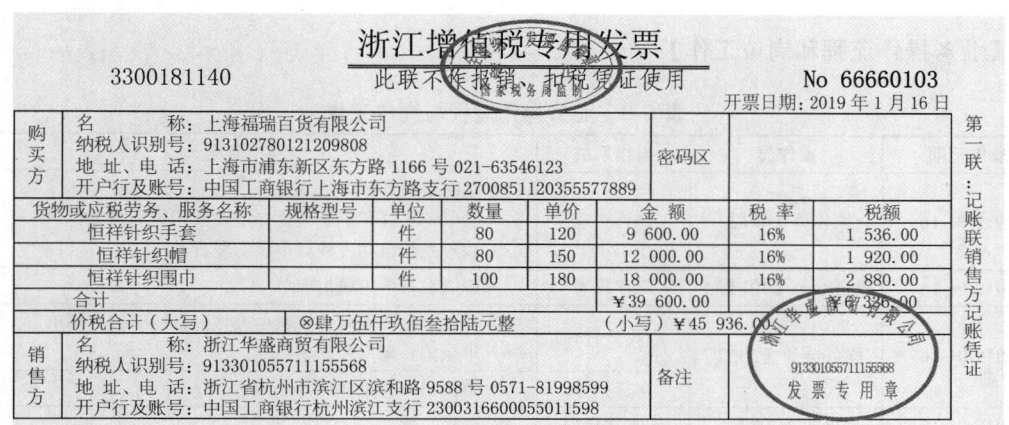

图 6-35

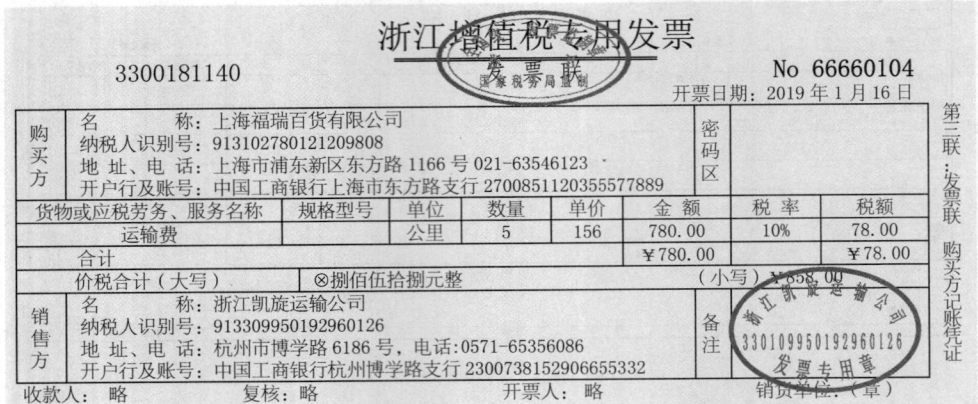

图 6-36

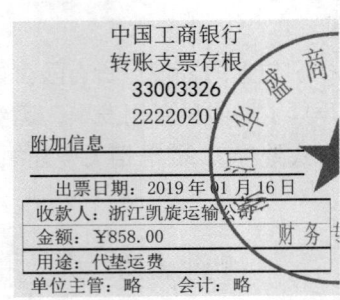

图 6-37

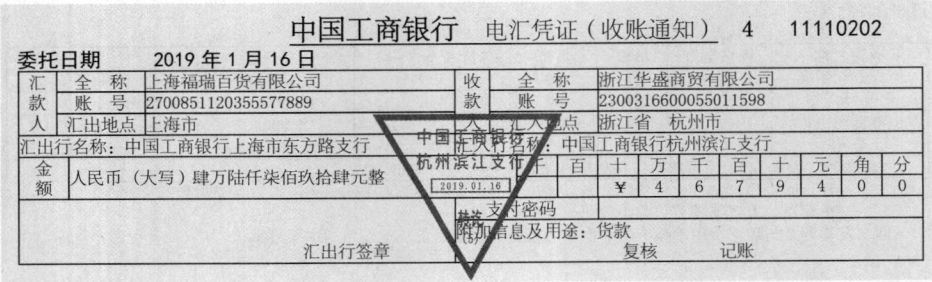

图 6-38

【业务操作流程和岗位工作】

表 6-3 业务操作流程与岗位工作

操作日期	操作员	操作系统	操作流程
2019-01-16	销售员【401】	销售管理	（1）填制销售订单 （2）参照销售订单生成销售专用发票，填制代垫费用单 （3）查看系统自动生成已审核的发货单
2019-01-16	仓管员【501】	库存管理	（4）参照发货单生成出库单
2019-01-16	财务会计【202】	应收款管理	（5）补充（运费）其他应收单表体科目后审核并制单 （6）审核销售发票并制单处理
		存货核算	（7）单据记账并生成凭证
2019-01-16	出纳【203】	应收款管理	（8）选择收款
2019-01-16	财务会计【202】	应收款管理	（9）合并制单

【操作指导】

1. 填制销售订单

（1）2019年1月16日，销售部杨明【401】在企业应用平台中执行【业务工作/供应链/销售管理/销售订货/销售订单】命令，打开"销售订单"窗口，单击【增加】按钮。

（2）在表头中，修改订单号为"XS01003"，销售类型为"正常销售"，客户简称为"上海福瑞"，税率为"16"。在表体中，第一行选择存货为"0201 恒祥针织手套"，数量为"80"，原币单价为"120"；第二行选择存货为"0202 恒祥针织帽"，数量为"80"，原币单价为"150"；第三行选择存货为"0203 恒祥针织围巾"，数量为"100"，原币单价为"180"，预发货日期为当日，其他项默认。

（3）在工具栏中，单击【保存】按钮，单击【审核】按钮，如图6-39所示。退出该窗口。

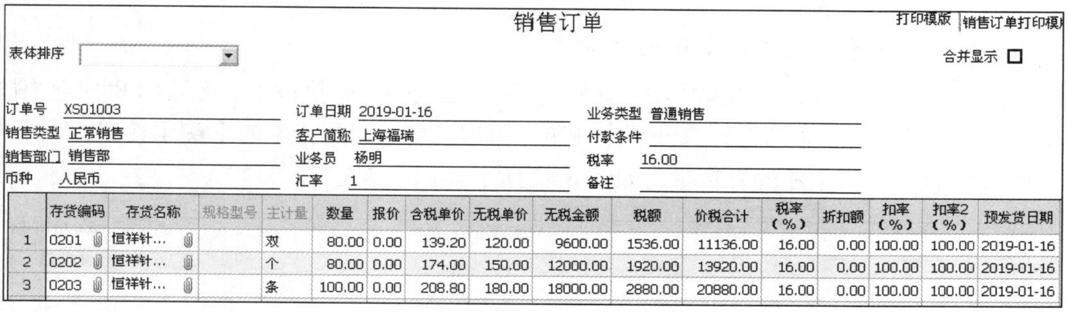

图 6-39

2. 参照销售订单生成销售专用发票

（1）2019年1月16日，销售部杨明【401】在企业应用平台中执行【业务工作/供应链/销售管理/销售开票/销售专用发票】命令，打开"销售专用发票"窗口。单击工具栏中的【增加】按钮，系统弹出【查询条件选择-参照订单】对话框，单击【确定】。系统打开"参照生单"窗口，双击【选择】栏，选择"XS01003"号订单，下方表体中"发票参照订单"的三行【选择】栏均出现【Y】。单击工具栏中的【确定】按钮，系统自动生成"销售专用发票"，修改发票号为"66660103"，修改表体中的三行仓库的名称为"配饰库"，如图6-40所示。在工具栏中单击【保存】按钮，单击【复核】按钮。在先开票后发货的销售业务处理中，复核发票后会自动生成已审核的发货单。

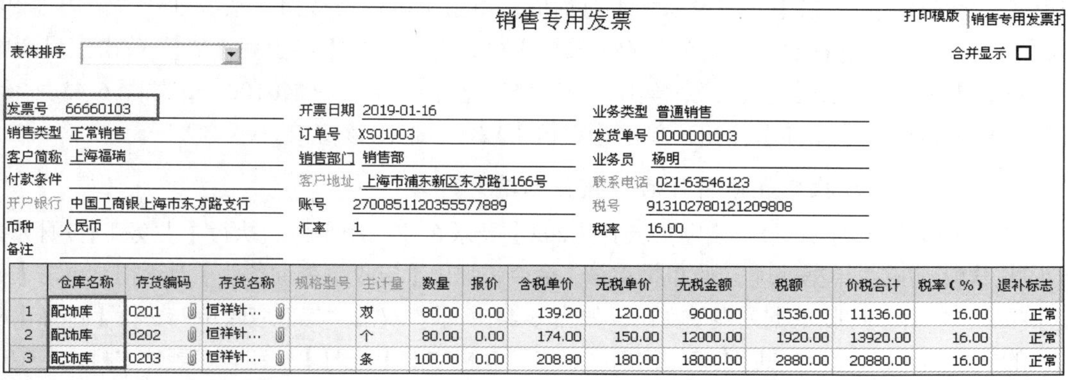

图 6-40

（2）单击工具栏中的【代垫】按钮，根据图 6-36，在"代垫费用单"表体中，选择费用项目为"运输费"，代垫金额为"858"，单击工具栏中的【保存】按钮，并单击【审核】按钮，审核该代垫费用单，结果如图 6-41 所示。关闭该窗口，返回"销售专用发票"窗口。保存代垫费用单后，系统自动生成"其他应收单"。

代垫费用单

表体排序					
代垫单号 0000000001		代垫日期 2019-01-16		发票号 66660103	
客户简称 上海福瑞		销售部门 销售部		业务员 杨明	
币种 人民币		汇率 1		备注	
	费用项目	代垫金额	存货编码	存货名称
1	运输费	858.00		

图 6-41

3. 查看系统自动生成已审核的发货单

2019 年 1 月 16 日，销售部杨明【401】在企业应用平台中执行【业务工作/供应链/销售管理/销售发货/发货单】命令，打开"发货单"窗口。单击工具栏中的【➡】按钮，查看根据销售专用发票自动生成的发货单，如图 6-42 所示。退出该窗口。

发货单

表体排序											打印模版 发货单打印模版 合并显示 □	
发货单号 0000000003			发货日期 2019-01-16				业务类型 普通销售					
销售类型 正常销售			订单号 XS01003				发票号 66660103					
客户简称 上海福瑞			销售部门 销售部				业务员 杨明					
发货地址			发运方式				付款条件					
税率 16.00			币种 人民币				汇率 1					
备注												
	仓库名称	存货编码	存货名称	规格型号	主计量	数量	报价	含税单价	无税单价	无税金额	税额	价税合计	税率（%）
1	配饰库	0201	恒祥针…		双	80.00	0.00	139.20	120.00	9600.00	1536.00	11136.00	16.00
2	配饰库	0202	恒祥针…		个	80.00	0.00	174.00	150.00	12000.00	1920.00	13920.00	16.00
3	配饰库	0203	恒祥针…		条	100.00	0.00	208.80	180.00	18000.00	2880.00	20880.00	16.00

图 6-42

4. 参照发货单生成出库单

2019 年 1 月 16 日，仓储部王娜【501】在企业应用平台中执行【业务工作/供应链/库存管理/出库业务/销售出库单】命令，打开"销售出库单"窗口。执行【生单/销售生单】命令，打开【查询条件选择-销售发货单列表】对话框，单击【确定】按钮。系统打开"销售生单"窗口，双击上一步查看的"发货单"的【选择】栏，在【选择】栏出现【Y】。单击工具栏中的【确定】按钮。系统自动生成销售出库单，修改出库单号为"CK01003"，如图 6-43 所示。在工具栏中，单击【保存】按钮，单击【审核】按钮，退出该窗口。

5. 补充其他应收单表体科目后审核并制单

（1）2019 年 1 月 16 日，由财务会计【202】登录企业应用平台。执行【业务工作/财务会计/应收款管理/应收单据处理/应收单据审核】命令，弹出【应收单查询条件】对话框，单击【确定】按钮。打开"应收单据列表"窗口，如图 6-44 所示。双击"其他应收单"一行【选择】栏右侧的任意单元格，打开"应收单"窗口，单击工具栏中的【修改】按钮，在表体"科目"中输入会计科目【100201】，单击【保存】按钮，如图 6-45 所示。

图 6-43

图 6-44

图 6-45

（2）在应收单窗口中，单击工具栏中的【审核】按钮，系统提示【是否立即制单？】，单击【是】按钮，系统生成记账凭证。将鼠标光标定位在第二行"银行存款"处，并移至左下方"票号日期"处，当光标形状变成"铅笔"时，双击鼠标，系统弹出【辅助项】对话框，输入结算方式为"转账支票"，票据号为"22220201"，票据日期为"2019-01-16"，如图 6-46 所示，单击【确定】按钮。返回"记账凭证"窗口，单击工具栏中的【保存】按钮，保存该记账凭证，如图 6-47 所示。关闭"记账凭证"和"应收单"窗口，返回"应收单据列表"窗口。

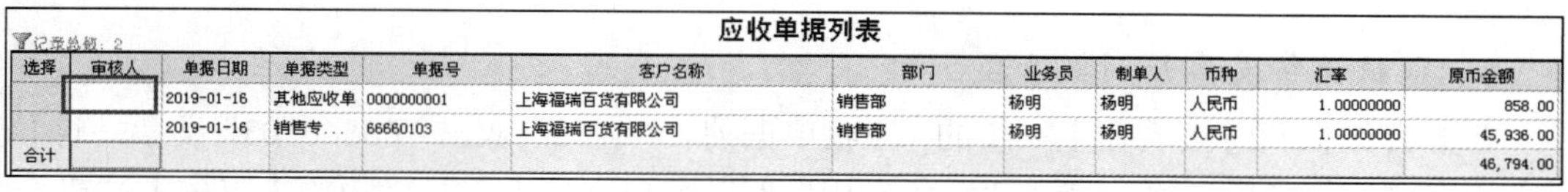

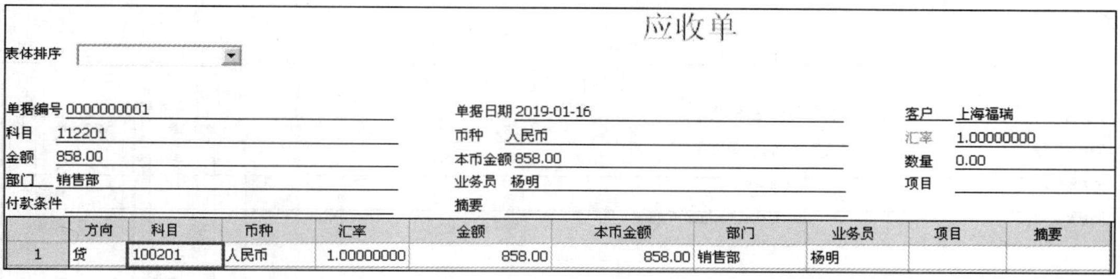

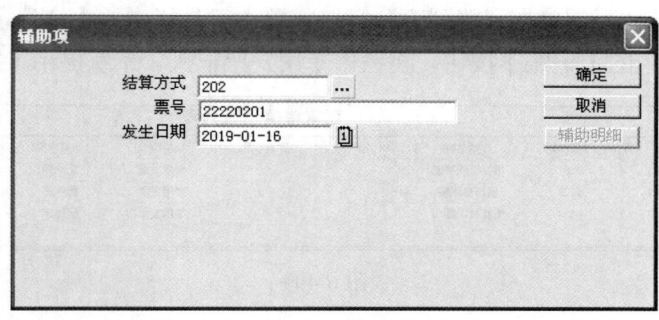

图 6-46

已生成

记 账 凭 证

记　字 0074　　制单日期：2019.01.16　　审核日期：　　附单据数：1

摘要	科目名称	借方金额	贷方金额
其他应收单	应收账款/人民币	85800	
其他应收单	银行存款/工行存款（人民币）		85800
票号 202 - 22220201 日期 2019.01.16	数量 单价　　合计	85800	85800

备注　项目　　部门

个人　　客户 上海福瑞

业务员 杨明

记账　　审核　　出纳　　制单 郝贤

图 6-47

6．审核销售发票并制单处理

财务会计【202】接着在上一步的“应收单据列表”窗口，双击“66660103”发票一行【选择】栏右侧的任意单元格，打开“销售专用发票”窗口，单击工具栏中的【审核】按钮，系统提示【是否立即制单？】，单击【是】按钮，生成记账凭证，如图 6-48 所示。单击【保存】按钮。

已生成

记 账 凭 证

记　字 0075　　制单日期：2019.01.16　　审核日期：　　附单据数：1

摘要	科目名称	借方金额	贷方金额
销售专用发票	应收账款/人民币	4593600	
销售专用发票	主营业务收入		3960000
销售专用发票	应交税费/应交增值税/销项税额		633600
票号 日期	数量 单价　　合计	4593600	4593600

备注　项目　　部门

个人　　客户 上海福瑞

业务员 杨明

记账　　审核　　出纳　　制单 郝贤

图 6-48

7．单据记账并生成凭证

（1）正常单据记账。2019 年 1 月 16 日，财务会计【202】在企业应用平台中执行【业务工作/供应链/存货核算/业务核算/正常单据记账】命令，打开【查询条件选择】对话框，单击【确定】按钮。打开“正常单据记账列表”窗口，单击工具栏中的【全选】按钮，如图 6-49 所示。单击工具栏中的【记账】按钮，将销售专用发票记账，系统提示【记账成功】。

正常单据记账列表

记录总数：3

选择	日期	单据号	存货编码	存货名称	规格型号	存货代码	单据类型	仓库名称	收发类别	数量
Y	2019-01-16	66660103	0201	恒祥针织手套			专用发票	配饰库	销售出库	80.00
Y	2019-01-16	66660103	0202	恒祥针织帽			专用发票	配饰库	销售出库	80.00
Y	2019-01-16	66660103	0203	恒祥针织围巾			专用发票	配饰库	销售出库	100.00
小计										260.00

图 6-49

（2）生成凭证。执行【财务核算/生成凭证】命令，打开“生成凭证”窗口，单击【选择】

按钮,打开【查询条件】对话框,单击【确定】按钮。打开"未生成凭证单据一览表"窗口,单击【选择】栏,选中 66660103 号发票,单击【确定】按钮。返回"生成凭证"窗口,凭证类别选择"记账凭证"。单击工具栏中的【生成】按钮,生成一张记账凭证,单击工具栏中的【保存】按钮,保存该凭证,如图 6-50 所示。

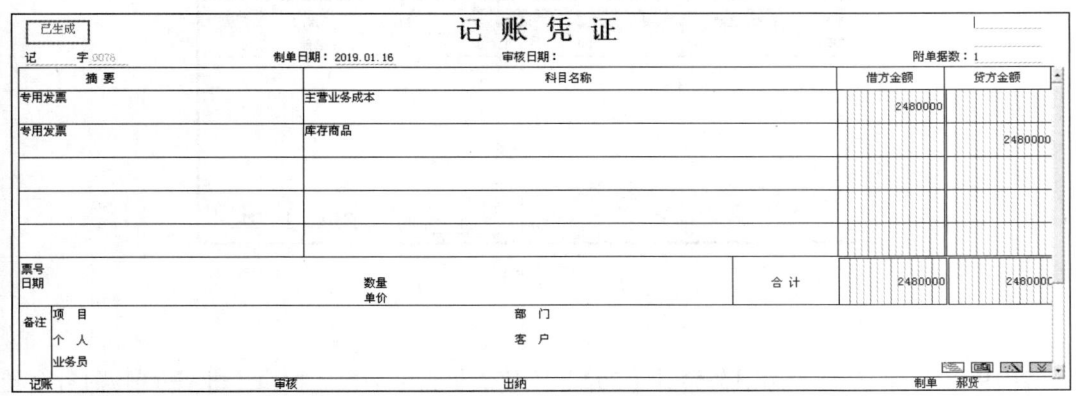

图 6-50

8. 选择收款

(1) 2019 年 1 月 16 日,由出纳【203】登录企业应用平台。执行【业务工作/财务会计/应收款管理/选择收款】命令,打开【选择收款-条件】对话框,在"客户"栏单击下拉按钮,选择客户"0103 上海福瑞",如图 6-51 所示,单击【确定】按钮。打开"选择收款-单据"窗口,单击【全选】按钮,如图 6-52 所示,收款总计为"46794",再单击【确认】按钮。

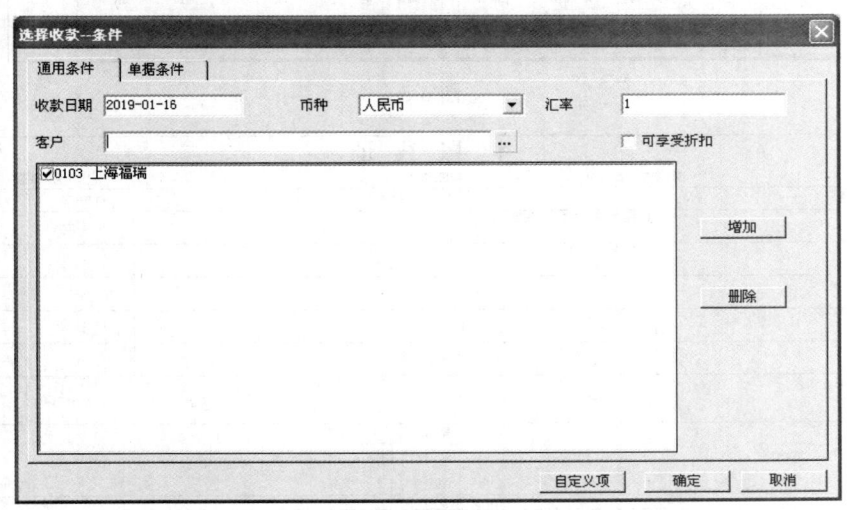

图 6-51

客户	客户编号	单据类	单据类型	单据编号	存货	部门	部门编号	业务员	业务	摘要	单据日期	到期日	原币金额
上海福瑞	0103	80	其他应收单	0000000001		销售部	4	杨明	401	其他应收单	2019-01-16	2019-01-16	858.00
上海福瑞	0103	26	销售专...	66660103		销售部	4	杨明	401	销售专用发票	2019-01-16	2019-01-16	45,936.00
合计													46,794.00

收款总计 46794.00

图 6-52

(2)系统弹出【选择收款-收款单】对话框,根据图 6-38,输入结算方式为"电汇",票据号为"11110202",结果如图 6-53 所示,单击【确定】按钮。选择收款后系统自动生成核销单。

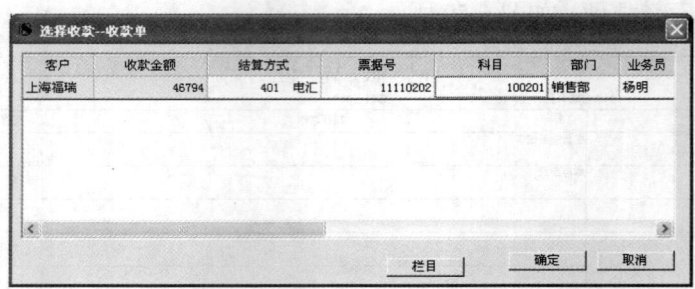

图 6-53

9. 合并制单

2019 年 1 月 16 日,由财务会计【202】登录企业应用平台。执行【业务工作/财务会计/应收款管理/制单处理】命令,打开【制单查询】对话框,勾选"收付款单制单"和"核销制单"复选框,单击【确定】按钮。打开"应收制单"窗口,如图 6-54 所示,依次单击工具栏中的【全选】【合并】按钮。单击工具栏中的【制单】按钮,系统生成相关的记账凭证,单击工具栏中的【保存】按钮,结果如图 6-55 所示。

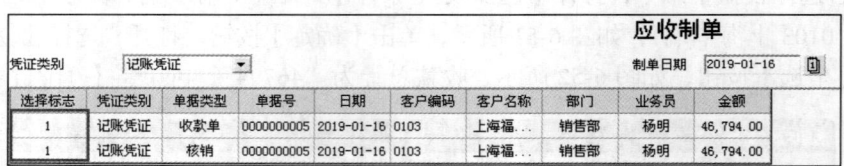

图 6-54

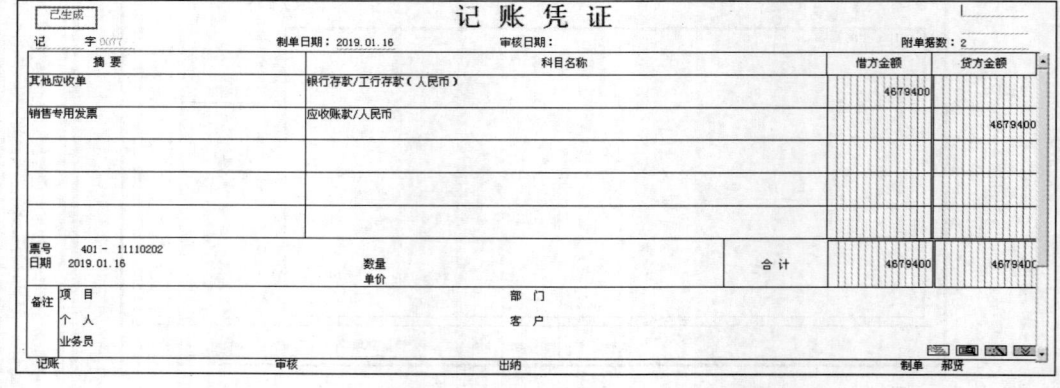

图 6-55

6.1.4 销售货款结算业务

【业务内容】

2019 年 1 月 16 日,收到江苏信达超市有限公司 XS01001 号合同对应的货款,取得与该业务相关的凭证,如图 6-56 所示。业务操作流程及分工如表 6-4 所示。

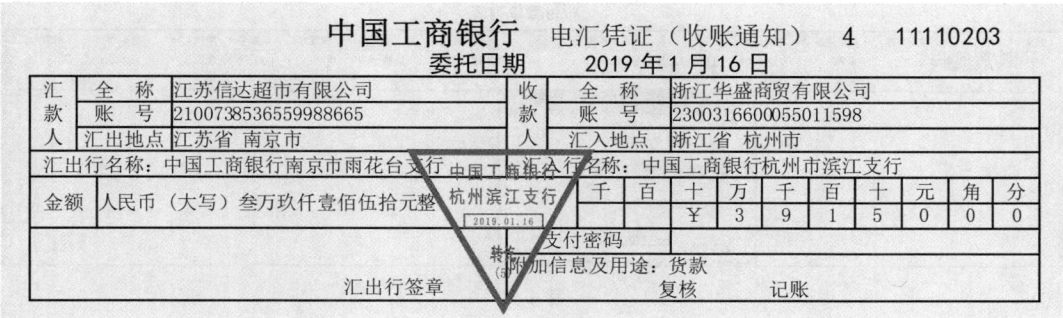

图 6-56

【业务操作流程和岗位工作】

表 6-4　业务操作流程与岗位工作

操作日期	操作员	操作系统	操作流程
2019-01-16	出纳【203】	应收款管理	（1）填制收款单
2019-01-16	财务会计【202】	应收款管理	（2）审核收款单 （3）核销本次收款额 （4）收款单、核销单合并制单

【操作指导】

1. 填制收款单

（1）2019 年 1 月 16 日，出纳【203】在企业应用平台中执行【业务工作/财务会计/应收款管理/收款单据处理/收款单据录入】命令，打开"收款单"窗口，单击【增加】按钮。

（2）在表头中，按照电汇凭证的信息，输入结算方式为"电汇"，金额为"39150"，客户为"江苏信达"，票据号为"11110203"；在表体中，选择款项类型为"应收款"，单击【保存】按钮，如图 6-57 所示。退出该窗口。

图 6-57

2. 收款单审核

2019 年 1 月 16 日，财务会计【202】在企业应用平台中执行【业务工作/财务会计/应收款管理/收款单据处理/收款单据审核】命令，系统弹出"收款单查询条件"窗口，单击【确定】按钮。打开"收付款单列表"窗口，单击工具栏中的【全选】按钮，再单击【审核】按钮，系统提示【审核成功】，单击【确定】按钮，如图 6-58 所示。

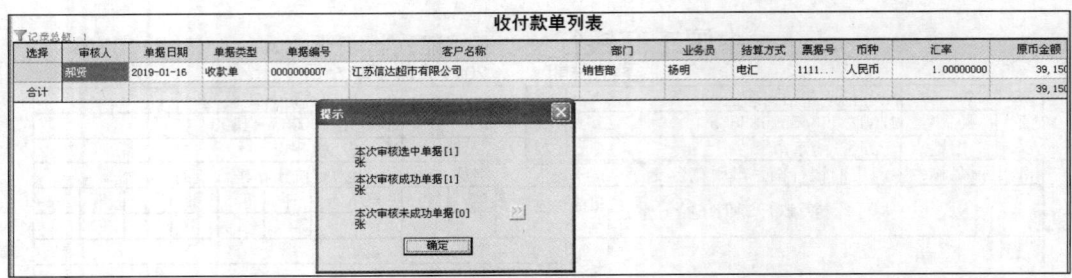

图 6-58

3. 核销本次收款额

2019 年 1 月 16 日，财务会计【202】在企业应用平台中执行【业务工作/财务会计/应收款管理/核销处理/手工核销】命令，打开"单据核销"窗口，弹出【核销条件】对话框，选择客户为"江苏信达"，如图 6-59 所示，单击【确定】按钮。系统打开"单据核销"窗口，输入本次结算金额为"39150"，如图 6-60 所示，单击工具栏中的【保存】按钮。退出该窗口。

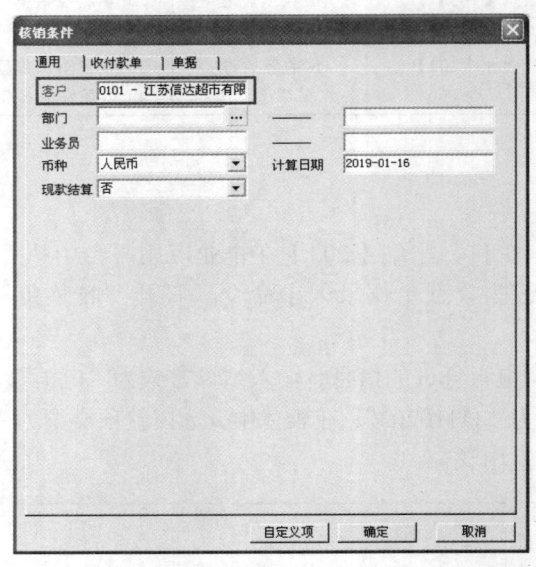

图 6-59

图 6-60

4. 收款单、核销单合并制单

2019 年 1 月 16 日，财务会计【202】在企业应用平台中执行【业务工作/财务会计/应收款管理/制单处理】命令，弹出【制单查询】对话框，勾选"收付款单制单""核销制单"复选框，如图 6-61 所示，单击【确定】按钮。打开"应收制单"窗口，单击工具栏中的【全选】按钮，再单击【合并】按钮，如图 6-62 所示。凭证类别选择"记账凭证"，单击工具栏中的【制单】按钮，系统生成相关凭证，单击【保存】按钮，如图 6-63 所示。

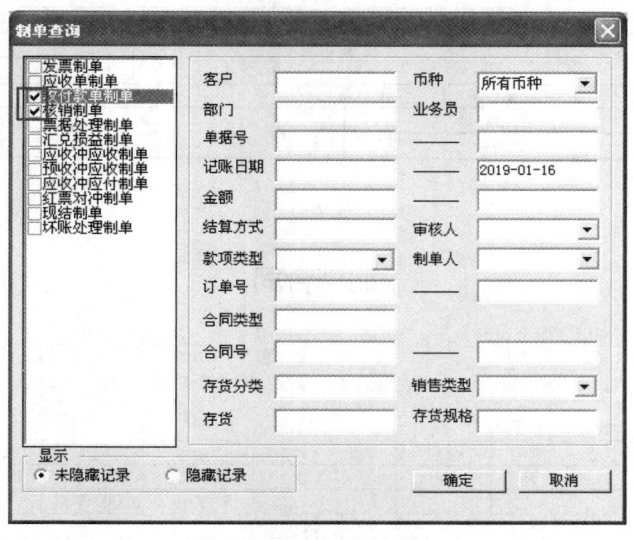

图 6-61

凭证类别		记账凭证						应收制单 制单日期	2019-01-16	
选择标志	凭证类别	单据类型	单据号	日期	客户编码	客户名称	部门	业务员	金额	
1	记账凭证	收款单	0000000007	2019-01-16	0101	江苏信…	销售部	杨明	39,150.00	
1	记账凭证	核销	0000000007	2019-01-16	0101	江苏信…	销售部	杨明	39,150.00	

图 6-62

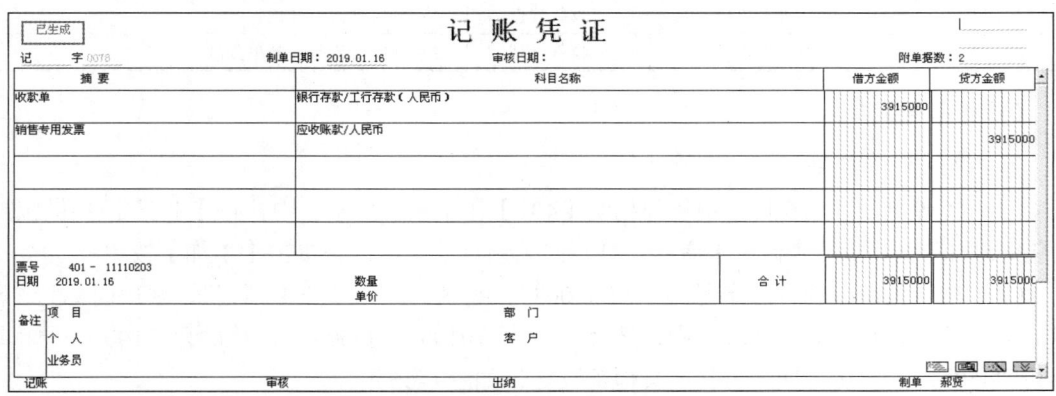

图 6-63

6.1.5 预收货款的销售业务

【业务内容】

2019 年 1 月 16 日，销售部杨明与江苏信达超市有限公司签订销售合同，预收部分货款，取得与该业务相关的单据，如图 6-64 和图 6-65 所示。业务操作流程及分工如表 6-5 所示。

中国工商银行 进账单（收账通知） 3

2019 年 1 月 16 日

汇款人	全 称	江苏信达超市有限公司	收款人	全 称	浙江华盛商贸有限公司
	账 号	2100738536559988665		账 号	2300316600055011598
	开户银行	中国工商银行南京市雨花台支行		开户银行	中国工商银行杭州市滨江支行
金额	人民币（大写）叁万元整				￥ 3 0 0 0 0 0 0
票据种类	转账支票	票据张数	壹张		
票据号码	22220202			收款人开户银行签章	
		复核	记账		

图 6-64

购销合同

卖方：浙江华盛商贸有限公司　　　　合同编号：CG01004
买方：江苏信达超市有限公司　　　　签订日期：2019 年 01 月 16 日

为保护买卖双方的合法权益，根据《中华人民共和国合同法》的有关规定，经双方协定，订立本合同，并共同遵守合同约定：

一、货物的名称、数量及金额：

货物名称	规格型号	单位	数量	单价（不含税）	金额（不含税）	税率	税额
拉贝棉衣		件	100	450	45 000.00	16%	7 200.00
合计					￥45 000.00		￥7 200.00

合同总金额（大写）：人民币伍万贰仟贰佰元整（￥52 200.00）

二、签订合同当日，买方以转账支票方式预付货款 30000 元。
三、交货地点：江苏信达超市有限公司。
四、发货方式与运输费用承担方式：由卖方发货，运输费用由买方承担。

图 6-65

【业务操作流程和岗位工作】

表 6-5　业务操作流程与岗位工作

操作日期	操作员	操作系统	操作流程
2019-01-16	销售员【401】	销售管理	（1）填制销售订单
2019-01-16	出纳【203】	应收款管理	（2）填制收款单（预收）
2019-01-16	财务会计【202】	应收款管理	（3）审核收款单并制单处理

【操作指导】

1. 填制销售订单

（1）2019 年 1 月 16 日，销售部杨明【401】在企业应用平台中执行【业务工作/供应链/销售管理/销售订货/销售订单】命令，打开"销售订单"窗口，单击【增加】按钮。

（2）在表头中，修改订单号为"XS01004"，销售类型为"正常销售"，客户简称为"江苏信达"，税率为"16"；在表体中，选择存货为"0103 拉贝棉衣"，数量为"100"，原币单价为"450"，预发货日期为当日，其他项默认，如图 6-66 所示。

（3）在工具栏中，单击【保存】按钮，单击【审核】按钮，退出该窗口。

2. 填制收款单（预收）

（1）2019 年 1 月 16 日，出纳【203】在企业应用平台中执行【业务工作/财务会计/应收款管理/收款单据处理/收款单据录入】命令，打开"收款单"窗口，单击工具栏中的【增加】按钮，按照银行进账单录入相关信息。

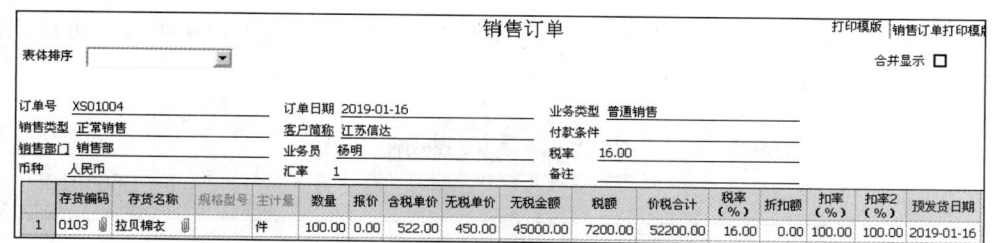

图 6-66

（2）在表头中，输入结算方式为"转账支票"，金额为"30000"，客户为"江苏信达"，票据号为"22220202"；在表体中，选择款项类型为"预收款"，单击【保存】按钮，如图 6-67 所示。退出该窗口。

图 6-67

3. 审核收款单并制单处理

2019 年 1 月 16 日，财务会计【202】执行【业务工作/财务会计/应收款管理/收款单据处理/审核收款单】命令，打开【收款单查询条件】对话框，单击【确定】按钮。打开"收付款单列表"窗口，双击预审核的单据的【选择】栏右侧的任意单元格，打开"收款单"窗口，单击工具栏中的【审核】按钮，系统提示【是否立即制单？】，单击【是】按钮，生成记账凭证，单击【保存】按钮，如图 6-68 所示。

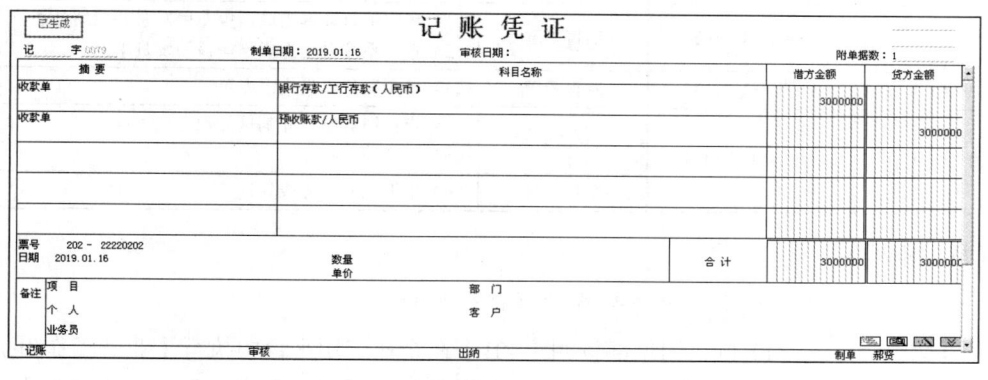

图 6-68

6.1.6 预收订单发货，收回余款的业务

【业务内容】

2019 年 1 月 17 日，发出上一个例子中江苏信达超市有限公司的拉贝棉衣并同时开票（出

库单号为 CK01004，图略），收回余款，取得该业务相关的凭证如图 6-69 和图 6-70 所示。业务操作流程及分工如表 6-6 所示。

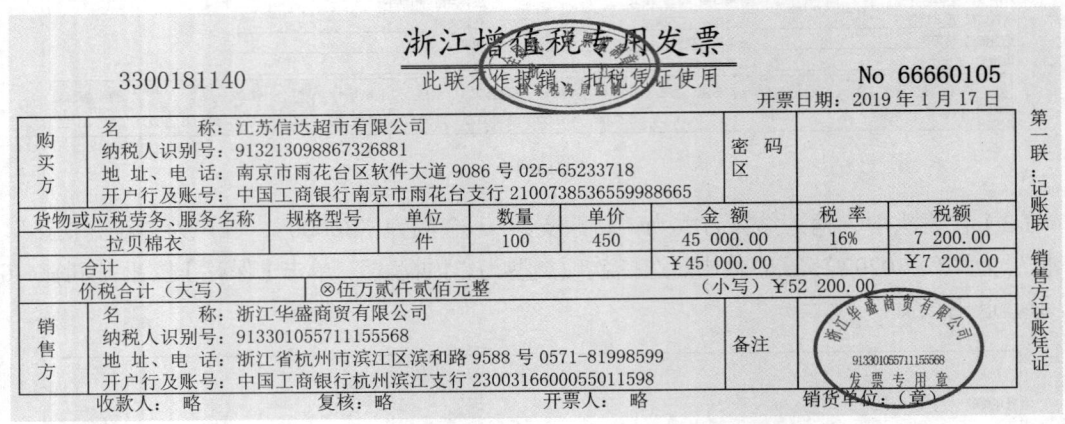

图 6-69

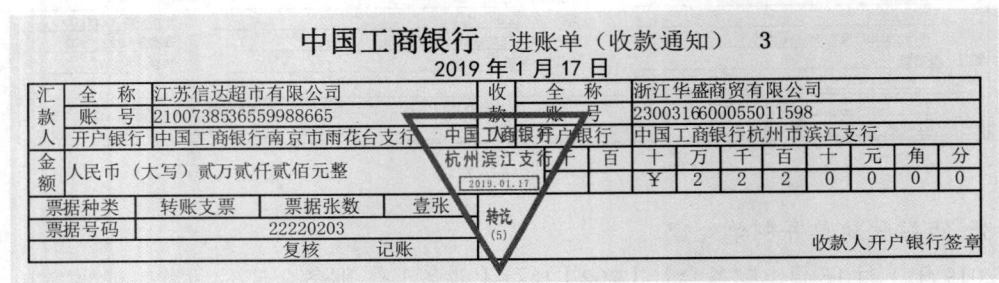

图 6-70

【业务操作流程和岗位工作】

表 6-6 业务操作流程与岗位工作

操作日期	操作员	操作系统	操作流程
2019-01-17	销售员【401】	销售管理	（1）参照销售订单生成销售专用发票并现结处理 （2）查看系统自动生成已审核的发货单
2019-01-17	仓管员【501】	库存管理	（3）参照发货单生成出库单
2019-01-17	财务会计【202】	应收款管理	（4）审核销售发票并制单处理 （5）预收冲应收
		存货核算	（6）单据记账并生成凭证

【操作指导】

1. 参照销售订单生成销售专用发票并现结处理

（1）2019 年 1 月 17 日，销售部杨明【401】在企业应用平台中执行【业务工作/供应链/销售管理/销售开票/销售专用发票】命令，打开"销售专用发票"窗口。单击【增加】按钮，系统弹出【查询条件选择-参照订单】对话框，单击【确定】按钮。打开"参照生单"窗口，双击【选择】栏，选择"XS01004"号订单，单击工具栏中的【确定】按钮。系统自动生成销售专用发票，修改发票号为"66660105"，选择表体仓库为"服装库"，单击【保存】按钮。

（2）现结、复核。单击工具栏中的【现结】按钮，打开【现结】对话框，输入结算方式为"转账支票",原币金额"22200",票据号为"22220203",其他项默认,单击【确定】按钮,系统提示【发票已现结】,如图6-71所示。单击【复核】按钮,复核该发票。在先开票后发货的销售业务处理中,复核发票后会自动生成已审核的发货单。

图 6-71

2. 查看系统自动生成已审核的发货单

2019年1月17日,销售部杨明【401】在企业应用平台中执行【业务工作/供应链/销售管理/销售发货/发货单】命令,打开"发货单"窗口。单击【➡】按钮,如图6-72所示。

图 6-72

3. 参照销售发货单生成出库单

2019年1月17日,仓储部王娜【501】在企业应用平台中执行【业务工作/供应链/库存管理/出库业务/销售出库单】命令,打开"销售出库单"窗口。执行【生单/销售生单】命令,打开【查询条件选择-销售发货单列表】对话框,单击【确定】按钮。系统打开"销售生单"窗口,双击上一步查看的"发货单"的【选择】栏,在【选择】栏出现【Y】,单击【确定】按钮。系统自动生成销售出库单,修改出库单号为"CK01004",如图6-73所示。单击【保存】按钮,单击【审核】按钮。

图 6-73

4. 审核销售发票并制单处理

2019年1月17日，财务会计【202】在企业应用平台中执行【业务工作/财务会计/应收款管理/应收款单据处理/应收单据审核】命令，系统弹出【应收单查询条件】对话框，单击【确定】按钮，打开"应收单据列表"窗口。双击"66660105"号发票【选择】栏右侧的任意单元格，打开"销售专用发票"窗口，单击工具栏中的【审核】按钮，系统提示【是否立即制单？】，点击【是】按钮，系统生成记账凭证，单击【保存】按钮，如图6-74所示。

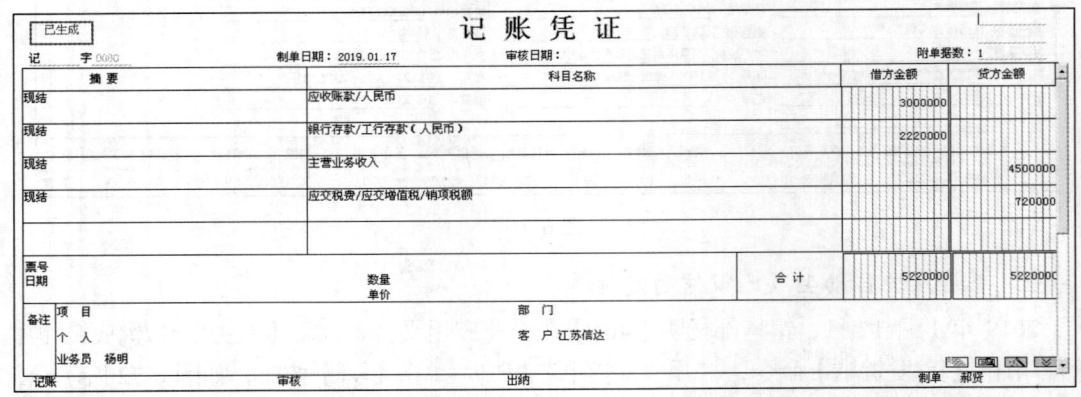

图 6-74

5. 预收冲应收

（1）2019年1月17日，财务会计【202】在企业应用平台中执行【业务工作/财务会计/应收款管理/转账/预收冲应收】命令，打开【预收冲应收】对话框。

（2）在"预收款"选项卡下，选择预收款客户为"江苏信达"，单击【过滤】按钮，在下方窗口收款单的"转账金额"栏输入"30000"，如图6-75所示。

（3）在"应收款"选项卡下，选择应收款客户为"江苏信达"，单击【过滤】按钮，在下方窗口发票的"转账金额"栏输入"30000"，如图6-76所示。

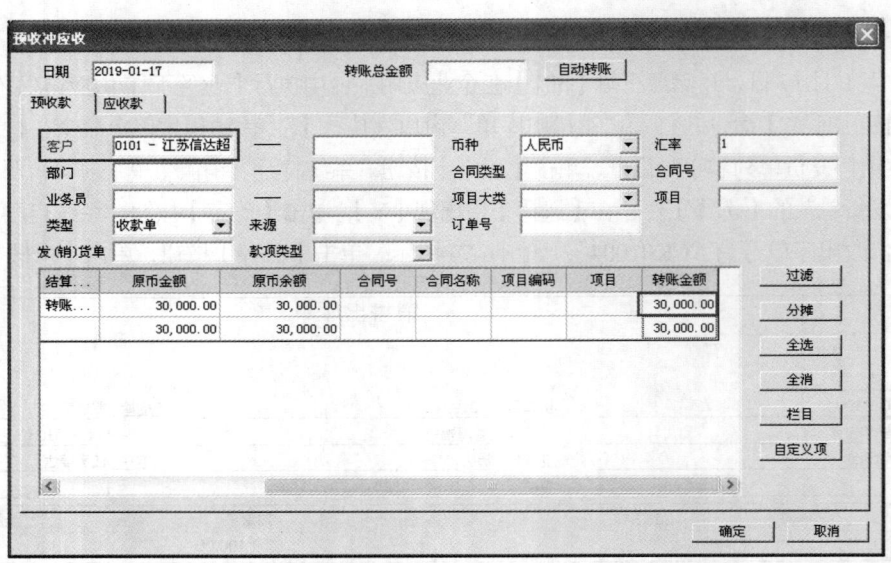

图 6-75

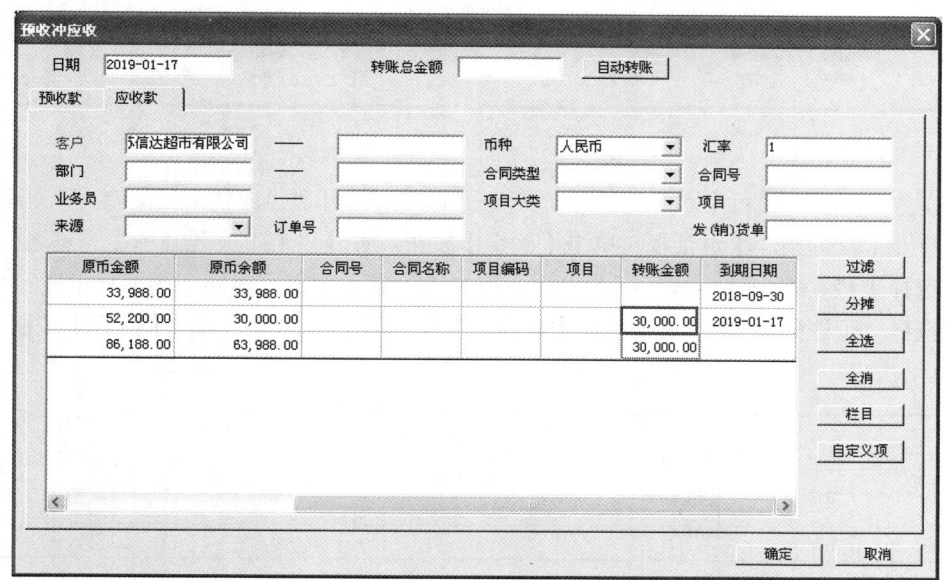

图 6-76

（4）单击【确定】按钮，系统提示【是否立即制单】。单击【是】按钮，系统生成一张记账凭证，如图 6-77 所示。单击工具栏中的【保存】按钮。

图 6-77

6. 单据记账并生成凭证

（1）正常单据记账。2019 年 1 月 17 日，财务会计【202】在企业应用平台中执行【业务工作/供应链/存货核算/业务核算/正常单据记账】命令，打开【查询条件选择】对话框，单击【确定】按钮。打开"正常单据记账列表"窗口，单击【全选】按钮，如图 6-78 所示。单击【记账】按钮，将销售专用发票记账，系统提示【记账成功】。

正常单据记账列表

选择	日期	单据号	存货编码	存货名称	规格型号	存货代码	单据类型	仓库名称	收发类别	数量	单价
Y	2019-01-17	66660105	0103	拉贝棉衣			专用发票	服装库	销售出库	100.00	
小计										100.00	

图 6-78

（2）生成凭证。执行【财务核算/生成凭证】命令，打开"生成凭证"窗口，单击【选择】按钮，打开【查询条件】对话框，单击【确定】按钮。打开"未生成凭证单据一览表"窗口，单击【选择】栏，选中待生成凭证的单据，单击【确定】按钮。返回"生成凭证"窗口，凭证类别选择"记账凭证"。单击【生成】按钮，生成一张记账凭证，单击【保存】按钮，如图6-79所示。

记账凭证

摘要	科目名称	借方金额	贷方金额
专用发票	主营业务成本	3100000	
专用发票	库存商品		3100000
	合计	3100000	3100000

制单日期：2019.01.17　附单据数：1

图 6-79

6.1.7　带付款条件、分仓库出库的销售业务

【业务内容】

2019年1月17日，销售部杨明与江苏信达超市有限公司签订销售合同销售，付款条件为2/10，1/20，N/30（现金折扣按货物的价款计算，不考虑增值税），货已发出，并开具了增值税专用发票，取得与该业务相关的凭证如图6-80至图6-83所示。业务操作流程及分工如表6-7所示。

购销合同

卖方：浙江华盛商贸有限公司　　合同编号：XS01005
买方：江苏信达超市有限公司　　签订日期：2019年01月17日

为保护买卖双方的合法权益，根据《中华人民共和国合同法》的有关规定，经双方协定，订立本合同，并共同遵守合同约定：

一、货物的名称、数量及金额：

货物名称	规格型号	单位	数量	单价(不含税)	金额（不含税）	税率	税额
雅达休闲裤		件	50	200	10 000.00	16%	1 600.00
恒祥针织围巾		件	60	180	10 800.00	16%	1 728.00
合计					¥20 800.00		¥3 328.00

合同总金额（大写）：人民币贰万肆仟壹佰贰拾捌元整（¥24 128.00）

二、签订合同当日，卖方交付货物并开具增值税专用发票，买方以电汇方式支付货款。付款条件：2/10，1/20，N/30（现金折扣按货物的价款计算，不考虑增值税）

三、交货地点：江苏信达超市有限公司

四、发货方式与运输费用承担方式：由卖方发货，运输费用由买方承担。

图 6-80

出库单							
供应商：江苏信达			2019年1月17日		单号：CK01005		
验收仓库	存货编码	存货名称	单位	数量		单价	金额
				应发	实发		
服装库	0105	雅达休闲裤	件	50	50		
		合计					
部门经理：略		会计：略		仓库：略		经办人：略	

图 6-81

出库单							
供应商：江苏信达			2019年1月17日		单号：CK01006		
验收仓库	存货编码	存货名称	单位	数量		单价	金额
				应发	实发		
配饰库	0203	恒祥针织围巾	件	60	60		
		合计					
部门经理：略		会计：略		仓库：略		经办人：略	

图 6-82

图 6-83

【业务操作流程和岗位工作】

表 6-7 业务操作流程与岗位工作

操作日期	操作员	操作系统	操作流程
2019-01-17	销售员【401】	销售管理	（1）填制销售订单（选择付款条件） （2）参照销售订单生成销售专用发票 （3）查看系统自动生成已审核的发货单
2019-01-17	仓管员【501】	库存管理	（4）参照发货单（批量）生成出库单
2019-01-17	财务会计【202】	应收款管理	（5）审核销售发票并制单处理
		存货核算	（6）单据记账并生成凭证

【操作指导】

1. 填制销售订单（选择付款条件）

（1）2019年1月17日，销售部杨明【401】在企业应用平台中执行【业务工作/供应链/销售管理/销售订货/销售订单】命令，打开"销售订单"窗口。单击【增加】按钮。

（2）在表头中，修改订单号为"XS01005"，选择销售类型为"正常销售"，客户名称为"江苏信达"，选择"付款条件"为"2/10，1/20，n/30"，税率为"16"。

（3）在表体中，第一行选择存货为"0105 雅达休闲裤"，数量为"50"，原币单价为"200"，计划到货日期为"2019-01-17"；第二行输入"0203 恒祥针织围巾"的采购数量为"60"，原币单价为"180"，计划到货日期为"2019-01-17"，其他信息由系统自动带出。

（4）单击【保存】按钮，单击【审核】按钮，审核填制的销售订单，如图6-84所示。

图 6-84

2. 参照销售订单生成销售专用发票

（1）2019年1月17日，销售部杨明【401】在企业应用平台中执行【业务工作/供应链/销售管理/销售开票/销售专用发票】命令，打开"销售专用发票"窗口。单击工具栏中的【增加】按钮，系统弹出【查询条件选择-参照订单】对话框，单击【确定】按钮，系统打开"参照生单"窗口，双击【选择】栏，选择"XS01005"号订单，单击工具栏中的【确定】按钮。

（2）系统自动生成"销售专用发票"，修改发票号为"66660106"，修改表体中的1行仓库名称为"服装库"，2行仓库名称为"配饰库"，如图6-85所示。在工具栏中，单击【保存】按钮，单击【复核】按钮，退出该单据。在先开票后发货的销售业务处理中，复核发票后会自动生成已审核的发货单。

图 6-85

3. 查看系统自动生成已审核的发货单

2019年1月17日，销售部杨明【401】在企业应用平台中执行【业务工作/供应链/销售管理/销售发货/发货单】命令，打开"发货单"窗口。单击【➡】按钮，查看根据销售专用发票自动生成的发货单，如图6-86所示。

图 6-86

4. 参照发货单（批量）生成出库单

（1）2019年1月17日，仓储部王娜【501】在企业应用平台中执行【业务工作/供应链/库存管理/出库业务/销售出库单】命令，打开"销售出库单"窗口。执行【生单/销售生单（批量）】命令，打开【查询条件选择-销售发货单列表】对话框，单击【确定】按钮。系统打开"销售生单"窗口，双击上一步查看的"发货单"的【选择】栏，在【选择】栏出现【Y】，单击【确定】按钮。

（2）系统自动生成销售出库单，在"配饰库"出库单上修改出库单号为"CK01006"，如图6-87所示。单击工具栏中的【保存】按钮，再单击【审核】按钮。

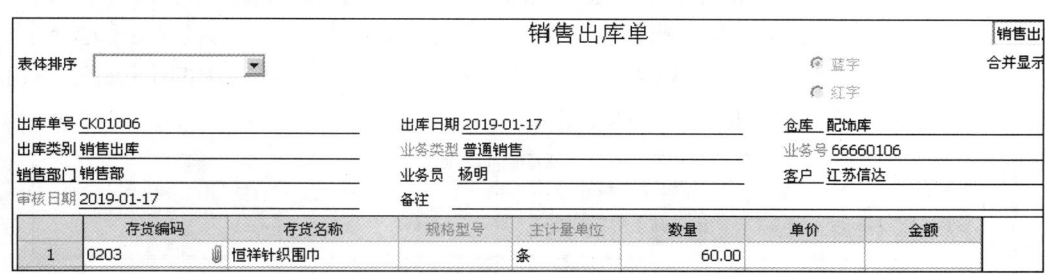

图 6-87

（3）点击工具栏中的【←】，在"服装库"出库单上修改出库单号为"CK01005"，如图6-88所示。单击工具栏中的【保存】按钮，再单击【审核】按钮。退出该窗口。

图 6-88

5. 审核销售发票并制单处理

2019年1月17日，财务会计【202】在企业应用平台中执行【业务工作/财务会计/应收款管理/应收款单据处理/应收单据审核】命令，系统弹出【应收单查询条件】对话框，单击【确定】按钮。打开"应收单据列表"窗口，双击"66660106"号发票【选择】栏右侧的任意单元格,打开"销售专用发票"窗口,单击工具栏中的【审核】按钮,系统提示【是否立即制单?】。单击【是】按钮,系统生成记账凭证。单击工具栏中的【保存】按钮,保存该凭证,如图6-89所示。退出该窗口。

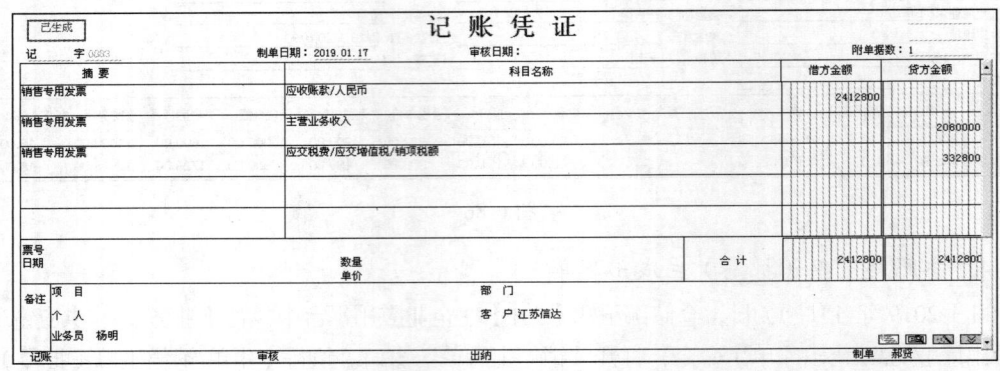

图 6-89

6. 单据记账并生成凭证

(1)正常单据记账。2019年1月17日,财务会计【202】在企业应用平台中执行【业务工作/供应链/存货核算/业务核算/正常单据记账】命令,打开【查询条件选择】对话框,单击【确定】按钮,打开"正常单据记账列表"窗口,单击【全选】按钮,或者双击【选择】栏,选中"雅达休闲裤"和"恒祥针织围巾",如图6-90所示。单击工具栏中的【记账】按钮,将销售专用发票记账,系统提示【记账成功】。

选择	日期	单据号	存货编码	存货名称	规格型号	存货代号	单据类型	仓库名称	收发类别	数量	单价
Y	2019-01-17	66660106	0105	雅达休闲裤			专用发票	服装库	销售出库	50.00	
Y	2019-01-17	66660106	0203	恒祥针织围巾			专用发票	配饰库	销售出库	60.00	
小计										110.00	

图 6-90

(2)生成凭证。执行【财务核算/生成凭证】命令,打开"生成凭证"窗口,单击【选择】按钮,打开【查询条件】对话框,单击【确定】按钮。系统打开"未生成凭证单据一览表"窗口。单击【选择】栏,选中待生成凭证的单据,单击工具栏中的【确定】按钮。返回"生成凭证"窗口,凭证类别选择"记账凭证"。单击工具栏中的【生成】按钮,生成一张记账凭证,单击工具栏中的【保存】按钮,保存该凭证,如图6-91所示。

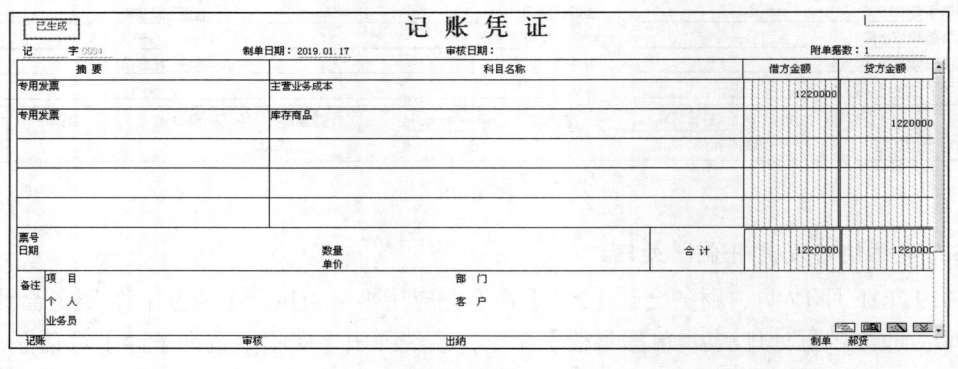

图 6-91

6.1.8 有现金折扣的收款业务

【业务内容】

2019年1月18日，收到江苏信达超市有限公司货款（使用选择收款功能），现金折扣416元，取得与该业务相关的凭证，如图6-92所示。业务操作流程及分工如表6-8所示。

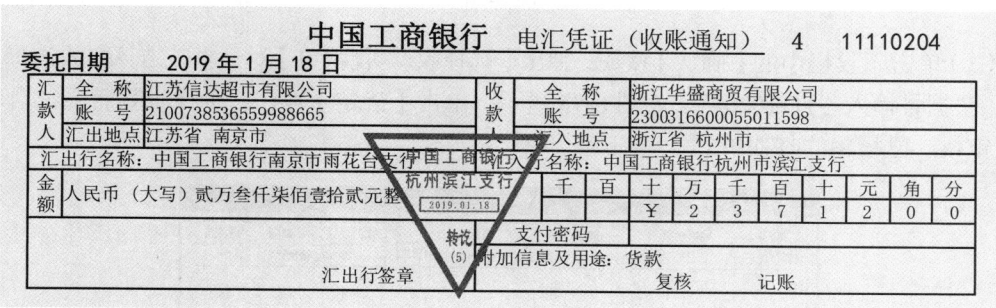

图 6-92

【业务操作流程和岗位工作】

表 6-8 业务操作流程与岗位工作

操作日期	操作员	操作系统	操作流程
2019-01-18	出纳【203】	应收款管理	（1）选择收款
2019-01-18	财务会计【202】	应收款管理	（2）合并制单

【操作指导】

1. 选择收款

（1）2019年1月18日，由出纳【203】登录企业应用平台，执行【业务工作/财务会计/应收款管理/选择收款】命令，打开【选择收款—条件】对话框，选择客户"江苏信达"，如图6-93所示，单击【确定】按钮。

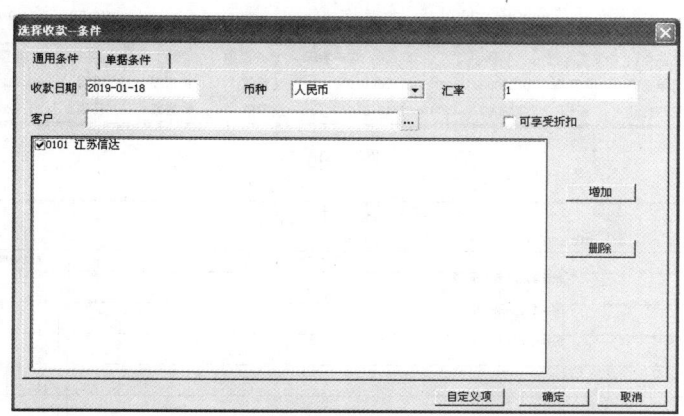

图 6-93

（2）系统打开"选择收款-单据"窗口，本次折扣输入"416"，收款金额栏自动生成"23712"，在"23712"处双击鼠标，进入编辑状态，再单击下方"合计"行的收款金额栏的单元格，收款金额栏出现合计数"23712"，此时窗口上方的收款总计栏出现"23712"，如图6-94所示。

图 6-94

（3）单击工具栏中的【确认】按钮，弹出【选择收款-收款单】对话框。结算方式选择"电汇"，票据号输入"11110204"，如图 6-95 所示。单击【确定】按钮，选择收款后系统自动生成已审核、已核销的收款单。

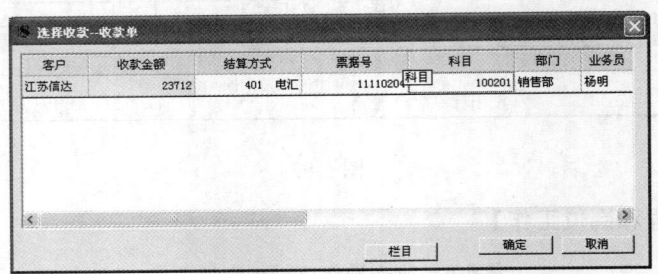

图 6-95

2. 合并制单

2019 年 1 月 18 日，由财务会计【202】登录企业应用平台，执行【业务工作/财务会计/应收款管理/制单处理】命令，打开【制单查询】对话框，勾选"收付款单制单""核销制单"复选框，单击【确定】按钮，打开"制单"窗口，单击工具栏中的【全选】按钮，再单击【合并】按钮，如图 6-96 所示。单击工具栏中的【制单】按钮，系统生成相关的记账凭证，单击工具栏中的【保存】按钮，保存该凭证，如图 6-97 所示。

图 6-96

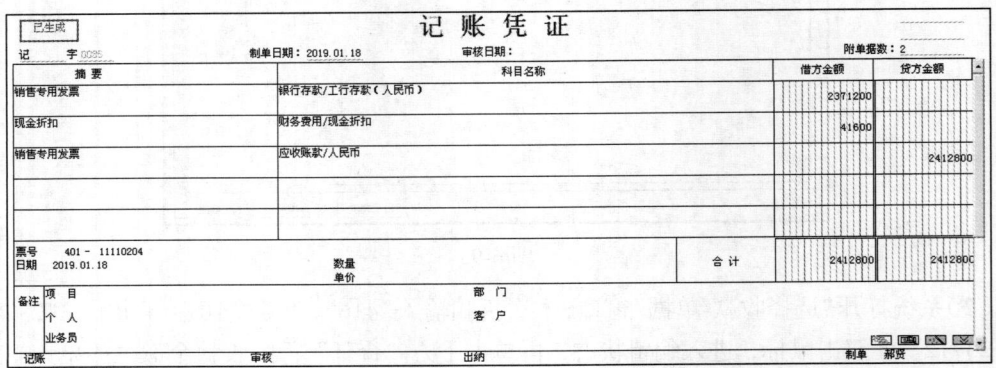

图 6-97

6.1.9 预收汇票、以汇票收齐余款的销售业务

【业务内容】

2019 年 1 月 18 日，我公司预收浙江丰韵商贸有限公司的银行承兑汇票 20000 元。2019 年 1 月 19 日，我公司与浙江丰韵签订销售合同并发出货物（合同编号为 XS01006，出库单号 CK01007，图略）。2019 年 1 月 20 日，我公司开具增值税专用发票，浙江丰韵商贸有限公司以银行承兑汇票补付余款。相关凭证如图 6-98 至图 6-100 所示。业务操作流程及分工如表 6-9 所示。

银行承兑汇票 （存根） 2 33003359

出票日期（大写） 贰零壹玖年 零壹月 壹拾捌日 33330201

出票人全称	浙江丰韵商贸有限公司	收款人	全　称	浙江华盛商贸有限公司
出票人账号	2300738125625533778		账　号	2300316600055011598
付款行全称	中国工商银行杭州余杭支行		开户银行	中国工商银行杭州市滨江支行
出票金额	人民币（大写）贰万元整		千 百 十 万 千 百 十 元 角 分	¥ 2 0 0 0 0 0 0
汇票到期日（大写）	贰零壹玖年零柒月壹拾捌日	付款行	行号 / 地址	
承兑协议编号				
本汇票请你行承兑，请您无条件付款 韩春明 出票人签章		本汇票已经承兑，到期日由本行付款 承兑行签章 承兑日期 2019年1月 备注：	刘夏	密押 复核 记账

图 6-98

银行承兑汇票 （存根） 2 33003359

出票日期（大写） 贰零壹玖年 零壹月 贰拾日 33330202

出票人全称	浙江丰韵商贸有限公司	收款人	全　称	浙江华盛商贸有限公司
出票人账号	2300738125625533778		账　号	2300316600055011598
付款行全称	中国工商银行杭州余杭支行		开户银行	中国工商银行杭州市滨江支行
出票金额	人民币（大写）壹万壹仟叁佰贰拾元整		千 百 十 万 千 百 十 元 角 分	¥ 1 1 3 2 0 0 0
汇票到期日（大写）	贰零壹玖年零柒月贰拾日	付款行	行号 / 地址	
承兑协议编号				
本汇票请你行承兑，请您无条件付款 韩春明 出票人签章		本汇票已经承兑，到期日由本行付款 承兑行签章 承兑日期 2019年1月20日 备注：	刘夏	密押 复核 记账

图 6-99

浙江增值税专用发票

3300181140　　此联不作报销、扣税凭证使用　　No 66660107

开票日期：2019 年 1 月 20 日

购买方	名　　称：浙江丰韵商贸有限公司 纳税人识别号：913316007657257836 地 址、电 话：杭州市余杭区文一西路 8288 号 0571-63043388 开户行及账号：中国工商银行杭州余杭支行 2300738125625533778				密码区		
货物或应税劳务、服务名称	规格型号	单位	数量	单价	金　额	税 率	税额
雅达西裤		件	100	270	27 000.00	16%	4 320.00
合计					¥27 000.00		¥4 320.00
价税合计（大写）	⊗叁万壹仟叁佰贰拾元整				（小写）¥31 320.00		
销售方	名　　称：浙江华盛商贸有限公司 纳税人识别号：913301055711155568 地 址、电 话：浙江省杭州市滨江区滨和路 9588 号 0571-81998599 开户行及账号：中国工商银行杭州滨江支行 2300316600055011598				备注		

收款人：略　　复核：略　　开票人：略　　销货单位：（章）

第一联：记账联　销售方记账凭证

图 6-100

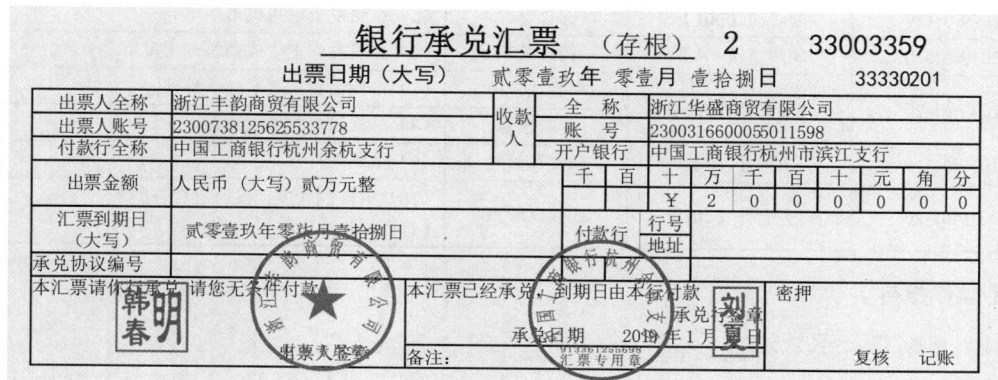

【业务操作流程和岗位工作】

表 6-9　业务操作流程与岗位工作

操作日期	操作员	操作系统	操作流程
2019-01-18	出纳【203】	应收款管理	（1）填制银行承兑汇票
2019-01-18	财务会计【202】	应收款管理	（2）审核收款单并制单处理
2019-01-19	销售员【401】	销售管理	（3）填制销售订单 （4）参照销售订单生成发货单
2019-01-19	仓管员【501】	库存管理	（5）参照发货单生成出库单
2019-01-20	销售员【401】	销售管理	（6）参照发库单生成销售专用发票
2019-01-20	财务会计【202】	应收款管理	（7）审核销售发票并制单处理
		存货核算	（8）单据记账并生成凭证
2019-01-20	出纳【203】	应收款管理	（9）填制银行承兑汇票
2019-01-20	财务会计【202】	应收款管理	（10）审核收款单、核销，合并制单 （11）预收冲应收

【操作指导】

1. 填制银行承兑汇票

（1）填制银行承兑汇票。2019 年 1 月 18 日，财务部出纳【203】在企业应用平台执行【业务工作/财务会计/应收款管理/票据管理】命令，打开【查询条件选择】对话框，单击【确定】按钮。打开"票据管理"窗口，单击【增加】按钮，系统打开"商业汇票"窗口，根据图 6-98，录入银行承兑汇票信息，单击工具栏中的【保存】按钮，如图 6-101 所示。系统自动生成收款单。

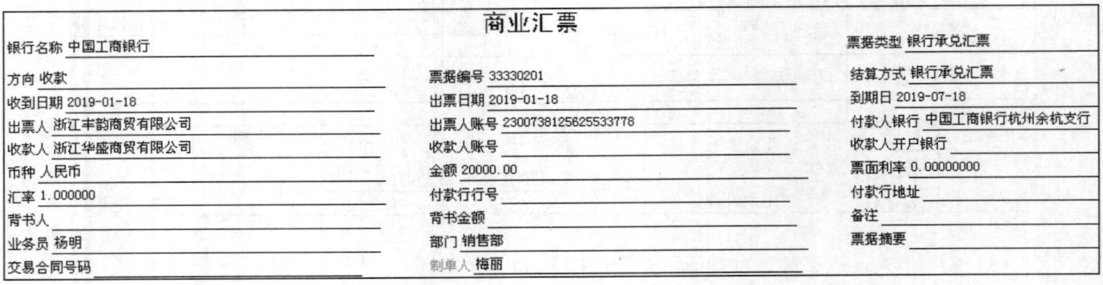

图 6-101

（2）修改自动生成的收款单表体的"款项类型"。出纳【203】在应收款管理系统执行【应收款管理/收款单据录入】命令，打开"收付款单录入"窗口，单击工具栏中的【➡】按钮，找到上一步自动生成的收款单，再单击【修改】按钮，将表体的款项类型修改为"预收款"。单击工具栏中的【保存】按钮，如图 6-102 所示。

2. 审核收款单并制单处理

财务会计【202】在应收款管理系统中，执行【收款单据处理/审核收款单】命令，打开【收款单查询条件】对话框，单击【确定】按钮。打开"收付款单列表"窗口，双击收款单行的【选择】栏右侧的任意单元格，打开"收付款单录入"窗口，单击【审核】按钮，系统提示【是否立即制单？】，单击【是】按钮，生成记账凭证，单击【保存】按钮，如图 6-103 所示。

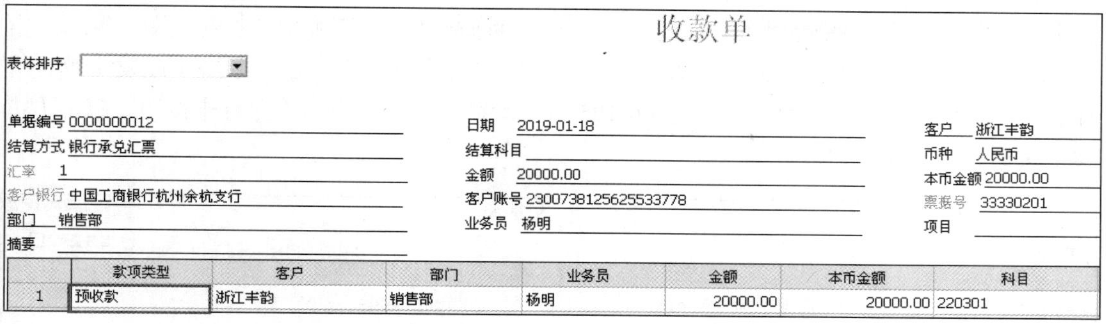

图 6-102

图 6-103

3. 填制销售订单

（1）2019 年 1 月 19 日，销售员【401】在企业应用平台中执行【业务工作/供应链/销售管理/销售订货/销售订单】命令，打开"销售订单"窗口。单击【增加】按钮。

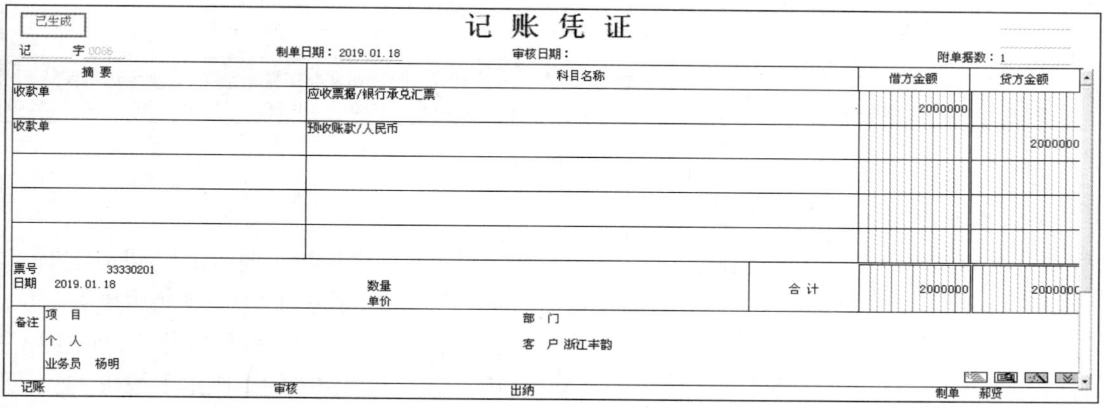

（2）在表头中，修改订单号为"XS01006"，销售类型为"正常销售"，客户简称为"浙江丰韵"，税率为"16"。在表体中，选择存货为"0105 雅达西裤"，数量为"100"，原币单价为"270"，预发货日期为当日，其他项默认，如图 6-104 所示。

（3）在工具栏中，单击【保存】按钮，单击【审核】按钮，退出该窗口。

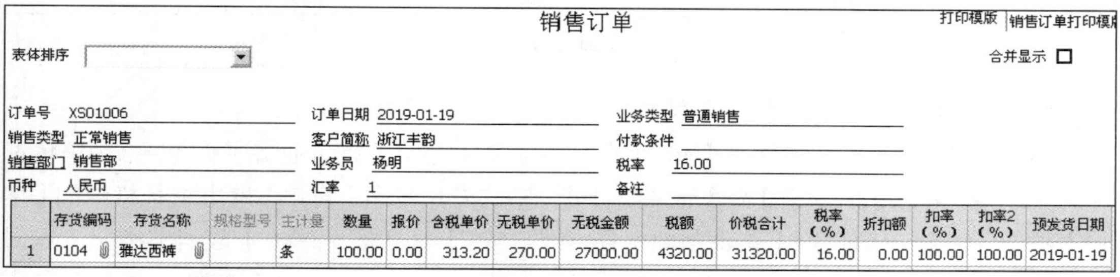

图 6-104

4. 参照销售订单生成发货单

2019 年 1 月 21 日，销售员【401】在企业应用平台中执行【业务工作/供应链/销售管理/销售发货/发货单】命令，打开"发货单"窗口。单击工具栏中的【增加】按钮，系统自动弹出【查询条件选择-参照订单】对话框，单击【确定】按钮。系统弹出"参照生单"窗口，双击【选择】栏选择"XS01006"订单，单击工具栏中的【确定】按钮。系统生成发货单，选择表体的仓库名称为"服装库"，如图6-105所示。在工具栏中单击【保存】按钮，单击【审核】按钮。退出该窗口。

图6-105

5. 参照发货单生成出库单

（1）2019年1月19日，仓管员【501】在企业应用平台中执行【业务工作/供应链/库存管理/出库业务/销售出库单】命令，打开"销售出库单"窗口。执行【生单/销售生单】命令，打开【查询条件选择-销售发货单列表】对话框，单击【确定】按钮。系统打开"销售生单"窗口，双击【选择】栏选择上一步完成的"发货单"，单击工具栏中的【确定】按钮。

（2）系统自动生成销售出库单，修改出库单号为"CK01007"，其他项默认，如图6-106所示。在工具栏中单击【保存】按钮，单击【审核】按钮，退出该窗口。

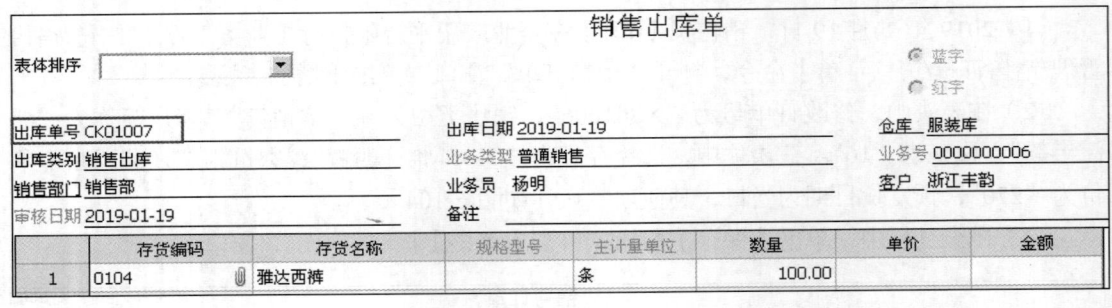

图6-106

6. 参照发货单生成销售专用发票

2019年1月20日，销售员【401】在企业应用平台中执行【业务工作/供应链/销售管理/销售开票/销售专用发票】命令，系统打开"销售专用发票"窗口。单击工具栏中的【增加】按钮，系统自动弹出【查询条件选择-参照订单】对话框，单击【取消】按钮。返回"销售专用发票"窗口，执行【生单/参照发货单】命令，系统弹出【查询条件选择-参照发货单】对话框，单击【确定】按钮，系统打开"参照生单"窗口，双击【选择】栏，选择相应的发货单，单击工具栏中的【确定】按钮。系统自动生成"销售专用发票"，修改发票号为"66660107"，其他项默认，单击【保存】按钮，单击【复核】按钮，如图6-107所示。

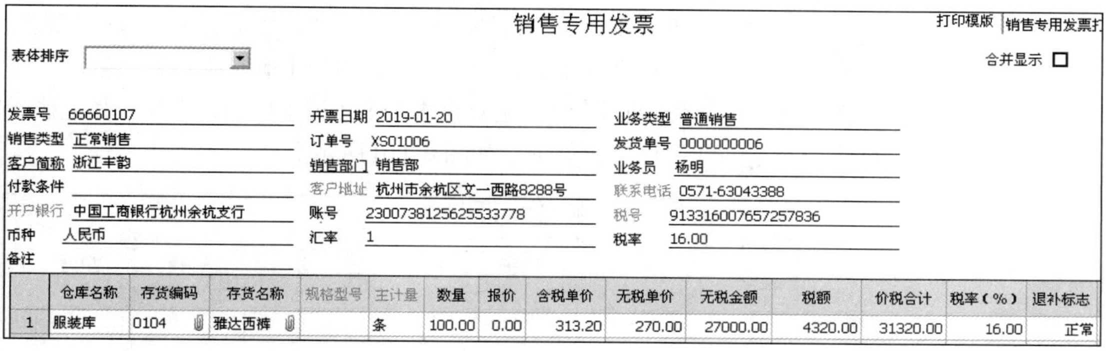
销售专用发票
打印模版
销售专用发票打
表体排序
合并显示
发票号 66660107
开票日期 2019-01-20
业务类型 普通销售
销售类型 正常销售
订单号 XS01006
发货单号 0000000006
客户简称 浙江丰韵
销售部门 销售部
业务员 杨明
付款条件
客户地址 杭州市余杭区文一西路8288号
联系电话 0571-63043388
开户银行 中国工商银行杭州余杭支行
账号 2300738125625533778
税号 913316007657257836
币种 人民币
汇率 1
税率 16.00
备注
仓库名称 存货编码 存货名称 规格型号 主计量 数量 报价 含税单价 无税单价 无税金额 税额 价税合计 税率（%） 退补标志
1 服装库 0104 雅达西裤 条 100.00 0.00 313.20 270.00 27000.00 4320.00 31320.00 16.00 正常

图 6-107

7. 审核销售发票并制单处理

2019 年 1 月 20 日，财务会计【202】在企业应用平台中执行【业务工作/财务会计/应收款管理/应收款单据处理/应收单据审核】命令，系统弹出【应收单查询条件】对话框，单击【确定】按钮。打开“应收单据列表”窗口，双击“66660107”号发票【选择】栏右侧的任意单元格，打开“销售专用发票”窗口，单击工具栏中的【审核】按钮，系统提示【是否立即制单？】，单击【是】按钮，系统生成记账凭证，单击工具栏中的【保存】按钮，保存该凭证，如图 6-108 所示。退出该窗口。

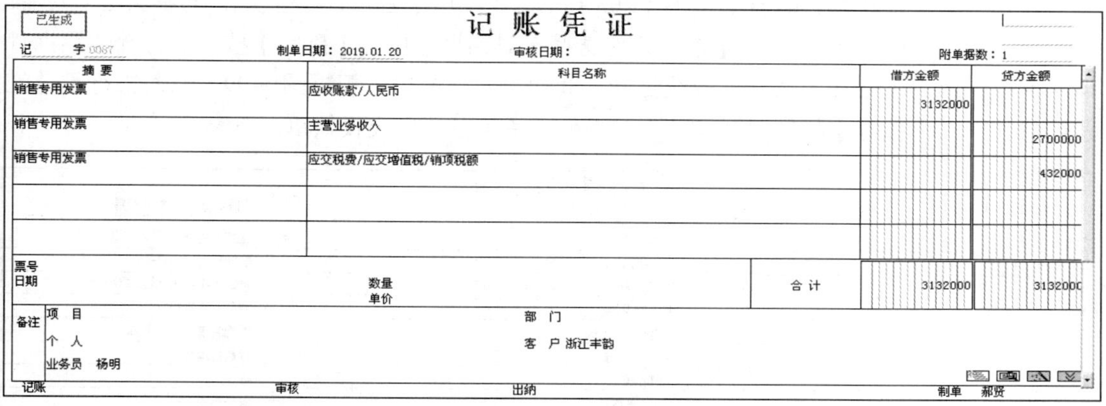
已生成
记 账 凭 证
记 字 0067
制单日期：2019.01.20
审核日期：
附单据数：1
摘 要
科目名称
借方金额
贷方金额
销售专用发票 应收账款/人民币 3132000
销售专用发票 主营业务收入 2700000
销售专用发票 应交税费/应交增值税/销项税额 432000
票号
日期
数量
单价
合 计 3132000 3132000
备注 项 目
部 门
个 人
客 户 浙江丰韵
业务员 杨明
记账
审核
出纳
制单 郝贤

图 6-108

8. 单据记账并生成凭证

（1）正常单据记账。2019 年 1 月 20 日，财务会计【202】在企业应用平台中执行【业务工作/供应链/存货核算/业务核算/正常单据记账】命令，打开【查询条件选择】对话框，单击【确定】按钮，打开“正常单据记账列表”窗口。单击【全选】按钮，如图 6-109 所示。单击工具栏中的【记账】按钮，将销售专用发票记账，系统提示【记账成功】。

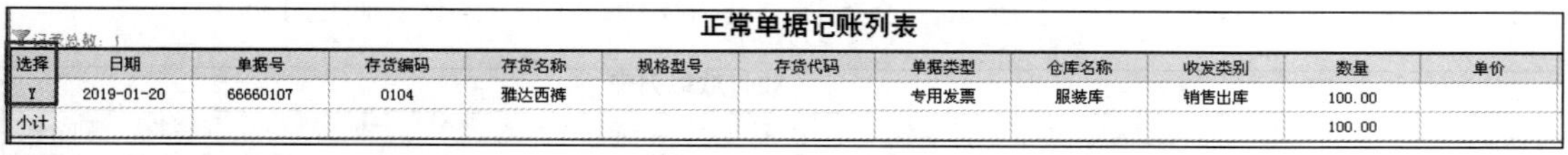
正常单据记账列表
选择 日期 单据号 存货编码 存货名称 规格型号 存货代码 单据类型 仓库名称 收发类别 数量 单价
Y 2019-01-20 66660107 0104 雅达西裤 专用发票 服装库 销售出库 100.00
小计 100.00

图 6-109

（2）生成凭证。执行【财务核算/生成凭证】命令，打开“生成凭证”窗口，单击【选择】

按钮，打开【查询条件】对话框，单击【确定】按钮。系统打开“未生成凭证单据一览表”窗口。单击【选择】栏，选中待生成凭证的单据，单击工具栏中的【确定】按钮。返回“生成凭证”窗口，凭证类别选择“记账凭证”。单击工具栏中的【生成】按钮，生成一张记账凭证，单击工具栏中的【保存】按钮，保存该凭证，如图6-110所示。

已生成

记 账 凭 证

记 字 0068　　制单日期：2019.01.20　　审核日期：　　附单据数：1

摘要	科目名称	借方金额	贷方金额
专用发票	主营业务成本	1800000	
专用发票	库存商品		1800000
票号 日期	数量 单价	合计 1800000	1800000

备注　项目　　部门
　　　个人　　客户
　　　业务员

记账　　审核　　出纳　　制单 郝贤

图6-110

9. 填制银行承兑汇票

2019年1月20日，财务部出纳【203】在企业应用平台执行【业务工作/财务会计/应收款管理/票据管理】命令，打开【查询条件选择】对话框，单击【确定】按钮。打开“票据管理”窗口，单击【增加】按钮，系统打开“商业汇票”窗口，根据图6-99，录入银行承兑汇票信息，单击【保存】按钮，如图6-111所示。系统自动生成收款单。

商业汇票

银行名称 中国工商银行		票据类型 银行承兑汇票
方向 收款	票据编号 33330202	结算方式 银行承兑汇票
收到日期 2019-01-20	出票日期 2019-01-20	到期日 2019-07-20
出票人 浙江丰韵商贸有限公司	出票人账号 2300738125625533778	付款人银行 中国工商银行杭州余杭支行
收款人 浙江华盛商贸有限公司	收款人账号	收款人开户银行
币种 人民币	金额 11320.00	票面利率 0.00000000
汇率 1.000000	付款行行号	付款行地址
背书人	背书金额	备注
业务员 杨明	部门 销售部	票据摘要
交易合同号码	制单人 梅丽	

图6-111

10. 审核收款单、核销，合并制单

（1）审核收款单。2019年1月20日，财务会计【202】在企业应用平台中执行【业务工作/财务会计/应收款管理/收款单据处理/收款单据审核】命令，系统弹出【收款单查询条件】对话框，单击【确定】按钮。打开“收付款单列表”窗口，单击工具栏中的【全选】按钮，如图6-112所示。单击【审核】按钮，系统提示【审核成功】，单击【确定】按钮。

收付款单列表

记录总数：1

选择	审核人	单据日期	单据类型	单据编号	客户名称	部门	业务员	结算方式	票据号	币种	汇率	原币金额	本币金额
Y		2019-01-20	收款单	0000000013	浙江丰韵商贸有限公司	销售部	杨明	银行承…	3333…	人民币	1.00000000	11,320.00	11,320.00
合计												11,320.00	11,320.00

图6-112

（2）核销。财务会计【202】在企业应用平台中执行【业务工作/财务会计/应收款管理/核销处理/手工核销】命令，打开"核销条件"窗口，选择客户为"江苏信达"，单击【确定】按钮。系统打开"单据核销"窗口，在下方发票的本次结算栏输入"11320"，与上方收款单的"本次结算金额"相同，如图6-113所示，单击【保存】按钮。退出该窗口。

图 6-113

（3）合并制单。2019年1月20日，财务会计【202】在企业应用平台中执行【业务工作/财务会计/应收款管理/制单处理】命令，弹出【制单查询】对话框，勾选"收付款单制单""核销制单"复选框，单击【确定】按钮。打开"应收制单"窗口，单击工具栏中的【全选】按钮，再单击【合并】按钮，如图6-114所示，凭证类别选择"记账凭证"，单击工具栏中的【制单】按钮，系统生成记账凭证，单击【保存】按钮，如图6-115所示。

图 6-114

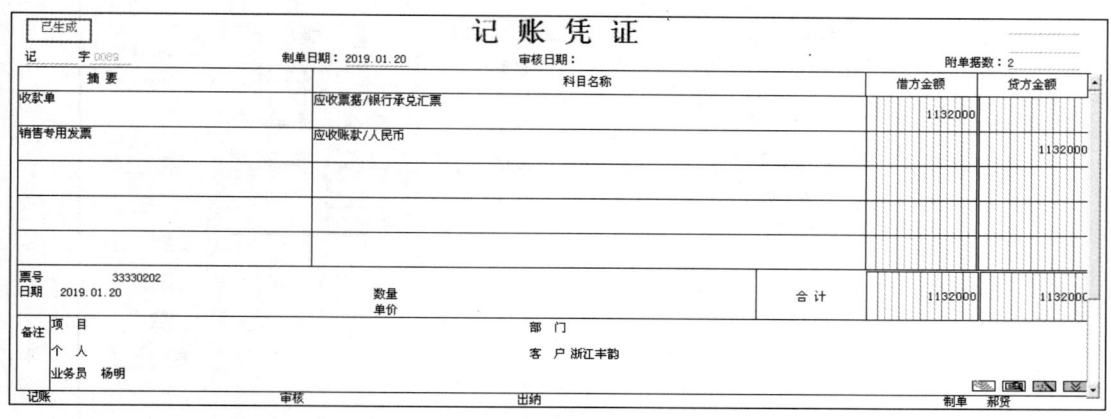

图 6-115

11. 预收冲应收

（1）2019年1月20日，财务会计【202】在企业应用平台中执行【业务工作/财务会计/

应收款管理/转账/预收冲应收】命令,打开【预收冲应收】对话框。

(2)在"预收款"选项卡下,选择预收款客户为"浙江丰韵",单击【过滤】按钮,在下方窗口收款单行的转账金额栏输入"20000",如图6-116所示。

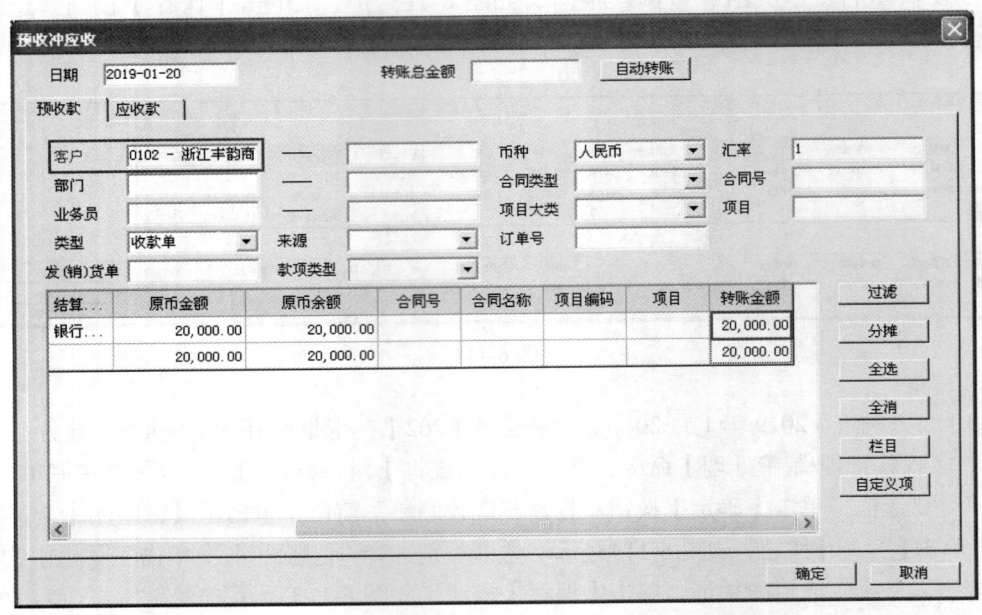

图6-116

(3)在"应收款"选项卡下,选择应收款客户为"浙江丰韵",单击【过滤】按钮,在下方窗口销售专用发票行的转账金额栏输入金额"20000.00",如图6-117所示。

图6-117

（4）单击【确定】按钮，系统提示【是否立即制单】，单击【是】按钮，系统生成一张记账凭证，如图 6-118 所示。单击工具栏中的【保存】按钮。

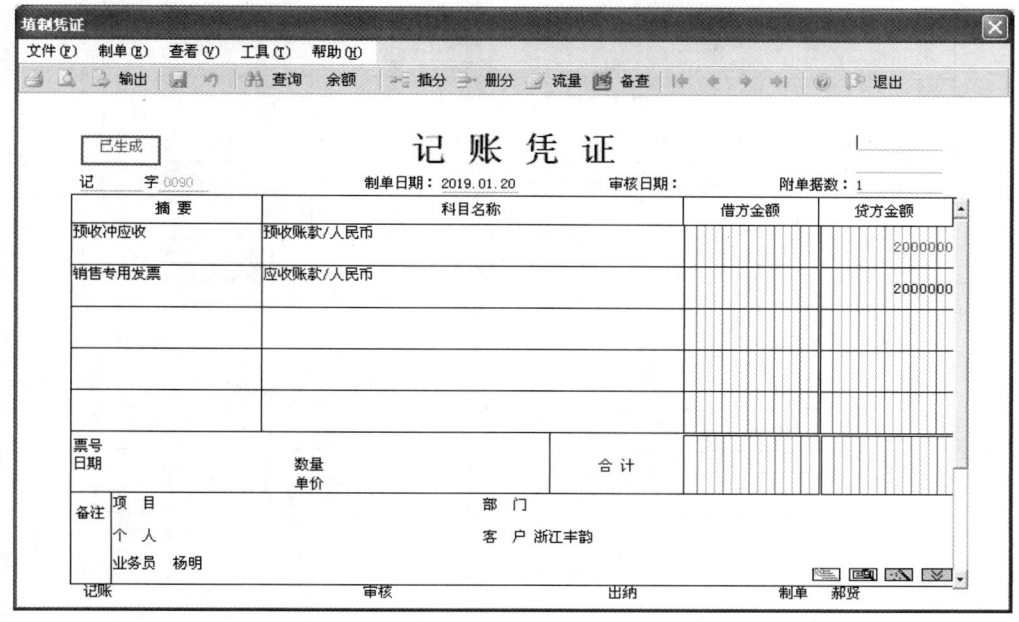

图 6-118

6.1.10 分批出库、分次收款的销售业务

【业务内容】

2019 年 1 月 20 日，销售部杨明与江苏信达超市有限公司签订销售合同，当日开具增值税专用发票，发出第一批货，并收取部分货款（现结）。1 月 21 日，我公司发出第二批货，当日收到货款尾款（选择收款）。取得与该业务相关的凭证如图 6-119 至图 6-124 所示。业务操作流程及分工如表 6-10 所示。

购销合同

卖方：浙江华盛商贸有限公司　　　　合同编号：XS01007
买方：江苏信达超市有限公司　　　　签订日期：2019 年 01 月 20 日

为保护买卖双方的合法权益，根据《中华人民共和国合同法》的有关规定，经双方协定，订立本合同，并共同遵守合同约定：

一、货物的名称、数量及金额：

货物名称	规格型号	单位	数量	单价（不含税）	金额（不含税）	税率	税额
拉贝风衣		件	100	405	40 500.00	16%	6 480.00
拉贝衬衫		件	100	270	27 000.00	16%	4 320.00
合计					￥67 500.00		￥10 800.00

合同总金额（大写）：人民币柒万捌仟叁佰元整（￥78 300.00）

二、签订合同当日卖方向买方发出第一批货物（拉贝风衣和拉贝衬衫各 30 件），同时收到买方支付合同总金额的 70% 款项 54810 元；；1 月 21 日，卖方向买方发出第二批货物（拉贝风衣和拉贝衬衫各 70 件），同时收到买方支付合同总金额的 30% 款项 23490 元。结算方式：电汇。

三、交货地点：江苏信达超市有限公司

四、发货方式与运输费用承担方式：由卖方发货，运输费用由买方承担。

图 6-119

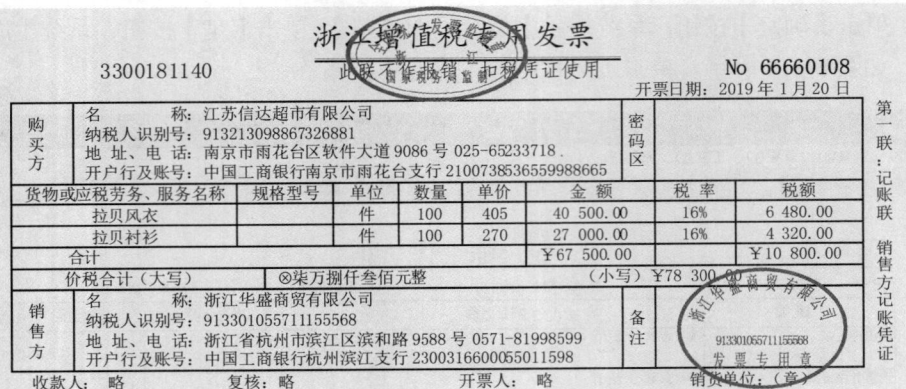

图 6-120

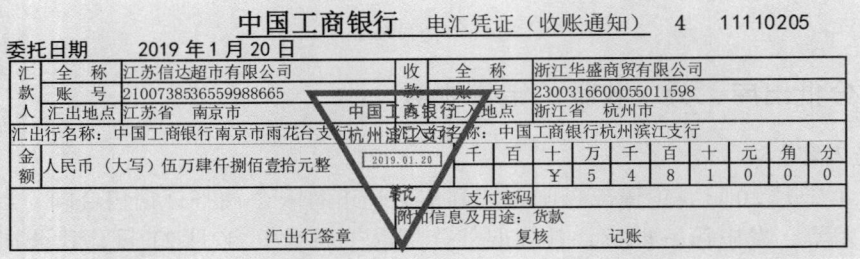

图 6-121

图 6-122

图 6-123

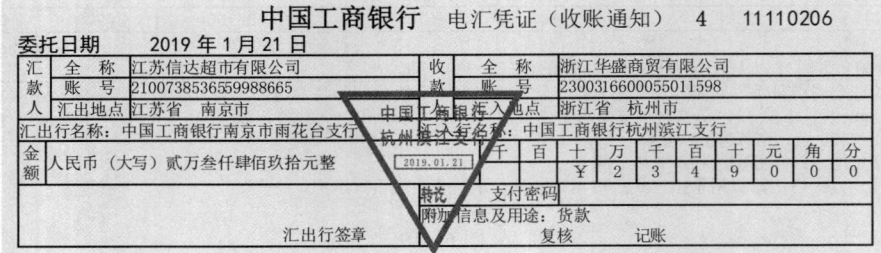

图 6-124

【业务操作流程和岗位工作】

表 6-10 业务操作流程与岗位工作

操作日期	操作员	操作系统	操作流程
2019-01-20	销售员【401】	销售管理	（1）填制销售订单 （2）参照销售订单生成销售专用发票，并（部分货款）现结处理 （3）查看系统自动生成已审核的发货单
2019-01-20	仓管员【501】	库存管理	（4）参照发货单生成第一张出库单
2019-01-20	财务会计【202】	应收款管理	（5）审核销售发票并制单处理
2019-01-21	仓管员【501】	库存管理	（6）参照发货单生成第二张出库单
2019-01-21	出纳【203】	应收款管理	（7）选择收款（收回余款）
2019-01-21	财务会计【202】	应收款管理	（8）合并制单
		存货核算	（9）单据记账并生成凭证

【操作指导】

1. 填制销售订单

（1）2019 年 1 月 20 日，销售部杨明【401】在企业应用平台中执行【业务工作/供应链/销售管理/销售订货/销售订单】命令，打开"销售订单"窗口，单击【增加】按钮。

（2）在表头中，修改订单号为"XS01007"，销售类型为"正常销售"，客户简称为"江苏信达"。

（3）在表体中，第一行选择存货为"0101 拉贝风衣"，数量为"30"，原币单价为"405"，预发货日期为"2019-01-20"；第二行选择存货为"0102 拉贝衬衫"，数量为"30"，原币单价为"270"，预发货日期为"2019-01-20"；第三行选择存货为"0101 拉贝风衣"，数量为"70"，原币单价为"405"，预发货日期为"2019-01-21"；第四行选择存货为"0102 拉贝衬衫"，数量为"70"，原币单价为"270"，预发货日期为"2019-01-21"。其他项默认，如图 6-125 所示。

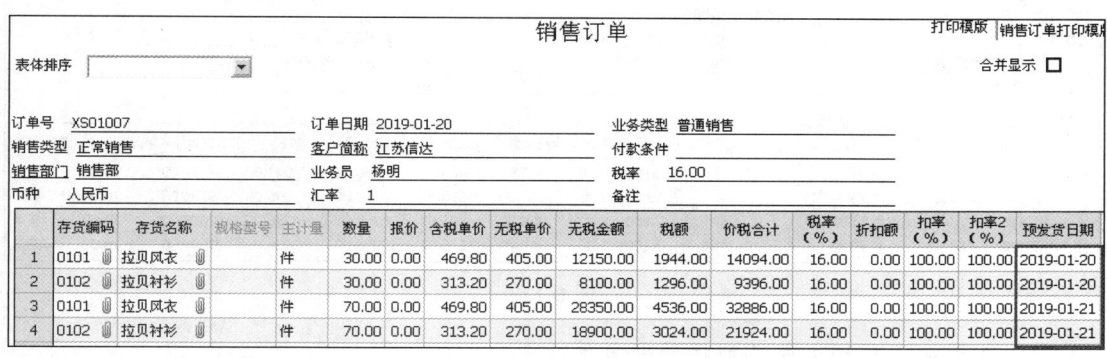

图 6-125

（4）在工具栏中，单击【保存】按钮，单击【审核】按钮，退出该窗口。

2. 参照销售订单生成销售专用发票

（1）2019 年 1 月 20 日，销售部杨明【401】在企业应用平台中执行【业务工作/供应链/销售管理/销售开票/销售专用发票】命令，打开"销售专用发票"窗口。单击工具栏中的【增加】按钮,系统弹出【查询条件选择-参照订单】对话框,单击【确定】按钮。系统打开"参照生单"窗口,双击【选择】栏,选择"XS01007"号订单,如图 6-126 所示。单击工具栏中的【确定】按钮。

图 6-126

(2)系统自动生成"销售专用发票",修改发票号为"66660108",其他项默认,单击工具栏中的【保存】按钮,保存该单据。

(3)现结、复核。单击工具栏中的【现结】按钮,打开【现结】对话框,根据图 6-122 输入结算方式为"电汇",原币单价为"54810",票据号为"11110205",其他项默认,单击【确定】按钮,系统提示【发票已现结】。单击工具栏中的【复核】按钮,完成销售专用发票的处理,如图 6-127 所示。在先开票后发货的销售业务处理中,复核发票后会自动生成已审核的发货单。

图 6-127

3. 查看系统自动生成已审核的发货单

2019 年 1 月 20 日,销售部杨明【401】在企业应用平台中执行【业务工作/供应链/销售管理/销售发货/发货单】命令,打开"发货单"窗口。单击【➡】按钮,查看根据销售专用发票自动生成的发货单,如图 6-128 所示。

4. 参照销售发货单生成第一张出库单

(1)2019 年 1 月 20 日,仓储部王娜【501】在企业应用平台中执行【业务工作/供应链/

库存管理/出库业务/销售出库单】命令，打开“销售出库单”窗口。执行【生单/销售生单】命令，打开【查询条件选择-销售发货单列表】对话框，单击【确定】按钮。系统打开“销售生单”窗口，在窗口上方双击上一步查看的“发货单”的【选择】栏，在【选择】栏出现【Y】，在窗口下方取消选择后两行的发货单，如图 6-129 所示，单击【确定】按钮。

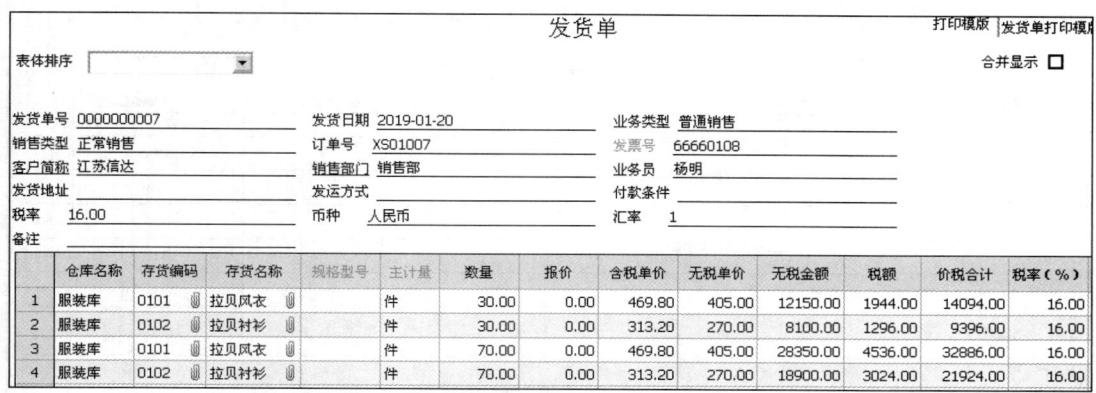

发货单

打印模版 发货单打印模版

表体排序

合并显示 □

发货单号 0000000007　发货日期 2019-01-20　业务类型 普通销售

销售类型 正常销售　订单号 XS01007　发票号 66660108

客户简称 江苏信达　销售部门 销售部　业务员 杨明

发货地址　发运方式　付款条件

税率 16.00　币种 人民币　汇率 1

备注

	仓库名称	存货编码	存货名称	规格型号	主计量	数量	报价	含税单价	无税单价	无税金额	税额	价税合计	税率（%）
1	服装库	0101	拉贝风衣		件	30.00	0.00	469.80	405.00	12150.00	1944.00	14094.00	16.00
2	服装库	0102	拉贝衬衫		件	30.00	0.00	313.20	270.00	8100.00	1296.00	9396.00	16.00
3	服装库	0101	拉贝风衣		件	70.00	0.00	469.80	405.00	28350.00	4536.00	32886.00	16.00
4	服装库	0102	拉贝衬衫		件	70.00	0.00	313.20	270.00	18900.00	3024.00	21924.00	16.00

图 6-128

销售发货单生单表头

选中合计

选择	发货单号	发票号	单据日期	业务类型	客户	部门	业务员	制单人	审核人	发货地址
Y	0000000007	66660108	2019-01-20	普通销售	江苏信达	销售部	杨明	杨明	杨明	
合计										

销售发货单生单表体

选中合计

选择	仓库编码	仓库	存货编码	存货名称	规格型号	主计量单位	库存单位	换算率	批号	生产日期	保质期	失效日期	入库单号	应出库数量	应出库件数	未出库数量
Y	01	服装库	0101	拉贝风衣		件								30.00		30.00
Y	01	服装库	0102	拉贝衬衫		件								30.00		30.00
	01	服装库	0101	拉贝风衣		件								70.00		70.00
	01	服装库	0102	拉贝衬衫		件								70.00		70.00
合计														200.00		200.00

图 6-129

（2）系统自动生成销售出库单，修改出库单号为“CK01008”，如图 6-130 所示。单击【保存】按钮，单击【审核】按钮。

销售出库单

表体排序

◉ 蓝字

○ 红字

出库单号 CK01008　出库日期 2019-01-20　仓库 服装库

出库类别 销售出库　业务类型 普通销售　业务号 66660108

销售部门 销售部　业务员 杨明　客户 江苏信达

审核日期 2019-01-20　备注

	存货编码	存货名称	规格型号	主计量单位	数量	单价	金额
1	0101	拉贝风衣		件	30.00		
2	0102	拉贝衬衫		件	30.00		

图 6-130

5. 审核销售发票并制单处理

2019 年 1 月 20 日，财务会计【202】在企业应用平台中执行【业务工作/财务会计/应收款管理/应收款单据处理/应收单据审核】命令，系统打开【应收单查询条件】对话框，勾选"包含已现结的发票"复选框，单击【确定】按钮。打开"应收单据列表"窗口，双击"66660108"号发票行【选择】栏右侧的任意单元格，打开"销售专用发票"窗口，单击工具栏中的【审核】按钮，系统提示【是否立即制单？】，单击【是】按钮，系统生成记账凭证，单击工具栏中的【保存】按钮，保存该凭证，如图6-131所示。退出该窗口。

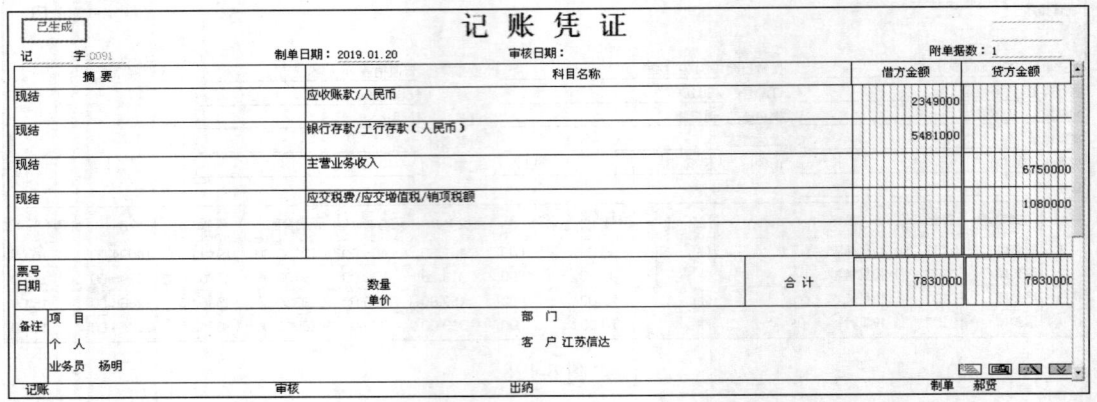

图 6-131

6. 参照销售发货单生成第二张出库单

（1）2019年1月21日，仓储部王娜【501】在企业应用平台中执行【业务工作/供应链/库存管理/出库业务/销售出库单】命令，打开"销售出库单"窗口。执行【生单/销售生单】命令，打开【查询条件选择-销售发货单列表】对话框，单击【确定】按钮。系统打开"销售生单"窗口，在窗口上方双击上一步查看的"发货单"的【选择】栏，在【选择】栏出现【Y】，如图6-132所示。单击【确定】按钮。

图 6-132

（2）系统自动生成销售出库单，修改出库单号为"CK01009"，如图6-133所示。单击【保存】按钮，单击【审核】按钮。

7. 选择收款

（1）2019年1月21日，由出纳【203】登录企业应用平台。执行【业务工作/财务会计/应收款管理/选择收款】命令，打开【选择收款-条件】对话框，选择客户为"江苏信达"，如图6-134所示，单击【确定】按钮。打开"选择收款列表"窗口，在1月20日销售专用发票行的收款金额栏输入"23490",如图 6-135 所示。单击【确认】按钮。

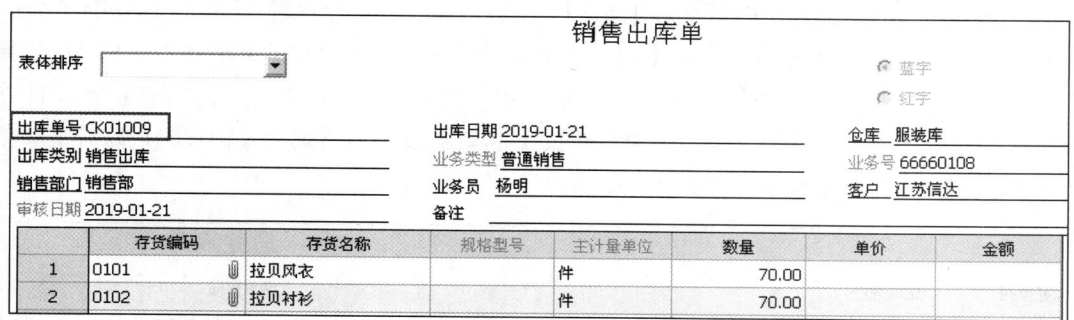

图 6-133

图 6-134

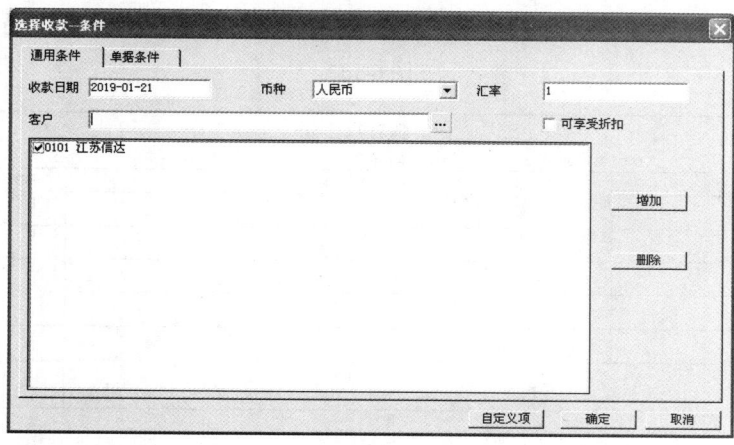

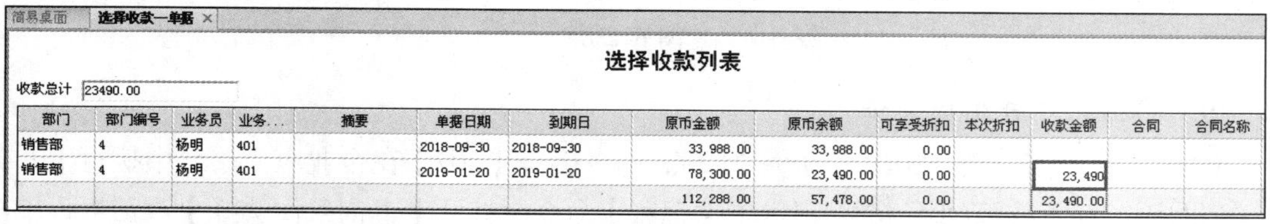

图 6-135

(2)系统弹出【选择收款-收款单】对话框,输入结算方式为"电汇",票据号为"11110206",如图 6-136 所示,单击【确定】按钮。选择收款后系统自动生成核销单。

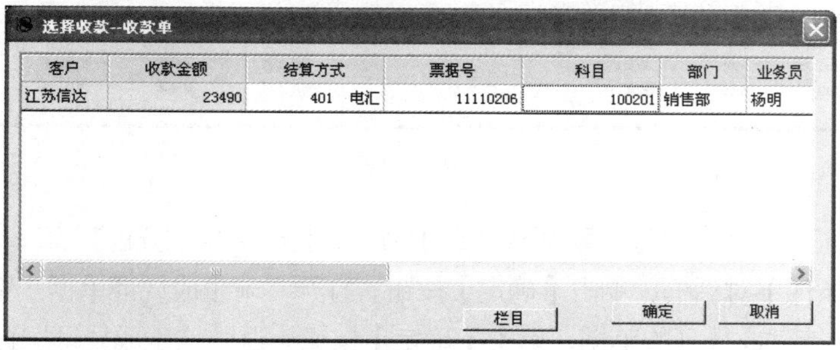

图 6-136

8. 合并制单

2019年1月21日，由财务会计【202】登录企业应用平台。执行【业务工作/财务会计/应收款管理/制单处理】命令，打开【制单查询】对话框，勾选"收付款单制单"和"核销制单"复选框，单击【确定】按钮。打开"应收制单"窗口，依次单击工具栏中的【全选】【合并】按钮，如图6-137所示。单击工具栏中的【制单】按钮，系统生成相关的记账凭证。单击工具栏中的【保存】按钮，如图6-138所示。

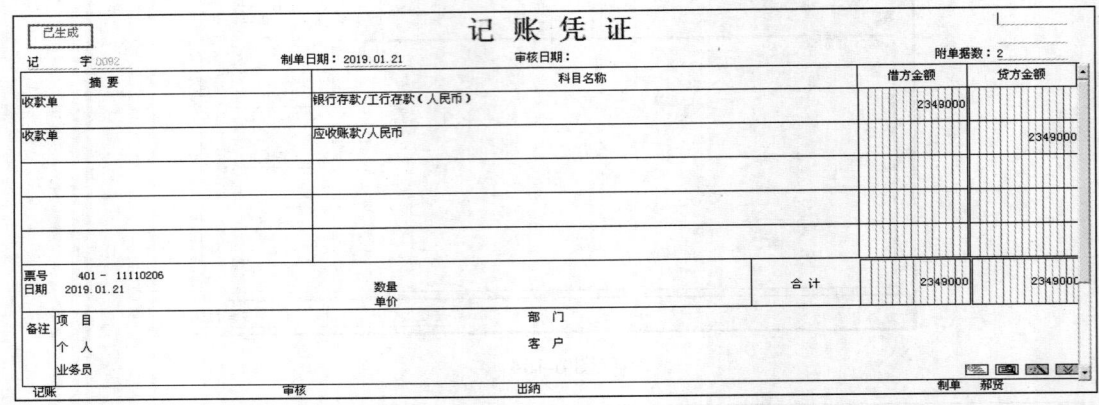

图6-137

图6-138

9. 单据记账并生成凭证

（1）正常单据记账。2019年1月21日，财务会计【202】在企业应用平台中执行【业务工作/供应链/存货核算/业务核算/正常单据记账】命令，打开【查询条件选择】对话框，单击【确定】按钮。打开"正常单据记账列表"窗口，单击【全选】按钮，如图6-139所示。单击【记账】按钮，系统提示【记账成功】。

图6-139

（2）生成凭证。执行【财务核算/生成凭证】命令，打开"生成凭证"窗口，单击【选择】按钮，打开【查询条件】对话框，单击【确定】按钮。打开"未生成凭证单据一览表"窗口，单击【选择】栏，选中待生成凭证的单据，单击【确定】按钮。返回"生成凭证"窗口，凭证类别选择"记账凭证"。单击【生成】按钮，生成一张记账凭证，单击【保存】按钮，如图6-140所示。

已生成

记 账 凭 证

记　字 [illegible]　　制单日期：2019.01.21　　审核日期：　　附单据数：1

摘要	科目名称	借方金额	贷方金额
专用发票	主营业务成本	4800000	
专用发票	库存商品		4800000
票号 日期	数量 单价 　合计	4800000	4800000

备注　项目　　部门
　　　个人　　客户
　　　业务员

记账　　审核　　出纳　　制单　郝贤

图 6-140

6.1.11　卖方承担运费、分次收款的销售业务

【业务内容】

2019 年 1 月 21 日，销售部杨明与浙江丰韵商贸有限公司签订销售合同（合同编号为 XS01008，图略），货已发出并开具增值税专用发票（出库单号为 CK01010，图略），同时收到货款 15000 元（电汇凭证号为 11110207，图略）。2019 年 1 月 22 日，收到浙江丰韵的购货尾款 16320 元（电汇凭证号为 11110208，图略）。运费已由我公司支付（转账支票号为 22220204，图略），取得凭证如图 6-141 和图 6-142 所示。业务操作流程及分工如表 6-11 所示。

浙江增值税专用发票

3300181140　　此联不作报销、扣税凭证使用　　No 66660109

开票日期：2019 年 1 月 21 日

购买方	名　　称：浙江丰韵商贸有限公司 纳税人识别号：913316007657257836 地 址、电 话：杭州市余杭区文一西路 8288 号 0571-63043388 开户行及账号：中国工商银行杭州余杭支行 2300738125625533778					密码区		
货物或应税劳务、服务名称	规格型号	单位	数量	单价	金额	税率	税额	
雅达西裤		件	100	270	27 000.00	16%	4 320.00	
合计					¥27 000.00		¥4 320.00	
价税合计	人民币（大写）叁万壹仟叁佰贰拾元整				（小写）¥31 320.00			
销售方	名　　称：浙江华盛商贸有限公司 纳税人识别号：913301055711155568 地 址、电 话：浙江省杭州市滨江区滨和路 9588 号 0571-81998599 开户行及账号：中国工商银行杭州滨江支行 2300316600055011598					备注		

收款人：略　　复核：略　　开票人：略　　销货单位：（章）

第一联：记账联　销售方记账凭证

图 6-141

浙江增值税专用发票

3300181140　　发票联　　No 66660110

开票日期：2019 年 1 月 22 日

购买方	名　　称：浙江华盛商贸有限公司 纳税人识别号：913301055711155568 地 址、电 话：浙江省杭州市滨江区滨和路 9588 号 0571-81998599 开户行及账号：中国工商银行杭州滨江支行 2300316600055011598					密码区		
货物或应税劳务、服务名称	规格型号	单位	数量	单价	金额	税率	税额	
运输费		公里	50	15	750.00	10%	75.00	
合计					¥750.00		¥75.00	
价税合计	人民币（大写）捌佰贰拾伍元整				（小写）¥825.00			
销售方	名　　称：浙江凯旋运输公司 纳税人识别号：913309950192960126 地 址、电 话：杭州市博学路 6186 号，电话：0571-65356086 开户行及账号：中国工商银行杭州博学路支行 2300738152906655332					备注		

收款人：略　　复核：略　　开票人：略　　销货单位：（章）

第三联：发票联　购买方记账凭证

图 6-142

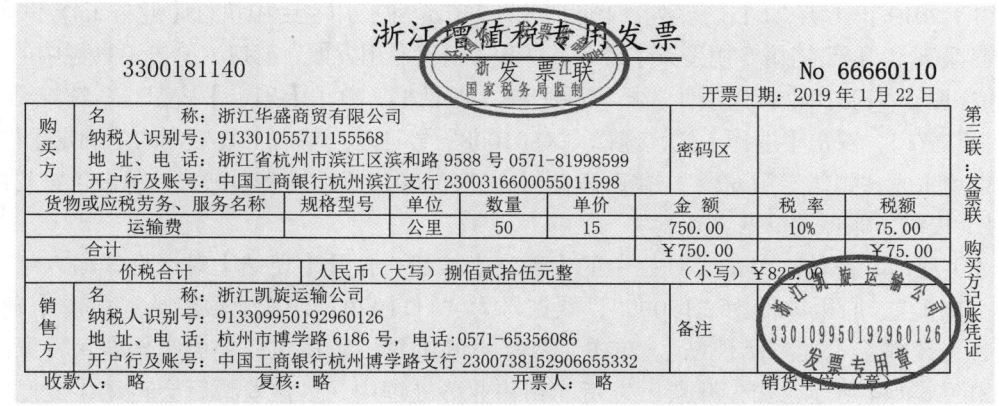

表 6-11　业务操作流程与岗位工作

操作日期	操作员	操作系统	操作流程
2019-01-21	销售员【401】	销售管理	（1）填制销售订单 （2）参照销售订单生成销售专用发票并现结处理
2019-01-21	仓管员【501】	库存管理	（3）参照发货单生成出库单
2019-01-21	财务会计【202】	应收款管理	（4）审核销售发票并制单处理
		存货核算	（5）单据记账并生成凭证
2019-01-22	财务会计【203】	应收款管理	（6）选择收款
2019-01-22	财务会计【202】	应收款管理	（7）合并制单
2019-01-22	采购员【301】	采购管理	（8）填制运费专用发票并现付处理
2019-01-22	财务会计【202】	应付款管理	（9）审核运费发票并制单处理

【操作指导】

1．填制销售订单

（1）2019年1月21日，销售部杨明【401】在企业应用平台中执行【业务工作/供应链/销售管理/销售订货/销售订单】命令，打开"销售订单"窗口，单击【增加】按钮。

（2）在表头中，修改订单号为"XS01008"，销售类型为"正常销售"，客户简称为"浙江丰韵"；在表体中，选择存货为"0104 雅达西裤"，数量为"100"，原币单价为"270"，预发货日期为"2019-01-21"，其他项默认，如图6-143所示。

（3）在工具栏中，单击【保存】按钮，单击【审核】按钮，退出该窗口。

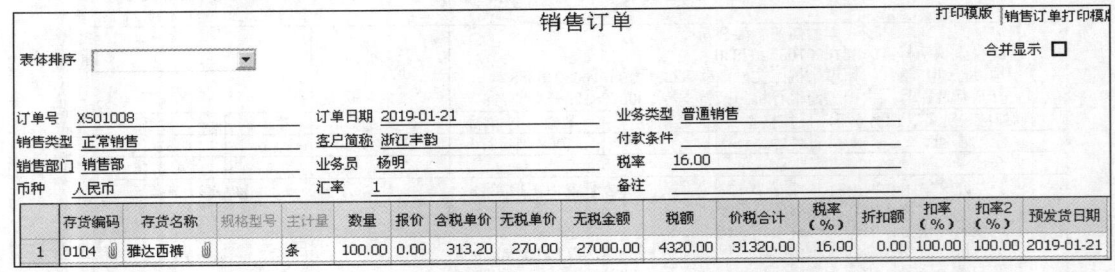

图6-143

2．参照销售订单生成销售专用发票

（1）2019年1月21日，销售部杨明【401】在企业应用平台中执行【业务工作/供应链/销售管理/销售开票/销售专用发票】命令，打开"销售专用发票"窗口。单击工具栏中的【增加】按钮，系统弹出【查询条件选择-参照订单】对话框，单击【确定】按钮。系统打开"参照生单"窗口，双击【选择】栏，选择"XS01008"号订单。单击工具栏中的【确定】按钮，系统自动生成"销售专用发票"，修改发票号为"66660109"，其他项默认，单击工具栏中的【保存】按钮，保存该单据。

（2）现结、复核。单击工具栏中的【现结】按钮，打开【现结】对话框，输入结算方式为"电汇"，原币单价为"15000"，票据号为"11110207"，其他项默认，单击【确定】按钮，系统提示【发票已现结】。单击工具栏中的【复核】按钮，完成销售专用发票的处理，如图6-144所示。在先开票后发货的销售业务处理中，复核发票后会自动生成已审核的发货单。

| 现结 | | | 销售专用发票 | | 打印模版 | 销售专用发票打 |

| | | | | | | | | | | 合并显示 □ |

发票号 66660109　　　开票日期 2019-01-21　　　业务类型 普通销售
销售类型 正常销售　　　订单号 XS01008　　　　发货单号 0000000008
客户简称 浙江丰韵　　　销售部门 销售部　　　　业务员 杨明
付款条件　　　　　　　客户地址 杭州市余杭区文一西路8288号　联系电话 0571-63043388
开户银行 中国工商银行杭州余杭支行　账号 2300738125625533778　税号 913316007657257836
币种 人民币　　　　　汇率 1　　　　　　　　税率 16.00
备注

	仓库名称	存货编码	存货名称	规格型号	主计量	数量	报价	含税单价	无税单价	无税金额	税额	价税合计	税率（%）	退补标志
1	服装库	0104	雅达西裤		条	100.00	0.00	313.20	270.00	27000.00	4320.00	31320.00	16.00	正常

图 6-144

3. 参照销售发货单生成出库单

2019 年 1 月 21 日，仓储部王娜【501】在企业应用平台中执行【业务工作/供应链/库存管理/出库业务/销售出库单】命令，打开"销售出库单"窗口。执行【生单/销售生单】命令，打开【查询条件选择-销售发货单列表】对话框，单击【确定】按钮。系统打开"销售生单"窗口，在窗口上方双击"发货单"的【选择】栏，在【选择】栏出现【Y】，单击【确定】按钮。系统自动生成销售出库单，修改出库单号为"CK01010"，如图 6-145 所示。单击【保存】按钮，单击【审核】按钮。

销售出库单

表体排序　　　　　　　　　　　　　　　　　　　　　　　　　⊙ 蓝字
　　　　　　　　　　　　　　　　　　　　　　　　　　　　　○ 红字

出库单号 CK01010　　　出库日期 2019-01-21　　　仓库 服装库
出库类别 销售出库　　　业务类型 普通销售　　　　业务号 66660109
销售部门 销售部　　　　业务员 杨明　　　　　　　客户 浙江丰韵
审核日期 2019-01-21　　备注

	存货编码	存货名称	规格型号	主计量单位	数量	单价	金额
1	0104	雅达西裤		条	100.00		

图 6-145

4. 审核销售发票并制单处理

2019 年 1 月 21 日，财务会计【202】在企业应用平台中执行【业务工作/财务会计/应收款管理/应收款单据处理/应收单据审核】命令，系统打开【应收单查询条件】对话框，勾选"包含已现结的发票"复选框，单击【确定】按钮。打开"应收单据列表"窗口，双击"66660109"号发票【选择】栏右侧的任意单元格，打开"销售专用发票"窗口，单击工具栏中的【审核】按钮，系统提示【是否立即制单？】，单击【是】按钮，系统生成记账凭证，单击工具栏中的【保存】按钮，保存该凭证，如图 6-146 所示。退出该窗口。

5. 单据记账并生成凭证

（1）正常单据记账。2019 年 1 月 21 日，财务会计【202】在企业应用平台中执行【业务工作/供应链/存货核算/业务核算/正常单据记账】命令，打开【查询条件选择】对话框，单击【确定】按钮。打开"正常单据记账列表"窗口，单击【全选】按钮，如图 6-147 所示。单击【记账】按钮，将销售专用发票记账，系统提示【记账成功】。

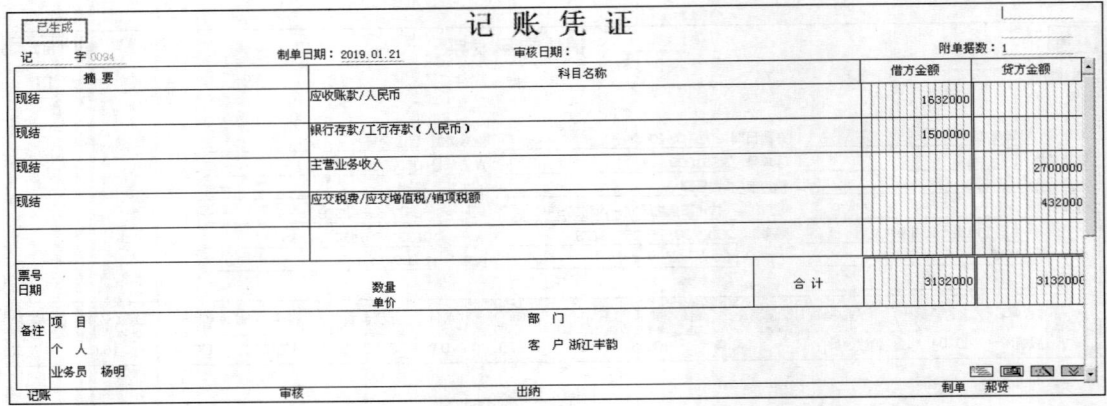

图 6-146

图 6-147

（2）生成凭证。执行【财务核算/生成凭证】命令，打开"生成凭证"窗口，单击【选择】按钮，打开【查询条件】对话框，单击【确定】按钮。打开"未生成凭证单据一览表"窗口，单击【选择】栏，选中待生成凭证的单据，单击【确定】按钮。返回"生成凭证"窗口，凭证类别选择"记账凭证"，单击【生成】按钮，生成一张记账凭证。单击【保存】按钮，如图6-148所示。

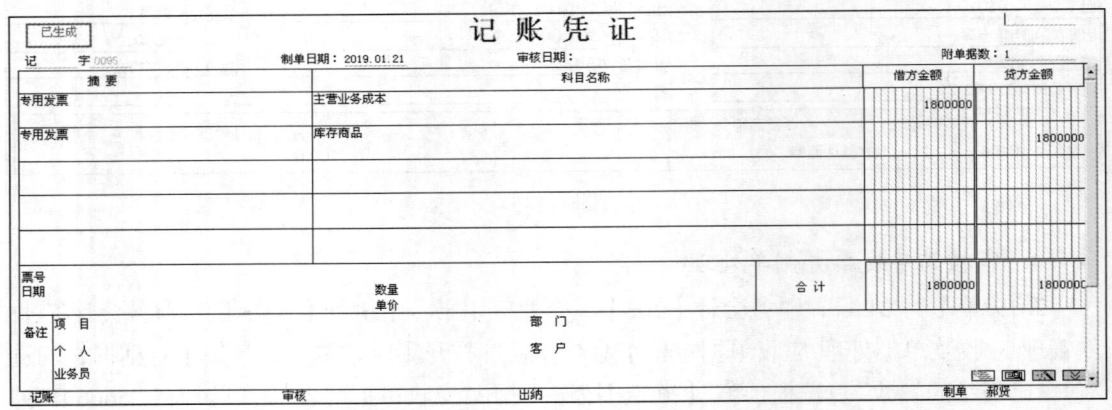

图 6-148

6. 选择收款

（1）2019年1月22日，由出纳【203】登录企业应用平台，执行【业务工作/财务会计/应收款管理/选择收款】命令，打开【选择收款-条件】对话框，选择客户"浙江丰韵"，单击【确定】按钮。打开"选择收款-单据"窗口，单击工具栏中的【全选】按钮，收款合计栏和收款金额栏出现【16320】，如图6-149所示，再单击【确认】按钮。

（2）系统弹出【选择收款-收款单】对话框，根据图6-150，输入结算方式为"电汇"，票据号为"11110208"，其他项默认，单击【确定】按钮。选择收款后自动生成收款单和核销单。

图 6-149

7. 合并制单

2019 年 1 月 22 日，由财务会计【202】登录企业应用平台。执行【业务工作/财务会计/应收款管理/制单处理】命令，打开【制单查询】对话框，勾选"收付款单制单"和"核销制单"复选框。单击【确定】按钮。打开"应收制单"窗口，如图 6-150 所示，依次单击工具栏中的【全选】【合并】按钮。单击工具栏中的【制单】按钮，系统生成相关的记账凭证，单击工具栏中的【保存】按钮，结果如图 6-151 所示。

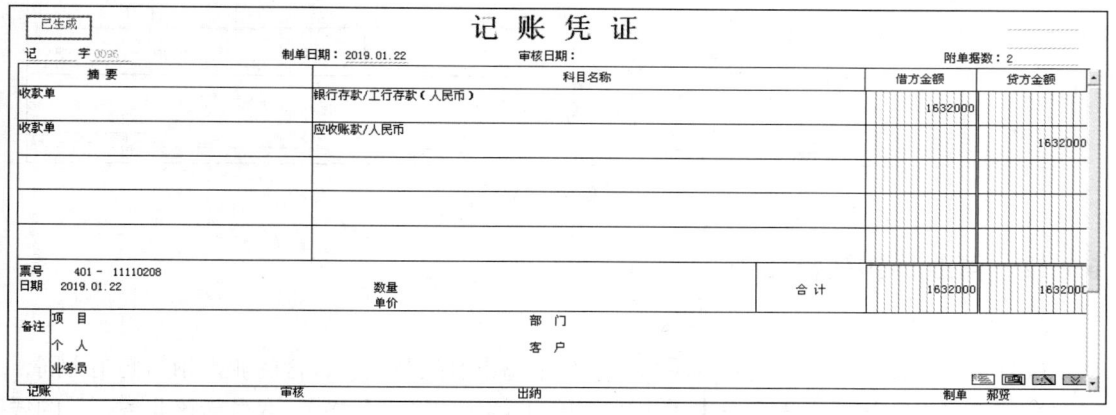

图 6-150

图 6-151

8. 填制运费发票

（1）2019 年 1 月 22 日，采购部梁燕【301】在企业应用平台中执行【业务工作/供应链/采购管理/采购发票/采购专用发票】命令，打开"专用发票"窗口，根据图 6-142 手工录入运费发票。

（2）单击工具栏中的【现结】按钮，打开【现结】对话框，输入结算方式为"转账支票"，原币单价为"825"，票据号为"22220204"，其他项默认，单击【确定】按钮，系统提示【发票已现结】，如图 6-152 所示。

9. 审核运费发票并制单处理

2019 年 1 月 22 日，财务会计【202】在企业应用平台中执行【业务工作/财务会计/应付款管理/应付款单据处理/应付单据审核】命令，系统弹出【应付单据查询】对话框，勾选"包含已现结的发票"和"未完全报销"复选框，单击【确定】按钮。打开"应收单据列表"窗口，双击运费发票那一行【选择】栏右侧的任意单元格，打开“运费发票”窗口，单击【审核】按钮，系统提示【是否立即制单？】，点击【是】按钮，生成记账凭证。将记账凭证第一行的会计科目改为【销售费用-运输费】，单击【保存】按钮，如图 6-153 所示。

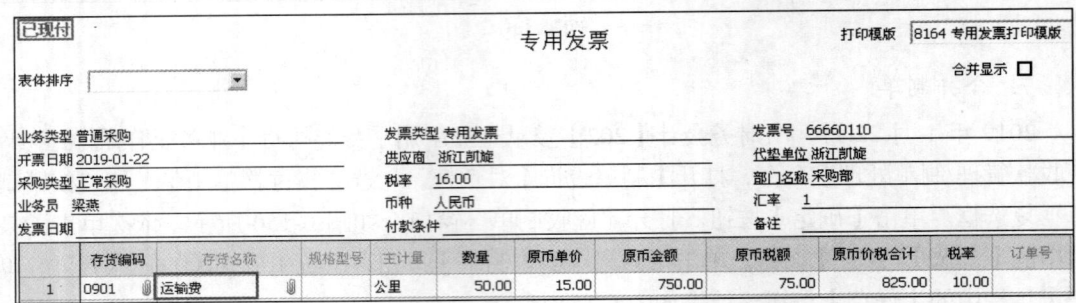

	存货编码	存货名称	规格型号	主计量	数量	原币单价	原币金额	原币税额	原币价税合计	税率	订单号
1	0901	运输费		公里	50.00	15.00	750.00	75.00	825.00	10.00	

图 6-152

摘要	科目名称	借方金额	贷方金额
现结	销售费用/运输费	75000	
现结	应交税费/应交增值税/进项税额	7500	
现结	银行存款/工行存款（人民币）		82500
票号 日期	数量 单价	合计 82500	82500

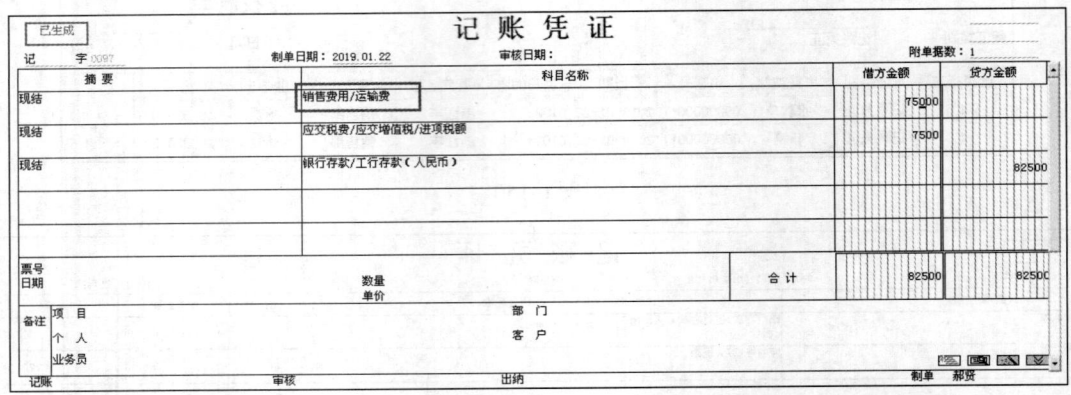

图 6-153

6.1.12 商业折扣销售业务

【业务内容】

2019 年 1 月 22 日，销售部杨明与浙江伟伦超市有限公司签订含商业折扣的购销合同，已开具增值税专用发票，货已发出（出库单号为 CK01011，图略）。取得与该业务相关的凭证如图 6-154 和图 6-155 所示。业务操作流程及分工如表 6-12 所示。

购销合同

卖方：浙江华盛商贸有限公司　　合同编号：XS01009

买方：浙江伟伦超市有限公司　　签订日期：2019 年 01 月 22 日

为保护买卖双方的合法权益，根据《中华人民共和国合同法》的有关规定，经双方协定，订立本合同，并共同遵守合同约定：

一、货物的名称、数量及金额：

货物名称	规格型号	单位	数量	单价（不含税）	金额（不含税）	税率	税额
恒祥针织帽		件	100	150	15 000.00	16%	2 400.00
合计					￥15 000.00		￥2 400.00
合同总金额（大写）：人民币壹万柒仟肆佰元整（￥17 400.00）							

二、签订合同当日，卖方交付货物并开具增值税专用发票，并给予买方 10%的价格折扣。

三、交货地点：浙江伟伦超市有限公司

四、发货方式与运输费用承担方式：由卖方发货，运输费用由买方承担。

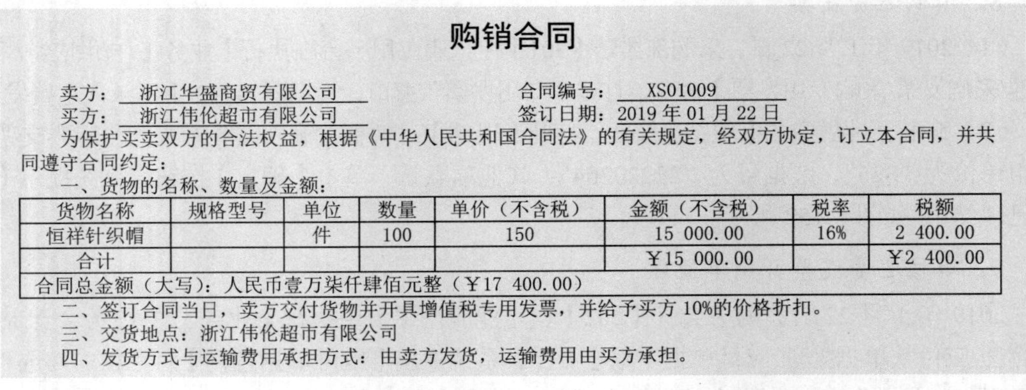

图 6-154

浙江增值税专用发票

3300181140　　此联不作报销，抵税凭证使用　　No 66660111

开票日期：2019年1月22日

购买方	名　称：浙江伟伦超市有限公司 纳税人识别号：913309860162659568 地址、电话：杭州市通惠路1999号 0571-65355989 开户行及账号：中国工商银行杭州通惠路支行 2300657899238657890	密码区			
货物或应税劳务、服务名称	规格型号	单位	数量	单价	金额	税率	税额
恒祥针织帽		件	100	150	15 000.00	16%	2 400.00
					−1 500.00		−240.00
合计					￥13 500.00		￥2 160.00
价税合计（大写）	⊗壹万伍仟陆佰陆拾元整			（小写）15 660.00			
销售方	名　称：浙江华盛商贸有限公司 纳税人识别号：913301055711155568 地址、电话：浙江省杭州市滨江区滨和路9588号 0571-81998599 开户行及账号：中国工商银行杭州滨江支行 2300316600055011598	备注			
收款人：略	复核：略	开票人：略			销货单位：（章）

图 6-155

【业务操作流程和岗位工作】

表 6-12　业务操作流程与岗位工作

操作日期	操作员	操作系统	操作流程
2019-01-22	销售员【401】	销售管理	（1）填制销售订单 （2）参照销售订单生成销售专用发票
2019-01-22	仓管员【501】	库存管理	（3）参照发货单生成出库单
2019-01-22	财务会计【202】	应收款管理	（4）审核销售发票并制单处理
		存货核算	（5）单据记账并生成凭证

【操作指导】

1. 填制销售订单

（1）2019年1月22日，销售部杨明【401】在企业应用平台中执行【业务工作/供应链/销售管理/销售订货/销售订单】命令，打开"销售订单"窗口，单击【增加】按钮。

（2）在表头中，修改订单号为"XS01009"，选择销售类型为正常销售，供应商为"浙江伟伦"。

（3）在表体中，输入数量为"100"，在输入表体"无税单价"时，先输入"150"，再使用鼠标右键单击该行，调出如图6-156所示的菜单，选择"总额分摊商业折扣"选项，打开【总额分摊商业折扣】对话框，在该窗口的"折扣率"栏输入"90"，如图6-157所示，再单击【确认】按钮。返回"销售订单"窗口，单击【保存】按钮，单击【审核】按钮，如图6-158所示。

2. 参照销售订单生成销售专用发票

2019年1月22日，销售部杨明【401】在企业应用平台中执行【业务工作/供应链/销售管理/销售开票/销售专用发票】命令，打开"销售专用发票"窗口，单击【增加】按钮。系统弹出【查询条件选择-参照订单】对话框，选择相应的订单，单击【确定】按钮。系统自动生成销售专用发票，修改发票号为"66660111"，修改表体仓库名称为"配饰库"，单击工具栏中的【保存】按钮，如图6-159所示。单击工具栏中的【复核】按钮。在先开票后发货的销售业务处理中，复核发票后会自动生成已审核的发货单。

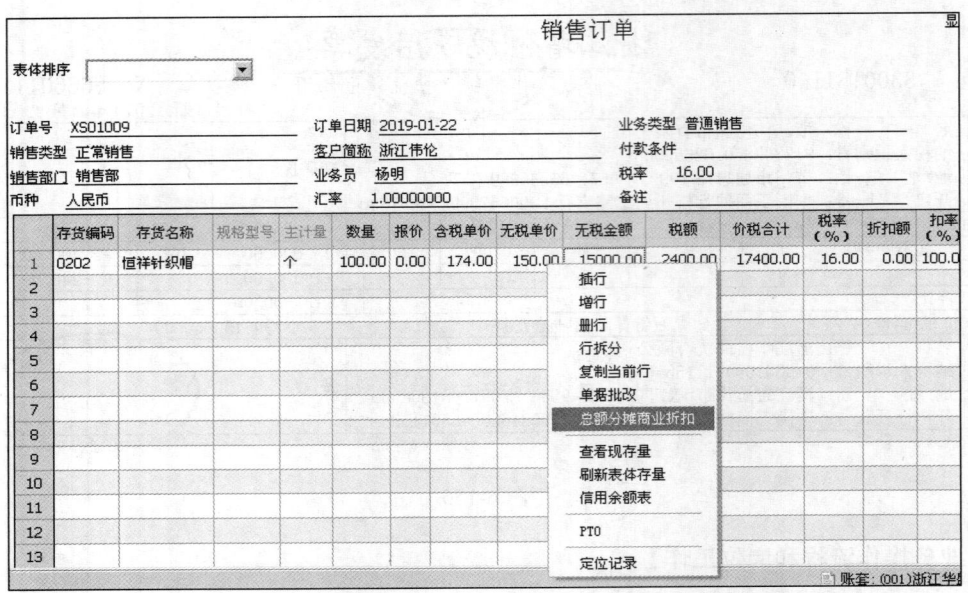

图 6-156

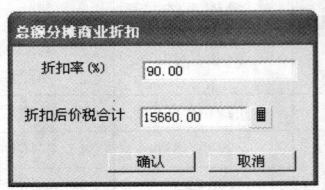

图 6-157

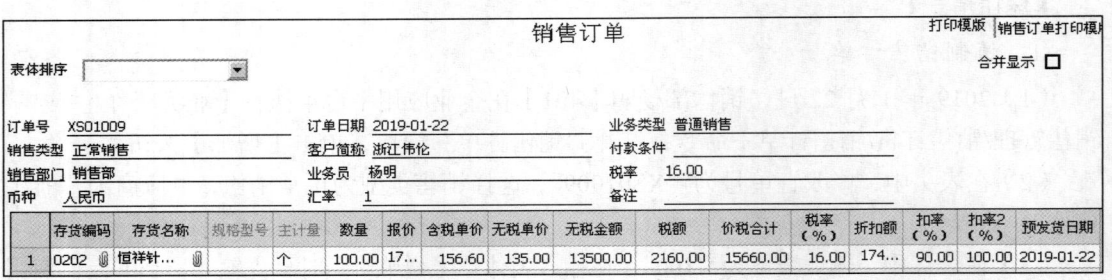

图 6-158

图 6-159

3. 参照销售发货单生成出库单

（1）2019年1月22日，仓储部王娜【501】在企业应用平台中执行【业务工作/供应链/库存管理/出库业务/销售出库单】命令，打开"销售出库单"窗口。执行【生单/销售生单】命令，打开【查询条件选择-销售发货单列表】对话框，单击【确定】按钮。

（2）打开"销售生单"窗口，选择相应的"发货单"，单击【确定】按钮，系统自动生成销售出库单。修改出库单号为"CK01011"，保存并审核该出库单，如图6-160所示。

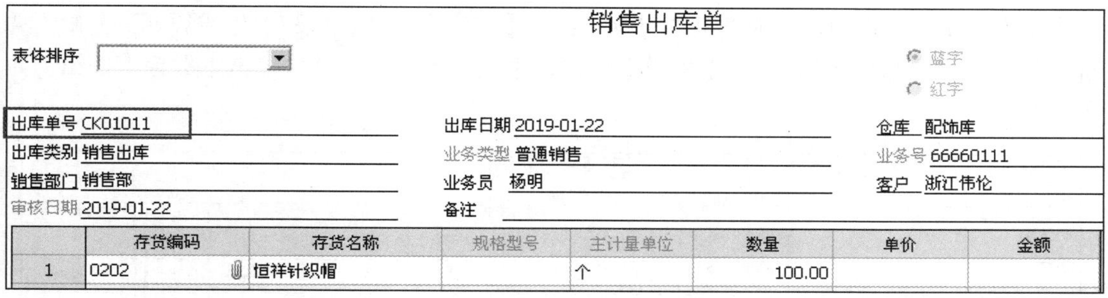

图 6-160

4. 审核销售发票并制单处理

2019年1月22日，财务会计【202】在企业应用平台中执行【业务工作/财务会计/应收款管理/应收款单据处理/应收单据审核】命令，系统弹出【应收单查询条件】对话框，单击【确定】按钮。打开"应收单据列表"窗口，双击"66660111"号发票【选择】栏右侧的任意单元格，打开"销售专用发票"窗口，单击工具栏中的【审核】按钮，系统提示【是否立即制单？】，单击【是】按钮，系统生成记账凭证。单击工具栏中的【保存】按钮，保存该凭证，如图6-161所示。退出该窗口。

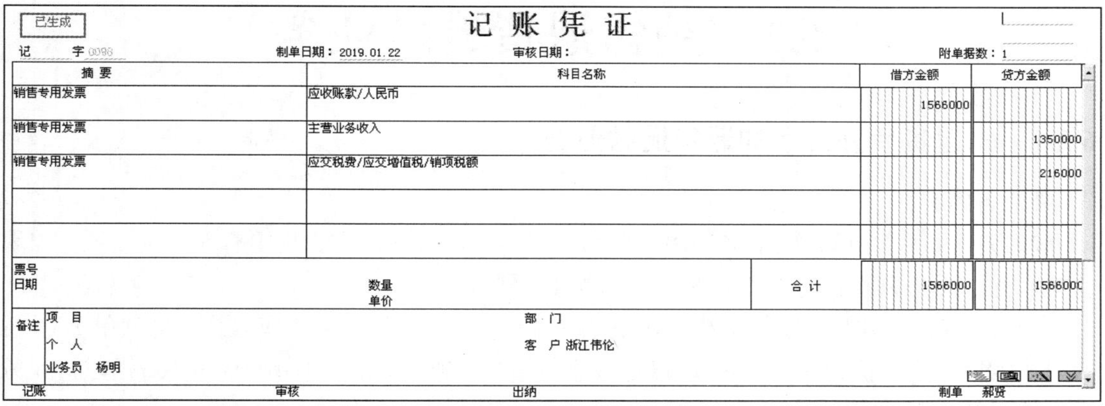

图 6-161

5. 单据记账并生成凭证

（1）正常单据记账。2019年1月22日，财务会计【202】在企业应用平台中执行【业务工作/供应链/存货核算/业务核算/正常单据记账】命令，打开【查询条件选择】对话框，单击【确定】按钮。打开"正常单据记账列表"窗口，单击【全选】按钮，如图6-162所示。单击【记账】按钮，将销售专用发票记账，系统提示【记账成功】。

			正常单据记账列表							
选择	日期	单据号	存货编码	存货名称	规格型号	存货代码	单据类型	仓库名称	收发类别	数量	单价
Y	2019-01-22	66660111	0202	恒祥针织帽			专用发票	配饰库	销售出库	100.00	
小计										100.00	

图 6-162

（2）生成凭证。执行【财务核算/生成凭证】命令，打开"生成凭证"窗口，单击【选择】按钮，打开【查询条件】对话框，单击【确定】按钮。打开"未生成凭证单据一览表"窗口，单击【选择】栏，选中待生成凭证的单据，单击【确定】按钮。返回"生成凭证"窗口，凭证类别选择"记账凭证"，单击【生成】按钮，生成一张记账凭证，单击【保存】按钮，如图 6-163 所示。

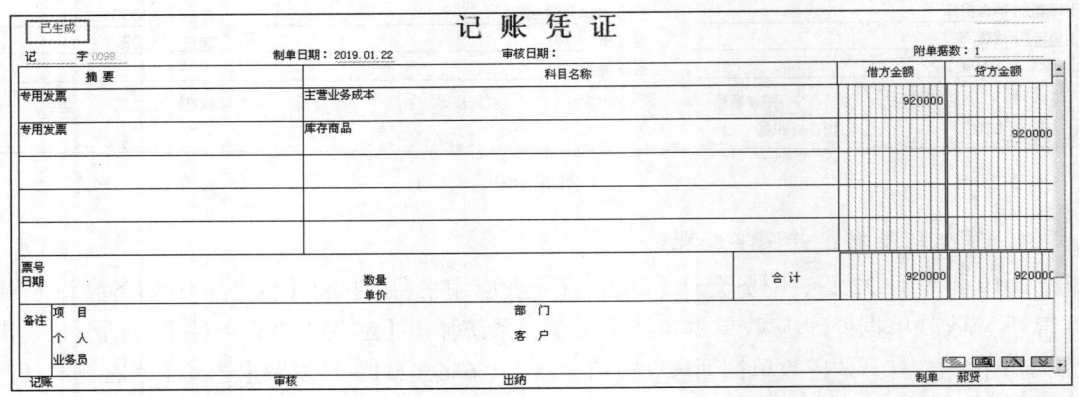

图 6-163

6.2 销售退货退款业务

6.2.1 先退货后开红票的退货退款业务

【业务内容】

2019 年 1 月 22 日，根据 XS01001 号合同，卖给江苏信达的货物中有 5 件拉贝风衣出现质量问题。经协商我公司同意退货，并于当日收到货物。

当日，我公司开具红字增值税专用发票并办理了退款（退款使用应收系统付款单）。（注：所退货物单位成本价为 300 元），取得与该业务相关的凭证如图 6-164 至图 6-166 所示。业务操作流程及分工如表 6-13 所示。

出 库 单							
客户：江苏信达				2019 年 1 月 22 日		单号：CK01012	
验收仓库	存货编码	存货名称	单位	数量		单价	金额
				应发	实发		
服装库	0101	拉贝风衣	件	−5	−5		
		合计					
部门经理：略		会计：略		仓库：略		经办人：略	

图 6-164

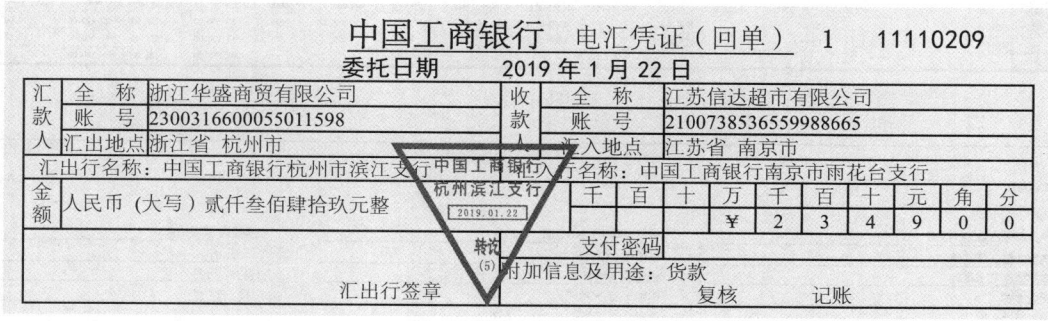

图 6-165

图 6-166

【业务操作流程和岗位工作】

表 6-13　业务操作流程与岗位工作

操作日期	操作员	操作系统	操作流程
2019-01-22	销售员【401】	销售管理	（1）参照销售订单生成退货单
2019-01-22	仓管员【501】	库存管理	（2）参照退货单生成（负数）销售出库单
2019-01-22	销售员【401】	销售管理	（3）参照退货单生成红字销售专用发票
2019-01-22	财务会计【202】	应收款管理	（4）审核发票并制单处理
		存货核算	（5）单据记账并生成凭证
2019-01-22	出纳【203】	应收款管理	（6）填制应收系统付款单
2019-01-22	财务会计【202】	应收款管理	（7）审核付款单，核销，合并制单

提示：如果无法确定退货属于哪个销售订单，可以根据退货清单直接增加并录入退货单，再参照退货单生成红字销售专用发票。

【操作指导】

1. 参照销售订单生成退货单

（1）2019 年 1 月 22 日，销售员【401】在企业应用平台中执行【业务工作/供应链/销售管理/销售发货/退货单】命令，打开"退货单"窗口。单击【增加】按钮，系统弹出"查询条件选择-退货单参照发货单"窗口，单击【取消】按钮。

（2）执行工具栏中的【生单/参照订单】命令，系统弹出【查询条件选择-参照订单】对话框，单击"确定"按钮。系统打开"参照生单"窗口，选中窗口上方的 XS01001 号订单，窗口下方的"拉贝风衣"和"拉贝衬衫"会同时被选中，双击拉贝衬衫的【选择】栏，取消"拉贝衬衫"的选中，只选中窗口下方的"拉贝风衣"，如图 6-167 所示。单击【确定】按钮，系统自动生成一张退货单。修改表体中的仓库名称为"服装仓"，修改数量为"-5.00"，单击工具栏中的【保存】按钮，单击工具栏中的【审核】按钮，如图 6-168 所示。

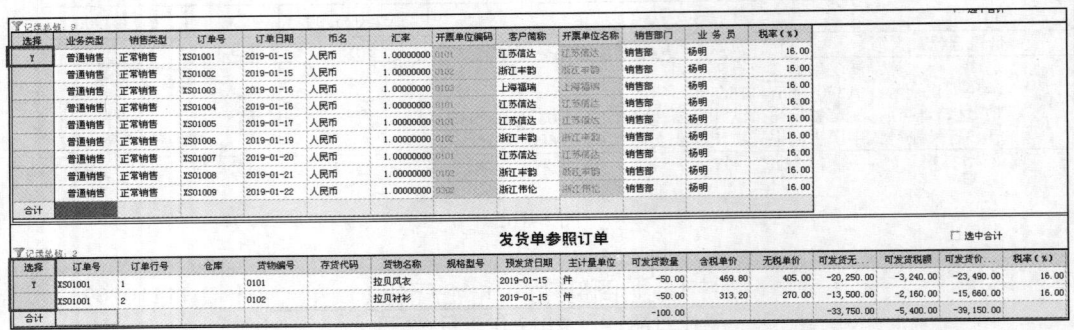

图 6-167

图 6-168

2. 参照退货单生成（负数）销售出库单

（1）2019 年 1 月 22 日，仓管员【501】在企业应用平台中执行【业务工作/供应链/库存管理/出库业务/销售出库单】命令，打开"销售出库单"窗口。执行【生单/销售生单】命令，打开【查询条件选择-销售发货单列表】对话框，单击【确定】按钮。

（2）系统打开"销售生单"窗口，选择上一步完成的退货单，如图 6-169 所示，单击【确定】按钮，系统自动生成（负数）销售出库单。修改出库单号为"CK01012"，单击工具栏中的【保存】按钮，再单击【审核】按钮，如图 6-170 所示。

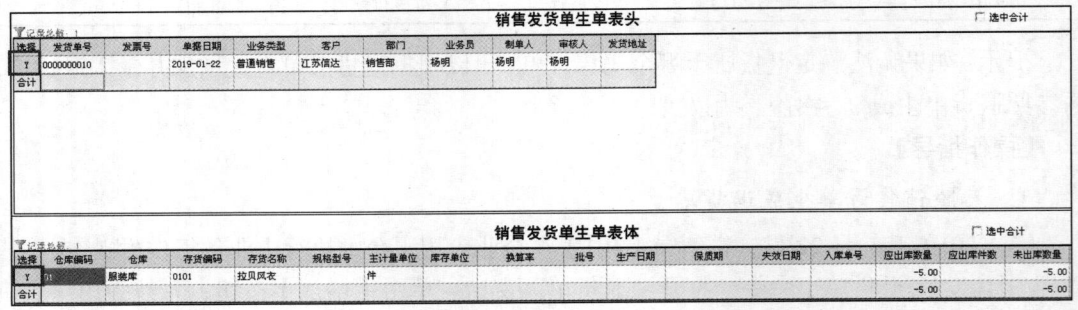

图 6-169

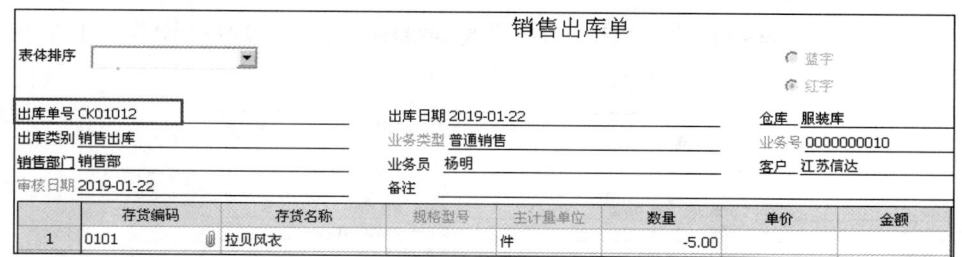

图 6-170

3. 参照退货单生成红字销售专用发票

（1）2019 年 1 月 22 日，销售员【401】在企业应用平台中执行【业务工作/供应链/销售管理/销售开票/红字销售专用发票】命令，打开“红字销售专用发票”窗口。单击【增加】按钮，系统弹出的【查询条件选择-参照订单】对话框，单击【取消】按钮。

（2）执行工具栏中的【生单/参照发货单】命令，打开【查询条件选择-发票参照发货单】对话框，选择发货单类型为“红字记录”，如图 6-171 所示，单击【确定】按钮。系统弹出“参照生单”窗口，选择相应的退货单，如图 6-172 所示，单击【确定】按钮。

图 6-171

选择	税率(%)	业务类型	销售类型	发货单号	发货日期	币名	汇率	开票单位编码	客户简称	开票单位名称	销售部门	业务员	制单人	审核人
Y	16.00	普通销售	正常销售	0000000010	2019-01-22	人民币	1.00000000	0101	江苏信达	江苏信达	销售部	杨明	杨明	杨明
合计														

发票参照发货单

选择	订单号	订单行号	仓库	货物编号	存货代码	货物名称	规格型号	未开票数量	税率(%)	数量	无税金额	税额	价税合计	报价	含税单价	无税单价
Y	XS01001	1	服装库	0101		拉贝风衣		-5.00	16.00	-5.00	-2,025.00	-324.00	-2,349.00	0.00	469.80	405.00
合计								-5.00		-5.00	-2,025.00	-324.00	-2,349.00			

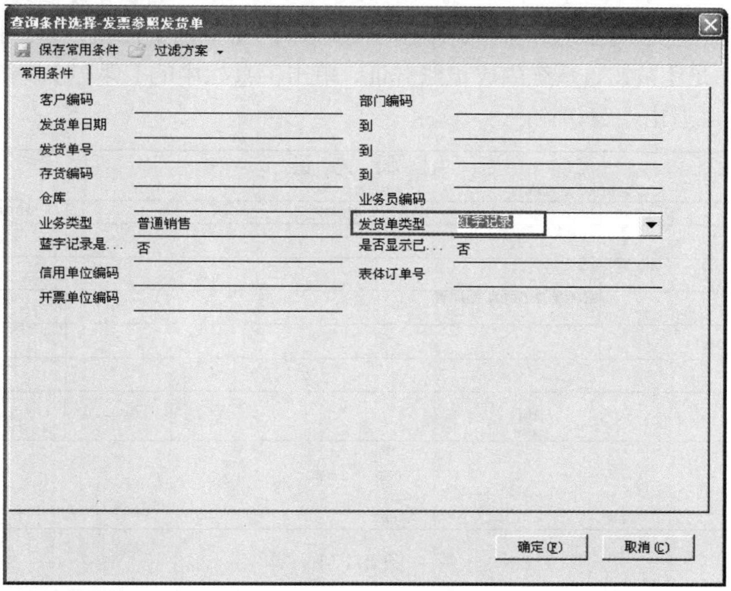

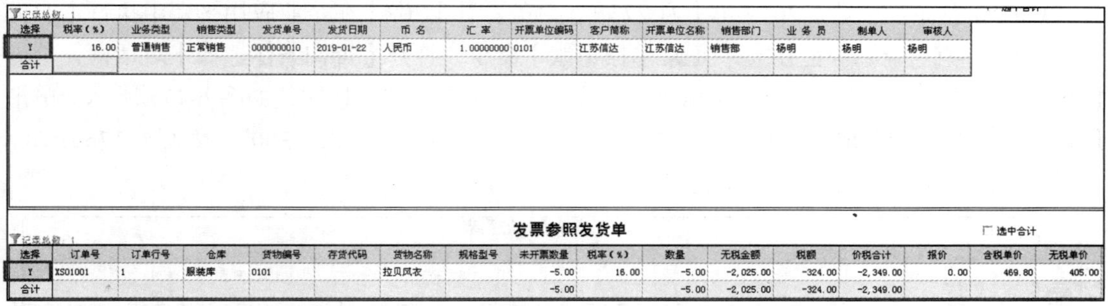

图 6-172

（3）系统自动生成一张红字销售发票，修改发票号为"66660201"，如图6-173所示。单击工具栏中的【保存】按钮，再单击【复核】按钮。

图 6-173

4. 审核销售发票并制单处理

2019年1月22日，财务会计【202】在企业应用平台中执行【业务工作/财务会计/应收款管理/应收款单据处理/应收单据审核】命令，系统弹出【应收单查询条件】对话框，单击【确定】按钮。打开"应收单据列表"窗口，双击"66660201"号发票【选择】栏右侧的任意单元格，打开"销售专用发票"窗口，单击工具栏中的【审核】按钮，系统提示【是否立即制单？】，单击【是】按钮，系统生成记账凭证，单击工具栏中的【保存】按钮，保存该凭证，如图6-174所示。退出该窗口。

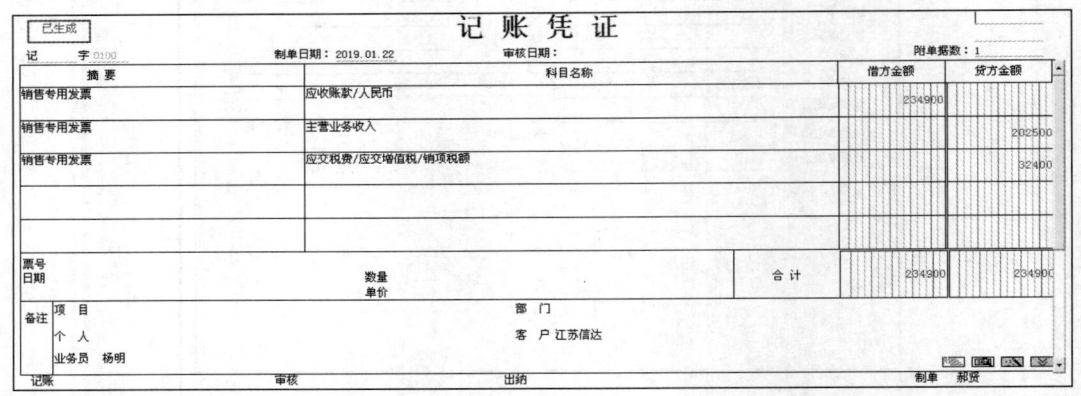

图 6-174

5. 单据记账并生成凭证

（1）正常单据记账。2019年1月22日，财务会计【202】在企业应用平台中执行【业务工作/供应链/存货核算/业务核算/正常单据记账】命令，打开【查询条件选择】对话框，单击【确定】按钮。打开"正常单据记账列表"窗口，单击【全选】按钮，如图6-175所示。单击【记账】按钮，系统弹出"手工输入单价列表"窗口，输入单价为"300"，如图6-176所示，单击【确定】按钮，系统提示【记账成功】。

图 6-175

							手工输入单价列表		
选择	存货编码	存货名称	存货代码	规格型号	部门编码	仓库编码	仓库名称	部门名称	单价	存货自由项1
Y	0101	拉贝风衣				01	服装库		300.00	
小计										

图 6-176

注意事项

可以在存货核算系统的【初始设置/选项/选项录入】中,选择红字出库单成本的选项为"上次出库成本",则不用手工输入单价,系统会自动选取上次出库的成本记账。

(2)生成凭证。执行【财务核算/生成凭证】命令,打开"生成凭证"窗口,单击【选择】按钮,打开【查询条件】对话框,单击【确定】按钮。打开"未生成凭证单据一览表"窗口,单击【选择】栏,选中待生成凭证的单据,如图 6-177 所示,单击【确定】按钮。返回"生成凭证"窗口,凭证类别选择"记账凭证"。单击【生成】按钮,生成一张记账凭证,单击【保存】按钮,如图 6-178 所示。

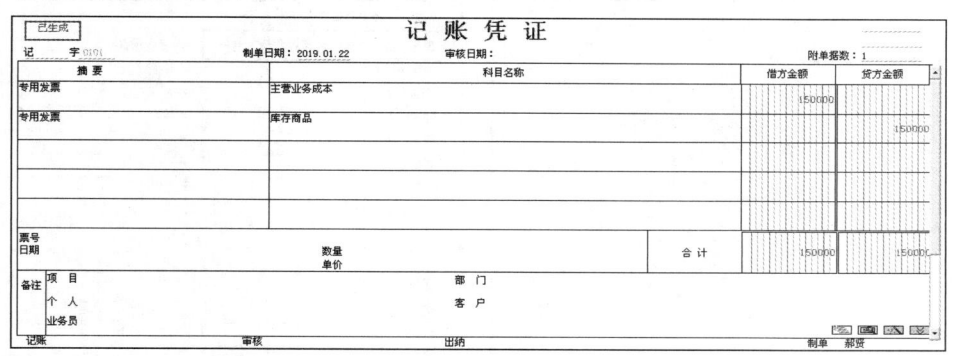

图 6-177

图 6-178

6. 填制应收系统付款单

2019 年 1 月 22 日,出纳【203】在企业应用平台中执行【业务工作/财务会计/应收款管理/收款单据处理/收款单据录入】命令,打开"收款单"窗口。单击工具栏中的【切换】按钮,打开"红字付款单"窗口,单击【增加】按钮,按照电汇凭证录入相关信息,在表体中选择款项类型为"应收款",单击工具栏中的【保存】按钮,如图 6-179 所示。

图 6-179

7. 审核付款单、核销、合并制单

（1）审核付款单。2019年1月22日，财务会计【202】在企业应用平台中执行【业务工作/财务会计/应收款管理/收款单据处理/收款单据审核】命令，系统打开【收款单查询条件】对话框，单击【确定】按钮。打开"收付款单列表"窗口，单击【全选】按钮，如图6-180所示，单击工具栏中的【审核】按钮。

图6-180

（2）核销本次收款额。2019年1月22日，财务部在会计【202】企业应用平台中执行【业务工作/财务会计/应收款管理/核销处理/手工核销】命令，系统打开【核销条件】对话框，在"通用"选项卡下，选择客户为"江苏信达"；在"收付款单"选项卡下，选择单据类型为"付款单"，如图6-181所示，单击【确定】按钮。系统打开"单据核销"窗口，在发票行的本次结算栏输入"2349"，如图6-182所示。单击工具栏中的【保存】按钮。

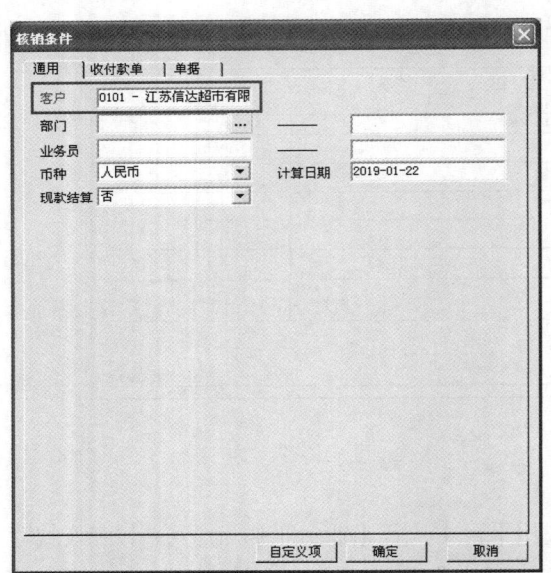
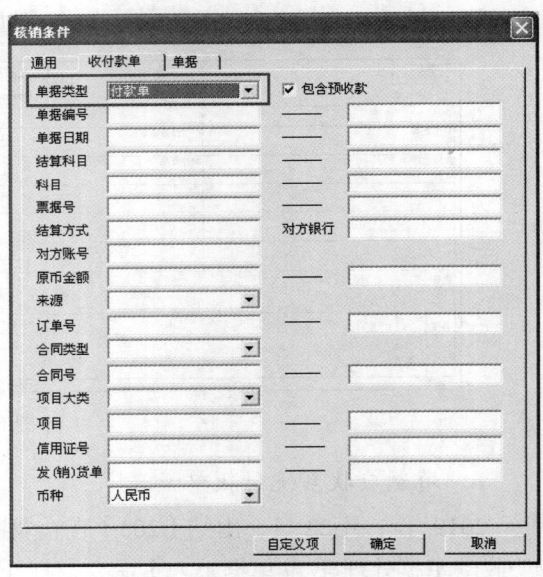

图6-181

图6-182

（3）合并制单。执行【应收款系统/制单处理】命令，弹出【制单查询】对话框，勾选"收付款单制单""核销制单"复选框，单击【确定】按钮。系统打开"应收制单"窗口，依次单

击工具栏中的【全选】【合并】按钮，凭证类别选择"记账凭证"，如图 6-183 所示。单击工具栏中的【制单】按钮，系统生成记账凭证。单击【保存】按钮，如图 6-184 所示。

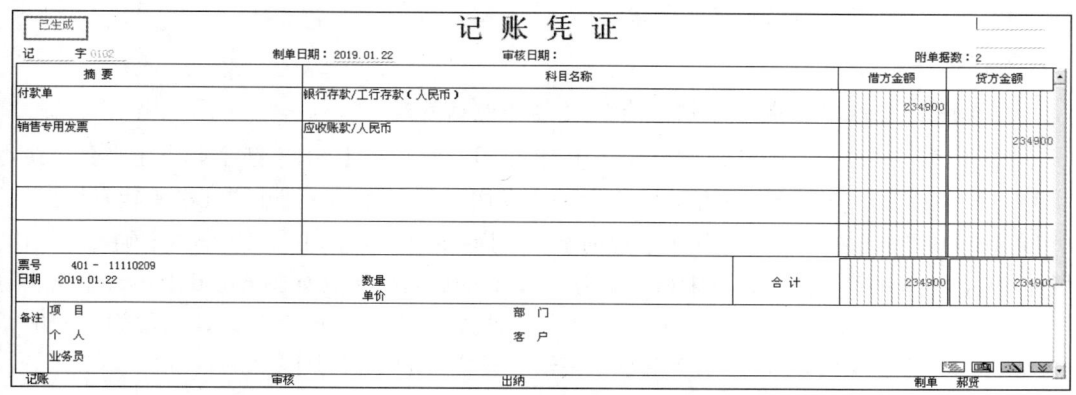

图 6-183

图 6-184

6.2.2 开红票直接退货的退货退款业务

【业务内容】

2019 年 1 月 22 日，根据 XS01002 号合同，卖给浙江丰韵公司的货物中有 10 件雅达西裤出现质量问题。经协商，我公司同意退货，我公司开具红字增值税专用发票并办理了全额退款（电汇凭证号为 11110210，图略），并于当日收到货物（负数出库单号为 CK01013，图略，退款使用现结功能处理，所退货物单位成本价为 180 元），相关凭证如图 6-185 所示。业务操作流程及分工如表 6-14 所示。

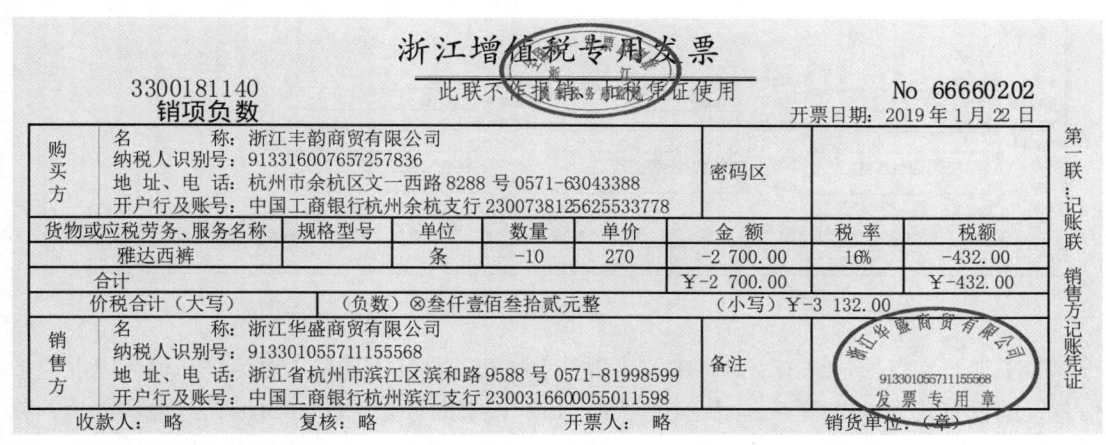

图 6-185

【业务操作流程和岗位工作】

表 6-14 业务操作流程与岗位工作

操作日期	操作员	操作系统	操作流程
2019-01-22	销售员【401】	销售管理	（1）参照销售订单生成红字销售专用发票并现结处理
2019-01-22	仓管员【501】	库存管理	（2）参照退货单生成（负数）销售出库单
2019-01-22	财务会计【202】	应收款管理	（3）审核销售发票并制单处理
		存货核算	（4）单据记账并生成凭证

提示：如果无法确定退货属于哪个销售订单，可以根据退货清单直接增加并录入红字销售专用发票，复核后，系统自动生成退货单。

【操作指导】

1．参照销售订单生成红字销售专用发票并现结处理

（1）生成红字销售专用发票。2019 年 1 月 22 日，销售员【401】在企业应用平台中执行【业务工作/供应链/销售管理/销售开票/红字销售专用发票】命令，打开"红字销售专用发票"窗口。单击【增加】按钮，系统弹出【查询条件选择-参照订单】对话框，单击【确定】按钮。系统弹出"参照生单"窗口，选中窗口上方的 XS01002 号订单，如图 6-186 所示，单击【确定】按钮。系统自动生成一张红字销售发票，修改发票号为"66660202"，数量为"-10"，仓库名称为"服装库"，如图 6-187 所示。单击工具栏中的【保存】按钮。

图 6-186

图 6-187

（2）现结、复核。单击工具栏中的【现结】按钮，打开【现结】对话框，输入电汇凭证信息，结算方式为"电汇"，原币金额为"-3132"，票据号为"11110210"，其他项默认，单击【确定】按钮，系统提示【发票已现结】。单击【复核】按钮，在开票直接发货模式的退货

业务中，红字销售专用发票复核后，系统自动生成已审核的退货单。

2. 参照退货单生成（负数）销售出库单

（1）2019年1月22日，仓管员【501】在企业应用平台中执行【业务工作/供应链/库存管理/出库业务/销售出库单】命令，打开"销售出库单"窗口。执行【生单/销售生单】命令，打开【查询条件选择-销售发货单列表】对话框，单击【确定】按钮。

（2）系统打开"销售生单"窗口，选择生成的退货单，如图6-188所示，单击【确定】按钮。系统自动生成（负数）销售出库单，修改出库单号为"CK01013"。单击工具栏中的【保存】按钮，再单击【审核】按钮，如图6-189所示。

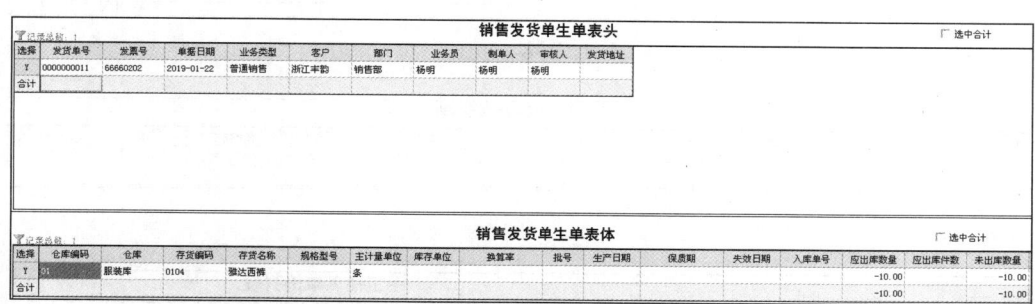

图6-188

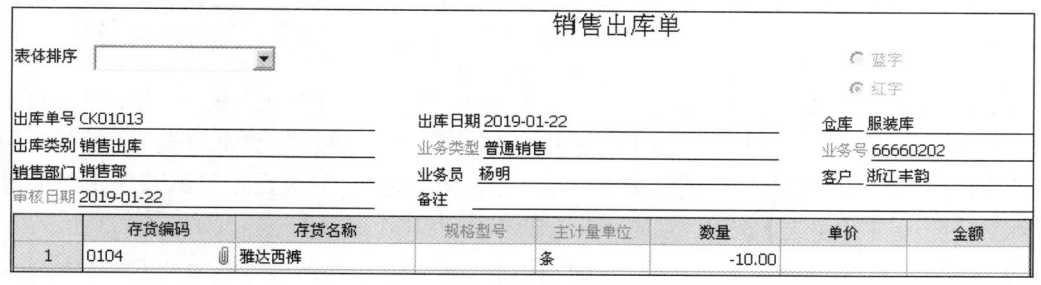

图6-189

3. 审核销售发票并制单处理

2019年1月22日，财务会计【202】在企业应用平台中执行【业务工作/财务会计/应收款管理/应收款单据处理/应收单据审核】命令，系统打开【应收单查询条件】对话框，勾选"包含已现结的发票"复选框，单击【确定】按钮。打开"应收单据列表"窗口，双击"66660202"号发票【选择】栏右侧的任意单元格，打开"销售专用发票"窗口，单击工具栏中的【审核】按钮，系统提示【是否立即制单？】，单击【是】按钮，系统生成记账凭证。单击工具栏中的【保存】按钮，保存该凭证，如图6-190所示。退出该窗口。

4. 单据记账并生成凭证

（1）正常单据记账。2019年1月22日，财务会计【202】在企业应用平台中执行【业务工作/供应链/存货核算/业务核算/正常单据记账】命令，打开【查询条件选择】对话框，单击【确定】按钮。打开"正常单据记账列表"窗口，单击【全选】按钮，如图6-191所示。单击【记账】按钮，系统弹出"手工输入单价列表"窗口，输入单价为"180"，如图6-192所示，点击【确定】按钮，系统提示【记账成功】。

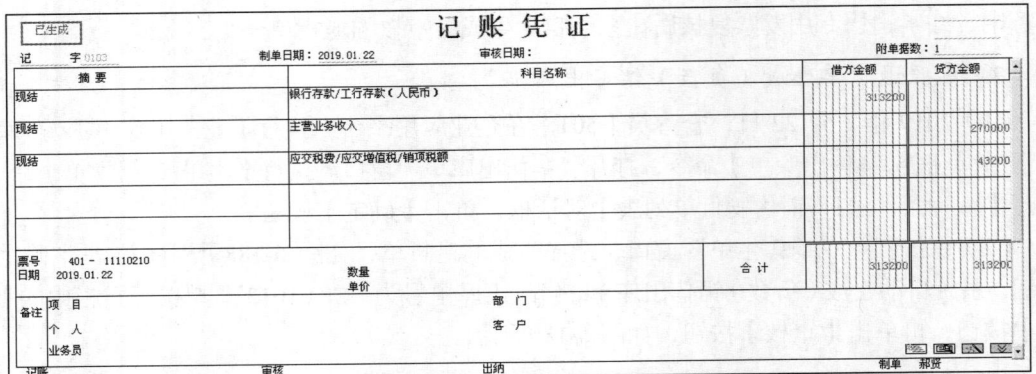

图 6-190

图 6-191

图 6-192

（2）生成凭证。执行【财务核算/生成凭证】命令，打开"生成凭证"窗口，单击【选择】按钮，打开【查询条件】对话框，单击【确定】按钮。打开"未生成凭证单据一览表"窗口，单击【选择】栏，选中待生成凭证的单据，单击【确定】按钮。返回"生成凭证"窗口，凭证类别选择"记账凭证"。单击【生成】按钮，生成一张记账凭证，单击【保存】按钮，如图6-193所示。

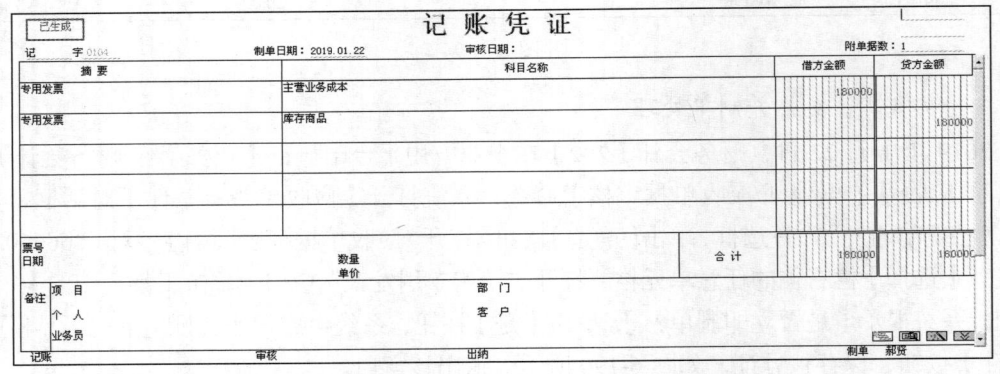

图 6-193

6.2.3 结算前销售折让业务

【业务内容】

2019年1月23日，根据XS01009号合同，卖给浙江伟伦超市有限公司的货物中，恒祥针织帽出现质量不达标的问题，经协商，我公司给予对方公司20%的销售折让。我公司开具红字增值税专用发票，同日，我公司收到浙江伟伦超市有限公司的结算货款。相关凭证如

图 6-194 至图 6-196 所示。业务操作流程及分工如表 6-15 所示。

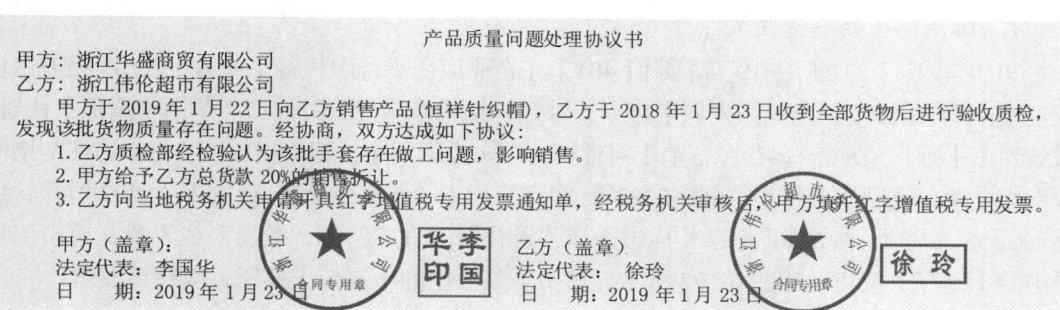

图 6-194

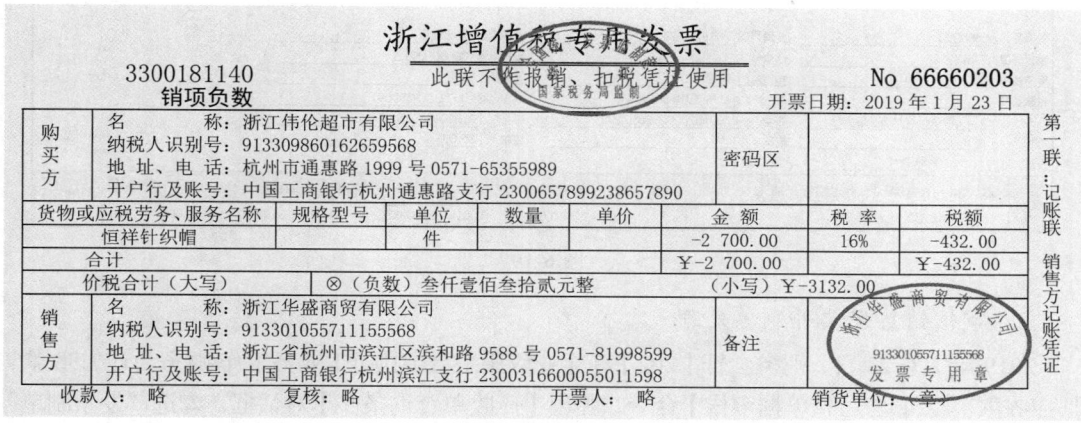

图 6-195

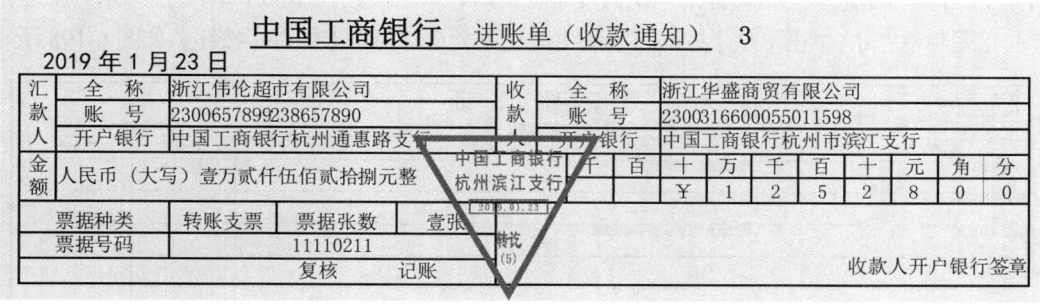

图 6-196

【业务操作流程和岗位工作】

表 6-15　业务操作流程与岗位工作

操作日期	操作员	操作系统	操作流程
2019-01-23	销售员【401】	销售管理	（1）填制红字销售专用发票
2019-01-23	财务会计【202】	应收款管理	（2）审核销售发票并制单处理 （3）红票对冲
2019-01-23	出纳【203】	应收款管理	（4）填制收款单
2019-01-23	财务会计【202】	应收款管理	（5）审核收款单、核销、合并制单

【操作指导】

1. 填制红字销售专用发票

2019年1月23日，销售部杨明【401】在企业应用平台中执行【业务工作/供应链/销售管理/销售开票/红字销售专用发票】命令，打开"销售专用发票"窗口。单击【增加】按钮，系统弹出【查询条件选择-参照订单】对话框，单击【取消】按钮。根据图6-195的红字增值税专用发票，填制发票号为"66660203"，客户简称为"浙江伟伦"，存货为"0202 恒祥针织帽"，无税金额为"-2700"，退补标志选择"退补"，"仓库"和"数量"栏不填，单击工具栏中的【保存】按钮，如图6-197所示。单击工具栏中的【复核】按钮，复核该发票。

图6-197

2. 审核销售发票并制单处理

2019年1月23日，财务会计【202】在企业应用平台中执行【业务工作/财务会计/应收款管理/应收款单据处理/应收单据审核】命令，弹出【应收单查询条件】对话框，勾选"发票制单"复选框，单击【确定】按钮。打开"应收单据列表"窗口，双击"66660203"号发票所在行【选择】栏的右侧的任意单元格，打开"销售发票"窗口，单击工具栏中的【审核】按钮，系统提示【是否立即制单？】，单击【是】按钮，系统生成记账凭证。单击【保存】按钮，如图6-198所示。

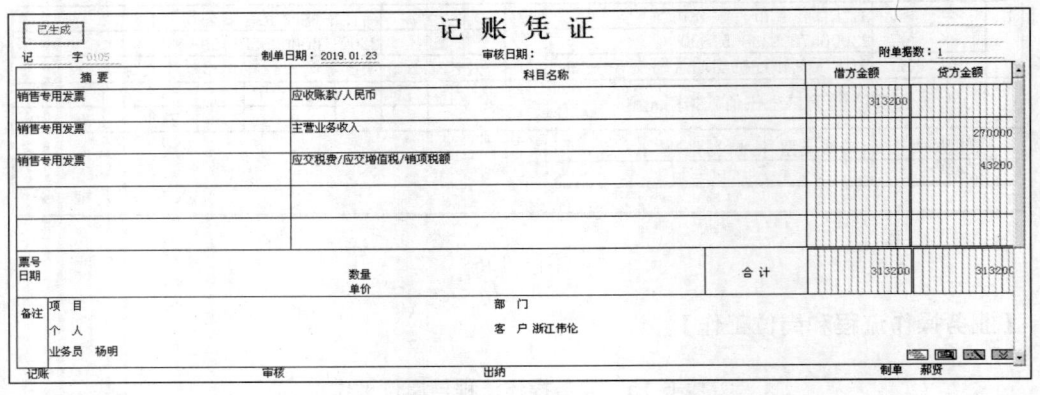

图6-198

3. 红票对冲

2019年1月23日，财务会计【202】在企业应用平台中执行【业务工作/财务会计/应收款管理/转账/红票对冲/手工对冲】命令，打开"红票对冲条件"窗口。选择客户为"浙江伟伦超市有限公司"，单击【确定】按钮。打开"红票对冲"窗口，输入发票行的对冲金额为

"3132.00",如图 6-199 所示,单击【保存】按钮,系统提示【是否立即制单?】,单击【是】按钮,系统生成一张记账凭证,如图 6-200 所示。

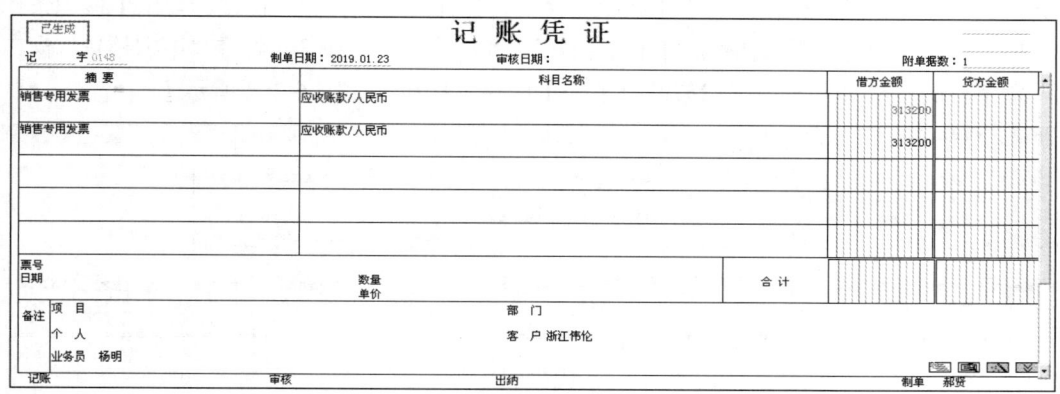

图 6-199

图 6-200

> **注意事项**
> 如果在红票对冲操作保存后,系统未提示【是否立即制单?】,或者在"制单处理"中查询并制单时,系统提示【红票对冲制单有效分录为零】,这是受控科目制单方式的设置问题,需要在【应付款管理-选项-凭证】页签下,在编辑状态下选择受控科目制单方式为"明细到单据"。

4. 填制收款单

2019 年 1 月 23 日,出纳【203】在企业应用平台中执行【业务工作/财务会计/应收款管理/收款单据处理/收款单据录入】命令,打开"收款单"窗口。单击工具栏中的【增加】按钮,按照图 6-196 进账单录入相关信息,在表头中输入金额为"12528",在表体中选择款项类型为"应收款",单击【保存】按钮,如图 6-201 所示。

图 6-201

5. 审核收款单、核销、合并制单

（1）审核收款单。2019 年 1 月 23 日，财务会计【202】在企业应用平台中执行【业务工作/财务会计/应收款管理/收款单据处理/收款单据审核】命令，单击【确定】按钮，打开"收款单据列表"窗口，双击【选择】栏，如图 6-202 所示，单击【审核】按钮。

图 6-202

（2）核销。2019 年 1 月 23 日，财务部在会计【202】企业应用平台中执行【业务工作/财务会计/应收款管理/核销处理/手工核销】命令，打开"单据核销"窗口，弹出【核销条件】对话框，选择客户为"浙江伟伦超市有限公司"，单击【确定】按钮。打开"单据核销"窗口，输入发票行的本次结算额为"12528"，单击【保存】按钮，如图 6-203 所示。

图 6-203

（3）合并制单。执行【应收款管理/制单处理】命令，弹出【制单查询】对话框，勾选"收款单制单""核销制单"复选框，单击【确定】按钮，系统打开"收付款单制单"窗口，凭证类别选择"记账凭证"，如图 6-204 所示，依次单击工具栏中的【全选】【合并】按钮。单击【制单】按钮，系统生成记账凭证，单击【保存】按钮，结果如图 6-205 所示。

图 6-204

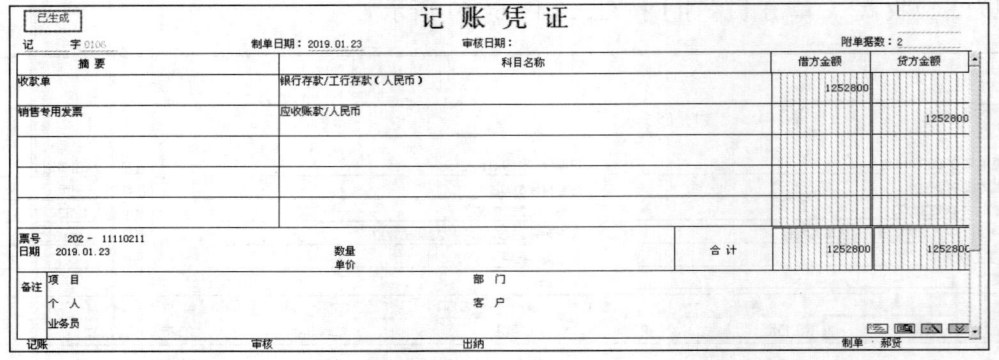

图 6-205

6.2.4 结算后销售折让业务

【业务内容】

2019年1月23日,根据XS01007号合同,我公司向江苏信达超市有限公司发出的第二批货物出现质量不达标问题。经协商,我公司给予对方公司10%的销售折让。我公司开具红字增值税专用发票并支付退款。取得与该业务相关的凭证如图6-206至图6-208所示。业务操作流程及分工如表6-16所示。

产品质量问题处理协议书

甲方:浙江华盛商贸有限公司
乙方:江苏信达超市有限公司

甲方于2019年1月20日、21日向乙方销售两批服装(拉贝风衣和拉贝衬衫),乙方于2018年1月22日收到全部货物后进行验收质检,发现第二批货物质量存在问题。经协商,双方达成如下协议:
1. 乙方质检部经检验认为第二批服装存在做工问题,影响销售。
2. 甲方给予乙方第二批服装货款10%的销售折让。
3. 乙方向当地税务机关申请开具红字增值税专用发票通知单,经税务机关审核后,甲方填开红字增值税专用发票。

图6-206

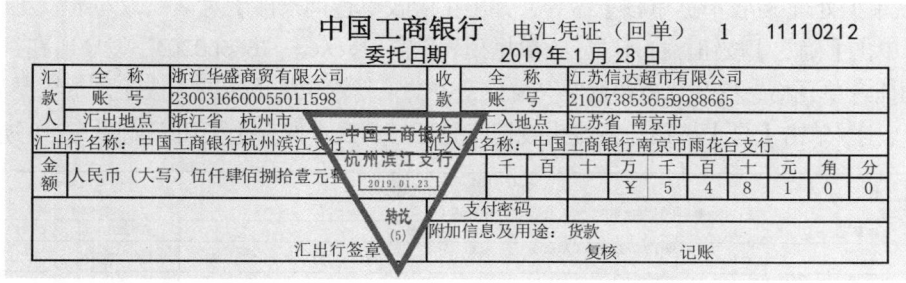

图6-207

图6-208

【业务操作流程和岗位工作】

表6-16 业务操作流程与岗位工作

操作日期	操作员	操作系统	操作流程
2019-01-23	销售员【401】	销售管理	(1)填制红字销售专用发票并现结处理
2019-01-23	财务会计【202】	应收款管理	(2)审核销售发票并制单处理

【操作指导】

1. 填制红字销售专用发票并现结处理

（1）填制红字销售专用发票。2019年1月23日，销售部杨明【401】在企业应用平台中执行【业务工作/供应链/销售管理/销售开票/红字销售专用发票】命令，打开"红字销售专用发票"窗口。单击【增加】按钮，系统弹出【查询条件选择-参照订单】对话框，单击【取消】按钮。根据图6-207红字增值税专用发票，在表头中，填制发票号为"66660204"，客户简称为"江苏信达"。在表体中，第一行选择存货为"0101拉贝风衣"，无税金额为"-2835"，退补标志选择"退补"，第二行选择存货为"0102拉贝衬衫"，无税金额为"-1890"，退补标志选择"退补"，"仓库"和"数量"栏不填，单击工具栏中的【保存】按钮，如图6-209所示。

图 6-209

（2）现结、复核。单击工具栏中的【现结】按钮，打开【现结】对话框，根据图6-208，输入结算方式为"电汇"，原币单价为"-5481"，票据号为"11110212"，其他项默认，单击【确定】按钮，系统提示【发票已现结】。单击工具栏中的【复核】按钮，完成销售专用发票的处理。虽然此业务不涉及退货，但是红字增值税专用发票复核后会生成一张已审核的退货单。

2. 审核销售发票并制单处理

2019年1月23日，财务会计【202】在企业应用平台中执行【业务工作/财务会计/应收款管理/应收款单据处理/应收单据审核】命令，弹出【应收单查询条件】对话框，勾选"发票制单"复选框，单击【确定】按钮。打开"应收单据列表"窗口，双击"66660204"发票所在行【选择】栏右侧的任意单元格，打开"销售发票"窗口，单击工具栏中的【审核】按钮，系统提示【是否立即制单？】，单击【是】按钮，系统生成记账凭证，单击【保存】按钮，如图6-210所示。

图 6-210

6.2.5 带付款条件的退货退款业务

【业务内容】

2019年1月23日,根据XS01005号合同,在卖给江苏信达超市有限公司的货物中,有5条雅达休闲裤出现了质量问题,经协商,我公司同意退货(协议书略)。当日,我公司开具了红字增值税专用发票,支付了退货款,同日收到所退货物(注:所退货物单位成本价为110元),取得与该业务相关的凭证,如图6-211至图6-213所示。业务操作流程及分工如表6-17所示。

供应商:江苏信达			出库单 2019年1月23日			单号:CK01014	
验收仓库	存货编码	存货名称	单位	数量 应收	数量 实收	单价	金额
服装库	0105	雅达休闲裤	件	-5	-5		
		合计					

图 6-211

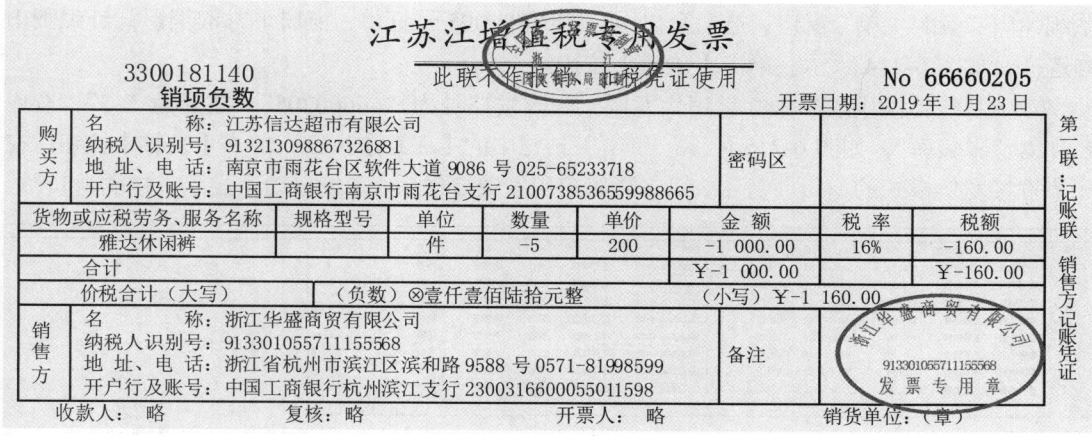

图 6-212

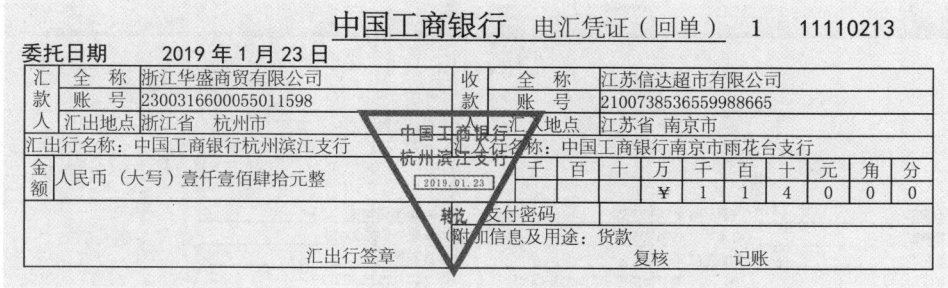

图 6-213

【业务操作流程和岗位工作】

表 6-17 业务操作流程与岗位工作

操作日期	操作员	操作系统	操作流程
2019-01-23	销售员【401】	销售管理	(1)参照销售订单生成红字销售专用发票
2019-01-23	仓管员【501】	库存管理	(2)参照退货单生成(负数)销售出库单

续表

操作日期	操作员	操作系统	操作流程
2019-01-23	财务会计【202】	应收款管理	（3）审核销售发票并制单处理
		存货核算	（4）单据记账并生成凭证
2019-01-23	出纳【203】	应收款管理	（5）填制应收系统付款单
2019-01-23	财务会计【202】	应收款管理	（6）审核付款单、核销、合并制单

提示：本例中采用了先开红票的退货模式，如果无法确定退货属于哪个销售订单，可以根据退货清单直接增加并录入红字销售专用发票，复核后，系统自动生成退货单。

【操作指导】

1. 参照销售订单生成红字销售专用发票

（1）生成红字销售专用发票。2019年1月23日，销售员【401】在企业应用平台中执行【业务工作/供应链/销售管理/销售开票/红字销售专用发票】命令，打开"红字销售专用发票"窗口。单击【增加】按钮，系统弹出【查询条件选择-参照订单】对话框，单击【确定】按钮。系统弹出"参照生单"窗口，选中窗口上方的 XS01005 号订单，窗口下方取消恒祥针织围巾的选择，如图 6-214 所示。单击【确定】按钮。

（2）系统自动生成一张红字销售发票，修改发票号为"66660205"，数量为"-5"，仓库名称为"服装库"，如图 6-215 所示。单击工具栏中的【保存】按钮，单击【复核】按钮，在开票直接发货模式的退货业务中，红字销售专用发票复核后，系统自动生成已审核的退货单。

图 6-214

图 6-215

2. 参照退货单生成（负数）销售出库单

2019年1月23日，仓管员【501】在企业应用平台中执行【业务工作/供应链/库存管理/出库业务/销售出库单】命令，打开"销售出库单"窗口。执行【生单/销售生单】命令，打开【查询条件选择-销售发货单列表】对话框，单击【确定】按钮。系统打开"销售生单"窗口，选择生成的退货单，单击【确定】按钮。系统自动生成（负数）销售出库单，修改出库单号为"CK01014"。单击工具栏中的【保存】按钮，再单击【审核】按钮，如图6-216所示。

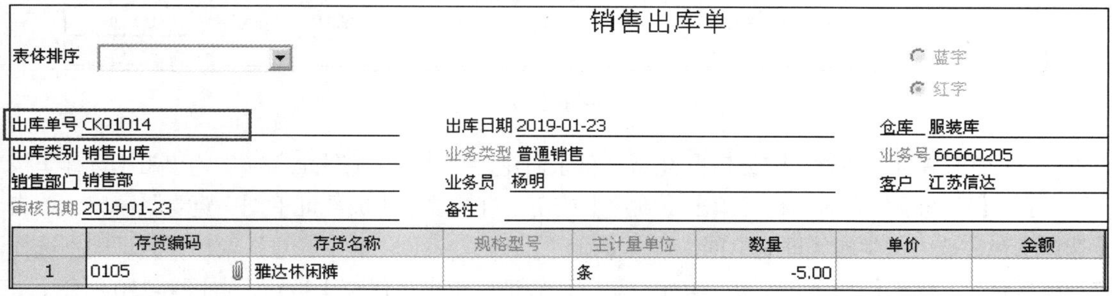

图 6-216

3. 审核销售发票并制单处理

2019年1月23日，财务会计【202】在企业应用平台中执行【业务工作/财务会计/应收款管理/应收款单据处理/应收单据审核】命令，系统弹出【应收单查询条件】对话框，单击【确定】按钮。打开"应收单据列表"窗口，双击"66660205"号发票【选择】栏右侧的任意单元格，打开"销售专用发票"窗口，单击工具栏中的【审核】按钮，系统提示【是否立即制单？】，单击【是】按钮，系统生成一张记账凭证，单击工具栏中的【保存】按钮，保存该凭证，如图6-217所示。退出该窗口。

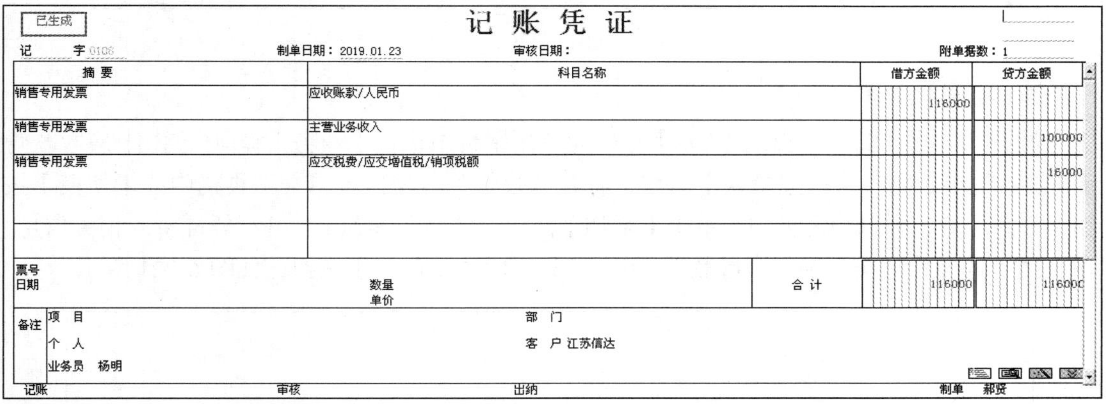

图 6-217

4. 单据记账并生成凭证

（1）正常单据记账。2019年1月23日，财务会计【202】在企业应用平台中执行【业务工作/供应链/存货核算/业务核算/正常单据记账】命令，打开【查询条件选择】对话框，单击【确定】按钮。打开"正常单据记账列表"窗口，单击【全选】按钮，如图6-218所示。单击【记账】按钮，系统弹出"手工输入单价列表"窗口，输入单价为"110"，如图6-219所示，单击【确定】按钮，系统提示【记账成功】。

正常单据记账列表										
记录总数：1										
选择	日期	单据号	存货编码	存货名称	规格型号	存货代码	单据类型	仓库名称	收发类别	数量	单价
Y	2019-01-23	66660205	0105	雅达休闲裤			专用发票	服装库	销售出库	-5.00	
小计										-5.00	

图 6-218

手工输入单价列表									
记录总数：1									
选择	存货编码	存货名称	存货代码	规格型号	部门编码	仓库编码	仓库名称	部门名称	单价
Y	0105	雅达休闲裤				01	服装库		110.00
小计									

图 6-219

（2）生成凭证。执行【财务核算/生成凭证】命令，打开"生成凭证"窗口，单击【选择】按钮，打开【查询条件】对话框，单击【确定】按钮。打开"未生成凭证单据一览表"窗口，单击【选择】栏，选中待生成凭证的单据，单击【确定】按钮。返回"生成凭证"窗口，凭证类别选择"记账凭证"。单击【生成】按钮，生成一张记账凭证。单击【保存】按钮，如图 6-220 所示。

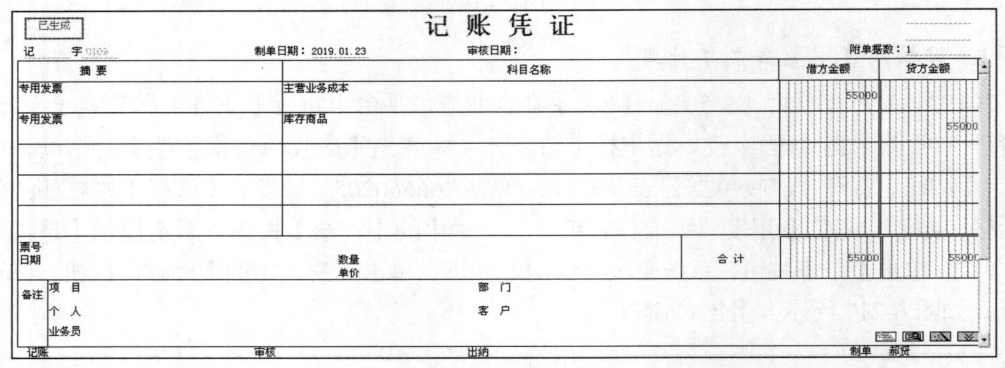

图 6-220

5. 填制收款单

2019 年 1 月 23 日，出纳【203】在企业应用平台中执行【业务工作/财务会计/应收款管理/收款单据处理/收款单据录入】命令，打开"收款单"窗口。单击工具栏中的【切换】按钮，打开"红字付款单"窗口。单击【增加】按钮，按照图 6-213 的电汇凭证录入相关信息，在表体中选择款项类型为"应收款"，单击工具栏中的【保存】按钮，如图 6-221 所示。

图 6-221

6. 审核付款单、核销、合并制单

（1）审核付款单。2019 年 1 月 23 日，财务会计【202】在企业应用平台中执行【业务工作/财务会计/应收款管理/收款单据处理/收款单据审核】命令，系统打开【收款单查询条件】对话框，单击【确定】按钮。打开"收付款单列表"窗口，单击【全选】按钮，如图 6-222 所示，单击工具栏中的【审核】按钮。

图 6-222

（2）核销本次收款额。2019 年 1 月 23 日，会计【202】在企业应用平台中执行【业务工作/财务会计/应收款管理/核销处理/手工核销】命令，弹出【核销条件】对话框，在"通用"选项卡下选择客户为"江苏信达"；在"收付款单"选项卡下，选择单据类型为"付款单"，如图 6-223 所示，单击【确定】按钮。系统打开"单据核销"窗口，在发票行的本次结算栏输入"1140"，本次折扣栏出现"20"，如图 6-224 所示。单击工具栏中的【保存】按钮。

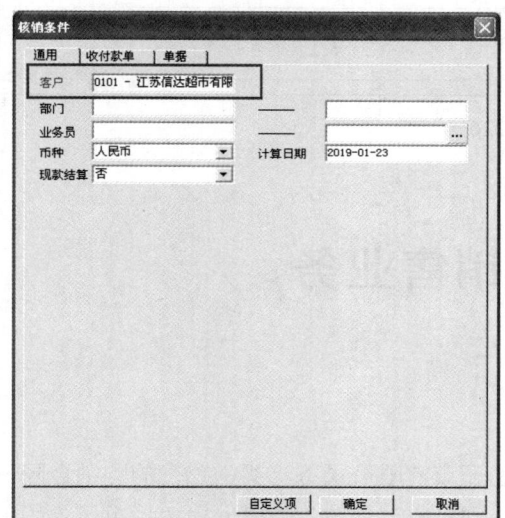 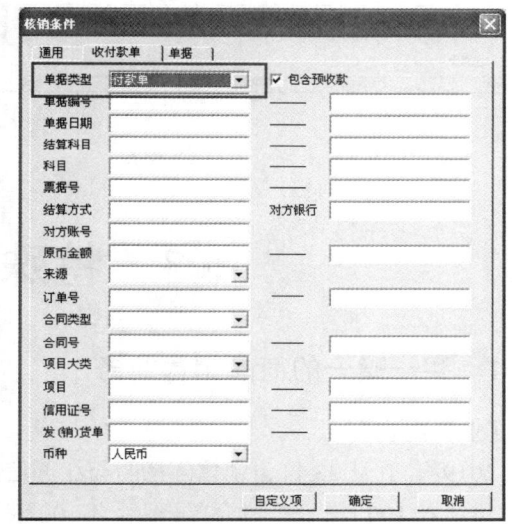

图 6-223

图 6-224

（3）合并制单。执行【应收款系统/制单处理】命令，弹出【制单查询】对话框，勾选"收付款单制单""核销制单"复选框，单击【确定】按钮。系统打开"应收制单"窗口，依次单击工具栏中的【全选】【合并】按钮，如图 6-225 所示。凭证类别选择"记账凭证"，单击工具栏中的【制单】按钮，系统生成记账凭证。单击工具栏中的【保存】按钮，如图 6-226 所示。

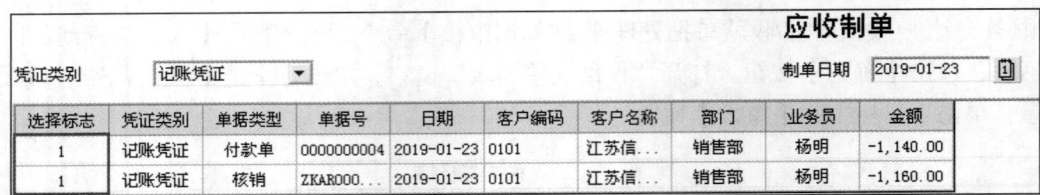

图 6-225

图 6-226

6.3 特殊销售业务

6.3.1 买一赠一的商品销售业务

【业务内容】

2019年1月23日,销售部杨明与江苏信达超市有限公司签订买一赠一的购销合同,销售拉贝风衣100件,赠送恒祥针织手套100双。同日收到货款,货已发出(拉贝风衣的出库单号为CK01015,恒祥针织手套的出库单号为CK01016,图略),并开具了增值税专用发票,取得与该业务相关的凭证如图6-227至图6-229所示。业务操作流程及分工如表6-18所示。

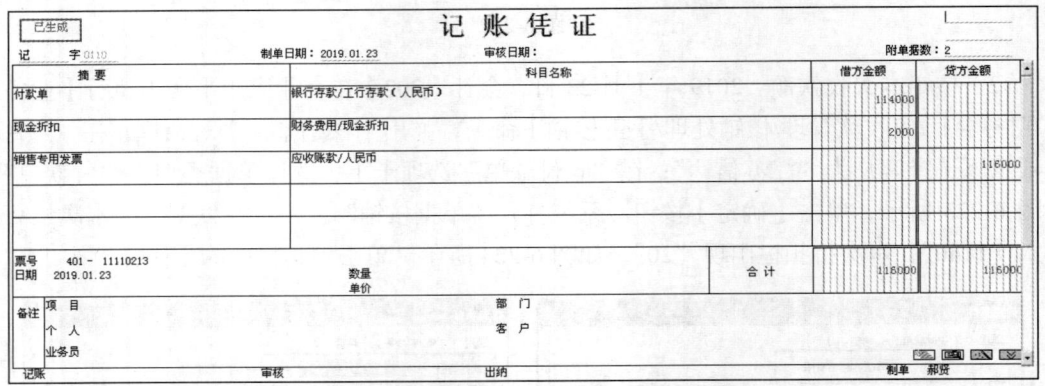

图 6-227

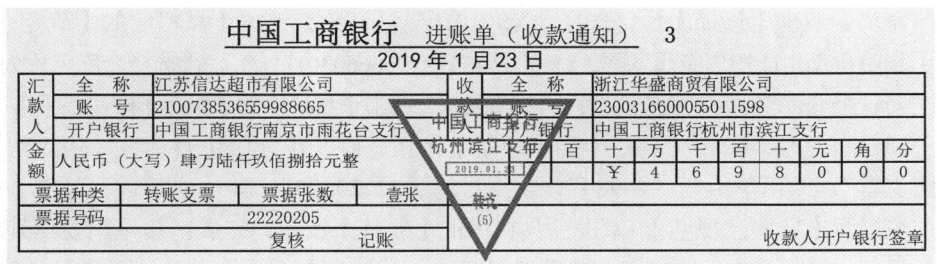

图 6-228

图 6-229

【业务操作流程和岗位工作】

表 6-18 业务操作流程与岗位工作

操作日期	操作员	操作系统	操作流程
2019-01-23	销售员【401】	销售管理	（1）填制销售订单 （2）参照销售订单生成销售专用发票并现结处理
2019-01-23	仓管员【501】	库存管理	（3）参照发货单生成出库单
2019-01-23	财务会计【202】	应收款管理	（4）审核销售发票并制单处理
		存货核算	（5）单据记账并生成凭证

【操作指导】

1. 填制销售订单

（1）2019年1月23日，销售部杨明【401】在企业应用平台中执行【业务工作/供应链/销售管理/销售订货/销售订单】命令，打开"销售订单"窗口，单击【增加】按钮。

（2）在表头中，修改订单号为"XS01010"，销售类型为"正常销售"，客户简称为"江苏信达"。

（3）在表体中，第一行选择存货为"0101 拉贝风衣"，数量为"100"，原币单价为"405"；第二行选择存货为"0201 恒祥针织手套"，数量为"100"，原币单价为"120"，折扣额为"13920"，预发货日期为当日，其他项默认，如图6-230所示。

（4）在工具栏中，单击【保存】按钮，单击【审核】按钮，退出该窗口。

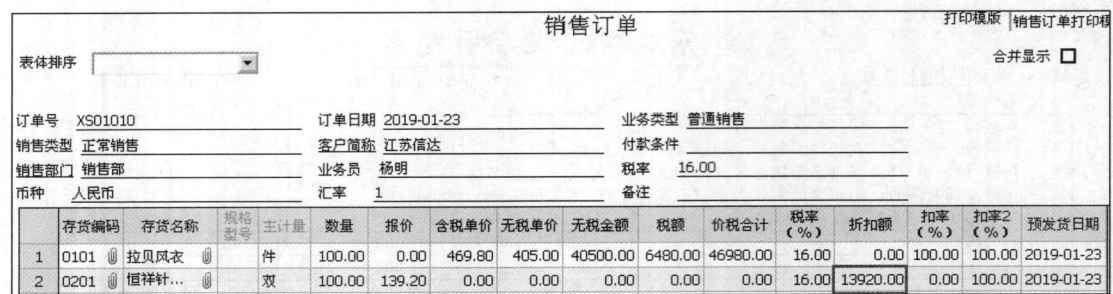

图 6-230

2. 参照销售订单生成销售专用发票

（1）2019 年 1 月 23 日，销售部杨明【401】在企业应用平台中执行【业务工作/供应链/销售管理/销售开票/销售专用发票】命令，打开"销售专用发票"窗口。单击工具栏中的【增加】按钮，系统弹出【查询条件选择-参照订单】对话框，单击【确定】按钮。系统打开"参照生单"窗口，双击【选择】栏，选择"XS01010"号订单，单击工具栏中的【确定】按钮。

（2）系统自动生成销售专用发票，修改发票号为"66660301"，第一行选择仓库名称为"服装库"，第二行选择仓库名称为"配饰库"，其他项默认，单击工具栏中的【保存】按钮，保存该单据。

（3）现结、复核。单击工具栏中的【现结】按钮，打开【现结】对话框，输入结算方式为"转账支票"，原币单价为"46980"，票据号为"22220205"，其他项默认，单击【确定】按钮，系统提示【发票已现结】。单击工具栏中的【复核】按钮，完成销售专用发票处理，如图 6-231 所示。在先开票后发货的销售业务处理中，复核发票后会自动生成已审核的发货单。

图 6-231

3. 参照发货单生成出库单

（1）2019 年 1 月 23 日，仓管员【501】在企业应用平台中执行【业务工作/供应链/库存管理/出库业务/销售出库单】命令，打开"销售出库单"窗口。执行【生单/销售生单（批量）】命令，打开【查询条件选择-销售发货单列表】对话框，单击【确定】按钮。系统打开"销售生单"窗口，双击【选择】栏，选择上一步生成的"发货单"，单击工具栏中的【确定】按钮。

（2）系统自动生成销售出库单，在"配饰库"出库单上修改出库单号为"CK01016"，其他项默认，如图 6-232 所示。在工具栏中，单击【保存】按钮，单击【审核】按钮。退出该窗口。

（3）单击工具栏中的【←】，在"服装库"出库单上修改出库单号为"CK01015"，其他项默认，如图 6-233 所示。在工具栏中，单击【保存】按钮，单击【审核】按钮，退出该窗口。

销售出库单

出库单号 CK01016　　出库日期 2019-01-23　　仓库 配饰库　　蓝字
出库类别 销售出库　　业务类型 普通销售　　业务号 66660301
销售部门 销售部　　业务员 杨明　　客户 江苏信达
审核日期 2019-01-23　　备注

	存货编码	存货名称	规格型号	主计量单位	数量	单价	金额
1	0201	恒祥针织手套		双	100.00		

图 6-232

销售出库单

出库单号 CK01015　　出库日期 2019-01-23　　仓库 服装库　　蓝字
出库类别 销售出库　　业务类型 普通销售　　业务号 66660301
销售部门 销售部　　业务员 杨明　　客户 江苏信达
审核日期 2019-01-23　　备注

	存货编码	存货名称	规格型号	主计量单位	数量	单价	金额
1	0101	拉贝风衣		件	100.00		

图 6-233

4. 审核销售发票并制单处理

2019 年 1 月 23 日，财务会计【202】在企业应用平台中执行【业务工作/财务会计/应收款管理/应收款单据处理/应收单据审核】命令，系统打开【应收单查询条件】对话框，勾选"包含已现结的发票"复选框，单击【确定】按钮。打开"应收单据列表"窗口，双击"66660301"号发票【选择】栏右侧的任意单元格，打开"销售专用发票"窗口，单击工具栏中的【审核】按钮，系统提示【是否立即制单？】，单击【是】按钮，系统生成一张记账凭证。单击工具栏中的【保存】按钮，保存该凭证，如图 6-234 所示。退出该窗口。

记 账 凭 证

记字 0111　　制单日期：2019.01.23　　审核日期：　　附单据数：1

摘要	科目名称	借方金额	贷方金额
现结	银行存款/工行存款（人民币）	4698000	
现结	主营业务收入		4050000
现结	应交税费/应交增值税/销项税额		648000

票号 202 - 22220205
日期 2019.01.23

数量 单价　　合计 4698000　4698000

备注　项目　　部门
　　　个人　　客户
　　　业务员

记账　　审核　　出纳　　制单 郝贵

图 6-234

5. 单据记账并生成凭证

（1）正常单据记账。2019 年 1 月 23 日，财务会计【202】在企业应用平台中执行【业务工作/供应链/存货核算/业务核算/正常单据记账】命令，打开【查询条件选择】对话框，单击【确定】按钮。打开"正常单据记账列表"窗口，单击【全选】按钮，如图 6-235 所示。单击工具栏中的【记账】按钮，将销售专用发票记账，系统提示【记账成功】。

图 6-235

（2）生成凭证。执行【财务核算/生成凭证】命令，打开"生成凭证"窗口，单击【选择】按钮，打开【查询条件】对话框，单击【确定】按钮。系统打开"未生成凭证单据一览表"窗口，单击【选择】栏，选中待生成凭证的单据，单击工具栏中的【确定】按钮。返回"生成凭证"窗口，凭证类别选择"记账凭证"。单击工具栏中的【生成】按钮，生成一张记账凭证，单击工具栏中的【保存】按钮，保存该凭证，如图 6-236 所示。

图 6-236

6.3.2 附带促销赠品的销售业务

【业务内容】

2019 年 1 月 23 日，采购部梁燕签订采购合同，采购赠品胸针（合同编号为 CG01020，图略），已收到增值税专用发票，赠品已入库（入库单号为 RK01027，图略），如图 6-237 所示。业务操作流程及分工如表 6-19 所示。

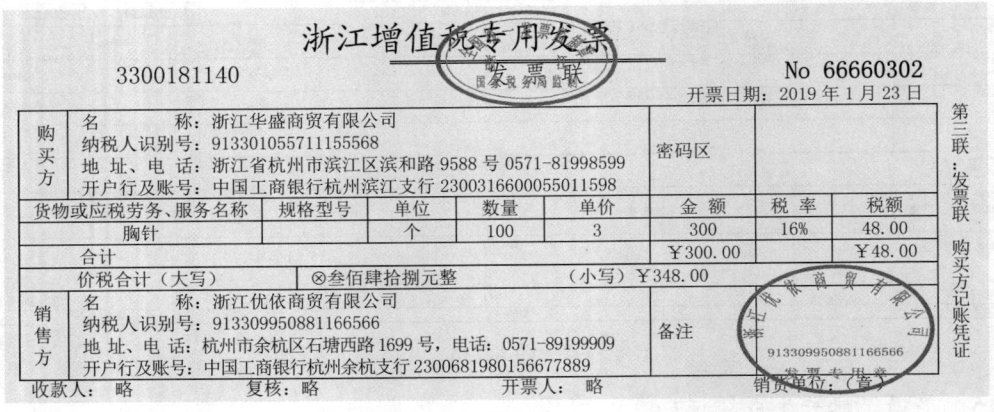

图 6-237

2019 年 1 月 24 日，销售部杨明与上海福瑞百货有限公司签订促销合同，销售拉贝衬衫 100 件，赠送胸针 100 个，货已发出，并开具了增值税专用发票，取得与该业务相关的凭证如图 6-238 至图 6-241 所示。

购销合同

卖方：浙江华盛商贸有限公司　　　　合同编号：XS01011
买方：上海福瑞百货有限公司　　　　签订日期：2019 年 01 月 23 日

为保护买卖双方的合法权益，根据《中华人民共和国合同法》的有关规定，经双方协定，订立本合同，并共同遵守合同约定。

一、货物的名称、数量及金额：

货物名称	规格型号	单位	数量	单价（不含税）	金额（不含税）	税率	税额
拉贝衬衫		件	100	270	27 000.00	16%	4 320.00
胸针		个	100	0	0		
合计					¥27 000.00		¥4 320.00
合同总金额（大写）	人民币叁万壹仟叁佰贰拾元整（¥31 320.00）						

二、签订合同当日，卖方交付货物并开具增值税专用发票。
三、交货地点：上海福瑞百货有限公司
四、发货方式与运输费用承担方式：由卖方发货，运输费用由买方承担。

图 6-238

出库单

客户：上海福瑞　　　　2019 年 1 月 24 日　　　　单号：RK01017

验收仓库	存货编码	存货名称	单位	数量		单价	金额
				应发	实发		
服装库	0102	拉贝衬衫	件	100	100		
		合计					

部门经理：略　　会计：略　　仓库：略　　经办人：略

图 6-239

出库单

客户：上海福瑞　　　　2019 年 1 月 24 日　　　　单号：0000000001

验收仓库	存货编码	存货名称	单位	数量		单价	金额
				应发	实发		
赠品库	0801	胸针	个	100	100		
		合计					

部门经理：略　　会计：略　　仓库：略　　经办人：略

图 6-240

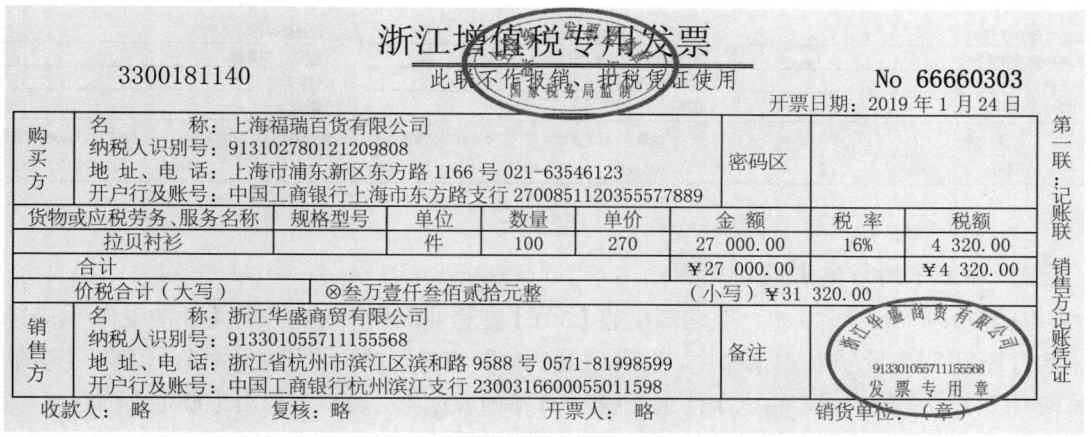

图 6-241

【业务操作流程和岗位工作】

表 6-19 业务操作流程与岗位工作

业务	操作日期	操作员	操作系统	操作流程
（一）采购赠品	2019-01-23	采购员【301】	采购管理	（1）填制采购订单 （2）参照采购订单生成到货单
	2019-01-23	仓管员【501】	库存管理	（3）参照到货单生成入库单
	2019-01-23	采购员【301】	采购管理	（4）参照入库单生成采购专用发票
	2019-01-23	财务会计【202】	应付款管理	（5）审核采购专用发票并合并制单
			存货核算	（6）单据记账并生成凭证
（二）销售商品、赠送赠品	2019-01-24	销售员【401】	销售管理	（1）填制销售订单 （2）参照销售订单生成销售专用发票
	2019-01-24	仓管员【501】	库存管理	（3）参照发货单生成出库单 （4）参照采购入库单生成其他出库单
	2019-01-24	财务会计【202】	应收款管理	（5）审核销售发票并制单处理
			存货核算	（6）单据记账并生成凭证

【操作指导】

（一）采购赠品

1. 填制采购订单

（1）2019年1月23日，采购部梁燕【301】按合同在企业应用平台中执行【业务工作/供应链/采购管理/采购订货/采购订单】命令，打开"采购订单"窗口，单击【增加】按钮。

（2）在表头中，修改订单编号为"CG01020"，采购类型为"正常采购"，供应商为"浙江优依"。

（3）在表体中，选择存货为"0801 胸针"，数量为"100"，原币单价为"3"，计划到货日期为"2019-01-23"，其他信息由系统自动带出。

（4）在工具栏中，单击【保存】按钮，单击【审核】按钮，如图6-242所示。

图 6-242

2. 参照采购订单生成到货单

（1）2019年1月23日，采购部梁燕【301】在企业应用平台中执行【业务工作/供应链/采购管理/采购到货/到货单】命令，打开"到货单"窗口。单击【增加】按钮，执行【生单/采购订单】命令，打开"查询条件选择-采购订单列表过滤"窗口，单击【确定】按钮。

（2）系统弹出"拷贝并执行"窗口，双击【选择】栏，选中CG01020号采购订单，单击【确定】按钮，系统自动生成到货单。在工具栏中，单击【保存】按钮，单击【审核】按钮。

3. 参照到货单生成入库单

2019 年 1 月 23 日，仓储部王娜【501】在企业应用平台中执行【业务工作/供应链/库存管理/入库业务/采购入库单】命令，打开“采购入库单”窗口。执行【生单/采购到货单（蓝字）】命令，打开“查询条件选择-采购到货单列表”窗口，单击【确定】按钮。打开“到货单生单列表”，双击【选择】栏，选择上一步生成的到货单，在【选择】栏出现【Y】，单击【确定】按钮。系统自动参照到货单生成入库单，修改入库单号为“RK01027”，选择仓库为“赠品库”，单击工具栏中的【保存】按钮，单击【审核】按钮，如图 6-243 所示。

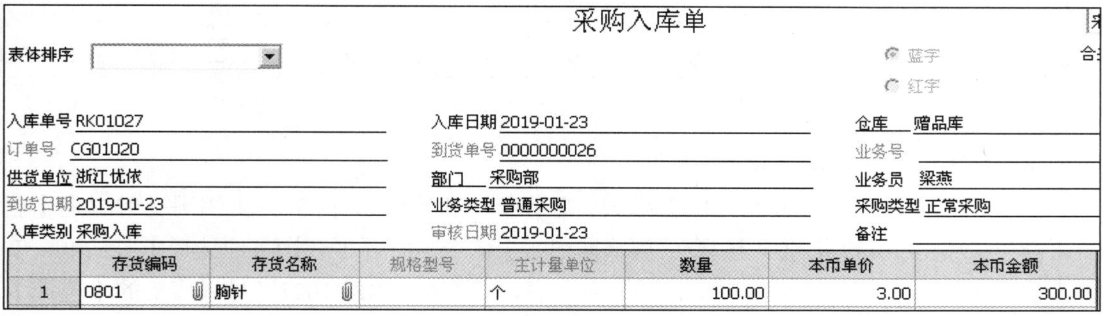
采购入库单

表体排序

蓝字 红字

入库单号 RK01027　入库日期 2019-01-23　仓库 赠品库
订单号 CG01020　到货单号 0000000026　业务号
供货单位 浙江优依　部门 采购部　业务员 梁燕
到货日期 2019-01-23　业务类型 普通采购　采购类型 正常采购
入库类别 采购入库　审核日期 2019-01-23　备注

	存货编码	存货名称	规格型号	主计量单位	数量	本币单价	本币金额
1	0801	胸针		个	100.00	3.00	300.00

图 6-243

4. 参照入库单生成采购专用发票

2019 年 1 月 23 日，采购部梁燕【301】在企业应用平台中执行【业务工作/供应链/采购管理/采购发票/采购专用发票】命令，打开“采购专用发票”窗口。单击【增加】按钮，执行【生单/入库单】命令，打开“查询条件选择-采购入库单列表过滤”窗口，单击【确定】按钮。系统弹出“拷贝并执行”窗口，选中 RK01027 号采购入库单，单击【确定】按钮。系统自动参照入库单生成采购专用发票，修改发票号为“66660302”，单击工具栏中的【保存】按钮，单击【结算】按钮，如图 6-244 所示。

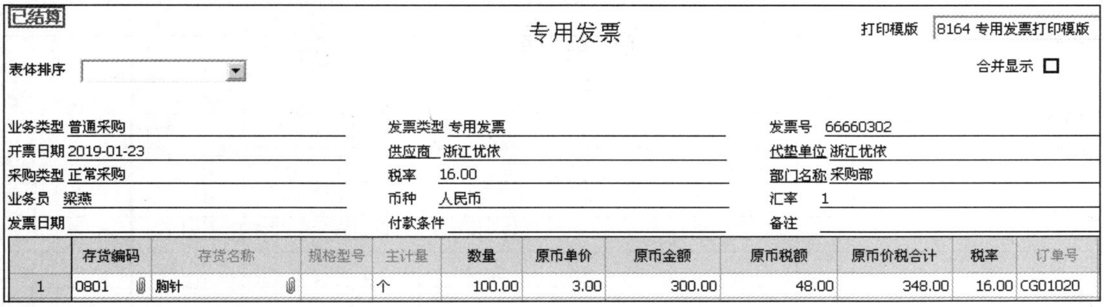
已结算

专用发票

打印模版 8164 专用发票打印模版

表体排序

合并显示

业务类型 普通采购　发票类型 专用发票　发票号 66660302
开票日期 2019-01-23　供应商 浙江优依　代垫单位 浙江优依
采购类型 正常采购　税率 16.00　部门名称 采购部
业务员 梁燕　币种 人民币　汇率 1
发票日期　付款条件　备注

	存货编码	存货名称	规格型号	主计量	数量	原币单价	原币金额	原币税额	原币价税合计	税率	订单号
1	0801	胸针		个	100.00	3.00	300.00	48.00	348.00	16.00	CG01020

图 6-244

5. 审核采购发票并制单处理

2019 年 1 月 23 日，财务会计郝贤【202】在企业应用平台中执行【业务工作/财务会计/应付款管理/应付单据处理/应付单据审核】命令，打开“应付单据查询条件”窗口，单击【确定】按钮，系统弹出“应付单据列表”窗口。双击需要审核的应付单据【选择】栏右侧的任意单元格，打开发票窗口，单击工具栏中的【审核】按钮，系统弹出提示【是否立即制单？】，单击【是】按钮，生成一张记账凭证，单击工具栏中的【保存】按钮，如图 6-245 所示。

已生成						
记 字 0113		制单日期：2019.01.23	审核日期：		附单据数：1	
摘要		科目名称			借方金额	贷方金额
采购专用发票		在途物资			30000	
采购专用发票		应交税费/应交增值税/进项税额			4800	
采购专用发票		应付账款/一般应付款				34800
票号日期		数量单价		合计	34800	34800
备注	项目 个人 业务员		部门 客户			
记账		审核		出纳	制单 郝贤	

图 6-245

6. 单据记账并生成凭证

（1）正常单据记账。2019 年 1 月 23 日，财务会计郝贤【202】在企业应用平台中执行【业务工作/供应链/存货核算/业务核算/正常单据记账】命令，打开【查询条件选择】对话框，单击【确定】按钮。打开"正常单据记账列表"窗口，双击"RK01027"号入库单的【选择】栏，如图 6-246 所示。单击【记账】按钮，系统提示【记账成功】，单击【确定】按钮。

				正常单据记账列表						
记录总数：1										
选择	日期	单据号	存货编码	存货名称	规格型号	存货代码	单据类型	仓库名称	收发类别	数量	单价
Y	2019-01-23	RK01027	0801	胸针			采购入库单	赠品库	采购入库	100.00	3.00
小计										100.00	

图 6-246

（2）生成凭证。执行【存货核算/财务核算/生成凭证】命令，单击【选择】按钮，打开【查询条件】对话框，单击【确定】按钮。打开"未生成凭证单据一览表"窗口，单击【选择】栏，待生成凭证单据的【选择】栏出现【1】，单击【确定】按钮。返回"生成凭证"窗口，凭证类别选择"记账凭证"。单击【生成】按钮，生成一张记账凭证。单击【保存】按钮，如图 6-247 所示。

已生成						
记 字 0114		制单日期：2019.01.23	审核日期：		附单据数：	
摘要		科目名称			借方金额	贷方金额
采购入库单		库存商品			30000	
采购入库单		在途物资				30000
票号日期		数量单价		合计	30000	30000
备注	项目 个人 业务员		部门 客户			
记账		审核		出纳	制单 郝贤	

图 6-247

（二）销售商品、赠送赠品

1. 填制销售订单

（1）2019 年 1 月 24 日，销售部杨明在企业应用平台中执行【业务工作/供应链/销售管理/

销售订货/销售订单】命令，打开"销售订单"窗口，单击【增加】按钮。

（2）在表头中，修改订单编号为"XS01011"，选择销售类型为"正常销售"，客户名称为"上海福瑞"。在表体中，录入"拉贝衬衫"和"胸针"的合同信息，在"拉贝衬衫"一行输入数量为"100"，单价为"270"，在"胸针"一行输入数量为"100"，单价为"0"。

（3）在工具栏中，单击【保存】按钮，单击【审核】按钮，如图6-248所示。

图6-248

2. 参照销售订单生成销售专用发票

（1）2019年1月24日，销售部杨明在企业应用平台中执行【业务工作/供应链/销售管理/销售开票/销售专用发票】命令，打开"销售专用发票"窗口。单击工具栏中的【增加】按钮，系统弹出【查询条件选择-参照订单】对话框，单击【确定】按钮。打开"拷贝与执行"窗口，在窗口上方选择"XS01011"号销售订单，在窗口下方双击"胸针"行的【选择】栏，取消"胸针"行的选择，只选择"拉贝衬衫"行，如图6-249所示。单击【确定】按钮。

图6-249

（2）系统自动生成"销售发票"，修改发票号为"66660303"，选择仓库名称为"服装库"，如图6-250所示。单击【保存】按钮，单击【复核】按钮。在先开票后发货的销售业务处理中，复核发票后会自动生成已审核的发货单。

3. 参照发货单生成出库单

2019年1月24日，仓储部王娜【501】在企业应用平台中执行【业务工作/供应链/库存管理/出库业务/销售出库单】命令，打开"销售出库单"窗口。执行【生单/销售生单】命令，打开"查询条件-销售发货单列表"窗口，单击【确定】按钮。系统打开"销售生单"窗口，选择生成的发货单，单击【确定】按钮。系统自动生成销售出库单，修改出库单号为"CK01017"，如图6-251所示。单击工具栏中的【保存】按钮，再单击【审核】按钮。

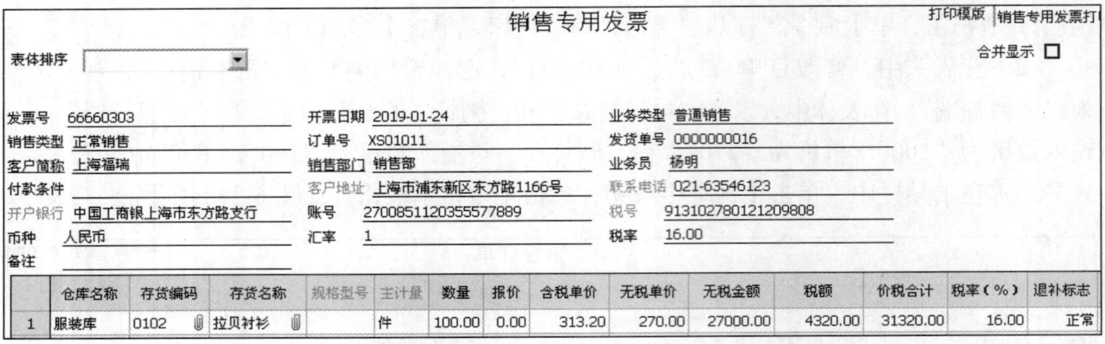

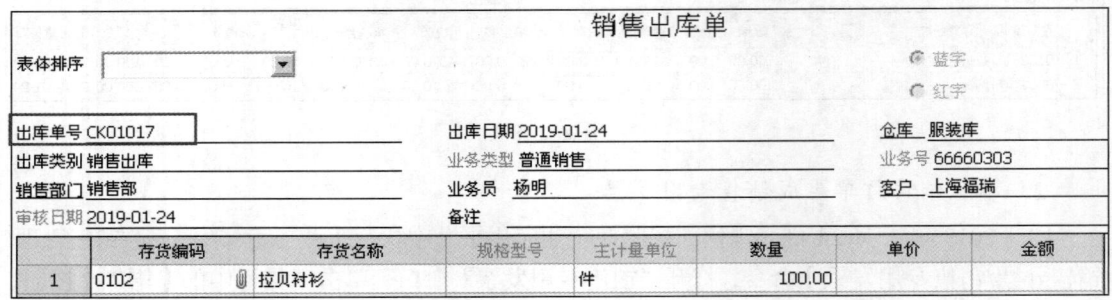

销售专用发票

打印模版 销售专用发票打印

表体排序

合并显示 □

发票号	66660303	开票日期	2019-01-24	业务类型	普通销售
销售类型	正常销售	订单号	XS01011	发货单号	0000000016
客户简称	上海福瑞	销售部门	销售部	业务员	杨明
付款条件		客户地址	上海市浦东新区东方路1166号	联系电话	021-63546123
开户银行	中国工商银上海市东方路支行	账号	2700851120355577889	税号	913102780121209808
币种	人民币	汇率	1	税率	16.00
备注					

	仓库名称	存货编码	存货名称	规格型号	主计量	数量	报价	含税单价	无税单价	无税金额	税额	价税合计	税率（%）	退补标志
1	服装库	0102	拉贝衬衫		件	100.00	0.00	313.20	270.00	27000.00	4320.00	31320.00	16.00	正常

图 6-250

销售出库单

表体排序

蓝字

红字

出库单号	CK01017	出库日期	2019-01-24	仓库	服装库
出库类别	销售出库	业务类型	普通销售	业务号	66660303
销售部门	销售部	业务员	杨明	客户	上海福瑞
审核日期	2019-01-24	备注			

	存货编码	存货名称	规格型号	主计量单位	数量	单价	金额
1	0102	拉贝衬衫		件	100.00		

图 6-251

4. 生成其他出库单

（1）2019 年 1 月 24 日，仓储部王娜【501】在企业应用平台中执行【业务工作/供应链/库存管理/出库业务/其他出库单】命令，打开“其他出库单”窗口。执行【生单/蓝字入库单】命令，打开“查询条件选择-蓝字入库单复制查询条件”窗口，单击【确定】按钮。

（2）系统打开蓝字入库单窗口，可以看到“RK01027”号采购入库单并未出现，修改右上角的页大小为“25”，单击“下翻”按钮，可以找到“RK01027”号入库单，选择“RK01027”号采购入库单，如图 6-252 所示，单击【确定】按钮。系统自动生成其他出库单，修改出库单号为“0000000001”，修改出库类型为“赠品出库”，如图 6-253 所示。单击工具栏中的【保存】按钮，再单击【审核】按钮。

其他出库单显示模版

显示表体 页大小 25

选中合计

选择	单据类型	单据号	单据日期	仓库编码	仓库	部门编码	部门	业务员	供应商简称	供应商名称
	采购入库单	RK01018	2019-01-11	01	服装库	3	采购部	梁燕	浙江骏达	浙江骏达...
	采购入库单	RK01022	2019-01-13	01	服装库	3	采购部	梁燕	浙江骏达	浙江骏达...
	采购入库单	RK01023	2019-01-13	02	配饰库	3	采购部	梁燕	浙江恒祥	浙江恒祥...
	采购入库单	RK01024	2019-01-13	01	服装库	3	采购部	梁燕	浙江恒祥	浙江恒祥...
	采购入库单	RK01025	2019-01-13	10	资产仓库	3	采购部	梁燕	达利汽车	达利汽车...
	采购入库单	RK01026	2019-01-13	01	服装库	3	采购部	梁燕	江苏拉贝	江苏拉贝...
Y	采购入库单	RK01027	2019-01-23	08	赠品库	3	采购部	梁燕	浙江优依	浙江优依...
	其他入库单	0000000001	2019-01-13	02	配饰库					
合计										

选中合计

选择	存货编码	存货名称	主计量单位	规格型号	库存单位	数量	换算率	件数	批号	生产日期	保质期	失效日期
Y	0801	胸针	个			100.00						
合计						100.00						

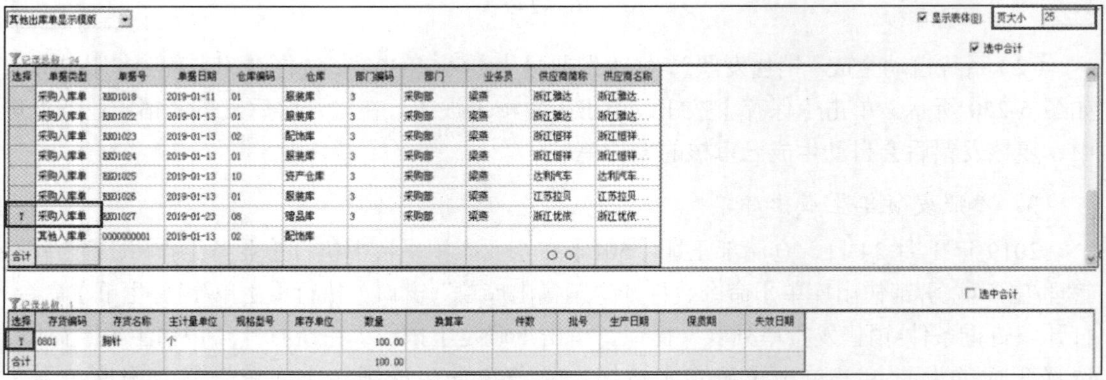

图 6-252

			其他出库单					
表体排序							● 蓝字	
							○ 红字	
出库单号 0000000001			出库日期 2019-01-24			仓库 赠品库		
出库类别 赠品出库			业务类型 其他出库			业务号		
部门 采购部			审核日期 2019-01-24			备注		
	存货编码	存货名称	规格型号	主计量单位	数量	单价	金额	
1	0801	胸针		个	100.00	3.00	300.00	

图 6-253

注意事项

① 在其他出库单生单参照蓝字入库单时，如果未找到所需的蓝字入库单，原因可能是页面大小限制，导致页面显示不完全，此时可以在页面右上角调整"页大小"或在【查询条件选择-蓝字入库单复制查询条件】的对话框中输入单据号，同时将"包含未审核单据"选择为【是】选项。

② 如果生成其他出库单后，其他出库单的出库单号不能修改，这是因为在"3.7.2 单据编号设置"时未设置其他出库单的单据编号为"完全手工编号"或"可手工改动"。

5. 审核销售发票并制单处理

（1）2019 年 1 月 24 日，财务会计【202】在企业应用平台中执行【业务工作/财务会计/应收款管理/应收款单据处理/应收款单据审核】命令，再单击【确定】按钮，打开"应收单据列表"窗口，单击工具栏中的【全选】按钮，如图 6-254 所示，然后单击【审核】按钮。

				应收单据列表							
选择	审核人	单据日期	单据类型	单据号	客户名称	部门	业务员	制单人	币种	汇率	原币金额
Y		2019-01-24	销售专...	86660303	上海福瑞百货有限公司	销售部	杨明	杨明	人民币	1.00000000	31,320.00
合计											31,320.00

图 6-254

（2）执行【应收款管理/制单处理】命令，弹出【制单查询】对话框，勾选"发票制单"复选框，单击【确定】按钮，打开"应收单据列表"窗口，单击选择需制单的记录，凭证类别选择"记账凭证"，单击【生成】按钮，系统生成记账凭证。单击【保存】按钮，如图 6-255 所示。

		记 账 凭 证			
已生成					
记 字 0115		制单日期：2019.01.24	审核日期：		附单据数：1
摘要		科目名称		借方金额	贷方金额
销售专用发票		应收账款/人民币		3132000	
销售专用发票		主营业务收入			2700000
销售专用发票		应交税费/应交增值税/销项税额			432000
票号 日期		数量 单价	部门 客户 上海福瑞	合计	3132000 3132000
备注	项 目 个 人 业务员 杨明				
记账		审核	出纳		制单 郝贤

图 6-255

6. 单据记账并生成凭证

（1）正常单据记账。2019年1月24日，财务会计【202】在企业应用平台中执行【业务工作/供应链/存货核算/业务核算/正常单据记账】命令，打开【查询条件选择】对话框，单击【确定】按钮。打开"正常单据记账列表"窗口，双击【选择】栏，如图6-256所示。单击工具栏中的【记账】按钮，将销售专用发票记账，系统提示【记账成功】。

选择	日期	单据号	存货编码	存货名称	规格型号	存货代码	单据类型	仓库名称	收发类别	数量	单价
Y	2019-01-24	66660303	0102	拉贝衬衫			专用发票	服装库	销售出库	100.00	
Y	2019-01-24	0000000001	0801	胸针			其他出库单	赠品库	赠品出库	100.00	3.00
小计										200.00	

图6-256

（2）生成凭证。执行【财务核算/生成凭证】命令，打开"生成凭证"窗口，单击【选择】按钮，打开【查询条件】对话框，单击【确定】按钮。系统打开"未生成凭证单据一览表"窗口，单击【选择】栏，如图6-257所示，单击工具栏中的【确定】按钮。返回"生成凭证"窗口，凭证类别选择"记账凭证"。单击工具栏中的【生成】按钮，生成两张记账凭证，依次单击【保存】【←】【保存】按钮，保存两张凭证，如图6-258和图6-259所示。

选择	记账日期	单据日期	单据类型	单据号	仓库	收发类别	记账人	部门	部门编码	业务单号	业务类型	计价方式	备注	摘要	供应商	客户
1	2019-01-24	2019-01-24	其他出库单	0000000001	赠品库	赠品出库	郝贤	采购部	3		其他出库	先进先出法		其他出库单		
	2019-01-24	2019-01-24	专用发票	66660303	服装库	销售出库	郝贤	销售部	4		普通销售	先进先出法		专用发票		上海福瑞百

图6-257

> **注意事项**
>
> 在"生成凭证"窗口中，其他出库单的"对方科目"直接出现"660106销售费用/赠品费用"的原因是在【存货核算/初始设置/科目设置/对方科目】页签中，设置收发类别"赠品出库"的对方科目为"660106销售费用/赠品费用"。如果未显示，可进行补充设置。如果是在"其他出库单"中未选择出库类别为"赠品出库"，可进行补充设置。此外，也可在"生成凭证"窗口，直接输入未出现的科目，再单击【生成】按钮。

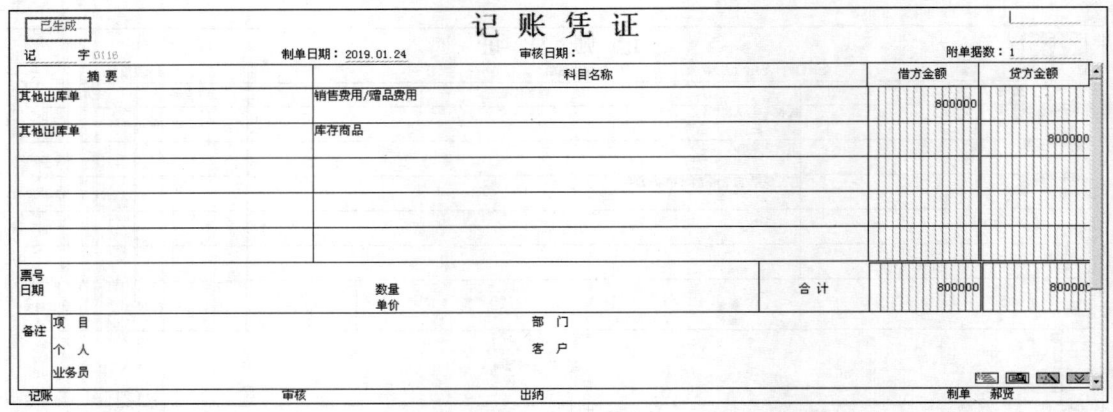

图6-258

已生成

记 账 凭 证

记 字 0117　　制单日期：2019.01.24　　审核日期：　　附单据数：1

摘 要	科目名称	借方金额	贷方金额
专用发票	主营业务成本	1800000	
专用发票	库存商品		1800000
票号 日期	数量 单价 合 计	1800000	1800000

备注　项 目　　部 门
　　　个 人　　客 户
　　　业务员

记账　审核　出纳　制单 郝贤

图 6-259

6.3.3 零售日报业务

零售日报不是原始的销售单据，是零售业务数据的日汇总，这种业务常见于商场、超市等零售企业。零售日报可以用来处理企业零散客户的销售业务，对于这部分客户，企业可以用一个公共客户代替，如零散客户，然后将零散客户的销售凭单先按日汇总，再录入零售日报进行管理。企业也可以将长期来往的零散客户录入到客户档案中，在录入零售日报时，直接选择该客户名称。U8 与“零售管理”集成使用时，可以将直营门店的零售数据、收款数据上传到“销售管理”，生成零售日报，并自动现结、自动生成销售出库单。

【业务内容】

2019 年 1 月 24 日，销售部杨明交来当日营业部（客户统一名称：零散客户）零售货款。取得与该业务相关的凭证，如图 6-260 至图 6-263 所示。业务操作流程及分工如表 6-20 所示。

浙江增值税普通发票

3300181140　　此联不作报销、扣税凭证使用　　No 66660304

开票日期：2019 年 1 月 24 日

购买方　名　　称：零散客户
纳税人识别号：
地 址、电 话：
开户行及账号：
密码区

货物或应税劳务、服务名称	规格型号	单位	数量	单价	金 额	税 率	税额
拉贝风衣		件	10	405	4050	16%	648
拉贝衬衫		件	10	270	2700	16%	432
拉贝棉衣		件	20	450	9000	16%	1440
雅达西裤		条	60	270	16200	16%	2592
雅达休闲裤		条	30	200	6000	16%	960
恒祥针织手套		双	50	120	6000	16%	960
恒祥针织帽		个	20	150	3000	16%	480
恒祥针织围巾		条	50	180	9000	16%	1440
合计					￥55 950.00		￥8 952.00

价税合计（大写）　⊗陆万肆仟玖佰零贰元整　　（小写）￥64 902.00

销售方　名　　称：浙江华盛商贸有限公司
纳税人识别号：91330105571115556 8
地 址、电 话：浙江省杭州市滨江区滨和路 9588 号 0571-81998599
开户行及账号：中国工商银行杭州滨江支行 2300316600055011598
备注　浙江华盛商贸有限公司 913301055711155568 发票专用章

收款人：略　　复核：略　　开票人：略　　销货单位：（章）

第三联：发票联　购买方记账凭证

图 6-260

出 库 单
2019 年 1 月 24 日　　　　　　　　单号：CK01018

客户：零散客户

验收仓库	存货编码	存货名称	单位	数量		单价	金额
				应发	实发		
服装库	0101	拉贝风衣	件	10	10		
服装库	0102	拉贝衬衫	件	10	10		
服装库	0103	拉贝棉衣	件	20	20		
服装库	0104	雅达西裤	条	60	60		
服装库	0105	雅达休闲裤	条	30	30		
		合计					

部门经理：略　　　会计：略　　　仓库：略　　　经办人：略

图 6-261

出 库 单
2019 年 1 月 24 日　　　　　　　　单号：CK01019

客户：零散客户

验收仓库	存货编码	存货名称	单位	数量		单价	金额
				应发	实发		
配饰库	0201	恒祥针织手套	双	50	50		
配饰库	0202	恒祥针织帽	个	20	20		
配饰库	0203	恒祥针织围巾	条	50	50		
		合计					

部门经理：略　　　会计：略　　　仓库：略　　　经办人：略

图 6-262

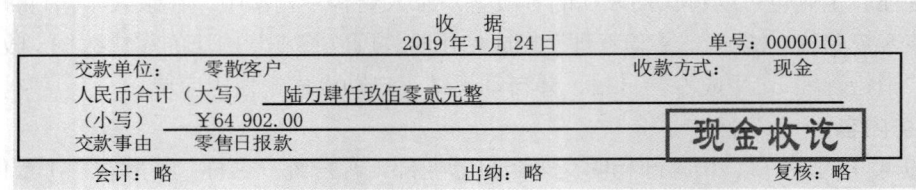

图 6-263

【业务操作流程和岗位工作】

表 6-20　业务操作流程与岗位工作

操作日期	操作员	操作系统	操作流程
2019-01-24	销售员【401】	销售管理	（1）填制零售日报并现结处理
2019-01-24	仓管员【501】	库存管理	（2）参照发货单批量生成出库单
2019-01-24	财务会计【202】	应收款管理	（3）审核零售日报并制单处理
		存货核算	（4）单据记账并生成凭证

【操作指导】

1. 填制零售日报

（1）填制零售日报。2019 年 1 月 24 日，销售部杨明【401】在企业应用平台中执行【业务工作/供应链/销售管理/零售日报/零售日报】命令，打开"零售日报"窗口。单击【增加】按钮，按照零售日报录入相关信息，单击工具栏中的【保存】按钮。

（2）现结、复核。单击工具栏中的【现结】按钮，打开【现结】对话框。根据收据填写相关信息，结算方式选择"现金"，原币金额输入"64902"，票据号为"00000101"，其他项默认，输入完成后，单击【确定】按钮。返回"零售日报"窗口，单击工具栏中的【复核】按钮，如图 6-264 所示。零售日报复核后自动生成已审核的发货单。

图 6-264

2. 参照销售发货单批量生成出库单

（1）2019年1月24日，仓储部王娜【501】在企业应用平台中执行【业务工作/供应链/库存管理/出库业务/销售出库单】命令，打开"销售出库单"窗口。执行【生单/销售生单（批量）】命令，打开【查询条件选择-销售发货单列表】对话框，单击【确定】按钮。

（2）系统打开"销售生单"窗口，双击【选择】栏，选择上一步生成的"发货单"，如图6-265所示，单击【确定】按钮，系统自动生成销售出库单。

图 6-265

（3）单击工具栏中的【修改】按钮，将"服装库"的出库单号修改为"CK01018"，保存并审核该出库单。同理，单击工具栏中的【←】按钮，单击【修改】按钮，将"配饰库"的出库单号修改为"CK01019"，保存并审核该出库单，如图6-266所示。

图 6-266

3. 审核零售日报并制单处理

2019 年 1 月 24 日，财务会计【202】在企业应用平台中执行【业务工作/财务会计/应收款管理/应收款单据处理/应收单据审核】命令，系统打开“应收单查询条件”窗口，勾选“包含已现结发票”复选框，单击【确定】按钮。系统打开零售日报的应收单据列表窗口，双击零售日报【选择】栏右侧的任意单元格，打开“零售日报”窗口，单击工具栏中的【审核】按钮，系统提示【是否立即制单？】，单击【是】按钮，系统自动生成记账凭证。单击工具栏中的【保存】按钮，如图 6-267 所示。

已生成

记 账 凭 证

记 字 0118 制单日期：2019.01.24 审核日期： 附单据数：1

摘要	科目名称	借方金额	贷方金额
现结	银行存款/工行存款（人民币）	6490200	
现结	主营业务收入		5595000
现结	应交税费/应交增值税/销项税额		895200
票号 401 - 00000101 日期 2019.01.24	数量 单价 合 计	6490200	6490200

备注 项 目 部 门

个 人 客 户

业务员

记账 审核 出纳 制单 郝贤

图 6-267

4. 单据记账并生成凭证

（1）正常单据记账。2019 年 1 月 24 日，财务会计【202】在企业应用平台中执行【业务工作/供应链/存货核算/业务核算/正常单据记账】命令，打开【查询条件选择】对话框，单击【确定】按钮。打开“正常单据记账列表”窗口，单击【全选】按钮，如图 6-268 所示。单击工具栏中的【记账】按钮，将销售专用发票记账，系统提示【记账成功】。

正常单据记账列表

记录总数：8

选择	日期	单据号	存货编码	存货名称	规格型号	存货代码	单据类型	仓库名称	收发类别	数量	单价
Y	2019-01-24	66660304	0101	拉贝风衣			销售日报	服装库	销售出库	10.00	
Y	2019-01-24	66660304	0102	拉贝衬衫			销售日报	服装库	销售出库	10.00	
Y	2019-01-24	66660304	0103	拉贝棉衣			销售日报	服装库	销售出库	20.00	
Y	2019-01-24	66660304	0104	雅达西裤			销售日报	服装库	销售出库	60.00	
Y	2019-01-24	66660304	0105	雅达休闲裤			销售日报	服装库	销售出库	30.00	
Y	2019-01-24	66660304	0201	恒祥针织手套			销售日报	配饰库	销售出库	50.00	
Y	2019-01-24	66660304	0202	恒祥针织帽			销售日报	配饰库	销售出库	20.00	
Y	2019-01-24	66660304	0203	恒祥针织围巾			销售日报	配饰库	销售出库	50.00	
小计										250.00	

图 6-268

（2）生成凭证。执行【财务核算/生成凭证】命令，打开“生成凭证”窗口，单击【选择】按钮，打开【查询条件】对话框，单击【确定】按钮。系统打开“未生成凭证单据一览表”窗口，单击【选择】栏，选中待生成凭证的单据，如图 6-269 所示，单击工具栏中的【确定】按钮。返回“生成凭证”窗口，凭证类别选择“记账凭证”。单击工具栏中的【生成】按钮，生成一张记账凭证，单击工具栏中的【保存】按钮，保存该凭证，如图 6-270 所示。

□ 已结算采购入库单自动选择全部结算单上单据（包括入库单、发票、付款单），非本月采购入库单按蓝字报销单制单

未生成凭证单据一览表

选择	记账日期	单据日期	单据类型	单据号	仓库	收发类别	记账人	部门	部门编码	业务单号	业务类型	计价方式	备注	摘要	供应商	客户
1	2019-01-24	2019-01-24	销售日报	66660304	服装库	销售出库	郝贤	销售部	4		普通销售	先进先出法		销售日报		零散客户
1	2019-01-24	2019-01-24	销售日报	66660304	配饰库	销售出库	郝贤	销售部	4		普通销售	先进先出法		销售日报		零散客户

图 6-269

图 6-270

6.3.4 外币销售业务

【业务内容】

2019 年 1 月 24 日，销售部杨明与北京达来商贸有限公司签订购销合同，已开具增值税专用发票，货已发出（出库单号为 CK01020，图略），当日美元汇率为 1：6.5，不考虑出口退税。取得与该业务相关的凭证，如图 6-271 和图 6-272 所示。业务操作流程及分工如表 6-21 所示。

图 6-271

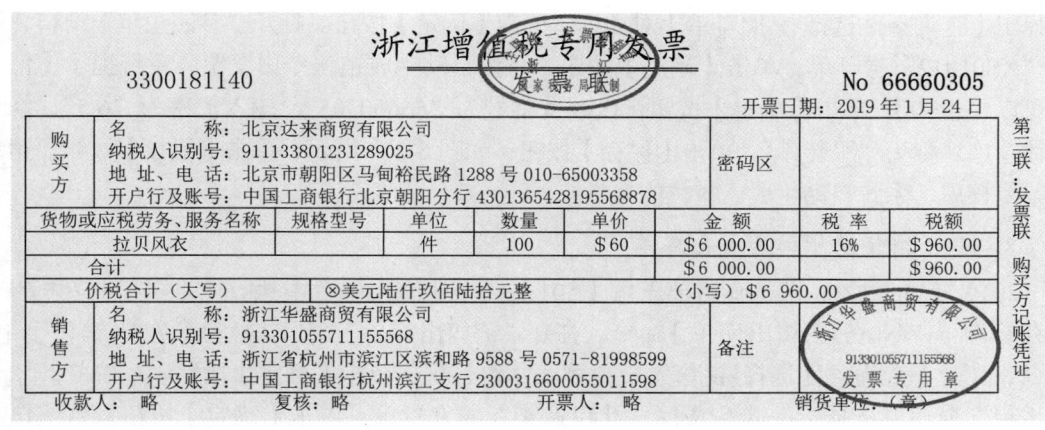

图 6-272

【业务操作流程和岗位工作】

表 6-21　业务操作流程与岗位工作

操作日期	操作员	操作系统	操作流程
2019-01-24	销售员【401】	销售管理	（1）填制销售订单 （2）参照销售订单生成销售专用发票
2019-01-24	仓管员【501】	库存管理	（3）参照发货单生成出库单
2019-01-24	财务会计【202】	应收款管理	（4）审核销售发票并制单处理
		存货核算	（5）单据记账并生成凭证

【操作指导】

1. 填制销售订单

（1）2019年1月24日，销售部杨明【401】在企业应用平台中执行【业务工作/供应链/销售管理/销售订货/销售订单】命令，打开"销售订单"窗口，单击【增加】按钮。

（2）在表头中，修改订单号为"XS01012"，选择销售类型为"正常销售"，客户为"北京达来"，选择币种为"美元"，汇率为"6.5"。在表体中，选择存货为"拉贝风衣"，数量为"100"，单价为"60"，预发货日期为当日。

（3）单击工具栏中的【保存】按钮，再单击【审核】按钮，如图6-273所示。

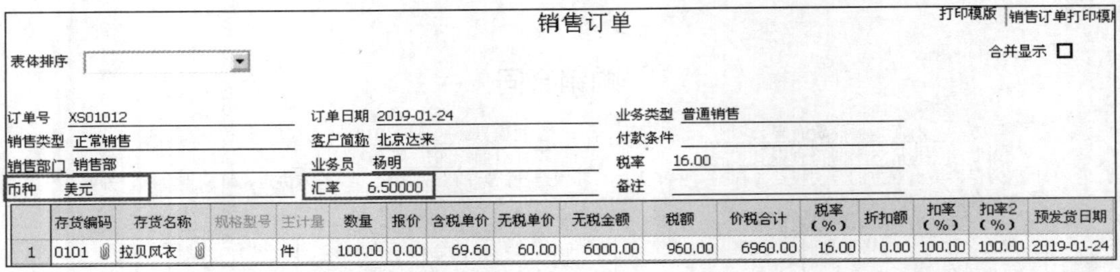

图 6-273

2. 参照销售订单生成销售专用发票

2019年1月24日，销售部杨明【401】在企业应用平台中执行【业务工作/供应链/销售管理/销售开票/销售专用发票】命令，打开"销售专用发票"窗口，单击【增加】按钮。系统弹出【查询条件选择-参照订单】对话框，单击【确定】按钮。打开"参照生单"窗口，选择"XS01012"号订单，单击【确定】按钮。系统自动生成销售专用发票，系统提示【汇率不可以小于0】，单击【确定】按钮，修改发票号为"66660305"，输入汇率为"6.5"，修改表体仓库名称为"服装库"，单击【保存】按钮，如图6-274所示，单击【复核】按钮。销售发票复核后，系统自动生成已审核的发货单。

3. 参照销售发货单生成出库单

2019年1月24日，仓储部王娜【501】在企业应用平台中执行【业务工作/供应链/库存管理/出库业务/销售出库单】命令，打开"销售出库单"窗口。执行【生单/销售生单】命令，打开【查询条件选择-销售发货单列表】对话框，单击【确定】按钮。系统打开"销售生单"窗口，选择上一步生成的"北京达来"的发货单，单击【确定】按钮。系统自动生成销售出库单，修改出库单号为"CK01020"，如图6-275所示。单击工具栏中的【保存】按钮，再单击【审核】按钮。

图 6-274

图 6-275

4．审核销售发票并制单处理

（1）2019 年 1 月 24 日，财务会计【202】在企业应用平台中执行【业务工作/财务会计/应收款管理/应收款单据处理/应收单据审核】命令，系统弹出【应收单查询条件】对话框，单击【确定】按钮。打开"应收单据列表"窗口，双击待审核单据的【选择】栏，如图 6-276 所示，单击【审核】按钮。

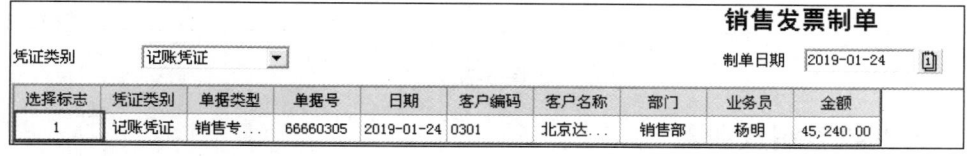

图 6-276

（2）执行【应收款管理/制单处理】命令，弹出【制单查询】对话框，勾选"发票制单"复选框，单击【确定】按钮，单击表体行选择需制单的记录，如图 6-277 所示。凭证类别选择"记账凭证"，单击工具栏中的【制单】按钮，系统生成记账凭证。单击【保存】按钮，如图 6-278 所示。

图 6-277

5．单据记账并生成凭证

（1）正常单据记账。2019 年 1 月 24 日，财务会计【202】在企业应用平台中执行【业务工作/供应链/存货核算/业务核算/正常单据记账】命令,打开【查询条件选择】对话框,单击【确定】按钮,打开"正常单据记账列表"窗口,单击【全选】按钮,如图 6-279 所示。单击工具栏中的【记账】按钮,将销售专用发票记账,系统提示【记账成功】。

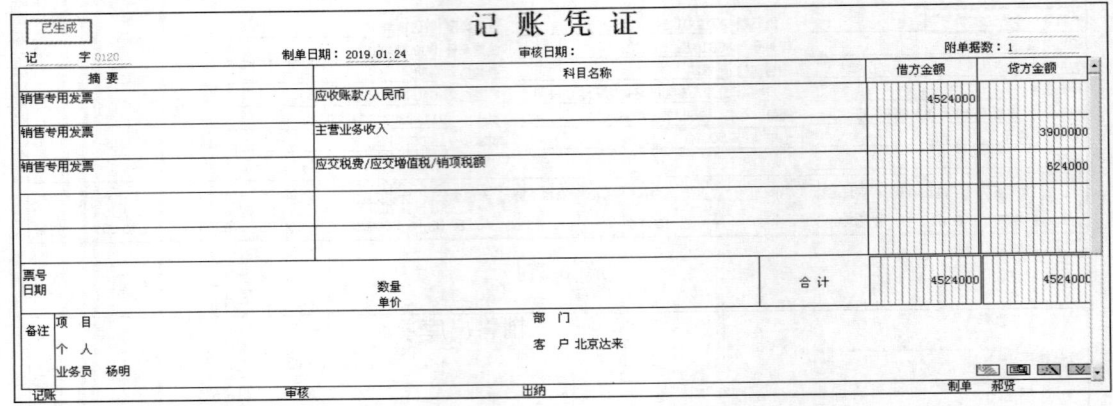

图 6-278

图 6-279

(2)生成凭证。执行【财务核算/生成凭证】命令,打开"生成凭证"窗口,单击【选择】按钮,打开【查询条件】对话框,单击【确定】按钮。系统打开"未生成凭证单据一览表"窗口,单击【选择】栏,选中待生成凭证的单据,单击工具栏中的【确定】按钮。返回"生成凭证"窗口,凭证类别选择"记账凭证"。单击工具栏中的【生成】按钮,生成一张记账凭证,单击工具栏中的【保存】按钮,保存该凭证,如图 6-280 所示。

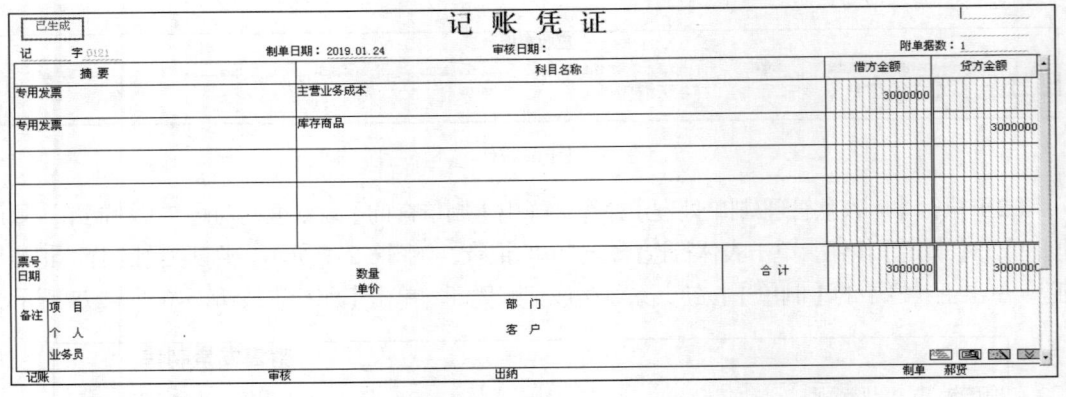

图 6-280

6.3.5 分期收款销售业务

【业务内容】

2019 年 1 月 24 日,销售部杨明与浙江伟伦超市有限公司签订分期收款的销售合同,当日发出全部货物。2019 年 1 月 25 日,收到浙江伟伦支付的第一期货款(现结),并开具销售专用发票。取得与该业务相关的凭证，如图 6-281 至图 6-284 所示。业务操作流程及分工如表 6-22 所示。

购销合同

卖方：浙江华盛商贸有限公司　　　合同编号：XS01013
买方：浙江伟伦超市有限公司　　　签订日期：2019 年 01 月 24 日

为保护买卖双方的合法权益，根据《中华人民共和国合同法》的有关规定，经双方协定，订立本合同，并共同遵守合同约定：

一、货物的名称、数量及金额：

货物名称	规格型号	单位	数量	单价（不含税）	金额（不含税）	税率	税额
恒祥针织帽		件	300	150	45 000.00	16%	7 200.00
合计					¥45 000.00		¥7 200.00

合同总金额（大写）：人民币伍万贰仟贰佰元整（¥52 200.00）

二、签订合同当日，卖方交付全部货物。自本月起，每月 25 日买方支付货款，分三期支付，逾期未付，视为买方违约。至付清所有合同款项前，卖方按买方未付款项与合同总价款的比例保留对合同标的物的所有权。

三、交货地点：浙江伟伦超市有限公司

四、发货方式与运输费用承担方式：由卖方发货，运输费用由买方承担。

图 6-281

出库单

客户：浙江伟伦　　　2019 年 1 月 24 日　　　单号：CK01021

验收仓库	存货编码	存货名称	单位	应发	实发	单价	金额
配饰库	0202	恒祥针织帽	件	300	300		
合计							

部门经理：略　　会计：略　　仓库：略　　经办人：略

图 6-282

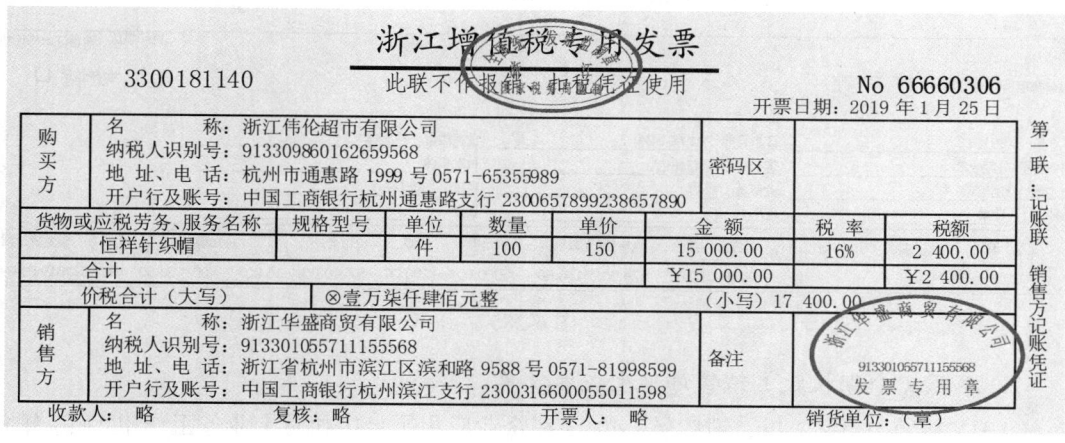

图 6-283

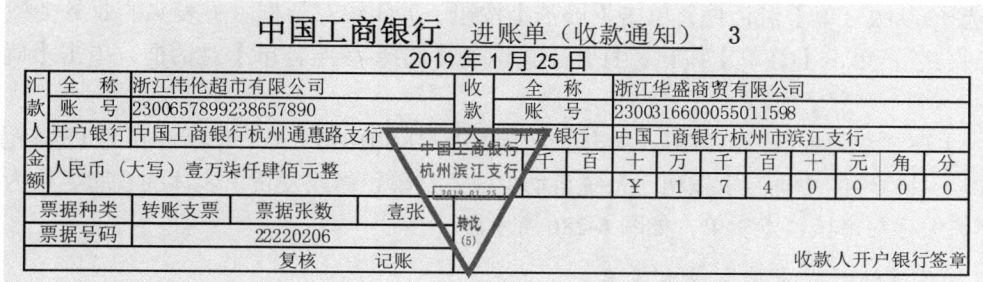

图 6-284

【业务操作流程和岗位工作】

表 6-22 业务操作流程与岗位工作

操作日期	操作员	操作系统	操作流程
2019-01-24	销售员【401】	销售管理	（1）填制（分期收款）销售订单 （2）参照（分期收款）销售订单生成发货单
2019-01-24	仓管员【501】	库存管理	（3）参照发货单生成销售出库单
2019-01-24	财务会计【202】	存货核算	（4）发出商品记账并生成凭证
2019-01-25	销售员【401】	销售管理	（5）参照发货单生成销售专用发票并现结处理
2019-01-25	财务会计【202】	应收款管理	（6）审核销售发票并制单处理
		存货核算	（7）发出商品记账并生成凭证

【操作指导】

1. 填制（分期收款）销售订单

（1）2019年1月24日，销售部杨明【401】在企业应用平台中执行【业务工作/供应链/销售管理/销售订货/销售订单】命令，打开"销售订单"窗口，单击【增加】按钮。

（2）在表头中，修改订单号为"XS01013"，将业务类型修改为"分期收款"，销售类型也修改为"分期收款"，选择客户为"浙江伟伦"。

（3）在表体中，选择存货为"恒祥针织帽"，数量为"300"，单价为"150"，预发货日期为当日。

（4）单击工具栏中的【保存】按钮，并单击【审核】按钮，结果如图6-285所示。

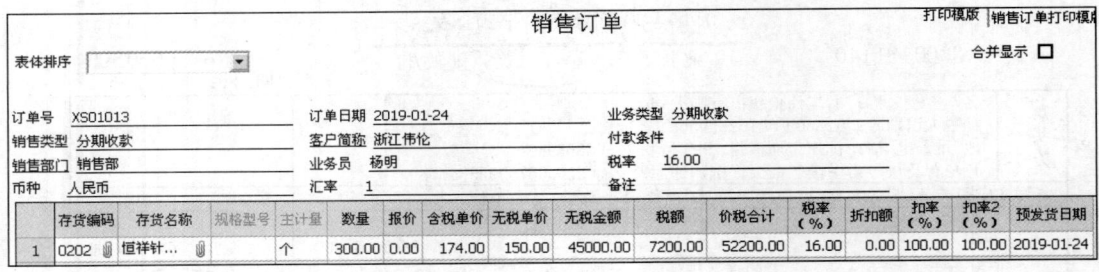

图 6-285

2. 参照（分期收款）销售订单生成发货单

（1）2019年1月24日，销售员【401】在企业应用平台中执行【业务工作/供应链/销售管理/销售发货/发货单】命令，打开"发货单"窗口。单击【增加】按钮，系统弹出【查询条件选择-参照订单】对话框，单击【取消】按钮。关闭该对话框。将表头的业务类型改为"分期收款"，单击【订单】按钮，打开【查询条件选择-参照订单】对话框，单击【确定】按钮。

（2）在"参照生单"窗口中，双击上方窗体中"XS01013"号订单所在行的【选择】栏，再单击工具栏中的【确定】按钮，系统自动生成发货单，修改发货单表体的仓库名称为"配饰库"。保存并审核该发货单，如图6-286所示。

3. 参照销售发货单生成出库单

（1）2019年1月24日，仓储部王娜【501】在企业应用平台中执行【业务工作/供应链/

库存管理/出库业务/销售出库单】命令，打开“销售出库单”窗口。执行【生单/销售生单】命令，打开【查询条件选择-销售发货单列表】对话框，单击【确定】按钮。

发货单

打印模版 发货单打印模版

表体排序

合并显示 □

发货单号 0000000020　　发货日期 2019-01-24　　业务类型 分期收款

销售类型 分期收款　　订单号 XS01013　　发票号

客户简称 浙江伟伦　　销售部门 销售部　　业务员 杨明

发货地址　　发运方式　　付款条件

税率 16.00　　币种 人民币　　汇率 1

备注

	仓库名称	存货编码	存货名称	规格型号	主计量	数量	报价	含税单价	无税单价	无税金额	税额	价税合计	税率（%）
1	配饰库	0202	恒祥针…		个	300.00	0.00	174.00	150.00	45000.00	7200.00	52200.00	16.00

图 6-286

（2）打开“销售生单”窗口，双击上一步完成的发货单的【选择】栏，【选择】栏出现【Y】，单击【确定】按钮，系统自动生成销售出库单。修改出库单号为“CK01021”，其他项默认。存并审核该出库单，如图 6-287 所示。

销售出库单

表体排序

◉ 蓝字

○ 红字

出库单号 CK01021　　出库日期 2019-01-24　　仓库 配饰库

出库类别 销售出库　　业务类型 分期收款　　业务号 0000000020

销售部门 销售部　　业务员 杨明　　客户 浙江伟伦

审核日期 2019-01-24　　备注

	存货编码	存货名称	规格型号	主计量单位	数量	单价	金额
1	0202	恒祥针织帽		个	300.00		

图 6-287

4. 发出商品记账并生成凭证

（1）发出商品记账。2019 年 1 月 24 日，财务会计【202】在企业应用平台中执行【业务工作/供应链/存货核算/业务核算/发出商品记账】命令，打开【查询条件选择】对话框，单击【确定】按钮。打开“发出商品记账”窗口，双击“1 月 24 日恒祥针织帽”发货单的【选择】栏，如图 6-288 所示。单击工具栏中的【记账】按钮，系统弹出提示【记账成功】。

发出商品记账

记录总数：1

选择	日期	单据号	仓库名称	收发类别	存货编码	存货代码	存货名称	规格型号	单据类型	计量单位	数量
Y	2019-01-24	0000000020	配饰库	销售出库	0202		恒祥针织帽		发货单	个	300.00
小计											300.00

图 6-288

（2）生成凭证。执行【财务核算/生成凭证】命令，打开“生成凭证”窗口，单击【选择】按钮，打开【查询条件】对话框，单击【确定】按钮。打开“未生成单据凭证一览表”窗口，单击【选择】栏，选择待生成凭证的单据，单击工具栏中的【确定】按钮，返回“生成凭证”窗口，凭证类别选择“记账凭证”。单击工具栏中的【生成】按钮，生成一张记账凭证，单击工具栏中的【保存】按钮，保存此凭证，如图 6-289 所示。

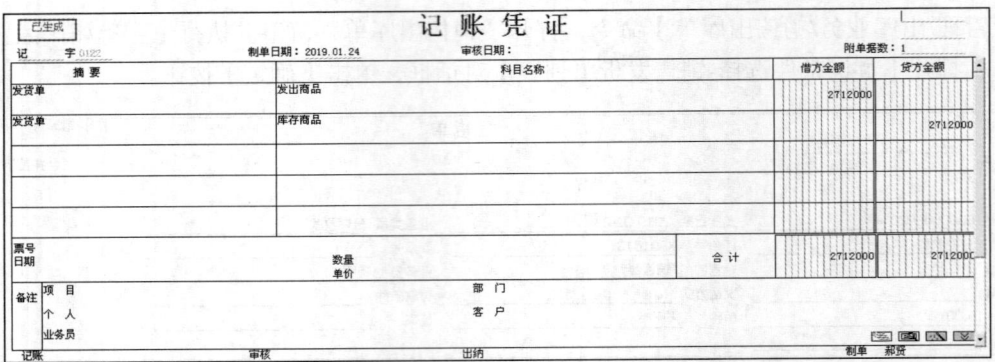

图 6-289

> **注意事项**
> 如果在"生成凭证"窗口中,借方科目"发出商品"未显示,原因是在【存货核算/初始设置/科目设置/存货科目】页签中,未设置"分期收款发出商品科目",可以进行补充设置,也可以在"生成凭证"窗口中,直接输入借方科目"1406 发出商品"。

5. **参照发货单生成销售专用发票**

(1)生成销售专用发票。2019年1月25日,销售部杨明【401】在企业应用平台中执行【业务工作/供应链/销售管理/销售开票/销售专用发票】命令,打开"销售专用发票"窗口。单击【增加】按钮,系统弹出【查询条件选择-参照订单】对话框,单击【取消】按钮,关闭该窗口。

(2)将表头项目中的"业务类型"修改为"分期收款",执行【生单/参照发货单】命令,打开【查询条件选择-发票参照发货单】对话框,单击【确定】按钮。系统打开"参照生单"窗口,双击1月25日浙江伟伦发货单的【选择】栏,【选择】栏出现【Y】。然后单击工具栏中的【确定】按钮,系统自动生成销售专用发票,修改发票号为"66660306",将表体数量由300改为100,其他项默认,单击【保存】按钮。

(3)现结、复核。单击工具栏中的【现结】按钮,打开【现结】对话框,根据收账通知录入结算方式为"转账支票",原币金额为"17400",票据号为"22220206",其他项默认。单击【确定】按钮,完成现结并返回发票窗口,发票显示"已现结"。单击【复核】按钮,复核该发票,关闭该窗口,如图6-290所示。

图 6-290

6. **审核销售发票并制单处理**

2019年1月25日,财务会计【202】在企业应用平台中执行【业务工作/财务会计/应收款管理/应收款单据处理/应收单据审核】命令，系统弹出【应收单查询条件】对话框，单击【确定】按钮。打开“应收单据列表”窗口，双击“66660306”号发票【选择】栏右侧的任意单元格，打开“销售发票”窗口，单击【审核】按钮，系统提示【是否立即制单？】，单击【是】按钮，系统自动生成相关凭证，单击工具栏中的【保存】，如图 6-291 所示。关闭该窗口。

已生成

记账凭证

记 字 0123　　制单日期：2019.01.25　　审核日期：　　附单据数：1

摘要	科目名称	借方金额	贷方金额
现结	银行存款/工行存款（人民币）	1740000	
现结	主营业务收入		1500000
现结	应交税费/应交增值税/销项税额		240000
票号 202 - 22220206 日期 2019.01.25	数量 单价　　合 计	1740000	1740000

备注　项 目　　部 门
　　　个 人　　客 户
　　　业务员

记账　审核　出纳　制单 郝贤

图 6-291

7. 发出商品记账并生成凭证

（1）发出商品记账。2019 年 1 月 25 日，财务会计【202】在企业应用平台中执行【业务工作/供应链/存货核算/业务核算/发出商品记账】命令，打开【查询条件选择】对话框，单击【确定】按钮。打开“发出商品记账”窗口，单击【全选】按钮，选中 66660306 号发票，如图 6-292 所示。单击【记账】按钮，将销售专用发票记账，系统提示【记账成功】。

发出商品记账

记录总数：1

选择	日期	单据号	仓库名称	收发类别	存货编码	存货代码	存货名称	规格型号	单据类型	计量单位	数量
Y	2019-01-25	66660306	配饰库	销售出库	0202		恒祥针织帽		专用发票	个	100.00
小计											100.00

图 6-292

（2）生成凭证。执行【财务核算/生成凭证】命令，打开“生成凭证”窗口，单击【选择】按钮，打开【查询条件】对话框，单击【确定】按钮。打开“未生成单据凭证一览表”窗口，单击【选择】栏，选中 66660306 号发票，单击【确定】按钮。返回“生成凭证”窗口，凭证类别选择“记账凭证”。单击【生成】按钮，生成一张记账凭证，单击【保存】按钮，如图 6-293 所示。

已生成

记账凭证

记 字 0124　　制单日期：2019.01.25　　审核日期：　　附单据数：1

摘要	科目名称	借方金额	贷方金额
专用发票	主营业务成本	904000	
专用发票	发出商品		904000
票号 日期	数量 单价　　合 计	904000	904000

备注　项 目　　部 门
　　　个 人　　客 户
　　　业务员

记账　审核　出纳　制单 郝贤

图 6-293

6.3.6 有销售定金的销售业务

【业务内容】

2019年1月25日，销售部杨明与浙江丰韵商贸有限公司签订销售合同，当日收取25%的销售定金。2019年1月26日，发出浙江丰韵商贸有限公司的雅达西裤并同时开票（出库单号为 CK01022，发票号为 66660307，图略），收回余款。取得与该业务相关的单据，如图6-294至图6-296所示。业务操作流程及分工如表6-23所示。

购销合同

卖方：浙江华盛商贸有限公司　　合同编号：XS01014
买方：浙江丰韵商贸有限公司　　签订日期：2019年01月25日

为保护买卖双方的合法权益，根据《中华人民共和国合同法》的有关规定，经双方协定，订立本合同，并共同遵守合同约定：

一、货物的名称、数量及金额：

货物名称	规格型号	单位	数量	单价（不含税）	金额（不含税）	税率	税额
雅达西裤		件	100	270	27 000.00	16%	4 320.00
合计					￥27 000.00		￥4 320.00

合同总金额（大写）：人民币叁万壹仟叁佰贰拾元整（￥31 320.00）

二、签订合同当日，买方支付25%销售定金，卖方于2019年1月26日交付货物并开具增值税专用发票，卖方以电汇方式支付全部货款。
三、交货地点：浙江华盛商贸有限公司。
四、发货方式与运输费用承担方式：由卖方发货，运输费用由买方承担。

图 6-294

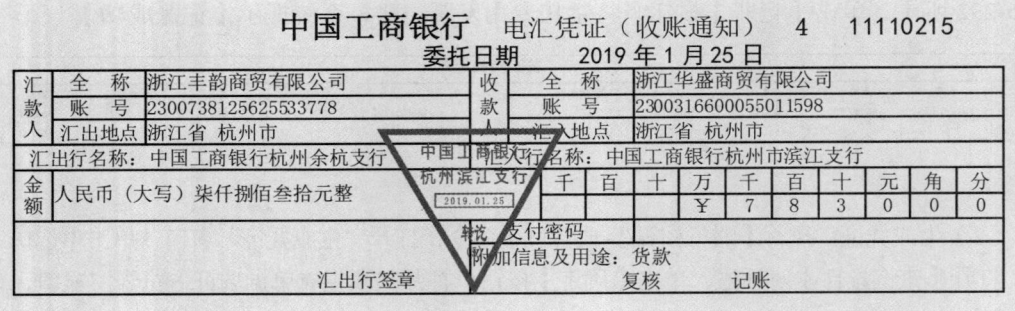

图 6-295

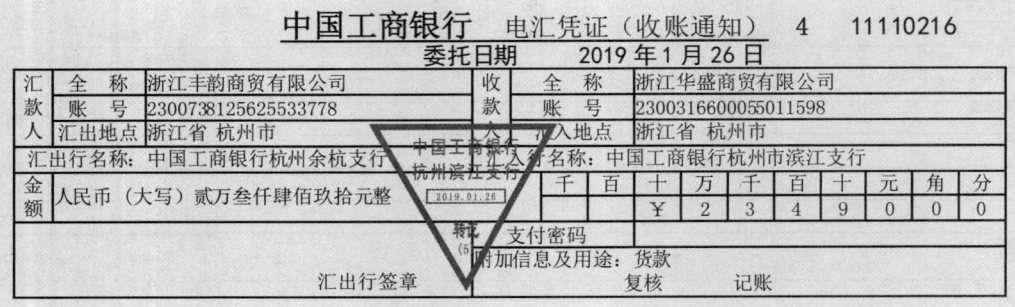

图 6-296

【业务操作流程和岗位工作】

表 6-23　业务操作流程与岗位工作

操作日期	操作员	操作系统	操作流程
2019-01-25	账套主管【101】	基础设置	（1）修改销售订单单据格式
2019-01-25	销售员【401】	销售管理	（2）填制销售订单（销售定金）
2019-01-25	出纳【203】	应收款管理	（3）参照销售订单生成"销售定金"的收款单
2019-01-25	财务会计【202】	应收款管理	（4）审核收款单并制单处理
2019-01-26	销售员【401】	销售管理	（5）审核销售订单 （6）参照销售订单生成发货单
2019-01-26	仓管员【501】	库存管理	（7）参照发货单生成出库单
2019-01-26	销售员【401】	销售管理	（8）参照发货单生成销售专用发票
2019-01-26	财务会计【202】	应收款管理	（9）审核销售发票并制单处理
2019-01-26	出纳【203】	应收款管理	（10）定金转货款，生成款项类型为"应收款"的收款单
2019-01-26	财务会计【202】	应收款管理	（11）审核收款单，核销，合并制单
		存货核算	（12）单据记账并生成凭证
2019-01-26	出纳【203】	应收款管理	（13）选择收款（余款）
2019-01-26	财务会计【202】	应收款管理	（14）合并制单

【操作指导】

1. 修改销售订单单据格式

账套主管【101】在企业应用平台执行【基础设置/单据设置/单据格式设置】命令，打开"单据格式设置"窗口，执行【销售管理/销售订单/显示/销售订单显示模板】命令，然后单击工具栏中的【表头项目】按钮，打开【表头】对话框，勾选"必有定金""定金比例""定金原币金额""定金本币金额""定金累计实收本币金额""定金累计实收原币金额"复选框，单击【确定】按钮。依次移动排列模版中的表体、表头中的各项目（具体参照下方订单样式），单击【保存】按钮。

2. 填制销售订单

（1）2019 年 1 月 25 日，销售部杨明【401】在企业应用平台中执行【业务工作/供应链/销售管理/销售订货/销售订单】命令，打开"销售订单"窗口，单击【增加】按钮。

（2）在表头中，修改订单编号为"XS01014"，选择销售类型为"正常销售"，选择供应商为"浙江丰韵商贸有限公司"。必有定金选择"是"，定金比例为"25"，定金原币金额为"7830"。

（3）在表体中，选择存货为"0104 雅达西裤"，输入数量为"100"，单价为"270"，修改到货日期为"2019-01-26"，其他信息由系统自动弹出。

（4）单击工具栏中的【保存】按钮（暂不审核），如图 6-297 所示。

图 6-297

3. 参照销售订单生成"销售定金"的收款单

（1）2019年1月25日，财务部梅丽【203】在企业应用平台中执行【业务工作/财务会计/应收款管理/收款单据处理/收款单据录入】命令，打开"收款单"窗口。

（2）执行【增加/销售定金】命令，如图6-298所示，系统弹出【查询条件选择-参照订单】对话框，单击【确定】按钮。打开"拷贝并执行"窗口，双击最左侧的【选择】栏，选中XS01014号销售订单，如图6-299所示。单击【确定】按钮，系统生成收款单。

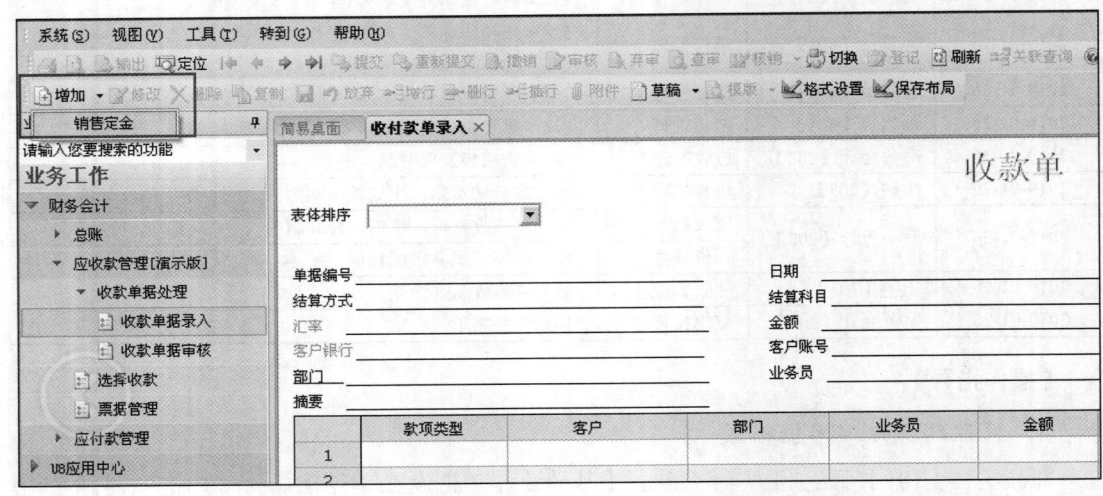

图 6-298

图 6-299

（3）补充收款单表头项目的结算方式为"电汇"，票据号为"11110215"，单击工具栏中的【保存】按钮，结果如图6-300所示。

图 6-300

4. 审核收款单并制单处理

2019年1月25日，财务会计郝贤【202】在企业应用平台中执行【业务工作】/【财务会计/应收款管理/收款单据处理/收款单据审核】命令，打开【收款单查询条件】对话框，单击【确定】按钮。系统弹出"收付款单列表"窗口，双击浙江丰韵那一行的【选择】栏右侧的任意单元格，打开“收款单”窗口，单击工具栏中的【审核】按钮，提示【是否立即制单？】，单击【是】按钮，生成一张记账凭证，如图 6-301 所示，单击【保存】按钮。

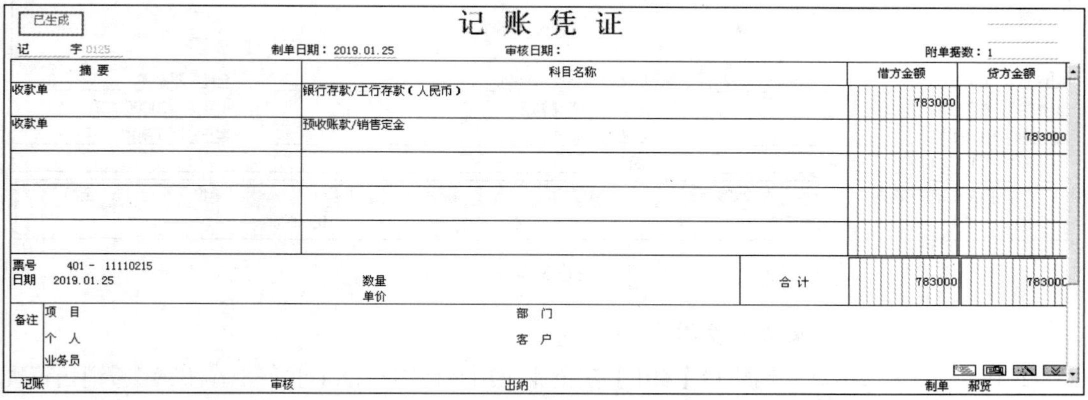
已生成
记 账 凭 证
记 字 0125 制单日期：2019.01.25 审核日期： 附单据数：1

摘要	科目名称	借方金额	贷方金额
收款单	银行存款/工行存款（人民币）	783000	
收款单	预收账款/销售定金		783000
票号 401 - 11110215 日期 2019.01.25	数量 单价 合计	783000	783000

备注 项目 部门 个人 客户 业务员
记账 审核 出纳 制单 郝贤

图 6-301

5. 审核销售订单

2019 年 1 月 25 日，由销售员【401】登录企业应用平台，执行【供应链/销售管理/销售订货/销售订单】命令，打开“销售订单”窗口，单击【➜|】按钮，找到“XS01014”号订单，单击工具栏中的【审核】按钮。关闭该窗口。

6. 参照销售订单生成发货单

2019 年 1 月 26 日，销售员【401】在企业应用平台中执行【业务工作/供应链/销售管理/销售发货/发货单】命令，打开“发货单”窗口。单击【增加】按钮，系统弹出【查询条件选择-参照订单】对话框，单击【确定】按钮。系统打开“参照生单”窗口，选择 XS01014 号订单，单击【确定】按钮。系统自动生成发货单，修改表体的仓库名称为“服装库”，单击【保存】按钮，如图 6-302 所示。单击【审核】按钮。

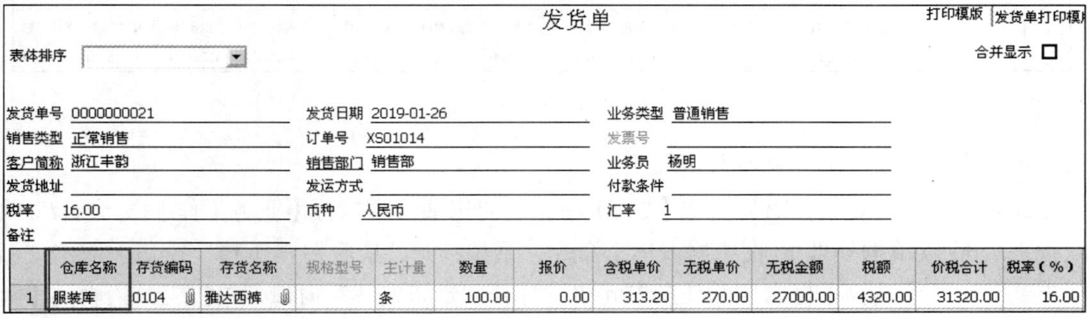
发货单 打印模版 发货单打印模
表体排序 合并显示
发货单号 0000000021 发货日期 2019-01-26 业务类型 普通销售
销售类型 正常销售 订单号 XS01014 发票号
客户简称 浙江丰韵 销售部门 销售部 业务员 杨明
发货地址 发运方式 付款条件
税率 16.00 币种 人民币 汇率 1
备注

	仓库名称	存货编码	存货名称	规格型号	主计量	数量	报价	含税单价	无税单价	无税金额	税额	价税合计	税率（%）
1	服装库	0104	雅达西裤		条	100.00	0.00	313.20	270.00	27000.00	4320.00	31320.00	16.00

图 6-302

7. 参照发货单生成出库单

2019 年 1 月 26 日，仓管员【501】在企业应用平台中执行【业务工作/供应链/库存管理/出库业务/销售出库单】命令，打开“销售出库单”窗口。执行【生单/销售生单】命令，打开【查询条件选择-销售发货单列表】对话框，单击【确定】按钮。打开“销售生单”窗口，选择上一步完成的“发货单”，单击【确定】按钮，系统自动生成销售出库单，如图 6-303 所示。单击工具栏中的【保存】按钮,再单击【审核】按钮。

图 6-303

8. 参照发货单生成销售专用发票

2019 年 1 月 26 日,销售员【401】在企业应用平台中执行【业务工作/供应链/销售管理/销售开票/销售专用发票】命令,打开"销售专用发票"窗口。单击【增加】按钮,系统弹出【查询条件选择-参照订单】对话框,单击【取消】按钮。执行【生单/参照发货单】命令,系统弹出"查询条件选择-参照发货单"窗口,单击【确定】按钮。系统打开"参照生单"窗口,双击【选择】栏,选中上面生成的发货单,单击【确定】按钮。系统自动生成销售发票,修改发票号为"66660307",如图 6-304 所示。单击工具栏中的【保存】按钮,再单击【审核】按钮。

图 6-304

9. 审核销售发票并制单处理

2019 年 1 月 26 日,财务会计【202】在企业应用平台中执行【业务工作/财务会计/应收款管理/应收款单据处理/应收单据审核】命令,系统打开"应收单据审核"窗口。双击"浙江丰韵"一行【选择】栏右侧的任意单元格,打开"销售发票"窗口,单击工具栏中的【审核】按钮。系统提示【是否立即制单?】,单击【是】按钮,系统生成记账凭证,单击【保存】按钮,如图 6-305 所示。

10. 定金转货款,生成款项类型为"应收款"的收款单

(1) 2019 年 1 月 26 日,出纳【203】在企业应用平台中执行【业务工作/财务会计/应收款管理/收款单处理/收款单据录入】命令,打开"收付款单录入"窗口,单击【➡】按钮,找到客户"浙江丰韵"的定金收款单。执行【转出/转货款】命令,如图 6-306 所示,打开【销售定金转出】对话框,款项类型选择"应收款",单击【确定】按钮。系统提示【转出成功生成1张收款单】，如图 6-307 所示，单击【确定】按钮，系统生成款项类型为"应收款"的收款单。

图 6-305

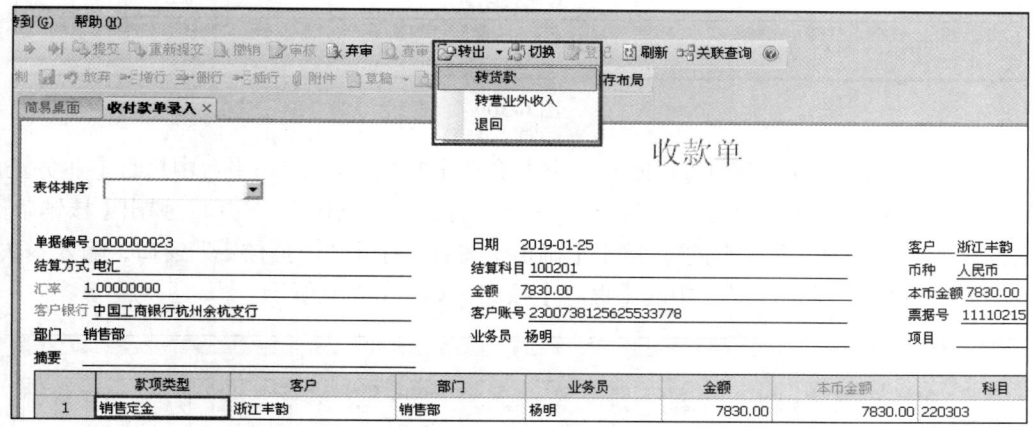

图 6-306

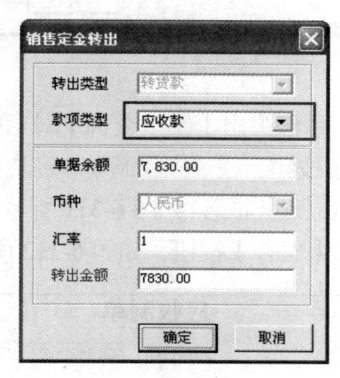

图 6-307

（2）在"收付款单录入"窗口中，单击【刷新】按钮，再单击【➡】按钮，可对生成的款项类型为"应收款"的收款单进行查询，如图 6-308 所示。

收款单

表体排序

单据编号	0000000024	日期	2019-01-26	客户	浙江丰韵
结算方式	电汇	结算科目	220303	币种	人民币
汇率	1	金额	7830.00	本币金额	7830.00
客户银行	中国工商银行杭州余杭支行	客户账号	2300738125625533778	票据号	11110215
部门	销售部	业务员	杨明	项目	
摘要	销售定金转货款				

	款项类型	客户	部门	业务员	金额	本币金额	科目
1	应收款	浙江丰韵	销售部	杨明	7830.00	7830.00	112201

图 6-308

11．审核收款单、核销、合并制单

（1）审核收款单。2019 年 1 月 26 日，财务会计【202】在企业应用平台中执行【业务工作/财务会计/应收款管理/收款单据处理/收款单据审核】命令，打开【收款单查询条件】对话框，单击【确定】按钮。打开“收付款单列表”窗口，单击工具栏中的【全选】按钮，选中“浙江丰韵”收款单，如图 6-309 所示，单击工具栏中的【审核】按钮。

收付款单列表

记录总数：1

选择	审核人	单据日期	单据类型	单据编号	客户名称	部门	业务员	结算方式	票据号	币种	汇率	原币金额	本币金额	备注
Y		2019-01-26	收款单	0000000024	浙江丰韵商贸有限公司	销售部	杨明	电汇	1111...	人民币	1.00000000	7,830.00	7,830.00	销售定金转货款
合计												7,830.00	7,830.00	

图 6-309

（2）手工核销。2019 年 1 月 26 日，财务会计【202】企业应用平台中执行【业务工作/财务会计/应收款管理/核销处理/手工核销】命令，打开“单据核销”窗口，弹出【核销条件】对话框，选择客户为“浙江丰韵”，单击【确定】按钮。打开“单据核销”窗口，输入本次结算金额为“7830”，单击工具栏中的【保存】按钮，如图 6-310 所示。

简易桌面 单据核销

单据日期	单据类型	单据编号	客户	款项类型	结算方式	币种	汇率	原币金额	原币余额	本次结算金额	订单号
2019-01-26	收款单	0000000024	浙江丰韵	应收款	电汇	人民币	1.00000000	7,830.00	7,830.00	7,830.00	XS01014
合计								7,830.00	7,830.00	7,830.00	

单据日期	单据类型	单据编号	到期日	客户	币种	原币金额	原币余额	可享受折扣	本次折扣	本次结算	订单号
2019-01-26	销售专...	66660307	2019-01-26	浙江丰韵	人民币	31,320.00	31,320.00	0.00	0.00	7,830.00	XS01014
合计						31,320.00	31,320.00	0.00		7,830.00	

图 6-310

（3）合并制单。执行【应收款管理/制单处理】命令，系统弹出【制单查询】对话框，勾选“收付款单制单”和“核销制单”复选框，单击【确定】按钮。在“应收制单”窗口中，依次单击工具栏中的【全选】【合并】按钮，凭证类别选择“记账凭证”，如图 6-311 所示。单击工具栏中的【制单】，系统生成相关凭证。单击工具栏中的【保存】按钮，如图 6-312 所示。

应收制单

凭证类别 记账凭证　　制单日期 2019-01-26

选择标志	凭证类别	单据类型	单据号	日期	客户编码	客户名称	部门	业务员	金额
1	记账凭证	收款单	0000000024	2019-01-26	0102	浙江丰...	销售部	杨明	7,830.00
1	记账凭证	核销	0000000024	2019-01-26	0102	浙江丰...	销售部	杨明	7,830.00

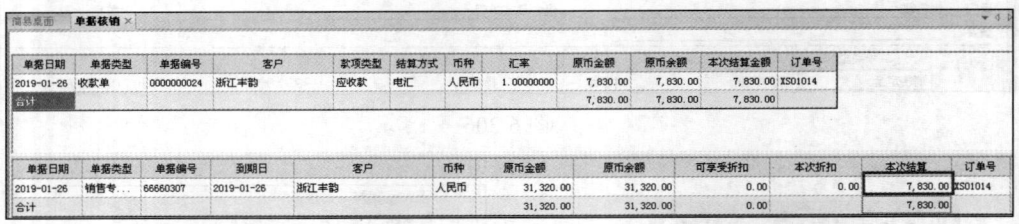

图 6-311

已生成

记 账 凭 证

记 字 0127　　制单日期：2019.01.26　　审核日期：　　附单据数：2

摘要	科目名称	借方金额	贷方金额
销售定金转货款	预收账款/销售定金	783000	
销售专用发票	应收账款/人民币		783000
票号 11110215 日期 2019.01.26	数量 单价	合计 783000	783000

备注　项目　　部门

个人　　客户 浙江丰韵

业务员 杨明

记账　审核　出纳　制单 郝贤

图 6-312

12. 单据记账并生成凭证

（1）单据记账。2019 年 1 月 26 日，财务会计【202】在企业应用平台中执行【业务工作/供应链/存货核算/业务核算/正常单据记账】命令，打开【查询条件选择】对话框，单击【确定】按钮。打开“正常单据记账列表”窗口，单击【全选】按钮，选中需要记账的单据，如图 6-313 所示。单击【记账】按钮，将销售专用发票记账，系统提示【记账成功】。

正常单据记账列表

记录总数：1

选择	日期	单据号	存货编码	存货名称	规格型号	存货代码	单据类型	仓库名称	收发类别	数量	单价
Y	2019-01-26	66660307	0104	雅达西裤			专用发票	服装库	销售出库	100.00	
小计										100.00	

图 6-313

（2）生成凭证。执行【财务核算/生成凭证】命令，打开“生成凭证”窗口，单击【选择】按钮，打开【查询条件】对话框，单击【确定】按钮。打开“未生成凭证一览表”窗口，双击【选择】栏，选中待生成凭证单据，单击【确定】按钮。返回“生成凭证”窗口，凭证类别选择“记账凭证”。单击【生成】按钮，生成一张记账凭证。单击【保存】按钮，如图 6-314 所示。

已生成

记 账 凭 证

记 字 0128　　制单日期：2019.01.26　　审核日期：　　附单据数：1

摘要	科目名称	借方金额	贷方金额
专用发票	主营业务成本	1800000	
专用发票	库存商品		1800000
票号 日期	数量 单价	合计 1800000	1800000

备注　项目　　部门

个人　　客户

业务员

记账　审核　出纳　制单 郝贤

图 6-314

13. 选择收款

2019 年 1 月 26 日，由出纳【203】登录企业应用平台，执行【业务工作/财务会计/应收款管理/选择收款】命令，打开【选择收款-条件】对话框，选择客户为"浙江丰韵"，单击【确定】按钮。打开"选择收款-单据"窗口，在"收款金额"栏输入"23490"，如图6-315所示。单击工具栏中的【确认】按钮，弹出【选择收款-收款单】对话框，结算方式选择"电汇"，票据号输入"11110216"，其他项默认，单击【确定】按钮。选择收款后系统自动生成已审核、已核销的收款单。

图 6-315

14. 合并制单

2019年1月26日，由财务会计【202】登录企业应用平台，执行【业务工作/财务会计/应收款管理/制单处理】命令，打开【制单查询】对话框，勾选"收付款单制单"和"核销制单"复选框，单击【确定】按钮。打开"应收制单"窗口，单击工具栏中的【全选】【合并】按钮，如图6-316所示。单击【制单】按钮。系统生成记账凭证。单击【保存】按钮，如图6-317所示。

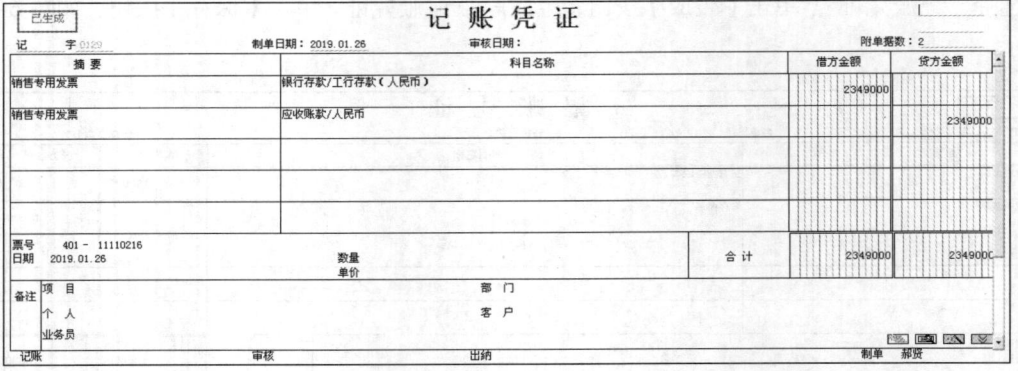

图 6-316

图 6-317

注意事项

6.3.6小节业务完成后，后面业务不再涉及销售定金，可以由账套主管【101】登录企业应用平台【基础设置/单据设置/单据格式设置/销售管理/销售订单/显示/销售订单显示模板】中，单击【表头项目】，取消勾选【必有定金】【定金比例】【定金原币金额】【定金本币金额】【定金累计实收本币金额】【定金累计实收原币金额】项目，并将表体部分上移至原位置。

6.3.7 以库存商品发放职工非货币性福利的业务

【业务内容】

2019年1月26日，公司将库存商品中的10件恒祥针织围巾免费发放给员工（不考虑个人所得税），如表6-24所示（出库单号为0000000002，见图6-318）。业务操作流程及分工如表6-25所示。

客户：浙江华盛		出库单 2019年1月26日				单号：0000000002	
验收仓库	存货编码	存货名称	单位	数量		单价	金额
				应发	实发		
配饰库	0203	恒祥针织围巾	条	10	10		
		合计					
部门经理：略		会计：略		仓库：略		经办人：略	

图 6-318

表 6-24 职工福利分配表

部门	人员编码	人员姓名	人员类别	分配数量
经理室	101	李国华	管理人员	2
财务部	201	马芸		1
	202	郝贤		1
	203	梅丽		1
采购部	301	梁燕	采购人员	1
	302	孙涛		1
销售部	401	杨明	销售人员	1
	402	陈亮		1
仓储部	501	王娜	管理人员	1

【业务操作流程和岗位工作】

表 6-25 业务操作流程与岗位工作

操作日期	操作员	操作系统	操作流程
2019-01-26	仓管员【501】	库存管理	（1）填制其他出库单
2019-01-26	财务会计【202】	存货核算	（2）单据记账并生成凭证
		总账	（3）填制凭证

【操作指导】

1. 填制其他出库单

2019年1月26日，仓储部王娜【501】在企业应用平台中执行【业务工作/供应链/库存管理/出库业务/其他出库单】命令，打开"其他出库单"窗口。单击【增加】按钮，按照图6-318录入表头信息，录入表体的存货编码和数量，单击工具栏中的【保存】按钮。单击【审核】按钮，如图6-319所示。

2. 单据记账并生成凭证

（1）单据记账 2019年1月26日，财务会计【202】在企业应用平台中执行【业务工作/供应链/存货核算/业务核算/正常单据记账】命令，打开【查询条件选择】对话框，单击【确定】按钮。打开"正常单据记账列表"窗口，单击【全选】按钮，如图6-320所示。单击【记账】按钮，将其他出库单记账，系统提示【记账成功】。

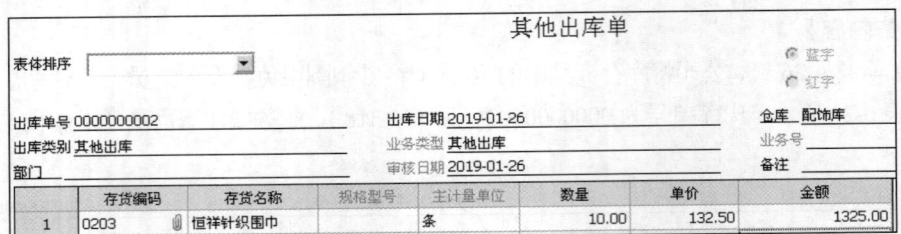

图 6-319

图 6-320

（2）生成凭证。执行【财务核算/生成凭证】命令，打开"生成凭证"窗口，单击【选择】按钮，打开【查询条件】对话框，单击【确定】按钮。系统打开"未生成凭证单据一览表"窗口，单击【选择】栏，选中待生成凭证的单据，单击工具栏中的【确定】按钮。系统返回"生成凭证"窗口，补充其他出库单对方科目为"221106 应付职工薪酬—职工福利"，如图 6-321 所示。单击【生成】按钮，生成一张记账凭证。在记账凭证第三行分录，输入摘要为"进项税额转出"，输入科目为"22210108 进项税额转出"，金额为"212"。在记账凭证第一行分录的"金额"栏单击【=】键，第一行金额变为第二行和第三行金额的合计数，单击【保存】按钮，如图 6-322 所示。

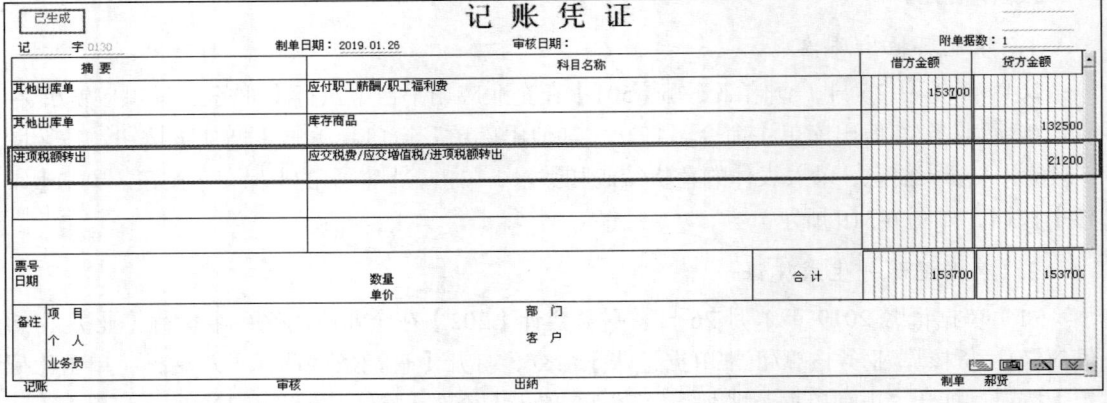

图 6-321

图 6-322

3. 总账填制凭证

2019 年 1 月 26 日，财务会计在企业应用平台中执行【业务工作/财务会计/总账/凭证处理/填制凭证】命令，打开"填制凭证"窗口。单击工具栏中的【增加】按钮，填制一张记账凭证，借方为"管理费用/职工薪酬"，金额为"1229.60"，销售费用/职工薪酬的金额为"307.40"，贷方为"应付职工薪酬/职工福利费"，金额为"1537"，单击工具栏中的【保存】按钮，如图 6-323 所示。

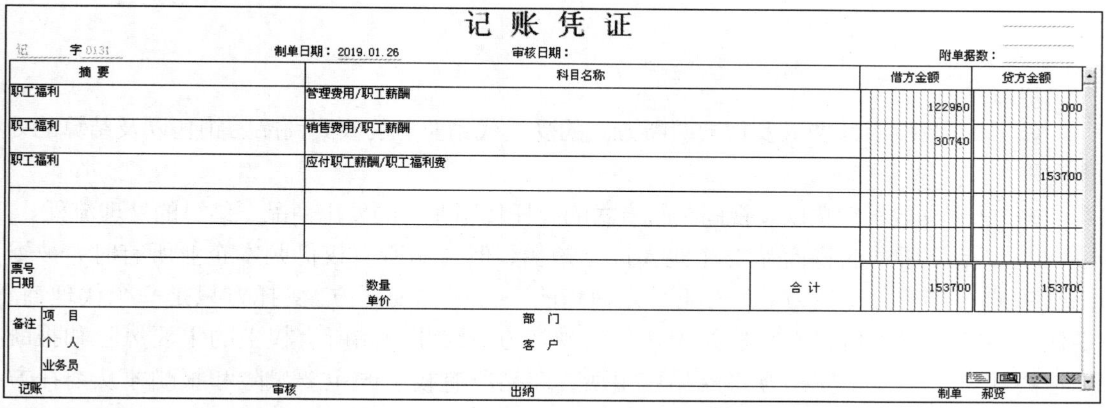

记 字 0131	记 账 凭 证			
	制单日期: 2019.01.26	审核日期:		附单据数:
摘 要	科目名称		借方金额	贷方金额
职工福利	管理费用/职工薪酬		1229 60	0 00
职工福利	销售费用/职工薪酬		307 40	
职工福利	应付职工薪酬/职工福利费			1537 00
票号 日期	数量 单价	合 计	1537 00	1537 00
备注 项 目 个 人 业务员	部 门 客 户			
记账	审核	出纳	制单 郝贤	

图 6-323

第 7 章　代销业务处理

学习要点
- 掌握收取手续费以及视同买断方式的受托代销业务的收到商品、销售以及结算的处理流程。
- 掌握收取手续费以及视同买断方式的委托代销业务的发出商品、结算的处理流程。

当商品流通企业将商品委托他人进行销售，但商品所有权仍归本企业所有时，被委托销售的一方即称受托方，而委托对方销售的一方即称委托方。受托方只是一个代理商，委托方将商品发出后，所有权并未转移给受托方，因此商品所有权上的主要风险和报酬仍在委托方。只有在受托方将商品售出后，商品所有权上的主要风险和报酬才从委托方转移出来。

对于受托方企业来说（受托代销方式）：应在商品销售后，向委托方开具代销清单，按合同约定的方法计算确定的手续费以确认收入。

对于委托方企业来说（委托代销方式）：应在受托方售出商品，并取得受托方提供的代销清单后，才开具正式的销售发票，确认销售收入。

7.1　受托代销业务（收取手续费方式）

7.1.1　签订受托代销合同，商品到货

【业务内容】

2019 年 1 月 26 日，采购部梁燕与浙江彩帛商贸有限公司签订委托代销合同，采购彩帛女包 60 箱，彩帛男包 60 箱，收到上述货物，已入库。双方约定，按照销货款的 10%收取手续费。取得与该业务相关的单据，如图 7-1 和图 7-2 所示。业务操作流程与分工如表 7-1 所示。

购销合同

委托方：浙江彩帛商贸有限公司　　　　合同编号：ST01001

受托方：浙江华盛商贸有限公司　　　　签订日期：2019 年 01 月 26 日

为保护买卖双方的合法权益，根据《中华人民共和国合同法》的有关规定，经双方协定，订立本合同，并共同遵守合同约定：

一、货物的名称、数量及金额：

货物名称	规格型号	单位	数量	单价（不含税）	金额（不含税）	税率	税额
彩帛女包		件	60	300	18 000.00	16%	2 880.00
彩帛男包		件	60	360	21 600.00	16%	3 456.00
合计					￥39 600.00		￥6 336.00
合同总金额（大写）：人民币肆万伍仟玖佰叁拾陆元整（￥45 936.00）							

二、采用收取手续费方式由委托方委托受托方销售货物，代销货物的售价只能按照合同约定的价格销售。签订合同当日，卖方交付货物，双方约定，受托方浙江华盛商贸有限公司以销货款（不含增值税）的 10%收取手续费。

三、交货地点：浙江华盛商贸有限公司

四、发货方式与运输费用承担方式：由卖方发货，运输费用由卖方承担。

五、违约条款：违约方须赔偿对方一切经济损失。但遇到天灾人祸或其它人力不能控制之因素导致延误交货，需方不能要求供方赔偿任何损失。

委托方（盖章）：浙江彩帛商贸有限公司 合同专用章　　　　受托方（盖章）浙江华盛商贸有限公司 合同专用章

法定代表：赵爽 赵爽印　　　　法定代表：李国华 李国华印

日　期：2019 年 1 月 26 日　　　　日　期：2019 年 1 月 26 日

图 7-1

入 库 单

供应商：浙江彩帛　　　　2019 年 1 月 26 日　　　　单号：RK01028

验收仓库	存货编码	存货名称	单位	数量		单价	金额
				应收	实收		
箱包库	0301	彩帛女包	件	60	60		
箱包库	0302	彩帛男包	件	60	60		
合计							

部门经理：略　　　　会计：略　　　　仓库：略　　　　经办人：略

图 7-2

【业务操作流程和岗位工作】

表 7-1　业务操作流程与岗位工作

操作日期	操作员	操作系统	操作流程
2019-01-26	采购员【301】	采购管理	（1）填制采购订单 （2）参照采购订单生成到货单
2019-01-26	仓管员【501】	库存管理	（3）参照到货单生成入库单
2019-01-26	财务会计【202】	存货核算	（4）单据记账并生成凭证

【操作指导】

1. 填制采购订单

（1）2019 年 1 月 26 日，采购部梁燕【301】在企业应用平台执行【业务工作/供应链/采购管理/采购订货/采购订单】命令，打开“采购订单”窗口，单击【增加】按钮。

（2）在表头中，修改订单编号为“ST01001”，选择业务类型为“受托代销”，采购类型为“受托代销采购（收取手续费）”，供应商为“浙江彩帛商贸有限公司”。

（3）在表体中，第一行选择存货为“0301 彩帛女包”，输入数量为“60”，单价为“300”；第二行存货选择“彩帛男包”，数量为“60”，单价为“360”，修改计划到货日期为“2019-01-26”，其他信息由系统自动带出，如图 7-3 所示。

（4）在工具栏中，单击【保存】按钮，单击【审核】按钮。

采购订单

	存货编码	存货名称	规格型号	主计量	数量	原币含税单价	原币单价	原币金额	原币税额	原币价税合计	税率	计划到货日期
1	0301	彩帛女包		个	60.00	348.00	300.00	18000.00	2880.00	20880.00	16.00	2019-01-26
2	0302	彩帛男包		个	60.00	417.60	360.00	21600.00	3456.00	25056.00	16.00	2019-01-26

业务类型：受托代销　订单日期 2019-01-26　订单编号 ST01001
采购类型：受托代销采购（收取手续费）　供应商 浙江彩帛　部门 采购部
业务员：梁燕　税率 16.00　付款条件
币种：人民币　汇率 1　备注

图 7-3

> **注意事项**
> 如果业务类型不选择"受托代销"，则存货无法找到受托代销商品。如果采购类型不选择"受托代销采购（收取手续费）"，则存货核算科目将不会出现"受托代销商品款"科目。

2. 参照采购订单生成到货单

2019 年 1 月 26 日，采购部梁燕【301】在企业应用平台中执行【业务工作/供应链/采购管理/采购到货/到货单】命令，打开"到货单"窗口。单击【增加】按钮，业务类型选择"受托代销"，执行【生单/采购订单】命令，打开【查询条件选择-采购订单列表过滤】对话框，单击【确定】按钮。系统弹出"拷贝并执行"窗口，双击【选择】栏，选中 ST01001 号采购订单，单击【确定】按钮。系统自动生成到货单，单击工具栏中的【保存】按钮。单击【审核】按钮，采购到货单如图 7-4 所示。

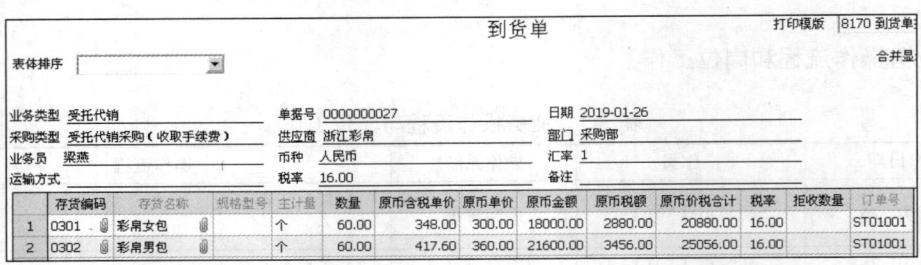

图 7-4

> **注意事项**
> 在"参照采购订单生成到货单"时，如果业务类型不选择"受托代销"，则无法找到受托代销订单。

3. 参照到货单生成入库单

（1）2019 年 1 月 26 日，仓储部王娜【501】在企业应用平台中执行【业务工作/供应链/库存管理/入库业务/采购入库单】命令，打开"采购入库单"窗口。执行【生单/采购到货单（蓝字）】命令，打开【查询条件选择-采购到货单列表】对话框，业务类型选择"受托代销"，如图 7-5 所示，单击【确定】按钮。

> **注意事项**
> 如果不进行业务类型的选择，则默认为所有类型。

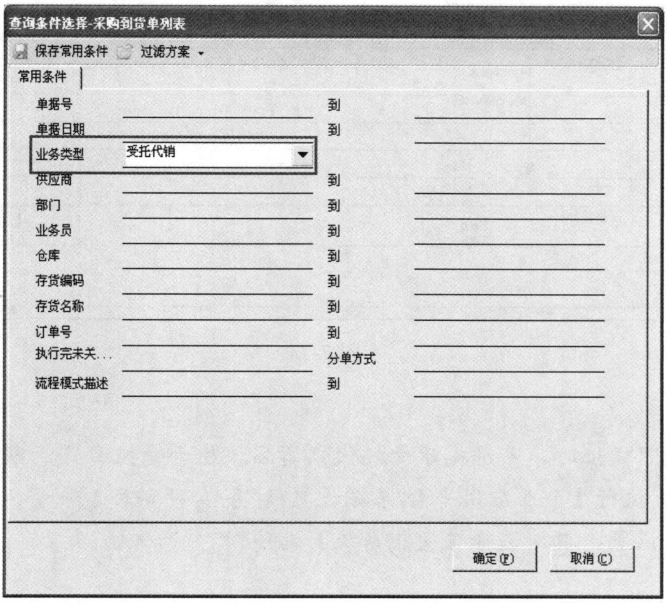

图 7-5

（2）系统打开"到货单生单列表"，选择上一步完成的到货单生单表头，单击【确定】按钮，系统自动参照到货单生成入库单，修改仓库为"箱包库"，单击工具栏中的【保存】按钮，再单击【审核】按钮，如图 7-6 所示。

采购入库单

	存货编码	存货名称	规格型号	主计量单位	数量	本币单价	本币金额
1	0301	彩帛女包		个	60.00	300.00	18000.00
2	0302	彩帛男包		个	60.00	360.00	21600.00

入库单号 RK01028　入库日期 2019-01-26　仓库 箱包库
订单号 ST01001　到货单号 0000000027　业务号
供货单位 浙江彩帛　部门 采购部　业务员 梁燕
到货日期 2019-01-26　业务类型 受托代销　采购类型 受托代销采购（收取手续费）
入库类别 收取手续费　审核日期 2019-01-26　备注

图 7-6

4. 单据记账并生成凭证

（1）单据记账。2019 年 1 月 26 日，财务会计郝贤【202】在企业应用平台中执行【业务处理/供应链/存货核算/业务核算/正常单据记账】命令，打开【查询条件选择】对话框，单击【确定】按钮。打开"正常单据记账列表"窗口，单击【全选】按钮，或双击【选择】栏，选择 RK01028 号入库单。单击【记账】按钮，将采购入库单记账。

（2）生成凭证。执行【财务核算/生成凭证】命令，单击【选择】按钮，打开【查询条件】对话框，单击【确定】按钮。打开"未生成凭证单据一览表"窗口，双击【选择】栏，或单击【全选】按钮，选中待生成凭证的 RK01028 号入库单，单击【确定】按钮。返回"生成凭证"窗口，凭证类别选择"记账凭证"。单击【生成】按钮，生成一张记账凭证，单击【保存】按钮，如图 7-7 所示。

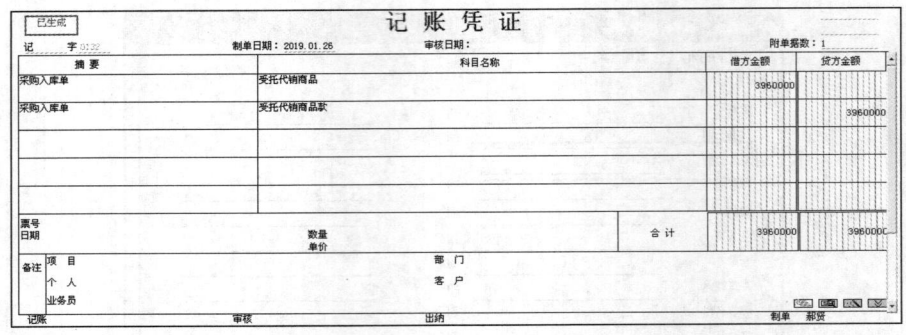

图 7-7

> **注意事项**
>
> 如果在保存记账凭证时，系统提示受托代销商品款属于受控科目，不能保存凭证，则需要账套主管【101】执行【企业应用平台/基础设置/财务/会计科目】命令，在其中修改【受托代销商品款】科目设置，取消选择【受控系统】选项。

7.1.2 销售受托代销商品

【业务内容】

2019年1月27日，销售部杨明【401】与北京达来商贸有限公司签订销售合同（合同编号为 XS01015，图略），销售受托代销货物（出库单号为 CK01023，图略），取得全部现结款（电汇凭证号为 11110301，图略）。取得与该业务相关的单据，如图 7-8 所示。业务操作流程及分工如表 7-2 所示。

图 7-8

【业务操作流程和岗位工作】

表 7-2 业务操作流程与岗位工作

操作日期	操作员	操作系统	操作流程
2019-01-27	销售员【401】	采购管理	（1）填制销售订单 （2）参照销售订单生成销售专用发票并现结处理
2019-01-27	仓管员【501】	库存管理	（3）参照发货单生成出库单
2019-01-27	财务会计【202】	应付款管理 存货核算	（4）审核销售发票并制单处理 （5）单据记账并生成凭证

【操作指导】

1. 填制销售订单

（1）2019年1月27日，销售部杨明【401】在企业应用平台中执行【业务工作/供应链/销售管理/销售订货/销售订单】命令，打开"销售订单"窗口，单击【增加】按钮。

（2）在表头中，修改订单号为"XS01015"，选择销售类型为"受托代销销售（收取手续费）"，选择客户为"北京达来商贸有限公司"。

（3）在表体中，第一行选择存货为"0301 彩帛女包"，数量为"50"，单价为"300"，第二行选择存货为"0302 彩帛男包"，数量为"50"，单价为"360"，如图7-9所示。

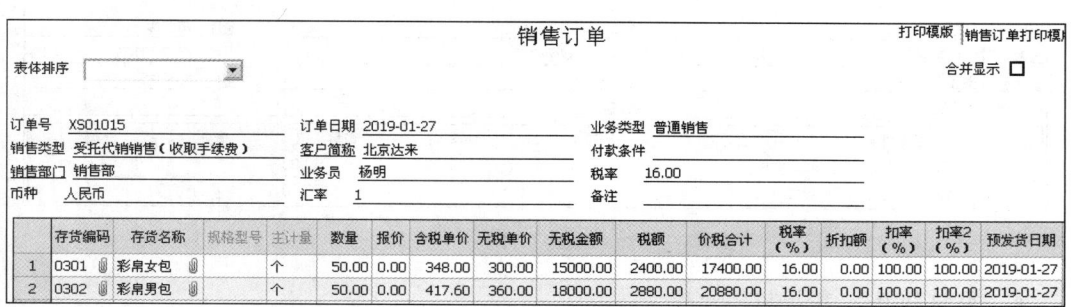

图7-9

（4）单击工具栏中的【保存】按钮。单击【审核】按钮，审核填制的销售订单。

2. 参照销售订单生成销售专用发票并现结处理

（1）2019年1月27日，销售部杨明【401】在企业应用平台中执行【业务工作/供应链/销售管理/销售开票/销售专用发票】命令，打开"销售专用发票"窗口。单击【增加】按钮，弹出【查询条件选择-参照订单】对话框，单击【确定】按钮。系统打开"参照生单"窗口，选择XS01015号销售订单，单击【确定】按钮。系统生成一张销售专用发票，修改发票号为"77770101"，选择仓库名称为"箱包库"。

（2）现结、复核。单击工具栏中的【现结】按钮，打开【现结】对话框，选择结算方式为"电汇"，输入金额为"38280"，票据号为"11110301"，其他项默认，单击【确定】按钮。系统提示已现结，如图7-10所示。单击【复核】按钮，复核销售专用发票。

图7-10

3. 参照发货单生成出库单

2019年1月27日，仓储部王娜【501】在企业应用平台中执行【业务工作/供应链/库存管理/出库业务/销售出库单】命令，打开"销售出库单"窗口。执行【生单/销售生单】命令，打开【查询条件选择-销售发货单列表】对话框，单击【确定】按钮。打开"销售生单"窗口，选择相应的发货单。单击【确定】按钮，系统生成一张销售出库单。修改出库单号为"CK01023"，如图7-11所示，单击【保存】按钮。

图7-11

4. 审核销售发票并制单处理

（1）2019年1月27日，财务会计郝贤【202】在企业应用平台中执行【业务工作/财务会计/应收款管理/应收单据处理/应收单据审核】命令，打开【应收单查询条件】对话框，勾选"包含已现结发票"复选框，单击【确定】按钮。系统弹出"应收单据列表"窗口，双击77770101号发票行【选择】栏右侧的任意单元格，打开"销售发票"窗口，单击工具栏中的【审核】按钮，系统提示【是否立即制单？】，单击【是】按钮。

（2）系统生成一张记账凭证，将光标定位在"应付账款-暂估应付款"栏，移动鼠标光标至供应商，当鼠标光标变成一个铅笔形状时，双击鼠标左键。弹出【供应商辅助项】对话框，选择供应商为"浙江彩帛"，单击【确定】按钮。返回"记账凭证"窗口，单击工具栏中的【保存】按钮，如图7-12所示。

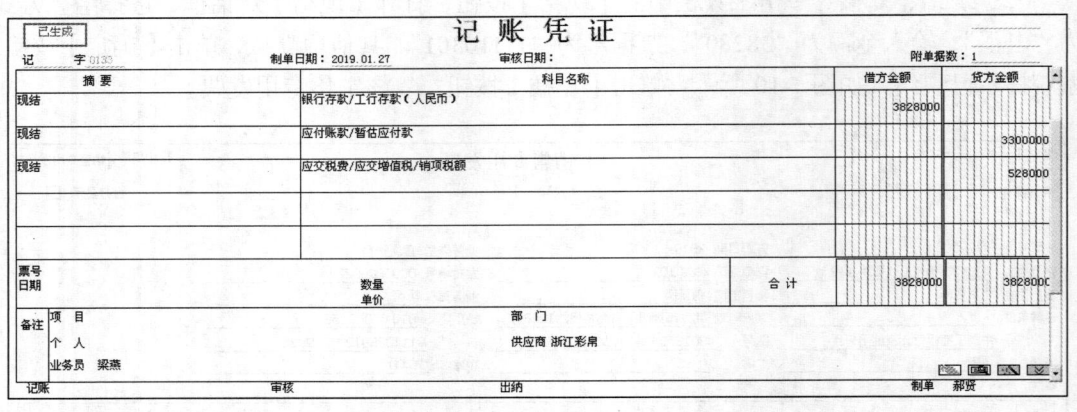

图7-12

5. 单据记账并生成凭证

（1）单据记账。2019年1月27日，财务部郝贤在企业应用平台中执行【业务工作/供应链/存货核算/业务核算/正常单据记账】命令，打开【查询条件】对话框，单击【确定】按钮。打开"正常单据记账列表"窗口，双击【选择】栏，选择77770101号专用发票。单击工具栏中的【记账】按钮，将销售专用发票记账，系统提示【记账成功】。

（2）生成凭证。执行【财务核算/生成凭证】命令，打开【查询条件】对话框，单击【确定】按钮。打开"未生成单据一览表"窗口，单击选中待生成凭证的单据，单击【确定】按钮。系统返回"生成凭证"窗口，凭证类别选择"记账凭证"。

（3）单击【生成】按钮，生成一张记账凭证。把光标定位在"受托代销商品款"栏，把鼠标光标移至"供应商"处，当鼠标光标变成"铅笔"形状时，双击鼠标。弹出【辅助项】对话框，录入供应商为"浙江彩帛"，单击【确定】按钮。返回"记账凭证"窗口，单击工具栏中的【保存】按钮，保存该凭证，如图7-13所示。

图7-13

7.1.3 受托代销结算、收取手续费

【业务内容】

2019年1月27日，开出代销清单，收到对方的发票。相关凭证如图7-14至图7-17所示。

商品代销清单

日期：2018年1月27日　　No.01001

委托方		浙江彩帛商贸有限公司			受托方		浙江华盛商贸有限公司		
账号		2300565909552255661			账号		2300316600055011598		
开户银行		中国工商银行杭州通惠支行			开户银行		中国工商银行杭州滨江支行		
代销货物	代销货物名称	规格型号	计量单位	数量	单价(不含税)		金额	税率	税额
	彩帛女包		件	60	300		18 000.00	16%	2 880.00
	彩帛男包		件	60	360		21 600.00	16%	3 456.00
	价税合计	（大写）肆万伍仟玖佰叁拾陆元整				（小写）¥45 936.00			
代销方式		收取手续费							
代销款结算时间		根据代销货物销售情况于每月27日结算							
代销款结算方式		电汇							
本月代销货物销售情况	代销货物名称	规格型号	计量单位	数量	单价(不含税)		金额	税率	税额
	彩帛女包		件	50	300		15 000.00	16%	2 400.00
	彩帛男包		件	50	360		18 000.00	16%	2 880.00
	价税合计	（大写）叁万捌仟贰佰捌拾元整				（小写）¥38 280.00			
本月代销款结算金额		（大写）叁万捌仟贰佰捌拾元整				（小写）¥38 280.00			
主管：略		审核：略		制单：略			受托方盖章		

图7-14

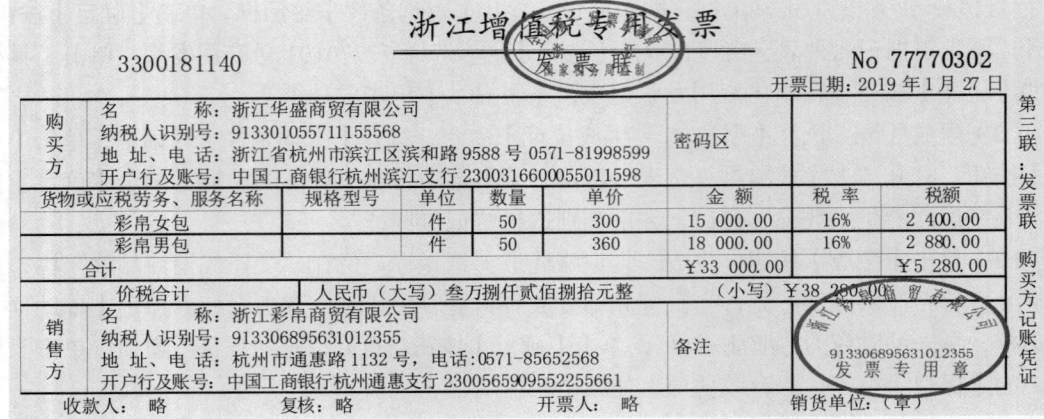

图 7-15

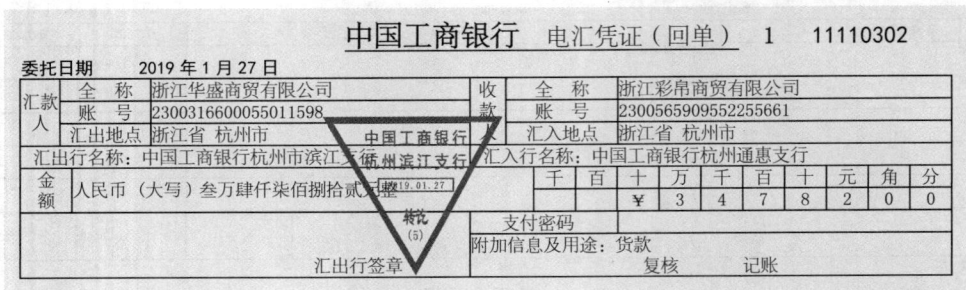

图 7-16

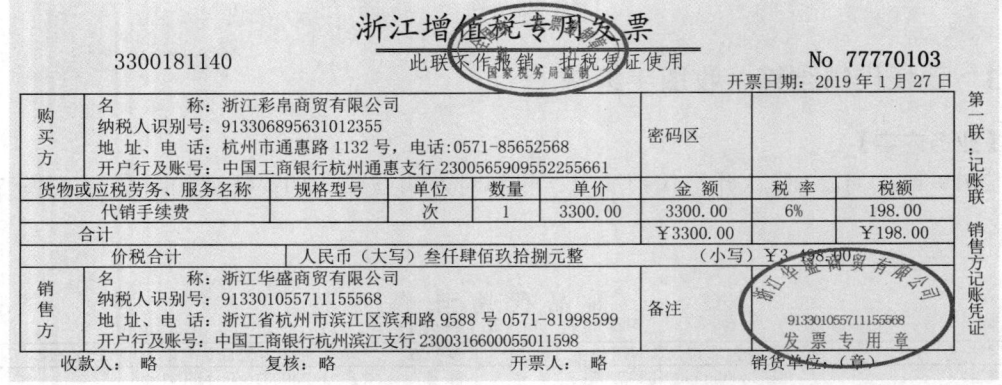

图 7-17

【业务操作流程和岗位工作】（见表 7-3）

表 7-3 业务操作流程与岗位工作

操作日期	操作员	操作系统	操作流程
2019-01-27	采购员【301】	采购管理	（1）填制受托代销结算单 （2）查看采购专用发票并现付处理
2019-01-27	财务会计【202】	应付款管理	（3）审核采购发票并制单处理
		存货核算	（4）结算成本处理
2019-01-27	财务会计【202】	应付款管理	（5）填制负向的应付单（受托代销手续费），审核并制单 （6）红票对冲

【操作指导】

1. 填制受托代销结算单

（1）2019年1月27日，采购部梁燕【301】在企业应用平台执行【业务工作/供应链/采购管理/采购结算/受托代销结算】命令，打开【查询条件选择-受托结算选单过滤】对话框，选择供应商为"浙江彩帛"，单击【确定】按钮，系统打开"受托代销结算"窗口。

（2）在表头中，输入发票号为"77770302"，业务员为"梁燕"，采购类型为"受托代销销售（收取手续费）"。在表体中，修改"彩帛女包"和"彩帛男包"的结算数量为"50"，单击工具栏中的【全选】按钮，如图7-18所示。

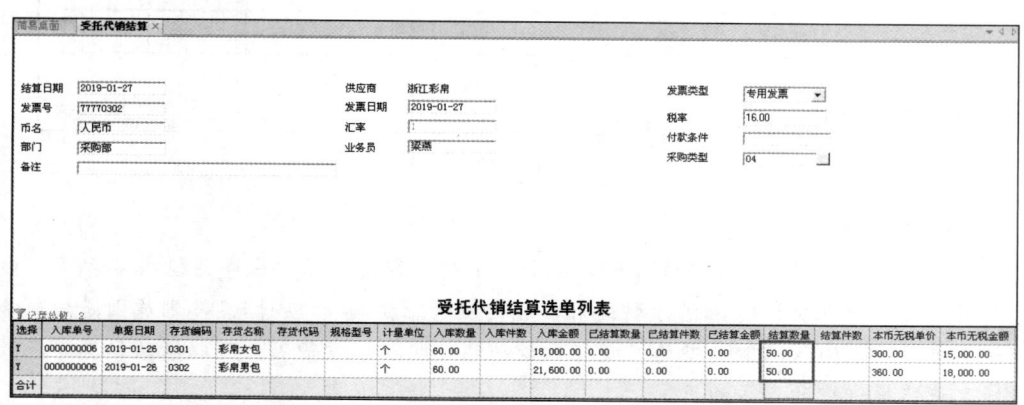

图 7-18

（3）单击工具栏中的【结算】按钮，系统提示【结算完成】，单击【确定】按钮，关闭"受托代销结算"窗口，受托代销结算后系统自动生成已结算的采购专用发票。

2. 查看采购专用发票并现付处理

执行【采购发票/采购专用发票】命令，打开"采购专用发票"窗口，单击【➡】按钮，即可看到已结算的采购专用发票。单击工具栏中的【现付】按钮，打开【现付】对话框，选择结算方式为"电汇"，原币金额为"34782"，票据号为"11110302"，其他项默认，输入完成后，单击【确定】按钮。返回"专用发票"窗口，如图7-19所示。

图 7-19

3. 审核采购发票并制单处理

2019年1月27日，财务部郝贤【202】在企业应用平台中执行【业务工作/财务会计/应付款管理/应付单据管理/应付单据审核】命令，打开【应付单查询条件】对话框，勾选"包含已现结发票"复选框，单击【确定】按钮。系统弹出"应付单据列表"窗口，双击77770302号发票【选择】栏右侧的任意单元格，打开"采购发票"窗口，单击工具栏中的【审核】按钮，系统提示【是否立即制单？】，单击【是】按钮，生成一张记账凭证，单击【保存】按钮，如图7-20所示。

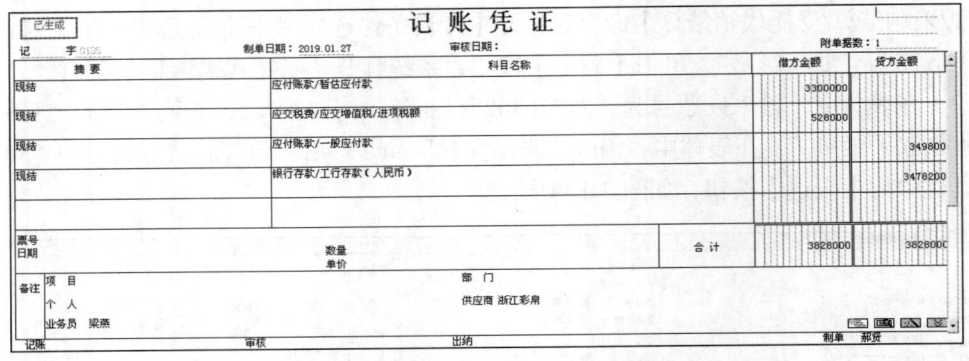

图 7-20

> **注意事项**
> ① 由于在【应付款管理/初始设置/产品科目】中已经进行了"业务类型-采购科目"的设置，如果在保存记账凭证时，借方科目未出现"应付账款-暂估应付款"，则原因是填制委托代销结算单时，未输入采购类型为"受托代销销售（收取手续费）"。可以修改结算单，或者直接修改记账凭证中的借方科目。
> ② 修改结算单需要首先在【采购结算/结算单】中删除所要修改的结算单，再重新填制。

4. 结算成本处理

（1）2019年1月27日，财务部郝贤【202】在企业应用平台中执行【业务工作/财务会计/存货核算/业务核算/结算成本处理】命令，打开【暂估处理查询】对话框，仓库选择"箱包库"，单击【确定】按钮，系统打开"结算成本处理"窗口。

（2）单击工具栏中的【全选】按钮，如图7-21所示，再单击工具栏中的【暂估】按钮，提示【暂估处理完成】，单击【确定】按钮，关闭"结算成本处理"窗口。系统根据两行存货信息自动生成两张入库调整单，由于采购合同中的暂估单价和结算单价一致，因此入库调整单的金额为"0"，无需对入库调整单做生成凭证处理。

选择	结算单号	仓库编码	仓库名称	入库单号	入库日期	存货编码	存货名称	计量单位	数量	暂估单价	暂估金额	结算数量	结算单价	结算金额	收发类
Y	000000000...	03	箱包库	0000000006	2019-01-26	0301	彩帛女包	个	50.00	300.00	15,000.00	50.00	300.00	15,000.00	收取手续费
Y	000000000...	03	箱包库	0000000006	2019-01-26	0302	彩帛男包	个	50.00	360.00	18,000.00	50.00	360.00	18,000.00	收取手续费
									100.00		33,000.00	100.00		33,000.00	

图 7-21

5. 填制负向的应付单（受托代销手续费），审核并制单

（1）依次执行【财务会计/应付款管理/应付单据处理/应付单据录入】命令，系统弹出【单据类别】对话框，选择单据名称为"应付单"，单据类型为"其他应付单"，方向改为"负向"，单击【确定】按钮，打开"应付单"窗口。

（2）单击"增加"按钮。红字应付单表头的供应商选择"浙江彩帛"，输入金额为"3498"，业务员选择"梁燕"。将表体第1行的方向改为"贷"，选择科目为"605101"，修改金额为"3300"；

将表体第 2 行的方向改为“贷”，选择科目为“22210106”，输入金额为“198”。输入完成后，单击工具栏中的【保存】按钮，如图 7-22 所示。

应付单

表体排序

单据编号 0000000002　单据日期 2019-01-27　供应商 浙江彩帛
科目 220201　币种 人民币　汇率 1.00000000
金额 3498.00　本币金额 3498.00　数量 0.00
部门 采购部　业务员 梁燕　项目
付款条件　摘要

	方向	科目	币种	汇率	金额	本币金额	部门	业务员	项目
1	贷	605101	人民币	1.00000000	3300.00	3300.00	采购部	梁燕	
2	贷	22210106	人民币	1.00000000	198.00	198.00	采购部	梁燕	

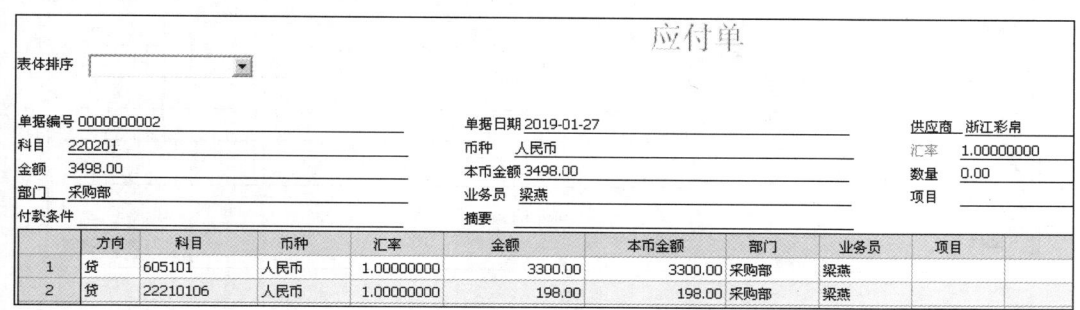

图 7-22

（3）单击工具栏中的【审核】按钮，系统提示【是否立即制单？】，单击【是】按钮，系统生成记账凭证。单击工具栏中的【保存】按钮，如图 7-23 所示。

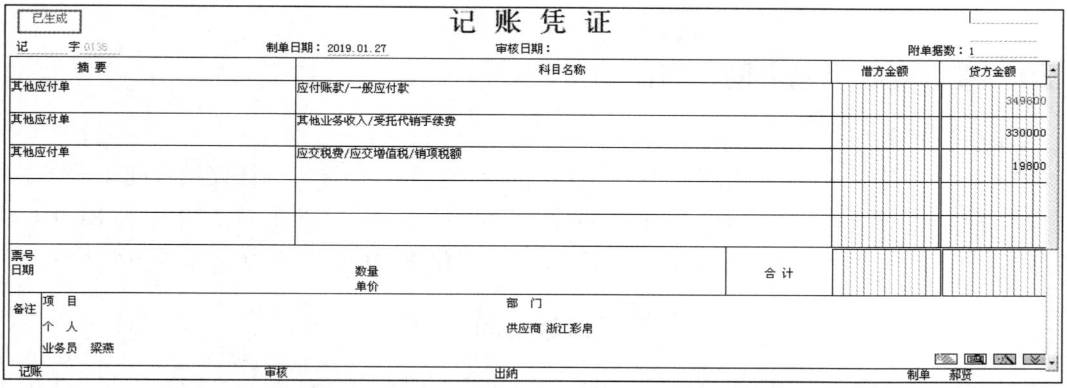

已生成

记账凭证

记　字 0138　制单日期：2019.01.27　审核日期：　附单据数：1

摘要	科目名称	借方金额	贷方金额
其他应付单	应付账款/一般应付款		349800
其他应付单	其他业务收入/受托代销手续费		330000
其他应付单	应交税费/应交增值税/销项税额		19800

票号　日期　数量　单价　合计

备注　项目　部门
个人　供应商 浙江彩帛
业务员 梁燕

记账　审核　出纳　制单 郝贤

图 7-23

6. 红票对冲

财务会计【202】执行【应付款管理/转账/红票对冲/手工对冲】命令，打开【红票对冲条件】对话框，在供应商处选择“浙江彩帛”，单击【确定】按钮。打开“红票对冲”窗口，在窗口下方 77770302 号发票的“对冲金额”栏输入“3498”，结果如图 7-24 所示。单击工具栏中的【保存】按钮，系统提示【是否立即制单？】，单击【是】按钮，系统自动生成记账凭证。单击工具栏中的【保存】按钮，结果如图 7-25 所示。

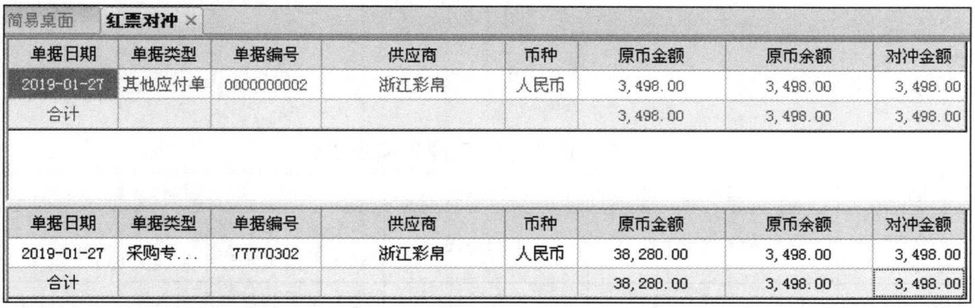

简易桌面　红票对冲

单据日期	单据类型	单据编号	供应商	币种	原币金额	原币余额	对冲金额
2019-01-27	其他应付单	0000000002	浙江彩帛	人民币	3,498.00	3,498.00	3,498.00
合计					3,498.00	3,498.00	3,498.00

单据日期	单据类型	单据编号	供应商	币种	原币金额	原币余额	对冲金额
2019-01-27	采购专...	77770302	浙江彩帛	人民币	38,280.00	3,498.00	3,498.00
合计					38,280.00	3,498.00	3,498.00

图 7-24

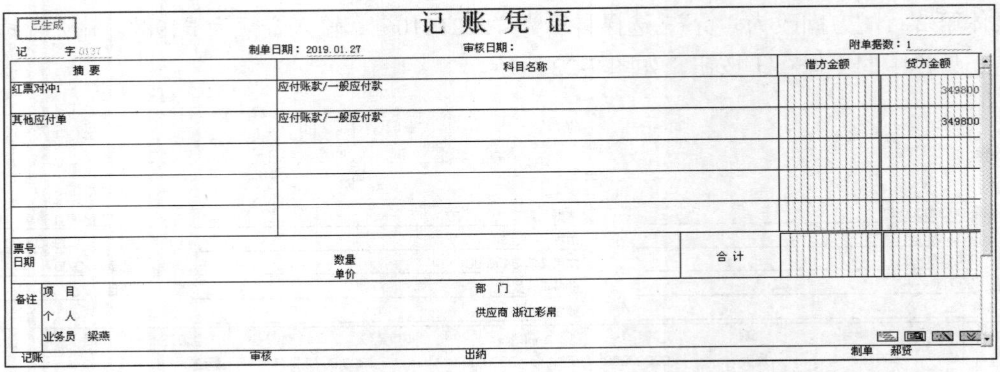

图 7-25

7.2 受托代销业务（视同买断方式）

7.2.1 签订受托代销合同，商品到货

【业务内容】

2019年1月27日，采购部梁燕与浙江优依商贸有限公司签订委托代销合同（视同买断方式），采购彩帛旅行包60个，彩帛皮夹60个，收到上述货物，已入库（入库单号为RK01029，图略）。取得与该业务相关的单据，如图7-26所示。业务操作流程及分工如表7-4所示。

购销合同

委托方：浙江优依商贸有限公司　　合同编号：ST01002
受托方：浙江华盛商贸有限公司　　签订日期：2019年01月27日

为保护买卖双方的合法权益，根据《中华人民共和国合同法》的有关规定，经双方协定，订立本合同，并共同遵守合同约定。

一、货物的名称、数量及金额：

货物名称	规格型号	单位	数量	单价（不含税）	金额（不含税）	税率	税额
彩帛旅行包		个	60	120	7 200.00	16%	1 152.00
彩帛皮夹		个	60	50	3 000.00	16%	480.00
合计					¥10 200.00		¥1 632.00

合同总金额（大写）：人民币壹万壹仟捌佰叁拾贰元整（¥11 832.00）

二、采用视同买断方式由委托方受托方销售货物，即受托方在取得代销后是否获利，均与委托方无关。2019年5月31日前未销售完的商品可退回给委托方。受托方根据代销商品销售情况，每月28日依据结算清单结算货款。签订合同当日，委托方交付货物。

三、交货地点：浙江华盛商贸有限公司

四、发货方式与运输费用承担方式：由卖方发货，运输费用由卖方承担。

图 7-26

【业务操作流程和岗位工作】

表7-4　业务操作流程与岗位工作

操作日期	操作员	操作系统	操作流程
2019-01-27	采购员【301】	采购管理	（1）填制采购订单 （2）参照采购订单生成到货单
2019-01-27	仓管员【501】	库存管理	（3）参照到货单生成入库单
2019-01-27	财务会计【202】	存货核算	（4）单据记账并生成凭证

【操作指导】

1. 填制采购订单

（1）2019 年 1 月 27 日，采购部梁燕【301】在企业应用平台执行【业务工作/供应链/采购管理/采购订货/采购订单】命令，打开“采购订单”窗口，单击【增加】按钮。

（2）在表头中，修改订单编号为“ST01002”，选择业务类型为“受托代销”，采购类型为“受托代销采购（视同买断）”，供应商为“浙江优依商贸有限公司”。

（3）在表体中，第一行选择存货为“0303 彩帛旅行包”，输入数量为“60”，单价为“120”；第二行存货选择“0304 彩帛皮夹”，数量为“60”，单价为“50”，修改计划到货日期为“2019-01-27”，其他信息由系统自动带出。

（4）单击工具栏中的【保存】按钮，单击【审核】按钮，如图 7-27 所示。

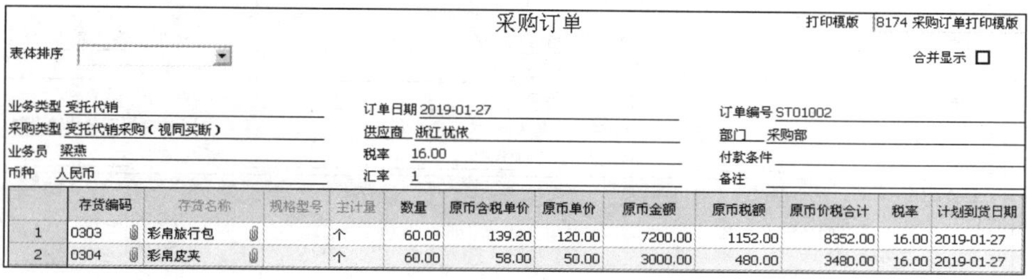
采购订单　打印模版 8174 采购订单打印模版
表体排序　合并显示
业务类型 受托代销　订单日期 2019-01-27　订单编号 ST01002
采购类型 受托代销采购（视同买断）　供应商 浙江优依　部门 采购部
业务员 梁燕　税率 16.00　付款条件
币种 人民币　汇率 1　备注

	存货编码	存货名称	规格型号	主计量	数量	原币含税单价	原币单价	原币金额	原币税额	原币价税合计	税率	计划到货日期
1	0303	彩帛旅行包		个	60.00	139.20	120.00	7200.00	1152.00	8352.00	16.00	2019-01-27
2	0304	彩帛皮夹		个	60.00	58.00	50.00	3000.00	480.00	3480.00	16.00	2019-01-27

图 7-27

注意事项

如果业务类型不选择“受托代销”，则存货无法找到受托代销商品。如果采购类型不选择“受托代销采购（视同买断）”，则存货核算科目将不会出现“受托代销商品款”科目。

2. 参照采购订单生成到货单

2019 年 1 月 27 日，采购部梁燕【301】在企业应用平台中执行【业务工作/供应链/采购管理/采购到货/到货单】命令，打开“到货单”窗口。单击【增加】按钮，业务类型选择“受托代销”，执行【生单/采购订单】命令，打开【查询条件选择-采购订单列表过滤】对话框，单击【确定】按钮。系统弹出“拷贝并执行”窗口，选中 ST01002 号采购订单，单击【确定】按钮。系统自动生成到货单，单击工具栏中的【保存】按钮，单击【审核】按钮，采购到货单如图 7-28 所示。

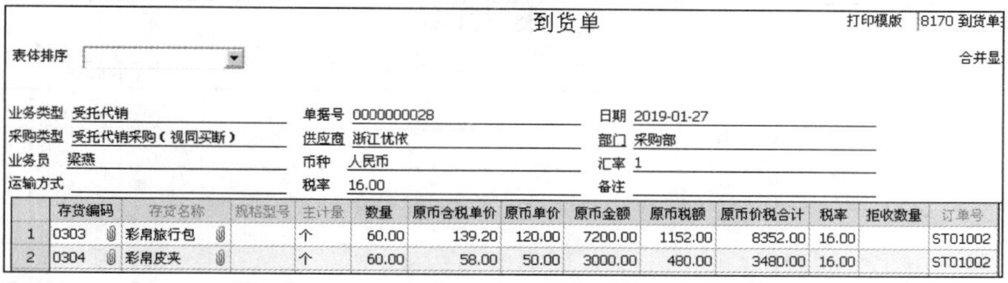
到货单　打印模版 8170 到货单
表体排序　合并显
业务类型 受托代销　单据号 0000000028　日期 2019-01-27
采购类型 受托代销采购（视同买断）　供应商 浙江优依　部门 采购部
业务员 梁燕　币种 人民币　汇率 1
运输方式　税率 16.00　备注

	存货编码	存货名称	规格型号	主计量	数量	原币含税单价	原币单价	原币金额	原币税额	原币价税合计	税率	拒收数量	订单号
1	0303	彩帛旅行包		个	60.00	139.20	120.00	7200.00	1152.00	8352.00	16.00		ST01002
2	0304	彩帛皮夹		个	60.00	58.00	50.00	3000.00	480.00	3480.00	16.00		ST01002

图 7-28

注意事项

在“参照采购订单生成到货单”时，如果业务类型不选择“受托代销”，则无法找到受托代销订单。

3. 参照到货单生成入库单

（1）2019年1月27日，仓储部王娜【501】在企业应用平台执行【业务工作/供应链/库存管理/入库业务/采购入库单】命令，打开"采购入库单"窗口。执行【生单/采购到货单（蓝字）】命令，打开【查询条件选择-采购到货单列表】对话框，业务类型选择"受托代销"，单击【确定】按钮。

（2）系统打开"到货单生单列表"窗口，选择上一步生成的到货单生单表头，单击【确定】按钮。系统自动参照到货单生成入库单，修改仓库为"箱包库"，修改入库单号为"RK01029"，单击工具栏中的【保存】按钮，再单击【审核】按钮，如图7-29所示。

图7-29

4. 单据记账并生成凭证

（1）单据记账。2019年1月27日，财务会计郝贤【202】在企业应用平台中执行【业务处理/供应链/存货核算/业务核算/正常单据记账】命令，打开【查询条件选择】对话框，单击【确定】按钮。打开"正常单据记账列表"窗口，单击【全选】按钮，选择RK01029号采购入库单。单击【记账】按钮，将采购入库单记账。

（2）生成凭证。执行【财务核算/生成凭证】命令，单击【选择】按钮，打开【查询条件】对话框，单击【确定】按钮。打开"未生成凭证单据一览表"窗口，单击【选择】栏，或单击【全选】按钮，选中待生成凭证的RK01029号采购入库单，单击【确定】按钮。系统返回"生成凭证"窗口，凭证类别选择"记账凭证"。单击【生成】按钮，生成一张记账凭证。单击【保存】按钮，如图7-30所示。

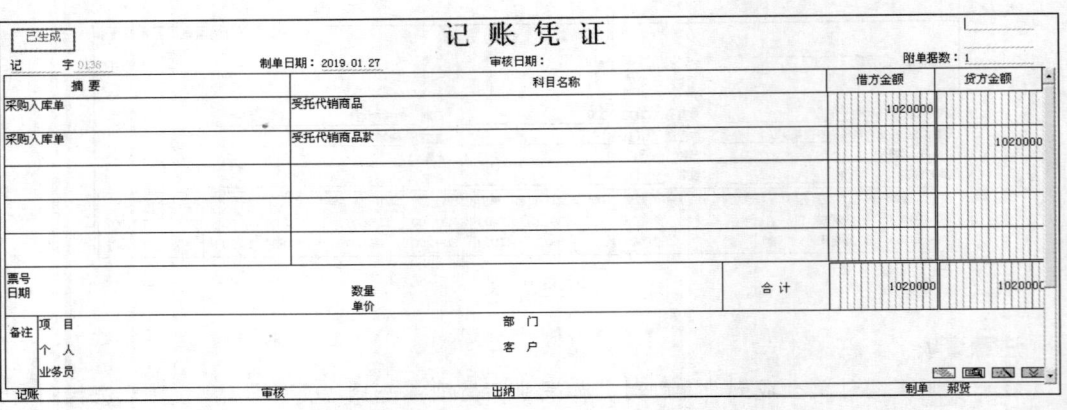

图7-30

7.2.2 销售受托代销商品

【业务内容】

2019年1月28日，销售部杨明与浙江伟伦超市有限公司签订销售合同（合同编号为XS01016，图略），销售彩帛旅行包和皮夹（出库单号为CK01024，图略），取得全部现结款（电汇凭证号为11110303，图略）。取得与该业务相关的单据，如图7-31所示。业务操作流程及分工如表7-5所示。

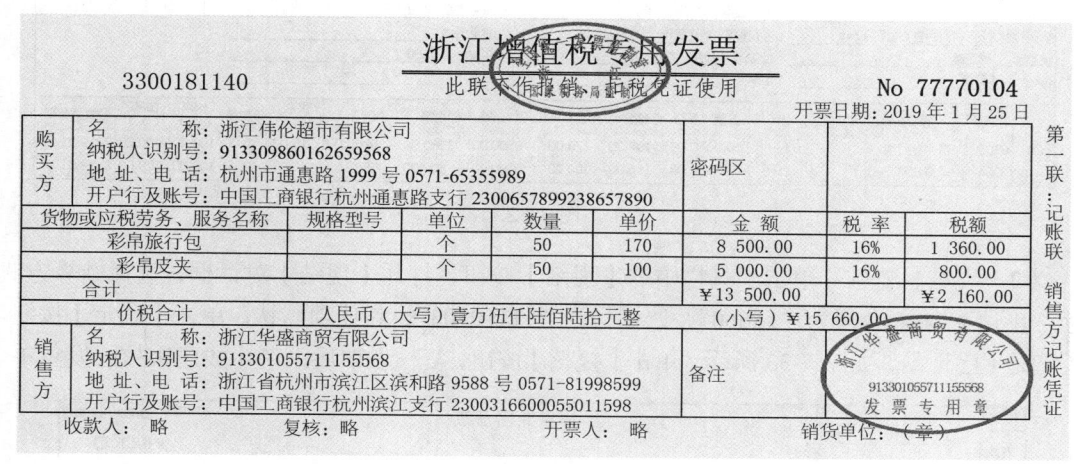

图 7-31

【业务操作流程和岗位工作】

表7-5 业务操作流程与岗位工作

操作日期	操作员	操作系统	操作流程
2019-01-28	销售员【401】	采购管理	（1）填制销售订单 （2）参照销售订单生成销售专用发票并现结处理
2019-01-28	仓管员【501】	库存管理	（3）参照发货单生成出库单
2019-01-28	财务会计【202】	应付款管理	（4）审核销售发票并制单处理
		存货核算	（5）单据记账并生成凭证

【操作指导】

1. 填制销售订单

（1）2019年1月28日，销售部杨明【401】在企业应用平台中执行【业务工作/供应链/销售管理/销售订货/销售订单】命令，打开"销售订单"窗口，单击【增加】按钮。

（2）在表头中，修改订单号为"XS01016"，选择销售类型为"受托代销销售（视同买断）"，选择客户为"浙江伟伦超市有限公司"。

（3）在表体中，第一行选择存货为"0303 彩帛旅行包"，数量为"50"，单价为"170"；第二行选择存货为"0304 彩帛皮夹"，数量为"50"，单价为"100"，如图7-32所示。

（4）单击工具栏中的【保存】按钮。单击【审核】按钮，审核填制的销售订单。

2. 参照销售订单生成销售专用发票并现结处理

（1）2019年1月28日，销售部杨明【401】在企业应用平台中执行【业务工作/供应链/销售管理/销售开票/销售专用发票】命令，打开"销售专用发票"窗口。单击【增加】按钮，弹出【查询条件选择-参照订单】对话框，单击【确定】按钮。系统打开"参照生单"窗口，选择XS01016号销售订单，单击【确定】按钮。系统生成一张销售专用发票，修改发票号为"77770104"，选择仓库名称为"箱包库"。单击工具栏中的【保存】按钮。

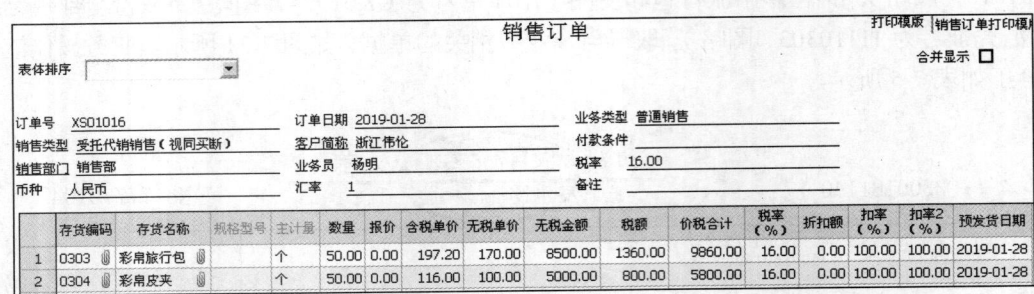

图 7-32

（2）现结、复核。单击工具栏中的【现结】按钮，打开【现结】对话框，选择结算方式为"电汇"，输入金额为"15660"，票据号为"11110303"，其他项默认，单击【确定】按钮。系统提示已现结，如图 7-33 所示。单击【复核】按钮，复核发票后系统生成已审核的发货单。

图 7-33

3. 参照发货单生成出库单

2019 年 1 月 28 日，仓储部王娜【501】在企业应用平台中执行【业务工作/供应链/库存管理/出库业务/销售出库单】命令，打开"销售出库单"窗口。执行【生单/销售生单】命令，打开【查询条件选择-销售发货单列表】对话框，单击【确定】按钮。打开"销售生单"窗口，选择相应的发货单，单击【确定】按钮。系统生成一张销售出库单，修改出库单号为"CK01024"，如图 7-34 所示，单击【保存】按钮。

图 7-34

4. 审核销售发票并制单处理

2019 年 1 月 28 日，财务会计郝贤【202】在企业应用平台中执行【业务工作/财务会计/应收款管理/应收单据处理/应收单据审核】命令，打开【应收单查询条件】对话框，勾选“包含已现结发票”复选框，单击【确定】按钮。系统弹出“应收单据列表”窗口，双击 77770104 号发票行【选择】栏右侧的任意单元格，打开“销售发票”窗口，单击工具栏中的【审核】按钮，系统提示【是否立即制单？】，单击【是】按钮。系统生成一张记账凭证，如图 7-35 所示。单击工具栏中的【保存】按钮。

已生成

记 账 凭 证

记 字 0139 制单日期：2019.01.28 审核日期： 附单据数：1

摘 要	科目名称	借方金额	贷方金额
现结	银行存款/工行存款（人民币）	1566000	
现结	主营业务收入		1350000
现结	应交税费/应交增值税/销项税额		216000
票号 401 - 11110303 日期 2019.01.28	数量 单价 合计	1566000	1566000

备注 项 目 部 门
个 人 客 户
业务员

记账 审核 出纳 制单 郝贤

图 7-35

5. 单据记账并生成凭证

（1）单据记账。2019 年 1 月 28 日，财务部郝贤【202】在企业应用平台中执行【业务工作/供应链/存货核算/业务核算/正常单据记账】命令，打开【查询条件】对话框，单击【确定】按钮。打开“正常单据记账列表”窗口，双击【选择】栏，选中 77770104 号专用发票。单击工具栏中的【记账】按钮，将销售专用发票记账，系统提示【记账成功】。

（2）生成凭证。执行【财务核算/生成凭证】命令，单击【选择】按钮，打开【查询条件】对话框，单击【确定】按钮。打开“未生成单据一览表”，单击【选择】栏，或单击【全选】按钮，选中待生成凭证的 77770104 号专用发票，单击【确定】按钮。返回“生成凭证”窗口，凭证类别选择“记账凭证”。单击【生成】按钮，生成一张记账凭证。单击工具栏中的【保存】按钮，保存该凭证，如图 7-36 所示。

已生成

记 账 凭 证

记 字 0140 制单日期：2019.01.28 审核日期： 附单据数：1

摘 要	科目名称	借方金额	贷方金额
专用发票	主营业务成本	850000	
专用发票	受托代销商品		850000
票号 日期	数量 单价 合计	850000	850000

备注 项 目 部 门
个 人 客 户
业务员

记账 审核 出纳 制单 郝贤

图 7-36

7.2.3 与委托方办理结算

【业务内容】

2019 年 1 月 28 日，开出代销清单，收到对方的发票，在办理结算时，经双方协商将彩帛旅行包的价格由 120 元改为 125 元。取得与该业务相关的凭证，如图 7-37 至图 7-39 所示。

商品代销清单

日期：2018 年 1 月 28 日　　No.01002

委托方		浙江优依商贸有限公司			受托方		浙江华盛商贸有限公司		
账号		2300681980156677889			账号		2300316600055011598		
开户银行		中国工商银行杭州余杭支行			开户银行		中国工商银行杭州滨江支行		
代销货物	代销货物名称	规格型号	计量单位	数量	单价(不含税)	金额		税率	税额
	彩帛旅行包		个	60	125	7 300.00		16%	1 168.00
	彩帛皮夹		个	60	50	3 000.00		16%	480.00
	价税合计	（大写）壹万壹仟玖佰肆拾捌元整				（小写）¥11 948.00			
代销方式		收取手续费							
代销款结算时间		根据代销货物销售情况于每月 24 日结算							
代销款结算方式		电汇							
本月代销货物销售情况	代销货物名称	规格型号	计量单位	数量	单价(不含税)	金额		税率	税额
	彩帛旅行包		件	50	125	6 250.00		16%	1 000.00
	彩帛皮夹		件	50	50	2 500.00		16%	400.00
	价税合计	（大写）壹万零壹佰伍拾元整				（小写）¥10 150.00			
本月代销款结算金额		（大写）壹万零壹佰伍拾元整				（小写）¥10 150.00			

主管：略　　　审核：略　　　制单：略　　　受托方盖章：

图 7-37

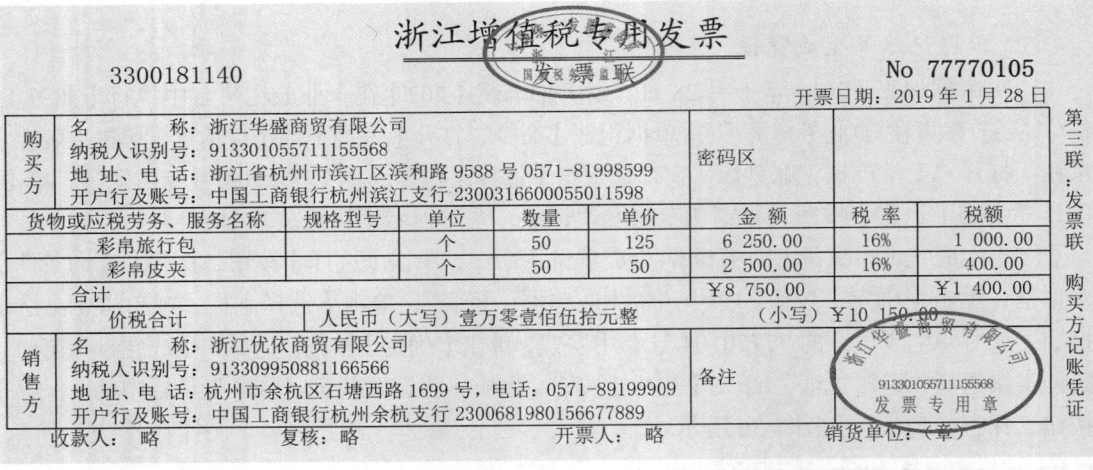

图 7-38

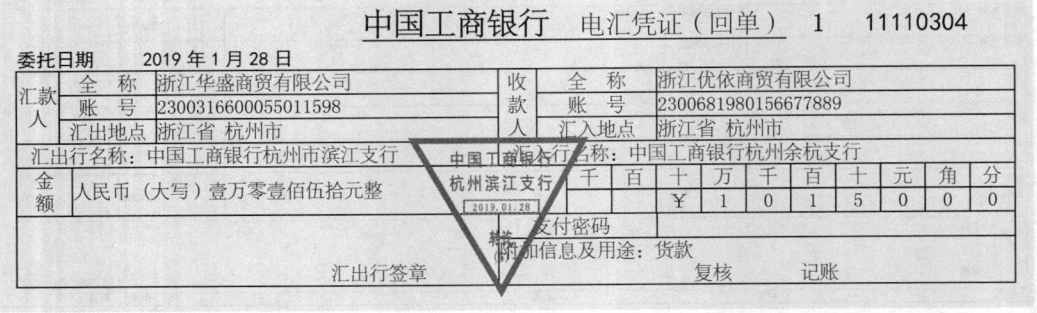

图 7-39

【业务操作流程和岗位工作】（见表 7-6）

表 7-6　业务操作流程与岗位工作

操作日期	操作员	操作系统	操作流程
2019-01-28	采购员【301】	采购管理	（1）填制受托代销结算单 （2）查看采购发票并现付
2019-01-28	财务会计【202】	应付款管理	（3）审核采购发票并制单处理
2019-01-28	财务会计【202】	存货核算	（4）结算成本处理 （5）对入库调整单生成凭证

【操作指导】

1. 填制受托代销结算单

2019 年 1 月 28 日，采购部梁燕【301】在企业应用平台执行【业务工作/供应链/采购管理/采购结算/受托代销结算】命令，弹出【查询条件选择-受托结算选单过滤】对话框，选择供应商为"浙江优依商贸有限公司"，单击【确定】按钮。打开"受托代销结算"窗口，输入发票号为"77770105"，选择采购类型为"受托代销采购（视同买断）"，将彩帛旅行包和彩帛皮夹的结算数量修改为"50"，修改彩帛旅行包的原币无税单价为"125"，如图 7-40 所示。单击【结算】按钮，系统提示【结算完成】。结算后自动生成已结算的采购发票。

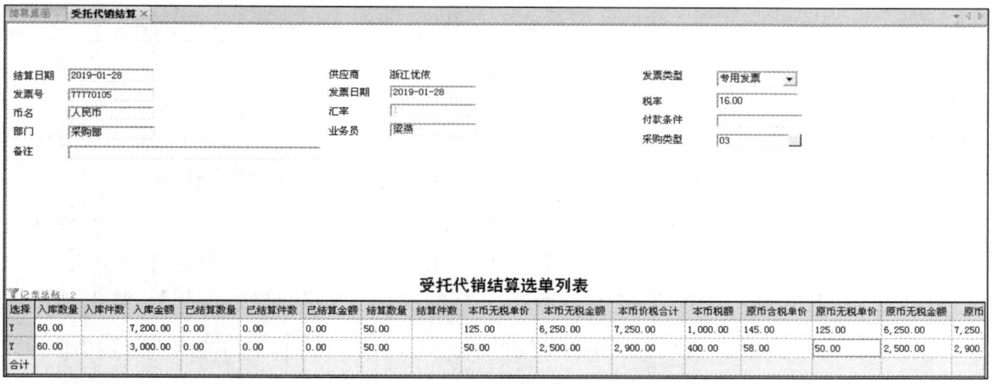

图 7-40

2. 查看采购发票并现付

执行【采购发票/采购专用发票】命令，打开"采购专用发票"窗口，单击【➡】按钮，即可看到已结算的采购专用发票。单击工具栏中的【现付】按钮，打开【现付】对话框，根据收账通知录入结算方式为"电汇"，原币金额为"10150"，票据号为"11110304"，其他项默认，单击【确定】按钮。完成现付并返回发票窗口，如图 7-41 所示，关闭该窗口。

3. 审核采购发票并合并制单

2019 年 1 月 28 日，财务会计郝贤【202】在企业应用平台中执行【业务工作/财务会计/应付款管理/应付单据管理/应付单据审核】命令，打开【应付单查询条件】对话框，勾选"包含已现结发票"复选框，单击【确定】按钮。系统弹出"应付单据列表"窗口，双击 77770105 号发票【选择】栏右侧的任意单元格，打开"专用发票"窗口，单击工具栏中的【审核】按钮，系统提示【是否立即制单？】，单击【是】按钮，系统自动生成记账凭证，如图 7-42 所示。单击工具栏中的【保存】按钮，保存该凭证。

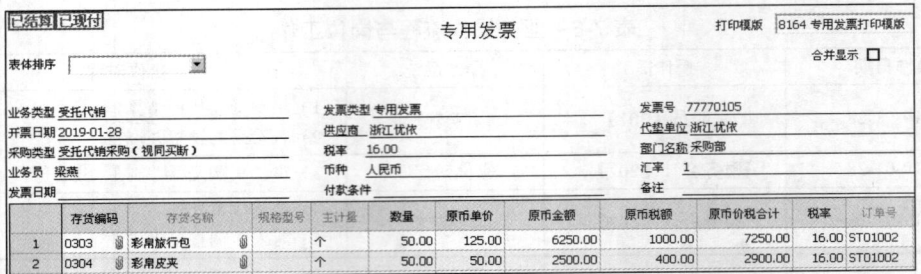

图 7-41

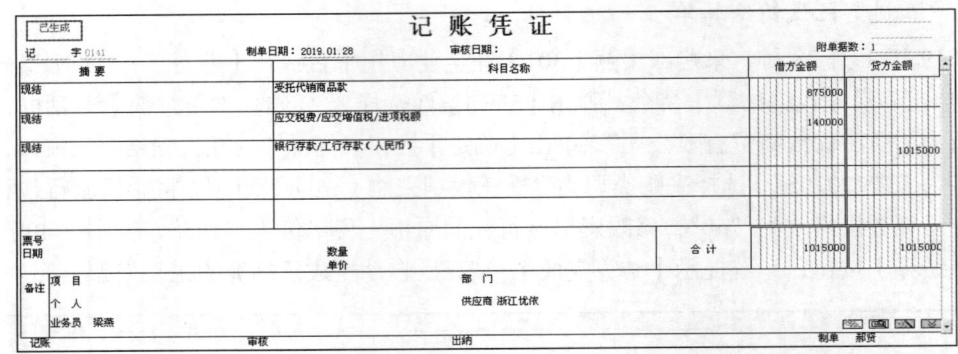

图 7-42

4. 结算成本处理

2019年1月28日，财务部郝贤【202】在企业应用平台中执行【业务工作/供应链/存货核算/业务核算/结算成本处置】命令，打开【暂估处理查询】对话框，勾选"箱包库"复选框，单击【确定】按钮。打开"结算成本处理"窗口，单击工具栏中的【全选】按钮，如图7-43所示。单击工具栏中的【暂估】按钮，系统提示【暂估处理完成】，单击【确定】按钮。系统根据两行存货信息自动生成两张入库调整单，由于彩帛旅行包采购合同中的暂估单价和结算单价不一致，所以还需将入库调整单进行制单处理。

图 7-43

> **注意事项**
> 如果采购合同中的暂估单价和结算单价一致，入库调整单金额为"0"，则不需要做生成凭证处理。

5. 对入库调整单生成凭证

执行【财务核算/生成凭证】命令，单击【选择】按钮，打开【查询条件】对话框，单击【确定】按钮。打开"未生成单据一览表"，单击【选择】栏，或单击【全选】按钮，选中上一步生成的入库调整单，如图7-44所示。单击【确定】按钮，返回"生成凭证"窗口，凭证类别选择"记账凭证"。单击【生成】按钮,生成一张记账凭证。单击工具栏中的【保存】按钮,保存该凭证,如图 7-45 所示。

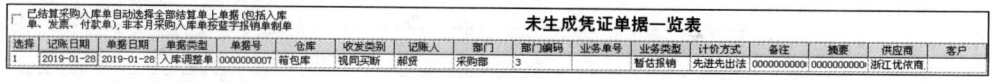

图 7-44

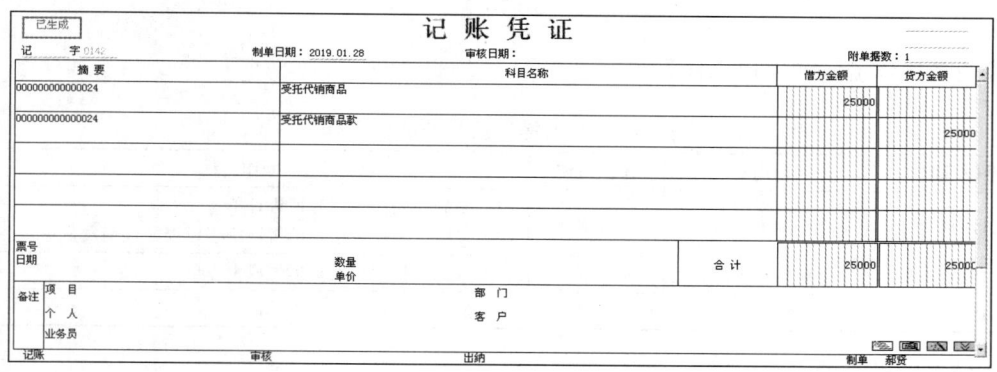

图 7-45

7.3 委托代销业务(收取手续费方式)

7.3.1 签订委托代销合同,发出商品

【业务内容】

2019 年 1 月 28 日,销售部杨明与浙江玉丽商贸有限公司签订委托代销合同,当日发出代销货物,取得与该业务相关的单据如图 7-46 和图 7-47 所示。业务操作流程及分工如表 7-7 所示。

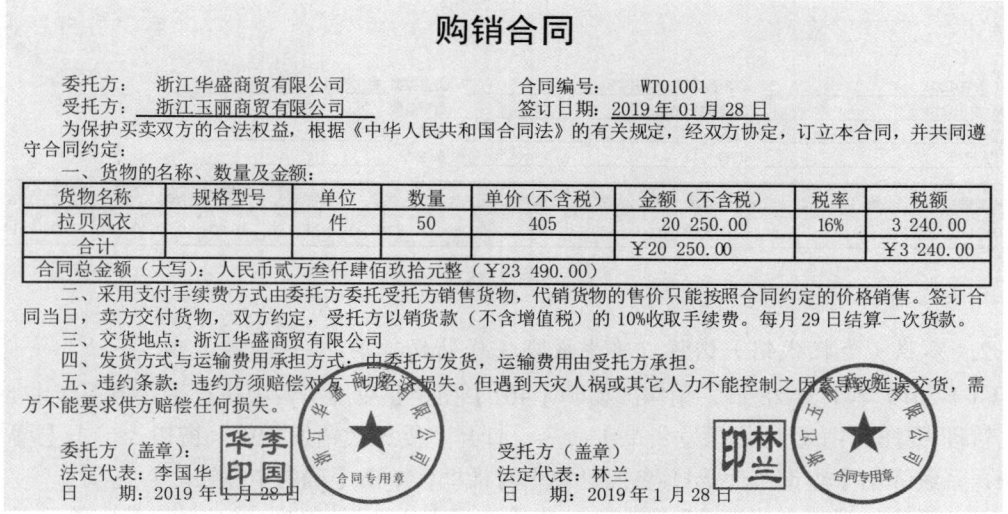

图 7-46

		出 库 单					
客户：浙江玉丽		2019年1月28日				单号：CK01025	
验收仓库	存货编码	存货名称	单位	数量		单价	金额
				应发	实发		
服装库	0101	拉贝风衣	件	50	50		
合计							
部门经理：略		会计：略		仓库：略		经办人：略	

图 7-47

【业务操作流程和岗位工作】

表 7-7 业务操作流程与岗位工作

操作日期	操作员	操作系统	操作流程
2019-01-28	销售员【301】	销售管理	（1）填制（委托代销）销售订单 （2）参照（委托代销）销售订单生成委托代销发货单
2019-01-28	仓管员【501】	库存管理	（3）参照委托代销发货单生成出库单
2019-01-28	财务会计【202】	存货核算	（4）发出商品记账并生成凭证

【操作指导】

1. 填制（委托代销）销售订单

（1）2019 年 1 月 28 日，销售员【401】在企业应用平台中执行【业务工作/供应链/销售管理/销售订货/销售订单】命令，打开"销售订单"窗口，单击工具栏中的【增加】按钮。

（2）在表头中，修改订单号为"WT01001"，选择业务类型为"委托代销"，选择销售类型为"委托销售"，供应商为"浙江玉丽"。在表体中，选择存货为"0101 拉贝风衣"，输入数量为"50"，单价为"405"，修改计划发货日期为"2019-01-28"，其他信息由系统自动带出。

（3）单击工具栏中的【保存】按钮，单击【审核】按钮，如图 7-48 所示。

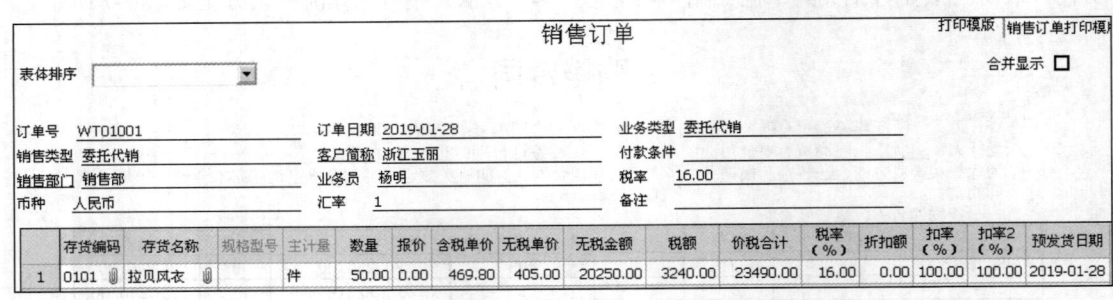

图 7-48

2. 参照（委托代销）销售订单生成委托代销发货单

（1）2019 年 1 月 28 日，销售部杨明【401】在企业应用平台中执行【业务工作/供应链/销售管理/委托代销/委托代销发货单】命令，打开"委托代销发货单"窗口。单击【增加】按钮，系统弹出【查询条件选择-参照订单】对话框，单击【确定】按钮。

（2）系统打开"参照生单"窗口，双击【选择】栏选择 WT01001 号订单。单击工具栏中的【确定】按钮，系统生成一张委托代销发货单。修改表体中的仓库名称为“服装库”，单击工具栏中的【保存】按钮，单击【审核】按钮，如图 7-49 所示。

委托代销发货单

打印模版 委托代销发货

表体排序

合并显示 □

发货单号 0000000001　　发货日期 2019-01-28　　业务类型 委托代销

销售类型 委托代销　　订单号 WT01001　　税率 16.00

客户简称 浙江玉丽　　销售部门 销售部　　业务员 杨明

发货地址　　发运方式　　付款条件

币种 人民币　　汇率 1　　备注

	仓库名称	存货编码	存货名称	规格型号	主计量	数量	报价	含税单价	无税单价	无税金额	税额	价税合计	税率（%）
1	服装库	0101	拉贝风衣		件	50.00	0.00	469.80	405.00	20250.00	3240.00	23490.00	16.00

图 7-49

3. 生成销售出库单

（1）2019 年 1 月 28 日，仓储部王娜【501】在企业应用平台中执行【业务工作/供应链/库存管理/出库业务/销售出库单】命令，打开“销售出库单”窗口。执行【生单/销售生单】命令，打开【查询条件选择-销售发货单列表】对话框，单击【确定】按钮。

（2）系统打开“销售生单”窗口，双击【选择】栏，选择上一步完成的“发货单”，单击【确定】按钮。系统自动生成销售出库单，修改出库单号为“CK01025”。单击工具栏中的【保存】按钮，再单击【审核】按钮，如图 7-50 所示。

销售出库单

表体排序

◉ 蓝字

○ 红字

出库单号 CK01025　　出库日期 2019-01-28　　仓库 服装库

出库类别 委托代销出库　　业务类型 委托代销　　业务号 0000000001

销售部门 销售部　　业务员 杨明　　客户 浙江玉丽

审核日期 2019-01-28　　备注

	存货编码	存货名称	规格型号	主计量单位	数量	单价	金额
1	0101	拉贝风衣		件	50.00		

图 7-50

4. 发出商品记账并生成凭证

（1）发出商品记账。2019 年 1 月 28 日，财务会计【202】在企业应用平台中执行【业务工作/供应链/存货核算/业务核算/发出商品记账】命令，打开【查询条件选择】对话框，单击【确定】按钮。打开“发出商品记账”窗口，双击【选择】栏，选择委托代销发货单，单击【记账】按钮，将委托代销发货单记账，系统提示【记账成功】。

（2）生成凭证。执行【财务核算/生成凭证】命令，打开“生成凭证”窗口，单击工具栏中的【选择】按钮，打开【查询条件】对话框，单击【确定】按钮。打开“未生成凭证单据一览表”窗口，单击【选择】栏，选中委托代销发货单，单击【确定】按钮。系统返回“生成凭证”窗口，凭证类别选择“记账凭证”，单击工具栏中的【生成】按钮，生成一张记账凭证，单击【保存】按钮，如图 7-51 所示。

已生成

记账凭证

记 字 0143 制单日期：2019.01.28 审核日期： 附单据数：1

摘要	科目名称	借方金额	贷方金额
委托代销发货单	发出商品	1500000	
委托代销发货单	库存商品		1500000
票号 日期	数量 单价 合计	1500000	1500000
备注 项目 个人 业务员	部门 客户		

记账 审核 出纳 制单 郝贤

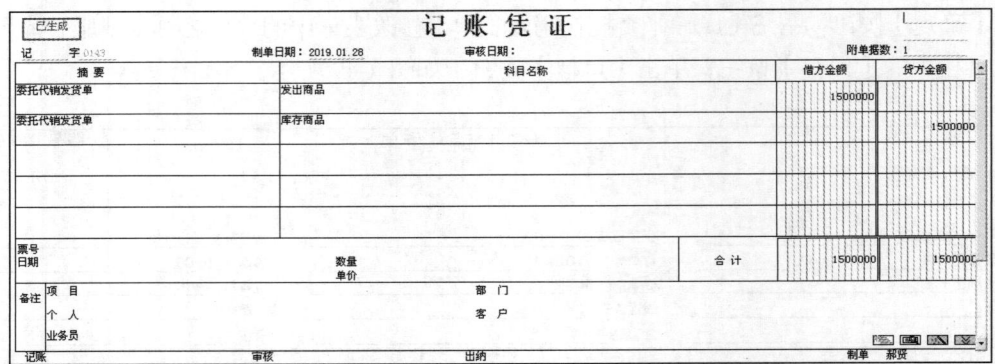

图 7-51

7.3.2 收到代销清单并办理结算

【业务内容】

1 月 29 日，收到浙江玉丽商贸有限公司开具的代销清单，同时，收到货款并结算对方手续费（现结），取得与该业务相关的凭证，如图 7-52 至图 7-55 所示。

商品代销清单

日期：2018 年 1 月 29 日 No. 01003

委托方		浙江华盛商贸有限公司			受托方	浙江玉丽商贸有限公司		
账号		2300316600055011598			账号	2300738538122255665		
开户银行		中国工商银行杭州滨江支行			开户银行	中国工商银行杭州市滨江支行		
代销货物	代销货物名称	规格型号	计量单位	数量	单价(不含税)	金额	税率	税额
	拉贝风衣		件	50	405	20 250.00	16%	3 240.00
	价税合计	（大写）人民币贰万叁仟肆佰玖拾元整				（小写）￥23 490.00		
代销方式		收取手续费						
代销款结算时间		根据代销货物销售情况于每月 29 日结算						
代销款结算方式		电汇						
本月代销货物销售情况	代销货物名称	规格型号	计量单位	数量	单价	金额	税率	税额
	拉贝风衣		件	20	405	8 100.00	16%	1 296.00
	价税合计	（大写）玖仟叁佰玖拾陆元整				（小写）￥9 396.00		
本月代销款结算金额		（大写）玖仟叁佰玖拾陆元整				（小写）￥9 396.00		

主管：略 审核：略 制单：略 受托方盖章：

图 7-52

浙江增值税专用发票

3300181140 此联不作报销、扣税凭证使用 No 77770201

开票日期：2019 年 1 月 29 日

购买方	名　　称：浙江玉丽商贸有限公司 纳税人识别号：913303085625323160 地 址、电 话：杭州市滨江区滨文路 9001 号，电话:0571-65066622 开户行及账号：中国工商银行杭州市滨江支行 2300738538122255665				密码区		
货物或应税劳务、服务名称	规格型号	单位	数量	单价	金额	税率	税额
拉贝风衣		件	20	405	8 100.00	16%	1 296.00
合计					￥8 100.00		￥1 296.00
价税合计	人民币（大写）玖仟叁佰玖拾陆元整				（小写）￥9 396.00		
销售方	名　　称：浙江华盛商贸有限公司 纳税人识别号：913301055711155568 地 址、电 话：浙江省杭州市滨江区滨和路 9588 号 0571-81998599 开户行及账号：中国工商银行杭州滨江支行 2300316600055011598				备注		

第一联：记账联 销售方记账凭证

收款人：略 复核：略 开票人：略 销货单位：（章）

图 7-53

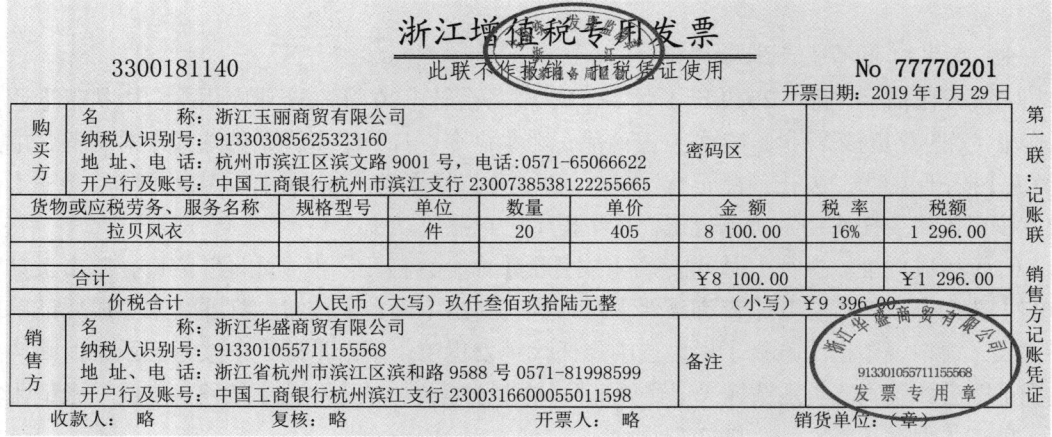

图 7-54

图 7-55

【业务操作流程和岗位工作】（见表 7-8）

表 7-8　业务操作流程与岗位工作

操作日期	操作员	操作系统	操作流程
2019-01-29	销售员【401】	销售管理	（1）参照委托代销发货单生成委托代销结算单 （2）查看销售发票并现结处理
2019-01-29	财务会计【202】	应收款管理	（3）审核销售发票并制单处理 （4）填制负向的应收单（委托代销手续费），审核并制单 （5）红票对冲
		存货核算	（6）发出商品记账并生成凭证

【操作指导】

1. 参照委托代销发货单生成委托代销结算单

2019 年 1 月 29 日，销售部杨明【401】在企业应用平台中执行【业务工作/供应链/销售管理/委托代销/委托代销结算单】命令，打开"委托代销结算单"窗口。单击工具栏中的【增加】按钮，系统弹出【查询条件选择-委托代销结算参照发货单】对话框，单击【确定】按钮。系统弹出"参照生单"窗口，选择 28 日浙江玉立的发货单，如图 7-56 所示。单击工具栏中的【确定】按钮。系统生成一张委托代销结算单，按照委托代销清单修改发票号为"77770201"，数量为"20"。单击工具栏中的【保存】按钮，如图 7-57 所示。

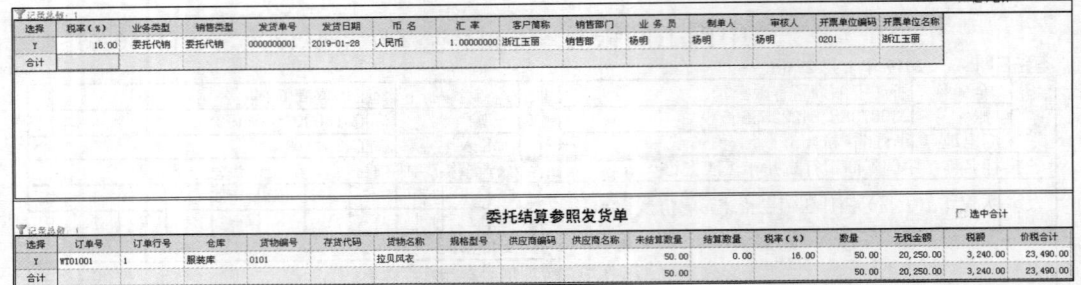

图 7-56

图 7-57

单击工具栏中的【审核】按钮，系统弹出【请选择发票类型】对话框，选择"专用发票"单选钮，如图 7-58 所示，单击【确定】按钮。系统生成一张发票号为"77770201"的销售专用发票。

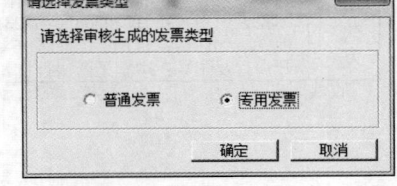

图 7-58

2. 查看销售发票并现结处理

销售员【401】在企业应用平台上执行【销售管理/销售开票/销售专用发票】命令，打开"销售专用发票"窗口，单击【➡】按钮。找到发票号为"77770201"的发票，单击工具栏中的【现结】按钮，打开【现结】对话框，选择结算方式为"电汇"，输入金额为"8537.40"，票据号为"11110305"，其他项默认，单击【确定】按钮。系统提示已现结，如图 7-59 所示。单击【复核】按钮，复核销售专用发票。

图 7-59

3. 审核销售发票并制单处理

2019 年 1 月 29 日，财务会计【202】在企业应用平台中执行【业务工作/财务会计/应收款管理/应收款单据处理/应收单据审核】命令，系统打开【应收单查询条件】对话框，单击【确定】按钮。打开"应收单据列表"窗口，双击 77770201 号发票【选择】栏右侧的任意单元格，系统打开"专用发票"窗口，单击工具栏中的【审核】按钮。系统提示【是否立即制单？】，单击【是】按钮，系统生成相关凭证。单击工具栏中的【保存】按钮，如图 7-60 所示。

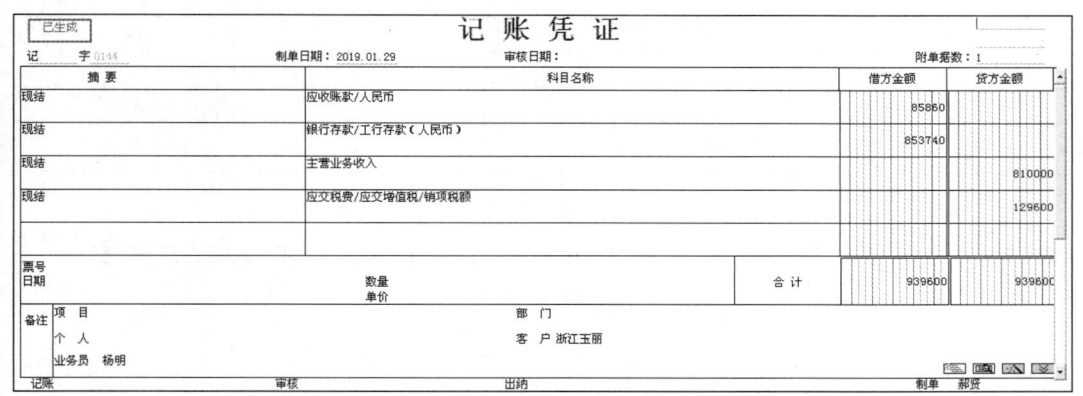

图 7-60

4. 填制负向的应收单（委托代销手续费）、审核并制单

（1）财务会计【202】执行【业务工作/财务会计/应收款管理/应收单据处理/应收单据录入】命令，系统弹出【单据类别】对话框，将应收单的方向改为"负向"，如图 7-61 所示，单击【确定】按钮。打开"应收单"窗口，单击工具栏中的【增加】按钮，填制红字应收单。

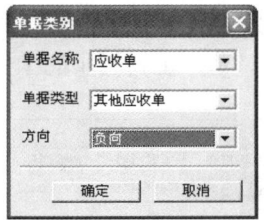

图 7-61

（2）在表头中，选择客户为"浙江玉丽"，输入金额为"858.60"，选择业务员为"杨明"。

（3）在表体中，单击表体第 1 行，将方向改为"借"，科目选择"660105 销售费用-委托代销手续费"，金额改为"810"；单击表体第 2 行，将方向改为"借"，科目选择"22210101 应交税费-应交增值税（进项税额）"，金额改为"48.60"。输入完成后，单击工具栏中的【保存】按钮，结果如图 7-62 所示。

图 7-62

（4）单击工具栏中的【审核】按钮，系统提示【是否立即制单？】，单击【是】按钮，系统自动生成记账凭证，单击工具栏中的【保存】按钮，如图 7-63 所示。

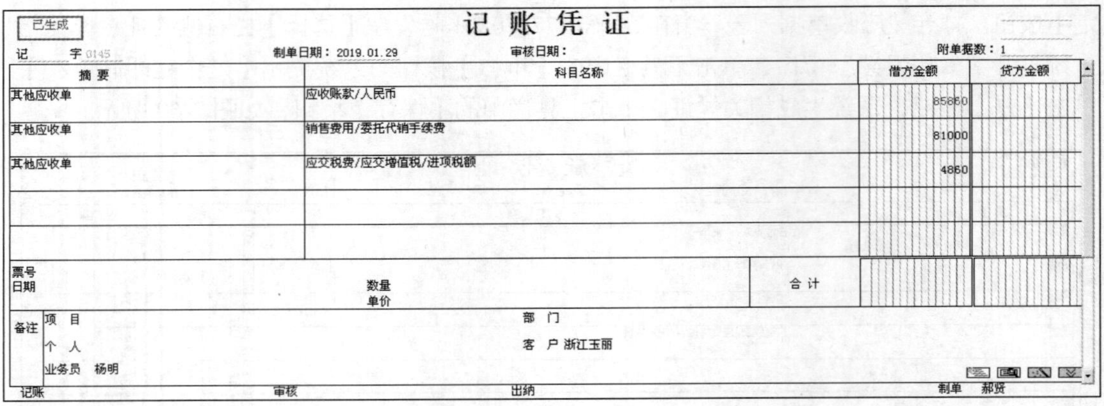

已生成

记账凭证

记 字 0145 制单日期：2019.01.29 审核日期： 附单据数：1

摘要	科目名称	借方金额	贷方金额
其他应收单	应收账款/人民币	85860	
其他应收单	销售费用/委托代销手续费	81000	
其他应收单	应交税费/应交增值税/进项税额	4860	

票号 日期 数量 单价 合计

备注 项目 部门

个人 客户 浙江玉丽

业务员 杨明

记账 审核 出纳 制单 郝贤

图 7-63

5. 红票对冲

财务会计【202】执行【应付款管理/转账/红票对冲/手工对冲】命令，打开【红票对冲条件】对话框，在供应商处选择“浙江玉丽”，单击【确定】按钮。打开“红票对冲”窗口，在窗口下方 77770201 号发票的“对冲金额”栏输入“858.60”，结果如图 7-64 所示。单击工具栏中的【保存】按钮，系统提示【是否立即制单？】，单击【是】按钮，系统自动生成记账凭证。单击工具栏中的【保存】按钮，结果如图 7-65 所示。

简易桌面 红票对冲 ×

单据日期	单据类型	单据编号	客户	币种	原币金额	原币余额	对冲金额	部门	业务员	合同名称
2019-01-29	其他应收单	0000000002	浙江玉丽	人民币	858.60	858.60	858.60	销售部	杨明	
合计					858.60	858.60	858.60			

单据日期	单据类型	单据编号	客户	币种	原币金额	原币余额	对冲金额	部门	业务员	合同名称
2019-01-29	销售专...	77770201	浙江玉丽	人民币	9,396.00	858.60	858.60	销售部	杨明	
合计					9,396.00	858.60	858.60			

图 7-64

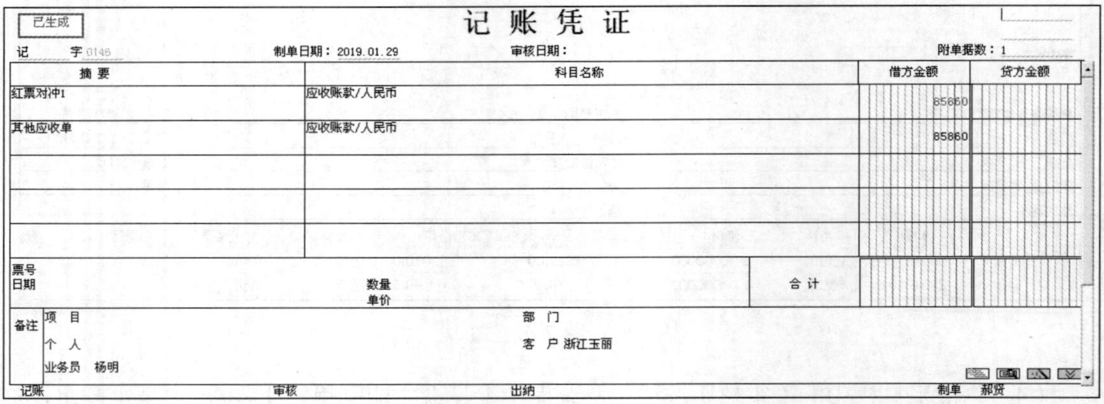

已生成

记账凭证

记 字 0146 制单日期：2019.01.29 审核日期： 附单据数：1

摘要	科目名称	借方金额	贷方金额
红票对冲1	应收账款/人民币	85860	
其他应收单	应收账款/人民币	85860	

票号 日期 数量 单价 合计

备注 项目 部门

个人 客户 浙江玉丽

业务员 杨明

记账 审核 出纳 制单 郝贤

图 7-65

注意事项

如果在红票对冲操作保存后,系统未提示【是否立即制单?】,或者在"制单处理"中查询并制单时,系统提示【红票对冲制单有效分录为零】,这是受控科目制单方式设置的问题,需要在【应付款管理-选项-凭证】页签下,在编辑状态下,选择受控科目制单方式为"明细到单据"。

6. 发出商品记账并生成凭证

(1)发出商品记账。2019年1月29日,财务会计【202】在企业应用平台中执行【业务工作/供应链/存货审核/业务核算/发出商品记账】命令,打开【查询条件选择】对话框,单击【确定】按钮。打开"发出商品记账列表"窗口,单击【全选】按钮,选中77770201号发票,如图7-66所示。单击【记账】按钮,将销售专用发票记账,系统提示【记账成功】。

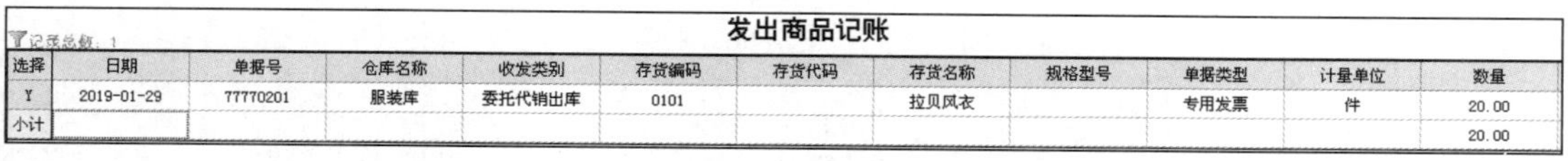

选择	日期	单据号	仓库名称	收发类别	存货编码	存货代码	存货名称	规格型号	单据类型	计量单位	数量
Y	2019-01-29	77770201	服装库	委托代销出库	0101		拉贝风衣		专用发票	件	20.00
小计											20.00

图 7-66

(2)生成凭证。执行【财务结算/生成凭证】命令,打开【查询条件】对话框,单击【确定】按钮。打开"未生成单据凭证一览表"窗口,单击工具栏中的【选择】栏,选中77770201号发票,单击【确定】按钮。返回"生成凭证"窗口,凭证类别选择"记账凭证"。单击【生成】按钮,生成一张记账凭证,如图7-67所示,单击【保存】按钮。

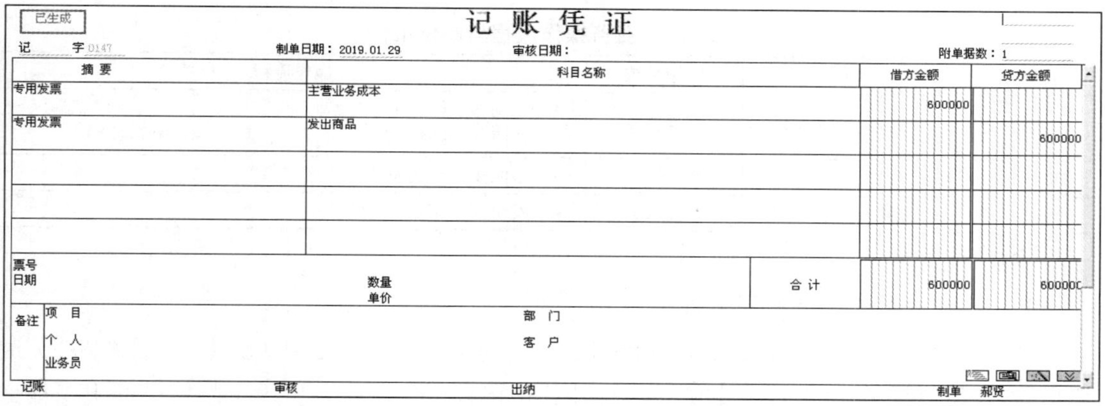

摘要	科目名称	借方金额	贷方金额
专用发票	主营业务成本	600000	
专用发票	发出商品		600000
	合计	600000	600000

图 7-67

7.4 委托代销业务(视同买断方式)

7.4.1 签订委托代销合同,发出商品

【业务内容】

2019年1月29日,我公司与浙江通顺商贸有限公司签订委托代销合同(视同买断方式),并发出商品,如图7-68和图7-69所示。业务操作流程及分工如表7-9所示。

购销合同

委托方：浙江华盛商贸有限公司　　　　　合同编号：WT01002
受托方：浙江通顺商贸有限公司　　　　　签订日期：2019 年 01 月 29 日

为保护买卖双方的合法权益，根据《中华人民共和国合同法》的有关规定，经双方协定，订立本合同，并共同遵守合同约定：

一、货物的名称、数量及金额：

货物名称	规格型号	单位	数量	单价（不含税）	金额（不含税）	税率	税额
拉贝衬衫		件	50	220	11 000.00	16%	1 760.00
合计					￥11 000.00		￥1 760.00

合同总金额（大写）：人民币壹万贰仟柒佰陆拾元整（￥12 760.00）

二、采用视同买断方式由委托方委托受托方销售货物，即受托方在取得代销商品后是否获利，均与委托方无关；2019年 5 月 31 日前未销售完的商品可退回给委托方。受托方根据代销货物销售情况，签每月 27 日依照结算清单结算一次货款。付款方式：电汇。

三、交货地点：浙江华盛商贸有限公司

四、发货方式与运输费用承担方式：由卖方发货，运输费用由买方承担。

图 7-68

出 库 单

供应商：浙江通顺　　　　　2019 年 1 月 29 日　　　　　单号：CK01026

验收仓库	存货编码	存货名称	单位	数量		单价	金额
				应发	实发		
服装库	0102	拉贝衬衫	件	50	50		
合计							

部门经理：略　　　　会计：略　　　　仓库：略　　　　经办人：略

图 7-69

【业务操作流程和岗位工作】

表 7-9　业务操作流程与岗位工作

操作日期	操作员	操作系统	操作流程
2019-01-29	销售员【301】	销售管理	（1）填制（委托代销）销售订单 （2）参照（委托代销）销售订单生成委托代销发货单
2019-01-29	仓管员【501】	库存管理	（3）参照委托代销发货单生成出库单
2019-01-29	财务会计【202】	存货核算	（4）发出商品记账并生成凭证

【操作指导】

1. 填制（委托代销）销售订单

（1）2019 年 1 月 29 日，销售部杨明【401】在企业应用平台中执行【业务工作/供应链/销售管理/销售订货/销售订单】命令，打开"销售订单"窗口，单击工具栏中的【增加】按钮。

（2）在表头中，修改订单号为"WT01002"，选择业务类型为"委托代销"，选择销售类型为"委托销售"，供应商为"浙江通顺"。在表体中，选择存货为"0102 拉贝衬衫"，输入数量为"50"，单价为"220"，修改计划发货日期为"2019-01-29"，其他信息由系统自动带出。

（3）在工具栏中，单击【保存】按钮，单击【审核】按钮，如图 7-70 所示。

2. 参照（委托代销）销售订单生成委托代销发货单

（1）2019 年 1 月 29 日，销售部杨明【401】在企业应用平台中执行【业务工作/供应链/销售管理/委托代销/委托代销发货单】命令，打开"委托代销发货单"窗口。单击【增加】按钮，系统弹出【查询条件选择-参照订单】对话框，单击【确定】按钮。

图 7-70

（2）系统打开"参照生单"窗口，双击【选择】栏，选择 WT01002 号订单。单击工具栏中的【确定】按钮，系统生成一张委托代销发货单，修改表体中的仓库名称为"服装库"，单击工具栏中的【保存】按钮，单击【审核】按钮，如图 7-71 所示。

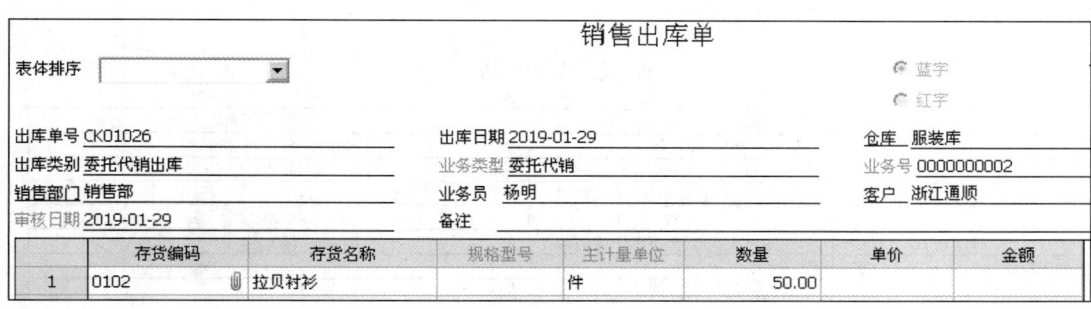

图 7-71

3. 参照委托代销发货单生成出库单

（1）2019 年 1 月 29 日，仓储部王娜【501】在企业应用平台中执行【业务工作/供应链/库存管理/出库业务/销售出库单】命令，打开"销售出库单"窗口。执行【生单/销售生单】命令，打开【查询条件选择-销售发货单列表】对话框，单击【确定】按钮。

（2）系统打开"销售生单"窗口，双击【选择】栏，选择上一步完成的"发货单"，单击【确定】按钮。系统自动生成销售出库单，修改出库单号为"CK01026"。单击工具栏中的【保存】按钮，再单击【审核】按钮，如图 7-72 所示。

图 7-72

4. 发出商品记账并生成凭证

（1）发出商品记账。2019 年 1 月 29 日，财务会计【202】在企业应用平台中执行【业务工作/供应链/存货核算/业务核算/发出商品记账】命令，打开【查询条件选择】对话框，单击

【确定】按钮。打开"发出商品记账"窗口,单击工具栏中的【全选】按钮,如图 7-73 所示。单击【记账】按钮,将委托代销发货单记账,系统提示【记账成功】。

选择	日期	单据号	仓库名称	收发类别	存货编码	存货代码	存货名称	规格型号	单据类型	计量单位	数量
Y	2019-01-29	0000000002	服装库	委托代销出库	0102		拉贝衬衫		委托代销发货单	件	50.00
小计											50.00

图 7-73

(2)生成凭证。执行【财务核算/生成凭证】命令,单击工具栏中的【选择】按钮,打开【查询条件】对话框,单击【确定】按钮。打开"未生成凭证单据一览表"窗口,单击【选择】栏,选中委托代销发货单,单击【确定】按钮。系统打开"生成凭证"窗口,凭证类别选择"记账凭证"。单击工具栏中的【生成】按钮,生成一张记账凭证。单击【保存】按钮,如图 7-74 所示。

记 账 凭 证

已生成　记　字 0149　制单日期: 2019.01.29　审核日期:　附单据数: 1

摘要	科目名称	借方金额	贷方金额
委托代销发货单	发出商品	900000	
委托代销发货单	库存商品		900000
	合计	900000	900000

图 7-74

7.4.2 收到代销清单并办理结算

【业务内容】

2019 年 1 月 30 日,收到浙江通顺商贸有限公司开具的委托代销清单并办理代销结算(现结),已向对方开具增值税专用发票,取得与该业务相关的凭证,如图 7-75 至图 7-77 所示。业务操作流程及分工如表 7-10 所示。

商 品 代 销 清 单

日期: 2018 年 1 月 30 日　　No. 01004

委托方	浙江华盛商贸有限公司			受托方	浙江通顺商贸有限公司		
账号	2300316600055011598			账号	2300538117915566668		
开户银行	中国工商银行杭州滨江支行			开户银行	中国工商银行杭州市西湖支行		
代销货物	代销货物名称	规格型号	计量单位	数量	单价(不含税)	金额	税率	税额
	拉贝衬衫		件	50	220	11 000.00	16%	1 760.00
	价税合计	(大写)人民币壹万贰仟柒佰陆拾元整				(小写)¥12 760.00		
代销方式	视同买断							
代销款结算时间	根据代销货物销售情况于每月 30 日结算							
代销款结算方式	电汇							
本月代销货物销售情况	代销货物名称	规格型号	计量单位	数量	单价	金额	税率	税额
	拉贝衬衫		件	30	220	6 600.00	16%	1 056.00
	价税合计	(大写)柒仟陆佰伍拾陆元整				(小写)¥7 656.00		
本月代销款结算金额	(大写)柒仟陆佰伍拾陆元整					(小写)¥7 656.00		
主管:略	审核:略		制单:略		受托方盖章:			

图 7-75

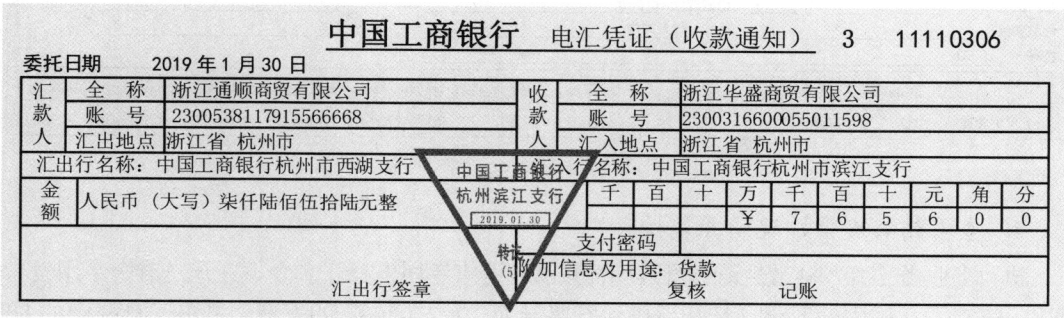

图 7-76

图 7-77

【业务操作流程和岗位工作】

表 7-10　业务操作流程与岗位工作

操作日期	操作员	操作系统	操作流程
2019-01-30	销售员【301】	销售管理	（1）参照委托代销发货单生成委托代销结算单 （2）查看销售发票、现结并复核
2019-01-30	财务会计【202】	应收款管理	（3）审核销售发票并制单处理
		存货核算	（4）发出商品记账并生成凭证

【操作指导】

1. 参照委托代销发货单生成委托代销结算单

2019年1月30日，销售部杨明【401】在企业应用平台中执行【业务工作/供应链/销售管理/委托代销/委托代销结算单】命令，打开"委托代销结算单"窗口。单击工具栏中的【增加】按钮，系统弹出【查询条件选择-委托代销结算参照发货单】对话框，单击【确定】按钮。系统弹出"参照生单"窗口，选择29日浙江通顺的发货单，如图7-78所示。单击工具栏中的【确定】按钮。系统生成一张委托代销结算单，按照委托代销清单修改发票号为"77770203"，数量为"30"，单击工具栏中的【保存】按钮，如图7-79所示。

单击工具栏中的【审核】按钮，系统弹出【请选择发票类型】对话框，勾选"专用发票"复选框，单击【确定】按钮。系统生成一张发票号为"77770203"的销售专用发票。

图 7-78

图 7-79

2. 查看销售发票、现结并复核

执行【业务工作/供应链/销售管理/销售开票/销售专用发票】命令,打开"销售专用发票"窗口,单击工具栏中的【◀】按钮,找到发票号为"77770203"的发票。单击工具栏中的【现结】按钮,打开【现结】对话框,选择结算方式为"电汇",输入原币金额为"7656",票据号为"11110306",其他项默认,单击【确定】按钮。回到"销售专用发票"窗口,单击工具栏中的【复核】按钮,完成发票的复核,如图 7-80 所示。

图 7-80

3. 审核销售发票并制单处理

2019 年 1 月 30 日,财务会计【202】在企业应用平台中执行【业务工作/财务会计/应收款管理/应收单据处理/应收单据审核】命令,系统打开【应收单查询条件】对话框,单击【确定】按钮。打开"应收单据列表"窗口,双击 77770203 号发票【选择】栏右侧的任意单元格,系统打开"专用发票"窗口,单击工具栏中的【审核】按钮。系统提示"是否立即制单?",单击【是】按钮,系统生成相关凭证。单击工具栏中的【保存】按钮,如图 7-81 所示。

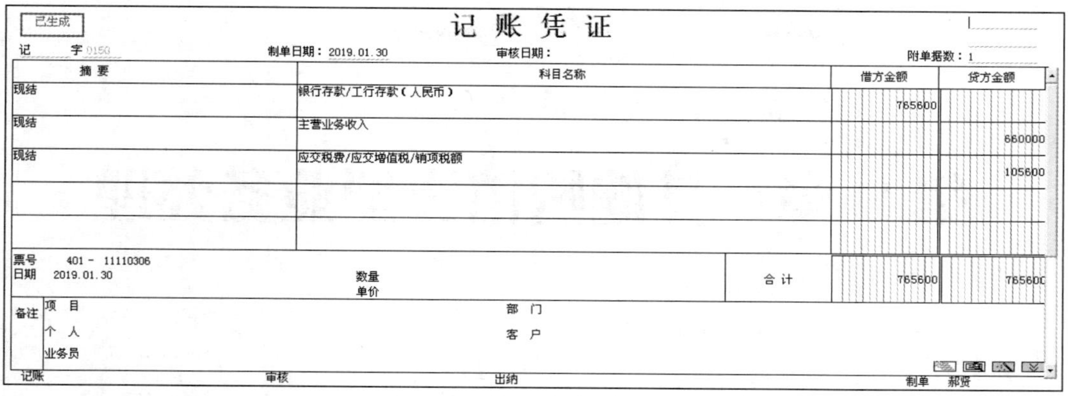

已生成

记账凭证

记 字 0150 制单日期：2019.01.30 审核日期： 附单据数：1

摘要	科目名称	借方金额	贷方金额
现结	银行存款/工行存款（人民币）	765600	
现结	主营业务收入		660000
现结	应交税费/应交增值税/销项税额		105600
票号 401 - 11110306 日期 2019.01.30	数量 单价 合计	765600	765600

备注 项目 部门

个人 客户

业务员

记账 审核 出纳 制单 郝贤

图 7-81

4. 发出商品记账并生成凭证

（1）发出商品记账。2019 年 1 月 30 日，财务会计【202】在企业应用平台中执行【业务工作/供应链/存货审核/业务核算/发出商品记账】命令，打开【查询条件选择】对话框，单击【确定】按钮。打开“发出商品记账列表”窗口，单击【全选】按钮，选中 77770203 号发票，单击【记账】按钮，将销售专用发票记账，系统提示【记账成功】。

（2）生成凭证。执行【财务结算/生成凭证】命令，单击工具栏中的【选择】按钮，打开【查询条件】对话框，单击【确定】按钮。打开“未生成单据凭证一览表”窗口，单击工具栏中的【选择】栏，选中 77770203 号发票，单击【确定】按钮。返回“生成凭证”窗口，凭证类别选择“记账凭证”。单击【生成】按钮，生成一张记账凭证，单击【保存】按钮，如图 7-82 所示。

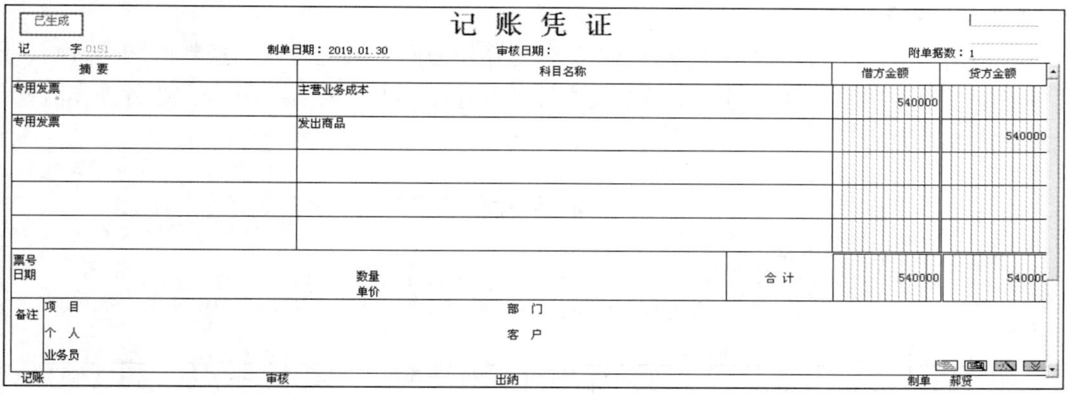

已生成

记账凭证

记 字 0151 制单日期：2019.01.30 审核日期： 附单据数：1

摘要	科目名称	借方金额	贷方金额
专用发票	主营业务成本	540000	
专用发票	发出商品		540000
票号 日期	数量 单价 合计	540000	540000

备注 项目 部门

个人 客户

业务员

记账 审核 出纳 制单 郝贤

图 7-82

第 8 章 其他购销类型业务处理

学习要点

掌握以旧换新、债务重组、售后回购、附有销售退回条件的销售业务的处理思路与流程。

8.1 以旧换新销售业务

采取以旧换新方式销售货物,应按新货物的同期销售价格确定销售额。采取以旧换新方式销售货物,除金银首饰可以按实际收取的差价确认收入外,其他以旧换新方式销售货物均应按新货物的同期销售价格,即全价计税并开具增值税专用发票,同时,收取旧货物时取得的增值税专用发票可以抵扣进项税额。

【业务内容】

2019 年 1 月 30 日,销售部杨明与浙江伟伦超市有限公司签订以旧换新的购销合同,已开具增值税专用发票。取得与该业务相关的凭证,如图 8-1 至图 8-6 所示。业务操作流程与分工如表 8-1 所示。

购销合同

卖方:<u>浙江华盛商贸有限公司</u>　　合同编号:<u>HX01001</u>
买方:<u>浙江伟伦超市有限公司</u>　　签订日期:<u>2019 年 01 月 30 日</u>

为保护买卖双方的合法权益,根据《中华人民共和国合同法》的有关规定,经双方协定,订立本合同,并共同遵守合同约定:

一、货物的名称、数量及金额:

货物名称	规格型号	单位	数量	单价(不含税)	金额(不含税)	税率	税额
恒祥针织帽		件	100	150	15 000.00	16%	2 400.00
合计					¥15 000.00		¥2 400.00

合同总金额(大写):人民币壹万柒仟肆佰元整(¥17 400.00)

二、以旧换新销售条件:若买方提供同品牌旧针织帽,每只可作价 50 元,买方交差价即可换回所换购的同品牌同数量全新产品。签订合同当日,卖方即向买方发货并收回同品牌旧针织帽,买方当日支付货款。付款结算方式:转账支票。

三、交货地点:浙江伟伦超市有限公司

四、发货方式与运输费用承担方式:由卖方发货,运输费用由买方承担。

图 8-1

浙江增值税专用发票

3300181140
此联不作报销、扣税凭证使用
No 88880101
开票日期：2019 年 1 月 30 日

购买方	名　称：浙江伟伦超市有限公司 纳税人识别号：913309860162659568 地址、电话：杭州市通惠路 1999 号 0571-65355989 开户行及账号：中国工商银行杭州通惠路支行 2300657899238657890	密码区	

货物或应税劳务、服务名称	规格型号	单位	数量	单价	金额	税率	税额
恒祥针织帽		件	100	150	15 000.00	16%	2 400.00
合计					¥15 000.00		¥2 400.00
价税合计（大写）	⊗壹万柒仟肆佰元整				（小写）17 400.00		

销售方	名　称：浙江华盛商贸有限公司 纳税人识别号：913301055711155568 地址、电话：浙江省杭州市滨江区滨和路 9588 号 0571-81998599 开户行及账号：中国工商银行杭州滨江支行 2300316600055011598	备注	

收款人：略　　复核：略　　开票人：略　　销货单位：(章)

图 8-2

浙江增值税专用发票

3300181140
发票联
No 88880102
开票日期：2019 年 1 月 30 日

购买方	名　称：浙江华盛商贸有限公司 纳税人识别号：913301055711155568 地址、电话：浙江省杭州市滨江区滨和路 9588 号 0571-81998599 开户行及账号：中国工商银行杭州滨江支行 2300316600055011598	密码区	

货物或应税劳务、服务名称	规格型号	单位	数量	单价	金额	税率	税额
恒祥针织帽		件	100	50	5 000.00	16%	800.00
合计					¥5 000.00		¥800.00
价税合计（大写）	⊗伍仟捌佰元整				（小写）¥5 800.00		

销售方	名　称：浙江伟伦超市有限公司 纳税人识别号：913309860162659568 地址、电话：杭州市通惠路 1999 号 0571-65355989 开户行及账号：中国工商银行杭州通惠路支行 2300657899238657890	备注	

收款人：略　　复核：略　　开票人：略　　销货单位：(章)

图 8-3

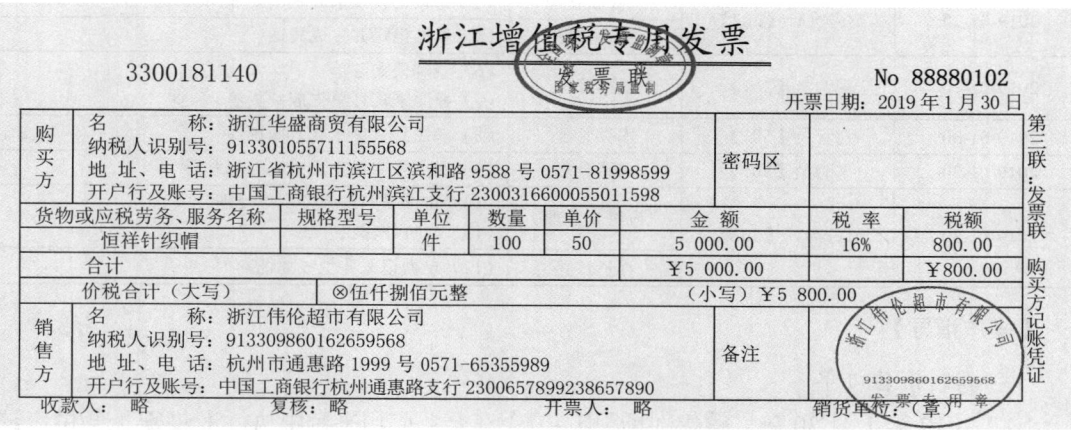

图 8-4

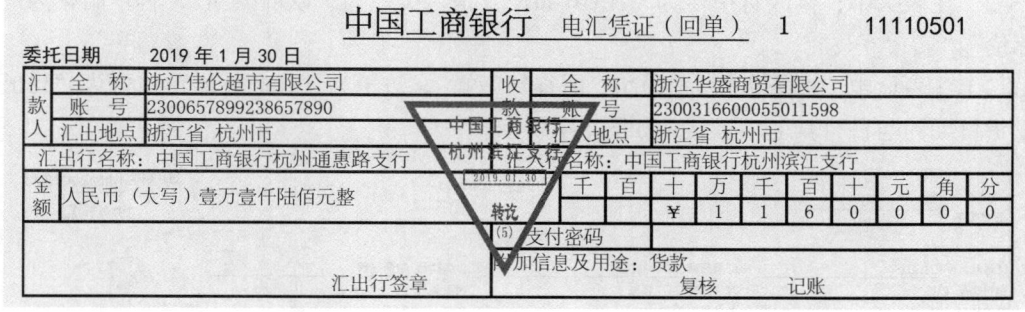

图 8-5

供应商：浙江伟伦		入库单 2019年1月30日				单号：RK01030	
验收仓库	存货编码	存货名称	单位	数量		单价	金额
				应收	实收		
废旧品库	0202	恒祥针织帽	件	50	50		
合计							
部门经理：略		会计：略		仓库：略		经办人：略	

图 8-6

【业务操作流程和岗位工作】

表 8-1　业务操作流程与岗位工作

操作日期	操作员	操作系统	操作流程
2019-01-30	销售员【401】	销售管理	（1）填制销售订单 （2）参照销售订单生成销售专用发票并现结处理
2019-01-30	仓管员【501】	库存管理	（3）参照发货单生成出库单
2019-01-30	财务会计【202】	应收款管理	（4）审核销售发票并制单处理
		存货核算	（5）单据记账并生成凭证
2019-01-30	采购员【301】	采购管理	（6）填制采购订单 （7）参照采购订单生成到货单
2019-01-30	仓管员【501】	库存管理	（8）参照到货单生成入库单
2019-01-30	采购员【301】	采购管理	（9）参照入库单生成采购专用发票
2019-01-30	财务会计【202】	应付款管理	（10）审核采购发票并制单处理 （11）应付冲应收
		存货核算	（12）单据记账并生成凭证

【操作指导】

1．填制销售订单

（1）2019年1月30日，销售部杨明【401】在企业应用平台中执行【业务工作/供应链/销售管理/销售订货/销售订单】命令，打开"销售订单"窗口，单击【增加】按钮。

（2）在表头中，修改订单号为"HX01001"，销售类型为"以旧换新"，客户简称为"浙江伟伦"。

（3）在表体中，选择存货为"0202 恒祥针织帽"，数量为"100"，原币单价为"150"，预发货日期为当日，其他项默认，如图 8-7 所示。

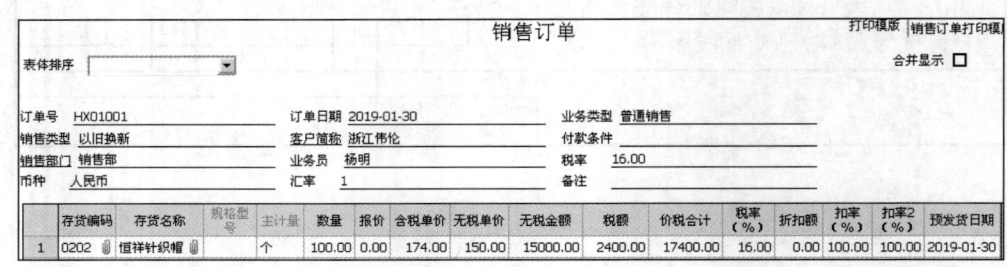

图 8-7

（4）在工具栏中，单击【保存】按钮，单击【审核】按钮。关闭并退出该窗口。

2．参照销售订单生成销售专用发票并现结处理

（1）生成销售专用发票。2019年1月30日，销售部杨明【401】在企业应用平台中执行

【业务工作/供应链/销售管理/销售开票/销售专用发票】命令，打开“销售专用发票”窗口。单击工具栏中的【增加】按钮，系统弹出【查询条件选择-参照订单】对话框，单击【确定】按钮。系统打开“参照生单”窗口，双击【选择】栏，选择“HX01001”号订单。单击工具栏中的【确定】按钮。系统自动生成“销售专用发票”，修改发票号为“88880101”，修改表体中的仓库名称为“配饰库”，单击工具栏中的【保存】按钮，保存该单据。

（2）现结、复核。单击工具栏中的【现结】按钮，打开【现结】对话框，输入结算方式为“电汇”，原币单价为“11600”，票据号为“11110501”，其他项默认。单击【确定】按钮，发票提示“已现结”，如图 8-8 所示。单击工具栏中的【复核】按钮，复核该单据，然后退出该单据。发票复核后，系统自动生成已审核的发货单。

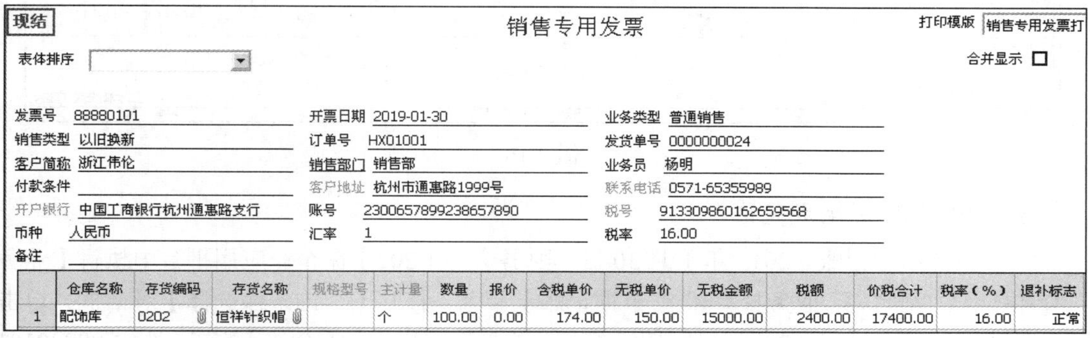
现结

销售专用发票

打印模版 销售专用发票打

表体排序

合并显示 □

发票号 88880101　开票日期 2019-01-30　业务类型 普通销售

销售类型 以旧换新　订单号 HX01001　发货单号 0000000024

客户简称 浙江伟伦　销售部门 销售部　业务员 杨明

付款条件　客户地址 杭州市通惠路1999号　联系电话 0571-65355989

开户银行 中国工商银行杭州通惠路支行　账号 2300657899238657890　税号 913309860162659568

币种 人民币　汇率 1　税率 16.00

备注

	仓库名称	存货编码	存货名称	规格型号	主计量	数量	报价	含税单价	无税单价	无税金额	税额	价税合计	税率（%）	退补标志
1	配饰库	0202	恒祥针织帽		个	100.00	0.00	174.00	150.00	15000.00	2400.00	17400.00	16.00	正常

图 8-8

3. 参照销售发货单生成出库单

2019 年 1 月 30 日，仓储部王娜【501】在企业应用平台中执行【业务工作/供应链/库存管理/出库业务/销售出库单】命令，打开“销售出库单”窗口。执行【生单/销售生单】命令，打开【查询条件选择-销售发货单列表】对话框，单击【确定】按钮。系统打开“销售生单”窗口，双击上一步查看的“发货单”的【选择】栏，在【选择】栏出现【Y】。单击工具栏中的【确定】按钮。系统自动生成销售出库单，修改出库单号为“CK01027”，如图 8-9 所示。在工具栏中，单击【保存】按钮，单击【审核】按钮，退出该窗口。

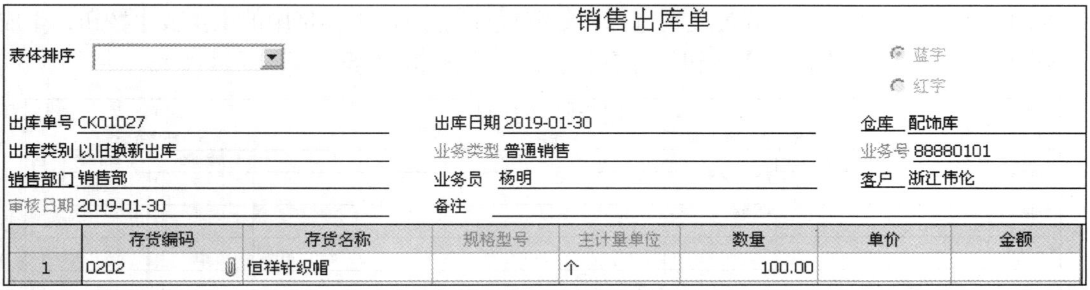
销售出库单

表体排序

蓝字

红字

出库单号 CK01027　出库日期 2019-01-30　仓库 配饰库

出库类别 以旧换新出库　业务类型 普通销售　业务号 88880101

销售部门 销售部　业务员 杨明　客户 浙江伟伦

审核日期 2019-01-30　备注

	存货编码	存货名称	规格型号	主计量单位	数量	单价	金额
1	0202	恒祥针织帽		个	100.00		

图 8-9

4. 审核销售发票并制单处理

2019 年 1 月 30 日，财务会计【202】在企业应用平台中执行【业务工作/财务会计/应收款管理/应收款单据处理/应收单据审核】命令，系统弹出【应收单查询条件】对话框，勾选“包含已现结发票”复选框，单击【确定】按钮。打开“应收单据列表”窗口，双击 88880101

号发票【选择】栏右侧的任意单元格,打开"专用发票"窗口,单击工具栏中的【审核】按钮,系统提示【是否立即制单?】,单击【确定】按钮,系统生成一张记账凭证。单击工具栏中的【保存】按钮,如图 8-10 所示。

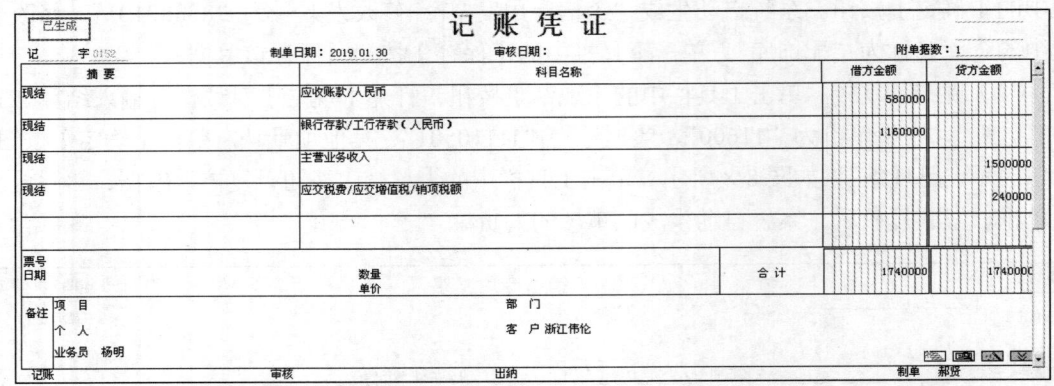

图 8-10

5. 单据记账并生成凭证

(1)正常单据记账。2019 年 1 月 30 日,财务会计【202】在企业应用平台中执行【业务工作/供应链/存货核算/业务核算/正常单据记账】命令,打开【查询条件选择】对话框,单击【确定】按钮。打开"正常单据记账列表"窗口,单击工具栏中的【全选】按钮,选中 88880101 号发票,如图 8-11 所示。单击工具栏中的【记账】按钮,系统提示【记账成功】。

选择	日期	单据号	存货编码	存货名称	规格型号	存货代码	单据类型	仓库名称	收发类别	数量	单价
√	2019-01-30	88880101	0202	恒祥针织帽			专用发票	配饰库	以旧换新出库	100.00	
小计										100.00	

图 8-11

(2)生成凭证。执行【财务核算/生成凭证】命令,单击工具栏中的【选择】按钮,打开【查询条件】对话框,单击【确定】按钮。打开"未生成凭证单据一览表"窗口,单击【选择】栏,选中待生成凭证的 88880101 号专用发票,【选择】栏出现【1】,单击【确定】按钮。系统返回"生成凭证"窗口,凭证类别选择"记账凭证",单击工具栏中的【生成】按钮,生成一张记账凭证。单击【保存】按钮,保存该凭证,如图 8-12 所示。

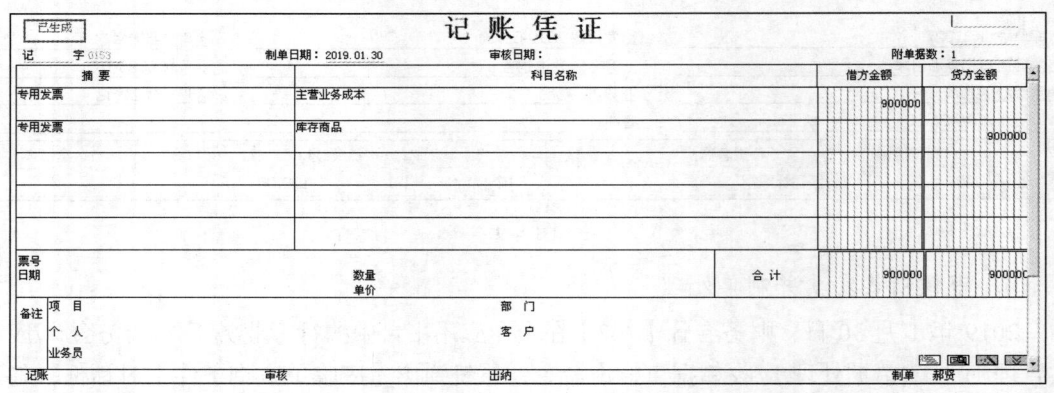

图 8-12

6. 填制采购订单

（1）2019 年 1 月 30 日，采购部梁燕【301】按合同在企业应用平台中执行【业务工作/供应链/采购管理/采购订货/采购订单】命令，打开"采购订单"窗口，单击工具栏中的【增加】按钮。

（2）在表头中，修改订单编号为"HX01001"，采购类型为"以旧换新"，供应商为"浙江伟伦"。

（3）在表体中，选择存货为"0202 恒祥针织帽"，数量为"100"，原币单价为"50"，计划到货日期为"2019-01-30"，其他信息由系统自动带出，如图 8-13 所示。在工具栏中，单击【保存】按钮，单击【审核】按钮。

图 8-13

7. 参照采购订单生成到货单

2019 年 1 月 30 日，采购部梁燕【301】在企业应用平台中执行【业务工作/供应链/采购管理/采购到货/到货单】命令，打开"到货单"窗口。单击工具栏中的【增加】按钮，执行【生单/采购订单】命令，打开【查询条件选择-采购订单列表过滤】对话框，单击【确定】按钮。系统弹出"拷贝并执行"窗口，选中 HX01001 号采购订单，单击工具栏中的【确定】按钮，系统自动生成到货单，如图 8-14 所示。在工具栏中，单击【保存】按钮，单击【审核】按钮。

图 8-14

8. 参照到货单生成入库单

（1）2019 年 1 月 30 日，仓储部王娜【501】在企业应用平台中执行【业务工作/供应链/库存管理/入库业务/采购入库单】命令，打开"采购入库单"窗口。执行【生单/采购到货单（蓝字）】命令，打开【查询条件选择-采购到货单列表】对话框，单击【确定】按钮。系统打开"到货单生单列表"窗口，双击【选择】栏，选择浙江伟伦的"到货单生单表头"，在【选择】栏出现【Y】，单击工具栏中的【确定】按钮，系统自动参照到货单生成入库单。

（2）选择仓库为"废旧品库"，修改入库单号为"RK01030"，如图 8-15 所示。单击工具栏中的【保存】按钮，单击【审核】按钮。

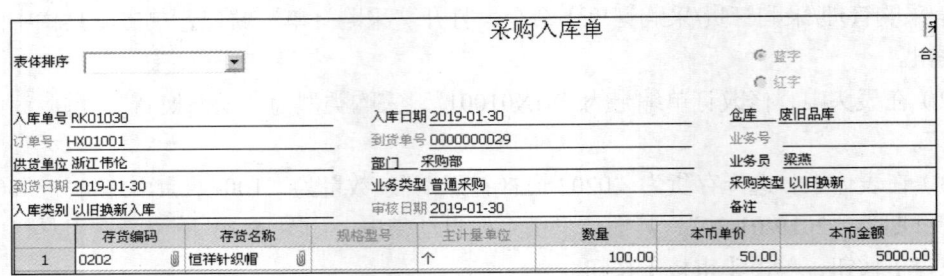

图 8-15

9. 参照入库单生成采购专用发票

（1）2019 年 1 月 30 日，采购部梁燕【301】在企业应用平台中执行【业务工作/供应链/采购管理/采购发票/采购专用发票】命令，打开"专用发票"窗口。单击【增加】按钮，执行【生单/入库单】命令，打开【查询条件选择—采购入库单列表过滤】对话框，单击【确定】按钮。系统弹出"拷贝并执行"窗口，双击【选择】栏，选中 RK01030 号采购入库单，【选择】栏出现【Y】，单击工具栏中的【确定】按钮。

（2）系统自动参照入库单生成采购专用发票，修改发票号为"88880102"，单击工具栏中的【保存】按钮，再单击【结算】按钮，将该发票与上一步的采购入库单直接结算，如图 8-16 所示，然后关闭该窗口。结算后系统自动生成结算单，可在"结算单列表"中查看。

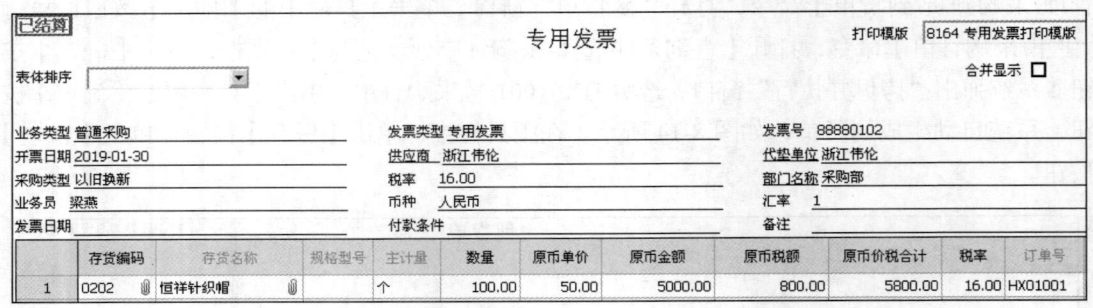

图 8-16

10. 审核采购发票并制单处理

2019 年 1 月 30 日，财务会计郝贤【202】在企业应用平台中执行【业务工作/财务会计/应付款管理/应付单据处理/应付单据审核】命令，打开【应付单查询条件】对话框，单击【确定】按钮。系统弹出"应付单据列表"窗口，双击 88880102 号发票行【选择】栏右侧的任意单元格，打开"采购发票"窗口，单击工具栏中的【审核】按钮，系统直接弹出提示【是否立即制单？】，单击【是】按钮，生成一张记账凭证。单击工具栏中的【保存】按钮，如图 8-17 所示。

11. 应付冲应收

（1）2019 年 1 月 30 日，财务部郝贤【202】在企业应用平台中执行【业务工作/财务会计/应付款管理/转账/应付冲应收/手工对冲】命令，打开【应付冲应收】对话框，在"应付"

选项卡下选择供应商为"浙江伟伦",在"应收"选项卡下选择供应商为"浙江伟伦",如图 8-18 所示。单击【确定】按钮,打开"应付冲应收"窗口。

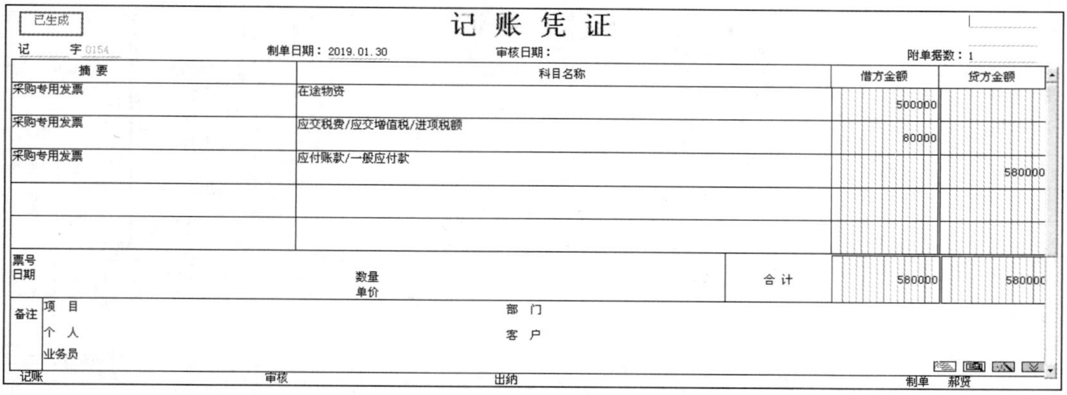

图 8-17

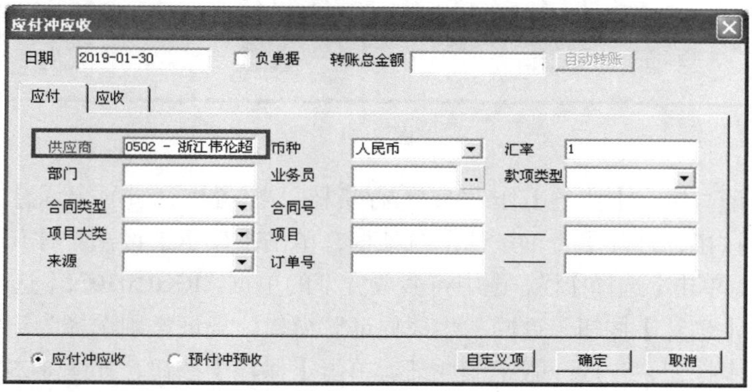

图 8-18

(2)在窗口上、下方的采购发票和销售发票"转账金额"栏输入"5800",如图 8-19 所示。单击工具栏中的【保存】按钮,系统提示【是否立即制单?】,单击【是】按钮,生成一张记账凭证。单击工具栏中的【保存】按钮,如图 8-20 所示。

图 8-19

12. 单据记账并生成凭证

(1)正常单据记账。2019 年 1 月 30 日,财务会计郝贤【202】在企业应用平台中执行【业务工作/供应链/存货核算/业务核算/正常单据记账】命令,打开【查询条件选择】对话框,单击【确定】按钮。打开"正常单据记账列表"窗口，单击【全选】按钮，选择 RK01030 号入库单，如图 8-21 所示。单击【记账】按钮，系统提示【记账成功】，单击【确定】按钮。

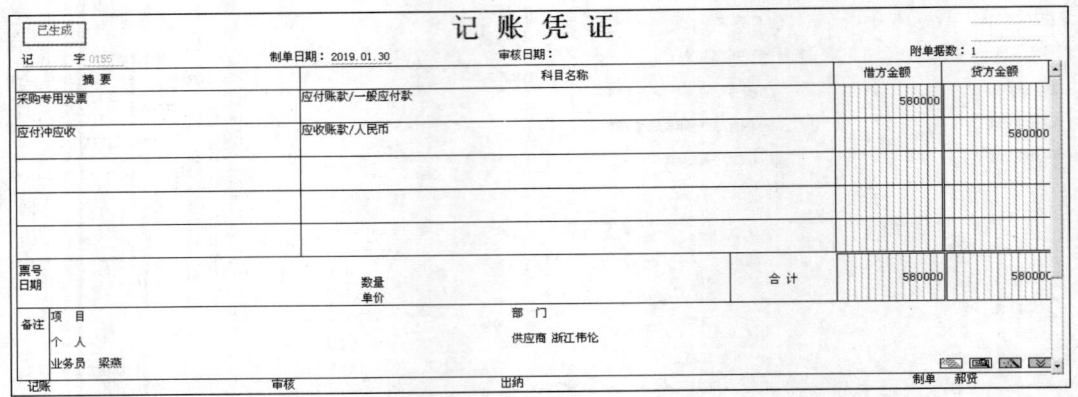

图 8-20

图 8-21

（2）生成凭证。执行【业务工作/供应链/存货核算/财务核算/生成凭证】命令，单击工具栏中的【选择】按钮，打开【查询条件】对话框，单击【确定】按钮。打开"未生成凭证单据一览表"窗口，单击【选择】栏，选中待生成凭证的单据"RK01030"，【选择】栏出现【1】，单击工具栏中的【确定】按钮。返回"生成凭证"窗口，凭证类别选择为记账凭证。单击工具栏中的【生成】按钮，生成一张记账凭证。单击【保存】按钮，如图 8-22 所示。

图 8-22

8.2 债务重组收款业务

债务重组，以现金清偿债务，通常是指以低于债务账面价值的现金清偿债务。债权人应当将重组债务的账面价值与支付的现金之间的差额确认为债务重组损失，作为营业外支出，计入当期损益。

【业务内容】

2019年1月30日，我公司与江苏信达超市有限公司协商进行债务重组，应收账款已计提169.94元减值准备。相关凭证如图8-23和图8-24所示。业务操作流程与分工如表8-2所示。

```
                          债务重组协议
    甲方（债权人）：浙江华盛商贸有限公司
    乙方（债务人）：江苏信达超市有限公司

    截止2019年1月30日止，乙方共欠甲方货款人民币叁万叁仟玖佰捌拾捌元整（¥33 988.00）。鉴于乙方目前经营存在
严重困难，经友好协商甲乙双方达成如下协议：
    1. 乙方于2019年1月30日前一次性支付人民币叁万贰仟元整（¥32 000.00），甲方免除乙方剩余欠款人民币壹仟玖
佰捌拾捌元整（¥1 988.00）。
    2. 甲方承诺对其放弃的债权享有独立、合法、完全的处分权。在乙方按照本协议约定的期限和数额偿还本息后，甲乙
双方此债权债务关系同时终止。
    3. 本合同自各方授权代表人签字并加盖公章后生效。
```

图8-23

```
        中国工商银行   电汇凭证（收账通知）    4    11110502
                委托日期   2019年1月30日
汇  全   称  江苏信达超市有限公司   收  全   称  浙江华盛商贸有限公司
款  账   号  2100738536559988665    款  账   号  2300316600055011598
人  汇出地点  江苏省 南京市          人  汇入地点  浙江省 杭州市
    汇出行名称：中国工商银行南京市雨花台支行   汇入行名称：中国工商银行杭州市滨江支行
金                                         千 百 十 万 千 百 十 元 角 分
额  人民币（大写）叁万贰仟元整                        ¥ 3 2 0 0 0 0 0 0
                                    支付密码
                                    附加信息及用途：货款
            汇出行签章                      复核         记账
```

图8-24

【业务操作流程和岗位工作】

表8-2　业务操作流程与岗位工作

操作日期	操作员	操作系统	操作流程
2019-01-30	财务会计【202】	应收款管理	（1）坏账发生
2019-01-30	出纳【203】	应收款管理	（2）填制两张收款单
2019-01-30	财务会计【202】	应收款管理	（3）审核收款单，核销，合并制单

【操作指导】

1. 坏账发生

2019年1月30日，由财务会计【202】登录企业应用平台，执行【财务会计/应收款管理/坏账发生】命令，系统打开【坏账发生】对话框，在客户栏选择"江苏信达"，单击【确定】按钮。打开"坏账发生单据明细"窗口，在江苏信达的"本次发生坏账金额"栏输入"169.94"，如图8-25所示。单击工具栏中的【确认】按钮，系统提示【是否立即制单？】，单击【是】按钮，系统自动生成一张记账凭证。单击工具栏中的【保存】按钮，如图8-26所示。

2. 填制两张收款单

（1）第一张收款单。2019年1月30日，由出纳【203】登录企业应用平台，执行【财务

会计/应收款管理/收款单据处理/收款单据录入】命令，打开"收付款单录入"窗口。单击【增加】按钮，根据图 8-24，表头的结算方式选择"电汇"，金额输入"32000"，单据号为"11110502"，表体的款项类型选择"应收款"，单击【保存】按钮，如图 8-27 所示。

图 8-25

图 8-26

图 8-27

（2）第二张收款单。单击工具栏中的【复制】按钮，系统复制出一张新的收款单，将表头的结算方式改为"其他"，结算科目改为"6711"，表头和表体的"金额"均改为"1818.06"，单击【保存】按钮，如图 8-28 所示。

图 8-28

3. 审核收款单、核销、合并制单

（1）审核收款单。2019 年 1 月 30 日，由财务会计【202】登录企业应用平台，执行【财务会计/应收款管理/收款单据处理/收款单据审核】菜单，打开【收款单查询条件】对话框，单击【确定】按钮。打开"收付款单列表"窗口，单击工具栏中的【全选】按钮，如图8-29所示，再单击【审核】按钮。关闭该窗口。

选择	审核人	单据日期	单据类型	单据编号	客户名称	部门	业务员	结算方式	票据号	币种	汇率	原币金额	本币金额
Y		2019-01-30	收款单	0000000031	江苏信达超市有限公司	销售部	杨明	电汇	1111...	人民币	1.00000000	32,000.00	32,000.00
Y		2019-01-30	收款单	0000000032	江苏信达超市有限公司	销售部	杨明	其他		人民币	1.00000000	1,818.06	1,818.06
合计												33,818.06	33,818.06

图 8-29

（2）核销。执行应收系统的【核销处理/手工核销】命令，系统弹出【核销条件】对话框，客户栏选择"江苏信达"，单击【确定】按钮。打开"单据核销"窗口，在该窗口下方销售专用发票行的"本次结算"栏录入"33818.06"，如图8-30所示。单击【保存】按钮。

单据日期	单据类型	单据编号	客户	款项类型	结算方式	币种	汇率	原币金额	原币余额	本次结算金额	订单号
2019-01-30	收款单	0000000031	江苏信达	应收款	电汇	人民币	1.00000000	32,000.00	32,000.00	32,000.00	
2019-01-30	收款单	0000000032	江苏信达	应收款	其他	人民币	1.00000000	1,818.06	1,818.06	1,818.06	
合计								33,818.06	33,818.06	33,818.06	

单据日期	单据类型	单据编号	到期日	客户	币种	原币金额	原币余额	可享受折扣	本次折扣	本次结算	订单号
2018-09-30	销售专...	36859095	2018-09-30	江苏信达	人民币	33,988.00	33,818.06	0.00	0.00	33,818.06	
合计						33,988.00	33,818.06	0.00		33,818.06	

图 8-30

（3）合并制单。执行应收系统的"制单处理"命令，打开【单据查询】对话框，勾选"收付款单制单""核销制单"复选框，单击【确定】按钮。打开"应收制单"窗口，依次单击工具栏中的【全选】【合并】按钮，如图8-31所示。单击【制单】按钮，生成一张记账凭证。单击工具栏中的【保存】按钮，结果如图8-32所示。

应收制单

凭证类别 记账凭证   制单日期 2019-01-30

选择标志	凭证类别	单据类型	单据号	日期	客户编号	客户名称	部门	业务员	金额
1	记账凭证	收款单	0000000031	2019-01-30	0101	江苏信...	销售部	杨明	32,000.00
1	记账凭证	收款单	0000000032	2019-01-30	0101	江苏信...	销售部	杨明	1,818.06
1	记账凭证	核销	0000000031	2019-01-30	0101	江苏信...	销售部	杨明	32,000.00
1	记账凭证	核销	0000000032	2019-01-30	0101	江苏信...	销售部	杨明	1,818.06

图 8-31

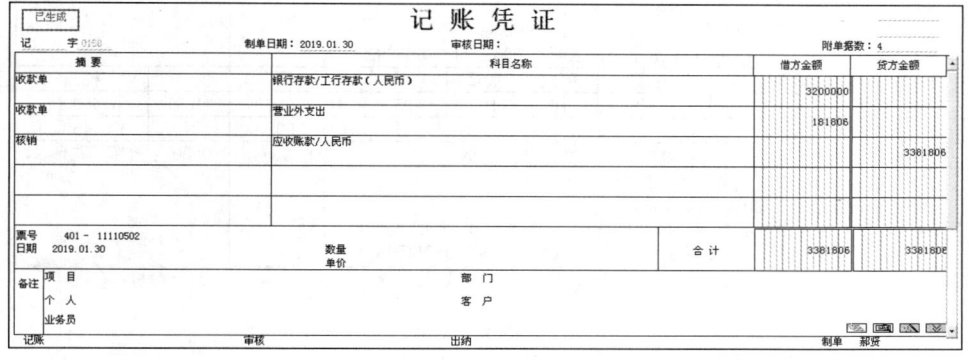

图 8-32

8.3 售后回购销售业务

售后回购是指销售商品的同时，销售方同意日后重新买回所销商品的销售业务。销售方在销售商品的同时，与购货方签订合同，规定日后按照合同条款，将售出的商品又重新买回。通常情况下，在售后回购业务中，所售商品所有权上的主要风险和报酬没有从销售方转移到购货方，因而销售方不能确认相关的销售商品收入，按照"实质重于形式"的要求，通常会视同融资来进行账务处理。企业应在发出商品并收到销售款的当天，确认其他应付款等负债科目。

【业务内容】

2019 年 1 月 30 日，销售部杨明与浙江伟伦超市有限公司签订售后回购的销售合同，当日发出全部货物（出库单号为 CK01028，图略），并收到浙江伟伦支付的货款。取得与该业务相关的凭证，如图 8-33 至图 8-35 所示。业务操作流程与分工如表 8-3 所示。

购销合同

卖方：浙江华盛商贸有限公司　　合同编号：HG01001

买方：浙江伟伦超市有限公司　　签订日期：2019 年 01 月 30 日

为保护买卖双方的合法权益，根据《中华人民共和国合同法》的有关规定，经双方协定，订立本合同，并共同遵守合同约定：

一、货物的名称、数量及金额：

货物名称	规格型号	单位	数量	单价（不含税）	金额（不含税）	税率	税额
拉贝风衣		件	100	405	40 500.00	16%	6 480.00
合计					￥40 500.00		￥6 480.00
合同总金额（大写）：人民币肆万陆仟玖佰捌拾元整（￥46 980.00）							

二、签订合同当日，卖方交付全部货物，买方以电汇方式支付 46 980.00 元。卖方于 5 个月后以 50500.00 元的价格（不含税）将所售商品回购。

三、交货地点：浙江伟伦超市有限公司

四、发货方式与运输费用承担方式：由卖方发货，运输费用由买方承担。

图 8-33

浙江增值税专用发票

3300181140　　此联不作报销、扣税凭证使用　　No 88880103

开票日期：2019 年 1 月 30 日

购买方	名　　称：浙江伟伦超市有限公司 纳税人识别号：91330986016265956 8 地 址、电 话：杭州市通惠路 1999 号 0571-65355989 开户行及账号：中国工商银行杭州通惠路支行 230065789923865789 0	密码区	

货物或应税劳务、服务名称	规格型号	单位	数量	单价	金额	税率	税额
拉贝风衣		件	100	405	40 500.00	16%	6 480.00
合计					￥40 500.00		￥6 480.00
价税合计（大写）	⊗肆万陆仟玖佰捌拾元整				（小写）46 980.00		

销售方	名　　称：浙江华盛商贸有限公司 纳税人识别号：91330105571115556 8 地 址、电 话：浙江省杭州市滨江区滨和路 9588 号 0571-81998599 开户行及账号：中国工商银行杭州滨江支行 230031660005501159 8	备注	

收款人：略　　复核：略　　开票人：略　　销货单位：（章）

第一联：记账联　销售方记账凭证

浙江华盛商贸有限公司 913301055711155568 发票专用章

图 8-34

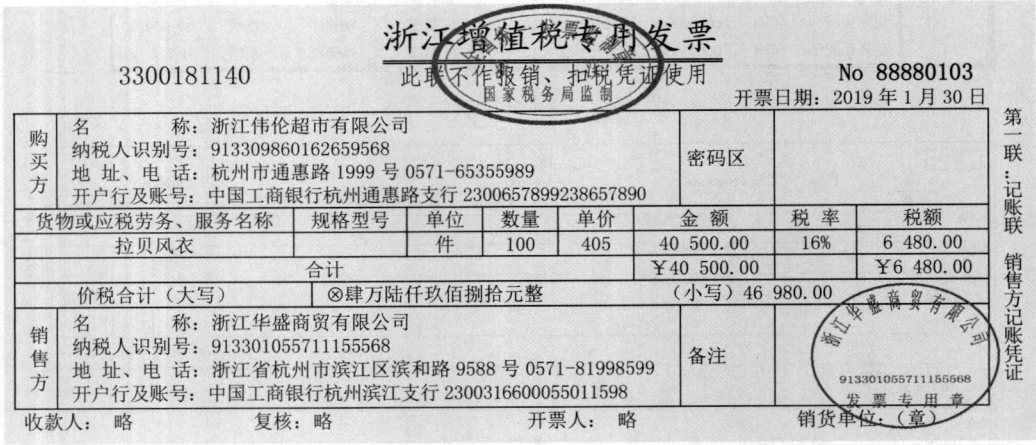

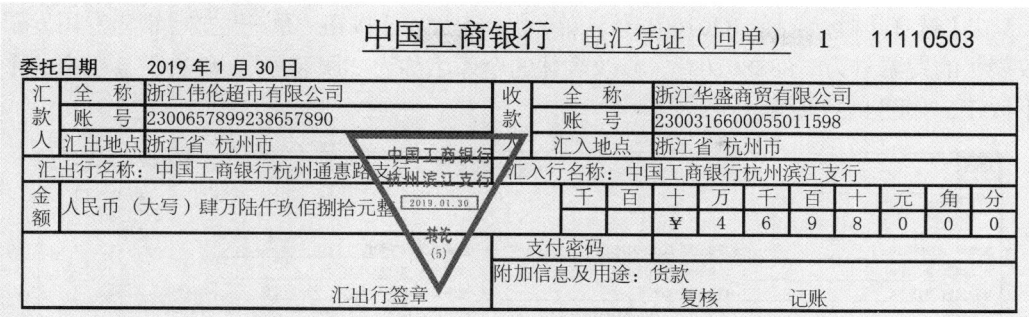

图 8-35

【业务操作流程和岗位工作】

表 8-3　业务操作流程与岗位工作

操作日期	操作员	操作系统	操作流程
2019-01-30	销售员【401】	销售管理	（1）填制销售订单 （2）参照销售订单生成销售专用发票
2019-01-30	仓管员【501】	库存管理	（3）参照发货单生成销售出库单
2019-01-30	财务会计【202】	应收款管理	（4）审核销售发票并制单处理
		存货核算	（5）正常单据记账并生成凭证
		总账	（6）填制凭证-计提利息费用

【操作指导】

1. 填制销售订单

（1）2019 年 1 月 30 日，销售部杨明【401】在应用平台中执行【业务工作/供应链/销售管理/销售订货/销售订单】命令，打开"销售订单"窗口，单击工具栏中的【增加】按钮。

（2）在表头中，修改订单号为"HG01001"，选择销售类型为"售后回购"，客户为"浙江伟伦"；在表体中，选择产品为"0101 拉贝风衣"，数量为"100"，无税单价为"405"，预发货日期为当日，单击【保存】按钮，如图 8-36 所示。

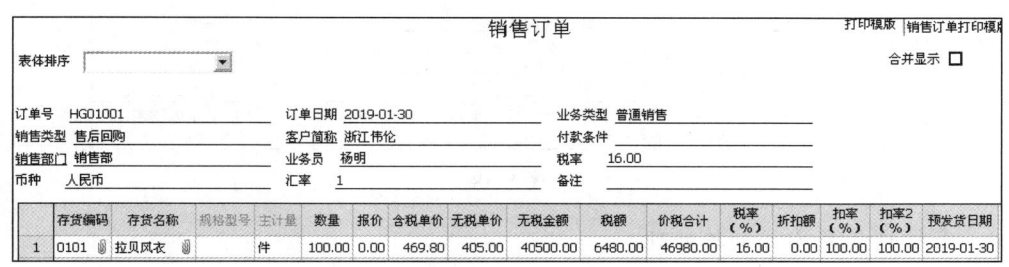

图 8-36

（3）单击工具栏中的【保存】按钮，再单击【审核】按钮，审核填制的销售订单。

2. 参照销售订单生成销售专用发票

（1）2019 年 1 月 30 日，销售部杨明【401】在企业应用平台中执行【业务工作/供应链/销售管理/销售开票/销售专用发票】命令，打开"销售专用发票"窗口，单击【增加】按钮。系统弹出【查询条件选择-参照订单】对话框，单击【确定】按钮。系统打开"销售生单"窗口，双击【选择】栏，选择 HG01001 号订单，单击【确定】按钮。系统生成"销售专用发票"，修改表头的发票号为"88880103"，修改表体的仓库名称为"服装库"，单击工具栏中的【保存】按钮，如图 8-37 所示。

图 8-37

（2）现结、复核。单击工具栏中的【现结】按钮，打开【现结】对话框，根据电汇凭证，录入结算方式为"电汇"，原币金额为"46980"，票据号为"11110503"，其他项默认，单击【确定】按钮，发票提示【现结】。单击工具栏中的【复核】按钮，复核该发票，然后关闭窗口。发票复核后系统自动生成已审核的发货单。

3. 参照销售发货单生成出库单

2019 年 1 月 30 日，仓储部王娜【501】在企业应用平台中执行【业务工作/供应链/库存管理/出库业务/销售出库单】命令，打开"销售出库单"窗口。执行【生单/销售生单】命令，打开【查询条件选择-销售发货单列表】对话框，单击【确定】按钮。系统打开"销售生单"窗口，双击【选择】栏，选择上一步完成的"发货单"，单击【确定】按钮，系统自动生成销售出库单。在表头中，修改出库单号为"CK01028"，单击工具栏中的【保存】按钮，再单击【审核】按钮，如图 8-38 所示。

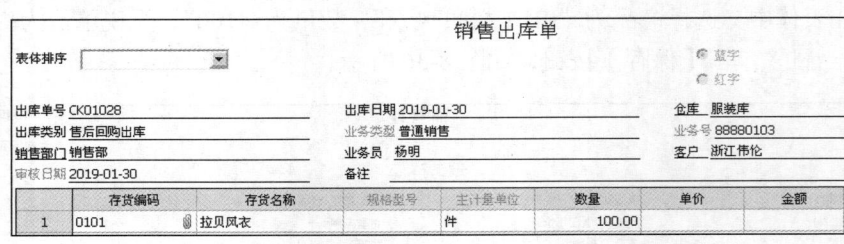

图 8-38

4. 审核销售发票并制单处理

（1）2019 年 1 月 30 日，财务会计【202】在企业应用平台中执行【业务工作/财务会计/应收款管理/应收款单据处理/应收单据审核】命令，弹出【应收单查询条件】对话框，勾选"包含已现结的发票"复选框，单击【确定】按钮。打开"应收单据列表"窗口，双击 88880103 号发票的【选择】栏右侧的任意单元格，打开"销售发票"窗口，单击【审核】按钮，系统提示【是否立即制单？】，单击【是】按钮，系统自动生成相关凭证。

（2）用鼠标单击第二行"其他应付款-应付售后回购款"，将鼠标光标移至下方"供应商"处，待鼠标光标变成"铅笔"状时，双击鼠标，弹出【辅助项】对话框，供应商选择"浙江伟伦",然后单击【确定】按钮。单击【保存】按钮,保存该凭证,如图 8-39 所示。

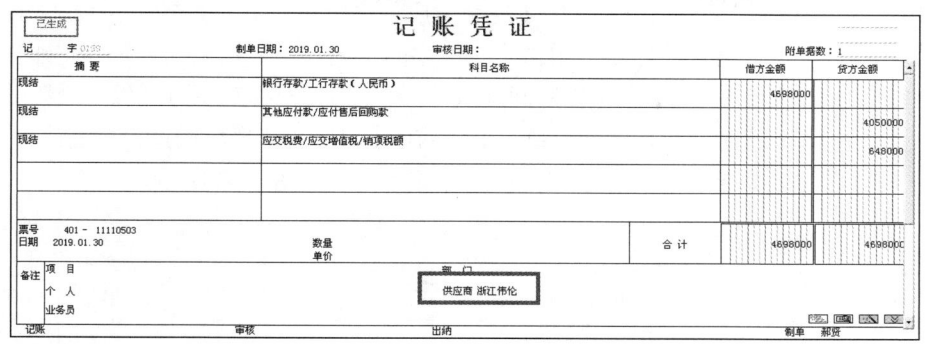

图 8-39

注意事项

如果其他应付款-应付售后回购款科目无法调出"辅助项"窗口,这是因为在【基础设置/基础档案/财务/会计科目】页签中进行设置时,"其他应付款-应付售后回购款"科目的辅助核算没有选择"供应商往来"选项,可以由账套主管【101】登录系统进行修改。

5. 单据记账并生成凭证

(1)单据记账。2019 年 1 月 30 日,财务会计【202】在企业应用平台中执行【业务工作/供应链/存货核算/业务核算/正常单据记账】命令,打开【查询条件选择】对话框,单击【确定】按钮。打开"正常单据记账列表"窗口,单击【全选】按钮,选择"88880103"号发票,如图 8-40 所示。单击【记账】按钮,将销售专用发票记账,系统提示【记账成功】。

图 8-40

(2)生成凭证。执行【财务核算/生成凭证】命令,单击【选择】按钮,打开【查询条件】对话框,单击【确定】按钮。打开"未生成单据凭证一览表"窗口,单击【选择】栏,或单击【全选】按钮,选中待生成凭证的单据"88880103",【选择】栏出现【√】,单击【确定】按钮。系统返回"生成凭证"窗口,凭证类别选择"记账凭证"。单击工具栏中的【生成】按钮,生成一张记账凭证。单击工具栏中的【保存】按钮,如图 8-41 所示。

图 8-41

6. 填制凭证-计提利息费用

2019年1月30日,财务会计【202】在企业应用平台执行【财务会计/总账/凭证/填制凭证】菜单,打开"填制凭证"窗口,单击工具栏中的【增加】按钮,填制一张记账凭证。用鼠标单击第二行"其他应付款-应付售后回购款",将鼠标光标移至下方"供应商"处,待鼠标光标变成"铅笔"状时,双击鼠标,弹出【辅助项】对话框,供应商选择"浙江伟伦",然后单击【确定】按钮。单击【保存】按钮,保存该凭证,如图8-42所示。

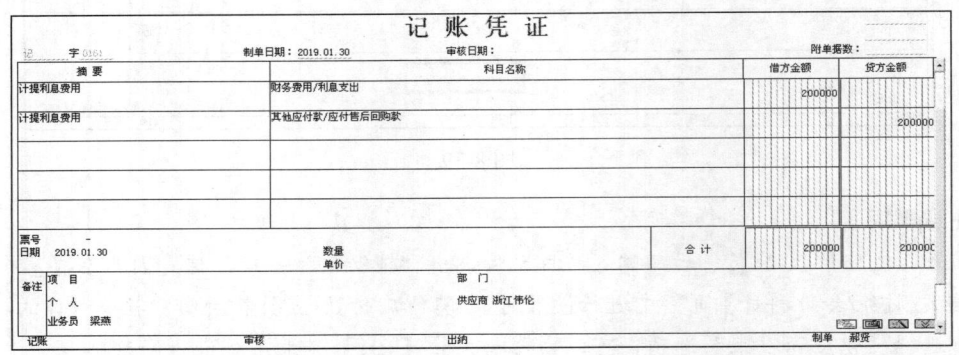

图 8-42

8.4 附退回条件销售业务

附有销售退回条件的商品销售,如果企业根据以往的经验能够合理估计退回可能性并确认与退货相关负债的,通常应在商品发出时确认收入。如果企业不能合理估计退货可能性的,通常应在售出的商品退货期满时确认收入。

【业务内容】

2019年1月30日,销售部杨明与浙江伟伦超市有限公司签订附退回条件的销售合同(无法估计退货率),当日发出全部货物(出库单号为 CK01029,图略),并收到浙江伟伦支付的全部货款(电汇凭证号为 11110506,图略)。取得与该业务相关的凭证,如图8-43和图8-44所示。业务操作流程与分工如表8-4所示。

购销合同

卖方: 浙江华盛商贸有限公司　　　合同编号: TX01001
买方: 浙江伟伦超市有限公司　　　签订日期: 2019年01月30日

为保护买卖双方的合法权益,根据《中华人民共和国合同法》的有关规定,经双方协定,订立本合同,并共同遵守合同约定:

一、货物的名称、数量及金额:

货物名称	规格型号	单位	数量	单价(不含税)	金额(不含税)	税率	税额
恒祥针织手套		件	100	120	12 000.00	16%	1 920.00
合计					¥12 000.00		¥1 920.00

合同总金额(大写): 人民币壹万叁仟玖佰贰拾元整(¥13 920.00)

二、签订合同当日,卖方交付全部货物,买方以电汇方式支付全部货款。2月30日前买方有权退货。
三、交货地点: 浙江伟伦超市有限公司
四、发货方式与运输费用承担方式: 由卖方发货,运输费用由买方承担。

图 8-43

图 8-44

【业务操作流程和岗位工作】

表 8-4 业务操作流程与岗位工作

操作日期	操作员	操作系统	操作流程
2019-01-30	销售员【401】	销售管理	（1）填制销售订单 （2）参照销售订单生成销售专用发票
2019-01-30	仓管员【501】	库存管理	（3）参照发货单生成销售出库单
2019-01-30	财务会计【202】	应收款管理	（4）审核销售发票并制单处理
		存货核算	（5）正常单据记账并生成凭证

【操作指导】

1. 填制销售订单

2019年1月30日，销售部杨明【401】在企业应用平台中执行【业务工作/供应链/销售管理/销售订货/销售订单】命令，打开"销售订单"窗口，单击工具栏中的【增加】按钮。在表头中，修改订单号为"TX01001"，选择销售类型为"附退回条件销售（无法估计退货率）"，客户为"浙江伟伦"，在表体中，选择存货为"0201 恒祥针织手套"，数量为"100"，无税单价为"120"，预发货日期为当日，单击【保存】按钮。单击【审核】按钮，如图 8-45 所示。

图 8-45

2. 参照销售订单生成销售专用发票

（1）2019年1月30日，销售部杨明【401】在企业应用平台中执行【业务工作/供应链/销售管理/销售开票/销售专用发票】命令，打开"销售专用发票"窗口，单击【增加】按钮。

系统弹出【查询条件选择-参照订单】对话框，单击【确定】按钮。系统打开"销售生单"窗口，双击【选择】栏，选择TX01001号订单，单击【确定】按钮。系统自动生成"销售专用发票"，修改表头的发票号为"88880106"，修改表体的仓库名称为"配饰库"，单击工具栏中的【保存】按钮，如图8-46所示。

图8-46

（2）现结、复核。单击工具栏中的"现结"按钮，打开【现结】对话框，根据收账通知录入结算方式为"电汇"，原币金额为"13920"，票据号为"11110506"，其他项默认，单击【确定】按钮，完成现结并返回发票窗口。单击工具栏中的【复核】按钮。复核该发票。关闭窗口。

3. 参照销售发货单生成出库单

2019年1月30日，仓储部王娜【501】在企业应用平台中执行【业务工作/供应链/库存管理/出库业务/销售出库单】命令，打开"销售出库单"窗口，执行【生单/销售生单】命令，打开【查询条件选择-销售发货单列表】对话框，单击【确定】按钮。系统打开"销售生单"窗口，双击【选择】栏，选择上一步完成的"发货单"，单击【确定】按钮，系统自动生成销售出库单。在表头中修改出库单号为"CK01029"，单击工具栏中的【保存】按钮，再单击【审核】按钮，如图8-47所示。

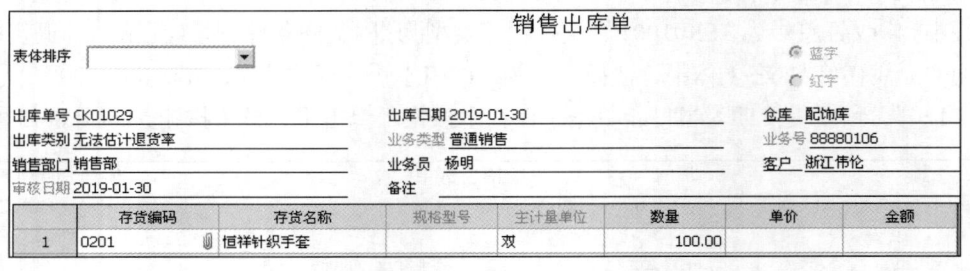

图8-47

4. 审核销售发票并制单处理

2019年1月30日，财务会计【202】在企业应用平台中执行【业务工作/财务会计/应收款管理/应收款单据处理/应收单据审核】命令，弹出【应收单查询条件】对话框，勾选"包含已现结的发票"复选框，单击【确定】按钮。打开"应收单据列表"窗口，双击88880106号发票的【选择】栏右侧的任意单元格，打开"销售发票"窗口，单击工具栏中的【审核】按钮，系统提示【是否立即制单？】，单击【是】按钮，系统自动生成相关凭证。单击【保存】按钮，保存该凭证，如图8-48所示。

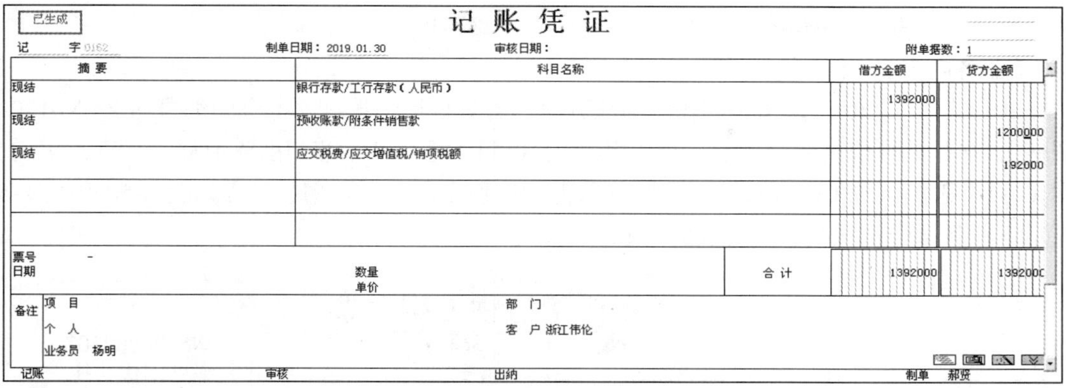

已生成

记账凭证

记 字 0162　制单日期：2019.01.30　审核日期：　附单据数：1

摘要	科目名称	借方金额	贷方金额
现结	银行存款/工行存款（人民币）	1392000	
现结	预收账款/附条件销售款		1200000
现结	应交税费/应交增值税/销项税额		192000
票号 - 日期	数量 单价　合计	1392000	1392000

备注　项目　部门

个人　客户 浙江伟伦

业务员 杨明

记账　审核　出纳　制单 郝贤

图 8-48

5. 单据记账并生成凭证

（1）单据记账。2019 年 1 月 30 日，财务会计【202】在企业应用平台中执行【业务工作/供应链/存货核算/业务核算/正常单据记账】命令，打开【查询条件选择】对话框，单击【确定】按钮。打开“正常单据记账列表”窗口，单击【全选】按钮，选中“88880106”号发票。单击【记账】按钮，将销售专用发票记账，系统提示【记账成功】。

（2）生成凭证。执行【财务核算/生成凭证】命令，单击【选择】按钮，打开【查询条件】对话框，单击【确定】按钮。打开“未生成单据凭证一览表”窗口，单击【选择】栏，或单击【全选】按钮，选中待生成凭证的单据，单击【确定】按钮。系统返回“生成凭证”窗口，凭证类别选择“记账凭证”。单击工具栏中的【生成】按钮，生成一张记账凭证，单击工具栏中的【保存】按钮，如图 8-49 所示。

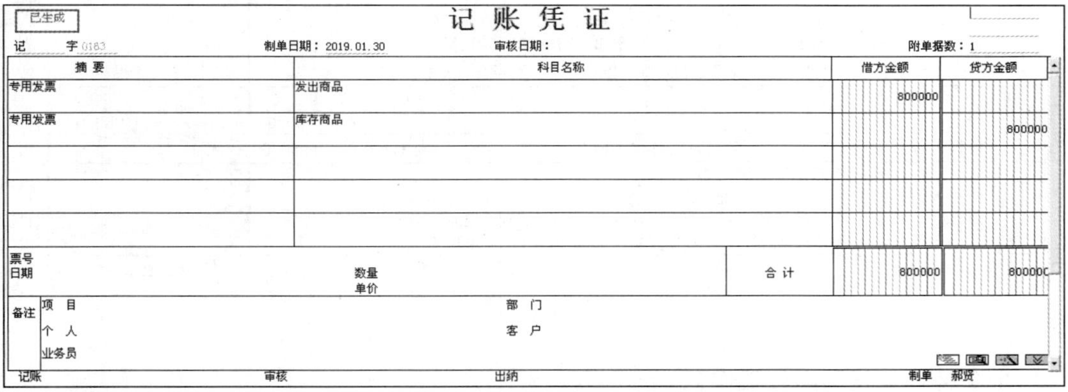

已生成

记账凭证

记 字 0163　制单日期：2019.01.30　审核日期：　附单据数：1

摘要	科目名称	借方金额	贷方金额
专用发票	发出商品	800000	
专用发票	库存商品		800000
票号 日期	数量 单价　合计	800000	800000

备注　项目　部门

个人　客户

业务员

记账　审核　出纳　制单 郝贤

图 8-49

8.5 直运销售业务

直运销售业务是指产品无需入库即可完成购销业务。直运业务包括直运销售业务和直运采购业务，没有实物的出入库，货物流向是直接从供应商到客户，财务结算通过直运销售发票、直运采购发票解决。

【业务内容】

2019年1月30日，销售部杨明与江苏信达签订直运销售合同（合同编号为ZYX01001，图略），并开具增值税专用发票。2019年1月30日，采购部梁燕与浙江恒祥签订直运采购合同（合同编号为ZYC01001，图略），并取得增值税专用发票。相关凭证如图8-50和图8-51所示。业务操作流程与分工如表8-5所示。

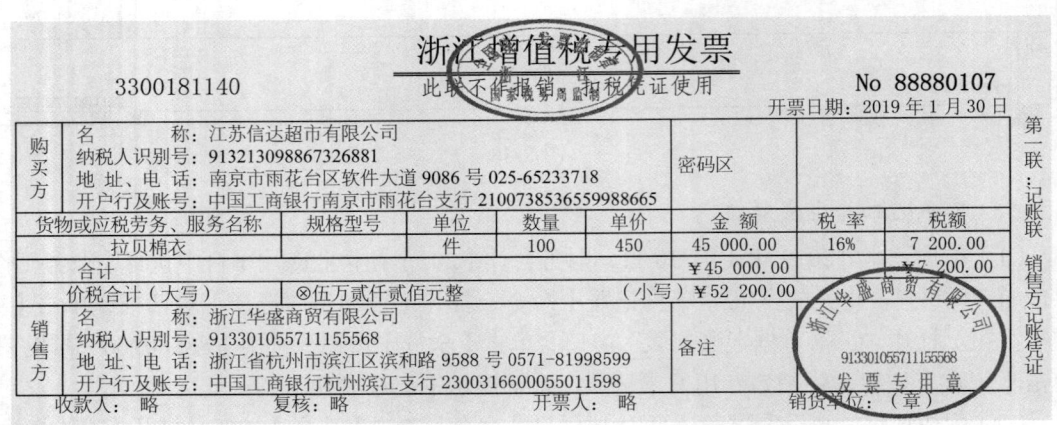

图8-50

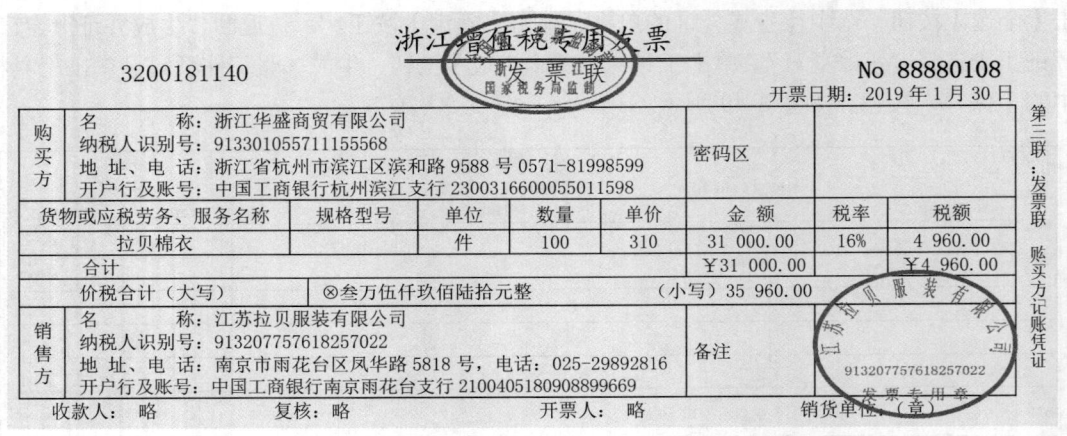

图8-51

【业务操作流程和岗位工作】

表8-5 业务操作流程与岗位工作

操作日期	操作员	操作系统	操作流程
2019-01-30	销售员【401】	销售管理	（1）填制（直运销售）销售订单 （2）参照（直运销售）销售订单生成销售专用发票
2019-01-30	采购员【301】	采购管理	（3）参照（直运销售）销售订单生成（直运采购）采购订单 （4）参照（直运采购）采购订单生成采购专用发票
2019-01-30	财务会计【202】	应收款管理	（5）审核直运销售发票并制单处理
		应付款管理	（6）审核直运采购发票并制单处理
		存货核算	（7）直运销售记账并生成凭证

428

【操作指导】

1. 填制（直运销售）销售订单

（1）2019年1月30日，销售员【401】在企业应用平台中执行【业务工作/供应链/销售管理/销售订货/销售订单】命令，打开"销售订单"窗口，单击工具栏中的【增加】按钮。

（2）在表头中，修改订单号为"ZYX01001"，选择业务类型为"直运销售"，选择销售类型为"直运销售"，客户为"江苏信达"。

（3）在表体中，选择存货为"拉贝棉衣"，数量为"100"，单价为"450"，如图8-52所示。

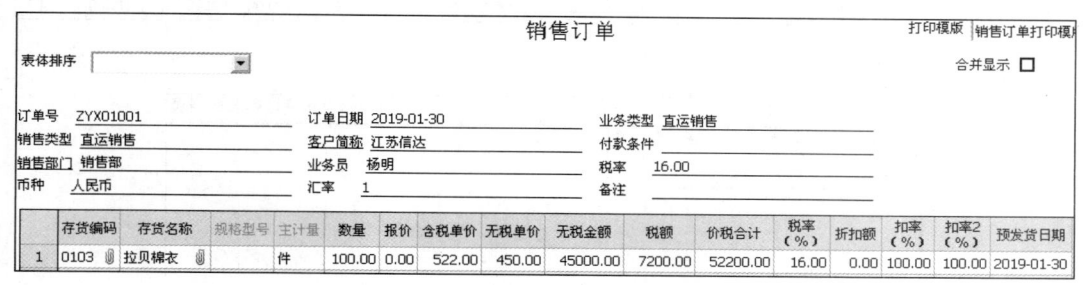

图 8-52

（4）单击工具栏中的【保存】按钮。单击【审核】按钮，审核填制的销售订单。

2. 参照（直运销售）销售订单生成销售专用发票

（1）2019年1月30日，销售部杨明【401】在企业应用平台中执行【业务工作/供应链/销售管理/销售开票/销售专用发票】命令，打开"销售专用发票"窗口。单击工具栏中的【增加】按钮，系统弹出【查询条件选择-参照订单】对话框，单击【取消】按钮。

（2）在表头中，选择业务类型为"直运销售"，如图8-53所示。执行【生单/参照订单】命令，系统弹出【查询条件选择-参照订单】对话框，单击【确定】按钮。

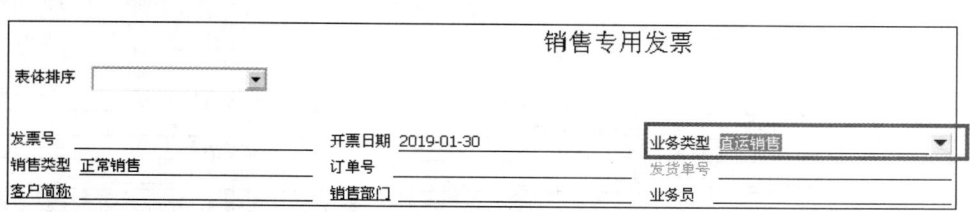

图 8-53

（3）系统打开"参照生单"窗口，双击【选择】栏，选择直运ZYX01001号销售订单，单击【确定】按钮。系统生成一张销售专用发票，修改发票号为"88880107"，单击工具栏中的【保存】按钮，单击【复核】按钮，如图8-54所示。

3. 参照（直运销售）销售订单生成（直运采购）采购订单

（1）2019年1月30日，采购部梁燕在企业应用平台中执行【业务工作/供应链/采购管理/采购订货/采购订单】命令，打开"采购订单"窗口，单击【增加】按钮。

（2）选择业务类型为"直运采购"，执行【生单/销售订单】命令，打开【查询条件选择-销售订单列表过滤】对话框，单击【确定】按钮。系统打开"拷贝并执行"窗口，选择相应的销售订单，如图8-55所示。单击工具栏中的【确定】按钮，系统生成一张采购订单。

图 8-54

图 8-55

（3）在表头中，修改订单编号为"ZYC01001"，采购类型为"直运采购"，供应商为"江苏拉贝"；在表体中，修改单价为"310"，单击【保存】按钮，单击【审核】按钮，如图8-56所示。

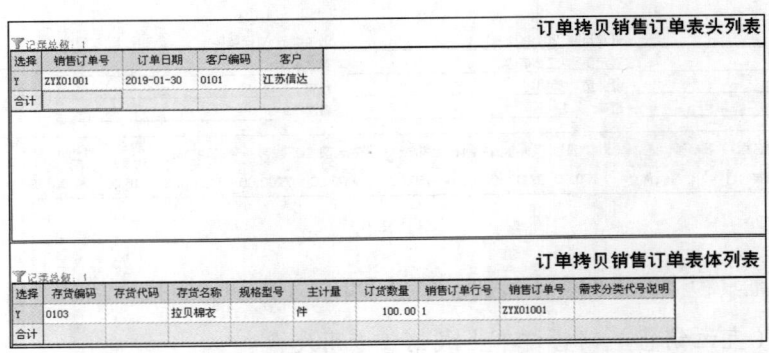

图 8-56

4. 参照（直运采购）采购订单生成采购专用发票

（1）2019年1月30日，采购部梁燕在企业应用平台中执行【业务工作/供应链/采购管理/采购发票/采购专用发票】命令，打开"采购专用发票"窗口，单击【增加】按钮。

（2）选择业务类型为"直运业务"，执行【生单/采购订单】命令，打开【查询条件选择-采购订单列表过滤】对话框，单击【确定】按钮。系统打开"拷贝并执行"窗口，双击【选择】栏，选择ZYC01001号采购订单，单击【确定】按钮。系统生成一张采购专用发票，修改发票号为"88880108"，单击【保存】按钮，如图8-57所示。

							专用发票			打印模版	8164 专用发票打印模版

表体排序 □　　　　　　　　　　　　　　　　　　　　　　　　　　　　　　　　　　　　合并显示 □

业务类型 直运采购　　　　　　发票类型 专用发票　　　　　　　　发票号 88880108
开票日期 2019-01-30　　　　　供应商 江苏拉贝　　　　　　　　代垫单位 江苏拉贝
采购类型 直运采购　　　　　　税率 16.00　　　　　　　　　　部门名称 采购部
业务员 梁燕　　　　　　　　　币种 人民币　　　　　　　　　　汇率 1
发票日期　　　　　　　　　　付款条件　　　　　　　　　　　　备注

	存货编码	存货名称	规格型号	主计量	数量	原币单价	原币金额	原币税额	原币价税合计	税率	订单号
1	0103	拉贝棉衣		件	100.00	310.00	31000.00	4960.00	35960.00	16.00	ZYC01001

图 8-57

5. 审核销售发票并制单处理

2019 年 1 月 30 日，财务会计【202】在企业应用平台中执行【业务工作/财务会计/应收款管理/应收款单据处理/应收单据审核】命令，系统弹出【应收单查询】对话框，单击【确定】按钮。打开"应收单据列表"窗口，双击"88880107"发票行【选择】栏右侧的任意单元格，打开"专用发票"窗口，单击工具栏中的【审核】按钮，系统提示【是否立即制单？】，单击【是】按钮，系统生成相关凭证。单击【保存】按钮，如图 8-58 所示。

记账凭证

已生成
记　字 0164　　制单日期：2019.01.30　　审核日期：　　　　　　　　附单据数：1

摘要	科目名称	借方金额	贷方金额
销售专用发票	应收账款/人民币	5220000	
销售专用发票	主营业务收入		4500000
销售专用发票	应交税费/应交增值税/销项税额		720000
	合　计	5220000	5220000

票号
日期　　　　　　　　　　数量
　　　　　　　　　　　　单价
备注　项　目　　　　　　　　　　　　部　门
　　　个　人　　　　　　　　　　　　客　户　江苏信达
　　　业务员 杨明
记账　　　　审核　　　　出纳　　　　　　　　　　制单　郝贾

图 8-58

6. 审核直运采购发票并制单处理

2019 年 1 月 30 日，财务会计【202】在企业应用平台中执行【业务工作/财务会计/应付款管理/应付款单据处理/应付单据审核】命令，系统弹出【应付单查询条件】对话框，单击【确定】按钮。打开"应付单据列表"窗口，双击"88880108"发票行【选择】栏右侧的任意单元格，打开"专用发票"窗口，单击工具栏中的【审核】按钮，系统提示【是否立即制单？】，单击【是】按钮，系统生成相关凭证。单击【保存】按钮，如图 8-59 所示。

7. 直运销售记账并生成凭证

（1）直运销售记账。2019 年 1 月 30 日，财务会计【202】在企业应用平台中执行【业务工作/供应链/存货核算/业务核算/直运销售记账】命令，打开【直运采购发票核算查询条件】对话框，单击【确定】按钮。打开"直运销售记账"窗口，单击【全选】按钮，如图 8-60 所示。单击【记账】按钮，系统提示【记账成功】。

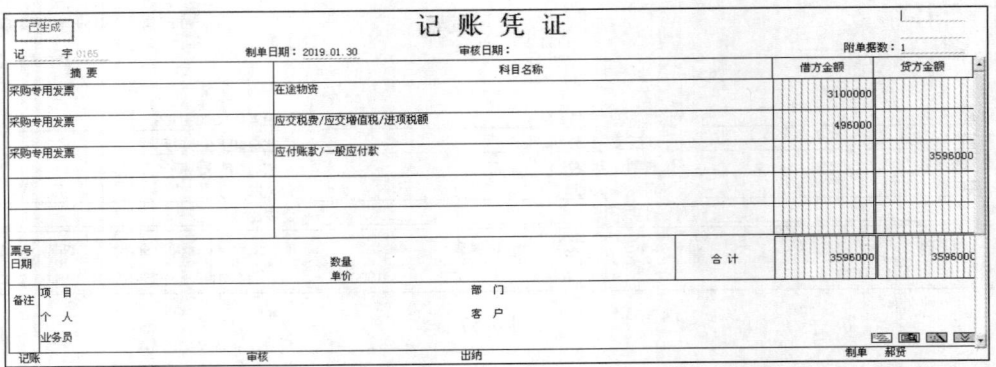

图 8-59

图 8-60

（2）生成凭证。执行【财务核算/生成凭证】命令，打开"生成凭证"窗口，单击工具栏中的【选择】按钮，打开【查询条件】对话框，单击【确定】按钮。打开"未生成凭证单据一览表"窗口，单击【选择】栏，或单击【全选】按钮，选中待生成凭证的单据，如图 8-61 所示，单击【确定】按钮。返回"生成凭证"窗口，凭证类别选择"记账凭证"，输入存货科目编码为"1402 在途物资"，如图 8-62 所示。单击工具栏中的【生成】按钮，生成记账凭证，单击【保存】按钮，如图 8-63 所示。

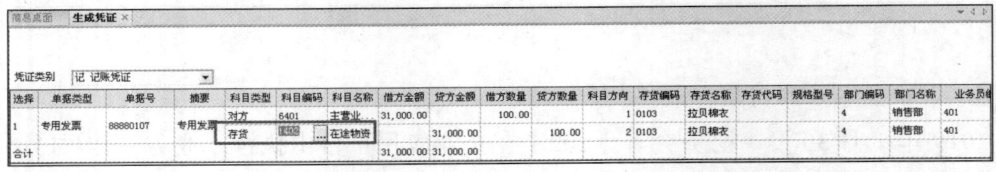

图 8-61

图 8-62

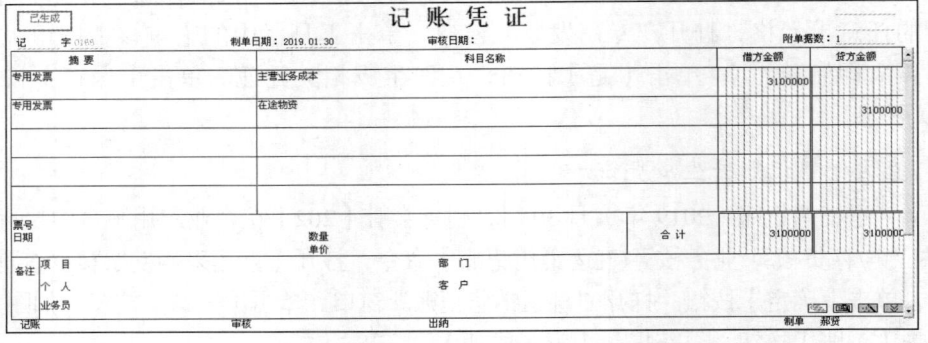

图 8-63

第 9 章　库存管理与存货核算系统

学习要点

- 了解库存管理系统的主要功能及各种库存业务的处理流程。
- 了解存货核算的主要功能及各种存货核算业务的处理流程。
- 具备信息化环境下灵活使用库存管理、存货核算系统的能力。

9.1　存货调拨业务

【业务内容】

2019 年 1 月 31 日，将服装库中有问题无法出售的 2 件拉贝棉衣调拨到废旧品库，凭证如图 9-1 所示。业务操作流程与分工如表 9-1 所示。

调 拨 单					
出库部门：服装库		入库部门：废旧品库		编号 0000000001	
日期	商品名称	数量	单位	备注	
2019-01-31	拉贝棉衣	2	件	有问题无法出售	
负责人：略		经手人：略		库管员：略	制单人：略

图 9-1

【业务操作流程和岗位工作】

表 9-1　业务操作流程与岗位工作

操作日期	操作员	操作系统	操作流程
2019-01-31	仓管员【501】	库存管理	（1）填制调拨单 （2）对调拨单生成的其他出入库单进行审核
2019-01-31	财务会计【202】	存货核算	（3）对其他出入库单记账（特殊单据记账）

【操作指导】

1. **填制调拨单**

2019 年 1 月 31 日，由仓管员【501】登录企业应用平台，执行【供应链/库存管理/调拨业务/调拨单】菜单，系统打开"调拨单"窗口，单击工具栏中的【增加】按钮。在表头中，转出仓库选择"服装库"，转入仓库选择"废旧品库"，出库类别选择"调拨出库"，入库类别选择"调拨入库"。在表体中，存货选择"拉贝棉衣"，输入数量为"2"。单击工具栏中的【保存】按钮，再单击【审核】按钮，结果如图 9-2 所示。关闭该窗口。调拨单保存审核后，系统自动生成其他入库单、其他出库单。

图 9-2

2. 对调拨单生成的其他出入库单进行审核

2019 年 1 月 31 日，由仓管员【501】执行【供应链/库存管理/入库业务/其他入库单】命令，系统打开"其他入库单"窗口，单击【→|】按钮，找到生成的入库单，单击工具栏中的【审核】按钮，如图 9-3 所示。关闭该窗口。同理，完成对其他出库单的审核，如图 9-4 所示。

图 9-3

图 9-4

3. 对其他出入库单记账

2019 年 1 月 31 日，由财务会计【202】登录企业应用平台，依次执行【存货核算/业务核算/特殊单据记账】命令，系统打开【特殊单据记账条件】对话框，选择单据类型为"调拨单"，单击【确定】按钮。系统打开"特殊单据记账"窗口，单击工具栏中的【全选】按钮，选择要记账的调拨单，如图 9-5 所示。单击【记账】按钮。记账完毕，关闭该窗口。

图 9-5

注意事项

① 调拨单保存后，系统自动生成其他入库单和其他出库单，且由调拨单生成的其他入库单和其他出库单不得修改和删除。

② 当转出仓库的计价方法是移动平均、先进先出、后进先出时，调拨单的单价可以为空，系统会根据计价方式自动计算并填入。

③ 在"库存商品"科目不分明细的情况下，库存调拨业务不会涉及账务处理，因此，对根据库存调拨业务生成的其他出入库单暂不进行制单。

9.2 出入库调整业务

【业务内容】

2019年1月31日,增加1月25日出售给浙江丰韵的100条雅达西裤的出库成本600元。业务操作流程与分工如表9-2所示。

【业务操作流程和岗位工作】

表9-2 业务操作流程与岗位工作

操作日期	操作员	操作系统	操作流程
2019-01-31	财务会计【202】	存货核算	(1) 填制出库调整单并记账
			(2) 对出库调整单生成凭证

【操作指导】

1. 填制出库调整单并记账

2019年1月31日,由财务会计【202】登录企业应用平台,执行【业务工作/供应链/存货核算/日常业务/出库调整单】命令,系统打开"出库调整单"窗口,单击工具栏中的【增加】按钮。在表头中,原料库选择"服装库",收发类别选择"销售出库",客户选择"浙江丰韵",部门为"销售部",业务员为"杨明"。在表体中,存货选择"雅达西裤",输入调整金额为"600",单击工具栏中的【保存】按钮,再单击【记账】按钮,结果如图9-6所示。关闭该窗口。

图 9-6

2. 对出库调整单生成凭证

2019年1月31日,由财务会计【202】登录企业应用平台,依次执行【存货核算/财务核算/生成凭证】命令,系统打开"生成凭证"窗口。单击【选择】按钮,系统打开【查询条件】对话框,勾选"出库调整单"复选框,如图9-7所示,单击【确定】按钮。系统打开"未生成单据一览表"窗口,单击【选择】栏,如图9-8所示。单击工具栏中的【确定】按钮,系统返回"生成凭证"窗口,如图9-9所示。单击工具栏中的【生成】按钮,系统生成记账凭证,单击【保存】按钮,如图9-10所示。

注意事项

① 入库调整单是对存货的入库成本进行调整的单据,可针对单据进行调整,也可针对存货进行调整。执行【供应链/库存管理/日常业务/入库调整单】命令,填制"入库调整单"。在针对存货进行调整时,入库调整单与出库调整单处理方法相同。在针对单据进行调整时,需要输入具体的"被调整单据号"(入库单号)。

② 出库调整单是对存货的出库成本进行调整的单据,只能针对存货进行调整。

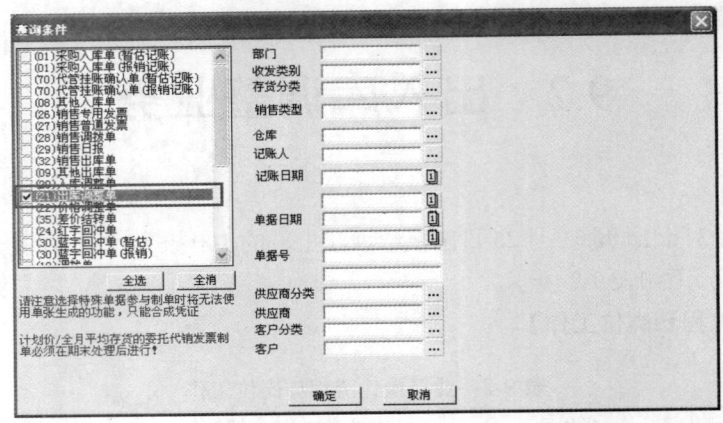

图 9-7

图 9-8

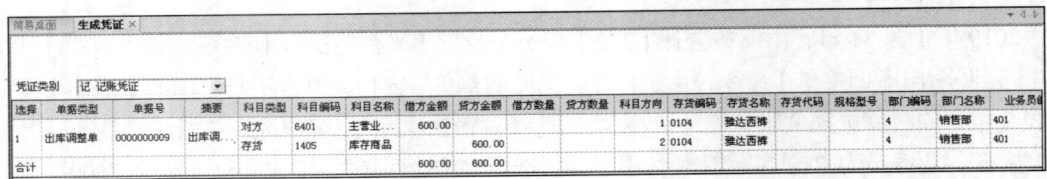

图 9-9

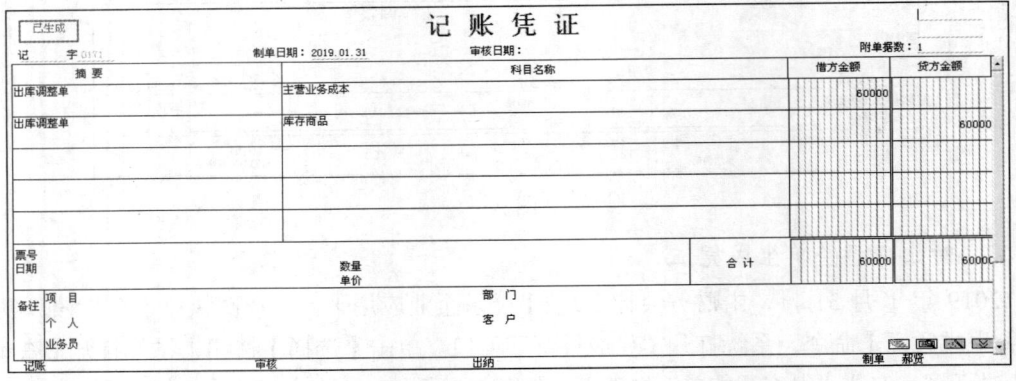

图 9-10

9.3 存货盘点业务

9.3.1 存货盘盈、盘亏业务处理

【业务内容】

2019年1月31日，按仓库对存货进行盘点，根据盘点单编制库存商品实存账存对比表，

相关凭证如图 9-11 所示。盘盈的存货经批准冲减管理费用，盘亏的存货损失经批准计入营业外支出。业务操作流程与分工如表 9-3 所示。

库存商品实存账存对比表

盘点日期: 2019 年 1 月 31 日　　盘点单位:仓储部各仓库　　单位:元

商品名称	单位	账面结存数量	实际盘存数量	升溢/损耗			升溢损耗原因
				数量	单价	金额	
恒祥针织手套	个	20	25	5	80	400	收发计量差错
恒祥针织帽	个	58	55	-3	90	-270	偷盗所致

单位主管：略　会计：略　复核：略　监盘：略　物资负责人：略

图 9-11

【业务操作流程和岗位工作】

表 9-3　业务操作流程与岗位工作

操作日期	操作员	操作系统	操作流程
2019-01-31	仓管员【501】	库存管理	（1）填制盘点单 （2）审核其他出库单、其他入库单
2019-01-31	财务会计【202】	存货核算	（3）单据记账并生成凭证 （4）盘点结果处理

【操作指导】

1. 填制盘点单

（1）2019 年 1 月 31 日，由仓管员【501】登录企业应用平台，执行【业务工作/供应链/库存管理/盘点业务】命令，系统打开“盘点单”窗口，单击工具栏中的【增加】按钮。

（2）在表头中，盘点仓库选择“配饰库”，出库类别选择“盘亏出库”，入库类别选择“盘盈入库”。单击工具栏中的【盘库】按钮，系统提示【盘库将删除未保存的所有记录，是否继续？】，单击【是】按钮，系统自动打开“盘点方式”窗口，单击【确认】按钮，返回“盘点单”窗口。

（3）根据图 9-11，将恒祥针织手套的盘点数量改为“25”，将恒祥针织帽的盘点数量改为“55”。保存并审核该盘点单，结果如图 9-12 所示。在做普通仓库盘点的盘点单审核时，系统会根据盘点单生成其他出库单和其他入库单。

盘点单　　盘点单打印模版

表体排序　　◉ 普通仓库盘点　○ 倒冲仓库盘点　　合并显示 ☐

盘点会计期间　　盘点单号 0000000001　　盘点日期 2019-01-31

账面日期 2019-01-31　　盘点仓库 配饰库　　出库类别 盘亏出库

入库类别 盘盈入库　　部门　　经手人

备注

	存货编码	存货名称	主计量单位	账面数量	单价	账面金额	调整入库数量	调整出库数量	账面调节数量	盘点数量	盘点金额	盈亏数量
1	0201	恒祥针织手套	双	20.00	80.00	1600.00	0.00	0.00	20.00	25.00	2000.00	5.00
2	0202	恒祥针织帽	个	58.00	90.00	5220.00	0.00	0.00	58.00	55.00	4950.00	-3.00
3	0203	恒祥针织围巾	条	30.00	132.50	3975.00	0.00	0.00	30.00	30.00	3975.00	0.00

图 9-12

注意事项

① 必须先选择仓库，才能执行“盘库”“选择”以及手工输入存货的功能。

② 表体内容可以手工输入，也可利用“盘库”和“选择”批量录入。

③ 账面数量，由系统自动带入，不可修改。

④ 盘库：在盘点单录入状态下，可选择盘点方式。选择：在盘点单录入状态下，可选择存货。

⑤ 表体中的盘点数量，默认显示为账面数量，如果实盘数量与账面数量不一致，需要根据实盘数量进行修改。

⑥ 调整入库数量、调整出库数量：一般来说，账面日期和盘点日期应该一致。账面数量为账面日的结存，如果账面日期与盘点日期不同，从账面日到盘点日期间的出入库数量，要对账面数量进行调节，盘点数量要与调节后的账面数量进行比较。

⑦ 账面调节数量：账面调节数量＝账面数＋调整入库数量－调整出库数量，系统自动计算，不可修改。

⑧ 当实盘数量与账面数量不一致时，系统自动计算盈亏数量，盈亏数量不可修改。

2．审核其他入库单、其他出库单

（1）由仓管员【501】执行【业务工作/供应链/库存管理/入库业务/其他入库单】命令，系统打开"其他入库单"窗口。单击工具栏中的【➡】按钮，找到盘盈的其他入库单，单击工具栏中的【审核】按钮，结果如图9-13所示。关闭该窗口。

图9-13

（2）由仓管员【501】执行【业务工作/供应链/库存管理/入库业务/其他出库单】命令，系统打开"其他出库单"窗口。单击工具栏中的【➡】按钮，找到盘亏的其他出库单，单击工具栏中的【审核】按钮，结果如图9-14所示。关闭该窗口。

图9-14

3．正常单据记账并生成凭证

（1）正常单据记账。2019年1月31日，由财务会计【202】登录企业应用平台，执行【业务工作/供应链/存货核算/业务核算/正常单据记账】命令，系统打开【查询条件选择】对话框，单击【确定】按钮。系统打开"正常单据记账列表"窗口，单击工具栏中的【全选】按钮，选中上一步的其他出、入库单，如图9-15所示。单击【记账】按钮，系统提示【记账成功】。关闭该窗口。

正常单据记账列表

记录总数：2

选择	日期	单据号	存货编码	存货名称	规格型号	存货代码	单据类型	仓库名称	收发类别	数量	单价
Y	2019-01-31	0000000002	0201	恒祥针织手套			其他入库单	配饰库	盘盈入库	5.00	80.00
Y	2019-01-31	0000000003	0202	恒祥针织帽			其他出库单	配饰库	盘亏出库	3.00	90.00
小计										8.00	

图 9-15

（2）生成凭证。依次执行【存货核算/财务核算/生成凭证】命令，系统打开“生成凭证”窗口。单击【选择】按钮，系统打开“未生成单据一览表”窗口，选择上一步记账的“其他入库单”“其他出库单”，如图 9-16 所示。单击工具栏中的【确定】按钮，系统返回“生成凭证”窗口，如图 9-17 所示。单击工具栏中的【生成】按钮，系统根据其他出库单、其他入库单生成两张记账凭证，单击工具栏中的【保存】按钮，保存第一张凭证，如图 9-18 所示。单击【 】按钮，再单击【保存】按钮，保存第二张凭证，如图 9-19 所示。

未生成凭证单据一览表

已结算采购入库单自动选择全部结算单上单据(包括入库单、发票、付款单)，非本月采购入库单按蓝字报销单制单

选择	记账日期	单据日期	单据类型	单据号	仓库	收发类别	记账人	部门	部门编码	业务单号	业务类型	计价方式	备注	摘要	供应商	客户
1	2019-01-31	2019-01-31	其他出库单	0000000003	配饰库	盘亏出库	郝贤				盘亏出库	先进先出法		其他出库单		
1	2019-01-31	2019-01-31	其他入库单	0000000002	配饰库	盘盈入库	郝贤				盘盈入库	先进先出法		其他入库单		

图 9-16

简易桌面　生成凭证

凭证类别　记 记账凭证

选择	单据类型	单据号	摘要	科目类型	科目编码	科目名称	借方金额	贷方金额	借方数量	贷方数量	科目方向	存货编码	存货名称
1	其他入库单	0000000002	其他入...	存货	1405	库存商品	400.00		5.00		1	0201	恒祥针...
				对方	1901	待处理...		400.00		5.00	2	0201	恒祥针...
	其他出库单	0000000003	其他出...	对方	1901	待处理...	270.00		3.00		1	0202	恒祥针...
				存货	1405	库存商品		270.00		3.00	2	0202	恒祥针...
合计							670.00	670.00					

图 9-17

已生成

记账凭证

记　字 0165　制单日期：2019.01.31　审核日期：　附单据数：1

摘要	科目名称	借方金额	贷方金额
其他出库单	待处理财产损溢	27000	
其他出库单	库存商品		27000
票号 日期	数量 单价 合计	27000	27000

备注　项　目　部　门
个　人　客　户
业务员

记账　审核　出纳　制单　郝贤

图 9-18

4. 盘点结果处理

财务会计【202】登录企业应用平台，执行【总账/凭证/填制凭证】命令，打开“填制凭证”窗口，填制两张记账凭证，对盘点结果进行处理，如图 9-20 和图 9-21 所示。

注意：在第一张凭证中，选中贷方“管理费用”账户的“金额”栏，单击键盘上的空格键，再单击负号键，将管理费用科目的发生额调整为“借方红字”。第二张凭证需要补充贷方科目“应交税费-应交增值税（进项税额转出）”。

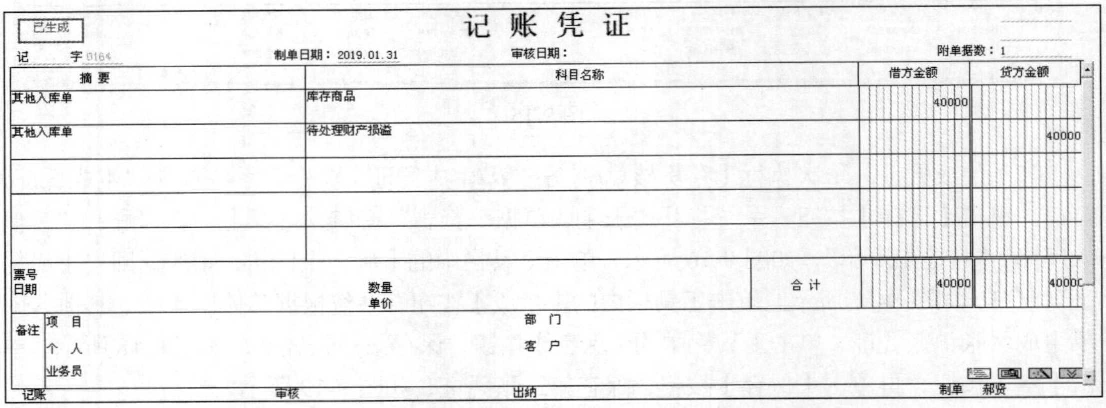

已生成

记账凭证

记 字 0164 制单日期：2019.01.31 审核日期： 附单据数：1

摘要	科目名称	借方金额	贷方金额
其他入库单	库存商品	40000	
其他入库单	待处理财产损溢		40000
票号 日期	数量 单价 合计	40000	40000

备注 项目 部门 个人 客户 业务员

记账 审核 出纳 制单 郝贤

图 9-19

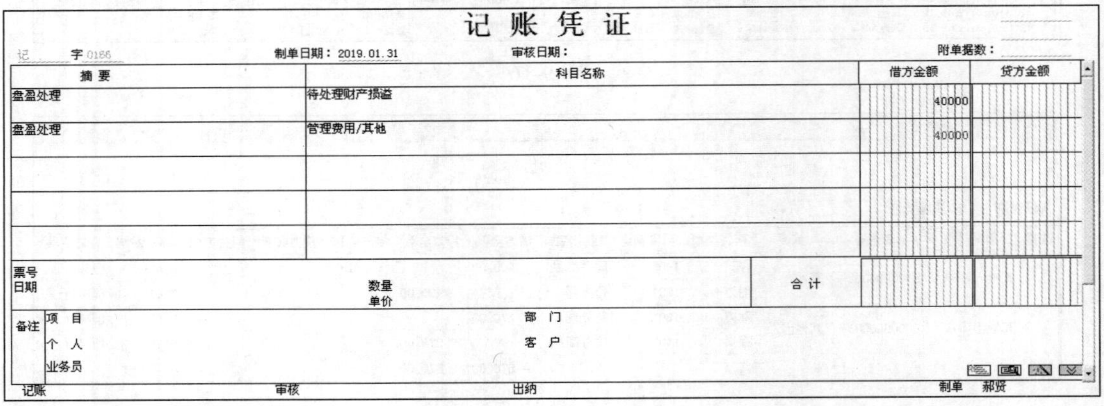

记账凭证

记 字 0166 制单日期：2019.01.31 审核日期： 附单据数：

摘要	科目名称	借方金额	贷方金额
盘盈处理	待处理财产损溢	40000	
盘盈处理	管理费用/其他	40000	
票号 日期	数量 单价 合计		

备注 项目 部门 个人 客户 业务员

记账 审核 出纳 制单 郝贤

图 9-20

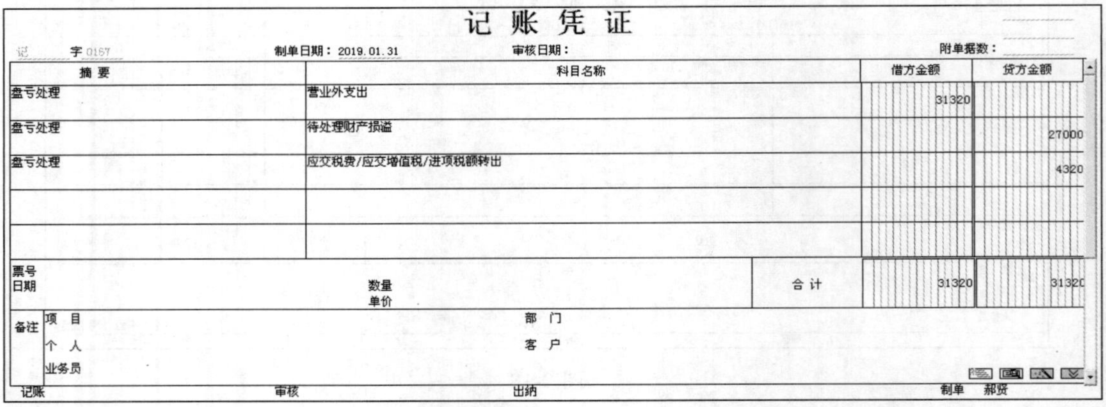

记账凭证

记 字 0167 制单日期：2019.01.31 审核日期： 附单据数：1

摘要	科目名称	借方金额	贷方金额
盘亏处理	营业外支出	31320	
盘亏处理	待处理财产损溢		27000
盘亏处理	应交税费/应交增值税/进项税额转出		4320
票号 日期	数量 单价 合计	31320	31320

备注 项目 部门 个人 客户 业务员

记账 审核 出纳 制单 郝贤

图 9-21

9.3.2 存货损失处理业务

【业务内容】

2019 年 1 月 31 日，因仓管员工作失职，造成雅达休闲裤严重磨损 2 件，经批准损失计入其他应收款。业务操作流程与分工如表 9-4 所示。

【业务操作流程和岗位工作】

表 9-4　业务操作流程与岗位工作

操作日期	操作员	操作系统	操作流程
2019-01-31	仓管员【501】	库存管理	（1）填制其他出库单
2019-01-31	财务会计【202】	存货核算	（2）单据记账并生成凭证
		总账	（3）总账填制凭证，进行盘点结果处理

【操作指导】

1. 填制其他出库单

2019年1月31日，仓管员【501】在企业应用平台中执行【业务工作/供应链/库存管理/出库业务/其他出库单】命令，打开"其他出库单"窗口，单击【增加】按钮。在表头中，选择仓库为"服装库"，出库类别为"其他出库"，部门为"仓储部"。在表体中，选择存货为"雅达休闲裤"，数量输入"2"，单击工具栏中的【保存】按钮，单击【审核】按钮，如图 9-22 所示。

图 9-22

2. 单据记账并生成凭证

（1）正常单据记账。2019年1月31日，由财务会计【202】登录企业应用平台，执行【供应链/存货核算/业务核算/正常单据记账】命令，系统打开【查询条件选择】对话框，单击【确定】按钮。系统打开"正常单据记账列表"窗口，单击工具栏中的【全选】按钮，选择上一步的其他出、入库单，如图 9-23 所示。单击【记账】按钮，系统提示【记账成功】。关闭该窗口。

图 9-23

（2）生成凭证。执行【存货核算/财务核算/生成凭证】命令，系统打开"生成凭证"窗口。单击【选择】按钮，系统打开"未生成单据一览表"窗口，选择上一步记账的"其他出库单"，如图 9-24 所示。单击工具栏中的【确定】按钮，系统返回"生成凭证"窗口，如图 9-25 所示。单击工具栏中的【生成】按钮，系统根据其他出库单生成记账凭证。单击工具栏中的【保存】按钮，如图 9-26 所示。

图 9-24

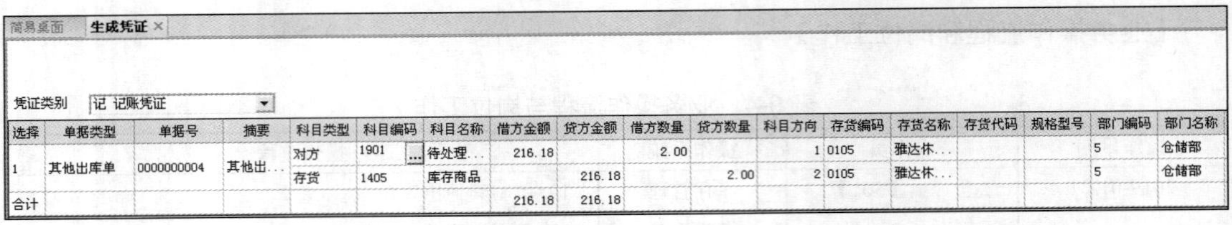

简易桌面 | 生成凭证 ×

凭证类别 记 记账凭证

选择	单据类型	单据号	摘要	科目类型	科目编码	科目名称	借方金额	贷方金额	借方数量	贷方数量	科目方向	存货编码	存货名称	存货代码	规格型号	部门编码	部门名称
1	其他出库单	0000000004	其他出...	对方	1901	待处理...	216.18		2.00		1	0105	雅达休...			5	仓储部
				存货	1405	库存商品		216.18		2.00	2	0105	雅达休...			5	仓储部
合计							216.18	216.18									

图 9-25

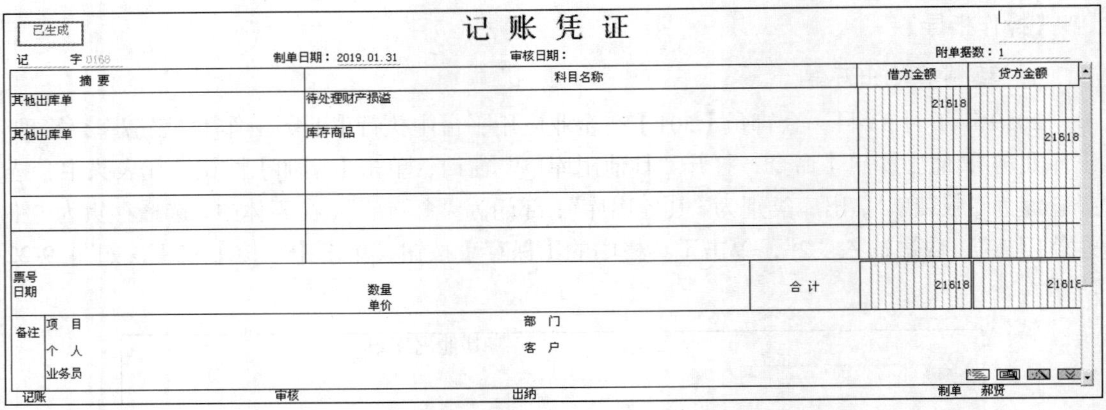

已生成

记账凭证

记 字 0168　　制单日期：2019.01.31　　审核日期：　　附单据数：1

摘要	科目名称	借方金额	贷方金额
其他出库单	待处理财产损溢	21618	
其他出库单	库存商品		21618
票号 日期　数量 单价	合计	21618	21618

备注　项目　　部门

个人　　客户

业务员

记账　审核　出纳　制单 郝贤

图 9-26

注意事项

如果在期初设置时未设置初始科目，则需要补充其他入库单对方科目为“1901 待处理财产损溢”，补充其他出库单对方科目为“1901 待处理财产损溢”。

3. 总账填制凭证

2019 年 1 月 31 日，财务会计【202】在企业应用平台中执行【业务工作/财务会计/总账/凭证处理/填制凭证】命令，打开“填制凭证”窗口，按照图 9-27，填制记账凭证，单击工具栏中的【保存】按钮。

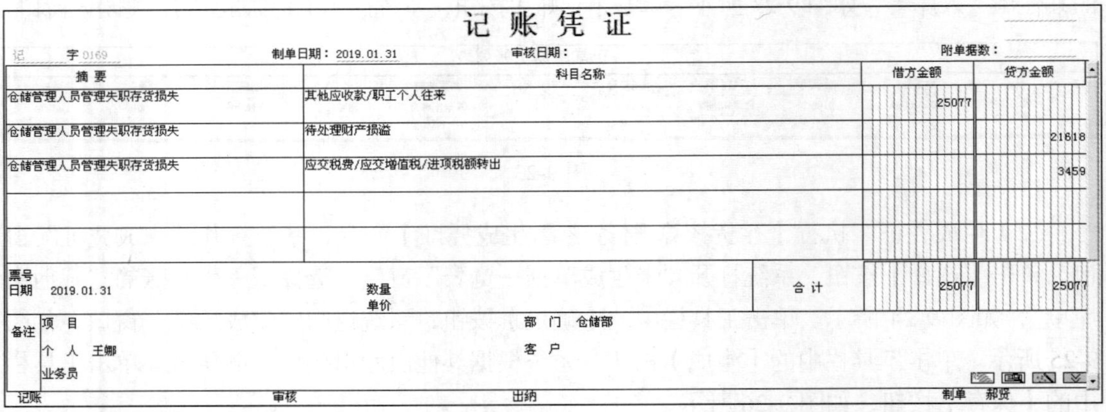

记账凭证

记 字 0169　　制单日期：2019.01.31　　审核日期：　　附单据数：

摘要	科目名称	借方金额	贷方金额
仓储管理人员管理失职存货损失	其他应收款/职工个人往来	25077	
仓储管理人员管理失职存货损失	待处理财产损溢		21618
仓储管理人员管理失职存货损失	应交税费/应交增值税/进项税额转出		3459
票号 日期 2019.01.31　数量 单价	合计	25077	25077

备注　项目　　部门 仓储部

个人 王娜　　客户

业务员

记账　审核　出纳　制单 郝贤

图 9-27

注意事项

如果损坏原因是保管不当，并非个人原因，可以计入“管理费用”借方。

9.4 计提存货跌价准备

【业务内容】

2019年1月31日，接销售部通知，部分库存商品期末可变现净值低于成本，按要求计提存货跌价准备。相关凭证如图9-28所示。业务操作流程与分工如表9-5所示。

销售部通知
经全面清查，由于市场物价异动，下列商品期末预计可变现净值的单价如下：

存货编码	商品名称	成本价	可变现净值单价
0101	拉贝风衣	300.91	290.00
0102	拉贝衬衫	180.42	170.00

销售部：杨明

图 9-28

【业务操作流程和岗位工作】

表 9-5 业务操作流程与岗位工作

操作日期	操作员	操作系统	操作流程
2019-01-31	财务会计【202】	存货核算	（1）计提跌价准备 （2）跌价准备制单

【操作指导】

1. 计提跌价准备

2019年1月31日，由财务会计【202】登录企业应用平台，执行【业务工作/供应链/存货核算/跌价准备/计提跌价准备】命令，系统打开"计提跌价处理单"窗口，单击工具栏中的【增加】按钮。在表头，部门选择"仓储部"。在表体中，第一行选择存货"拉贝风衣"，输入可变现价格为"290"，第二行选择存货"拉贝衬衫"，输入可变现价格为"170"。单击工具栏中的【保存】按钮，再单击【审核】按钮，结果如图9-29所示。关闭该窗口。

计提跌价处理单

表体排序

单据号 0000000001 单据日期 2019-01-31 部门 仓储部
凭证号 170 凭证摘要 跌价准备

	存货编码	存货名称	规格型号	计量单位	结存数量	结存单价	结存金额	可变现	可变现金额	应计提金额	已计提金额	本次计提金额	本次回冲金额
1	0101	拉贝风衣		件	220.00	300.91	66200.00	290.00	63800.00	2400.00	0.00	2400.00	
2	0102	拉贝衬衫		件	424.00	180.42	76500.00	170.00	72080.00	4420.00	0.00	4420.00	

图 9-29

2. 跌价准备制单

执行【存货核算/跌价准备/跌价准备制单】命令，系统打开"生成凭证"窗口。单击【选择】按钮，系统弹出【查询条件】对话框，勾选"跌价准备单"复选框，单击【确定】按钮。打开"未生成单据一览表"窗口，单击【全选】按钮，如图9-30所示。再单击【确定】按钮，返回"生成凭证"窗口，录入借方科目为"6701资产减值损失"，贷方科目为"1471存货跌价准备",如图 9-31 所示。单击工具栏中的【生成】按钮,系统自动生成记账凭证。单击工具栏中的【保存】按钮,保存该凭证,如图 9-32 所示。关闭该窗口。

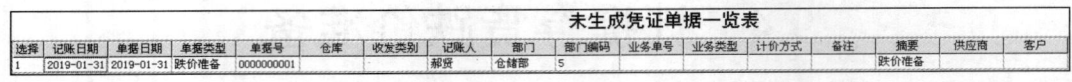

图 9-30

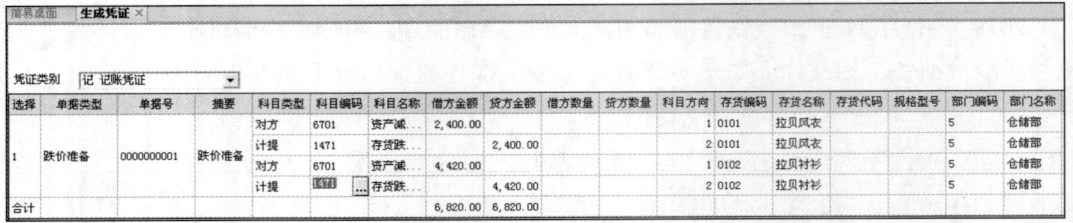

图 9-31

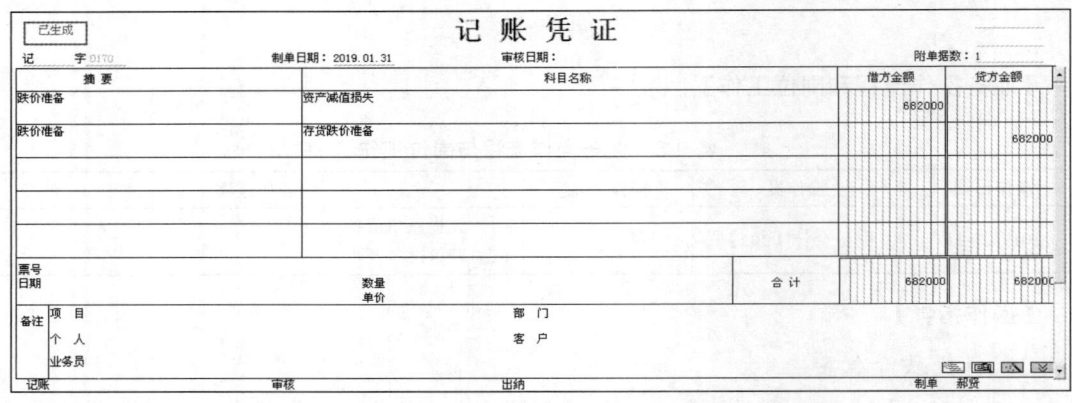

图 9-32

注意事项

① 期初存货跌价准备单必须全部审核,才允许计提存货跌价准备。如果有跌价准备余额,需要在第一次计提存货跌价准备之前,在"跌价准备期初"录入跌价准备余额。

② 可以在总账记账后,选择【跌价准备/跌价准备与总账对账】,选择月份后,即会出现对账结果,可以查看期初、期末、借方、贷方余额。

9.5 存货价格及结算成本处理

【业务内容】

(1) 2019 年 1 月 31 日,检查是否有入库单存货尚无价格,如果有,给这些单据录入价格。

(2) 2019 年 1 月 31 日,检查本期进行采购结算、需要进行结算成本暂估处理的单据,并对其进行暂估处理。

【操作指导】

1. 检查是否有需要"暂估成本录入"的单据

2019年1月31日，财务会计【202】在企业应用平台中执行【业务工作/供应链/存货核算/业务核算/暂估成本录入】命令，打开【查询条件选择】对话框，单击【确定】按钮。打开"暂估成本录入"窗口，如果有需要录入单价的存货，录入单价信息，单击【保存】按钮。

2. 检查是否有需要"结算成本处理"的单据

2019年1月31日，财务会计【202】在企业应用平台中执行【业务工作/供应链/存货核算/业务核算/结算成本处理】命令，打开【暂估处理查询】对话框，选择所有的仓库，其他条件为默认，单击【确定】按钮。打开"结算成本处理"窗口，如果有需要进行暂估处理的单据，单击【暂估】按钮。

> **注意事项**
> 暂估结算表中显示的单据是前期或本期已经记账，且记账之后再进行采购结算的单据。此处暂估结算是为了系统按照存货期初设置的暂估处理方式进行暂估处理。

9.6　单据记账

【业务内容】

（1）2019年1月31日，进行特殊单据记账，将所有特殊业务单据进行记账。
（2）2019年1月31日，进行正常单据记账，将所有正常业务单据进行记账。

【操作指导】

1. 检查是否有需要"特殊单据记账"的单据

2019年1月31日，财务会计【202】在企业应用平台中执行【业务工作/供应链/存货核算/业务核算/特殊单据记账】命令，打开【特殊单据记账条件】对话框，单据类型选择"调拨单"，单击【确定】按钮。打开"特殊单据记账"窗口，单击【全选】按钮，或者单击表体中需要记账的单据，再单击【记账】按钮，对全部单据进行记账。

> **注意事项**
> ① 特殊单据记账的作用是针对调拨单、形态转换单、组装单进行成本计算，它的特殊性在于这类单据的出入库成本数据来源于该存货上月按照存货计价方法计算出的出库成本。
> ② 需要对调拨单进行记账，因为调拨单会生成其他出、入库单据。如果只使用正常记账，那么出库单会根据计价方法进行记账，而入库单由于没有单价导致无法记账，所以，一般情况下，对于调拨单生成的其他出、入库单进行特殊单据记账，则系统会根据计价方式自动计算填入单价并记账。

2. 检查是否有需要"正常单据记账"的单据

2019年1月31日，财务会计【202】在企业应用平台中执行【业务工作/供应链/存货核算/业务核算/正常单据记账】命令，打开【查询条件选择】对话框，单击【确定】按钮。打开"正常单据记账"窗口，单击【全选】按钮，或者单击表体中需要记账的单据，再单击【记账】按钮。

第 10 章　期末业务处理

学习要点
- 了解期末处理的顺序及流程。
- 了解期末处理的注意事项。

当月全部业务处理完毕后，可以进行期末处理和月末结账。在企业启用了财务链和供应链系统的情况下，结账应按顺序进行，首先是采购系统、销售系统、库存系统，其次是存货核算系统，接着是应收、应付系统，最后是总账系统。期末处理按月连续进行，每月只能结一次账，结账后不能再处理当月业务，只能处理下一会计月的业务。月末结账之前必须进行数据备份，否则数据一旦丢失，将造成无法挽回的损失。如果采购管理、销售管理要取消月末结账，必须先取消库存管理、存货核算、应收、应付款管理的月末结账。

10.1　业务部门期末处理

【操作指导】

1. 采购管理系统月末结账

2019 年 1 月 31 日，采购部梁燕在企业应用平台中执行【业务工作/供应链/采购管理/月末结账】命令，打开【结账】对话框，选择需要结账的月份，单击【结账】按钮，系统弹出【月末结账】对话框，如图 10-1 所示。单击【否】按钮，系统显示【月末记账完毕】。

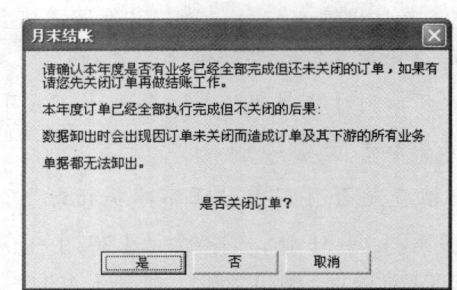

图 10-1

2. 销售管理系统月末结账

2019 年 1 月 31 日，销售部杨明在企业应用平台中执行【业务工作/供应链/销售管理/月末结账】命令，弹出【结账】对话框，单击【结账】按钮，系统弹出【销售管理】对话框，如图 10-2 所示。单击【否】按钮，系统显示【月末结账完毕】。

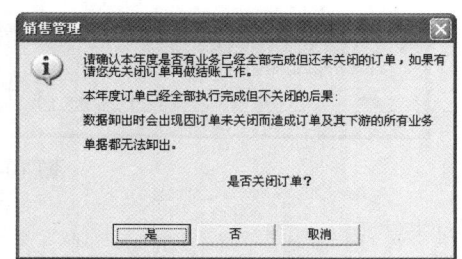

图 10-2

3. 库存管理系统月末结账

2019 年 1 月 31 日，仓储部王娜【501】在企业应用平台中执行【业务工作/供应链/库存管理/月末结账】命令，弹出【结账】对话框，单击【结账】按钮，系统弹出【库存管理】对话框，如图 10-3 所示。单击【是】按钮，系统提示【结账完成】。

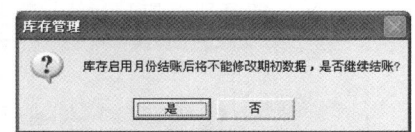

图 10-3

> **注意事项**
> 取消结账是指如果需要取消当月结账，可在"结账"窗口，单击【取消结账】按钮。

4. 存货核算系统月末结账

（1）期末处理

2019 年 1 月 31 日，财务会计【202】在企业应用平台中执行【业务工作/供应链/业务核算/期末处理】命令，弹出【期末处理-1 月】对话框。单击【全选】按钮，选择所有仓库，如图 10-4 所示。再单击【处理】按钮，系统弹出"期末处理完毕"窗口。单击【确定】按钮，系统提示已期末处理仓库。

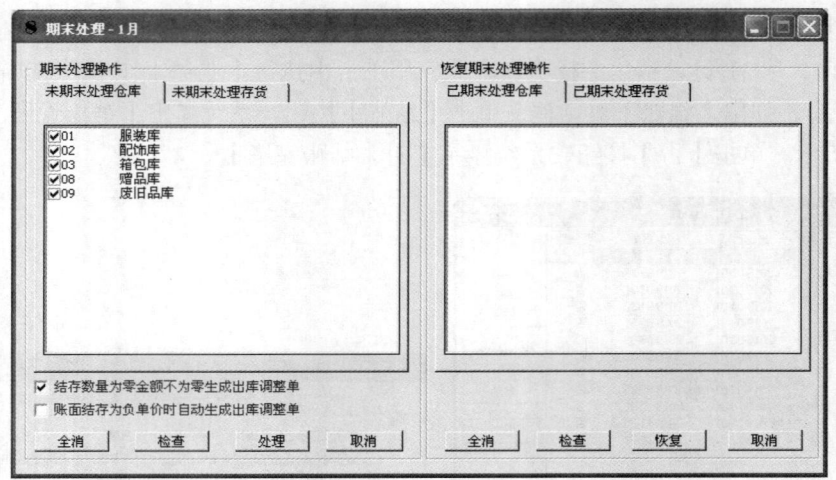

图 10-4

（2）月末结账

2019 年 1 月 31 日，财务会计【202】在企业应用平台中执行【业务处理/供应链/业务核算/月末结账】命令，打开【结账】对话框，选中需要结账的月份，如图 10-5 所示。单击【结账】按钮，系统提示【月末结账完成】。

图 10-5

10.2　财务部门月末结账

【操作指导】

1. 应收款管理系统月末结账

2019 年 1 月 31 日，财务会计【202】在企业应用平台中执行【业务/财务会计/应收款管理/期末处理/月末结账】命令，打开【月末处理】对话框。选择结账的月份，在结账标记处双击后显示【Y】，如图 10-6 所示。单击【下一步】按钮，系统弹出【月末处理】对话框，单击【完成】按钮，结账完成后，系统显示【1 月份结账成功】，单击【确定】按钮。

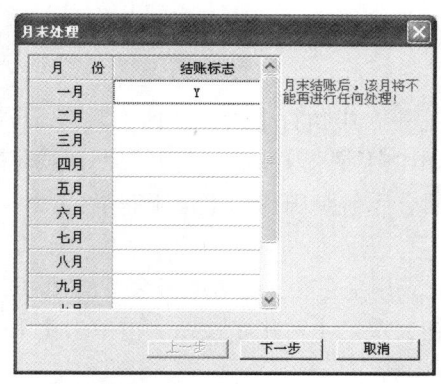
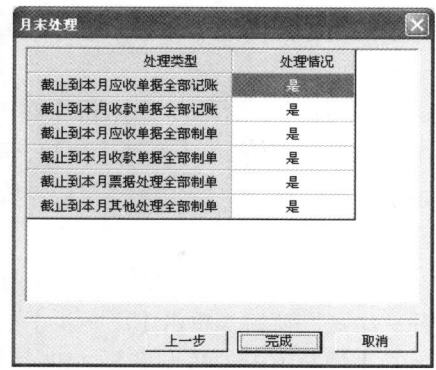

图 10-6

2．应付款管理系统月末结账

2019 年 1 月 31 日，财务会计【202】在企业应用平台中执行【业务/财务会计/应付款管理/期末处理/月末结账】命令，打开【月末处理】对话框。选择结账的月份，在记账标记处双击后显示【Y】，如图 10-7 所示。单击【下一步】按钮，系统弹出【月末处理】对话框，单击【完成】按钮，结账完成后，系统提示【1 月份结账成功】，单击【确定】按钮。

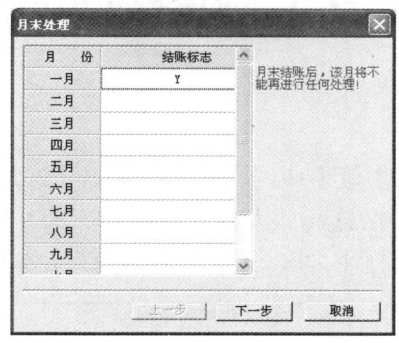

图 10-7

注意事项

如果需要取消当月结账，可打开"月末处理"窗口，双击已结账月份所对应的"选择标记"空白栏，系统显示【Y】标志，单击【取消结账】按钮。

3．总账系统月末结账

（1）审核凭证

2019 年 1 月 31 日，财务经理【201】在企业应用平台中执行【财务会计/总账/凭证/审核凭证】命令，弹出"审核凭证"窗口，单击【确定】按钮，打开"凭证审核列表"窗口。双击打开待审核的第一张"记账凭证"，执行【批处理/成批审核凭证】命令，弹出"成批审核结果表"。单击【确定】按钮，凭证审核完成。

（2）出纳签字

2019 年 1 月 31 日，出纳【203】在企业应用平台中执行【财务会计/总账/凭证/出纳签字】命令，弹出"出纳签字"窗口，单击【确定】按钮，打开"出纳签字列表"窗口。双击打开待签字的第一张"记账凭证"，执行【批处理/成批出纳签字】命令，弹出"成批出纳签字表"。

单击【确定】按钮，凭证签字完成。

（3）记账

2019 年 1 月 31 日，财务会计【202】在应用平台中执行【财务会计/总账/凭证/记账】命令，打开“记账”窗口。单击【全选】按钮，再单击【记账】按钮，打开“期初试算平衡表”，单击【确定】按钮，系统进行记账，记账完毕后，系统弹出提示【记账完毕！】。

（4）结账

2019 年 1 月 31 日，财务经理【201】在企业应用平台中执行【财务会计/总账/期末/结账】命令，打开“结账”窗口。单击【下一步】按钮，单击【对账】按钮。再单击【下一步】按钮，系统提示【损益类未结转为零】，总账结账中断。

注意事项

需将损益类科目的余额结转到“本年利润”科目，生成损益类结转凭证，并在其审核、记账、总账系统记账后才能通过工作检查，顺利结账。本操作请参考本书的姊妹篇《用友ERP-U8 V10 财务软件完全自学教程（财物链篇）》

10.3　账表查询

【操作指导】

1. 查询收发存汇总表

2019 年 1 月 31 日，账套主管【101】或者财务会计【202】在企业应用平台中执行【业务工作/供应链/存货核算/账表/汇总表/收发存汇总表】命令，打开【收发存汇总表查询】对话框，单击【确定】按钮。系统打开“收发存汇总表”窗口，如图 10-8 所示。

收发存汇总表

记账日期：全部
仓库：全部

存货						期初			收入			发出			结存		
编码	代码	名称	规格	单位	重量	数量	单价	金额	数量	单价	金额	数量	单价	金额	数量	单价	金额
0101		拉贝风衣		件		30.00	300.00	9,000.00	695.00	300.29	208,700.00	505.00	300.00	151,500.00	220.00	300.91	66,200.00
0102		拉贝衬衫		件		35.00	180.00	6,300.00	699.00	180.26	126,000.00	310.00	180.00	55,800.00	424.00	180.42	76,500.00
0103		拉贝棉衣		件		30.00	310.00	9,300.00	222.00	310.00	68,820.00	122.00	310.00	37,820.00	130.00	310.00	40,300.00
0104		雅达西裤		条		25.00	180.00	4,500.00	585.00	178.46	104,400.00	450.00	181.33	81,600.00	160.00	170.63	27,300.00
0105		雅达休闲裤		条		30.00	110.00	3,300.00	160.00	108.63	17,380.00	77.00	109.95	8,466.18	113.00	108.09	12,213.82
0201		恒祥针织手套		双		50.00	80.00	4,000.00	305.00	80.66	24,600.00	330.00	80.61	26,600.00	25.00	80.00	2,000.00
0202		恒祥针织帽		个		60.00	90.00	5,400.00	1,048.00	82.27	86,220.00	603.00	90.66	54,670.00	505.00	73.17	36,950.00
0203		恒祥针织围巾		条		50.00	110.00	5,500.00	200.00	115.50	23,100.00	220.00	111.93	24,625.00	30.00	132.50	3,975.00
0301		彩帛女包		个		6.00	300.00	1,800.00	60.00	300.00	18,000.00	50.00	300.00	15,000.00	16.00	300.00	4,800.00
0302		彩帛男包		个		5.00	360.00	1,800.00	60.00	360.00	21,600.00	50.00	360.00	18,000.00	15.00	360.00	5,400.00
0303		彩帛旅行包		个		5.00	120.00	600.00	60.00	124.17	7,450.00	50.00	120.00	6,000.00	15.00	136.67	2,050.00
0304		彩帛皮夹		个		180.00	50.00	9,000.00	60.00	50.00	3,000.00	50.00	50.00	2,500.00	190.00	50.00	9,500.00
0801		胸针		个					100.00	3.00	300.00	100.00	3.00	300.00			
合计						506.00		60,500.00	4,254.00		709,570.00	2,917.00		482,881.18	1,843.00		287,188.82

图 10-8

2. 查询存货明细账

账套主管【101】或者财务会计【202】登录企业应用平台，执行【业务工作/供应链/存货核算/账表/账簿/明细账】命令，打开【明细账查询】对话框，仓库选择“服装库”，商品编码选择“拉贝风衣”，单击【确定】按钮。

3. 查询本月的销售统计表

2019 年 1 月 31 日，账套主管【101】或者销售员【401】在应用平台中执行【业务工作/供应链/销售管理/报表/统计表/销售统计表】命令，打开【查询条件选择-销售统计表】对话框，单击【确定】按钮。

扫码看本书配套案例视频

2.2.1	增加操作员
2.2.2	创建账套
2.2.3	设置操作员权限
2.2.4	取消所有记录及数据权限控制
2.2.5	账套备份
3.1	机构人员档案设置
3.2	客商信息设置
3.3	存货档案设置
3.4	财务档案设置
3.5	收付结算信息设置
3.6	业务档案设置
3.7	单据设置
4.1	总账管理子系统初始化
4.2	应收款管理子系统初始化
4.3	应付款管理子系统初始化
4.4	采购管理子系统初始化
4.5	销售管理子系统初始化
4.6	库存管理子系统初始化
4.7	存货核算子系统初始化
4.8	固定资产子系统初始化
5.1.1	未付款的采购业务
5.1.2	现结采购业务
5.1.3	代垫运费的采购业务
5.1.4	采购货款结算业务
5.1.5	签订合同预付款业务
5.1.6	预付订单到货，以汇票补付余款（预付冲应付）
5.1.7	带付款条件的采购业务
5.1.8	有现金折扣的采购付款业务
5.1.9	以承兑汇票背书支付前欠货款的业务
5.1.10	承兑汇票背书预付款，分仓库、分批入库的采购业务
5.1.11	已结算的采购业务费用分摊
5.2	在途存货采购业务
5.3.1	月初回冲
5.3.2	单到补差
5.3.3	单到回冲
5.3.4	暂估入库
5.3.5	暂估记账
5.4.1	发生合理损耗的采购业务
5.4.2	发生非合理损耗的采购业务
5.4.3	卖方少发货、补货的采购业务
5.5.1	入库前退货退款业务
5.5.2	入库后结算前采购退货业务
5.5.3	结算后退货退款业务
5.5.4	带付款条件的退货退款业务
5.5.5	采购折让业务
5.6.1	有赠品的采购业务
5.6.2	超订单收货的采购业务
5.6.3	固定资产采购业务
5.6.4	非货币性资产交换业务

6.1.1 开票直接发货、货款未收的销售业务	6.1.2 先发货后开票的现结销售业务	6.1.3 代垫运费结算业务	6.1.4 销售货款结算业务	6.1.5 预收货款的销售业务	6.1.6 预收订单发货、收回余款的业务	6.1.7 带付款条件、分仓库出库的销售业务
6.1.8 有现金折扣的收款业务	6.1.9 预收汇票、以汇票收齐余款的销售业务	6.1.10 分批出库、分次收款的销售业务	6.1.11 卖方承担运费、分次收款的销售业务	6.1.12 商业折扣销售业务	6.2.1 先退货后开红票的退货退款业务	6.2.2 开红票直接退货的退货退款业务
6.2.3 结算前销售折让业务	6.2.4 结算后销售折让业务	6.2.5 带付款条件的退货退款业务	6.3.1 买一赠一的商品销售业务	6.3.2 附带促销赠品的销售业务	6.3.3 零售日报业务	6.3.4 外币销售业务
6.3.5 分期收款销售业务	6.3.6 有销售定金的销售业务	6.3.7 以库存商品发放职工非货币性福利的业务	7.1.1 签订受托代销合同，商品到货	7.1.2 销售受托代销商品	7.1.3 受托代销结算、收取手续费	7.2.1 签订受托代销合同，商品到货
7.2.2 销售受托代销商品	7.2.3 与委托方办理结算	7.3.1 签订委托代销合同，发出商品	7.3.2 收到代销清单并办理结算	7.4.1 签订委托代销合同，发出商品	7.4.2 收到代销清单并办理结算	8.1 以旧换新销售业务
8.2 债务重组收款业务	8.3 售后回购销售业务	8.4 附退回条件销售业务	8.5 直运销售业务	9.1 存货调拨业务	9.2 出入库调整业务	9.3.1 存货盘盈、盘亏业务处理
9.3.2 存货损失处理业务	9.4 计提存货跌价准备	10 期末业务处理				